广州民营经济年鉴

2004

广东省出版集团
广东经济出版社

图书在版编目（CIP）数据

广州民营经济年鉴 2004年/王晓玲主编．—广州：广东经济出版社，2004.12

ISBN 7-80677-903-5

Ⅰ.广… Ⅱ.王… Ⅲ.私营经济—广州市—2004—年鉴
Ⅳ.F279.276.51-54

中国版本图书馆CIP数据核字（2004）第129431号

出版发行	广东经济出版社（广州市环市东路水荫路11号5楼）
经销	广东新华发行集团
印刷	广州伟龙印刷制版有限公司 （广州市沙河沙太路银利街工业村）
开本	889×1194毫米 1/16
印张	34 14插页
字数	983 000字
版次	2004年12月第1版
印次	2004年12月第1次
书号	ISBN 7-80677-903-5/F·1159
定价	280.00元

《广州民营经济年鉴》主办单位

广州市民营经济工作领导小组
广州市社会科学界联合会
广州市工商行政管理局
广 州 市 统 计 局
广州市工商业联合会
广州工业经济联合会
广州市私营企业协会

承办单位

广州市社会科学成果应用推广中心

《广州民营经济年鉴》编委会

序

王晓玲

党的十一届三中全会以来，广州市在党中央、国务院和广东省委、省政府的正确领导下，坚持改革开放，不断解放思想，更新观念，把握机遇，发挥优势，经过全市广大党员、干部和人民群众的共同努力，国民经济和社会各项事业取得了巨大成就。广州，这座南国历史名城，发生了翻天覆地的变化。

改革开放以来，广州市国民经济一直保持高速增长的良好趋势，城市综合经济实力不断增强。广州市的GDP总量，1980年居全国十大城市第六位，1992年首次超过天津市，仅次于上海市和北京市，跃居全国大中城市第三位，至今已连续12年稳居三甲之列。人均GDP，1983年达2302元，跃居全国十大城市第三位，1988年又跃居第二位，1992年首次跃居第一。1993年人均GDP首次突破万元大关，达11989元，并连续4年居全国十大城市之首。1996年人均GDP突破2万元，并连续5年居十大城市第二位，仅次于上海市。1999年突破3万元大关，达30265元。近年来，随着国民经济的迅速发展，广州城市综合经济实力不断跨上新的台阶，2001年，广州GDP总量达2685.76亿元，人均GDP达3.8万元，再次超越中国城市第一巨人上海。2002年，GDP总量突破3000亿元，成为国内三个超3000亿元的城市之一，人均GDP在十大城市中继续独占鳌头。2003年，尽管出现了“非典”这一突如其来的自然灾害的打击，作为首当其冲的重灾区，广州市一手抓抗击“非典”，一手抓经济建设不动摇，使国民经济仍然保持了快速稳定的增长势头，地区生产总值达到3500亿元，比2002年增长15.2%，人均GDP则达到48372元，在十大城市中位居榜首。

伴随着国民经济的高速增长，广州中心城市充满了生机与活力，中心城市的功能与作用进一步增强。2003年，全市工业总产值和增加值分别达到4706亿元和1339亿元，在十大城市中仅次于上海市，居第二位。社会消费品零售总额1494.27亿元，仅次于上海和北京，居第三位。外贸出口总值和实际利用外资分别为168.89亿美元和30.64亿美元，均居第二位，仅次于上海市。全社会完成固定资产投资1175.17亿元，在全国十大城市中仅次于上海和北京，居第三位。2003年，三次产业比例为3.02：43.13：53.85，第三产业比重超过第二产业达10.72个百分点。经过几年的努力和奋力争先，广州市在广东全省的经济地位迅速上升，其华南中心城市的原有地位也逐步恢复并日益彰显。

改革开放先走一步的广州，在发展民营经济方面也取得了突出成绩。广州作为中国的南大门，得改革开放风气之先，打开城门，疏通流通渠道，大胆发展市场经济。早在1979年，广州市便在全国率先打破了国营经济组织一统天下的局面，发展集体、个体、私营、联营等多种商业经济形式，打开城门，让10万农民大军进城设店开铺，从而在经济结构上形成了多元化、多成份的竞争格局。此后，个体、私营经济在广州获得了快速稳定的发展。1978年，城镇个体、私营经济从业人员只有16952人，1985年便增加到67609人，占全市就业人员的比重也从0.64%提高到2.16%。1990年个体、私营企业从业人员增加到10.87万人,比重上升到3.18％。2000年从业人员增加到56.28万人，占全市就业总人数的11.34%。2003年个体、私营企业从业人员达到89.44万人，比重上升为17.17%，若加上农村从业人员，比重则达到63.92%。到2003年末，全市共有78604户私营企业，比1993年增加71661户，比2000年增加30905户，分别增长10.3倍和64.8%；从业人员636402人，分别比1993年和2000年增加548973人和247765人，增长6.3倍和63.8%；注册资金941.13亿元，分别比1993年和2000年增加916.48亿元和505.41亿元，增长37.18倍和1.16倍。2003年末全市城乡个体工商户达23.02万户，分别比1993年和2000年增加94968户和4213户，增长70.21%和1.86%；注册资金58.58亿元，分别比1993年和2000年增加47.55亿元和18.08亿元，增长4.31倍和44.63%。2003年，全市私营企业的数量首次超过了内资企业的数量。广州市的民营经济企业总户数、注册资本、投资人数和从业人员等指标，均位居全国前列。

从私营企业的投资结构看，从事第三产业的私营企业一直占主导地位，尤其是在批发零售贸易、餐饮业、房地产业、交通运输业和社会服务业等行业。从事批发零售贸易、餐饮业等第三产业的私营企业

1993年有4206户，占全部私营企业总户数的60.58%。从事制造业的私营企业2388户，占私营企业总户数的34.39%；到2003年，从事第三产业的企业增加到56956户，占全市私营企业总户数的比重提高到72.46%，从事制造业的私营企业12431户，占全市私营企业总户数的15.81%，从事第一产业的私营企业增加到1119户，占1.42%。2003年，全市规模以上私营工业企业已达到1414家，占全市规模以上工业企业总户数的30.03%；实现工业产值392.31亿元，占全市规模以上工业企业总产值的9.77%。2003年，私营企业完成固定资产投资额139.18亿元，占全市固定资产投资总额的11.84%；全市共有私营房地产开发企业313户，完成房地产开发投资101.87亿元，占全市房地产开发投资总额的24.28%。2003年，从事零售贸易的私营企业机构4301个，占全市总数的38.73%；从业人员5642人，占全市的20.04%。从事餐饮业的私营企业705个，占全市总数的33.43%；从业人员37587人，占全市的14.36%。限额以上私营餐饮企业171户，占全市限额以上餐饮企业的42.96%；从业人员24061人，占全市限额以上餐饮企业的31.09%；营业总收入22.71亿元，占全市限额以上餐饮企业营业总收入的30.95%。近年来，随着国家对私营企业从事对外贸易政策的逐步放宽，从事对外贸易的私营企业不断增多。2000年，全市私营企业进出口总值为1.28亿美元，占全市进出口总值的比重为0.55%，2003年私营企业实现进出口总值增加到23.16亿美元，比2000年增长17.1倍，占全市进出口总值的比重提高到6.63%。其中出口6.15亿美元，增长37.2倍，占全市海关出口总值的3.64%，比2000年提高3.5个百分点，进口17.01亿美元，占全市海关进口总值的比重为9.42%，比2000年提高8.45个百分点。

上述资料反映出广州市民营经济的发展与广州市国民经济保持了同步发展的趋势。民营经济在全市国民经济和社会发展中发挥着日益重要的作用。在发展经济、建设现代化大都市、深化国有企业改革、完善市场经济运行机制、参与国际竞争、扩大社会就业、增加税收等方面，民营经济均发挥了重要作用，作出了积极贡献。在一些行业和领域，如零售贸易、餐饮业、社会服务业、中介组织、房地产开发、交通运输业等，民营经济具有举足轻重的作用。广州恒大集团入围最近公布的全国民营企业20强。该集团2003年首度跻身中国500强企业，2004年再度蝉联，且排名上升了67位。广州富力地产集团的综合实力已经跻身全国同行业三甲。广州恒大集团、增城碧桂园物业发展有限公司亦进入前十名。在2003年广东省委、省政府表彰的民营企业集团和民营企业家数量，广州均居全省之首。2004年7月广东省人民政府正式公布并隆重表彰的广东百强民营企业，广州市有23家企业榜上有名，居全省第一。

改革开放以来，广州市委、市政府一直十分重视民营经济的发展，不断改善发展环境，为民营企业提供全方位服务。自1993年以来，广州市先后召开了六次全市性的个体私营经济工作会议，出台了一系列政策措施，从而推动了广州市民营经济持续稳步健康发展。1993年，成立了以主管副市长挂帅的广州市个体和私营经济工作领导小组(2004年1月更名为“广州市民营经济工作领导小组”)，负责规划、指导全市民营经济的发展。2003年3月又在全国率先成立了民营企业投诉中心，受理民营企业对政府部门服务工作的举报投诉，进一步改善了民营经济的发展环境。

为了对广州市民营经济发展的经验加以总结、宣传和推广，全面介绍国家、广东省和广州市发展民营经济的相关政策，学习借鉴国内各地民营经济发展的模式与做法，探讨促进广州民营经济发展的思路与对策，广州市民营经济工作领导小组、广州市社会科学界联合会、广州市工商局、广州市统计局、广州市工商业联合会、广州市工业经济联合会和广州市私营企业协会决定联合组织编写《广州民营经济年鉴》。这项工作得到了广州市各级领导、政府部门、专家学者和企业家的大力支持。经过上述各单位有关研究人员和工作人员的努力，我们即将把第一本《广州民营经济年鉴》献给广大的读者。

编写出版年度性的《广州民营经济年鉴》意义重大。我们希望《广州民营经济年鉴》的出版，可为广州市各级领导和政府部门研究制定并出台民营经济发展的政策提供决策参考，为广大民营企业提供有重要价值的投资指南，为有志于研究民营经济问题的理论工作者提供第一手参考资料。

2004年12月1日

富力地產集團
R&F
R&F PROPERTIES GROUP
■连续三年荣获广州市房地产类综合实力第一名 ■荣获2003年度广东百强民营企业前五名 雄踞房地产行业第一名 ■荣膺2003年度广州地税贡献第八名 雄踞民营企业纳税第一名 ■中国房地产品牌企业称号 ■广东地产资信20强
熠熠生辉
富力地产
八大明星楼盘

富而思進
力創新高
凭藉十多年房地产开发经验和雄厚实力，富力地产积极投身城市建设，选择广州的CBD--珠江新城作为发展战略重点，进军商业地产市场。秉承“富而思进、力创新高”的经营理念，全力推动广州城市化进程。
富力桃园
SCORCHING LIFE
销售热线：81789918
广州市增槎路高桥大街直入500米（富力半岛花园对面）
富力现代广场
MODERN PLAZA
销售热线：84263128
广州市工业大道76-78号
High C King
盛品华歌
富力·东堤湾二期
销售热线：87328838
广州市东山杨箕地铁站B出口向东行80米
富力广场
御花苑
销售热线：81357186
广州市中山八路富力商贸大厦首层（万佳百货对面）
富力·御龍庭
GET TOPPER
销售热线：87300298
广州市东山区淘金东路108号（黄花岗公园东北侧）
香丽舍
销售热线：84188877
广州市新港西路17号
富力天朗一代
销售热线：89009301
广州市江燕路288号（原万宝冰箱厂）
阳光美居
机场北·时尚新生态
销售热线：36602882
广州市机场北与黄石路交界（黄石立交往西一百米）
公司地址：广州市较场东路19号富力地产大厦10-15层　邮政编码：510055
电话：(020)87302328　传真：(020)87329029　网址：http://www.rfchina.com
ADRESS:10-15/F,R&F PROPERTIES BUILDING,19 JIAO CHANG ROAD,GUANGZHOU,CHINA
POST CODE:510055　TEL:(020)87302328　FAX:(020)87329029　HOMEPAGE:http://www.rfchina.com

挺进世界500强

BYE 白云电气集团
BAIYUN ELECTRIC GROUP
BYE

专业造就可靠
可靠成就未
电线电缆 玻璃绝缘子 母线槽 配电配网自动化 工控、楼
广州东芝白云菱机电力电子有限公司
广州东芝白云自动化系统
南京电气（集团）有限公司
广州纳图白云电器系统
图文传真：（020）86608442 邮编：510460
Http://www.bydq.com
E-mail:bye

编 辑 说 明

1.《广州民营经济年鉴》是由广州市民营经济工作领导小组、广州市社会科学界联合会、广州市工商局、广州市统计局、广州市工商业联合会、广州工业经济联合会和广州市私营企业协会等7家单位共同组织，由《广州民营经济年鉴》编委会主持编纂的专题性年鉴。

2．编写《广州民营经济年鉴》是一项开创性的工作。全书由发展现状、专题研究、政策指南、企业风采、统计资料、他山之石和附录七大部分内容组成，力求对广州市民营经济发展的经验加以总结、宣传，全面介绍国家、省、市相关政策法规，探讨促进民营经济发展的思路和对策，为广州市各级领导研究制定民营经济发展的政策提供决策参考，为广大民营企业家创业发展提供有价值的投资指南，为有兴趣研究民营经济发展问题的理论工作者提供第一手资料。

3．“民营经济”概念，是富有中国特色而又具体制转轨特征的提法，目前国内学术界和企业界对“民营经济”这一概念的理解尚存在争议。《广州民营经济年鉴》中所指的“民营经济”是指狭义的民营经济，亦即指个体工商户和私营企业及民办非企业单位。

4．本年鉴的统计资料和相关信息，主要由广州市统计局和广州市工商局提供。在分析研究过程中也引用参考了历年出版的《中国统计年鉴》、《广东统计年鉴》和《广州统计年鉴》。“他山之石”一篇中的资料则主要来自《经济日报》、《经济参考报》、《中华工商时报》以及广州地区出版的其他报刊。

5.《广州民营经济年鉴——2004》是我们编写出版的创刊号。其引用的数据截止至2003年（个别数据引用至2004年上半年）。为了保持连续性，我们决定以后每年编写出版一本《广州民营经济年鉴》，力求完整系统地反映广州民营经济发展的轨迹，准确预测广州民营经济的发展趋势。

6．本年鉴采用历史顺序排列与篇目分类相结合的方法，全书根据需要和具体的内容安排专题与条目。

《广州民营经济年鉴》编委会

2004年12月1日

目　录

第三篇 政策指南

第四篇 企业风采

第五篇 统计资料

第六篇 他山之石

第七篇 附 录

第一篇

发展现状

1－1　广州民营经济发展的历史回顾

1－1－1　建国初期至改革开放前的广州民营经济

1－1－1－1　概　　况

解放前，广州经济落后，企业生产规模小，技术落后，没有重工业，仅有的机械加工行业也是修配性质的。全市的主要经济部门直接或间接地受外国资本或买办、官僚资本的控制和操纵，民族资本十分脆弱，私营工商业对帝国主义的依赖性很大。建国前夕，由于外国资本及侨资大批撤离，买办、官僚资本又将大量资金抽逃港澳及国外，不少企业停工歇业，为数不多的民族工业处于风雨飘摇之中，人民生活极其艰难，广州经济形势十分严峻。建国伊始，广州市人民政府为了稳定社会经济秩序，稳定市场物价，安定群众生活，积极恢复经济，发展生产，对民族工业实行扶持与限制政策，促使广州经济尽快恢复和发展。随着国民经济的恢复与发展，广州市个体私营经济也得到恢复和发展。（详见表1－1、表1－2、表1－3）。

表1－1　1950～1955年广州市个体私营企业户数分类情况

单位：户

项目		1950年	1951年	1952年	1953年	1954年	1955年
工业企业		3290	4398	3876	4549	3875	3084
手工业		10347	14722	16748	23666	30173	34934
商业	坐商	13923	15398	14476	14941	13933	13256
	行商	2224	2834	4032	4571	3974	1097
	摊贩	31738	31023	33165	35955	48583	47309
饮食业	坐商	1820	1901	1874	2027	1983	2012
	行商	1098	2175	2987	3869	3964	6010
服务业	坐商	2302	2517	2350	2321	2427	2119
	行商	1096	2971	3674	4095	4724	4619
运输业		445	476	502	538	504	381
建筑业		561	708	626	260	259	261
金融业		26	19	17	11	9	10
农业		382	382	470	715	1006	1107
合计		69234	79524	84897	97518	116578	116199

资料来源：《广州市志》【卷九】［上］11“工商行政管理”第635页。

表 1－2　1950～1955 年广州市个体私营企业从业人员分类情况

单位：人

项目		1950 年	1951 年	1952 年	1953 年	1954 年	1955 年
工业企业		67305	73739	68659	77115	70583	53651
手工业		31459	40700	44099	60542	71592	74605
商业	坐商	61313	64140	60563	60674	52410	46069
商业	行商	2224	2834	4032	4571	3964	1251
商业	摊贩	4669	43521	48742	52745	695779	57457
饮食业	坐商	14574	13119	12889	13782	12966	17642
饮食业	行商	1597	3418	4170	4895	7949	8542
服务业	坐商	9663	9749	9186	9498	9565	7152
服务业	行商	1488	3152	4125	4987	6355	6229
运输业		5544	5824	5791	7058	6090	2724
建筑业		2451	2851	2955	1731	1726	1721
金融业		202	151	124	71	55	60
农　业		1096	1096	1304	1786	2305	2619
合　计		244607	264299	266637	299455	311339	279622

资料来源：《广州市志》【卷九】［上］11“工商行政管理”第 643 页。

表 1－3　1950～1955 年广州市个体私营企业资本（资金）额分类情况

单位：万元

项目		1950 年	1951 年	1952 年	1953 年	1954 年	1955 年
工业企业		5063.4	4681.1	4528.4	4811.0	5028.7	3874.8
手工业		530	579.1	597.8	755.8	892	1001.4
商业	坐商	5170.5	6050	5613.3	6514	4535.6	3636.1
商业	行商	107.7	113.7	129.3	154.3	116	22.9
商业	摊贩	123.5	112.5	117.4	150.3	299.2	261.0
饮食业	坐商	264.8	261.6	262.5	274.8	264.2	319.9
饮食业	行商	8.6	12.9	16.8	18.5	23.8	22.1
服务业	坐商	318	333.1	327.6	337.2	343	330.8
服务业	行商	7.9	8.6	9.8	11.2	13.5	13.1
运输业		126	351.3	360.8	660.3	587.4	212.9
建筑业		58.8	63.9	64.3	74	72.8	72.7
金融业		24.5	22.8	19.7	7	4.7	3.4
农业		54.1	54.5	58.5	60.3	64.8	66.77
合计		11893.8	12645.3	12106.2	13828.7	12244.7	10438.8

资料来源：《广州市志》【卷九】［上］11“工商行政管理”第 643 页。

1953～1957年，我国开始有计划的经济建设，对农业、手工业和资本主义工商业进行社会主义改造。为贯彻执行对资本主义工商业的利用、限制、改造的政策，广州市政府逐步引导私营工商业走国家资本主义道路，推动全行业公私合营。对资本主义工商业主要是贯彻和平改造方针，第一步将私营工商业改造为公私合营，第二步再逐步改变为社会主义性质的企业；对个体手工业者组织起来，走合作化经营的道路。随着对资本主义工商业和手工业的社会主义改造，广州市的个体、私营经济便濒临消亡，广州市原有的资本主义私营经济已不复存在。私营企业残存的仅是规模甚小、工艺落后、设备简陋的手工业或小商小贩。至1957年，全市仅有私营企业843户，5085人，行商404人。这些企业大部分进行了公司合营的改造，其中合营改造的有807户，4479人，占总人数的88.08%。余下未改造的只有36户，606人，主要原因是成员年纪老，行业无前途（这些未改造的业户，在以后民办工业清理整顿中，也逐步安排解决）。在行商404人中，有165人由商业部门吸收安排，有46人转到工业生产部门，有41人组成贩运合作小组，其余的一切歇业。另有大板车143户，271人；三轮车37户，分别进行了合营。对残存私营工商业的改造至1958年底基本完成。

1957年，私营企业的营业总额从1950年的16.77亿元下降到0.95亿元，其在全市工商业营业额中的比重由1950年的90.56%下降到2.44%；而国营企业的营业额由1950年的1.7亿元上升到1957年的24.13亿元，其在全市工商企业营业额中的比重由1950年的9.20%上升到1957年的61.90%。

表1－4　1950～1957年广州市工商企业营业总额及公私比重

单位：万元

项目		1950年	1951年	1952年	1953年	1954年	1955年	1956年	1957年
绝对数	总计	185133.5	235259.7	208741.6	296386.8	302269.6	284157.5	336264.2	389783.3
	国营	17036.6	38804.2	55290.8	108505.1	182913.2	179451.5	215610.1	241293.8
	合作	399.7	1329.3	4469.5	148760.3	14271.6	15835.6	24718.3	33935.6
	社营								
	公私合营	44.6	1990.1	5037.5	5653.1	4754.6	9338.2	70656.4	105059.0
	私营	167652.7	193136.1	143943.8	167358.3	100330.2	79532.2	25279.4	9494.9
比重	总计	100	100	100	100	100	100	100	100
	国营	9.20	16.49	26.49	36.61	60.51	63.15	64.12	61.90
	合作	0.22	0.75	2.14	5.02	4.72	5.57	7.35	8.71
	社营								
	公私合营	0.02	0.85	2.41	1.90	1.57	3.29	21.01	26.95
	私营	90.56	81.91	68.96	56.47	33.20	27.99	7.52	2.44

资料来源：《广州市志》【卷九】［上］11“工商行政管理”第644页。

1958～1965年，“大跃进”和三年经济困难及经济恢复时期。随着对资本主义工商业的社会主义改造基本完成，广州市各种经济性质和各类别的工商企业发生了巨大变化，许多原已在工商部门注册登记的工商企业或撤销，或倒闭，或合并；一些工商企业的经济性质发生了变化，难以准确界定；有的工商企业为适应新形势的发展需要，内部组织机构和人事关系以及产品结构需要重新调整；许多原来的手工业者和个体摊贩组织生产互助组、合作社，并向更高级的组织形式转化；一批集体所有制企业转变为地方国营企业；一些企业合并、迁移或调整经营范围；一批商业企业职工以及个体摊贩在“大跃进”中上山下乡或转入工厂。从业人员在各行各业中的分布出现前所未有的变化。特别是在“大跃进”的形势下，全民办工商业的势头很旺，机关办工业、商业办工业、学校办工业和街道民办工商业、农村办工业相继涌现。为了摸清在新形势下全市各种类型工商业企业的全面情况，广州市工商局于1958年10月13日发出了在全市范围内开展工商企业全面登记的通知。这次登记表明，广州市1958年有个体业户880户，2007人。

1961年在中央提出“调整、巩固、充实、提高”的八字方针的指引下，在放开经营中实行“大胆地放、认真地管”的方针。在流通领域，正确处理好国家计划收购、计划调节和非计划流通的关系，允许部分企业经营计划外二、三类物资的购销活动。在一定范围内，放开小商品的生产和经营及社会废旧物的回收利用，允许厂店挂钩、实行产销见面，加速商品流转。调整了小商贩、手工业户的经济性质，对1958年“大跃进”运动中进入国营、高级合作社的小商贩、手工业户，除棉布、粮食、中医等行业以及技术业务人员确需留在国营、合作社外，其余的允许自动退出，从而调动了商贩、手工业户的经营积极性。调整后，个体工商业户的户数和人数略有上升。据统计，1961年广州市个体工商业户（包括个体手工业）发展到2248户，3018人。

1966～1976年“文化大革命”期间，工商行政管理职能弱化，对残存的个体工商户采取“严加取缔、扫地出门”的政策，社会上已没有私有经济一席之地。1969年广州市革命委员会生产组关于个体站员所得税带征表规定，营业额50元起，按营业额征收1.5%；营业额达到100元的，征税14%；营业额180元的，征税39%，还要缴纳管理费，因此站员实际所得很少，家庭生活难以维持。到1979年上半年，广州市平均每百个居民仅有商业网点0.4个，商业服务人员4.4人。群众吃饭难、穿衣难、修理难、理发难、乘车难的问题相当突出。

1－1－1－2 工商业改造

1953年起，全国在经济恢复的基础上进入国民经济计划建设时期。在这一时期，私营工商业的社会主义改造迅速向前发展，特别是1953年过渡时期总路线的颁布，加速了对私营工商业的改造进程，为工商企业全行业公私合营准备了条件。

（1）工业改造。

广州私营企业的改组、改革，在经济恢复时期已在进行，从1953年开始，不少企业在国家有关部门的推动下，通过联营并厂进行经济改组，至1955年底的三年中，经过联营合并建立起来的新厂共63家。这一时期的并厂具有如下特点：一是有计划、有步骤地进行，并与发展公私合营企业计划相衔接。二是涉及行业面广，出现跨行业的合并。最先联营并厂是在一些主要的工业行业，如机器制造、机织、针织、电筒、化工等行业进行的。后来逐步扩展到其他工业行业，如铸造、香料化妆品、印刷、文教用品、食品工业等行业。

私营工业企业的改组合并，使小厂变大厂，集中了生产设备、技术力量和生产资本，扩大了企业规模，改进了技术和经营管理，使企业产品质量提高，降低了生产成本，推进了企业的社会主义改造。这一时期，私营企业开展了增产节约运动，加工订单比重上升，行业和产品品种也愈来愈多。产品的加工、订货在1953年到1955年有了迅速的发展（见表1－5）。

表 1－5　私营企业加工订货情况统计表（1953～1955 年）

年　份	1953	1954	1955
加工订货总值（万元）	24761	34160	23931
占私营工业总产值%	50.14	76.24	77.47

资料来源：《广州市志》【卷九】［上］11“工商行政管理”第 634 页。

（2）商业改造。

建国前，广州是一座在国民经济中商业占很大比重的城市，从业人员较多（详见表 1～6）。这种情况决定了对私营商业进行社会主义改造工作的困难和复杂性。

表 1－6　私营商业历年基本情况统计（1950～1955 年）

项　目	单位	1950	1951	1952	1953	1954	1955
户　数	（户）	50079	52475	58332	63431	76342	72355
资本额	（千元）	54182	62977	58866	68483	49871	39553
从业人员	（人）	113313	117065	121763	127010	136457	119647
其中：职工	（人）	26223	27432	25380	25344	19521	15486
营业额	（千元）	1236544	1376588	862286	1142319	449760	331221
其中：坐商营业额	（千元）	1023763	1138793	696517	934709	304666	203463
摊贩营业额	（千元）	42781	60816	90399	125622	110828	111252
销货额	（千元）	1212123	1345074	838372	1120145	428632	322914
其中：坐商销货额	（千元）	1023763	1138793	696517	934709	304666	203463
摊贩销货额	（千元）	36359	51690	76839	115376	98430	110945
行商销货额	（千元）	170000	176979	75370	81988	34266	16506

资料来源：根据《广州市志》【卷九】［上］11“工商行政管理”第 635 页材料整理。

广州对私营企业的改造，是从改造批发商开始的。1953 年底，广州私营批发商 3357 户，资本 4332 万元，从业人员 2.21 万人，其中雇佣工 1.35 万人。批发商业占坐商的比重为户数的 24.14%，资金的 79.71%，从业人员的 37.40%。初期对私营批发商实行“排除和代替”的政策，让社会主义商业控制批发市场，促使私营零售商完全依赖社会主义商业。在 1954 年 7 月中央财经工作会议之后，对私营批发商实行“留、转、包”政策，其主要形式是转业，转向工业生产，多数转入现有的工厂。1954 年，全市私营批发商转业资金投入工业生产的有 1309 万元，使全市私营工业资本额增加 25.09%，产值增加 20%；新建工厂 72 家，投入资金 369 万元；扩建工厂 113 家，增加投资 435 万元，占工厂资金的 80%。

对私营零售商的改造，是采取经销代销和公私合营等国家资本主义的形式，把私营零售商业逐步改造为社会主义商业，并组织个体小商业实行合作化。1953 年底，广州私营零售商户数 55664 户（包括坐商和摊贩），资本额 1223 万元，从业人员 10.12 万人，其中职工 1.81 万人。私营零售商占私营商业的比重为：户数 87.53%，资金 23.82%，从业人员 79.12%。到 1955 年 9

月，全市已有国营资本主义形式的商业如粮食、棉布、百货、化工、猪肉、陶瓷等32个行业共4165户，占全市零售坐商户数的43.42%。

(3) 饮食服务业改造。

私营饮食业包括茶楼、酒店、饭店、小食店、冰室、餐室、凉茶等7个自然行业，1950年全市饮食业2900户，从业人员1.52万人，其中坐商1032户，从业人员1.36万人。服务业包括旅业、摄影、理发、洗染、殡仪、澡堂、泡水浴室、寿衣寿具、汽灯租赁、仪仗租赁、家具租赁、戏服租赁、擦鞋、织补、抬殓、喜哀仪乐、书写等17个行业。其中主要是理发、旅业、摄影、洗染4个行业，共3398户，从业人员1.12万人，其中坐商2302户，从业人员9663人。

在改造饮食服务业中，国家对私营饮食业的原材料（粮、油、糖等）根据其经营情况予以定点、定量供应；对市民群众所需的粥、粉、饭、面、凉茶等在质量和价格等方面都有所规定；对酒菜和普通食品规定不同税率。同时严格限制开业，并订出旅业、理发、摄影、洗染等按等级分价格。这一系列的措施，限制了私商的高额利润，端正了经营作风，保证了劳动人民群众的生活需要。

1-1-1-3　公司合营

1957年初，广州市开始了全行业公私合营工作，在中共广州市委的领导下，根据“按行归口”的原则，集中了3000人的干部队伍，开展了按行业的私改工作。1956年1月21日，在越秀山体育场举行了全市私营企业职工代表和资本家及其家属共5万多人参加的群众大会，在大会上宣布全市资本主义工商业实行公私合营。合营企业共225个行业，10398户，从业人员127113人，资本额8663.80万元。

1956年上半年的社会主义改造中，对绝大多数私营工商业采用先“戴帽”（挂合营招牌），“后着衫”（进行企业清产核资、人事安排等）的方式，加速了全市资本主义工商业的全行业公私合营。至3月底，全市公私合营企业增至2.18万户。

在对合营企业的清产核资过程中，广州市工商行政管理部门根据中央“从宽从了”的指示精神和“公平合理、实事求是”的原则，在清产评估、债权债务、核资定股方面做了大量工作，把这一政策性强、牵涉面广的工作做了妥善的安排。

1-1-2　改革开放后至20世纪90年代初期的广州民营经济

1-1-2-1　概况

1978年中国共产党第十一届三中全会以后，实行改革开放政策，广州的个体私营经济进入了一个恢复发展的新时期。这个时期大体经历了三个阶段。

(1) 1979～1985年为数量增长型的恢复发展阶段。这个阶段中央先后转发出了全国劳动就业会议的文件，颁发了《当前农村经济政策的若干问题的通知》，提出了“劳动者可以从事个体工商业”、“农村个体商业和各种服务业，经营灵活，方便群众，应适当加以发展，并给予必要扶持”。1980年，广州市政府发出了《关于积极支持发展集体和个体经济的通知》。1982年，广州市人民政府颁布了《广州市城镇个体工商业管理试行办法》，为广州市恢复和发展城乡个体工商业提供了政策依据。1981年以后，在城镇凡是有户口的待业青年和无业人员，都可以申请从事个体经营；退休职工如能带徒传艺的，允许其开业；停薪留职人员从事经营个体工商业，可以发给营业执照。这一阶段个体工商户数从1979年的5022户上升到1985年的93779户，年均递增62.88%，远远高于全国同期年递增25%的速度。个体经济的崛起与发展，为回城知青、社会闲散人员和农村剩余劳动力提供了就业机会。

(2) 1985～1987年为结构调整型的提高阶段。随着经济体制改革的深入和人民群众消费水平的不断提高，市场需求的变化和竞争，推动了个体经济行业结构的调整和经营水平向社会经济生活的多层次、多方位发展。为了加强对个体经济的管理，这段时间，广州市工商行政管理局发出了《广州市城乡个体工商业登记管理暂行规定》(1987)，市委宣传部为加强对个体工商户的思想政治、职业道德教育制定了“橙色计划”。这些法规和措施，使广州市个体经济发展逐步走上正规化、法制化道路。个体工商业户得到健康持续发展，至 1987 年已有 11.21 万户，年均增长 7.58%。从事的行业有工业、商业、建筑业、运输业、科技服务业、修理业等。从业人员结构也出现新的倾向，不少干部子女、在职工作人员辞职或停薪留职申领个体营业执照。

中介服务业也在这个时期开始兴起。80 年代后期，计划经济向商品经济过渡，市场经济逐渐发达起来，企业对生产资料的需求和人们对生活资料的追求，使社会分工协作逐步细密并向专业化方向发展，中介组织开始活跃起来。中介活动从这个时期开始，服务领域不断扩大，出现了以经纪代理、信息咨询、资产评估、会计审计、律师事务、广告传媒等内容为主的中介服务。其发展特点，一是从小商品流通深入到各行各业，几乎有什么样的行业，就有什么样的中介服务；二是从单纯的商品买卖的中介服务，发展到高层次的咨询智力服务和参与技术开发、技术服务；三是民营企业增多。中介机构从开始以国有集体为主逐步转变到以民营为主。80 年代中期民营中介机构比重开始接近并逐步超过 50%；四是服务领域从城区发展到乡镇和农村；五是中介机构的现代化手段和服务能力不断加强，不少企业开始使用计算机及互联网。80 年代中期，广州市只有 10 多家经纪人服务机构，信息和咨询机构也只有 10 多户，1990 年广州市信息和咨询机构发展到 400 多户，其中诞生了全国第一户私营市场研究公司——广州市华南市场研究有限公司。

(3) 1987～1990 年则是个体私营经济的稳定发展阶段。1988 年 6 月 25 日，国务院颁布了《中华人民共和国私营企业暂行条例》，至此，私营企业的法律地位得以确定。该《条例》明文规定：“私营企业是指企业资产属于私人所有、雇工八人以上的营利性的经济组织”，“私营企业是社会主义公有制经济的补充”，“国家保护私营企业的合法权益”。广州市工商行政管理部门亦设立私营企业管理机构，将私营企业纳入监督管理的范畴，按照《私营企业暂行条例》、《广州市发展私营企业的若干规定》、《广州市私营企业登记管理规定》办理开业登记、变更登记、歇业登记；检查监督私营企业按照规定办理年检登记手续；检查监督私营企业是否按照核准的经营范围、经营方式和商品种类从事生产经营；制止和查处私营企业的违法经营活动；按照国家法律对私营企业进行其他的日常监督管理；做好私营企业档案管理和统计工作；指导同级私营企业协会的工作。

广州市政府为个体私营经济创造良好的政策环境主要体现在几个方面：

一是放宽经营范围。1989 年政府提出只要具备条件，一个投资者可以办几户私营企业，除军工、金融业和国家禁止经营的行业、产品不得生产经营外，只要市场需要和具备资金、设备、场地等条件，其他行业的项目均允许经营。

二是放开经营场地。1987 年，市政府鼓励个体工商户向农村、城市边缘区、新工矿区、新居民区发展。鼓励和支持个体工商户到全国各地设点并欢迎外地个体工商户来广州设点经营。1989 年，市政府在大量建立大型个体商场和市场的同时，又提出凡个人或家庭经营科技、修理、文化、服务、手工业加工等，允许用家庭住址作为经营场地。

三是银行信贷和价格上的支持。1980 年规定，个体工商户所需的商品和原材料，属国家计划供应部分的，纳入国家计划，价格与国营、集体一视同仁。1984～1987 年，政府规定凡属计划外的商品，都可以随行就市，自行定价，不搞限价，不规定毛利。中国工商银行对私营企业一律实行抵押贷款，抵押品可包括有价证券、金银等贵重首饰或地产。

四是税收优惠。1989 年对私营企业减免所得税的若干政策作了明确的规定：一是对新成立的私营企业，在开办初期纳税有困难的，经税务部门批准，可给予一定时间的减免税照顾；二是私营企业与外商从事来料、来件加工装配业务的，其来料来件价值与产品总值的 20%以上的加工装配收入，从同类产品的第一笔收入起，两年内免征所得税。私营企业自营出口产品获得退回的产品税、增值税，可不并入企业利润征所得税；三是私营企业的能源、交通设施以及“老、少、边、穷”地区投资分得的利润，在三年内减半征收所得税；四是私营企业从事水上运输，纳税有困难的，可在应纳税额35%的幅度内酌情减征；五是私营企业的税后利润如用于集体福利、奖励金和分红的，免征个人收入调节税。同时，对私营企业暂不征收奖金税。

自1988年起，广州的私营企业呈大幅度增长趋势（见表1－7、表1－8）。

表1－7　1988～1990年广州市私营企业历年基本情况

年份（年）	户数（户）	增长（%）	投资者（人）	增长（%）	雇工数（人）	增长（%）	注册资金（万元）	增长（%）
1988	579		1695		7450		7804	
1989	2123	267.0	4360	157.0	23785	227.0	26571	240.8
1990	2910	36.8	5708	30.0	32755	33.7	40777	53.6

资料来源：广东省政府发展研究中心、广东省工商局、广东省企业发展战略研究会《广东非公有制经济》，广东经济出版社2000年4月版。

表1－8　1988～1990年广州市私营企业经济效益情况

年份（年）	户数（户）	资金总额（万元）	总产值（万元）	营业额（万元）	零售额（万元）
1988	579	7804.0	938.0	1999.0	1198.0
1989	2123	26571.2	9838.9	11742.9	7170.3
1990	2910	40777.0	39158.3	33758.5	27325.9

资料来源：《广州市志》【卷九】“工商行政管理”［上］11第646页。

1988年后，广州市政府进一步放开个体工商业从业人员范围，允许经所在单位同意的富余人员、党政机关离退休人员从事个体私营经营。允许经所在单位同意的企事业单位的在职人员利用业余时间从事简易便民的临时经营，以及企事业单位的在职科技人员在个体私营企业兼职。外籍人员经公安部门同意，可从事个体经营，发给经营期一年的营业执照，并允许符合条件的外地待业人员直接来穗经商办厂。这一系列政策措施，进一步推动了全社会发展个体私营经济的积极性，促进了个体私营经济的发展。截至1990年底止，广州市个体工商户共有9.53万户，从业人员15.12万人，自有资金4.12万元。1990年全年总产值4.7亿元，营业额23.05亿元，其中商品零售额17.79亿元。按行业划分是：工业1.01万户，占总户数（以下同）的10.59%；商业6.18万户，占64.85%；饮食业7400户，占7.77%；服务业6746户，占7.08%；交通运输业3101户，占3.26%；建筑业74户，占0.08%；修理业5828户，占6.11%；其他行业253户，占0.26%。个体工商业成为广州市经济建设中一支不可忽视的力量。

1－1－2－2　发展特点

这一时期个体私人经济发展的特点：

（1）发展迅猛。广州改革开放比较早，给个体私营经济的迅猛发展创造了条件。改革开放前，广州的个体工商业户只有5000多户，在党的十一届三中全会精神鼓舞下，广州个体私营经济以前所未有的速度发展，到1990年底止，广州市个体工商户已发展到9.53万户，从业人员15.12万人；私营企业从1988年的579户发展到2910户，从业人员从9145人增加到38463人。私营企业和从业人员三年内分别增长了4倍多和3倍多。

（2）行业多、分布广、影响大、辐射强。广州市个体工商户、私营企业涉及的行业有工业、商业、建筑、运输、修理、饮食、科技、文化、咨询服务等，各种店档遍布城镇的大街小巷和农村的每个角落。个体工商户、私营企业不仅以经营行业广、品种丰富、款式新颖而闻名，而且以其良好的服务、灵活的经营手法为全国瞩目。他们不仅立足本地发展，还致力于在全国各地开拓发展。

（3）经济实力不断增强，向综合型企业发展。1988～1992年，广州市个体工商户的户均注册资金已从1980年的116元增加到6737元；私营企业的户均注册资金从13.5万元增加到25万元，其整体实力有了明显的提高，出现了100多家注册资金在100万元以上的私营企业以及30多家年产值超千万元的，集科研、生产、销售、服务于一体，向综合性经营方向发展的私营企业。

（4）向科技型、外向型发展。广州市科技型私营企业已发展到300多户，研制、开发出不少科技项目，有些项目还被评为省优秀科研成果。1992年有20多家私营企业与外商举办中外合资合作，引进外资折合人民币3000万元，产品出口额近4000万元。

（5）集约化经营出现了新的变化。经过多年的发展，在市区、城镇已逐步成行成市，形成了一大批专业市场，专营某类商品的专业街有几十条。在农村，也形成了一些相对集中经营某种行业或品种的专业村。

（6）对社会经济的贡献越来越大。实践证明，个体私营经济已成为广州市经济建设的重要组成部分，起到了公有制经济不可替代的作用。个体和私营经济发展，使社会就业观念发生了根本的变化，不仅吸纳了大量的待业人员就业，繁荣了经济，解决了多年来存在的吃饭难、理发难、修理难等问题，推动了市场竞争，冲击了计划经济模式下的“平均主义”、“大锅饭”，促进了市场经济的发育，而且为国家增加了财政收入。据广州市税务部门统计，1980～1992年，全市个体工商户、私营企业向国家上缴税金12亿多元。在经济比较发达的番禺市，个体私营税收占全市税收四分之一，有力地支持了国家经济建设。此外，个体私营企业富不忘本，还为兴办社会福利事业、建桥、办学、赈灾等作出了较大的贡献。

1－1－2－3　工商行政管理工作

党的十一届三中全会以来，工商行政管理部门在配合民营经济发展方面主要做了如下工作：

（1）清理整顿公司，为民营经济发展创造良好的经济秩序。结合各个时期的中心任务加强对公司债务清理整顿，加强了企业的年检工作。1990年底，全市撤并了1802户公司，并着手对名为集体，实为私营、个体的“挂靠企业”进行清理。对个体和私营企业的行业整顿，除巩固对个体饮食、服装、鞋类、理发等行业整顿外，还抓了汽车、摩托车、自行车修理及广从、广花、广汕公路路段个体路边店的整治，并结合“迎亚运、迎国庆、迎全国卫生检查工作，对市区个体户进行全面整治，共查处各类违章案件7745宗，拆除乱搭棚架4715处，吊销营业执照29户。（2）加强市场管理，促进市场建设。1987年，工商部门制定了《关于整顿市场秩序，加强物价管理，打击投机倒把的工作方案》，对全市9000多间个体“路边店”进行了全面整顿，加强了规范管理，建立了管理制度，全市评出“文明市场”38个，“信得过摊档”867个。1989年重点在服装、鞋类、理发、药材、饮食行业等个体经济进行整顿，并完成了个体户换照工作，换照率达96%。1985年，城乡集市发展到386个（城市81个，农村305个）比1980年增长1.6倍，相当于1979年的近3倍。1990年广州市集市贸易成交额达42.21亿元，比上年增长11.1%，连续6年居全国十大城市之首。

（3）加强对个体私营经济的引导、辅导和管理。配合有关部门采取措施，积极扶持，帮助他们解决场地、资源和资金等实际问题，使城镇个体私营经济得到迅速发展。在经营方向上，引导他们调整产业结构，根据各个时期的发展趋势，鼓励发展经济和社会需求的行业，如加工、维修、经纪、中介服务等行业。1988年，广州市批准8个经纪人服务所成立，1989年，已领证的经纪人达1792人。

（4）严厉打击生产、经营假冒伪劣商品的违法行为，加强对商标、广告、合同的监督管理。这个时期，工商部门为维护经济秩序，不断地开展各项有关的活动。1984年，制定了《户外广告管理暂行办法》、《招贴广告管理暂行办法》、《关于加强具有广告内容的挂历、年历、日历印刷管理的决定》等法规。同年8月成立了广州市消费者委员会。1986年举办了“广州商标、广告展览”，并成立了广州市广告协会。1987年对2113个注册商标进行验证，占全市注册商标总数的65.54%。深入开展“重合同、守信用”活动，年底评出“重合同、守信用”企业513户。

（5）加强法制建设。针对治理整顿遇到的问题，以及各个时期市场的情况，经常开展专题调查研究，清理改革开放以来工商行政管理法规，与有关部门建立和健全各项专业管理规章。

1-1-2-4 民营经济工作大事简述

【组织经纪人开展商品中介活动】1987年10月，广州市工商行政管理局报经市政府批准，决定进行组织经纪人开展商品中介活动。其指导思想是：兴利抑弊，因势利导，加强管理，服务社会。

广州市工商局首先在省商业贸易中心、市商业信托贸易中心、市工业品贸易中心、市交易服务公司、市副食品公司、市生产资料服务公司、市废钢铁交易中心、市科委科技市场等8个单位搞试点，分别设立了经纪人服务所，招聘一批经纪人，并负责对经纪人进行业务领导和管理。

凡从事经纪人活动的，由本人申请，经试点单位负责审查，统一由市工商行政管理局市场交易管理所审核批准发给《商品中介人员服务许可证》。凡已领取许可证的，其从事商品中介活动依法受到保护和支持。市工商行政管理部门是经纪人的主管机关，负责对经纪人活动的监督管理。申请从事经纪人活动的对象范围是：凡是熟悉商品知识和购销业务的广州市企业、事业单位的退休、离休、退职（含已办理正式手续停薪留职的）人员和社会闲散人员，可凭本人身份证及有关证明，向经纪人服务所报名申请。至年底，在8个试点单位报名申请，经过市工商行政管理局市场交易管理所核准发出的《商品中介人员服务许可证》共344个。

【开展经纪人试点工作】1988年，广州市开展了经纪人试点工作。特点是：

1．参加中介活动的经纪人逐渐增多。至年底，经广州市工商行政管理局批准成立的经纪人服务所有9个。审查发证的经纪人有1611名，其中离、退休人员1049人，占68%；待业青年469人，占29%；科技兼职人员93人，占3%。人数较多的是市交易服务公司经纪所，有经纪人411人，其次是市工业品贸易中心，有250人。初步形成一支有一定数量的经纪人队伍。

2．中介成交较活跃。到年底止，全市9个经纪所经过经纪人中介成交的商品有294宗，总成交额4039.75万元。

3．对经纪人的中介活动加强管理。（1）对经纪人服务所作资格审查。规定经纪所必须按政策制定有关章程，配备专职工作人员，有一定的资金、专用场地和设施。经纪所必须按市工商行政管理局审核的经营范围进行中介活动。（2）按政策、条件和手续审批经纪人，对具备条件的由工商行政管理局市场交易管理所发给《广州市经纪人服务许可证》。（3）对经纪人加强管理，实行定期检查监督。

【“橙色计划”和“后续方案”】1986年，由广州市委宣传部、市工商局党委牵头，在全市范围内对个体工商业户推行系统教育的“橙色计划”，以全面提高个体工商业户和后来出现的私营企业的素质。“橙色计划”通过比较正规的教学程序对全市个体劳动者和私营企业家进行思想道德、遵纪守法、经营方式等方面的系统教育，并从实际出发，实行晚上集中上课，分散自学做作业，经过考核发证书等办法，使这个计划的实施取得了成效。用了三年的时间，全市10万名个体劳动者和私营企业家都受到了轮训教育。在1990年总结表彰大会上，宣布橙色计划圆满完成。为了巩固和发展“橙色计划”的成果，并根据新形势的要求，进一步提高个体和私营企业主的综合素质，1991年3~4月，广州市委宣传部和市工商局党委又共同制订出《广州城乡个体劳动者、私营企业主思想政治工作条例（暂行）》和《“橙色计划”后续教育方案》，对个体工商户、私营企业主进行政策、法律、法规、职业道德、社会公德、形势和时事、国防观念和国际知识、艰苦奋斗和勤俭持家教育。通过这些教育，使广大个体工商业户、私营企业主进一步了解党的政策、国内外形势等，提高其服务水准，促进广州市个体私营经济队伍进一步健康发展。

【个体劳动者协会和私营企业协会成立】1984年和1989年广州市先后成立了个体劳动者协会和私营企业协会。个私协会的成立，充分发挥了协会在政府和广大经营者之间的桥梁和纽带作用，以及组织“自我教育、自我管理、自我服务”的作用，积极开展思想政治教育、普法教育、职业道德教育和职业培训教育，提高广大个体私营企业主的价值观、人生观、法制意识和职业道德，也使他们感到政府的帮助和关怀。

1-1-3　20世纪90年代初至90年代末的广州民营经济

1-1-3-1　概　况

1992年，邓小平同志视察南方重要讲话发表和党的十四大后，广州市个体、私营经济得到持续稳定发展。1992年底，全市共有个体工商户、私营企业12.15万户，从业人数24.53万人，注册资金15.77亿元，创造产值14.17亿元，占国内生产总值的2.94%；销售收入41.41亿元，其中商品零售总额34.33亿元，占全市社会商品零售总额的15.77%；上缴税金3.1亿元，占全市财政收入的6.13%（见表1-9）。

90年代初，广州个体私营经济发展居全国领先地位。

表1-9　1992年各大城市个体私营经济情况比较表

城　市	工商企业注册资金（亿元）	商品零售额（亿元）	从业人员数（人）	户　数（户）
广　州	15.77	34.33	245238	121586
北　京	12.09	27.25	301554	193069
上　海	7.27	21.62	241842	130426
天　津	9.2	16.30	192285	104329
武　汉	3.34	14.23	117441	70470
沈　阳	9.32	24.75	182013	94954
哈尔滨	6.74	25.47	129782	70806
南　京	3.94	12.52	131059	72354
西　安	6.4	10.50	127645	62410
广　东	147.02	260.03	2412646	1144906
全　国	822.2	1861.30	2699.6万人	1547.8万户

资料来源：广州市社会主义学院、广州市工商局编《广州私营经济发展新探》1994年，第106页。

以上情况表明，广州市个体私营经济的工商企业注册资金和商品零售额居全国各大城市首位，从业人员和户数如果按总人口比重分析，广州也居首位。

1992年广州市的国内生产总值占全国的2.2%，人口占全国人口的0.5%，而广州市私营企业的户数、注册资金、总产值与营业收入分别占全国私营企业的2.9%、3.8%、3.58%和6.19%（见表1-10），大大高于广州市国内生产总值占全国的比重。如果按人均拥有水平比较，广州市平均每1531人就有一户私营企业，而全国平均每8571人才有一户私营企业。

表 1－10　1992 年广州市与全国私营企业发展状况

项　　目	全　国	广 州 市	广州市占全国比重（%）
户数（万户）	13.9	0.40	2.91
从业人员（万人）	231.8	5.23	2.26
注册资金（亿元）	221.2	8.41	3.80
总产值（亿元）	205.1	7.45	3.58
营业收入（亿元）	127.9	7.92	6.19

资料来源：广州市社会主义学院、广州市工商局编《广州私营经济发展新探》第 11 页。

1993 年底，全国私营企业中有限责任公司为 41549 户，占私营企业总户数的 23%，注册资金占私营企业注册资金总额的 58%。以此数字相比，广州私营企业中的有限公司的比重约高出全国 14 个百分点，其注册资金的比重比全国高出约 5 个百分点。

广州市私营企业的组织结构、行业结构和城乡结构情况（见表 1－11）。

表 1－11　1993 年广州市私营企业结构情况表

项　　目	户数（户）	占比重（%）	注册资金（万元）	占比重（%）
按组织形式划分：				
独资企业	2945	42.43	45760	18.57
合伙企业	1445	25.52	43500	17.65
有限责任公司	2552	36.75	157220	63.78
按行业划分：				
工　业	2501	36.02	100614	40.82
建筑业	75	1.08	4960	2.01
交通运输业	56	0.80	3002	1.22
商　业	2837	40.86	91844	37.26
饮食业	156	2.25	5589	2.27
服务业	558	8.04	17914	7.27
修理业	89	1.28	950	0.39
科技咨询业	510	7.35	15483	6.28
其他行业	161	2.32	6121	2.48
按城乡结构划分：				
城　镇	4499	64.80	165119	66.99
农　村	2444	35.20	81358	33.01
合　计	6943	100.00	246477	100.00

资料来源：广州市工商局 1993 年统计资料、《广州年鉴》1993 年。

从表1－11可以看出，1993年广州市私营企业有限责任公司是比重最高的组织形式；私营企业分布在工业、商业、饮食业和服务业较多，而科技咨询已成为一支不可忽视的新生力量；私营企业三分之二在城镇。

为了进一步促进个体、私营经济的健康发展，从1992年开始，广州市政府有关部门，就对放宽经营范围，解决个体大户、私营企业与外商合资、合作、承接“三来一补”业务，到海外考察及设立经营网点审批权限等问题，出台了有关政策。1993年，国家工商局下发了《关于促进个体私营经济发展的若干意见》。广州市的各级党委、政府和有关部门，也采取了一系列有力的措施和办法加强个体私营经济工作。1993年、1995年、1998年和2000年，广州市政府分别召开了四次全市个体、私营经济工作会议；1993年，广州市委、市政府在召开第一次个体私营经济工作会议后，颁发了《中共广州市委、广州市政府关于加快个体、私营经济发展的决定》；1997年，市人大制定并颁布了《广州市私营企业权益保护条例》；1998年，市委、市政府又制定了《关于进一步促进个体、私营经济发展的补充规定》。此外，各区、县级市政府的各职能部门，还相应制定了不少地方性和有针对性的规定，在政策上实行了灵活的措施，并在反腐保廉和改善服务态度上下功夫，不断提高办事效率，为个体私营经济排忧解难。2000年，广州市委、市政府又出台了《关于加强个体、私营经济工作的若干意见》（穗字［2000］12号文），为营造公平竞争的环境作出了指导性的意见。这些政策和措施的颁布实施，为广州私营经济提供了良好的投资环境，使广州市个体、私营经济得以持续、稳定、健康发展（参见表1－12和表1－13）。

表1－12　1991～2000年广州市个体商业户发展的基本情况

年份	户数（户）	增长（%）	从业人员（人）	增长（%）	注册资金（万元）	增长（%）
1991	105238	10.50	167541	10.80	553053	4.35
1992	117542	11.70	192951	15.20	736293	3.13
1993	135261	15.10	224216	16.20	110244	49.73
1994	172000	27.12	282600	26.05	174300	58.10
1995	189300	10.06	315800	11.75	215600	23.69
1996	201300	6.34	337200	6.78	253600	17.63
1997	203900	1.30	343800	2.00	273100	7.69
1998	211700	3.83	375000	9.10	320600	17.40
1999	221724	4.74	383728	2.33	393800	22.83
2000	226016	1.94	380941	－0.73	405000	2.83

资料来源：《广东非公有制经济》第49页、《广州年鉴》2001、林树森市长在广州市第四次个体私营经济工作会议上的讲话等。

表 1-13 1991~2000 年广州市私营企业发展的基本情况

年份	户数（户）	增长（%）	投资者（人）	增长（%）	雇工数（人）	增长（%）	注册资金（万元）	增长（%）
1991	3290	13.3	6174	8.2	37715	15.1	51658	26.7
1992	4043	22.9	7291	18.1	44996	15.1	84094	62.8
1993	6943	71.7	13271	82.0	74158	35.2	246477	93.3
1994	10052	44.8	20964	58.0	106265	43.3	560981	27.8
1995	15206	51.8	26409	26.0	111383	4.8	955848	70.4
1996	19900	30.0	38454	45.6	150271	34.9	1394503	45.9
1997	24681	24.0	48419	26.0	185437	23.4	1888505	35.2
1998	30583	23.9	60490	24.9	197983	6.8	2399674	27.3
1999	37436	22.4	76284	26.11	237765	20.1	3125600	30.3
2000	47699	27.41	99282	30.15			4357300	39.41

资料来源：《广东非公有制经济》第 50 页、林树森市长在广州市第四次个体私营经济工作会议上的讲话。

1-1-3-2 发展特点

这个时期广州个体私营经济发展的主要特点是：

（1）个体工商户和私营企业发展迅速。1991~1998 年私营企业的户数、投资者人数、雇工人数、注册资金数分别以平均每年 35.3%、36.1%、22.3%和 48.75%的速度增长。到 2000 年底，广州市有个体工商户 226016 户，相当于 1991 年的 2 倍多。私营企业以第三产业居多，据广州市统计局第三产业普查资料反映，到 1994 年底，登记注册的从事第三产业的私营企业 6785 户（占当年全市私营企业总户数的 66.5%），从业人员 6.83 万人，户均 10 人，平均每户注册资金 30 多万元。2000 年底，全市登记的私营企业 47699 户，相当于 1991 年的 14 倍多。

（2）私营经济规模不断扩大，企业素质不断提高。户均注册资本由 1988 年的 13.5 万元增加到 1998 年的 78 万元。1998 年注册资本 100~500 万元的私营企业有 4740 户，500 万元以上的有 532 户，还出现了 5 家注册资本超亿元的私营企业集团。到 2000 年，公有经济和私有经济的比例分别是 67.6%：32.4%，从发展趋势看，私有经济的份量将越来越大。不少私营企业按现代企业制度规范企业管理和企业行为。有限责任公司成为私营企业的首选模式。上档次的私营企业向集团化、股份化方向发展。1998 年新增有限责任公司 5929 户，占全市净增私营企业数的 63.76%，有限责任公司已占私营企业总数的 85.58%，私营企业集团已有 31 户。这个时期，广州市已拥有一批经济实力雄厚、有成功品牌和知名度的企业。

（3）个体、私营企业的投资领域不断拓宽。第三产业过去一直是个体、私营企业投资的热门，特别是交通运输业、仓储业、批发零售和服务业，但 90 年代中后期出现了三大投资热点：一是从事加工、制造业的个体、私营企业呈现逐年增多的趋势；二是兴办“三高农业”、旅游观光农业，为农业服务的企业也成为当时的一个投资热点；三是随着信息产业和知识经济的发展，个体私营企业把资金投向高新技术产业、科技中介服务业的越来越多。到 2001 年，广州市已拥有创业服务中心、孵化器 16 家，这些新型科技产业园区民营企业最多，仅天河科技园，就聚集了民营科技企业 1000 多家。

（4）私营企业越来越重视开拓海内外市场。对外投资和设立分支机构的私营企业逐年增多。1992 年，广州中外合资合作经营的私营企业仅 13 家，投资金额折合人民币 4373 万元，有创汇能力的私营企业40多户，出口额折合人民币约3000万元。到1993年，中外合资合作的私营企业达36户，“三来一补”的企业近30户，有出口创汇的私营企业近100家，引进外资折合人民币3000多万元，出口创汇折合人民币5000万元。许多私营企业不但注意开拓国外市场，而且注意把开拓国内和国外两个市场结合起来。1998年广州市的私营企业分支机构有3424户，并涌现出一批出口创汇企业，其中广州市宏宇集团有限公司和广州市攀达国际集团有限公司被外经贸部批准为可自营进出口的企业，还有近百户私营企业主在世界各地开办了企业。2000年底，全市私营企业海关进出口总值达到2335056万美元。

（5）私营企业积极参与国有、集体企业的改革。一些有条件、有实力的私营企业开始承包、租赁、兼并或购买国有中小型企业，给他们注入资金、注入活力，打开了产品销路，提高了经济效益。据不完全统计，1998年，广州市私营企业聘用下岗人员达16400多人，有力地支持了国有企业改革。个体私营企业不但为城镇国有、集体企业下岗人员解决就业问题，而且为农村剩余劳动力的出路创造了一条越来越宽阔的路子。

（6）私营企业集团发展壮大。1999年，广州市新增私营企业集团8户。至年底，全市共有私营企业集团39户，注册资本共19.93亿元，户均注册资本5111.13万元，其中超亿元的有5户；集团属下成员企业共223户，平均每个集团有成员企业5.7户。集团成员企业的注册资本总和达2.1亿元，户均94.17万元，生产经营状况越来越好。在39家企业集团中，经营效益较好的有25家，半数以上年纳税额超过百万元，年纳税额超千万元的有3家。投资者和经营管理人员综合素质也有很大的提高。

（7）建立了全国首个私营企业协会党组织。广州市是中国较早开始个体、私营企业党建工作的城市。从1994年底起，广州市委组织部和市工商局党委组成了联合调查组，对全市4500家私营企业中的1200名党员进行调查和摸底，然后决定组建中共广州市私营企业协会委员会。经过精心筹备，于1996年4月率先在全国建立起第一个私营企业协会党委，初步形成了工商系统和私营企业协会“双轨”式三级管理架构；初步建立起个体、私营企业党建工作制度体系；利用党建工作网站，创新私营企业党组织的管理方式；坚持“两个服务”，即服务经济，服务企业，探索形成集中与分散活动相结合、工作时间与业余时间相结合、政治学习与业务学习相结合的组织活动方式，创造了一些经验，在全国产生了较大的影响。

（8）个体、私营经济对社会的贡献越来越大。据统计，1998年，广州市个体、私营企业缴纳的各项税款达16.6亿元，约占广州市工商税收的13.8%。在区街，个体私营经济发展的贡献率尤其突出，例如天河区，1999年国内生产总值达76.14亿元，一般预算财政收入10.57亿元，其中个体私营企业上缴税额已占全区近80%。通过对广州私营企业的人均产值、人均营业收入和人均上缴税金来进行分析，私营企业对社会贡献的增长很快（见表1-14）。

表1-14　1992～1993年广州私营企业人均产值、人均营业收入和人均上缴税金情况

年份	私营企业从业人员（人）	总产值（亿元）	人均产值（万元）	营业收入（亿元）	人均营业收入（亿元）	上缴税金（亿元）	人均上缴税金（亿元）
1992	52287	7.35	1.406	7.92	1.515	3.11	0.5948
1993	87429	16.45	1.882	34.86	3.987	5.10	0.6263
1993比1992年增长（%）	67.21	123.81	33.86	340.15	163.17	63.99	5.30

资料来源：广州市社会主义学院、广州市工商局编《广州私营经济发展探索》，1994年。

个体、私营企业在90年代初为社会公益事业捐款捐物达7000多万元，其中1995年广州30多名个体私营企业主为新疆和田地区农民饮水困难捐款200万元，帮助该地区打井100口；1998年，广州市个体私营企业为长江抗洪抢险捐款捐物共计2000多万元。

1－1－3－3 政策研究

20世纪90年代，广州市为个体私营经济发展创造了良好的政策环境。1992年7月广州市人民政府颁发了《广州市私营企业登记管理规定》。广州市工商行政管理局为了贯彻党的十四大提出的关于坚持以公有经济为主体，多种经济成份共同发展的方针，改进工商行政管理工作，促进个体经济、私营经济健康发展，提出了《关于促进个体私营经济发展的若干意见》，其中包括了对个体私营企业放宽经营范围和经营方式，支持个体私营企业发展第三产业，允许机关企事业单位在转制中分流出来的富余人员和党政机关离退休人员从事个体经营或开办私营企业等内容。

1993年，广州市委、市政府制定出台了具有广州特色的《关于加快个体私营经济发展的决定》（中共广州市委穗字［1993］14号）。《决定》对放宽个体私营企业的经营范围、财税和信贷、提高设备折旧率、支持扩大出口、鼓励联合和开办市场、开展对外经济活动、解决技术人员的实际问题以及保障个体私营企业及职工的合法权益等方面作出了明确具体的政策规定。《决定》出台后，成效十分显著，1994年底，全市共有个体工商业户172069户，从业人员282588人，注册资金17.43亿元，分别比1992年底增长40.39%、46.46%和136.76%；私营企业10052户，投资人数20954人，雇员106265人，注册资金65.1亿元，分别比1992年底增长149.63%、187.53%、136.17%和567.12%。1993、1994两年，全市个体工商户、个体私营企业上缴国家税收达10亿元。

为了进一步推动广州市个体私营经济的健康发展，巩固决策研究的成果，1994年，广州市委政策研究室受市委、市政府委托，在调查研究的基础上起草了《关于贯彻市委、市政府〈关于加快集体和私营经济发展的决定〉的情况及意见》（穗文44号），同市政府研究室、市工商局一起形成并出台了《中共广州市委、市人民政府关于进一步促进个体私营经济发展的补充规定》。这个规定从有利于改革和发展的原则出发，坚持把经济体制改革与个体私营经济发展相结合，提出了一些新的、有突破性的措施。2000年，广州市委、市政府出台的《关于加强个体、私营经济工作的若干意见》（穗字［2000］12号），对营造公平、公正、公开的市场环境，促进个体、私营经济发展，贯彻省委省政府有关决定等问题提出了指导性的意见。

1－1－3－4 行政管理工作

在个体工商业户和私营企业管理工作方面。一是抓紧了法制建设和宣传教育，起草的专业法规有：《广州市市场登记管理办法》、《广州市经济合同管理规定》、《广州市城乡集贸市场管理条例》，并继续做好有关商标、广告、合同和反不正当竞争的有关政策法规的宣传教育；二是加紧培育商品市场。制定了《“八五”期间广州市集贸市场建设规划要点》，并投资3125万元新建、改建市场，实行了全市集贸市场服务证章制度。1992年底，全市集贸市场有397个，成交额62.27亿元，1999年发展到1049个，全市集市成交额436.33亿元。三是加强了对个体工商业户和私营企业的监督管理，重点对户外张贴、个体饮食和美容美发业、旅业、音像制品书刊市场进行整顿，打击了不正当经营行为。在严打的同时，抓紧完成了清理整顿公司的工作。到1991年10月底，全市经清理整顿确定保留的公司4012户，已办理重新登记的3547户，降格的523户，撤销的1675户，已办理注销登记的1168户。四是制定了关于支持企业改革转制和扶持下岗职工再就业的若干措施，实施了“五个鼓励”措施，即鼓励个体私营经济进入国有经济逐步退出的领域发挥作用，鼓励有条件的个体工商户和私营企业承包、租赁、兼并、购买中小国有企业，鼓励个体工商户、私营企业与国有企业参股、融资，鼓励个体工商户和私营企业吸纳下岗职工，鼓励下岗职工申办个体工商户和私营企业。帮助国有企业平稳转制，并做好部队、机关所办企业脱钩的工作，促进了个体私营经济的发展。

在民办非企业单位的管理工作方面。2000年，市政府和有关部门根据“中央两办”通知精神、国务院《民办非企业单位登记管理暂行条例》和民政部有关意见和规定，从广州实际出发，制定了工作方案及印发国家《民办非企业单位登记暂行办法》等规范性文件。从2000年1月开始，有组织、有计划、有步骤地开展对民办非企业单位的复查登记工作。6月份，市民政局经市编制委员会批准，将“广州市社团登记管理办公室”更名为“广州市民间组织管理办公室”，明确了办公室具体承担社会团体和民办非企业单位的成立、变更、注销登记的主要职责。

1－1－3－5　民营经济工作大事记

【第一次个体私营经济工作会议】　1993年8月9日，广州市首次召开“个体、私营经济工作会议”。广州市委书记高祀仁、市长黎子流参加了会议并在会议上讲话。会议传达了市委、市政府《关于加快个体和私营经济发展的决定》，《决定》从14个方面对个体私营经济进一步放宽政策，放开经营，切实做到“政治上给予关心，资金上给予支持，技术上给予指导，合法的给予保护，高技术产品给予优惠”。市工商局长周伟球作了广州市个体、私营经济工作情况的报告。与会代表围绕如何进一步发展广州市个体、私营经济进行了热烈的讨论，提出了许多好的意见和建议。会议总结了改革开放十四年来广州个体私营经济发展的成绩和经验，对进一步提高认识，加强领导，积极解决个体私营企业场地、资金、费用负担，办好个体私营经济试验区，创造政策法规环境、外向经济条件，以及提高个体私营企业自身素质，加强管理，促进个体私营经济健康发展等方面提出了具体的意见。

【第二次个体私营经济工作会议】　1995年5月，广州市召开了第二次个体私营经济工作会议，议程主要是总结个体私营经济工作情况，由个体私营经济工作领导小组副组长周伟球作工作报告；区（县级市）和有关部门介绍工作经验；市委书记高祀仁、市长黎子流参加了会议并在会上讲了话。会议前，郭向阳、刘念祖等市领导带队，从有关部门抽调人员，组成检查组，对1993年3月市委市政府制定的《加快个体私营经济发展的决定》贯彻落实情况进行了调查。会议号召在深化改革、扩大开放的新形势下，加快个体私营经济的发展，提出了要上规模、上档次、上水平，推动全市个体私营经济工作健康发展的具体要求。

【第三次个体私营经济工作会议】　1998年5月29日，广州市召开了第三次个体、私营经济工作会议。这次会议的主要任务是深入贯彻和落实党的十五大和省第八次党代会精神，总结1993年以来广州市个体、私营经济发展情况，研究再上新台阶，增创新优势的问题。市委书记黄华华、市长林树森参加了会议并讲了话。黄华华书记在讲话中强调了三个问题：一是要把把握机遇与提高认识结合起来，从思想上树立“重要部分”、“优势互补，共同发展”、“抓住机遇，不断开拓”的观念，高度重视个体、私营经济的发展；二是要把加快个体、私营经济发展与国有经济布局的战略结合起来，采用“全部购买”、“部分购买”、“注资参股”、“租赁托管”等四个方面参与国有经济布局的战略性调整；三是要把增创政策新优势和市场新优势结合起来，制定鼓励优惠政策，在资源配置和服务工作等各方面促进和开拓个体私营经济发展的新局面。林树森市长讲了三点意见：一是要加大力度，从认识上、政策措施上推动个体私营经济再上一个新台阶；二是加强引导，从建立现代企业制度，走规模化、集约化、开拓多元化市场、提高企业素质和管理人员素质方面，把个体、私营企业培育成经济发展的增长点；三是要加强管理，从立法、整治清理乱收费、乱摊派和自律管理等方面为个体、私营经济健康发展创造良好的环境。

【中国留学人员广州科技交流会】　1998年开办的“中国留学人员广州科技交流会”，由中华人民共和国教育部、科技部、人事部、中国科学院和广州市人民政府联合主办，在广州每年举办一次。这种新形式的交流会，已成为吸引海外智力、高新科技及人才，促进高新技术项目交流的一个重要平台，同时成为广大海外留学人员归国创业和发展国内民营科技经济的一个重要渠道。中国留学人员广州科技交流会已经成为海内外知名的品牌展览会，有“智力广交会”之称。国内各地近年来兴办了许多留学人员创业园、孵化器等，其人才、项目和技术渠道许多来自于在广州每年举办的“留学人员广交会”。

【第四次个体私人经济工作会议】　2000年8月1日，广州市召开了第四次个体私营经济工作会议。会议交流了个体私营经济工作的经验，颁发了广州市委、市政府《关于表彰先进个体工商业户和先进私营企业的决定》，表彰了92名先进个体业户和54个先进私营企业。会上，市长林树森就如何推动广州个体私营经济发展再上新台阶谈了几点意见。他指出，建立现代企业制度，加强企业管理，提高企业素质十分重要，各级政府和有关部门一定要注意帮助个体私营企业解决现存困难，认真清理“挂靠”问题，引导民营企业建立技术创新机制，帮助个体私营企业走上科学管理的轨道。他勉励民营企业要充分发挥在发展高新技术方面的主力军作用，积极实施“走出去”战略，参与国际竞争。要守法经营，积极配合政府规范市场秩序，共同营造公平竞争的市场环境。

【全面清查私营企业登记情况】　2000年10月15日至12月31日，广州市工商局个体私营经济管理处和各分局个体、私营经济管理科及各基层工商所，按照粤工商518号文的要求，采取档案检查和实地检查相结合的方式，对在市工商局和各分局领取营业执照的私营企业进行了一次全面清查。全市共清查私营企业40780户，占全市同期私营企业总户数的91.9%。其中市工商局私营经济管理处清查了25290户，占已登记私营企业户数的100%。检查结果：合格率为66.7%，不合格率为33.3%。其中档案不合格的占23.7%，实地检查不合格的占9.5%。为此，市工商局制定了具体的整改措施，采取了发出补交材料通知书和年检把关的方法，限期追补档案资料。同时，及时研究解决检查中发现的重点、难点问题，完善内部管理体制，理顺内部操作规程，促进了全市个体、私营经营登记管理工作的规范化。

1－1－4　近年来广州民营经济发展状况

1－1－4－1　概　　况

2000年以来，广州市个体私营经济又有了新的发展。截至2001年底止，全市个体工商业户25万户，私营企业5.2万户，注册资金600多亿元，实现国内生产总值466亿元，占全市经济总量的17.4%。个体私营经济投资者和从业人员分别为42.8万人和43.4万人，分别占全市就业人员总量的8.4%和8.5%，两项合计向社会提供了86.2万个就业岗位，其中吸纳国有企业下岗职工42万人，极大地缓解了广州市的就业压力。

2002年底，广州市有个体工商业户245505户，从业人员41.58万人，注册资金66.02亿元。私营企业66596户，从业人员524139人，注册资本7828932万元，私营企业创造了良好的经济效益和社会效益。2002年广州市私营企业共创产值63024.14万元，实现销售总额或营业收入54103万元，社会消费品零售总额50840万元。安置国有企业下岗职工30092人。

2003年底，广州市共有个体工商户230229户，比上年减少了6.22%，但全年新登记户数为57664户，比上年增加了28.15%；私营企业78604户，比上年增加了18.03%，全年新登记户数为21051户，增长了24.06%。私营企业总户数与同期的国有、集体企业相比多出17485户，在户数上首次超过国有、集体企业。在注册资金方面，个体工商户注册资金总额为58.58亿元，户均注册资金为2.54万元，超过全国每户1.59万元的水平；私营企业注册资金总额为941.13亿元，户均注册资金119.13万元，也高出全国每户101.3万元的平均水平。大型私营企业明显增强，广州地区产销超亿元的民营工业企业基本都聘用了职业经理人，改变了“兄弟厂”、“父子店”、“夫妻档”的家族管理模式，越来越重视对企业股份制的改造，在全市进入上市辅导期的22家企业中，民营企业占了17家。在众多的民营企业中一批上规模、上档次、上水平的“明星企业”相继诞生。2003年底全市注册逾千万元的私营企业共有1713户，比上年增长33.41%；其中注册资本超亿元的私营企业有55户，相当于2002年的近3倍；全市有私营企业集团47户，涌现了长隆、利建、宝供、立白、白云电器、新太、新荔枝湾、美晨等一批规模较大或科技含量较高的私营企业或企业集团。

表1－15　2001～2003年广州市个体私营经济发展情况

类别		2001年		2002年		2003年	
		合计	增长（%）	合计	增长（%）	合计	增长（%）
个体工商业户	户数（户）	250672	10.91	245505	－2.06	230229	－6.22
	从业人员（万人）	42.79	12.33	41.58	－2.80	36.08	－13.23
	注册资金（亿元）	49.00	22.50	66.02	34.6	58.47	－11.28
私营企业	户数（户）	52203	9.44	66596	27.57	78604	18.03
	投资人数（万人）	11.14	12.19	14.7	31.69	15.05	28.74
	雇工人数（万人）	32.27		37.7	16.96	48.59	28.89
	注册资金（亿元）	551.1	26.48	782.9	42.05	941.13	20.21

资料来源：《广州年鉴》、广州市第六次个体私营经济工作会议材料。

2001年底，广州市共有个体工商户250672户，私营企业52203户，合计302875户。按产业结构划分：第一产业745户，占0.25%；第二产业28737户，占9.49%；第三产业273393户，占90.27%。按行业划分：农林牧渔业745户，占0.25%；采掘业448户，占0.15%；制造业26689户，占8.81%；建筑业1600户，占0.53%；交通运输、仓储业20039户，占6.62%；批发和零售贸易、餐饮业211913户，占69.97%；社会服务业38130户，占12.59%；其他行业3311户，占1.09%。除交通运输、仓储业总户数比上年下降2.53%外，其他行业企业户数均有不同程度的增长。其中增长较快的仍是批发和零售贸易、餐饮业，比上年增长11.57%。

2003年广州市个体私营经济内部结构情况发生了一些变化。从三大产业发展情况看，全市个体和私营经济按产业划分，第一产业共有3984家，占1.29%，比2001年增加了3139户；第二产业共有32208户，占10.43%，比2001年增加了3571户；第三产业共有272641户，占88.28%，比2001年减少了752户，第三产业的比重有所下降，而第一、二产业的比重呈现上升的趋势。从总体行业发展情况来看，与2002年相比，经营采掘业、交通运输业、仓储业的个体工商户和私营企业均有不同程度的变化。降幅最大的是交通运输、仓储业，其中，从事交通运输、仓储业的个体户减少了86.1%，私营企业则增长了28.4%；从事采掘业的个体户减少了82.1%，私营企业也下降了9.1%；而从事农林牧渔业的个体工商户和私营企业则成倍数增长，其中个体工商户增长4倍多，私营企业增长2倍多，这与工商部门积极开展种植业户、养殖业户登记试点工作有直接关系（详见表1－16）。

表1－16　2003年全市各行业个体私营经济行业结构情况

分　类	个体工商户		增长（%）	私营企业		增长（%）
	户数（户）	比重（%）		户数（户）	比重（%）	
农林牧渔业	2865	1.24	456.2	1119	1.42	241.2
采掘业	62	0.03	－82.1	70	0.09	－9.1
制造业	17452	7.58	－8.9	12431	15.81	20.2
建筑业	203	0.09	10.3	1990	2.53	28.4
交通运输仓储业	2310	1.00	－86.1	1513	1.93	28.4
批零贸易、餐饮业	179599	78.01	－0.6	36617	46.59	11.2
社会服务业	25076	10.89	－8.0	18826	23.95	12.9
其他行业	2662	1.16	428.7	6038	7.68	78.7
合　计	230229	100.00	－6.22	78604	100.00	18.03

资料来源：据广州市民营经济工作领导小组办公室提供的有关资料整理。

按私营企业的组织形式划分，私营企业内部结构以有限公司比例最多，其次是独资企业和合伙企业，股份有限公司的比例最少（详见表1－17）。

表1－17　2003年私营企业组织形式构成情况

所有制形式	户　数（户）	占全市私营企业的比重（%）
有限公司	64795	82.43
独资企业	11099	14.12
合伙企业	2701	3.44
股份有限公司	9	0.01
合　计	78604	100.00

资料来源：据广州市民营经济工作领导小组办公室提供的有关资料整理。

1－1－4－2　发展特点和存在问题

2001～2003年民营经济发展的主要特点：

（1）民营企业在广州经济社会中的地位更加突出。

2003年8月底，民营企业数量开始超过了内资企业的数量。已经形成了同国有集体经济、外资投资经济三分天下的格局。广州市民营企业在全市的一些重要行业中占有举足轻重的地位（详见表1－18）。

表 1－18　广州民营企业在全市企业中的比例

广州市现有市场、企业数量	民营企业所占比重（%）
1478 家市场	90
高新科研开发企业	80
全市认定的高新科技企业	82
获准自营出口业务的企业	64
13 万个商业网点	80
12 万个餐饮网点	90
房地产综合实力前 30 位企业	50

资料来源：《广州工商管理》2004 年第 2 期，第 43 页。

（2）民营企业日渐成为高新技术产业发展的主力军和经济发展的新增长点。

广州市民营经济投向高科技制造业、运输业、商贸流通业、电子信息业等产业的资金比重越来越大，有力地促进了全市产业结构的调整优化。2001 年全市民营科技企业工贸总收入达 376 亿元，比上年增长 24%，全市认定民营高新技术企业 311 家，占全市认定高新技术企业总数的 82%，天河软件园的民营企业占该园企业总数的 95%。广州市已建成 8 家科技企业孵化器，场地总面积达 3.5 万平方米，其中国家级创业服务中心——广州高新技术创业服务中心组建头 10 年共有孵化企业 300 多家。此外还积极推进区、县级市创业服务中心和留学人员孵化器，建成了广东海珠海洋生物技术产业开发示范基地、番禺节能园、黄埔科技创业园、荔湾环保科技产业园，这些孵化器在孵企业和入驻科技园区的企业绝大多数是民营企业。2002 年广州民营科技企业技工贸总收入达 477 亿元，其中技工贸收入超过 100 万元的企业 533 家，超过亿元的企业 89 家，经认定的高新技术企业 376 家。2003 年底广州民营科技企业有 2256 户，比上年增长 12%，约占全省的 40%；年末职工总数 13.8 万人，比 2002 年增加 13.9%；全市民营科技企业资产总值达 588 亿元，比 2002 年增加 23%；上缴税金总额 21.9 亿元，比 2002 年增加 12%；出口创汇 10.9 亿美元，比 2002 年增加 1.8%；年技工贸总收入超 100 万元的企业有 801 家，超亿元的企业有 107 家。全市经营软件业务的企业中，80%以上是民营企业。民营企业已成为广州市发展高新技术产业的新生力量。

（3）民营经济从内向发展逐步向国际化经营转变，私营进出口企业发展迅猛。

2001 年 8 月，市外经委根据国家经贸部有关规定，制定了《关于进出口经营资格管理的有关规定的通知》，放开私营企业的进出口权。在这一政策作用下，从事进出口业务的私营企业猛增。2001 年底，领取流通领域进出口和自营进出口资格证书的私营企业超过 100 户，获批准增加进出口业务范围的私营企业有 55 家，与 20 世纪 90 年代末只有几家获国家批准自营进出口的私营企业数相比，增长 8 倍多。2003 年底，全市拥有自营出口权的私营企业近 1000 户，户数三年来增长了 26 倍，其数量已占全市自营出口企业总数的 69%，超过国有、集体出口企业。海关进出口总值达 3494075 万美元，比上年增长 25.1%。私营企业进出口产品主要是汽车零配件、医药产品、机械设备、仪器仪表、金属材料、塑料制品、电子产品、工艺美术品等。

（4）行业结构和企业结构继续调整，促进了社会经济均衡发展。

广州市在有关政策的引导和市场经济规律调整下，私营企业投资者向第一、第二产业投资的意识增强，农牧渔业、制造业、建筑业已成为投资热点，投资项目从以房地产为主扩展到钢铁生产、药品生产、稀土加工等。投资领域从企业扩大到非企业单位，并正逐步进入一些以前民营经济不能涉及的领域，例如银行、信用担保机构、出版物总发行、客运站、高速公路建设等。到2004年5月24日广州市召开第六次民营经济工作会议时为止，私营信用担保公司的数量达到了53户，比2002年底的8户增长了6倍多；从事医药卫生用品经营的个体工商业户一年增加了近16倍，达到3732户；2003年9月1日起，出版物总发行权向民营资本开放，文德广运发行集团成为第一家获得报刊总发行权的民营企业。截止2002年底，广州市从事第一、第二产业的私营企业13614户，从业人员144297人，注册资金1710484万元；第一、第二产业户数、从业人员分别比上年增长31.06%和134.56，注册资金增加42.06亿元。在第一、二次产业大幅度增加的同时，第三产业也在同步增长，产业结构和行业结构在调整中趋于合理，保持了平稳发展的势头。到2003年底，广州市私营和个体从业人员共997211人，第一、二、三产业的比重是18.8：39.3：41.9。在投资者的人员结构中，流动人口开办的私营企业有不断增长的势头，外来人才在广州开办的私营企业从2000年的5000多户增至2003年的2.01万户，增长4倍多。

企业所有制结构也继续发生变化。随着国有企业改革不断深化和市场经济的发展，广州市公有制企业比重在不断下降，而以个体私营和个体私营参与的各种混合所有制形式的比重在不断增加。2002年全市企业注册资本比上年增加1327500万元，增长7.25%，企业法人户均注册资本由上年底的254.30万元增加到297.82万元。其中国有企业占14.61%、集体企业占34.65%、联营企业占1.22%、股份合作企业占21.78%、公司占27.24%，其他企业占0.51%。与上年相比，虽然国有重点、大型企业经济实力更加雄厚，但国有、集体和联营企业所占的比重继续减少，股份合作企业、公司所占的比重继续增加。据《南方日报》报道，2003年全市实有内资企业61119户，与上年相比减少31.68%。其中国有企业9458户，减少3593户；集体企业18858户，减少12079户；联营企业618户，减少451户，减少的其中一个主要原因，是在工商部门登记注册的国有、集体企业转为民营企业的总数有5041户。这些转制企业由于注入了新鲜血液，取得了良好的经济效益和社会效益。据不完全统计，80%左右的国有、集体转制企业的经济效益比转制前好。其中，广州白云电器集团和美晨集团股份有限公司的经济效益较明显，2002年产值分别超过了3亿元和2亿元。在内资企业总数减少的情况下，广州新登记的私营企业4549户，比上年增长5.79%。2003年底，全市私营企业户数反超其他所有制形式的内资企业1.75万户。反映了民营经济发展相当之快，而且充满着生机和活力。

(5) 不断摸索和创新民营企业党组织的管理工作。

近年来，有关部门和私营企业党组织对私营企业党员的管理工作进行了一系列的探索，有了新的突破。实现了私营企业党建工作调研方式、组建方式、教育方式和管理方式的创新，在国内率先编辑出版了私营企业党建工作理论与实践书籍——《广州私营企业党建理论与实践》，率先在全国开通了私营企业工作网站，率先对流动党员实行了IC卡管理，为广州市全面加强非公有制党建工作积累了丰富的经验。

(6) 民营企业对社会经济发展的贡献越来越大。

一是为广州市积聚社会资金，拓宽资金来源，拓展国内外市场作出了贡献。近几年全市个体私营企业的投资以每年10亿元以上的规模递增。一些私营企业在境内外上市，在境外投资、跨国经营中取得了成功。近三年来先后在国内外上市的公司有广州佳都集团、恒大集团、广州迪森集团、城启集团、海印集团、贤成集团、宝龙汽车等。另外，广州高科通信等一批优秀民营企业也拿到中国证监会的入场券。

二是为国企改革和经济体制改革做出了贡献。在国企改革中，私营企业吸纳了大量的下岗职工，不但对稳定社会起到“稳定器”和“减压阀”的作用，而且是困难国企转制和发展的“拯救队”。一些有实力的私营企业采取租赁、购买、承包等办法参与集体、国有企业的改革，使一些困难的企业转危为安。

三是为广州市集约经济和形成重要的产业群作出了贡献。随着市场经济的发展，个体私营经济已逐渐成为城镇形成集市贸易和产业群落的主体力量。比较突出的是近年形成的汽车及零部件的产业群落。经过多年的发展，依托本田、风神、光宝、大众、宝龙等大型生产、商贸企业的辐射和带动作用，已逐步形成了较大规模的经营链，从事整车销售、汽车维修、零配件加工、零配件销售的企业有2000多户，并逐步形成东部的开发区、增城市、黄埔区，北部的花都区，南部的南沙开发区以及西部的白云汽车零部件产业园等四个产业群落。这些群落成为民间投资的新热点。

四是为安置大批国有企业下岗人员和社会人员就业作出了贡献。至2003年底止，投身个体私营的从业大军已突破了100万，即平均每5个就业人口中就有一个人在民企中就业。市工商局统计数字显示，2003年，仅私营企业就安置国有企业下岗职工31092人，仅新增的私营企业就解决了108274人就业。许多民营企业集团成为解决就业的生力军。另外，广州市有许多以个体工商户经营为主的集贸市场，也成为劳动就业的重要场所。

五是为精神文明建设作出了贡献。广大个体、私营企业主树立良好的职业道德精神，遵纪守法，诚信经营，而且热心社会公益事业，积极扶贫，关心社会，富不忘本，涌现了许多爱党爱国、乐于助人的优秀个人和先进集体。2002年各级协会在发动会员为“爱心献弱势群体”公益慈善募捐800多万元，其中增城市个协、私协捐款达500多万元。2002年以前，长隆集团和利建集团为社会公益事业捐款分别达到2000多万元和1400多万元。

广州市个体私营经济发展存在的主要问题：

一是与先进地区和城市相比，近年来发展速度有所放缓。1991、1992年广州市私营企业发展居全国领先地位，1991年有3290户，曾经居全国各大城市首位。到2001年广州私营企业有5.2万户，而上海市私营企业已发展到17.6万户，为广州市的3.37倍，个体工商业户近年来增长缓慢并呈现下降趋势。

二是广州市私营企业规模不大，拳头产品和品牌企业不多，总体水平技术含量不高。全市民营企业中，只有全国驰名商标1件，全省著名商标也不多。到2002年7月底还没有一家注册资本超过十亿元的私营企业，注册资金在100万元以下的企业占80%，超过一亿元的私企只有17家。

三是个体、私营企业国际化经营实力仍然比较薄弱。2001年广州市个体、私营企业出口额2.54亿美元，只占全市出口总额的2.8%，与江浙地区相比差距较大。

四是从总体上看，广州市民营经济在第三产业中虽然占有80%以上的份额，但技术含量不高，市场竞争力相对较弱。

五是部分个体、私营企业由于经营者现代化意识、法律意识不强，管理水平低，片面追求利润最大化而出现了不规范经营，偷税漏税、制假售假、走私贩私等问题仍然比较严重，损害了个体私营企业的声誉。

六是部分企业在融资、人才等方面存在不同程度的困难，不能满足民营经济进一步发展的需要。

1－1－4－3　政府的主要工作

这几年，广州市委、市政府进一步加强了政策环境的建设，并采取了积极的措施进一步推动广州民营经济的发展。2002年8月12日，广州市委、市政府以穗字［2002］8号文下发了《关于促进个体、私营经济上新水平的若干意见》，《意见》鼓励个体私营经济投资经营城市轨道交通、公共交通等基础设施和公共事业。支持私营企业通过买壳、参股等形式重组上市公司。鼓励和引导个体私营企业通过产权转让、合资、合作、承包、租赁、托管、股份制和股份合作制等多种形式，参与国有企业改革。对支持和引导个体、私营企业做大做强，创新服务环境，扩大个体、私营企业投资领域，发展外向型经济，拓展融资渠道，解决发展用地、加快信用制度建设，强化社团组织的维权和服务职能，加强对个体、私营经济工作的领导等问题提出了具体的意见。2003年2月广州市委常委会议作出决定，并于3月18日，在广州市及各区（县级市）同时宣布挂牌成立了15个民营企业投诉中心。海关广东分署出台了支持民营经济发展的8项措施，把公平待遇原则落到实处。2003年7月，广州市委、市政府讨论通过了《促进广州市民营经济发展的决定》，市工商局于2003年8月1日以市政府文件的形式下发了《进一步放宽市场准入条件加快广州市经济发展的若干规定》，内容包括放宽对注册资本的界限；放宽对出资形式的限制；放宽对专项审批的权限；放宽对集团有限公司和连锁经营的限制；放宽对办照、年审项目的限制；放宽对企业登记事项的限制；放宽对部分企业设立条件的限制；放宽对民营信用担保公司登记条件的限制；放宽对市场开办登记的限制；放宽对企业动产抵押物登记的限制等。根据广东省委、省政府《关于加快民营经济发展的决定》的12个配套文件的精神，市委、市政府于2004年5月24日召开了广州市第六次个体私营经济工作会议。广州市委书记林树森、市长张广宁、副市长王晓玲等领导参加了会议并在会上作了讲话。

民办非企业单位发展有了良好的政策环境。进入21世纪，广州市委、市政府陆续出台了一系列有关加强管理和鼓励民办非企业单位发展的政策。例如，由市物价局、教育局、财政局、民政局四部门联合下发的《关于规范社会力量办学收费管理的通知》（穗价［2001］66号）规定，凡是按本规定的收费规定、收费标准取得的所得，暂不征收企业所得税；对超出规定项目和标准以及取得非学历教育的所得，按照《中华人民共和国企业所得税暂行条例》的规定征收企业所得税。2002年8月26日，市公安局、监察局、工商局、文化局、卫生局、体育局、劳动和社会保障局、残联八个单位联合发出了《关于印发广州市娱乐服务场所"一次性淘汰"管理规定的通知》。该通知的落实，严厉打击了违规经营，同时为正当经营创造了公平健康的社会环境。2003年2月28日，市政府以穗府［2003］12号文印发了《关于广州市加快文化事业发展若干政策的意见》，对大力发展文化产业提出了九条意见，强调进一步放开个体、私营企业、外资等非国有成份进入文化产业领域，通过独资、合资、股份合作、联营等方式，引导非国有经济成份投资经营文化娱乐业、文化旅游业、音像制品业、实用美术业、文化中介业、文化展览业、文化信息业、艺术品业、艺术教育业、电影业等领域。对非国有经济投资的文化产业项目和建设的文化场馆，在市场准入、土地征用、税收、信贷、上市融资等方面，按国家有关规定实行与国有文化企业同等的政策待遇。2003年10月22日，广州市委以穗字［2003］4号文下发了《中共广州市委、广州市人民政府关于进一步加强和改进我市新时期体育工作的意见》，《意见》提出把发展体育产业纳入经济发展规划，积极培育体育市场，并对扶持鼓励社会力量兴办体育产业提出了意见。这些政策措施的出台，为民办非企业单位建设与健康发展发挥了积极的作用。

工商行政管理工作配合个体私营经济发展大力整顿和规范市场，以支持企业改革和促进市场主体发展为主线，充分发挥职能作用，强化服务意识，进行注册登记改革，将外资、内资、个体三个部门合并为一个企业注册处，对注册事项实行统一名称、统一表格、统一审批条件，对具有良好信誉的企业实行"免审查、免检查、免等候"的三免政策；以建立企业"经济户口"为重点，开展企业信用体系建设，经过两年多的努力，为全市近41万户企业和个体工商业户建立了"经济户口"，并通过信用平台建立企业信用评价、信用监管、信用"红"、"黑"榜公示系统；开展创建"消费者满意市场"、"消费者满意店铺"活动，为广州市4条获得国家命名的"打假维权消费者满意街"和广州市评出的49个"消费满意市场"、458家"消费者满意店铺"举行了挂牌仪式。

实施民企100强计划。力争形成一批技术先进、主业突出、行业优势明显、拥有自主知识产权和知名品牌、具有国际竞争力的大中型民营企业和民营集团。工商部门、市个体劳动者协会和私营企业协会，热心为广大会员服务，于2003年9月18日，组织举办了广州首届百家私营企业与银行融资推介会，吸引了30多家银行和信用担保公司的代表和160户个体私营企业的代表参加，达成签约意向近40亿元。同年11月13日至14日，市政府工商部门和行业组织又成功地举办了"外地私企看广州"活动。来自15个省、市近200户较有知名度和影响力的私营企业代表，对广州市的亮点工程和招商引资项目进行参观考察。12月11日至13日，在个私协会的配合下，在中国出口商品交易会展览馆举办"首届中国（广州）民营企业名优商品博览会"，有580多户来自省内外的民营企业参展，展位达700多个。这些政策和措施针对性强、切合实际，创造了良好的社会氛围，对广州市个体私营经济的发展起到很大的促进作用。

在发展民营经济的同时，党建工作有了新的发展。工商部门和私企协会党委不断摸索加强对党组织和党员管理的方法，积极组织党员学习十六大精神，认真贯彻"三个代表"的重要思想，并通过党组织加强了党内和群众组织的思想政治工作，个体、私营企业要求入党的人数不断增加，党的组织建设也得到加强。

为加强对民营经济工作的领导，根据广东省委、省政府《关于加快民营经济发展的决定》和广州的实际，将原广州市个体和私营经济工作领导小组更名为广州市民营经济工作领导小组，并于2003年11月27日召开了广州市民营经济工作领导小组会议。根据机构改革以及变动原则，对原个体私营经济工作领导小组部分成员及联络员作了调整。市民营经济领导小组调整后，即迅速投入了召开全市民营经济工作会议的筹备工作和广州市参加省百强民营企业的评选工作，组织编辑并下发了《广州市扶持民营企业发展政策法规汇编》，制定了《评选广州市百强民营企业实施方案》。

1－1－4－4　民营经济工作大事记

【庆祝广州市私营企业协会党委成立五周年暨工会、团委成立大会】　2001年4月28日，广州市工商局党委和广州市私营企业协会党委在华泰宾馆召开了庆祝广州市私营企业协会党委成立五周年暨工会、团委成立大会。广州市个体私营企业中的“老板”党员、团员、入党积极分子代表和广州市工商局机关、个协领导800多人参加了会议。广州市私营企业协会党委书记李常芳代表党委作五年工作报告。私营企业先进党支部、优秀党员代表就如何抓好私营企业党支部工作，发挥党员的先锋模范作用介绍了经验。

【私营企业党建工作经验交流会】　2001年7月3日，广州市工商局召开了私营企业党建工作经验交流会，来自各分局的党委书记、私营企业协会党总支书记、机关党委各支部书记、各区个私、协秘书长、私营企业党支部书记以及部分私营企业主代表共约320人参加了会议。会上举行了《广州私营企业党建理论与实践》一书首发式和党员IC卡的发放仪式，正式开通了“广州市工商系统私营企业党建工网站”。

【个体私营企业“迎九运”服务日活动】　2001年11月8日，由市个协、私协组织的“迎九运”义务服务日活动在中山三路英雄广场举行，各区、县级市协会及专业市场直属协会推荐的有经营特色的44户个体私营企业优质产品和优良服务与来自全国各省、市参加“九运会”的运动员、裁判员、嘉宾及广大消费者“会面”。这次活动是市个协、私协为响应广州市委、市政府号召，组织会员以“当好东道主、办好九运会”的主人翁姿态迎接九运会的隆重举行而举办的。活动内容包括改革开放20年图片展览、广州个体私营经济发展概况、企业的经营特色、各地区的投资优势和发展战略、资源配置等。活动还得到市消费者委员会、市社会劳动保险管理中心、建设银行、保险公司的支持，并设立了咨询台，派发宣传单张，方便群众咨询和投诉，提供英语翻译等服务。

【第五次个体私营经济工作会议】　2002年7月30日，广州市召开了“促进个体、私营经济发展工作会议”。主要任务是贯彻落实江泽民总书记“5·31”重要讲话和省第九次党代会精神，以邓小平理论和“三个代表”重要思想为指导，认真总结广州市发展个体私营经济的经验，统一思想认识，加快发展步伐，促进个体私营经济上新水平。市委市政府对开好这次会议非常重视，会前做了大量的准备工作，市委书记黄华华和市长林树森亲自带队到江浙等地学习考察发展民营经济的做法和经验，有关部门草拟了广州市委、市政府《关于促进个体、私营经济上新水平的若干意见(讨论稿)》（经讨论修改后于8月14日以穗字[2002] 8号文正式下发)。会议表彰了18家纳税超千万元的守法经营大户，100家先进私营企业、86家先进个体工商户、10个先进私营企业党组织和一批私营企业先进党务工作者、优秀党员以及支持私营企业党建工作的先进个人。

市委书记黄华华参加了会议并在会上作了讲话，他强调要重点引导个体私营经济加快实现“五个转变”：一是以市场为导向，促进个体、私营经济从分散经营向规模集约化经营转变；二是把握入世机遇，促进个体、私营经济从内向发展向国际化经营转变；三是推进科技创新，促进个体、私营经济从劳动密集型向劳动集约型与技术密集型转变；四是推进制度创新，促进个体、私营经济从家族管理向现代企业管理转变；五是积极引导规范，促进个体、私营经济从不规范经营向规范经营转变。

林树森市长在具体部署今后工作时强调要做好五个方面的工作：一是进一步解放思想，转变观念，积极支持个体私营经济发展；二是改善政府的服务与管理，提高行政效能，优化投资软环境；三是引导和支持一批有发展潜力的私营企业创新体制，创新技术，做大做强；四是整顿和规范市场秩序，营造守法、诚信、公平的市场环境；五是积极培育中介机构，充分发挥行业协会的作用，为个体私营经济发展提供良好的社会化服务。

【应届高校毕业生免交个体经营登记证工本费】　为了扶持2003年应届高校毕业生的就业工作，广州市地方税务局登记分局根据财政部和国家发展改革委员会下发的《关于切实落实2003年普通高校应届毕业生从事个体经营有关收费优惠政策的通知》（财综［2003］48号）规定，对2003年应届高校毕业生从事个体经营的（除国家限制行业，包括建筑业、娱乐业以及广告业、桑拿、按摩、网吧、氧吧等外），在2003年12月31日前申报办理税务登记的可免交税务登记证工本费。

【加快发展民营经济座谈会】　2003年2月27日，广州市委、市政府召开了广州市加快发展民营经济座谈会。47位民营企业家参加了会议。会议分两段进行，上午市委书记林树森一行到立白企业集团等6家民营企业进行实地考察，听取汇报。下午，市委、市政府、各区（县级市）政府主要领导和市直有关单位负责人与民营企业家座谈，民营企业家踊跃发言，提出了不少宝贵意见。林树森书记自始至终参加会议，并对广州市民营经济发展作了重要的指示。

【民营企业投诉中心成立】　2003年3月18日下午，广州市及所属的各个区（县级市）15个民营企业投诉中心同时举行仪式，宣布正式成立民营企业投诉中心。在市、区（县级市）两级成立民营企业投诉中心，是2003年2月28日广州市委常委会议研究决定的。设在市工商局和各区（县级市）工商分局的民营企业投诉中心，通过电话、信函、来访等形式，受理民营企业和个体工商户对侵害民营企业和个体工商户合法权益行为的投诉。投诉中心受理投诉后，将直接向市、区两级政府报告工作，不受其他部门、单位和个人的干涉。凡广州市辖区内的私营企业和个体工商业户认为自己的合法权益被政府部门侵占和损害的，都可以向民营企业投诉中心投诉。

【百家企业与银行融资推介会】　2003年9月12日，广州市政府和有关部门、个体私协举行的“百家企业与银行融资推介会”是与计划在年底开展的“外地私企看广州”、“首届广州民企名优商品博览会”三台为民营企业量身打造的“重头戏”中的第一场。这次活动，为切实解决私营企业融资难题搭起了平台。推介会由广州市私营企业协会和广东银行同业公会合办，广东16家大银行直接与160多家个体私营企业进行现场洽谈、对接。为使银行打消“坏账忧虑”，17家担保公司进场为私营企业提供担保。推介会共达成近40亿元的签约意向，15家私营企业与银行当场敲定了总金额为27.8亿元的信贷合同和合作协议。

【外地私企看广州活动】　为了展现21世纪新广州的国际化大都市形象和南中国投资创业宝地的崭新形象，向外省私营企业家勾画未来广州的发展蓝图，并展示潜在的巨大经济发展能力，吸引各地私营企业参与广州的经济建设，由广州市政府主办，广州市工商局和广州市私营企业协会共同承办的“外地私企看广州”活动，于2003年11月13日、14日在广州隆重举行。应广州市政府邀请，来自北京、天津、重庆、黑龙江、江苏、浙江、海南、广东等15个省市200多家知名私营企业的代表参加了这次活动。对广州的投资环境、优惠政策、亮点工程及招商引资项目进行重点参观考察。在开幕式暨投资环境推介会上，市经委、商业局、科技局等单位介绍了广州经济发展前景和南沙开发区、广州经济技术开发区的基本情况，同时，对招商引资，扶持高新科技发展的优惠政策作了详细介绍。

【首届民博会开幕】　2003年12月11日，民营企业开始有了自己的博览会。来自全国各地近700户民营企业同台展示自产的新、特、名、优和高新科技产品。广州市人大常委会副主任潘庆楮、副市长苏泽群、市政协副主席冼若瑶等出席了剪彩仪式。这是市政府搭建的为广州民营企业提供的一个推介产品、展示品牌、塑造形象的大舞台。此次博览会为期3天，高新科技产品成为民博会上的亮点。民博会上，500多家广州本地民营企业展开了强大的阵容，来自北京、大连、浙江、福建、深圳、香港等地的民营企业也纷纷在民博会上亮相。其中大连和深圳组成了庞大的民企团，颇引人注目。

【广州市民营企业商会的作用】　广州市民营企业商会，成立于1989年10月，前身为广州市民间企业商会，于2004年再次改名为广州市民营企业商会，现有会员250个。这些会员在广州市民营企业中有一定的实力和代表性，并且近三分之一的会员单位中有各级人大代表和政协委员，他们参政议政的积极性很高，为广州市的经济建设和社会进步建言献策。商会经常深入会员企业了解情况，通过各种活动使会员及时了解和掌握党和政府的方针、政策法规。先后几次组织会员参加与市领导的座谈会，让会员充分表达意见和建议，为政府制定和完善政策法规提供参考。

【广州市第六次民营经济工作会议】　2004年5月24日，广州市召开了第六次民营经济工作会议。这次会议的主要任务是，以“三个代表”重要思想为指导，深入贯彻全省民营经济工作会议精神，总结前段广州市民营经济工作情况，研究部署广州市民营经济工作的任务，抓住机遇，加快发展，促进广州市民营经济上新水平。会议下发了市民营经济工作领导小组编印的《广州市扶持民营经济发展政策法规汇编》。市委书记林树森、市长张广宁、副市长王晓玲亲自到会并在会上讲了话。

林树森在讲话中强调，鼓励和支持民营企业的发展，并不是要给民营企业一些不同于其他所有制企业的特殊待遇，而是要按照市场经济规律办事。他指出，广州要以科学发展观为指导，加快民营经济发展。要坚持对民营企业和其他所有制企业一视同仁的原则，优化经济发展环境。发展民营经济，凡是能由市场来做、企业来做或中介来做的事情，政府部门就尽量不要插手，更不要包揽。要积极引导民营企业向更宽产业领域发展。要以城市基础设施和公用事业为重点，打破行政性垄断和保护，鼓励民营资本投资高速公路、桥梁、隧道、港口、公交、停车场、污水处理、垃圾处理等建设项目。

张广宁在讲话中表示，要积极引导民营企业向更宽产业领域发展。要取消对民营企业在产品出口、用地、人才引进、办理证照、收费等方面的不公平的限制规定。要以城市基础设施和公用事业为重点，打破行业性垄断和保护，大力引导民间资本投向非义务教育、非公共卫生以及体育、文化和社区服务等社会事业，并按照规定落实税收政策。要为民营企业创造良好的市场环境，有关部门要经常深入市场，特别要加强出租屋管理，加强对自发市场的监管，堵死打绝制假售假，打击无照经营行为。

王晓玲在工作报告中提出，今后重点在以下几个方面引导和支持民营经济发展：一是全面实施民营经济百强计划。集中力量扶持发展一批技术先进、主业突出、行业优势明显、拥有自主知识产权和知名品牌、具有国际竞争力的大中型民营企业和企业集团。二是支持民营企业实施名牌发展战略。对已获得国家、省名牌产品称号或列入市名牌发展计划的产品，优先列入技术改造、技术创新和新产品开发计划，在资金、人才、能源和运输等方面优先保证。对获得中国驰名商标或中国名牌产品的企业给予适当的奖励。三是实施优势产业战略，继续发挥民营经济在餐饮业、房地产、商业物流、出口加工业、信息开发和高新技术产业的优势，形成产业集群；四是鼓励民营企业走园区经济道路。可按照“一事一议，特事特办”的原则，实施特殊的地价优惠，简化申办手续，减半征收各项有偿性服务费，在土地出让方面，政府对工业用地的收费降低50%。五是大力支持中小民营企业发展。市政府将拿出适当的财政资金用于为民营及中小企业提供创业辅导服务、标准与检测服务、融资担保服务、信息咨询服务等。

（撰稿人：《广州民营经济年鉴》编辑部卢以时）

1－2　广州民营经济的产业分布及其状况

1－2－1　农　　业

【解放前的民营经济】　1840年的鸦片战争使中国沦为半封建半殖民地社会，广州市郊农村封建生产关系依然占据着统治地位。1911年辛亥革命推翻清朝统治，但并没有改变原有的生产关系，中国仍然饱受帝国主义、封建主义和官僚资本主义的压迫和剥削。到1949年中华人民共和国建立前夕，广州农村的大部分土地仍为地主阶级所占有。当时广州市郊所辖15个乡村共有土地2882公顷。在土地占有关系中，仅占市郊农村人口总数5.5%的地主拥有60.7%的土地。

广州市近郊兴办农场，始于20世纪初，开始是官方主办，后转为商办民营。清光绪34年（1908年）在现今的农林下路创办了第一个农业企业——广东农事试验场，有田地11.33公顷，开展水稻耕作试验并附设农业讲习所，推广农科知识。该场初时由政府出资兴办，至民国12年（1923年）3月，因经费缺乏，难以为继，将该场转卖给商办的广东省银行，改为民营。

民国3年（1914年），时任国民政府第五军军长的李福林，在广州河南大塘开办厚德围农场。有土地1.6公顷，以种植杨桃、番石榴、白榄等水果为主。经过30多年的经营，到1949年中华人民共和国成立前夕，已办成拥有33.33公顷耕地、26.67公顷果园、雇工20多名的私人农场。1949年10月，由省政府收归国有。

20世纪30年代初，时任番禺禺东公路董事长、两广辑私总署广源舰舰长的胡翼云邀集部分政、商界人士，在广州市郊岭头先后办起了开源公司、联发公司、灵谷农场、清溪农场、五福农场、红荔山房、肖双耕堂、半山园、刘心宝等9个私人农场。大的农场约有耕地面积20公顷，最小的农场仅有1.33公顷左右。主要种植菠萝、白榄、荔枝、青梅、柑橙等水果。民国26年（1937年）抗日战争爆发后，农场主纷纷外逃，雇工遣散，农场无人管理，耕地荒芜，果园残败，解放初由广州市人民政府接收。

日本侵占广州期间，部分伪政人员与商人合伙陆续在广州近郊开办裕民、裕固、大沙头、盘福路、苗圃等10余个私人农场，其中4个农场拥有耕地66.67公顷，抗战胜利后，分别由当时的市政府接收和处置。

民国30年（1941年），在东莞县与番禺县接壤的万顷沙，开办了明伦堂农场，有土地333.33公顷，主要种植水稻、甘蔗，进行试验和示范。解放后收归国有。

【解放后至人民公社化期间的民营经济】建国后，1950年冬至1953年秋，广州农村先后分批开展了土地改革运动，广大农民分得了田地，成为占有土地的劳动者，生产热情高涨，积极兴修水利，大搞生产。1952年市郊农民兴建了广州白云山麓的大金钟水库和芳村、同德、石牌、三沙等大围水利工程，使当年农业生产比土改前增产23.8%。番禺县土改后的1953年，稻谷产量比1949年增产35%。花县1953年粮食作物总产比1952年增长10.5%，花生增长18%。

1953年土改结束后，中共中央七届六中全会作出了《关于发展农业生产合作社的决议》，按照中共中央指示精神，广州农村陆续建立了农业生产互助组，广州市郊农村随即掀起了新的办社热潮。到1955年，当时广州市辖郊区农村共有各类农业生产互助组2.21万个，约占农户总数26%的农户加入了各类农业生产互助组织。到1956年初，广州市郊农村80%以上的农户加入了初级农业生产社。各地初级合作社普遍采取农户土地入股分红，耕牛、农具等生产资料作价入社的形式。这种经营形式适应当时农村生产力发展水平，促进了农业生产力水平的提高，在解决农民生活困难方面起了积极作用。

随着农业合作化运动的深入发展，更高层次的高级农业生产合作社迅速兴起，农户土地全部归高级社集体所有，取消土地入股分红，实行按劳分配，只有耕牛和主要农具可作价入社。到1958年初，广州市郊农村已有97.7%的农户加入了高级农业生产合作社。高级农业生产合作社的普遍建立，使农村中的土地和农具等主要生产资料，从农民个体所有为主，转变为社员集体所有。这标志着社会主义集体所有制在农村的确立。

1958年8月，中共中央颁布了《关于在农村建立人民公社的决定》，广州市农村迅速掀起人民公社化高潮。人民公社运动使市郊农村生产关系发生了急剧的变化。广州市郊原有农场、苗圃等农业类企业基本上收归国有，并在此基础上相继兴办了一批国有性质的农业企业。

农村人民公社“一大二公”，实行“政社合一”，集党、政、财、文大权及农、工、商、学、兵各种功能于一身，具有高度集中统一的体制，存在着权力过于集中和统得过死的弊端，不利于发扬民主和发挥群众的生产积极性、主动性，不能适应农村生产力发展水平，也超越了农民的觉悟程度。1959年春，对人民公社的体制进行了调整，从单一的人民公社所有制调整为三级（公社、生产大队、生产队）所有，以生产大队为基本核算单位。1960年再调整为以生产队为基本核算单位。1983年广州市农村开始“撤社建区”，人民公社正式撤消。

【改革开放后的民营经济】　改革开放后广州市农业类民营企业逐步发展壮大。改革开放初期从事种养业的专业大户和联合体，成为广州市农业类民营企业的雏形。从1958年底至上世纪70年代末的20余年间，广州市郊农村一直实行政社合一的“三级所有，队为基础”的人民公社体制，农民除保留少量自留地外，基本上不允许从事其他个体性质的生产经营活动。

1978年12月，中共十一届三中全会作出了改革开放的决定。在此之前，广州农村曾不断自发地尝试推行各种不同形式的生产责任制。从化县江浦公社早在1960至1961年就有个别大队试行户包中耕田间管理的“超产奖励责任制”，1962年在省委干预下停止试行。1978年冬，在中共十一届三中全会精神鼓舞下，从化县江浦公社禾仓大队迎福里生产队和凤院大队黄一、黄二等3个生产队尝试实行“包产量、包成本、包报酬、包上调、增产节支归己”的家庭承包责任制；同期增城县边远山区也有300多个生产队自发地进行部分经济作物联产承包；花县炭步公社大涡大队则试行“包产到户，超产全奖，减产全罚”的联产承包责任制。以上责任制的推行都取得了明显的经济效益。但是，由于长期受“左”的思想禁锢，大多数社、队仍持观望等待的态度，行动缓慢。到1980年，全市实行大排工或实行不联产计酬定额包工的生产队仍占66%。同年9月，中共中央《关于进一步加强和完善农业生产责任制的几个问题》的文件下发，肯定了在边远山区和贫困落后地区，可以包产到户，也可以包干到户。1982年1月1日，中共中央批转《全国农村工作会议记要》，肯定了集体经济要建立生产责任制并长期不变之后，广州市联产计酬承包责任制逐渐推进，从联产到组、联产到劳，向包产到户、包干到户的家庭联产承包责任制发展。1983年，广州农村实行包干到户的生产队发展到95%，从而全面推行了以家庭联产承包责任制为基础的双层经营体制。

1983年后，以统分结合的家庭联产承包责任制为主的双层经营体制不断完善。家庭经营从农业向多种经营发展，各种专业户大量涌现，促进了农村二、三产业的发展。一些农户在承包土地基础上兼营家庭副业，逐渐发展为以副业为主体的专业户，以后又发展到离土不离乡的专业户，组织起新的经济联合体，促进了农村商品经济的发展。

表 2-1　1984～1988 年农村专业户和经济联合体情况

行　业	专业户（户）			经济联合体（个）			总收入（万元）		
	1984 年	1986 年	1988 年	1984 年	1986 年	1988 年	1984 年	1986 年	1988 年
合　计	11238	21875	23353	1284	1526	1491	3198	12378	30385
种植业	1537	5403	5803	155	69	35	380	282	252
林　业	25	69	107	5	1	4	10	3	9
畜牧业	1419	1586	1890	73	56	32	184	165	500
渔　业	515	2377	2466	52	53	69	38	501	937
工　业	3303	1845	2715	181	635	784	1144	7616	22972
建筑业	868	2079	1636	35	55	62	290	1016	605
运输业	1797	3685	4585	493	574	366	806	1485	2049
商饮服务业	1003	3562	3247	218	140	109	207	1103	2496
其他行业	771	1269	903	72	43	30	139	207	565

资料来源：《广州市志》卷八“农业综述”。

改革开放后，地处全国改革开放前沿的广州市，率先在全国改革购销体制，大大促进了农村商品经济的发展。一是全面放开农产品价格。1979 年冬率先放开塘鱼价格。1981 年，取消肉鸡和鲜蛋派购任务，放开价格。1983 年，全面放开水果购销市场。1984 年 11 月，在试点基础上全面放开蔬菜销售价。到 1990 年止，除粮食和食糖之外，广州市的主要农产品价格已全部放开，实行市场调节，按质论价，议价成交。鼓励多渠道搞活流通。随着农副产品价格的逐步放开，广州市政府取消了不准长途贩运、不准农产品私人上市成交等禁令，实行国营、集体、个体一齐上，多渠道搞活流通的政策，使农民生产出来的鲜活农副产品能及时卖出去；同时又敞开城门，吸引全国各地的农副产品流入广州市场，大大丰富了市民的菜篮子，结束了广州市民购买农副产品必须凭票的历史。农产品购销体制的改革推动了商品农业的发展。1990 年与 1984 年相比，蔬菜总产量增长 1.19 倍，生猪出栏量增长 35.69%，水产品总产量增长 53.08%，水果总产量增长 1.45 倍，牛奶总产量增长 32.03%，三鸟出栏量增长 1.98 倍，农业商品率从 63.20%提高到 74.05%。

在此期间，各地都落实了山林权属政策，农户纷纷在自留山、责任山上兴办了一大批小果园、小药园、小茶园、小林场，经过不断发展、兼并和联合，逐步形成了一批颇具规模的私营果场、私营花木场、私营林场。同时，随着乡镇企业异军突起，一大批农民进城务工经商，耕地也逐步向种田能手集中，涌现了一大批饲养鸡、鱼、猪及珍禽异兽的私营养殖场，其经济效益和社会效益都非常显著。另外，一批内、外资企业为了寻找更为广阔的发展空间，纷纷投资农业经营，他们到市郊各地农村租地发展种养业，并将其产品就地加工，销往国内外市场。据不完全统计，仅从 1984 年到 1988 年短短 4 年时间，广州市辖农村兴办农、林、牧、渔等各类经营实体达3万多个，其中较有规模的达到800个，这是广州市最早出现的农业类民营企业的雏形。

"高产、优质、高效"（简称"三高"）农业的发展，培育了一批规模经营、产销一体的农业商品生产基地，形成了广州农业类民营企业的主体。1992年秋，国务院在广东省召开了发展"三高"农业经验交流会，市委、市政府为推动"三高"农业的发展，作出了《关于加快"三高"农业发展步伐的决定》，出台了一系列优惠政策措施，市、县（区）、镇各级都兴办了一批以农业资源综合开发为依托的"三高"农业生产基地。其中一批面积666.67公顷（1000亩）以上集中连片、规模经营的农业商品生产基地，主要有分布于番禺灵山的优质稻谷生产基地、化龙的花卉和水果生产基地、大石的优质蔬菜出口生产基地、万顷沙的香蕉出口生产基地、石楼的优质水产品出口基地；分布于增城朱村的优质荔枝和优质稻谷生产基地、镇龙的优质龙眼生产基地、三江和石滩的优质蔬菜出口生产基地；分布于从化鳌头的优质蔬菜生产加工基地、神岗的优质荔枝生产基地；分布于花都新华和赤坭的花卉和盆景出口生产基地、炭步的鳗鱼和蝴蝶兰出口生产基地；分布于白云区江高的优质黄鸡出口加工生产基地、九佛的水果和白兰花生产基地；分布于芳村区的花卉和绿化苗木生产基地；分布于农垦系统的朱村优质奶牛出口加工生产基地等。这些生产基地初步具备了农业企业的功能，如集资入股、以销定产、自主经营、自负盈亏等，其中部分基地一开始就引进外资或从社会筹集资金，产品销往国内各地和海外市场。多数"三高"农业商品生产基地经受住了自然和市场双重风险的考验，逐步发展为广州市农业类民营企业的主体，并于20世纪90年代中期先后发展壮大为农业龙头企业，其内部经营管理也逐步推行现代企业制度，开始与国际市场接轨。

农业产业化经营催生了大批在国内外市场崭露头角的农业类民营企业。从1996年下半年开始，中央和省提出要全面推进农业产业化经营的要求，在1998年底召开的中共广州市委七届五次全会上，提出要加快农业产业化、现代化进程，相继出台了一系列扶持广州市农业产业化、现代化的政策措施，其中的一项重大举措是市、区（县级市）两级都要重点扶持一批农业产业化龙头企业和现代化农业示范区，使其一头连着国内外市场、一头带动千家万户农民发展经济、致富奔康。广州市重点扶持20家具有一定经济实力并对农户具有一定带动能力的农业企业，授予"农业产业化龙头企业"称号，享受一定的政策优惠，同时承担扶持农户发展经济的任务。

个体、私营企业在广州市乡镇企业中占据"半壁江山"，成为拉动乡镇企业发展的"火车头"。近年来，广州市及所属区（县级市）相继出台了一系列扶持促进个体私营经济发展的政策措施，农民投资办企业的热情空前高涨，而且镇、村办集体企业改制转制，加快了个体、私营经济的发展。

2000年个体、私营经济发展迅猛，已成为广州市乡镇企业的主体。年末，全市乡镇个体、私营企业发展到91153家，比上年增长0.6%，占全市乡镇企业总户数的92.67%；全年实现总产值807.42亿元，增长15.99%，占全市乡镇企业总产值的50.46%，成为新的经济增长点。

2001年全市乡镇个体、私营企业实现增加值217.13亿元，比上年增长20.28%，占全市乡镇企业增加值的52.68%；实现产值955.22亿元，增长18.31%，比全市乡镇企业总产值的增幅高7.17个百分点，占全市乡镇企业总产值的53.85%；实现营业收入1096.45亿元，增长25.26%，比全市乡镇企业营业收入的增幅高10.86个百分点，占全市乡镇企业营业收入的57.72%；实交税金18.66亿元，增长27.21%，比全市乡镇企业实交税金的增幅高9.26个百分点，占全市乡镇企业实交税金的49.48%；实现纯利润54.32亿元，增长13.93%，比全市乡镇企业纯利润的增幅高5.57个百分点，占全市乡镇企业纯利润的55.83%。

2002年全市乡镇个体、私营企业实现增加值239亿元，比上年增长11.2%，比全市乡镇企业增加值的增幅高1.08个百分点，占全市乡镇企业增加值的53.9%；实现产值987.16亿元，增长12.1%，比全市乡镇企业总产值的增幅高8个百分点，占全市乡镇企业总产值的53.1%；实现营业收入1081.39亿元，增长15.2%，比全市乡镇企业营业收入的增幅高9个百分点，占全市乡镇企业营业收入的56.97%；实交税金24.51亿元，增长20.6%，比全市乡镇企业实交税金的增幅高2.8个百分点，占全市乡镇企业实交税金的56.39%；实现纯利57.69亿元，增长14.2%，比全市乡镇企业实现纯利润的增幅高4个百分点，占全市乡镇企业实现纯利润的56.18%。

随着广州市农业产业化经营的蓬勃发展和农村经济实力的大幅度提升，农业类民营企业不断在农业龙头企业发展的基础上脱颖而出，成长为一大批经济实力强、管理先进、与国内外市场迅速接轨的农业类民营企业，这一大批农业类民营企业已经成为广州市现代化都市型农业发展的主导力量，活跃在全市农业资源综合开发、农产品加工和农产品流通等各个领域。农业类民营企业推动着广州农产品迅速走向国内外市场，带动广大农户创业致富，同时也不断增强自身的经济实力，提高自身的现代经营管理意识和管理水平，其中绝大部分企业都有自己的营销网络和信息网络，部分企业还拥有自己的科研机构，具有一定的研发和检验检测能力。根据2001年度的统计，广州市重点扶持的首批20家农业龙头企业（其中15家是民营企业）总资产为13.7亿元，其中固定资产6.2亿元，直接经营生产基地面积2826公顷，全年农产品总销售额78.86亿元，农产品加工产值11亿元，带动农户11.1万户，农户直接收入6.21亿元。到2003年底，广州市重点培育的农业龙头企业已发展到40多家，其中98%以上为民营企业。据广州市农业主管部门2004年初的测评，全市现有约52家发展势头较好的农业类民营企业，其中大部分是近两年来迅速崛起的农业龙头企业。这52家农业类民营企业总资产达到27.23亿元，年销售收入42.02亿元，带动农户20.81万户，带动农户种养面积5.88万公顷。其中企业经济实力较强的“广州从玉菜业有限公司”，其总资产已达2.44亿元，其中固定资产为0.92亿元，年销售收入1.2亿元，年出口创汇近300万美元，带动农户6500户，带动农户种植面积333.33公顷。还有广州市良田鸽业有限公司，2003年出口乳鸽230万只，创汇200万美元，成为广东最大的乳鸽出口基地。尽管该公司经营规模不算太大，但每年带动1230多个农户养鸽56万对以上，年上市乳鸽1000多万只，占广州乳鸽市场份额的三分之一以上。2003年，该公司生产的“良田王鸽”被评为省、市名优产品，经济效益和社会效益俱佳。而“广州芳村嘉联花卉有限责任公司”，则是完全由私人投资1.2亿元建成的占地40公顷的花卉生产基地，其产品销往国内20多个省市及港澳地区，业绩甚佳。

纵观广州市改革开放以来农业类民营企业的发展历程，近20多年来快速走过了一条从专业种养业大户（联合体）→“三高”农业商品生产基地→农业产业化龙头企业（农业现代化示范区）→现代农业企业的成功之路，这批新兴的农业类民营企业正迅速崛起，成为建设广州现代都市型农业的生力军，成为广州农业和农村经济发展新的增长点和助推力。

【广州市首批农业龙头企业名单】 2001年广州市重点扶持的20家农业龙头企业名单：广州花卉博览园、万顷沙镇农业开发实业公司、广州市江丰实业有限公司、广州光华鸽业有限公司、增城市泰稷发展有限公司、番禺区化龙农业发展总公司、广州市从化华隆果菜保鲜有限公司、广州市大鹏家禽养殖有限公司（原白云神山广灿家禽加工厂）、广丰企业有限公司、番禺区优质水产种苗繁殖服务中心、广州市蚌湖农业开发实业有限公司、番禺区水产总公司、广州市从化顺昌源绿色食品有限公司、番禺小虎麻虾种苗繁育场、广州顺民丰隆农产有限公司、广东东升农场有限公司、增城市汉华菜场、花都区南方蔬菜集团公司、广州石井江南农副产品市场、广州市畜牧总公司等。其中除广州市畜牧总公司等5家为国有控股企业外，其他15家均为农业类民营企业。

【发展势头好的民营企业】 广州农业类民营企业总的发展趋势比较好。据对2003年30家发展势头好的民营企业的不完全统计，他们共拥有约10亿亩生产用地，20亿元以上总资产，其中固定资产约10亿元，销售收入达283000万元，其中7个有出口业务的企业2003年共创外汇1963万美元。

据市农业部门的初步测算，广州有52家发展势头较好的民营企业。这些企业是：广州江南批发市场有限责任公司、广州市江丰实业有限公司、广州市蚌湖农业开发实业有限公司、广州顺民丰隆农产有限公司、广州市大鹏家禽养殖有限公司、广州市洲星食品有限公司、广州市良田鸽业有限公司、广州力智农业有限公司、广州市百兴畜牧饲料有限公司、广东升威实业有限公司、广州市西槎水产品批发市场、广州花卉博览园有限公司、广州市彩龙观赏鱼开发有限公司、广州市芳村区南方茶叶市场有限公司、广东东升农场有限公司、番禺小虎麻虾种苗繁育场、番禺化龙花卉研究中心、广州市禺城水产有限公司、广州市丰恒农产品进出口有限公司、番禺香江实业有限公司鳄鱼养殖场、番禺双钱糖业有限公司、番禺科艺农业科技开发有限公司、番禺区绿之恋园艺场、番禺区石楼裕丰优质花卉种苗场、火村家禽畜牧发展有限公司、增城市泰稷发展有限公司、增城市威华中纤板制造有限公司、广州市挂绿米业有限公司、增城三江万亩优质蔬菜示范区、增城朱村万亩优质水稻示范区、广州市如丰果子调味食品有限公司、广州市新茂生态农业发展有限公司、广州市从化顺昌源绿色食品有限公司、广州市从化华隆果菜保鲜有限公司、广州从玉菜业发展有限公司、广州市龙丰园果子食品厂、广州市清香农产有限公司、广州市珍奇味食品有限公司、广州市先步种植发展有限公司、广州从化友生园林有限公司、广州农艺食品发展有限公司、广州市花都区南方蔬菜集团公司、广州市花都金兴园艺有限公司、广州芳村嘉联花卉有限公司、广州英吉利孔雀有限公司、广州鹭业水产有限公司、广州叶海生态园有限公司、广州市花都区百兴奶牛场、广州市恒泰农业经济发展有限公司、广州市宝生园有限公司等。

【统计资料】

表 2－2　广州市农林牧渔业私营企业基本情况

年份	户数（户）	投资者和雇工人数（人）	注册资金（万元）
1993	6943	87429	246477
1994	10052	127229	560981
1995	15206	137789	955848
1996	19900	188725	1394503
1997	24681	233856	1885054
1998	30584	258473	2399674
1999	37436	314049	3125578
2000	47699	388637	4357265
2001	52203	434158	5511178
2002	66596	524139	7828932
2003	78604	636402	9411318

资料来源：广州市工商行政管理局。

表2－3　城镇个体、村及村以下工业总产值（按当年价格计算）

单位：万元

年份	全市	市区	番禺区	花都区	增城市	从化市
1971	2771	157	663	454	1232	265
1972	8870	5028	683	521	2245	393
1973	10587	6745	856	859	1602	525
1974	13254	8314	1543	1357	1513	527
1975	15377	8619	1707	2981	1508	562
1976	18517	9931	1725	4473	1527	861
1977	20102	10563	2219	4685	1343	1292
1978	22228	12000	2107	5701	1307	1113
1979	23718	12552	2782	5844	1376	1164
1980	30705	12543	5007	9688	1963	1504
1981	38939	20850	5417	9559	1534	1579
1982	42003	20336	7348	9069	3731	1519
1983	54700	33098	7676	8639	4094	1193
1984	59746	30326	10114	11111	6444	1751
1985	92914	48285	11761	21928	8623	2317
1986	98167	56111	15134	12066	10804	4051
1987	146634	78394	30558	18211	15351	4120
1988	232851	114290	46164	40914	23710	7773
1989	284520	132339	64026	43732	31598	12825
1990	312982	138068	75527	46707	34629	18051
1991	426450	186635	102791	68086	46566	22372
1992	761573	269592	207377	140936	116515	27153
1993	1396922	439948	336958	254722	342750	22544
1994	2402441	671395	607020	411879	638073	74074
1995（原规定）	3503049	952611	1181157	635080	652865	81336
1995（新规定）	3144851	855203	1060380	570140	586107	73021
1996	4382017	1097129	1386808	694299	1025401	178380
1997	5611512	1293544	1699806	838653	1510005	269504
1998	6617213	1484709	2137596	1061635	1597922	335351
1999	8174821	1653621	2600319	1363644	2002656	554581

资料来源：《广州五十年》、《广州统计年鉴》2000～2003年，中国统计出版社。

表 2－4　城镇个体、村及村以下工业总产值（按 1990 年不变价格计算）

单位：万元

年份	全市	市区	番禺区	花都区	增城市	从化市
1971	3572	262	885	612	1458	355
1972	11457	6204	894	680	3135	544
1973	13704	8486	1124	1124	2242	728
1974	17191	10531	2029	1777	2122	732
1975	19987	10923	2248	3914	2119	783
1976	24119	12605	2277	5885	2150	1202
1977	26241	13423	2936	6178	1895	1809
1978	29078	15344	2793	7533	1847	1561
1979	31092	16074	3697	7738	1650	1933
1980	39848	19850	5464	10515	2283	1736
1981	51324	27000	7105	12765	2268	2186
1982	54777	25784	9697	11925	5251	2120
1983	71164	36157	12264	13753	6974	2016
1984	74518	37414	12546	13735	8525	2298
1985	112286	53032	15398	28608	12039	3209
1986	114573	63433	18015	14312	13713	5100
1987	163915	83400	35436	21044	18982	5053
1988	231949	110456	48692	38690	25741	8370
1989	290843	126616	69974	43612	34337	16304
1990	323771	140859	78980	48838	36217	18877
1991	427832	187063	103283	69419	46157	21910
1992	750707	267291	207661	138192	111643	25920
1993	1331286	433387	324176	247926	304420	21377
1994	2178357	630362	555943	385736	541863	64453
1995（原规定）	2723441	740606	918290	493742	507569	63234
1995（新规定）	2629095	714950	886477	476639	489987	61042
1996	3602209	906884	1168533	577449	815056	134287
1997	4654784	1092054	1437962	713898	1204475	206395
1998	5829141	1302330	1916098	925754	1394011	290948
1999	7333897	1462544	2394624	1223521	1738414	514794

资料来源：《广州五十年》、《广州统计年鉴》2000～2003 年，中国统计出版社。

（撰稿人：广州市农业局　古开弼　林伟君）

1-2-2　工　　业

【广州民营工业的发展概况及其特点】　鸦片战争后，中国逐步沦为半封建、半殖民地社会，同时又给民族资本主义工业生产的发展造成一些客观条件。由于对外开放较早，华侨投资的洋务企业与民族工业共同推进了广州近代工业的发展。清同治十一年，华侨商人陈启源在南海创办继昌隆缫丝厂，这是中国第一家民族资本创办的近代工业企业。此后，棉纺织、造纸、印刷、船舶修理等工厂企业云集广州。20世纪初，民族资本机器工业有了较快发展。第一次世界大战后，国人爱国热情高涨，纷纷倡议“实业救国”，民族资本工业陆续引进和发展了电力、化工、建材、橡胶、食品制造、金属加工、机器修造等一些新兴工业，到抗战前广州的民营工业已经初具规模，这一时期堪称建国前广州市民营工业发展的黄金时期。建国后，市委、市政府在大力组织原有工厂恢复和发展生产的同时，按照政策规定，通过没收官僚资本和清理股权等手段，建立了一批国营工业和公私合营企业。1950年底，全市各种类型工业企业合计1.37万户，其中国营企业25户，公私合营企业5户，私营企业3290户，个体手工业户1.03万户。在经济恢复时期，对私营企业实行统筹兼顾，全面安排的方针。1952年广州私营工业总产值由1950年的2.03亿元发展到2.96亿元，增长45.81%，占全市工业总产值的66.50%。1954年，广州开始对私营资本进行社会主义改造，到1955年底，对183个较具规模的企业实行了公私合营。1956年底，全市私营工业按产值计算有99%以上实行了公私合营，包括162个自然行业，从业人员6万多人。1957年，广州市工业总产值为11.89亿元，其中私营工业降至仅占0.21%。

改革开放以来，特别是1992年邓小平“南巡”讲话之后，大大扫清了民营经济发展的思想和认识障碍，广州市民营工业得到快速发展（详见2~5表）。它们积极参与到全市工业通过引进技术、利用外资，加快技术进步，继而自主发展的进程中来。广州市民营工业经历了由少到多再由多到新，由小到大再由大到强的发展过程，为广州成为全国重要轻型加工工业基地和广东省乃至华南地区的综合性工业基地做出了重大贡献。目前，广州市民营工业无论是总量规模、产业结构，还是企业的组织形式、技术含量、管理水平、制度创新等方面都发生了许多新变化，反映了广州市民营经济在总体上已摆脱低层次、低水平发展阶段，迈向科技含量较高、企业制度和经营管理较先进的现代市场经济发展轨道。

表2-5　主要年份广州市民营制造业基本情况

（1993~2003年）

年份	企业数（户）	从业人员（人）	注册资本（万元）
1993	13591	6613	17623
1994	15403	35175	14130
1995	16380	38147	30510
1996	16504	40580	35874
1997	17199	46713	41191
1998	17200	51098	52372
1999	19446	63678	87202
2000	16614	62037	88683
2001	18996	73278	120227
2002	19151	71653	165612
2003	17452	63018	124335

民营工业发展的主要特点是：

1. 民营工业企业经营领域不断拓宽、技术水平迅速提高，成为广州市传统工业和高新技术产业发展的重要力量。

(1) 经营领域不断拓宽，产业衔接和协作水平不断提高。民营经济在规模总量快速增长的同时，经营领域不断扩大，与国有、外资企业等相互补充协作形成产业链条的能力不断增强，民营工业企业已从服装、家具、塑料等传统加工制造业逐步扩大到机电产品、电子信息、汽车配件生产、生物制药等国民经济主要行业和高新科技领域。目前，除个别国家专控的行业之外（如卷烟生产），在广州市34个工业行业中，都有民营企业涉足生产经营。同时，民营经济已成为广州市产业链条的重要环节。如民营汽车、摩托车企业超百家，成为广州汽车、摩托车生产基地的重要力量。生产硅胶、活性脂等化工原料的民营企业天赐高新材料有限公司从南海迁至广州落户，就是因为在广州办厂可就地找到上下游配套协作企业，从原材料购进到产品销售都在广州实现。紫江包装公司从上海延伸到广州发展，主要是产品在广州有很大市场。

(2) 规模水平不断提高，品牌效应不断扩大。随着民营经济规模水平的不断提高，一批民营企业逐渐发展壮大成为行业支柱。在私营企业中，注册资本100万元以上的有8264家；注册资本超亿元的企业有17户，占全省的50%，其中工业企业有3户。据不完全统计，全市销售收入超亿元的民营工业企业已超过100户。在信息及电子制造业中，新太科技年经营收入超过10亿元，成为全市经营电子最大企业之一。七喜电脑实现工业产值9亿元，盈利2000万元，成为国内电脑生产厂家的五强之一。在电器生产行业，白云电气集团生产低压电器设备，年工业产值6亿元。番禺电缆厂年产值2.5亿元，并形成年产5亿元的生产能力。在钟表行业，明珠集团年产各类电子钟表4000万只，产值2亿元，产品畅销100多个国家，年创汇850万美元。在洗涤用品行业，立白集团通过贴牌经营，年销售12亿元，其产品被国家质监总局授予“三年免检产品”。在钢铁行业，珠江钢管厂管材年生产能力135万吨，产值达50~60亿元。裕丰集团年产建筑钢材100万吨，生产工艺处于国内领先水平，其产品被国家质监总局授予“三年免检产品”。在摩托车生产行业，增城市有7户企业列入国家目录，从化市有6户，其中天马集团年产整车12万辆，实现产值4.5亿元。在服装生产行业，创兴集团年产值2亿元，员工3000人，增城牛仔服装城聚集了服装生产厂数百家，年产值30亿元。黑妹牙膏、维高配件、宝龙汽车、七喜电脑、天马摩托、珠江钢管、裕丰钢铁、明珠钟表、白云电气、国光电器等一批知名品牌的涌现，成为广州市新的经济增长点，有力带动了民营经济的发展。在2004年全市获得的4个中国名牌产品中，民营企业占了一半：还有立白洗衣粉、黑妹牙膏两个中国名牌产品。

(3) 民营企业技术水平显著提高，成为高新技术产业发展的主力军和生力军。一批民营工业企业通过引进先进技术、设备，引进人才，后来居上成为行业的排头兵。如广州白云电气集团有限公司，由20世纪80年代的小五金厂发展成为年产值达8亿元的专业生产电气设备的现代企业，近几年来投入2300万元用于推进信息技术改造和增加数控设备，管理水平、技术档次上了一个新台阶，2000年被国家授予“国家863计划CIMS应用示范企业”，2004年又与日本东芝株式会社共同投资设立“广州东芝白云电气设备有限公司”，引进全球最先进的真空断路器生产技术。与此同时，广州市民营科技企业持续保持健康、快速发展，并已成为广州市发展高新技术产业，促进技术创新的主要力量。目前，全市共有民营科技企业1696户，资产总额345.17亿元，从业人员67185人，年技工贸总收入303.26亿元，比“八五”末增长了10倍。其中技工贸年总收入超100万元的有531家，超1000万元的有273家，超亿元的有61家。全市认定的高新技术企业中，民营科技企业288家，占81%。新太科技、七喜电脑、华南资讯、菲奈特－融通等一批优秀民营科技企业成为信息产业的骨干企业。

2. 不断探索制度创新，提高经营管理水平，民营工业经济发展水平日益提高。

广州市民营工业企业在推进产业、技术升级的同时，积极探索产权制度、管理机制的创新，不断提高经营管理水平，逐步突破家族式管理，向建立现代企业制度的方向发展。

（1）建立人才任用和激励机制，推动企业管理创新。通过聘用知识层次高，懂现代企业经营的高层管理人员，突破传统家族管理模式，是民营企业管理创新的重要措施。据统计分析，民营工业企业产值达到亿元以上规模后，为适应企业管理需要，克服企业主自身知识、能力不足和家族管理关系复杂化对企业发展的制约，几乎100%的企业都采取聘用吸收善经营、懂现代企业管理的人员进入管理层的办法，以改变“兄弟厂”、“父子店”、“夫妻档”的家族管理模式。

（2）积极推进股份制改造，建立适应民营企业发展的现代企业制度。如七喜电脑通过产权股份化，使原来的部分企业创办者只当股东，不再直接经营管理企业，形成了任人唯贤和科学管理的良好机制，由一个电脑配件代理商发展成为今天拥有自主品牌、产值接近10亿元的大型企业。广州蒙特利实业有限公司通过出让部分股权引进中海创业、深圳浩融等4家风险投资公司3000多万元资金，初步解决了企业发展的资金问题，今后预计每年保持30%以上的利润增长率，到2006年销售收入将达到20亿元，实现利润2亿元，出口5000万元，成为国内最具实力的高分子复合材料研发和生产基地、全球最大的实体面材OEM生产基地。通过规范股份制改造，部分有实力的民营企业向公开上市目标迈进。如新太集团2000年至2001年期间通过关联股权转让的方式获得上市公司辽宁远洋渔业股份有限公司的“壳资源”，并注入信息产业项目，上市公司改名为新太科技，成为广州民营企业中控股上市公司第一家。2001年，新太科技通过配股获得超过3亿元资金，公司计算机软、硬件开发及系统集成得到迅速发展。继2003年民营企业迪森热能在新加坡证券市场上市后，2004年以来，广州市已经有广州市宝龙特种汽车股份有限公司、广州金发科技股份有限公司、广州七喜电脑股份有限公司、中山医达安基因股份有限公司四家企业分别在上交所和深交所上市，且均为民营企业，共融资11.4亿元。此外，广州市现在还有20家企业正在向中国证监会申请公开发行股票，争取进入资本市场。其中民营企业广州国光电器股份有限公司已通过中国证监会发行审核委员会的审核，正在排队上市；已满一年辅导期并通过广州证管办验收的企业有10家；还有7家企业已经完成股份制改造正处于上市辅导期。

（3）推进质量认证和信息化管理，提高管理水平。大型民营工业企业普遍以质量认证为契机，提高企业产品品质。部分企业获得了ISO9000、ISO9001、ISO9002以及ISO14000等认证，仅白云区获得ISO9000认证的民营工业企业就有28家，开展综合性信息化建设CIMS和ERP的企业6家；番禺区获得ISO9000认证的民营企业就有64家。

3. 业主素质逐步提高，企业家队伍不断优化，成为民营企业发展的持久动力。

近几年来，广州市民营企业从数量和质量上都得到了巨大的发展，许多年轻有为的知识精英下海创业，成为民营企业主亮丽的一族，归国留学人员办厂创业为民营企业家队伍注入了新活力，大大提升了民营企业家队伍的总体素质。据市工商联对165家民营企业所做的问卷调查反映，民营企业家中50岁以下的占83%，比1998年下降了7.9个百分点，低于40岁的占40%，大专及以上文化水平的占47%。新一代民营企业家呈现出一些新的特点：一是起点高。如在广州科技园形成了一批以博士、硕士研究生创业的高学历、高知识民营企业家群体；二是注重技术和人才的竞争。许多企业家都觉得今天的竞争主要来自于人才的竞争，因此他们重视引进先进技术和管理经验，重视人才的挖掘、培养和使用；三是注重经营者自身素质的提高。四是注重企业文化建设。高素质民营企业家通过创办报刊、画院、图书馆、墙报等等，提出鲜明经营理念，营造崇德守法，诚信经营的企业文化，提升了企业向心力和凝聚力，充实了员工健康向上的精神。

【民营工业的现状】 广州工业的经济结构随着我国社会主义市场经济体制的逐步建立以及对外开放的进一步推进、国有企业改革的进一步深化而发生显著的变化，国有企业逐步减少，集体企业、私营企业有所增加，个体企业和投资主体多元化的联营、合营、股份制和外商、港澳投资的合营企业者大幅度增加。目前，民营经济已成广州市工业经济的重要组成部分。2003年，全市民营工业企业约有2.6万户，其中规模以上企业1778户，分别完成工业总产值1157.64亿元和621.36亿元，分别比上年增长18%和

15.9%。全市规模以上民营企业共拥有从业人员25.20万人，总资产400.37亿元，实现销售收入597.10亿元，实现利润23.35亿元，出口交货值68.73亿元，分别占全市规模以上工业企业的19.7%、10.6%、14.6%、7.3%和7.2%。

广州市民营工业企业具有涉足领域宽、地区分布广、企业户数多、龙头企业强、企业规模小、盈利水平不高等特点。

1. 广州市民营工业企业的规模水平。一是因为民营企业户数众多。2003年全市3.47万户工业企业中，民营企业约有2.6万户，约占全市工业企业户数的75%，其中规模以上民营企业占全市工业同口径户数的37.8%，企业户数比上年增加345户（2002年为1433户）。民营企业规模逐步壮大。一是产值总量增加。2003年全市民营企业年产值净增277.13亿元；占全市工业企业产值的比重由2002年的23.3%提高到24.6%。二是规模以上民企实力增强。2003年，工业产值超亿元的民营企业共有94家，实现工业总产值230.67亿元，分别占全市规模以上工业企业和民营工业企业的5.7%和37.1%；实现利润10.44亿元，占全市规模以上民营工业企业的44.7%。年产值3亿元以上的企业有17家，同比增加7家，其中超10亿元的有4家，同比增加2家。三是民营龙头企业较强。94户亿元企业中，超2亿元以上的有35户，合计产值147.98亿元，占民营亿元企业产值的64.2%。而其中6户超5亿元企业实现产值64.69亿元，占民营亿元企业的1/4强。94户企业主要集中在交通运输设备制造业（17户、产值45.45亿元、利润1.85亿元）、化学原料及化学制品制造业（11户、产值34.59亿元、利润2.13亿元）、电子及通信设备制造业（15户、产值32.68亿元、利润2.84亿元）、农副食品制造业（5户、产值22.70亿元、利润1355万元）、电气机械及器材制造业（9户、产值18.21亿元、利润4873万元）等行业。5个行业实现工业总产值153.63亿元，实现利润7.44亿元，分别占全市民营企业的24.7%和31.9%。

2. 广州市民营工业企业的行业分布。通过近年来的发展壮大，民营工业逐步从劳动密集型的加工业向技术含量高、资金密集型行业拓展，涉及领域越来越宽，占全市产业比重越来越大。2003年，民营企业已遍及全市34个工业行业大类。其中民营经济成份占全市各行业产值总量比重超过30%的有8个，分别是有色金属矿采选业（4124万元，占比100%）、家具制造业（164653万元，占比56.6%）、非金属矿采选业（84889万元，占比55.6%）、农副食品加工业（322455，占比47.3%）、专用设备制造业（143019万元，占比39.3%）、纺织服装、鞋、帽制造业（527971万元，占比33.3%）、非金属矿物制品业（339412万元，占比32.5%）、木材加工及木、竹、藤、棕、草制品业（51178万元，占比30.2%）。民营经济行业产值总量超过20亿元的行业有11个，其中40亿元以上的有：化学原料及化学制品制造业、交通运输设备制造业、纺织服装、鞋、帽制造业、通信设备、计算机及其他电子设备制造业、电气机械及器材制造业，5个行业合计实现产值占规模以上民营工业企业的46.4%。可见，民营经济已由以服装、鞋帽、家具、采选业等产品生产为主逐步转变为以化工、汽车及配件、电子通信、电气机械、生物医药以及专用设备等产品生产为主导，在广州市工业经济发展中发挥了较大的作用。

3. 广州市民营工业企业的地区分布。按规模以上企业的统计口径，1778户民营企业主要分布在十区。十区共有1164户民营企业，2003年实现工业总产值423.87亿元，占全市民营工业比重68.2%；两个县级市614户民营企业实现产值197.49亿元，占31.8%。番禺、增城、花都和从化4个区、县级市民营经济最为活跃，占比最大。实现产值分别为173.94、124.99、77.88和72.51亿元，合计占全市民营工业产值的72.3%，其中番禺、增城民营工业年产值超百亿元。从区县级市民营工业看，主要区、县级市民营经济各具特色。天河区民营工业以工程塑料、电子通信、生物医药等为主导，实现产值61.03亿元，其中11户产值超亿元企业占该区民营工业产值62.7%；白云区民营企业涉足领域较多，有色金属冶炼及压延加工业、农副食品、电气机械及器材、电子、医药、包装机械等民营企业实现产值49.11亿元，其中13户亿元企业实现产值占50%；从化市以摩托车及零配件、工艺品、化学原料及制品业为主的民营企业实现产值占全市民营工业产值的11.7%，其中超亿元企业实现产值35.02亿元；增城市以大豆加工、汽车、摩托、服装等为主导的民营企业产值占全市民营工业产值的20.1%，总量位居区、县级市第二位。番禺区民营企业多达490户，且以钢铁、电气机械及器材、石化、摩托车、造纸等行业产值总量较大，其中超亿元企业合计实现产值61.43亿元，全区民营产值位居各区、县级市之首。

4．广州市民营企业亮点频现。随着民营企业技术水平和管理水平的不断提高，一批技术领先、科技含量高、品牌知名度高的民营企业脱颖而出，有效地推动了民营经济的不断发展。目前，全市拥有一大批诸如立白洗衣粉、宝龙特种汽车、香雪制药、迪森中央热水机组、恒山税控加油机、蒙特利米兰石、金发改性塑料、明珠变压器等知名品牌。一批实力较强的民营工业企业正迅速崛起。例如，广州东菱集团植之元公司具有年加工100万吨大豆的生产能力，是全国最大的大豆加工民营企业，2002年销售收入18亿元；金发科技公司具备年产20万吨改性塑料的生产能力，在全国同行业排名第一，该公司拥有国家级火炬计划项目5项，国家级重点新产品2项；番禺裕丰钢铁有限公司年生产钢材能力100万吨，是广东省最大的民营钢铁企业；珠江钢管厂年产钢管135万吨，产值达50~60亿元，拥有全国唯一的大口径（直径六米以上）无缝焊接生产线，填补了国内空白。特别值得一提的是，在国家统计局颁布的2003年中国1000家最大工业企业中，广州金发科技股份有限公司和广州七喜电脑股份有限公司作为民营工业企业的代表首次跻身进入全国1000家最大工业企业行列（分别排在第896、990位），实现了广州民营工业零的突破。

尽管广州市民营工业近年来有了长足的发展，但也应看到，广州市民营企业还存在着企业规模普遍偏小（户均产值0.35亿元，低于全市0.85亿元平均水平）、分散、投资规模小、企业盈利能力不及全市平均水平（2003年人均创利9264元，低于全市24939元的水平）等问题。

（撰稿人：广州市经委　李丹戎　曾德峰）

表 2-6　2003 年全市规模以上民营工业行业一览表

单位：万元

行业名称	工业总产值（现行价）			增长速度%	
	全市	#民营	民营占%	全市	#民营
全市规模以上合计	40178324	6213625	15.47	29.43	15.90
以下分行业					
化学原料及化学制品制造业	5234992	728595	13.92	49.3	37.2
交通运输设备制造业	6296456	670841	10.65	46.8	23.2
纺织服装、鞋、帽制造业	1587997	527971	33.25	11.8	23.2
通信设备、计算机及其他电子设备制造业	4405094	490939	11.14	39.3	54.1
电气机械及器材制造业	2659819	462686	17.40	33.0	18.9
非金属矿物制品业	1043423	339412	32.53	13.7	35.8
农副食品加工业	682504	322455	47.25	11.0	15.2
金属制品业	1219731	315630	25.88	21.1	31.0
黑色金属冶炼及压延加工业	1146784	262129	22.86	19.5	6.3
皮革、毛皮、羽毛（绒）及其制品业	1357645	220113	16.21	7.1	19.5
塑料制品业	1305881	210698	16.13	8.8	22.3
纺织业	1267057	190352	15.02	17.5	43.7
家具制造业	290875	164653	56.61	13.1	18.5
专用设备制造业	364021	143019	39.29	35.5	40.9
造纸及纸制品业	640100	140876	22.01	20.9	17.7
工艺品及其他制造业	654009	139419	21.32	21.8	67.6
通用设备制造业	815112	130711	16.04	17.2	13.9
有色金属冶炼及压延加工业	526288	101952	19.37	68.5	21.7
非金属矿采选业	152668	84889	55.60	-0.6	3.2
印刷业和记录媒介的复制	322939	83741	25.93	15.4	5.7
食品制造业	1180951	81398	6.89	14.2	17.9
石油加工、炼焦及核燃料加工业	1707533	80515	4.72	11.1	48.6
医药制造业	682820	75582	11.07	18.6	24.5
仪器仪表及文化、办公用机械制造业	339719	64834	19.08	9.9	4.1
木材加工及木、竹、藤、棕、草制品业	169455	51178	30.20	12.2	24.9
文教体育用品制造业	592142	41689	7.04	16.9	28.3
饮料制造业	754372	26553	3.52	25.8	19.7
橡胶制品业	423476	18812	4.44	14.5	17.7
电力、热力的生产和供应业	1465803	15875	1.08	11.8	-17.1
化学纤维制造业	65230	9849	15.10	9.2	14.6
水的生产和供应业	180253	6533	3.62	15.8	94.2
烟草加工业	560888	4603	0.82	5.2	-14.6
有色金属矿采选业	4124	4124	100.00	-50.1	-50.1
燃气生产和供应业	78163	1000	1.28	28.5	0.0

表2－7 2003年全市各区县民营企业分布情况（规模以上工业）

区县	区、县级市民营工业						
	户数	其中：亿元企业	工业总产值（万元）	其中：亿元企业	产值比重%		增幅（%）
					区县级市占（%）	亿元企业占各区县级市（%）	
全市合计	1778	94	6213625	2306706	100.0	37.12	15.9
一、市区	1164	67	4238662	1591987	68.2	37.56	
东山区	3	0	10807	0	0.2	0.00	36.48
荔湾区	15	3	58372	49085	0.9	84.09	－2.76
越秀区	8	0	19272	0	0.3	0.00	15.15
海珠区	63	6	288111	122984	4.6	42.69	73.3
天河区	80	11	610279	382603	9.8	62.69	36.31
芳村区	56	1	118023	24246	1.9	20.54	22.84
白云区	144	13	491091	248699	7.9	50.64	17.84
黄埔区	32	4	124487	44891	2.0	36.06	25.35
番禺区	490	24	1739381	614347	28.0	35.32	25
花都区	273	5	778839	105132	12.5	13.50	23.66
二、县级市	614	27	1974964	714719	31.8	36.19	
增城市	466	13	1249865	364502	20.1	29.16	24.42
从化市	148	14	725098	350217	11.7	48.30	19.88

表 2－8　2003 年全市产值超亿元民营工业企业情况

单位：万元

序号	全市超亿元产值排位	企业名称	地址码	注册类型	行业名称	行业码	规模	工业总产值（现价）	利润总额	应交增值税	销售税金及附加	主管部门	利税总额	主管部门名称
		全市规模以上合计						40178324	3184744	1556036	630258		5371038	
		#全市超亿元企业						29145393	2924532	1282230	570108		4776871	
		#民营超亿元企业（94 户）						2306706	104408	47048	21676		173131	
		#94 户占全市工业比重%						5.7	3.3	3.0	3.4		3.2	
		#94 户占亿元企业比重%						7.9	3.6	3.7	3.8		3.6	
1	29	广州金发科技发展有限公司	440106	174	化学原料及化学制品制造业	2651	21	155542	10488	2304	231	500706	13022	天河区
2	31	广东精通集团广州天马摩托车有限公司	440184	159	交通运输设备制造业	3731	21	143127	649	1783	4633	600784	7065	从化市
3	33	广州植之元油脂有限公司	440183	159	农副食品加工业	1331	30	137699	1	84	254	600783	339	增城市
4	48	番禺市裕丰钢铁有限公司	440113	173	黑色金属冶炼及压延加工业	3230	21	102526	2180	1370	0	500781	3550	番禺区
5	88	广州市番禺华鸿油品有限公司	440113	159	石油加工、炼焦及核燃料加工业	2511	30	57941	697	286	23	500781	1005	番禺区
6	97	广州市番禺珠江实业集团有限公司	440113	159	黑色金属冶炼及压延加工业	3230	21	50065	－118	2753	18	500781	2653	番禺区
7	106	广州新太科技有限公司	440106	159	通信设备、计算机及其他电子设备制造业	4012	21	47515	2877	2511	353	500706	5741	天河区
8	116	广州市天河西码数据技术有限公司	440106	159	通信设备、计算机及其他电子设备制造业	4043	30	42595	1747	411	41	500706	2199	天河区
9	135	广东省广州番禺电缆厂有限公司	440113	173	电气机械及器材制造业	3931	21	37367	329	625	50	500781	1004	番禺区

续表

单位：万元

序号	全市超亿元产值排位	企业名称	地址码	注册类型	行业名称	行业码	规模	工业总产值（现价）	利润总额	应交增值税	销售税金及附加	主管部门	利税总额	主管部门名称
10	140	增城荣阳铝材有限公司	440183	173	金属制品业	3482	21	36641	8125	115	565	600783	8805	增城市
11	143	广州市立白（番禺）有限公司	440113	173	化学原料及化学制品制造业	2671	21	35790	1952	999	76	500781	3027	番禺区
12	146	广州市庆丰铜材厂有限公司	440111	159	有色金属冶炼及压延加工业	3351	30	34772	－5235	655	65	500711	－4514	白云区
13	148	广州市番禺区华南摩托车工业有限公司	440113	159	交通运输设备制造业	3731	21	34106	234	447	877	500781	1558	番禺区
14	151	广州市江丰实业有限公司	440111	159	农副食品加工业	1320	21	33742	931	1170	6	500711	2108	白云区
15	162	广州市宝龙特种汽车有限公司	440183	173	交通运输设备制造业	3722	21	32282	3583	131	707	600783	4421	增城市
16	177	广东省番禺福田化工有限公司	440113	172	化学原料及化学制品制造业	2645	30	30500	499	628	41	500781	1168	番禺区
17	179	广州穗港兴铜缆制品有限公司	440113	173	电气机械及器材制造业	3931	30	30182	588	186	0	500781	774	番禺区
18	187	广州市龙豹汽车工业有限公司	440183	173	交通运输设备制造业	3721	21	29256	1577	268	928	600783	2773	增城市
19	198	广州杰赛科技发展有限公司	440105	159	通信设备、计算机及其他电子设备制造业	4014	21	28400	2245	863	602	500705	3709	海珠区
20	202	广州市新动力摩托车工业有限公司	440184	173	交通运输设备制造业	3731	21	28165	1389	0	18	600784	1407	从化市
21	204	华艺诚金银首饰有限公司	440114	159	工艺品及其他制造业	4218	21	27970	451	0	0	500782	451	花都区
22	205	广州鹭业水产有限公司	440114	159	农副食品加工业	1361	21	27694	475	44	45	500782	564	花都区
23	208	广东阿波罗洁具有限公司	440105	173	非金属矿物制品业	3151	21	27448	5442	659	66	500705	6166	海珠区
24	218	广州市京华网络有限公司	440106	159	通信设备、计算机及其他电子设备制造业	4053	30	26326	2514	557	680	500706	3751	天河区

续表

单位：万元

序号	全市超亿元产值排位	企业名称	地址码	注册类型	行业名称	行业码	规模	工业总产值（现价）	利润总额	应交增值税	销售税金及附加	主管部门	利税总额	主管部门名称
25	221	广州增城市广英服装有限公司	440183	171	纺织服装、鞋帽制造业	1810	21	26030	1254	6	859	600783	2119	增城市
26	232	广东省粤晶高科股份有限公司	440105	160	通信设备、计算机及其他电子设备制造业	4052	30	24930	457	307	28	999004	792	中央省属直报
27	239	广州市蒙特利实业有限公司	440107	159	化学原料及化学制品制造业	2651	30	24246	445	539	76	500707	1060	芳村区
28	253	广州欧派厨柜企业有限公司	440111	173	家具制造业	2110	21	22921	1467	470	79	500711	2016	白云区
29	269	广州市番禺明珠电器有限责任公司	440113	159	电气机械及器材制造业	3921	21	21019	268	1005	73	500781	1347	番禺区
30	271	广州市鹏辉电池有限公司	440113	173	电气机械及器材制造业	3940	30	20865	192	297	24	500781	513	番禺区
31	275	广州市香雪制药股份有限公司	440111	130	医药制造业	2730	21	20728	2602	990	99	700791	3691	开发区
32	278	广州毅昌制模有限公司	440106	173	化学原料及化学制品制造业	2651	21	20622	942	306	36	500706	1284	天河区
33	279	广州三雅摩托车有限公司	440184	173	交通运输设备制造业	3731	21	20535	937	1130	129	600784	2196	从化市
34	283	广州市好迪化妆品厂	440103	173	化学原料及化学制品制造业	2672	30	20192	2122	1615	1564	500703	5300	荔湾区
35	287	广州电梯集团配件有限公司	440113	159	电气机械及器材制造业	3931	21	20021	1998	553	34	500781	2585	番禺区
36	292	广州林叶机电科技有限公司	440184	173	交通运输设备制造业	3731	21	19855	595	572	110	600784	1277	从化市
37	294	广州南天电脑系统有限公司	440106	159	通信设备、计算机及其他电子设备制造业	4043	30	19706	454	258	95	500706	807	天河区
38	297	广州市高科通信设备有限公司	440106	173	通信设备、计算机及其他电子设备制造业	4011	21	19381	7643	1667	161	500706	9472	天河区
39	302	广东天普生化医药股份有限公司	440106	160	医药制造业	2760	21	18975	2145	1192	162	500706	3499	天河区

续表

单位：万元

序号	全市超亿元产值排位	企业名称	地址码	注册类型	行业名称	行业码	规模	工业总产值（现价）	利润总额	应交增值税	销售税金及附加	主管部门	利税总额	主管部门名称
40	306	广州维高集团有限公司	440111	159	交通运输设备制造业	3732	21	18778	5928	942	94	500711	6964	白云区
41	308	从化市松峰机械有限公司	440184	173	交通运输设备制造业	3732	21	18670	831	546	729	600784	2106	从化市
42	311	广州从化环亚卫礼品有限公司	440184	159	工艺品及其他制造业	4214	21	18613	923	585	63	600784	1570	从化市
43	313	广州市花都科达电器有限公司	440114	173	通信设备、计算机及其他电子设备制造业	4072	21	18541	218	284	128	500782	629	花都区
44	315	广州市海珠区新珠江蒸馏水有限公司	440105	159	饮料制造业	1532	30	18436	73	169	17	500705	258	海珠区
45	316	广州数控设备有限公司	440103	174	通信设备、计算机及其他电子设备制造业	4090	21	18334	1098	793	80	500703	1971	荔湾区
46	318	广州市九佛电器实业有限公司	440111	159	电气机械及器材制造业	3972	21	18063	403	912	126	200014	1441	农工商
47	321	广州劲隆摩托车制造有限公司	440184	130	交通运输设备制造业	3731	21	17882	795	521	694	600784	2010	从化市
48	329	国光电器股份有限公司	440111	160	通信设备、计算机及其他电子设备制造业	4061	21	17170	3468	0	0	100018	3468	电子集团
49	347	花都晓晖纸品印刷有限公司	440114	159	印刷业和记录媒介的复制	2320	21	16446	355	0	17	500782	372	花都区
50	359	广州市番禺莲花山造纸有限公司	440113	172	造纸及纸制品业	2221	21	16027	40	759	63	500781	862	番禺区
51	360	番禺区喜之郎食品有限公司	440113	173	食品制造业	1440	21	15957	－870	500	40	500781	－330	番禺区
52	361	白云智泰摩托车有限公司	440111	171	交通运输设备制造业	3731	30	15931	485	601	1628	500711	2714	白云区
53	381	全成电子（增城）有限公司	440183	171	通信设备、计算机及其他电子设备制造业	4090	21	15004	180	0	0	600783	180	增城市

续表

单位：万元

序号	全市超亿元产值排位	企业名称	地址码	注册类型	行业名称	行业码	规模	工业总产值（现价）	利润总额	应交增值税	销售税金及附加	主管部门	利税总额	主管部门名称
54	384	清远建北（集团）股份有限公司	440111	159	印刷业和记录媒介的复制	2320	30	14902	3199	924	92	700791	4215	开发区
55	386	增城市城高塑胶五金有限公司	440183	171	塑料制品业	3082	21	14825	451	0	0	600783	451	增城市
56	390	广州市番禺区大川饲料有限公司	440113	173	农副食品加工业	1320	30	14582	21	0	0	500781	21	番禺区
57	392	广州市华岐镀锌钢管有限公司	440114	160	金属制品业	3460	30	14481	250	76	0	500782	326	花都区
58	397	广州市白云化工实业有限公司	440111	159	化学原料及化学制品制造业	2662	30	14254	1336	1202	120	200014	2658	农工商
59	398	惠蒲电子厂	440113	171	通信设备、计算机及其他电子设备制造业	4043	21	14250	696	0	49	500781	745	番禺区
60	402	增城超时印花有限公司	440183	159	纺织业	1712	30	14222	－207	0	0	600783	－207	增城市
61	404	广州市千里达车业有限公司	440111	173	交通运输设备制造业	3741	30	14007	332	194	29	500711	556	白云区
62	406	青海华鼎实业股份有限公司番禺恒联食品	440113	160	专用设备制造业	3631	30	13772	237	682	57	500781	976	番禺区
63	413	广州市粤秀摩托动力有限公司	440113	171	交通运输设备制造业	3732	30	13438	51	585	160	500781	797	番禺区
64	418	区泰记农副产品（广州）有限公司	440113	171	农副食品加工业	1370	30	13332	－73	0	0	500781	－73	番禺区
65	420	增城市海利摩托车有限公司	440183	173	交通运输设备制造业	3731	30	13301	128	388	595	600783	1110	增城市
66	421	从化市五星皮衣有限公司	440184	159	皮革、毛皮、羽毛（绒）及其制品业	1922	21	13265	－109	12	5	600784	－92	从化市

续表

单位：万元

序号	全市超亿元产值排位	企业名称	地址码	注册类型	行业名称	行业码	规模	工业总产值（现价）	利润总额	应交增值税	销售税金及附加	主管部门	利税总额	主管部门名称
67	424	巨大汽车音响设备有限公司	440113	171	通信设备、计算机及其他电子设备制造业	4071	21	13089	1678	0	0	500781	1678	番禺区
68	425	广州从化科力自行车厂	440184	171	交通运输设备制造业	3741	21	13088	475	381	508	600784	1363	从化市
69	426	广州市番禺区振兴塑料有限公司	440113	173	塑料制品业	3082	21	13043	1383	150	20	500781	1554	番禺区
70	437	广州科琳电源设备有限公司	440113	173	电气机械及器材制造业	3921	30	12700	164	577	30	500781	771	番禺区
71	442	从化市比达利金属有限公司	440184	190	金属制品业	3451	21	12576	419	75	10	600784	504	从化市
72	454	广州市富田实业发展有限公司	440105	159	石油加工、炼焦及核燃料加工业	2512	30	12153	731	146	20	200017	897	市属直报
73	457	东极格（增城）服装有限公司	440183	173	纺织服装、鞋帽制造业	1810	30	12112	－14	0	0	600783	－14	增城市
74	460	广东广洋高科技股份有限公司	440112	171	化学原料及化学制品制造业	2662	30	12007	1982	208	54	700791	2244	开发区
75	462	广州达意隆包装机械有限公司	440111	173	通用设备制造业	3576	30	11939	806	311	31	500711	1148	白云区
76	464	从化市聚赛龙工程塑料有限公司	440184	173	塑料制品业	3020	30	11927	402	179	32	600784	613	从化市
77	469	番禺凯尔摩托车有限公司	440113	173	交通运输设备制造业	3731	21	11840	171	0	503	500781	674	番禺区
78	472	增城市苹果皮具有限公司	440183	171	皮革、毛皮、羽毛（绒）及其制品业	1923	21	11797	651	78	6	600783	735	增城市
79	476	广州市建耀混凝土有限公司	440106	173	非金属矿物制品业	3121	30	11632	－1	0	144	200017	143	市属直报
80	478	广州南方电力集团电器有限公司	440105	159	仪器仪表及文化、办公用机械制造业	4112	30	11617	558	440	44	999004	1042	中央省属直报

续表

单位：万元

序号	全市超亿元产值排位	企业名称	地址码	注册类型	行业名称	行业码	规模	工业总产值（现价）	利润总额	应交增值税	销售税金及附加	主管部门	利税总额	主管部门名称
81	484	广州市金煌电子制品有限公司	440113	173	通信设备、计算机及其他电子设备制造业	4072	30	11507	1021	247	19	500781	1287	番禺区
82	486	广州市白云区明兴公司	440111	171	电气机械及器材制造业	3931	30	11494	693	374	55	500711	1121	白云区
83	495	从化星雨日用品厂	440184	172	化学原料及化学制品制造业	2671	30	11311	356	239	26	600784	620	从化市
84	500	广州市天赐高新材料科技有限公司	440112	173	化学原料及化学制品制造业	2651	30	11175	605	289	29	500712	923	黄埔区
85	502	广州市黄埔振兴实业有限公司	440112	172	金属制品业	3411	30	11107	90	128	16	500712	235	黄埔区
86	505	仙村镇万利宝家具有限公司	440183	171	家具制造业	2110	21	11054	425	289	198	600783	913	增城市
87	512	从化宜轻家具厂	440184	171	家具制造业	2190	30	10948	542	596	325	600784	1464	从化市
88	529	广州迪森热能技术有限公司	440112	160	通用设备制造业	3511	30	10602	－1478	33	76	700791	－1369	开发区
89	531	广州恒山股份有限公司	440103	130	专用设备制造业	3699	21	10560	1389	886	150	500703	2425	荔湾区
90	536	广州番禺石基电缆厂有限公司	440113	173	电气机械及器材制造业	3931	30	10428	238	283	0	500781	521	番禺区
91	541	增城市志日电器实业有限公司	440183	160	通用设备制造业	3573	30	10281	716	146	42	600783	903	增城市
92	544	安泰化学有限公司	440106	173	化学原料及化学制品制造业	2662	30	10258	594	259	22	500706	875	天河区
93	545	广州市从化天马摩托车配件厂	440184	171	交通运输设备制造业	3732	30	10255	356	300	400	600784	1055	从化市
94	551	广州光通通信发展有限公司	440106	159	通信设备、计算机及其他电子设备制造业	4019	30	10052	2079	5	323	500706	2406	天河区
95	25	广州七喜电脑股份有限公司	440112	210	电脑设备制造	404 1	21	182435.6	6667	2090	209		8966	黄埔区
96	160	广州白云电器设备厂	440111	120	专业输配电制造	3923	21	32317	3111	963	96		4170	白云区

1－2－3 批发零售贸易业

【个体私营经济发展概况】 据统计，1990年底，广州市城乡个体工商户95265户，其中批发零售贸易业61776户，占64.83%；饮食业7400户，占7.77%；个体经济的零售额26.12亿元，占全市社会商品零售总额的16.9%。广州市登记注册的私营企业有2905户，其中批发零售贸易业私营企业1049户，占36%。

1991年，广州市城乡个体工商业105238户，从业人员167541人，比上年分别增长10.47%和10.84%；注册资金总额55305万元。批发零售贸易业69010户，占65.58%；个体商业零售额337897万元，占全社会商品零售额的19.08%。广州市登记注册的私营企业有3290户，其中商业1159户，占35.2%；商业、饮食业的营业额56013万元，比上年增长66%。

1992年，广州市个体工商户共11.75万户，其中个体商业（含饮食服务业）发展较快，年末从事批发零售和饮食业、服务业的个体户共95628户，比上年增长12.54%；商业中从事粮油业务的个体户达1917户，比上年增长了一倍多。广州市私营企业有4043户，其中商业1478户，占36.6%；商业、饮食业和服务业的销售额7.92亿元和3.61亿元，分别比上年增长15.7%、41.4%和29.8%。

1993年，广州市私营企业有6943户，其中批发零售贸易业2837户，占40.86%；饮食业156户，占2.25%；商业、饮食业和服务业年销售总额34.86亿元，其中商品零售额7.85亿元，分别比上年增长1.24倍、3.4倍和1.17倍。

1994年，广州市商品零售额95.37亿元，增长59.75%，全市私营企业有10052户，其中批发零售贸易业4378户，占43.55%。

1995年底，广州市个体工商户共189307户，商品零售额664214万元，比上年增长23.54%。从事批发零售、饮食业经营的仍居首位，全年新增加商业、饮食业个体工商户28800户，占全部新开业总户数的77.42%，其中商业26564户，占71.41%，一年以下临时性经营的较多，新登记临时经营的有18152户，占全部新开业总户数的48.8%。广州市私营企业有15206户，其中批发零售贸易业7565户，投资者和雇工人数46319人，注册资金466158万元。是年社会商品零售总额为18.9亿元，比上年增长7.5%。

1996年底，广州市私营企业有19900户，其中批发零售贸易业10055户，占50.53%，比上年增长32.91%；投资者和雇工人数70680人，比上年增长52.59%，注册资金712817万元，比上年增长52.91%。是年社会商品零售额23.1亿元，比上年增长22.2%。

1997年，广州市个体、私营经济继续稳步发展。到年底，全市共有个体工商户203886. 其中批发零售贸易业141141户，比上年增长27.3%。全市个体工商户、私营企业总产值为50.22亿元。是年商业私营企业12794户，比上年增长27.24%；投资者和雇工人数95968人，比上年增长35.78%；注册资金1015498万元，比上年增长42.45%。是年社会商品零售额107.5亿元，占全市社会商品零售总额的13.94%。

1998年底，广州市共有个体工商户211667户，其中批发零售贸易业148687户（新增32294户），占61.38%；全市个体、私营企业社会消费品零售总额为287.01亿元，比上年增长16.89%，占全市社会消费品零售额的31.73%，比上年提高1.14个百分点。其中批发零售贸易业67.55亿元；个体经济零售额达218.55亿元，比集体经济零售额多3.88亿元，首次超过了集体经济的零售额。私营批发零售贸易企业已发展到15913户，比上年增长24.38%；投资者和雇工人数107092人，比上年增长11.59%；注册资金1274848万元，比上年增长25.54%。

1999年底，广州市共有个体工商户221724户，私营企业37436户，合计259160户。发展最快的是批发和零售贸易、餐饮业，增加9919户。全年个体贸易企业商品销售总额326.8亿元，比上年增长18%，与大中型商业企业发展速度相比快了近一倍。全年个体与小型商业企业销售额占全市销售总额的54%。是年批发零售贸易业私营企业19054户，比上年增长19.74%；投资者和雇工人数134267人，比上年增长25.38%；注册资金1558763万元，比上年增长22.27%。

2000年，广州市个体、私营经济持续快速发展。是年从事第三产业经营的个体工商户有20.88万户，私营企业40521户，分别占全市个体工商户和私营企业总数的92.38%和84.95%。其中从事批发零售贸易业的个体工商户和私营企业最多，分别占总数的54.5%和43.43%。是年，广州市共有个体工商户226016户、私营企业47699户，合计273715户。其中批发零售贸易业私营企业20717户，比上年增长8.42%；投资者和雇工人数125171人，比上年减少6.77%；注册资金1737543万元，比上年增长11.47%。

1991年至2000年个体私营商业企业平均每年增长速度为8.7%，其中个体商业企业从业人员289349人（其中个体批发零售业企业164178人，私营批发零售业企业125171人），注册资金188.29亿元（其中个体批发零售企业14.54亿元，私营批发零售企业173.75亿元），分别占同期个体私营企业总数的37.6%和39.54%（其中个体批发零售业企业43.1%和35.9%，私营批发零售业企业32.21%和39.88%）。

2001年，广州市有私营企业52203户，其中批发零售贸易企业20872户，比上年增长0.75%；投资者和雇工人数148002人，比上年增长18.24%；注册资金2113921万元，比上年增长21.66%。

2002年，广州市有私营企业66596户，其中批发零售贸易和餐饮业32931户，投资者和雇工人数229518人，注册资金3641308万元，分别比上年增长24.82%、19.86%和35.16%。

截止到2003年底，广州市私营企业中从事批发零售贸易业的有37912户，占全市私营企业户数的50.87%。全市个体工商户中从事批发零售贸易业的有62761户，占全市个体工商户总数的26.5%。

表2-9　广州市商业个体、私营经济户数、人数与全市情况比较表

年份	全市个体私营经济户数（户）						全市个体私营经济人数（人）					
	合计	私营	个体	商业			合计	私营	个体	商业		
				合计	私营	个体				小计	私营	个体
1990	98170	2905	95265	62825	1049	61776	189622	38463	151159			
1991	108528	3290	105238	70169	1159	69010	211430	43889	167541	108338	10961	97377
1992	121586	4043	117543	78659	1478	77181	245238	52287	192951	123076	13306	109770
1993	142204	6943	135261	90841	2837	88004	311645	87429	224216	155608	26702	128906
1994	182121	10052	172069	109052	4378	104674	409817	127229	282588	197748	41820	155928
1995	204513	15206	189307	125293	7565	117728	453643	137789	315854	222716	46314	176402
1996	221225	19900	201325	135674	10055	125619	525915	188725	337190	260816	70687	190129
1997	228567	24681	203886	141141	12794	128347	577658	233856	343802	285798	95968	189830
1998	242251	30584	211667	148687	15913	132774	633494	258473	375021	306526	107092	199434
1999	259160	37436	221724	152514	19054	133460	697812	314084	383728	326757	134267	192490
2000	273715	47699	226016	143885	20717	123168	769578	388637	380941	289349	125171	164178

资料来源：《广州统计年鉴》。

表 2-10　广州市商业个体私营经济注册资金情况表

年份	广州市个体私营经济注册资金（万元）						说明
	合计	私营	个体	商业			
				小计	私营	个体	
1990	81940	40777	41163				
1991	106963	51658	55305				
1992	157719	84090	73629	64947	26808	38139	1. 资料来源《广州统计年鉴》国内贸易，个体私营企业情况。
1993	356721	246477	110244	149043	91844	57199	
1994	735305	560981	174324	327449	249269	78180	2. 户数、人数、注册资金合计指全市个体私营企业总数。
1995	1171452	955848	215604	571600	466158	105442	
1996	1648336	1394503	253833	837084	712817	124267	
1997	2158153	1885054	273099	1150433	1015498	134935	3. 商业小计指个体私营企业中的批发和零售贸易业，即个体私营商业。
1998	2720267	2399674	320593	1426129	1274848	151281	
1999	3519425	3125578	393847	1722817	1558763	164054	
2000	4762260	4357265	404995	1882953	1737543	145410	

资料来源：《广州统计年鉴》。

近年来，私营批发零售贸易业企业规模不断壮大，为广州市商贸流通发展作出了重大贡献。据统计部门统计，2003年全市限额以上批发零售贸易业私营企业总资产达到106.8亿元，比2002年增长37.26%，相当于1996年的29倍多；所有者权益20.95亿元，比2002年增长53.66%；商品销售收入净额达到328.3亿元，增长47.11%；商品销售税金及附加金额达到4503万元，增长23.39%；利润总额19250万元，增长36.53%；本年应交增值税30279万元，增长21.9%，相当于1996年的34.17倍。

【商业特色区与商业特色街】　广州商业经历了改革开放前近40年备受计划经济时期物资匮乏、商品短缺的局限和政策抑制的束缚，从1979年至20世纪90年代初期得到迅速恢复和发展。广州现代流通业以市场为依托，以商业区、专业街为主线，与全市星罗棋布的商业网点联结，国有、集体、私营、个体、外资等不同所有制商业企业的活力竞相迸发，要素市场比较发达，构筑了较为完整的商贸业市场网络和不同层次的现代商贸业中心。1991年全市社会消费品零售总额170.12亿，13年间年均增长19.1%。1992年邓小平南巡至建国50周年的1998年，广州商业进入快速发展时期，为适应市场经济，商业体制进行了组建企业集团、推行股份制、大力发展民营经济等一系列深化改革举措。各种新的零售业态开始出现，市场形成多元化经营，原有的商业格局被打破，呈现了以公有制为主体，多种经济成份、多种经营方式共同发展的新局面。商业经营竞争趋向激烈，商业的经营已从过去的反暴利转变为限制低于成本价竞销。广州商业在这一时期实现了转折和突破，全社会消费品零售总额从1992年的209.52亿元发展到1998年的904.57亿元，7年间翻了两番多，年均增长率27.0%，比前一阶段的平均增长速度高出7.9个百分点。1999年，广州社会消费品零售总额达1000.64亿元，2000年为1121.13亿元，2001年达1243.9亿元，比上年增长11%，扣除物价因素，实际增长14.6%。2002年，市社会商品销售总额3661.27亿元，比上年增长10.1%；全市社会消费品零售总额达1370.68亿元，比上年增长9.8%，剔除价格因素，实际增长13.3%，2003年全市社会商品销售总额达4210亿元，比上年增长15%；社会消费品零售总额达1494亿元，比上年增长9%，连年保持两位数的增长速度。

广州的商业区和商业特色街的发展，民营经济企业发挥了很大的作用，特别是在1991年至2000年，随着广州地区的拓展东移，城市建设发展，广州地铁一号线全面开通，以及对步行街、专业街、商业街进行规范改造和整治，改善了交通条件和购物环境，形成了以北京路、上下九路、环市东路、流花路和天河城广场为中心的市级商业区，以江南大道、东山口、西场、花地、沙河、大沙地、市桥、新华及街口、荔城为中心的区（县级市）级商业区，以海印电器、黄沙水产、天河电脑、芳村和花都花卉为代表的商品集散地和遍布大街小巷的商店组成的多层次的商贸群体。商业中心对假日消费拉动效应巨大。天河城广场、北京路、上下九路、环市东路为中心的商业区，以强选择性、宽松购物环境、丰富的功能，吸引了绝大部分假日外出购物、饮食、娱乐的消费者，节假日期间，总体消费增长远远高于其他地方商业网点。越秀区自古以来就形成各具特色的专业街。改革开放以来，较为成熟的有西湖路、教育路服装、精品专业街、高第街服装专业街，大新路　玉带濠鞋业专业街，濠畔街皮革专业街，天成路纸张油墨专业街，一德路干果海味专业街，泰康路、大南路、惠福路装饰材料专业街，惠福东路风味食街，以及依托光孝寺、六榕寺、城隍庙等旅游景点发展旅游的文化专业街。这些专业街的发展和建设，与区内星罗棋布的商业网点联结成点、线、面全面发展的商业格局。中山四、五、六路，长堤大马路、西濠二马路，人民南、人民中路等地带，金融、饮食、文化、娱乐、旅游等行业都在保留原有特色的基础上有新的发展，各种消费场所各具特色，中西兼备，高、中、低档齐全，适应各种层次消费需要，一年四季商客如流，车水马龙。特别是随着广州地铁的开通，中山五、六路通过统一规划、统一标准，高标准地营造商业街，进一步重造商业优势。1999年，以北京路商业步行街为中心的商业文化旅游区经过整饰，焕然一新，初具规模。状元坊、高第西街等专业街改造基本完成，天成街纸张油墨、濠畔街皮革鞋料、流花街服装等一批专业街、专业市场规模扩大、档次提高，增强了辐射力和吸引力。广州市具有专业特色，成行成市的商业街，详见表2－11。

表2－11　广州市主要商业街一览表

专业特色	商业街所在地段
流花地区服装批发市场一条街	环市西路、站南路、站前路、站西路
海印地区电器市场一条街	东湖西路、大沙头路、大沙头二马路、大沙头四马路
天河电脑市场一条街	天河路、天河东路、石牌西路
状元坊文化用品饰物精品一条街	人民南路状元坊
鞋材鞋业一条街	环市西路、站西路
服装专业一条街	西湖路、教育路、北京南路高第街
皮具商贸一条街	解放北路、梓元路
装饰材料一条街	北京南路、泰康路
纸张油墨印刷器材一条街	天成路
通信设备市场一条街	陵园西路
干果海味一条街	一德路
玉带濠鞋业一条街	大新路、解放南路、玉带濠
服装配料一条街	十八甫路、杨巷路、德星路

续表

专业特色	商业街所在地段
纺织品、布匹批发市场一条街	光复南路、浆栏路
清平中药材专业市场一条街	六二三路
玉石工艺、古玩玉器一条街	带河路（康王路）、文昌北路
文物字画一条街	文德路
灯饰灯具一条街	大南路
新东园图书城一条街	东园路
谊园文具玩具市场一条街	黄沙大道
五金杂件一条街	大德路
五金工具一条街	惠福西路
电子元件一条街	朝天路、惠福路
制冷设备一条街	海珠北路
制衣设备、针车设备一条街	光复中路
美容美发用品一条街	光复中路、长寿东路
源胜玉器街	带河路（康王路）源胜街
华林玉器街	长寿西路西来正街
礼服婚纱一条街	江南大道北
日用塑料市场一条街	江南西路
康乐毛线毛料市场一条街	新港西路
装饰材料、竹木市场一条街	石溪
摩托车配件一条街	东华西路、较场东路
体育用品一条街	二沙岛大道
汽配广场一条街	广源中路
洁具、瓷砖市场一条街	员村
花鸟鱼虫市场一条街	花地大道花地湾
南方茶叶市场一条街	芳村大道、山村路、企石路
装饰材料、石材一条街	黄石路
物资商业一条街	广州大道
装饰材料市场一条街	南岸路
集美居家私广场地铁商业街	地铁芳村站
五金电器商业街	沙园

此外，广州市还有许多以民营经济为主聚集的各类专业市场，文德路文化街、新东园图书城、海印毛线布料总汇、仰忠街精品市场、陵园西通讯设备市场等一批成行成市，与颇具名气的专业街市，互为补充，交相辉映，吸引着无数的顾客和商家。近年来，各种专业市场和专业街的经营规模逐渐扩大，农林下路商业街已有30多家名牌时装店设点。东山海印电器总汇、海印电器二场、金海印电器广场、广州市星之光家电市场相继开业。2000年，进一步改善购物环境，继续对步行街、专业街和商业街进行规范改造和整治。中山路地铁沿线上盖店铺通过规范改造，重现往日繁荣景象。

（撰稿人：广州市商业局　苏明枢）

1－2－4　饮食业、社会服务业

【饮食业和社会服务业个体私营经济发展概况】　广州饮食业和服务业是随着改革开放和社会需求的变化而发展的，餐饮业发展与批零商业发展的历史大体相同，在20世纪90年代起发展较快，而服务业则从修、补、改开始逐步发展成为多种形式的社区服务业，成为一个新兴的行业。

1991年，广州市城乡个体工商户105238户，其中饮食业8367户，占7.95%；服务业7588户，占7.27%；修理业5818户，占5.53%；广州市已登记注册的私营企业有3290户，其中饮食业94户，占2.9%；服务业104户，占3.2%；修理业44户，占1.3%。

1992年，广州市个体工商户共11.75万户，比上年增长11.69%；从业人员19.29万人，增长15.17%；其中年末从事商业和饮食业、服务业的个体户共95628户，比上年增长12.54%；广州市私营企业有4043户，其中饮食业116户，占2.9%；服务业179户，占4.4%；修理业71户，占1.7%。

1993年，广州市私营企业有6943户，投资人数13271人，雇工74158人，其中饮食业156户，占2.25%；服务业558户，占8.47%；修理业89户，占1.28%；

1994年，广州市个体工商户共17.21万户，比上年增长27.21%；从业人员28.26万人，增长26.03%；发展最快的仍为第三产业。服务业、商业分别比上年增长24.22%和23.44%。是年，广州市私营企业有10052户，其中服务业1059户，占10.54%；修理业110户，占1.09%。

1995年，广州市个体工商户共189307户，从业人员315854人，分别比上年增长10%和11.77%，从事商业、饮食业经营的仍居首位。全年新增加商业、饮食业的个体工商户28800户，占全部新开业总户数的77.42%，其中商业26564户，占71.41%，饮食业有2336户，占28.59%；社会服务业发展到2712户，占全市个体工商业户1.43%。

1996年，广州市私营企业有19900户，其中饮食业318户，占1.6%；服务业3744户，占18.81%。

1997年，全市共有个体工商户203886户，其中饮食业13560户，占6.65%；社会服务业28866户，占14.16%，比上年增长7.21%。是当年获得较快增长的行业之一。

1998年，广州市共有个体工商户211667户，私营企业30584户，合计242251户。按行业划分：饮食业14082户，占5.81%；社会服务业31619户，占13.05%。这一年，全市个体、私营企业第三产业中各行业社会消费品零售额排在前几位的分别为：商业67.55亿元；饮食业5.80亿元；旅馆业3156万元；修理业1302万元；娱乐服务业418万元。

1999年底，广州市共有个体工商户221724户，私营企业37436户，合计259160户。按行业划分：批发和零售贸易、餐饮业172688户，占66.63%；社会服务业34847户，占13.45%。是年，发展最快的是批发和零售贸易、餐饮业，增加9919户，其次是社会服务业，增加3228户。

2000年，广州市共有个体工商户226016户、私营企业47699户，合计273715户。按产业结构划分：第一产业占0.19%，第二产业占8.73%，第三产业占91.08%。按具体行业划分：批发和零售贸易、餐饮业189939户，占69.39%；社会服务业34611户，占12.64%；私营企业中，发展最快的是建筑业，增长31.2%，其次是社会服务业，增长24.5%，，批发和零售贸易、餐饮业，增长21.7%。

2003年，全市个体工商户中从事餐饮业的有121417户，占全市个体工商户总数的51.27%。从事社会服务业的有25908户，占全市个体工商户户数的10.94%。广州市私营企业中从事社会服务业的有19290户，占全市私营企业户数的25.88%。其中日用品修理业151户，从业人员1287人；旅馆业99户，娱乐服务业172户，从业人员1373人。私营社会服务业户数、人数、注册资金数分别达到18826户、149540人和221115万元，比1995年分别增长68.62倍、6.56倍、13.63倍。

近年来，广州市生活服务业在投资主体多样化、服务消费大众化、城市生活都市化的大环境下继续发展。品牌连锁经营成为服务业发展的主导形式。“天天洗衣”、“大众搬屋”、“千福家政”、“自然美美容”、“八佰伴发廊”、“顺达汽车租赁”等成为服务品牌，在消费者中拥有相当高的信誉度。其中，“大众搬屋”实行集团化经营，占据本地三分之一以上的家庭搬屋服务市场；“天天洗衣”通过实施服务网点社区化策略，成为本地洗衣业的最大服务品牌。美容美发、桑拿按摩、美体健身、酒吧娱乐、茶艺棋牌等休闲消费服务业，创新服务项目，使服务更趋细致，较好地满足了消费者的需求。此外，依托国内外先进摄影器材品牌开设的“婚纱影楼”、“冲印中心”，数码冲印、装裱制作、影像修补等新增服务项目以及娱乐服务业也得到迅速发展（详见表2-12、表2-13、表2-14、表2-15）。

表2-12　近年来社会服务业发展情况（1993~2003年）

年份	户数（户）		投资者和雇工人数（人）		注册资金（万元）	
	合计	增长（%）	合计	增长（%）	合计	增长（%）
1993	1157		12206		34347	
1994	1829	58.08	18861	54.52	87980	185.27
1995	2712	48.28	19787	4.91	151794	72.53
1996	3744	38.05	30594	54.63	249521	64.38
1997	5084	35.79	46677	52.57	361456	44.86
1998	6496	27.77	51462	10.25	464372	28.47
1999	8292	27.64	64701	25.73	633802	36.49
2000	10906	31.52	84598	30.75	898036	41.69
2001	12483	14.46	99161	17.21	1288815	43.51
2002	16673	33.57	122495	23.53	1887449	46.45
2003	18826	13.16	149540	22.08	2221115	17.69

资料来源：广州市工商行政管理局。

表 2-13 近年来日用修理服务业发展情况（1995~2003 年）

年份	户数（户）		投资者和雇工人数（人）		注册资金（万元）	
	合计	增长（%）	合计	增长（%）	合计	增长（%）
1995	127		1436		1929	
1996	141	11.02	1582	10.17	2992	55.11
1997	138	-2.13	1657	4.74	2600	-13.10
1998	120	-13.04	1474	-11.04	2347	-9.73
1999	103	-14.17	1101	-25.31	2503	6.65
2000	118	14.56	1167	5.99	2871	14.70
2001	135	14.40	1176	0.77	3114	8.46
2002	164	21.48	1015	-13.69	3907	25.47
2003	151	-7.94	1287	26.80	3990	2.12

资料来源：广州市工商行政管理局。

表 2-14 近年来旅馆服务业发展情况（1995~2003 年）

年份	户数（户）	投资者和雇工人数（人）	注册资金（万元）
1995	7	64	154
1996	62	916	5370
1997	101	1171	10982
1998	129	1265	11920
1999	141	1445	11532
2000	131	1443	11377
2001	118	1626	12126
2002	103	1188	12361
2003	99	1131	10728

资料来源：广州市工商行政管理局。

表 2-14 表明，旅馆服务业近年来有较大的发展，企业规模扩大，其中 2003 年平均每户人数从 1995 年的 9 人增加到 11 人左右，户均注册资金从 1995 年的 22 万元增加到 108.36 万元。

表 2-15 近年来娱乐服务业发展情况（1995~2003 年）

年份	户数（户）	投资者和雇工人数（人）	注册资金（万元）
1995	29	255	1129
1996	34	315	1779
1997	46	412	2658
1998	51	459	4511
1999	85	763	9762
2000	86	861	9307
2001	85	882	9933
2002	114	1032	39989
2003	172	1373	12625

资料来源：广州市工商行政管理局。

表 2-15 可以看出，近年来娱乐业无论是户数、人数、注册资金都有大幅度的增长。

【餐饮业所有制结构基本情况】 20 世纪 90 年代，个体私营经济已成为广州餐饮业的主力军。行业经济结构随着市场开放和国有企业转制重组改革而发生显著的变化，国有企业逐步减少，集体企业、私营企业有所增加，个体企业和投资主体多元化的联营、合营、股份制和外商、港澳台商投资的合营企业大幅度增加（详见表 2-16、表 2-17、表 2-18）

表 2-16 1990~2000 年餐饮业机构的所有制结构

年份	机构合计	国有	集体	私营	其他	联营	股份	外商
1990	2747							
1991	2122	724	1369			29		
1992	2421	779	1479	116		7		40
1993	1830	452	719	156	349	1	1	152
1994	2239	689	1113	209	10	6	1	211
1995	2656	705	1419	268	8	6	2	248
1996	2783	224	1979	459	17	7	24	73
1997	2395	213	1717	325	19	8	24	89
1998	2137	167	1489	344	16	3	25	93
1999	1936	140	1354	130	5	14	227	66
2000	1958	128	1055	232	6	7	459	71

资料来源：根据《广州年鉴》资料整理。

表 2-17 1990~2000 年餐饮业网点的所有制结构

年份	网点合计	国有	集体	私营	个体	联营	股份	外商
1990	10296							
1991	10583							
1992	11935							
1993	13189	821	1209	156	10849	1	1	152
1994	15070	1105	1643	209	11895	6	1	211
1995	16477	1144	1950	268	12856	8	3	248
1996	18070	321	2480	508	14619	9	28	105
1997	16592	339	2442	438	13230	10	30	103
1998	16113	228	1538	508	13706	3	30	100
1999	21746	169	1354	190	19695	14	230	94
2000	29211	161	1310	276	26790	8	552	114

资料来源：根据《广州年鉴》资料整理。

表 2－18　1990～2000 年餐饮业从业人员的所有制结构

年份	人员合计	国有	集体	私营	个体	联营	股份	外商
1990	84505							
1991	75308	34465	11700		22689	6454		
1992	86719	37324	13031	1980	25737	1647		7000
1993	126710	35820	12506	2565	42314	35	78	33392
1994	164263	46627	16995	3850	47690	186	125	48790
1995	190922	49192	20768	4998	57940	245	390	57389
1996	137784	17016	58520	6606	41426	308	273	13635
1997	157835	37098	46950	10323	41742	1069	1242	19411
1998	136098	22073	34635	11017	47575	847	1680	18271
1999	164661	22952	39454	9365	61484	714	12171	18521
2000	201295	22148	33624	19856	83180	445	19213	22829

资料来源：根据《广州年鉴》资料整理。

2003 年，广州餐饮业零售额达 282 亿元，比 2002 年增长 6%。广州饮食行业由改革开放初期的 523 个网点，发展至 2003 年已有餐饮企业 29458 家，平均每万人拥有餐厅为 41.7 家；其中公有制经济 707 家，个体、私营经济有 27643 家；港澳台和外商投资经济 191 家；混合经济成份的 917 家，个体、私营经济占全市餐饮网点的 93.84%，从业人员 20 多万人，营业收入与改革开放前的 1978 年相比增长 170 多倍，餐饮网点增长 37 倍，从业人员增长 4 倍多，全国特级酒家 32 家，广州就占了 9 家。社会消费品零售总额连续三年居全国第三位，居民消费结构升级显现。遍布全城大街小巷的酒楼食肆，呈多元化、多层次的特点，满足不同层次消费人士的不同需求。从百年老字号到新派名店，从装饰豪华的高级食府，到物美价廉的快餐排档，从综合大型的“饮食街”、“饮食城”到别具一格的“特色名店”，从早到晚，乃至通宵达旦，24 小时经营“三菜两饭一夜宵”，可谓“无时不吃，无处不吃”，精致可口，丰俭由人，蔚为壮观。广州商贸发达的历史传统在“食在广州”这一领域得到淋漓尽致的体现。

【餐饮业发展的特点】　20 世纪 90 年代，广州创造了良好的投资环境，吸引了各国各地的饮食企业纷纷来穗发展。广州市餐饮业无论是在环境装修、设备设施，还是在菜点制作、服务质量等方面已达到较高的水平，基本形成了以粤菜为主，国内外美食共同发展，异彩纷呈的局面。传统的粤菜餐馆改造翻新，不仅遍布全市各区，而且向北方中心城市发展，实现了粤菜“北伐”；全国各地著名特色菜馆也纷纷在穗落地生根，经营风味菜，如东北菜、淮扬菜、川菜、湘菜、沪菜及牛扒屋、意大利餐厅、西班牙餐厅、日本料理店、韩国料理店、粥城、美食广场、回转寿司、特色酒吧和茶艺馆等各种新型餐馆，与广州菜，客家菜、潮州菜一起向国内外客人展示姿彩，大大丰富了广州的饮食市场，形成了多品味、多风格、多层次、百花齐放的饮食文化。不出广州可食遍中国，食遍世界，为“食在广州”增添了新的丰富的内涵。

【惠爱饮食公司】　惠爱餐厅创于 1986 年，地址在广州市中山六路，现已由一间惠爱餐厅发展到拥有六间中、小型餐饮企业的惠爱饮食公司。经营场地由 220 平方米增至 2700 平方米；餐位由 140 个增加到 1200 个；员工由 23 人发展到 300 人；年销售收入从 177 万元增加到近 3000

万元。1999年该企业由全民所有制转为股份合作制，调整和完善了各门店经营承包方案，进一步落实经济责任制和层级管理责任制。

【丽晶明珠酒家】　丽晶明珠酒家隶属于丽晶明珠饮食娱乐有限公司，坐落在广州繁华的珠江新城。该酒家的前身是金鳞渔港，创于1994年，创始人罗锦灿先生。主要经营潮式粤菜，以燕翅鲍为主。该酒家注重管理，建立了一套科学、完善的现代化经营管理模式和严谨的规章制度，组建了一支高素质的服务队伍，设有智能化网络管理，建立网站，顾客可以享受网上订房、订餐服务。实行层级管理责任制，落实各位员工各尽其职，各尽所能，将服务细致化、专业化，将出品精致化、多样化，务求实现每一个细节都令客人称心满意。2002年该酒家被评为“羊城十大明星企业”和“广州餐饮名店”。

【绿茵阁咖啡厅】　绿茵阁咖啡厅创建于1989年，是一家全资民营企业。创建人是林振中，经过13年的发展，从早期仅有20多名员工，80多个餐位的小餐馆，已发展成为拥有17家分店、国内6家加盟店的国内大型西餐连锁企业，该企业每一间分店的经营规模最少都有三百多平方米，最大有一千多平方米。2000年餐位达6000个，员工达1500人，营业额1.2亿元。该企业成功地将西餐与本土口味有机地结合，对传统的西餐制作方式和经营方式进行全面改造，完成了外来西餐从贵族化走向平民化的过渡，形成自己的风格，成为国内大型的西餐连锁企业。该企业在十多年的经营中，每年向国家交纳的税收递增约17%左右，并获得“纳税大户”、“光彩之星”、“省文明经营户”等光荣称号。该企业赢得了经济效益和社会效益的双丰收。它被中国烹饪协会、中国商业联合会、中华全国商业信息中心评为“2001年度中国餐饮百强企业”，2002年被中国烹饪协会、中国商业联合会、中华全国商业信息中心评为“2001年度中国餐饮百强企业”、“中华餐饮名店”；赢得了市场“评价最好的六家西餐厅”和“最想去的六家西餐厅”两项的榜首位置。

【新荔枝湾酒楼】　新荔枝湾酒楼，创建于1994年3月28日，创建人是谢国材。是一间20世纪90年代发展起来的，较具代表和规模的餐饮民营企业。创建以来，该公司一直奉行的经营理念是：制作精贵、顾客尊贵、环境华贵、物有所值的经营定位。出品迎客、服务留客的经营方针。粤菜经典、新派演绎的经营特色。为顾客提供诚挚、尊贵的极致服务的经营宗旨。该公司从1994年只有餐位960个，员工180人的规模，发展至2000年，已成为拥有高档粤菜食府6家、独资公司2家、中外合作公司3家、管理公司3家、学院1所，营业餐位近3000个的大型综合餐饮管理集团。2000年7月，成立了产、学、研三位一体的教学、研究实体——新荔枝湾学院。学院采用体验—分享—训练—提升等培训方式分别开展任职资格培训和对营业、出品、宴会等专线开展针对性培训，为餐饮业培养了一大批高素质的专业人才。新荔枝湾粤菜研制中心是研究粤菜的专门机构，是广州粤菜经营管理科学化的重要研究基地之一。

【新兴饭店】　新兴饭店位于广州市前进路92号，1979年由李炳荣创建。主营业务和经营特色是羊肉系列美食，招牌菜是新兴秘制羊肉煲，蒙古鸿运全体羊，真味白切羊等12个特色菜。开业初期主要经营粥、粉、面。当时经营面积只有38.5m2，除自己家人参加经营外，还雇请了8名员工。1984年改名为新兴饭店，从以经营经济饭菜为主，逐步转变发展为以秘制羊肉煲、潮州特色菜，地方风味菜为主。1988年经营面积扩大为160m2，35名员工，以经营具有南粤特色的羊肉系列为主。1991年餐位增加到250个，员工50人，年营业额360万元。1999年被广州市旅游局评为第一批旅游定点单位。2000年9月26日香港美食家“蔡澜”先生率130人美食团专程来新兴品尝风味羊肴，赞誉颇佳。2000年，新兴饭店已有餐位500个，经营面积1228.9m2，员工总数95人，年营业总额为630万元。2002年新兴饭店被中国烹饪协会评为“中华餐饮名店”。2003年1月5日被广州国际美食节组委会、广州地区饮食行业协会评为“广州餐饮名店”。

【广州幸运楼酒家】　广州幸运楼酒家成立

于1992年，首家企业位于龙津西路（原荔湾酒家），是由香港永成有限公司与广州泮溪饮食服务企业集团有限公司合作经营的一家穗港合作企业。经过多年的努力和发展，以其鲜明的经营特色，得到了社会各界的广泛认同，树立了良好的口碑。2000年，已发展成为拥有三家餐饮企业和一个大型食品厂、员工人数1500多人、年营业额达1.5亿元、在广州市餐饮业颇具名气的餐饮企业集团。该企业著名的菜点有：金牌至尊烧鹅、古法盐　鸡、西关风味小菜、黑椒牛双、翡翠西施蟹、九制陈皮猪手、骨香桂鱼卷、八宝冬瓜盅和金牌叉烧酥、香滑奶皇饱等。

（撰稿人：广州市商业局　苏明枢）

1－2－5　运输与物流业

【发展概况】　20世纪90年代以来，广州市民营物流业发展迅速，成为广州市经济发展的新增长点。2003年在广州地区注册的运输公司和物流企业有1076家，其中90%是民营企业；市内从事交通运输业和仓储业的个体工商户及民营企业超过20000户，占广州市个体工商户和民营企业总数的7%。2003年全市注册“物流”的企业多达589个，较2002年增加174个，增长幅度达72%，其中有七成是民营性质的企业。在广州市现有的20多个运输交易市场中，有4至5家属于大型运输交易市场，这些大型运输交易市场每天的货物交易量都超过10000吨，全部由民营物流企业承担，其业务总量占广州物流市场份额的70%以上。

改革开放以来交通运输和仓储业私营企业迅猛发展，2003年，交通运输私营企业户数、从业人员、注册资金分别达到1513户、12421人和143331万元，分别比1993年增长了26.02倍、15.07倍和46.75倍。1996年，广州市出现首家仓储私营企业从业人员只有3人，注册资金只有3万元。2003年仓储业户数、人数和注册资金分别达到280户、2025人和37371万元（详见表2－19、表2－20）。

表2－19　主要年份交通运输、仓储业发展情况

年份	交通运输			仓储业		
	户数（户）	从业人员（人）	注册资金（万元）	户数（户）	从业人员（人）	注册资金（万元）
1993	56	773	3002			
1994	80	971	2027			
1995	108	1534	10285			
1996	118	1131	11087	1	3	3
1997	348	2454	21022	11	230	1753
1998	542	3447	30559	22	288	3036
1999	625	4154	37662	139	302	6058
2000	750	5139	51347	442	2793	20001
2001	982	6828	61326	591	3775	24865
2002	1178	8107	92362	276	2202	16382
2003	1513	12421	143331	280	2025	31371

资料来源：广州市统计局。

进入21世纪以来，广州市个体及联户各年的货运量见2–20表。

表2–20 2000～2003年广州市个体及联户的货运量

年份	公路运输		水路运输	
	货运量（万吨）	货物周转量（万吨/公里）	货运量（万吨）	货物周转量（万吨/公里）
2000	6755	258088	1060	78603
2001	7208	281105	969	73644
2002	6582	208170	460	57015
2003	6878	214831	558	64872

资料来源：《广州统计年鉴》。

广州市民营物流业的发展呈现出如下特点：

民营企业成长为广州市物流领域的重要生力军。随着广州市物流行业迅速向现代物流转型，广州市民营物流企业中涌现了一批发展现代物流的优势企业，如宝供集团、华新集团、华通行物流公司，这些民营物流公司率先迈开步伐，进行现代物流业的探索，其中广州宝供集团还因为在优化供应链管理、降低物流成本、提高核心竞争力以及建立完善的物流运行体系和管理体系等物流实践方面取得的显著成效，2002年被评为“中国物流示范基地”。2003年，宝供年货运量达250万吨，年产值达3亿多元，被摩根斯坦利评估为中国最具价值的第三方物流企业。

大多数民营物流企业仍停留在传统物流经营阶段。广州市民营物流企业从整体上来看还比较落后，大多数企业规模小，水平低，服务项目有限，只能提供单项经营，无法象真正意义上的现代物流企业那样提供网络设计和货物购、运、调、存、管、加工和配送等全过程服务，物流系统化、标准化、专业化、协作化、现代化远未形成。广州市民营物流企业的结构状况可以总结为“三多三少”，即：提供传统物流服务如运输、仓贮的企业多，提供现代物流服务如加工、整理、包装、配送的企业少；残旧简陋仓库、人力装卸多，具有专业化、现代化设备的仓库、装卸平台少；单一小型运输、仓储企业多，大型综合型民营物流企业少。2003年，广州市民营运输企业的营运业户与营运车数之比约为1：2，表明许多民营运输企业实际上仍是一车一户或两车一户的单车粗放型经营模式。

一些民营物流企业逐渐摸索出独特的发展模式。广州市一些民营物流企业在发展过程中积累了丰富的市场经验和庞大的市场网络，逐渐摸索出自己的发展模式，其中较为有代表性的是“海元模式”。海元模式是指中小型民营物流企业为了适应现代大型物流项目的需要，自发的进行有效的资产重组和资源整合，充分利用各自的优势，组成一个高层次完善的物流网络体系，在短时间内形成一种联合竞争力。这些中小型民营物流企业整合后的优势，集中体现在规模化和信息网络化两个方面，使得中小型民营物流企业能够克服自身的弱点，实现质的飞跃。海元物流最初就是由广州货运行业中18家中小型民营专线运输公司联合组成的，经过资产重组和资源整合，2003年已形成在全国拥有31家分公司、376个营业机构的庞大配送网络体系，物流接单能力提高了近十倍，并研发出海元物流信息系统，推出了京广物流带、广沪物流带、广渝物流带，形成了较为突出的品牌效应。

民营物流公司盈利水平高低不齐。按照物流服务项目来看，广州市民营物流业务主要集中在运输和仓储上，大约占总物流服务市场的70%以上，而其他的信息服务、资本服务、咨询服务等延伸服务占有的份额有限。由于物流公司的快速增加，主要物流服务项目上的竞争日趋激烈，服务价格上不去。从获利状况来看，从事快递业务、机场货运、保税相关的物流企业保持了良好的盈利水平；服务项目全面、专注特定行业、非资产型的物流公司也具有一定的竞争优势，盈利水平高于市场平均水平；而大多数民营物流企业由于缺乏服务特色、品牌和信誉，缺乏有效的管理，成本居高难下，服务价格上不去，经营效益并不理想。

民营物流业发展的环境进一步改善。2003年广州市民营物流业的发展环境虽然受到“非典”事件的影响，但总体上仍然是较好的。主要表现在以下四方面：一是发展现代物流的重要性进一步凸显。广州市政府对物流业的重视已由宣传舆论转到实质性推进。《广州现代物流发展规划纲要》的颁布实施、物流协会的成立和对民营物流龙头企业的实质性支持政策的到位等，都充分表明了这一点。二是广州保持较高的经济增长，CEPA的实施和珠江三角洲经济一体化进程的加快，为广州市民营物流业的发展提供了有利条件。三是在改革开放的效应下，广州市物流市场的需求量保持旺盛的增长。广州市不少工业企业为合理控制成本，由过去对“大而全、小而全”，自办物流的追求与认可，开始逐步发展到寻求合格的第三方物流商。广州市传统的商业企业逐步减少了原有储存、运输、商品配送等非主要经营业务和功能，转而向市场寻求合格的物流提供方。越来越多的跨国生产制造企业将基地建在广州及其周边地区，他们在带来先进的管理理念和生产方式的同时，也给广州现代物流业的发展带来了强大的动力。如对准时化物流和精益物流的需求增多，以支持配合企业先进的生产方式。四是随着广州信息产业和交通运输、邮电通讯产业的发展，民营物流业发展赖以依存的信息、交通和通讯等基础条件都得到进一步改善。

2003年，广州市民营物流业的发展还存在着诸如缺乏现代物流经营理念，物流企业整体服务水平偏低，物流管理和经营人才短缺，物流信息技术的应用能力还比较低，与现代物流业发展相适应的技术标准和管理法规还不健全，物流市场监督乏力等问题，影响了现代物流业的快速、健康发展。

【商业物流】　近几年来，广州市社会消费品零售额中，非公有制经济比重不断提高。2001年非公有制经济占55.3%，2002年占63.1%，到2003年，非公有制经济社会消费品零售额达989.75亿元，比2002年增长14.6%，所占比重比2002年提高了3.2个百分点，其中个体、私营经济零售额增长尤为明显。到2003年末，全市从事贸易业、餐饮业的个体户达17.95万户，其中当年新增4.5万户，比2002年增长23.2%；2003年末从事贸易业、餐饮业的私营企业3.66万家，其中当年新增8824个，比2002年增长4.5%。2003年，全市社会消费品零售总额中，个体私营经济零售额达921.9亿元，占61.7%，比上年增长33.0%。

广州正在构筑珠江三角洲大商流中心枢纽。已建成亚洲最大、世界第二的国际会展中心，有“中国第一展”之称的“中国出口商品交易会”将迁址该会展中心，培育世界会展业中的广州会展品牌。目前，广州已与200多个国家和地区有经贸往来，吸引了来自60多个国家和地区的外商在广州投资设立了8000多家外资企业和2000多个外商办事机构，世界500强跨国公司有112家落户广州，广州还新建了一大批购物中心、仓储式商场、综合超市、连锁便利店等商业网络群。眼下，广州已成为华南地区乃至全国的主要集散地，辐射全国的商品交易市场达1108个。2003年社会消费品零售总额达1300亿元，在全国城市中排第三位。

【物流规划】　经过一年多的调研、编写、论证，2003年4月25日，广州市政府出台了《广州现代物流发展规划纲要》，提出了要把广州市建设成为中国南方国际现代物流中心的目标，提出逐渐建立以第三方物流企业为主体的跨国物流企业、国有控股物流企业、民营物流企业多元化并存的现代物流企业体系。按照规划，到2010年，广州市将初步建成功能健全的物流信息和物流运输两大平台、三大国际性枢纽型物流园区、若干区域性综合型物流园区和一批市域性专业型物流中心及配送中心。根据广州物流发展规划，广州市交通部门开始积极考虑引入民营资金，通过多渠道融资来加快货运市场、公路主枢纽站场和物流园区等基础项目的建设，以支持广州市物流业的发展。广州市政府有关部门计划专门成立广州地区口岸大通关物流信息系统联席会议制度和大通关物流信息系统项目办公室，编制《广州物流信息平台系统规划及总体实施方案》，以信息化来推动和完善港口、航空、公路、铁路、城市交通等各种物流配套交通基础设施服务。

广州交通行政主管部门下一步将打破垄断和所有制歧视，扫除体制性障碍，对民间投资放宽准入限制，任何符合资质和其它相应条件的民营企业都可以进入交通建设市场。同时通过转让现有资产存量、出让资产使用权、集资联营、入股、采用BOT等经营方式，有效吸引民间资本。另外，还将进一步简化审批手续，完善相关法规，切实保护其合法权益；构建服务体系，建立中介机构，在投资政策、信息、技术等方面为民间投资服务，有效吸引民间资本。

【物流基地建设】 2003年6月底，中国最大的民营物流企业——宝供物流企业集团公司独资建设的宝供黄埔现代综合物流基地正式完工并投入使用。宝供董事长兼总裁刘武表示，这是宝供从非资产型企业向轻资产型企业成功转型的重要标志，也是宝供实现成为中国“供应链一体化”物流服务提供商的重要载体。宝供黄埔现代综合物流基地位于广州市黄埔区南岗镇，总投资1.8亿元，占地约13万平方米，总建筑面积达7万平方米，是继苏州物流基地、合肥物流基地投入使用后的第三个大型现代综合物流基地。这是广州市《现代物流发展规划纲要》公布后第一个落成的超大型物流基地，它的建成将极大的满足企业实际需求，并促进广州市、珠江三角洲地区的区域经济发展。

【物流运输平台建设】 广州市物流运输平台建设的重点是交通运输基础设施的建设，主要内容包括两个方面，一是建设四通八达的交通运输网线，如道路、铁路、水路和航线等，交通运输网线建设的重点主要是道路交通设施的建设；二是建设布局合理、功能现代化的交通运输结点，如机场、港口码头、枢纽站场等。随着广州市“三年一中变”城市建设工程的推进，物流运输平台建设方面取得了巨大的成绩。2003年，广州市交通运输、仓储和邮政业完成投资146.69亿元，比2002年增长32.7%。

广州加快以道路交通为重点的基础设施建设和现代化的航空港、深水港和信息港建设，构筑以机场、港口、铁路为龙头，以高快速道路和快速轨道交通体系为骨干的都市综合交通系统。已投入使用的新白云国际机场是我国三大国际枢纽空港之一；广州黄埔港，吞吐量位居世界十大港口之一，正在建设中的广州港南沙项目，将使珠江水系航运与海运乃至远洋运输一起构成高度互动的港口枢纽。

【物流协会工作】 广州物流协会于2003年3月18日正式成立，有会员40多家。物流协会由物流企业和相关的单位自愿组成，是物流行业的管理、协调、服务机构。物流协会旨在发挥物流企业与政府之间的桥梁和纽带作用，为物流企业，为政府和社会服务。物流协会还致力于在普及现代物流知识，推广物流先进企业经验，挖掘与整合广州乃至珠江三角洲的物流资源，规范物流市场竞争秩序，促进广州市物流行业的繁荣和发展方面起到积极作用。2003年10月，广州物流协会与广东省消费者委员会及有关媒体联合组织了“广东物流诚信企业”评选活动，从入围提名的32家企业中评选出7家企业为首届“广东省物流诚信企业”。2003年10月29日，广州物流协会与南方电视台联合主办了“金融与物流”电视论坛。2003年12月11～12日，广州物流协会在广州江湾大酒店参与主办了2003年广东民营物流经济论坛。2003年10月30日～12月3日，协会组织会员单位14家共32人赴香港、澳门等地进行了参观、学习。此外，这一年，广州物流协会还举办了分别以“ISO9001质量认证”、“物流与法律”、“物流与税务”为主题的三期沙龙活动；并积极地策划，筹备广州市物流专家委员会。

【物流业开放与合作】 2003年6月29日，内地与香港更紧密经贸关系安排（CEPA）在香港正式签署。物流业是CEPA发展重点。在CEPA规定的17个服务行业中，物流及其相关内容就占了6个。2003年10月17日，内地与澳门更紧密经贸关系安排在澳门特区政府总部举行签署仪式，两地经贸安排于2004年1月1日起全面实施。中央政府分别与港澳地区签署关于建立更紧密经贸关系的安排后，内地与港澳加快了物流合作步伐，促进了两地物流量的增加以及相关配套设施和服务的完善，也给广州民营物流业带来巨大商机。CEPA的实施将会促使有关部门对制定更合理的民营资本注册国际货代企业制度有所考虑，成为广州和中国内地自然人、民营资本成立国际货代企业合法化的催化剂。

【名牌物流企业】　宝供物流企业集团 创建于1994年的宝供物流企业集团有限公司是目前国内最大的民营物流企业之一。2003年，宝供已在全国40多个城市建立了7个分公司、48个办事处，形成了一个覆盖全国，并向美国、澳大利亚、泰国、香港等地延伸的物流运作网络，并为全球500强中40多家大型跨国企业及国内一批大型制造企业提供物流服务，是当今国内领先的第三方物流企业。

华通行物流公司 广州市华通行物流服务有限公司成立于1996年，是一家专业从事集多式联运、仓储、产品包装、流通加工、信息处理一体化的第三方民营物流公司。2003年已发展成为拥有管理资产总额达3亿元的物流企业。为了大力开辟国际物流业务，华通行积极跟德国著名物流企业和新加坡物流企业合作，利用这些国际企业的先进网络来开拓国际市场。2003年华通行物流公司已经在上海开始国际物流的配送，广州国际物流配送同时也在筹备之中。

【民营路桥工程建设】　自2003年初广东宣布基础设施项目“全面向民间资本开放”之后，广州民营企业积极参与路桥建设。2003年8月底，连接广州市区与广州市新交易会展中心的唯一一座跨江大桥琶洲大桥，通车试运营。这是广州市第一座由民营企业独立投资建设的路桥工程，为这个项目投资6.5亿元的广州市天伦集团，将在琶洲大桥竣工验收后的25年里收费经营，到期后琶洲大桥收归国有。

广深（港）沿江高速公路、增莞深高速公路（先行段）、从化街口至花都北兴高速公路以及一些客货运站场等项目，都已引入了民营资金，对广州市交通基础设施的建设和管理发挥了重要作用。

（撰稿人：广州市社会科学院　章淑华　罗文文）

1－2－6　对外贸易业

【民营经济对外贸易历史回顾】

（一）对外贸易

改革开放以来，随着国家对民营企业逐步放开外贸经营权，广州市民营进出口企业得到迅猛发展。民营进出口企业的发展经历了从无到有、从少到多、继而呈现跳跃式发展的历程。

第一阶段（1998年以前），除中华精艺有限公司等2家民营企业在20世纪90年代初作为广州市的试点企业获得外贸经营权以外，广州市民营进出口企业数为零。民营企业从事进出口主要以货源供给或委托代理的方式进行，规模很小。

第二阶段（1999.1.1～2001.7.31），为初步发展阶段。1999年初，政策允许部分达到一定条件的生产性民营企业获取自营进出口经营资格，但进入的门槛比全民所有制高，这个阶段只有16家民营企业获得生产性自营进出口经营资格，仅占2001年7月31日以前全市363家进出口企业总数的4.4%。

第三阶段（2001.8.1～2003.8.31），为加速发展阶段。2001年7月10日外经贸部颁发了《关于进出口经营资格管理的有关规定》，文件规定对各种所有制企业获取进出口经营权实行同一标准，民营企业获取外贸

经营权的条件更为宽松。这一阶段有604家民营企业获取外贸经营权，占这阶段获得进出口经营资格企业的84.12%。截至2003年8月31日止，广州市民营进出口企业共计697家，占广州市1037家进出口企业的67.2%。

第四阶段（2003.09.01～至今），为迅猛发展阶段。2003年7月30日商务部出台了《关于调整进出口经营资格核准和核准程序的通知》，外贸流通企业的注册资金从500万元调整到100万元，取消了企业工商注册年限的要求，核准权由商务部授权地方外经贸管理部门实施；生产性自营企业的注册资金从100万元调整降到50万元，实行备案登记制。大幅度降低进出口经营资格门槛，极大地推动了广州民营进出口企业的飞速发展，从2003年9月1日至2003年12月31日，在短短的4个月时间内，共有365家民营企业获得进出口经营资格，相当于2001年10月底

之前广州市进出口企业的总数，占同期获得进出口经营权企业的91.7%。

（二）利用外资

截止到2003年12月底，全市共批准584家民营企业利用外资，投资总额为34.30亿美元，合同利用外资14.38亿美元，中方配套资本为19.92亿美元（详见表2-21）。

表2-21　2003年民营企业利用外资行业分布情况

单位：万美元

行　业	项目数	投资总额	合同外资	合同中资
合　计	584	342999.30	143826.56	199172.74
农、林、牧、渔业	8	3917.67	1755.70	2161.97
采矿业	1	38.61	27.03	11.58
制造业	375	147106.70	68652.99	78453.71
电力、燃气及水的生产和供应业	5	40757.18	5091.25	35665.93
建筑业	9	13693.26	5176.97	8516.29
交通运输、仓储和邮政业	14	26710.33	7543.50	19166.82
信息传输、计算机服务和软件业	57	13196.94	8587.02	4609.92
批发和零售业	7	3259.68	1020.92	2238.76
住宿和餐饮业	14	9512.23	3742.38	5769.86
房地产业	38	49178.47	13540.17	35638.29
租赁和商务服务业	36	26260.77	24758.86	1501.91
科学研究、技术服务和地质勘查业	6	1301.18	350.19	950.98
水利、环境和公共设施管理业	3	505.78	227.93	277.84
居民服务和其他服务业	3	119.85	75.83	44.02
卫生、社会保障和社会福利业	1	459.04	60.40	398.64
文化、体育和娱乐业	7	6981.63	3215.41	3766.22

资料来源：广州市对外经济贸易局。

1. 利用外资的主要效果。

一是利用外资的销售网络和渠道，将生产经营的领域扩展到国际市场。巨大精密电子工业有限公司是一家由番禺民营企业家庄炳武先生利用外资办起的高新科技企业，注册资本1200万美元，利用外资总额为2800万美元，分5年投入。通过与市场份额占70%的日本恩博斯电子株式会社合资生产手机摄像头和DVD激光头，目前550万美元的外资资金已到位，32000平方米的厂房已启用，生产处于正常运转之中。在引进来的同时，出口的规模不断扩大，每月生产3G手机摄像头700万粒，月出口额达1400万美元，生产DVD激光头1200万粒，出口额达120万美元。

二是利用外资引进先进的生产和技术，优化商品出口结构。如巨大公司原只是一家专业生产汽车音响的民营企业，通过与日本索尼的合作，引进当今最新的的生产技术，DVD刻录机机芯，外资占股份70%，技术由日方提供，每月生产45万套，出口额达189万美元。该企业的产品目前在世界上处于领先地位，预计从2005年开始每月生产200万套，年出口额超亿美元。

三是利用外资资金解决民营企业的融资“瓶颈”。融资困难一直是制约民营企业发展的主要因素，民营企业通过股权并购吸引外资，解决了资金的困难。如番禺珠江钢管有限公司是由珠江机床厂引进外资成立的合资企业，投资总额为35380万港元，注册资本20000万港元，合同利用外资12000万港元，合资后引进了三条直缝钢管的生产线，成为中国目前最大的直缝钢管生产和出口基地，也是世界最大的钢管制造企业之一，年产值达6亿人民币，2001年被评为“广州市高新技术企业”。类似情况的还有广州番禺裕丰钢铁有限公司、广州番禺电线电缆有限公司、广州番禺豪剑摩托工业有限公司和广州梦都美织物有限公司等，企业利用外资规模不断扩大，实力越做越强。

民营企业通过吸引外资，在引进先进的技术、资金和销售网络的同时还引进了先进的管理技术和人才，提升了企业核心竞争力，越来越多有一定规模的民营企业都开始倾向于引入外资。民营企业引进外资的步伐不断加快，已成为广州市利用外资的生力军。

2. 民营外资企业利用外资的主要特点。

一是民营企业利用外资质量有明显的提高。如民营企业广州白云电器有限公司利用自已的优势，与日本东芝合资组建了“广州东芝白云有限公司”，从开始生产高压电器，后与日本东芝联合设立研究开发中心，最近与日本东芝共同在高新技术应用和高新技术产品集成等方面成立了新的合资企业。东芝与白云合资以来，获得了良好的经济效益，白云也得到了迅速的发展，双方就进一步在白云区共同建设东芝生产基地达成了共识，白云电器与东芝的合作在华南地区产生了深远的影响。

二是民营企业利用外资规模不断扩大、数量不断增加。全市共引进总投资在3000万美元以上大项目15个，投资总额达16.2亿美元，合同利用外资6.36亿美元，占全市民营企业合同利用外资总量的44%。2003年民营企业与外资合资合作项目达60多家，比2002年上升17.8%。

三是民营企业利用外资，积极参与广州市经济结构战略性调整。结合城市基础设施和生产骨干项目的建设，扩大了经营领域，形成合理的产业链，同时也大力发展高新技术产业和现代服务业。充分利用外资，扩大了企业规模，提升了档次，增强了国际竞争力，积极参与了国际市场竞争。

四是民营企业抓住国际制造业转移的契机，促进广州市外向型经济飞速发展。民营企业利用自身的优势与外资嫁接，建立了仪表、化工、模具、机械、家用电器、房地产业、信息传输、计算机服务和软件业、电动工具、汽车配件等专业门类齐全的产业，改善了整体投资环境，为外商投资提供了强有力的配套保障。

五是广州市民营企业根据市场需求，调整产品结构，创出了名优产品、特色产品，提高产品的市场竞争力。如广州立白（番禺）有限公司，利用外资扩大了企业生产规模，创出了名优品牌，为广州的经济发展做出了贡献。

（三）对外经济技术合作

广州市累计批准的境外企业（机构）223家，其中港澳企业（机构）84家，海外企业（机构）139家。分布在34个国家和地区，涵盖轻工、机电、医药、建筑、投资、交通、纺织、电子等多个行业。据统计，2003年底境外企业总资产超过了46亿美元。境外企业主要由国资授权经营的集团和国资经营板块公司的驻外企业为骨干，如越秀、骏威、金钧、医药等大集团。广州市民营企业通过正规办手续成立的驻外企业不多，截止2003年12月底，累计批准的民营企业驻外企业只有12家。这批民营企业利用地缘优势和产品技术优势，直接参与国际市场竞争，从事医药、摩托车装配、机械零部件生产、设计咨询、新产品研究开发和贸易投资等业务，为配合产业结构调整和全市国民经济快速平稳发展，发挥了重要的作用。对外工程承包和劳务合作方面，由于国家目前只对国有企业或国有控股企业提出的申请进行审批，截止至目前还没有民营企业获得对外经济合作经营资格。

【民营经济对外贸易的现状】

（一）对外贸易

1. 进出口规模。

改革开放20多年来，随着我国民营经济的不断发展，外向型民营经济已成为对外贸易的重要组成部分，2003年，我国外贸进出口总额突破8500亿美元，其中民营进出口企业的进出口总额达976.9亿美元，占全国外贸进出口总额的11.48%，比2002年提高3.15个百分点。其中出口598.8亿美元，比上年增长83.45%，进口378.1亿美元，比上年增长98.58%。

2003年广州市民营进出口企业进出口总额达30.93亿美元，比上年增长103.39%，高出全市增幅75.52个百分点，占全市进出口总额的10.82%，比2002年提高4.02个百分点。其中出口11.45亿美元，比上年增长125.17%，占全市出口总额的比重达8.16%；进口19.48亿美元，比上年增长92.44%，占全市进口总额的比重达13.42%，成为广州市外贸进出口新的生力军。

2. 进出口市场情况。

2003年广州市民营企业主要出口市场分别是亚洲、北美洲、欧洲，出口总额合计为10.57亿美元，占全市民营进出口企业出口总额的92.34%。其中主要出口国家和地区是美国、日本和香港，出口额分别为3.16、2.44、和1.74亿美元，比上年分别增长195.23%、395.07%和-5.02%，出口总额为7.35亿美元，占全市民营进出口企业出口总额的64.2%。

2003年广州民营企业进口前三大洲分别为亚洲、北美洲和欧洲，进口额总额合计为17.99亿美元，占全市民营进出口企业进口总额的92.33%。其中主要进口国家和地区是日本、美国和欧洲，进口额分别为4.19、3.25和1.5亿美元，比上年分别增长90.82%、194.84%和151.11%，进口总额为8.94亿美元，占全市民营进出口企业进口总额的45.91%。

3. 进出口商品结构情况。

2003年广州民营企业出口额超1000万美元的商品共12个，出口额合计5.6亿美元，占全市民营进出口企业出口总额的48.9%。主要的出口商品有：珠宝首饰、数字照相机、DVD播放机、纺织服装、摩托车、玩具、电池、电灯、钢制品、锑的氧化物等。

按国际贸易标准分类，初级产品出口额0.2亿美元，占全市民营进出口企业出口总额的2.33%；工业制成品出口额11.18亿美元，占全市民营进出口企业出口总额的97.67%。

机电产品出口5.32亿美元，比上年增长13.06%，占全市民营进出口企业出口总额的46.46%；高新技术产品出口2.53亿美元，增长455.67%，占全市民营进出口企业出口总额的17.72 %。机电产品与高新技术产品出口增幅分别比全市民营进出口企业出口增幅高出1.89和330.5个百分点，成为拉动增长和优化出口产品结构的重要因素。

2003年广州市民营经济进口商品超1000万美元的商品共34个，进口额合计10.94亿美元，占全市民营进出口企业进口总额的56.16%。主要的进口商品有：燃油、汽车、自动数据处理设备及其部件、集成电路、木材、钻石、钢材、塑料及其制品、无线电话、电报、广播电视的发送和接收设备等。

按国际贸易标准分类，初级产品进口额4.4亿美元，占全市民营进出口企业进口总额的22.61%；工业制成品进口额15.08亿美元，占全市民营进出口企业进口总额的77.39%。

4. 进出口贸易方式情况（见表2-22）。

5. 各区县级市出口情况（见表2-23）。

6. 民营进出口企业情况。

截止2003年12月31日，广州市具有进出口经营权的民营企业1062家，占全市进出口企业的74%，2003年当年新批准576家，比上年增长1倍。其中外贸流通民营企业651家，占全市外贸流通企业的72.49 %，2003年当年新批准360家，比上年增长92.5 %；生产性自营民营企业411家，占全市生产性自营进出口企业的76.54 %，2003年当年新批准216家，比上年增长113.9%（见表2-24）。

表 2－22　2003 年民营进出口企业贸易方式

贸易方式	分类	海关统计额（万美元）	同比	比重	顺逆差
加工贸易	出口	62895.6	119.53%	54.92%	顺差
	进口	56426.9	102.90%	28.96%	
一般贸易	出口	46763.64	130.41%	40.84%	逆差
	进口	94486.82	96.06%	48.50%	
其他	出口	4855.21	153.95%	4.24%	逆差
	进口	43901.57	74.00%	22.53%	

资料来源：广州市对外经济贸易局。

表 2－23　2003 年区县级市民营进出口企业出口情况

区县	出口额（万美元）	比上年增长（%）	占各区县级市出口比重（%）
番禺区	21914.99	840.05	4.70
天河区	3438.49	59.24	18.55
东山区	2871.17	224.54	43.01
海珠区	2649.03	159.76	11.07
增城市	2058.74	493.50	4.38
从化市	1439.54	197.03	2.91
越秀区	1242.07	55.64	13.45
花都区	1203.68	105.57	3.11
白云区	1120.87	284.65	1.09
黄埔区	691.81	41.21	2.12
芳村区	310.77	3547.54	3.57
荔湾区	212.22	497.63	2.90

资料来源：广州市对外经济贸易局。

表 2－24　民营进出口企业地区分布

注册地址	民营进出口企业数量	其中：外贸流通	其中：生产性自营
天河区	241	182	59
东山区	153	140	13
番禺区	150	66	84
白云区	138	58	80
海珠区	78	53	25
越秀区	54	49	5
花都区	50	12	38
增城市	51	24	27
黄埔区	48	32	16
开发区	27	17	10
荔湾区	26	20	6
从化市	23	4	19
芳村区	23	11	12
合计	1062	668	394

资料来源：广州市对外经济贸易局。

广州市民营进出口企业工商注册1000万元人民币以上的共计246家，占全市民营进出口企业总数的23.16%（见表2－25）。

表2－25　民营进出口企业规模

注册资金（万元）	企业数量	比例（%）	企业类型	
			流通外贸	生产性自营
≥10000	15	1.4	9	6
5000－9999	29	2.7	15	14
1000－4999	202	19.0	132	70
500－999	351	33.0	273	78
100－499	399	37.6	208	191
＜100	66	6.2	14	52
合计	1062	99.9	651	411

资料来源：广州市对外经济贸易局。

（二）利用外资

1. 利用外资概况。

2003年广州市新批准民营企业与外资嫁接项目102家，投资总额为4.93亿美元，比上年增长85.96%；合同利用外资1.45亿美元，比上年增长52.21%。中方配套资本为3.48亿美元（见表2－26、表2－27）。

表2－26　2003年新批民营企业利用外资项目按行业分布情况

单位：万美元

行　业	项目数	注册资本	合同外资	中方投资
农、林、牧、渔业	2	1829.149	809.149	1020
制造业	73	30918.2808	8817.4194	22100.8614
建筑业	1	1570.66	307.8494	1262.8106
信息传输、计算机服务和软件业	3	336.62	173.7658	162.8542
批发和零售业	1	6.041	2.0539	3.9871
住宿和餐饮业	4	5501.7284	1647.3442	3854.3842
房地产业	8	8237.911	2407.5849	5830.3261
租赁和商务服务业	8	268.1014	206.3289	61.7725
水利、环境和公共设施管理业	1	9.6656	3.6246	6.041
文化、体育和娱乐业	1	604.1	90.615	513.485
合计	102	49282.26	14465.74	34816.52

资料来源：广州市对外经济贸易局。

表 2－27　2003 年新批民营企业利用外资项目按区域分布情况

单位：万美元

地区	项目数	投资总额	合同外资	中方投资
白云区	7	290.7373	104.6057	186.1316
保税区	1	1570.66	307.8494	1262.8106
从化市	7	2221.4886	1454.7504	766.7382
东山区	9	4670.492	1188.6721	3481.8199
番禺市	17	3194.0274	819.0997	2374.9277
芳村区	2	67.4176	23.862	43.5556
广州市	23	15359.3781	4230.0749	11129.3032
花都市	14	5794.995	2081.1936	3713.8014
黄埔区	5	6935.8962	1972.322	4963.5742
开发区	1	4591.16	1147.79	3443.37
荔湾区	2	707.63	317.569	390.061
天河区	7	819.0248	250.7694	568.2554
越秀区	1	103.3192	100.2196	3.0996
增城市	6	2956.031	466.9573	2489.0737
合计	102	49282.257	14465.7351	34816.5221

资料来源：广州市对外经济贸易局。

2. 利用外资的主要特点。

2003 年广州市引进外资的步伐显著加快，国家出台外资并购境内企业政策，有力地带动了民营企业利用外资的发展，民营企业利用外资已成为广州市利用外资的生力军。2003 年是广州市民营企业历年来设立外商投资项目数和利用外资金额最多的一年，项目数占历年民企利用外资项目总数的 21%，合同利用外资占历年民营企业合同利用外资总额为 14.38 亿美元的 34.3%。

民营企业利用外资质量有明显的提高，如民营企业广州白云电器有限公司利用自己的优势，与日本东芝合资组建了广州东芝白云有限公司，从开始生产高压电器，后与日本东芝联合设立研究开发中心，最近与日本东芝又在高新技术应用和高新技术产品集成等方面成立了新的合资企业。

项目投资规模成倍增长，2003 年广州市民营企业利用外资项目平均投资总额达到 483.15 万美元，比 2002 年的 236.62 万美元增长了 204.2%。

新批大项目数量不断增加，民营企业利用外资投资总额超 1000 万美元的项目有 16 个，占新增项目的 15.69%。其中新批的广州科学城企业家创业服务中心有限公司、广州华冶钢材加工有限公司、广州市花都祈福房地产有限公司和广州市阿波罗卫浴科技有限公司等大批企业的设立，显示出巨大的发展生机。

民营企业利用外资，积极参与广州市经济结构战略性调整。广州福寿仙生物科技有限公司和广州宝龙集团汽车车身制造有限公司等企业，对广州市生物医药的发展，汽车产业和汽车零部件制造业的发展，扩大经营领域，形成合理的产业链，发挥了重要作用。

(三) 对外经济技术合作

2003 年是广州市民营企业发展海外市场取得新进展的一年。全市新批准设立境外企业（机构）10家，其中有7家是民营企业，主要从事纺织品、电子音箱、机车、医药等商品的国际贸易，投资总额达213万美元，分别分布在美洲、欧洲、亚洲地区。主要特点是：

1．民营企业境外投资实现突破。民营企业境外投资占广州市当年境外投资总额的58%，成为广州市企业“走出去”的一支新的力量。

2．民营企业敢于走向欧美等发达国家。2003年民营企业在美国设立1家公司，在德国设立2家公司。

3．民营企业不再通过挂靠国有企业申办境外投资的手续。当年新批准的民营境外企业全是通过所在地的区外经贸局报送审批手续。

4．民营企业境外投资规模仍然偏小，还没有一个民营境外投资项目超过100万美元。因而目前民营境外企业竞争力较低，境外企业的法人治理结构也不完善。

5．民营境外投资以中方独资为主，仅有1家中方合资境外企业。

6．民营境外投资以贸易为主，8家境外企业（机构）只有1家生产性企业。

【2003年广州市民营进出口总额前十名的企业】

广州市番禺对外经济贸易公司（33202万美元）

广州市番禺区番华金银珠宝工艺厂（32269万美元）

广州市华泰兴石油化工有限公司（21033万美元）

广州市番禺南星有限公司（13780万美元）

广州市番禺共同企业对外加工装配服务公司（10489万美元）

广州金发科技股份有限公司（8437万美元）

广州七喜电脑股份有限公司（6486万美元）

广州保税区新纪元物流有限公司（6373万美元）

广州保税区广保汽车贸易有限公司（6361万美元）

广州市番禺区禺发贸易公司（6043万美元）。

【2003年广州市民营出口总额前十名的企业】

广州市番禺对外经济贸易公司（19487万美元）

广州市番禺区番华金银珠宝工艺厂（15416万美元）

广州市番禺南星有限公司（6916万美元）

广州市番禺共同企业对外加工装配服务公司（5237万美元）

广州市兴贸贸易有限公司（4757万美元）

广州市番禺区禺发贸易公司（3603万美元）

广州市黄埔区务冠电子厂（2830万美元）

广州对外经济发展海珠公司（2439万美元）

广州爱地国际贸易有限公司（2415万美元）

增城市对外加工装配服务有限公司（2182万美元）

【入选2003年广东省百强的广州市民营进出口企业】 2003年，共有10家广州民营企业入选广东省民营进出口百强企业：广州七喜电脑股份有限公司、广州金发科技股份有限公司、广州立白企业集团有限公司、广州市宏宇集团股份有限公司、美晨集团股份有限公司、奥园集团有限公司、广东精通集团有限公司、广州市阿波罗建材科技有限公司、广州市好迪化妆品有限公司、新太科技股份有限公司。

【获进出口产品名牌和著名商标的广州民营企业】 2002～2003年，10家民营企业的产品分别获国家级、省级进出口产品名牌和著名商标称号，其中，3家民营进出口企业的产品获中国名牌产品称号，它们是美晨集团股份有限公司、广州立白企业集团有限公司、广州市九佛电器有限公司。5家企业的产品获广东省名牌产品称号，它们分别是美晨集团股份有限公司、广州市好迪化妆品有限公司、广州康威集团有限公司、广州市九佛电器有限公司和广州七喜电脑股份有限公司。7家企业的产品获广东省著名商标，它们分别是广州秀珀化工有限公司、广州金发科技股份有限公司、美晨集团股份有限公司、广州市香雪制药股份有限公司、广州七喜电脑股份有限公司、广州白云电器设备有限公司和广东阿波罗洁具有限公司。

（撰稿人：广州市对外经济贸易局　涂以楠）

1－2－7　建　筑　业

【私营企业发展概况】　近年来，广州市建筑业私营企业在政策作用下得到迅猛发展。1999年只有17家私营企业，产值44944万元，2003年已发展到478户，产值达到73215万元，分别比1999年增加27.11倍和15.29倍。

私营企业完成房屋建筑面积逐年增加（如表2－28所示）。

表2－28　主要年份私营企业完成房屋建筑面积情况

年份	房屋建筑面积（平方米）	增长（%）
1999	669491	
2000	1885896	181.69
2001	6495459	244.42
2002	6857243	5.56
2003	8841193	28.93

资料来源：广州市统计局。

建筑业私营企业是安置劳动就业的重要场所。2003年，广州建筑业私营企业有从业人员70224人，比上年增加51.69%。2003年平均每个企业就业人数147人，多于上年，但少于1999～2001年各个年份（详见表2－29）。

表2－29　主要年份建筑业私营企业从业人员情况

年份	企业数（户）	年平均人数（人）	企业户均人数（人）
1999	17	157557	6815
2000	49	11250	230
2001	198	51028	258
2002	366	46296	127
2003	478	70224	147

资料来源：广州就统计局。

建筑业私营企业创造了良好的经济效益。2003年全市建筑业私营企业资产总额达到1038054万元，比上年增加71.29%，所有者权益434843万元，工程结算税金及附加30121万元，利润总额达到30038万元，平均每户实现利润62.84万元（详见表2－30）。

表 2－30　主要年份建筑业私营企业主要财务指标

单位：万元

年份	建筑业总产值	工程结算收入	结算税金及附加	利润总额
1999	44944	31734	1046	873
2000	72636	94253	3044	3224
2001	425441	427411	14940	24354
2002	423393	471962	16679	7748
2003	732157	874367	30121	30038

资料来源：广州市统计局。

【私营企业在建筑业中的地位】　广州市建筑业私营企业在全市建筑业中占有重要地位。2002年，广州市建筑业企业有1214户。从登记注册类型看，国有企业158户，集体企业270户，股份合作企业49户，联营企业10户，有限责任公司281户，股份有限公司35户，私营企业366户，港澳台商投资企业36户，外商投资企业6户。私营企业户数占全市总数的30.15%，在全市各种经济类型中比例最高。如果按公有和非公有企业类型划分，则公有制企业（含国有、集体及其控股企业）466家，占38.4%；非公有制企业（含私营、外资及其控股企业）748家，占61.6%。

表 2－31　2002 年建筑企业资质情况

<table>
<tr><th rowspan="2">项目</th><th colspan="2">公有制</th><th colspan="2">非公有制</th></tr>
<tr><th>总数</th><th>分级</th><th>总数</th><th>分级</th></tr>
<tr><td>特级</td><td rowspan="4">236</td><td>1</td><td rowspan="4">205</td><td>0</td></tr>
<tr><td>一级</td><td>42</td><td>8</td></tr>
<tr><td>二级</td><td>67</td><td>51</td></tr>
<tr><td>三级</td><td>126</td><td>146</td></tr>
</table>

资料来源：《广州建设年鉴》2002。

2003年，建筑业私营企业具有资质等级企业509户，其中施工总承包资质企业297户，专业承包资质企业201户，劳务分包资质企业5个。全市建筑业总产值为373.39亿元，房屋建筑施工面积3522.6735万平方米，房屋竣工面积1334.4272万平方米，其中，民营企业分别完成43.9%、38.2%、39.4%。

中国入世后，国有和集体企业在某些领域（包含建筑业）的国际竞争力还比较弱，但民营经济的竞争力相对较强，今后民营建筑企业将是一支重要的力量。国家将会在政策上，更多更好地扶持民营、私营和股份制建筑企业。中国的建筑业体制创新将有一个公平的竞争平台，建筑业将会出现民营、私营、股份制企业组织共同发展的局面。

【广东裕通集团】　裕通集团是以建筑业为龙头、房地产开发和实业投资为依托的多元化企业，它以市场为导向，着重抓建筑（房地产开发）、置业、物业管理、酒店业等方面的品牌战略工程。在龙头建筑业上，名优品牌主要有：创广东省优质样板工程二项，广州市优良样板工程三项，鲁班奖参建工程一项。裕通集团还创建了多个安全文明施工样板工地，现已初步形成了具有裕通特色的建筑品牌优势。

【广州恒鑫建筑工程有限公司】　该公司是恒鑫集团属下一个全资子公司，具有国家房屋建筑工程施工总承包一级资质企业，拥有雄厚的资金，一流的技术人才配备和先进的施工机械设备，为广州市建筑界的先进企业。

从1998年起连续多年获得“重合同，守信用单位”光荣称号；2002年度获得“州市先进私营企业”光荣称号，为行业内所注目。

多年来，该司先后完成了多个大型工程项目：如水荫路小区、联发名苑小区、空军师职楼、华信大厦、恒鑫御园等建设项目。总建筑面积46万多平方米；装修装饰工程面积达8万多平方米。所有竣工工程的优良率达80%以上，合格率达100%。恒鑫御园工程项目获得“广州市质量优良样板工程”和“广州市安全文明施工样板工地”称号，深受客户和同行的赞赏。该公司先后联营参与了32层东方广场、33层同福大厦等商住楼的开发和施工工作，取得了良好的社会效益和经济效益。

（撰稿人：广州市国土房管局　张建明）

1－2－8　房地产业

【房地产业民营经济发展概况】　改革开放前，处于计划经济体制下的广州市没有房地产开发企业，房屋建设主要靠房管部门统建和企事业单位自建办公楼、宿舍等，且住宅的投资、施工面积很小。改革开放后，广州市房地产业抓住机遇，迅猛发展，逐步成为了广州市国民经济的支柱产业。具体发展过程分四个阶段：

1．1979～1990年：起步和成长阶段。

1979年6月，广州市建立了全市第一家房地产开发企业。打破了房管部门统建和单位集体自建福利型住宅的“壁垒”，开始在有关政策指导下，利用外资进行房地产综合开发。到1990年，全市有房地产企业105家，完成投资11.74亿元，房屋施工面积479.46万平方米，其中住宅占39.8%；竣工面积574.16万平方米，其中住宅占27.9%。当时的房地产企业绝大部分是国有企业。

2．1991～1995年：快速发展阶段。

随着改革开放的不断深化，尤其是1992年邓小平南巡讲话后，广州房地产业蓬勃发展。该期间，全市房地产建设投资额年均增长89.2%。到1995年，房地产企业达917家，房地产开发投资额达209.11亿元，经营总收入达172.46亿元，施工面积2588.5万平方米，竣工面积511万平方米，商品房销售面积241万平方米，均比1990年成倍增加。在旺销形势带动下，商品房均价从1990年的1199元/平方米上升到3921元/平方米。在此阶段，由于广州房地产开发资金相对短缺，广州鼓励国有、集体以外的多种经济类型公司参与房地产开发，制订了一系列支持开发的措施，从而吸引了许多有资金实力的投资者进入房地产市场（尤其是1994～1995年）。增加的房地产企业，多半为国资与外资（尤其是港资）组建的项目公司。

3．1996～1997年：调整发展阶段。

由于经济过热，国家实行宏观调控，广州房地产业进入了平稳发展阶段。1997年，新开工面积533.99万平方米，投资向住宅倾斜。在这个房地产业的低谷阶段，许多国有房地产企业由于资金短缺，加上体制僵化，陷入了困境，不少房地产公司倒闭。民营企业利用其资金和经营机制的优势，乘势进入房地产业，并逐渐排挤国有企业。1996年成为了国有房地产企业和民营房地产企业竞争的“分水岭”。到1997年，全市976家房地产开发企业中，民营企业（含民营控股的股份制企业）215家，占全市的22%；资产总计160.72亿元，占全市的10.6%。国有房地产企业完成投资仅占34.9%，而民营企业以及合作、合资房地产项目公司占65.1%。在房地产开发面积中，国有企业仅占41.2%，商品房销售面积仅占40.2%。在全市商品房销售中，民营企业为34.77万平方米，市场占有率12%。民营企业在不断规范、成熟的市场环境下逐渐成为房地产开发的主力军。

4．1998年以来：成熟发展阶段。

在国家财政金融及房改政策调控下，广州市房地产业呈现出持续、稳定、快速发展的态势。除了广州城建集团等个别大型国有房地产开发企业外，大部分国有开发企业在市场上消失，民营房地产开发企业全面占领市场。规模较大的明星楼盘，如华景新城、骏景花园、愉景雅园、汇侨新城、晓港湾、侨诚花园、信和豪庭、富丽花园等，几乎都是民营房地产企业开发的。1998年底，全市766家综合开发房地产企业中，私营公司超过100家，内资项目公司307家（其中50%以上为私人或私营企业投资），还有一些是挂在集体单位下的私营企业和部分既是香港投资者又是国内私营投资者的开发企业。全市房地产投资总额269亿元中，私营、联营经济占12.29亿元，股份有限公司为38.82亿元。私营和外资房地产开发企业施工规模达1255.62万平方米，占全市38.4%；竣工面积284.07万平方米，占37.4%。1998年以后，国有房地产公司进一步萎缩，民营企业进一步发展壮大。2001年，全市房地产开发企业1383家，民营房地产开发企业603家，占全市的45.8%；资产总计812.34亿元，占全市的31.6%；完成投资195.99亿元，比1997年增长5倍；施工规模1904.99万平方米，比1997年增长6.6倍；销售商品房面积265.08万平方米，比1997年增长6.6倍；市场占有率47.8%，比1997年提高35.8个百分点。（资料来源：《南方房地产》2002年第10期《广州近五年楼市风云变缓的十大特点》）。民营企业投资以海珠、天河、番禺为主，销售、预售则以番禺、海珠、白云见强。

近年来广州市房地产私营企业各项主要经济指标增长较快。其中2003年实际销售面积、经营总收入、税金附加费、利润总额等指标比上年有大幅度的增长（详见2－32表）。

表2－32　近年来全市房地产业私营企业主要经济指标情况

年份	竣工面积（平方米）	实际销售面积（平方米）	经营总收入（万元）	经营税金及附加（万元）	利润总额（万元）
1997	30622	6845	8001	534	1192
1998	266841	129567	89058	5234	4220
1999	739031	582124	242126	18833	8822
2000	1511154	790230	481990	29973	13682
2001	1969309	1405923	410732	27475	9923
2002	3055468	2028338	963588	61631	7365
2003	3014161	2627766	4659219	273115	388051

资料来源：广州市统计局。

【房地产中介服务业发展概况】　房地产中介服务业，包括房地产价格评估、房地产经纪、房地产融资以及房地产纠纷仲裁、房地产法律服务等，是房地产业不可缺少的重要组成部分，是推动房地产业健康持续发展的动力之一，并直接影响着广大群众的切身利益。中介服务业的发展既是房地产市场运作的必然要求，又是房地产发展的市场化、规范化程度的标志。

广州市房地产中介行业的发展大致经历了以下三个阶段：

1．20世纪80年代中后期～90年代初：萌芽、起步阶段。

十一届三中全会后，中国进行了城市土地使用制度和住房制度改革，广州地处改革开放的前沿，商品经济发达，房地产市场起步较早。80年代中后期，适应房地产市场的兴起，房地产中介业逐渐萌芽。当时的中介机构规模普遍较小且分散，多采取“家庭作坊式”的经营方式，茶楼酒肆，甚至电话亭、书报摊等都兼营中介。以租赁业务为主，从业人员素质普遍较低，没有形成独立行业。

2．1992年下半年～1993年：飞速发展。

1992年邓小平的南巡讲话，激发起经济建设的高潮，经济建设的高潮又带动了房地产业的投资高潮，从而大大激发了房地产中介行业的飞速发展。这一时期房地产市场交易异常活跃，特别是港澳同胞回来购房增多，房地产中介服务公司数量激增，大大小小的中介代理公司、房地产咨询、价格评估公司大量出现。房地产金融也异常活跃，许多领域的资金都流向房地产业。房地产出现全面热潮，市场混乱。

3．1994年至今：规范、整顿期。

1993年广州市房地产经纪人服务管理所（后于1999年改称广州市房地产中介服务管理所）成立，开始实行中介机构资质和经纪人资格证制度。《广州市房地产经纪管理暂行规定》、《广州市房地产中介服务管理办法》和《广州市房地产中介服务管理条例》等法律法规相继出台，极大地规范了中介市场，促进了房地产市场的持续、健康发展。这一时期房地产中介公司数量增长较快，业务不断拓宽；中介服务质量提高，逐步向规范化方面发展。经过10多年市场的汰洗，房地产中介业日益走向成熟，整体呈现出大（规模）、精（人才、管理、网络）、尖（品牌化）的发展趋势：

一是房地产中介市场和中介行业的整体素质得到提高。一批现代意义上的公司崛起，制度完善、实力雄厚、信誉较好，并吸引了大量港澳台和国内外的房地产中介公司进入，进一步促进了中介行业的专业化和规范化。从业人员达数万人（其中，接受专业培训约4万名，经考核合格获得房地产中介服务人员资格的1.5万人），取得全国房地产经纪人职业资格的有150人。公司硬件普遍改善，店面装修考究，基本实现电脑管理，较大的公司都有自有销售及控制软件，内部分工明确，人员着装统一，训练有素，服务水平较高，中介地位和作用得到社会认同。

二是中介机构数量增加迅速。公司从1993年代的79家增长到2003年底的925家（另有分支机构532家），申请成立的机构仍然以每年100到200家的速度增加，中介机构遍及全市。

三是机构规模越来越大，连锁化成为发展趋势。最多的分店达到30多家，员工近1000人。

四是业务种类齐全。行业分工细化，专业化程度越来越高。业务涵盖代理二手楼盘、一手楼盘的租售、代办手续，甚至发展到高水平的项目策划等现代房地产中介的所有门类。

五是机构业绩不断攀升。有的营销额可达数10亿元，有的上缴利税近200万元。

六是房地产市场对中介行业的依存度大大加强。据统计，2003年广州市房屋租赁市场总量约1000万平方米；房屋交易市场总量为1640万平方米，保持年均两位数的增长，而房屋租赁的交易80%都是通过中介公司完成的。

七是市场竞争日趋激烈。与公司数量的增长成正比，淘汰出局的公司数量也逐年递增，从前几年的每年50多家到近两年的90家左右。二手房需求旺盛的淘金路、天河北路、体育东路、江南西路、滨江东路等路段，中介公司分布非常密集，公司平均利润有所下降。

八是资本多元化。除本地公司外，目前在广州市设立中介公司的，有美国的21世纪，香港的中原、经纬、美联，澳门的大地行，台湾的志联行等，还有外地、外省如深圳的世联、天津的顺驰等。

九是经营服务理念多元化，互相冲撞、融合。其中，香港公司利用毗邻优势，在10年前广州房地产市场起步之初率先进驻，将其以经纪人为主的方式发扬光大，其做法成为广州市场的主流；后入的，如21世纪的美国做法、顺驰的北方做法等开始对市场产生新的冲击。

十是中介行业与传媒联系紧密。各中介机构充分利用报刊、网络等媒体进行广告宣传，不断扩大影响。

【房地产中介服务业发展趋势】 今后几年，广州市房地产中介行业的发展趋势将集中表现在如下几个方面：

（一）一手代理市场缩小，中介业务的焦点转向二手房地产代理。土地市场出让机制的规范导致一手楼市场增长速度放慢，竞争加剧。开发商培养自己的策划、销售队伍，使原来专注于一手市场的中介公司的业务空间受到挤压，纷纷向二手楼市场发展；新成立的公司也基本是从事二手楼业务。近年二手楼交易量以30%左右的速度递增，2004年已经占到市场份额的40%。这一领域几乎是中介公司独霸天下，发展空间广阔。

（二）二手市场圈地运动方兴未艾，资本运营时代来临。随着法律法规的不断健全和市场的优胜劣汰，以前的恶性竞争开始扭转，欺骗、乱收费等不良中介减少，二手房地产市场竞争秩序开始由无序走向有序。近年来中小型中介（特别是一些“夫妻档”类小本经营的小中介）衰落，而一些实力较强的大公司开始发挥越来越大的影响。面对增长迅速的二手房地产市场，这些大公司纷纷改变传统稳健的经营模式，大肆扩张圈地，如满堂红、中原一年之内增开十几家分店，而顺驰更计划2005年开到100家，出现了垄断经营的势头。

（三）更加注重品牌形象的树立。房地产市场对中介的依赖越来越强已是不争的事实，随着中介公司数量增加，竞争加剧，中介公司多、杂、小、乱的形象正在被打破。一些大公司通过店面、经营和媒体宣传等手段塑造有系统、有明确标识、有资深品牌的全新形象，吸引着客户的目光。企业通过信誉创造良好的品牌和对品牌持续不断的管理、投入、培育，将促使房地产中介业逐步进入品牌化经营的高级阶段。

（四）二手市场竞争促使信息技术广泛应用。二手房地产中介的竞争已经从早期的房源信息的竞争发展到今天的“信息、服务、速度、品牌、资金”等全方位竞争，而信息网络技术可以迅速、有效地整合企业自身的各种资源，提高成交率，提高服务质量，增加企业收入。

（五）经营理念逐渐与国际接轨。随着市场的发展、客户需求层次的提高以及企业经营活动的深入开展，人们对房地产中介经营的认识在不断深化，中介企业以及行业内部都在加强对中介活动的总结和理论探索。比如：市场目前仍以分散代理为主，但独家代理也已出现并日趋增多，中介应该作为居间存在，还是向单向代理发展等等。通过理论探索及与市场结合，人们的观念、企业的经营理念都在发生变化并逐渐与国家接轨。

【房地产评估】 目前，广州市房地产评估机构有43家，其中，7家为国有事业单位性质，占16.3%，全部具有甲级资质；36家为民营性质，占83.7%，其中一级资质2家，二级资质3家，三级资质6家，临时资质25家。民营房地产评估机构平均注册资金54万元，多为2002年以来成立。另外，在广州市从事房地产评估的广东企业有22家，全为民营企业，平均注册资金为104万。（资料来源：广州市房地产估价所）

【广州房地产企业综合实力三十强评选】 为了促进有规模、有实力、有信誉的大型房地产企业的发展，促进广州房地产业走产业化、规模化经营的道路，广州市建设委员会、广州市统计局于1997年首次对全市房地产开发经营企业实力进行评比。综合实力评比根据各年度全市房地产开发企业实际完成的房地产开发经营投资、商品房施工面积、商品房竣工面积、商品房销售面积、房地产企业经营收入、实现利税等6个指标，并结合企业经营信誉度进行综合考虑。单项实力评比分为：实际完成房地产开发经营投资、商品房竣工面积、商品房销售面积、商品房销售收入、实现房地产经营利税等5个单项指标。

根据广州市统计局和广州市建委联合公布的《广州市房地产开发企业综合实力30强》评比结果：1996年国有企业居主导地位。30强企业中国有企业占15家，民营企业只有3家；1998～1999年度广州市房地产综合实力30强企业中，广州市城市建设开发集团有限公司、广州碧桂园物业发展有限公司、广州天力房地产开发企业等入选综合实力30强，广州合生科技园有限公司、广州信和集团有限公司等入选各单项20强；2001年，30强中国有企业只有4家，完成投资额24.44亿元，占30强的22.1%；民营企业占12家（含股份制企业为15家），约占四成，共完成投资额48.1亿元，占30强的43.5%；港澳台商11家，完成投资额37.96亿元，占30强的34.4%（详见表2－33）。

表 2－33　广州市房地产开发综合实力 30 强企业名单

名次	1998～1999 年度 单位名称	1999～2000 年度 单位名称	2000～2001 年度 单位名称	2001～2002 年度 单位名称
1	广州市城市建设开发集团有限公司	广州天力房地产开发有限公司	广州市富力地产股份有限公司	广州市富力地产股份有限公司
2	番禺市碧桂园物业发展有限公司	广州番禺碧桂园物业发展有限公司	广州番禺祈福新村房地产有限公司	广州番禺祈福新村房地产有限公司
3	广州天力房地产开发公司	广州市城市建设开发集团有限公司	广州保利房地产开发公司	广州保利房地产开发公司
4	广州合生科技园房地产有限公司	广州番禺祈福新村房地产有限公司	广州市恒大房地产开发有限公司	广州恒大房地产开发有限公司
5	广州市番禺祈福新村房地产有限公司	广州保利房地产开发公司	广州市城市建设开发集团有限公司	广州市城市建设开发集团有限公司
6	侨鑫集团有限公司	广州市恒大房地产开发有限公司	广州碧桂园物业发展有限公司	增城市碧桂园物业发展有限公司
7	广州市恒大房地产开发有限公司	广州侨鑫集团有限公司	广州番禺洛溪新城地产有限公司	广州碧桂园物业发展有限公司
8	广东珠江投资公司	广州合生科技园房地产有限公司	广州侨鑫集团有限公司	广州侨鑫集团有限公司
9	广州市番禺粤海房地产有限公司	广州番禺洛溪新城地产有限公司	广州豪城房产开发有限公司	广州宏富房地产有限公司
10	广州保利房地产开发公司	广州市番禺粤海房地产有限公司	广州合生怡晖房地产有限公司	番禺奥林匹克房地产开发有限公司
11	广州英华房地产实业有限公司	广州市梅山建设综合开发公司	广州番禺粤海房地产有限公司	广州豪城房地产开发有限公司
12	广州金桂房地产开发有限公司	广东珠江投资有限公司	广州合生科技园房地产有限公司	广州市合景盈富房地产开发有限公司
13	广州市梅山建设综合开发公司	广州英华房地产实业有限公司	广州番禺碧桂园物业发展有限公司	广州珠江侨都房地产开发有限公司
14	番禺洛溪新城地产有限公司	广州市升恒房地产发展有限公司	广州市光大花园房地产开发有限公司	广州市中海名都房地产开发有限公司
15	广州集贤庄新世界城市花园发展有限公司	广州百润置业有限公司	广州市合景盈富房地产开发有限公司	广州番禺洛溪新城地产有限公司

续表

	1998～1999年度	1999～2000年度	2000～2001年度	2001～2002年度
名 次	单位名称	单位名称	单位名称	单位名称
16	广州市升恒房地产发展有限公司	广州金桂房地产开发有限公司	广州宏城发展股份有限公司	广州华南新城房地产有限公司
17	广州百润置业有限公司	广州信和集团有限公司	广州百润置业有限公司	广州番禺粤海房地产有限公司
18	广州信和集团有限公司	广州市光大花园房地产开发有限公司	广东华景新城房地产有限公司	广东珠江投资有限公司
19	广东合生明晖房地产有限公司	广州豪城房产开发有限公司	广州海锦房地产发展有限公司	广州东园房地产有限公司
20	番禺市金业园房地产开发有限公司	广州番禺金业园房地产开发有限公司	广州番禺金业园房地产开发有限公司	广东华景新城房地产有限公司
21	番禺市房地产联合开发总公司	广州宏城发展股份有限公司	广州宏富房地产有限公司	广州市花都绿景房地产开发有限公司
22	广东华景新城房地产有限公司	广州番禺房地产综合开发有限公司	广东珠江投资有限公司	广州天伦房地产开发有限公司
23	广州天伦房地产开发集团有限公司	广州天伦房地产开发集团有限公司	广州金桂房地产开发有限公司	广州英华房地产开发集团有限公司
24	广州市白云城市建设开发有限公司	广州集贤庄新世界城市花园发展有限公司	广州市梅山建设综合开发公司	广州珠江实业集团有限公司
25	番禺市禺城建设综合开发公司	广东华景新城房地产有限公司	广州杰伟实业有限公司	广州番禺雅居乐房地产开发有限公司
26	广州宏城发展股份有限公司	广州华虹房地产实业有限公司	广州颐和山庄房地产开发有限公司	广州金桂房地产开发有限公司
27	广东华城房地产开发有限公司	广州金鑫房地产开发有限公司	广州市番禺区房地产联合开发总公司	广州合生科技园房地产有限公司
28	广州兴盛房地产发展有限公司	广州合生明晖房地产有限公司	广州华虹房地产实业有限公司	广州番禺锦江房地产有限公司
29	广州鸿立实业发展有限公司	广州新城房地产开发有限公司	广州番禺房地产综合开发有限公司	广州江东房地产开发有限公司
30	广州华太房地产发展有限公司	广州润联房地产开发有限公司	广州信雅房地产开发有限公司	广州合生骏景房地产有限公司

资料来源：《广州建设年鉴》(2000)。

【富力地产集团】　富力地产集团始创于1993年，以房地产全线业务为龙头，集房地产开发的前、中、后期工作为一体，业务范围遍及房地产开发、设计、施工、监理、销售、物业管理以及环保科技等多个领域。集团实行现代化企业层级管理制度，旗下拥有多间职能子公司，为广州地区特大型地产企业集团。集团实行办公自动化，技术力量雄厚，人员配备从最初的10人发展到今天的近1万人。

“十年积累，今日安居”。广州富力地产集团10年来一直致力于创造广州人理想人居生活，在广州共开发了包括富力新居、富力广场、富力半岛花园、富力阳光美居等22个地产项目，总开发面积达300万平方米，其中交付使用面积200万平方米，在建面积达100万平方米。富力地产集团雄厚的实力创造出骄人的成绩：2003年2月获广东省优秀民营企业；1999、2000、2001年连续3年是广州市房地产销售冠军，稳占广州房地产界龙头企业的地位，是最受广州市民喜爱的开发商之一；2000、2001年度蝉联广州市房地产业综合实力第一名；2001、2002年连续两年获得中国房地产品牌企业称号；2000年及2001年度民营企业纳税冠军；2002、2003年连续两年荣获“广东地产资信20强”称号等等。

2003年是富力地产集团快速发展的一年。富力地产集团在售的楼盘有9个：富力广场、富力半岛花园、富力千禧花园、富力东堤湾、富力阳光美居、富力天朗明居、富力环市西苑、富力顺意花园、富力碧涛湾。富力地产集团订立了2004年度的销售目标：争取达到40亿元，其中广州的目标是24亿元，北京是16亿元。

“让利于民，回馈社会”一直是富力地产集团坚持的信念。近年来，集团在文教、卫生、治安、敬老、扶贫、交通、对外文化交流等多个领域作出了贡献，捐赠累计近3000万元人民币。2003年5月8日，富力地产集团捐款200万，成为首家对一线医务人员捐赠慰问金的房地产企业；2003年5月30日，广州富力地产集团更率先在“希望工程民营企业助学基金”下增设“富力地产希望工程助学基金”，捐出1500万帮助失学儿童完成学业，造福社会。

【广州富力地产股份有限公司】　前身为广州天力房地产开发有限公司，2001年11月16日经广州市工商行政管理局批准改制为广州富力地产股份有限公司，是一家注册资金达5.5亿元人民币的大型房地产开发企业。开发施工的工程面积近100万平方米，年营业额达20亿元人民币。1999~2000、2000~2001年度被广州市建设委员会评为房地产企业综合实力第一；1999年至2001年，连续3年蝉联广州房地产销售总冠军；2000年度广州市缴交地税总额排名第十，其中在民营企业中排名第一；2001年被中共广州市委、广州市人民政府评为2001年度广州民营企业纳税冠军；2001~2002连续两年入选中国房地产著名企业，稳占广州房地产界龙头企业的地位，是最受广州市民喜爱的开发商之一。

【合生创展】　合生创展是一家专注于国内房地产投资、开发、销售、管理的香港联交所上市公司。自1992年以来，一直在广州市从事投资、发展大型优质住宅小区，目前在天河区和海珠区黄金地段共开发了多个房地产项目，包括：华景新城、暨南花园、骏景花园、帝景苑、鸿景园、愉景雅苑等。作为广州市内发展规模最大及销售业绩最佳之房地产发展商之一，合生创展遵循市场的需求，以“优质生活，完美体现”为发展的宗旨和目标，专注于以优质住宅为主的大型发展项目，凭着优越的地理位置，完善的小区规划、设计，齐备的配套设施，以及优质的建筑整体素质，在广州市房地产业中享有良好的声誉。

【碧桂园企业集团】　碧桂园企业于1992年成立于广东顺德，并确立了以房地产为核心业务的企业战略。10多年来，成功造就了顺德碧桂园、广州碧桂园、华南碧桂园、碧桂园?凤凰城、荔城碧桂园、均安碧桂园、碧桂花园、碧桂豪园、碧桂花城、碧桂园东苑、碧桂园西苑、碧海名轩、凤南花园等10余个超大型高尚社区。如今，碧桂园已发展成为全国知名房地产企业集团。集团现有员工近3万人，属下公司遍布珠三角及国内其它省市，实现了区域拓展和规模化的品牌连锁经营。

在激烈的房地产竞争中，碧桂园企业始终以“用心建设、关怀住户、服务社会”为出发点，以“碧桂园，给您一个五星级的家”为企业文化的核心思想，坚持经济效益、社会效益和环境效益相统一，努力向社会提供高品质的产品和优良的服务，企业的社会声誉不断提升，在业界树立了良好的企业形象。连年荣获全国城市物业管理优秀示范住宅小区、广东地产资信20强、广东纳税大户、广东省优良样板工程、广东省房地产诚信企业、中国建设银行和中国工商银行AAA级信用单位、中国农业银行省级黄金客户等数十项由国家各级政府和社会各界所颁发的荣誉和奖项。

以强大的地产业发展实力做后盾，碧桂园企业还致力于为社会、为业主提供最高水准的教育服务。1992年创办的广东碧桂园学校，目前已发展成为广东省乃至全国最先进的幼儿园至大学预科、拥有3600多个学位的民办双语国际学校，成为出名师、名生的摇篮。作为广东碧桂园学校先进教育模式的延展和辐射，碧桂园企业还投巨资先后兴建了华南碧桂园学校、碧桂花城学校、凤凰城学校等多所国内领先标准的社区学校，从而成功构筑了全国领先的“民办教育品牌连锁体系”。

【雅居乐集团】 雅居乐集团有限公司创立于1985年，是一家以房地产开发经营为主的多元化独资企业。下属15家分公司，企业员工约3000人。

迄今为止，雅居乐集团已成功开发了面积将近300万平方米的楼盘，其中中山雅居乐花园约260万平方米，中山雍景园约20万平方米，中山凯茵豪园约30万平方米，傲云堡山庄约8万平方米。去年年初以来，雅居乐集团又注资近100亿元，投入了中山雍逸廷，广州雅居乐花园，广州南湖雅居乐半岛花园，南海雍景豪园等项目的建设，开发总面积超过600万平方米，其中广州雅居乐花园及南湖雅居乐半岛花园面积约480万平方米。雅居乐的建筑，均出自国外设计大师之手，引进了出色的设计理念，缔造欧陆风情的经典，以杰出的规划设计与细致的环境布局享负盛誉。同时，雅居乐集团建立起全国最早最完善的小区物业管理，推出了齐备的配套设施。其中包括3家大型的多功能会所，一家五星级的假日酒店和占地面积二百多万平方米、国际标准36洞的雅居乐长江高尔夫球会以及学校、商业街、电影院、陶艺馆、香熏室、美容院、恒温泳池、攀岩馆、观星廊、名店购物大道、水上乐园、露天剧场、棕榈岛等等功能设施。最近，雅居乐集团又计划投资5亿元，用3年的时间完成其他配套设施的建设。

雅居乐集团的努力，得到了社会各界的认同。1993年，雅居乐花园荣获“国家优秀示范小区”称号；1995年，雅居乐花园成为全国首个获国家建设部评定的“中国城市物业管理优秀示范住宅小区”；1999年，雅居乐物业管理有限公司通过了英国BSI公司ISO9000质量体系认证；2000年，雍景园通过了国家AAA级商品住宅性能认证；2001年，雍景园荣获国家建设部授予“国家小康住宅示范小区”的称号，并同时囊括了规划设计，科技进步、室内装修、环境质量和物业管理等6项金牌；2001年，雅居乐集团获得“中国著名品牌开发模式”的殊荣；2001年，雅居乐物业管理有限公司获中国首批“国家一级物业管理资质企业”的荣誉。

【恒大集团】广州市恒大集团是以房地产开发为基础，集文化、教育、金融、饮食娱乐综合发展的现代文化大型企业集团，拥有下属子公司15家，集团总资产53亿元，净资产31亿元。恒大房地产公司1999年位居广州市房地产企业综合实力30强第7名、2000年第6名、2001年第4名。恒大集团2001年位居广州开发建设投资十大集团第4名，2002年位居中国房地产百强企业前列，同年荣获首批“广东省房地产诚信企业”称号、2002年获广东资信20强企业以及广州市纳税信誉A级企业房地产类第一名。

（撰稿人：广州市国土房管局 张建明）

1－2－9　环保产业

【民营经济发展历程】　广州环保产业大体经历了三个发展期，即20世纪70年代末到1985年的起步发展期，1985年至2000年的较快发展期，2000年至今的规模、效益发展期。

广州环保产业起步于70年代后期，80年代初至1985年广州环保工业协会成立，广州市环保产业民营企业只有13户，占环保企事业单位30%左右，年总产值不到3000万元，且全部是小型企业，只能生产一些简单的为治理污染配套的产品，厂房设备简陋，工艺技术落后，人才匮乏。经过十几年发展，一些环保产业的民营企业由于适应市场经济的变化，适时调整环保产品生产及营销策略，调整业务发展方向，加大科技投入力度，因此得到了快速发展。到2000年底，广州地区从事环保相关产业的民营企业单位发展到119户，占环保企事业单位50%左右，职工总数12200人，年总产值不到10亿元，年利润1.041亿元。由于环保产业的内涵已由原来的单纯环保产品生产及承接工业污染、治理项目，扩展到包括资源综合利用、洁净产品生产、环保服务业、自然生态保护及环境贸易等各个方面，因此，环保产业的覆盖面更广，民营经济发展的空间更大。此时，个别企业已具有生产大型成套废水、废气、固废处理及噪声控制等专用设备及配套系列产品的能力，有的产品填补国内空白及打入国际市场，广州环保产业处于一个较快发展时期。至2003年底，广州市从事环保相关产业的民营企业151户，占全市环保企事业单位66%，职工总数12809人，年总产值52.62856亿元，占全市环保产业总产值的33.7%，年利润4.0198亿元。

【民营经济发展的特点】　1．企业运行机制灵活，决策、经营、管理于一体，经营有高度的自主权。广州环保民营企业均是独资、合资或合作经营，他们可以根据环保市场需求，进行环保产品的开发、生产、工程技术的咨询服务等经营性活动，遵守国家法律法规，自主经营，自负盈亏。他们善于了解各地的市场行情，建立较大的销售网络，如鑫都环保实业公司开拓环保市场能力强，产品行销全国。

2．市场适应性和应变能力强。由于环保民营企业有高度的经营自主权，他们可以根据环保市场的变化调整经营的方向和策略来适应市场的变化。如国家环保总局颁布执行了《饮食业油烟排放标准》（试行），广州市有饮食企业4万多家，这些饮食企业绝大多数的油烟排放都未能达标，以前所用的油烟治理设施都是水喷淋或运水烟罩，其处理效果远未达到国家的排放标准，现在则由处理效果能达标的新一代油烟处理产品——静电油烟净化设备取代，面对这一巨大的油烟治理环保市场，许多民营环保企业纷纷投资开发、生产、引进、代理静电油烟净化设备。广州朗洁环保科技有限公司就是引进北京清华大学先进技术，在广州生产静电油烟净化器的第一家民营企业，随后有广州市兴华环保设备厂生产的“兴华牌”机械物理湿式静电油烟净化器等。他们根据环保市场这一新的需求，增加了这一产品的生产、经营，取得良好的经济效益，企业也获得了较大的发展。

3．企业分散，规模小，厂房简陋，基础薄弱，缺少骨干企业。广州环保民营企业大部分是由各行各业的中、小企业和某些大企业的某一部门转产转制而来，或个人合资、合作创办。他们主要从事环境污染治理业务，这一业务的特点就是项目投资规模小，分散在各行各业，专业性、工艺性强，一个环保民营企业很难同时从事各行业、各专业的污染治理业务，难于形成一批具有一定规模、效益的骨干企业。

4．大多数企业专业技术人材缺乏，研制开发环保新技术、新产品的能力薄弱，缺乏发展后劲。广州环保民营企业有151户，其中中、高级专业人员1703人，平均每家环保民营企业只有11.3人，绝大部分环保民营企业没有专门的研发基地和配备专门的研发人员。他们所生产的环保产品绝大部分都是从国内、国外引进或同高等院校合作生产的，有些甚至是仿造他人的产品，进行简单的重复生产。

5. 企业技术起点低，产品技术含量低，以传统产品为主，低水平重复多，高科技产品少，特色拳头成套产品少。产品配套能力及竞争力弱，规模效益差。尤其大型城市生活污水处理厂、垃圾焚烧厂所需的大型成套设备更无民营企业生产，绝大部分都是从国外或外地引进，或是个别国有大、中型企业兼业加工生产。

6. 资金实力不雄厚，抗风险能力低，难于承接大项目。广州环保民营企业绝大部分都是由个人合资或中、小企业转制而来，资金单薄，国家又没有资金扶持政策，很难从银行中贷款。151户环保民营企业中，注册资金在500万元人民币以上的只有10多家，在1000万元以上的只有2家，大部分注册资金只有50～100万元人民币，他们很难参与大型环保项目的竞争。

7. 管理相对滞后，售后服务跟不上，影响环保投资效益，影响企业信誉。由于广州环保专业的现实市场具有政策性强，被动投资的特点，政府部门的执法、投资者的环保意识直接影响环保现实市场的大小，而在这一市场环境中生存的环保民营企业难于孕育长大，其经济效益差，规模小，专业管理人员和售后服务人员缺乏，直接影响环保投资效益和企业的信誉。

【民营经济发展的现状】 1. 在环保民营企业中，中小型企业仍占多数，但环保民营企业数量仍有增长趋势。据2003年环保产业调查情况，广州环保民营企业绝大多数年产值不超过500万元人民币，而年总产值超过1000万元人民币的环保民营企业占总数还不足10%，没有一家环保民营企业年总产值达到1亿元人民币。随着改革开放不断深化，市场经济体制的不断完善，越来越多的国有、集体环保企业转制，环保民营企业不断派生、组合和外资的进入，广州环保民营企业的数量仍有增长的趋势。

2. 有实力的企业开始涉足环保产业。随着经济的发展，生活水平的提高，人们对赖以生存的环境要求越来越高，广州市政府制定和实施了一年一小变，3年一中变，10年一大变的措施，对广州环境保护提出了越来越高的要求。作为环境保护硬件的环保产业，其市场需求量也越来越大，环保产业已成为一个朝阳产业，各行各业有实力的企业开始投资或转产环保相关产业，如广州富力地产集团公司投资成立了广州越富环保科技有限公司，并在南海建立了环保产业园；广州粤首实业公司看准广州市脱硫除尘的大市场，不惜投入巨资引进技术设备，承接了几大电厂的脱硫除尘工作，取得了较好效果。

3. 注意吸收技术人才，加强专业培训。制约环保民营企业发展的最大障碍就是人才缺乏。大部分民营企业由于缺少环保专业技术人员，无法获得较高级别的设计或施工承包资质证书，也就无法进入较大规模的环保项目的竞争，制约了他们的发展，因此，许多环保民营企业意识到人才的重要性，加大投入，引进、吸收专业技术人才，通过各种途径，加强专业技术人员的培训。如广州环境保护产业协会和广州市建筑业联合会、广州市建委党校联合举办了“项目经理培训班”和“建筑注册建造师执业资格考前班”受到广大环保民营企业的热烈欢迎，他们送了一批又一批专业技术人员参加培训。又如新大禹环保工程公司、中绿环保公司、番禺环保工程公司，不仅吸收大批专业技术人材，而且将博士等高级专业技术人才吸引进来，提高了企业的整体素质和形象。

4. 不断提高环保产品技术含量，增强研制开发能力。产品的技术含量高低和能否不断开发新产品决定了市场竞争力。大部分环保民营企业生产的环保产品技术含量不高，缺乏研发能力，但有的企业如广州迪斯环保设备公司通过和国外公司合作引进欧洲先进环保技术和设备，提高了产品技术含量和研发能力。该公司研制开发的DLMC脉冲扁袋式除尘器通过市组织的专家鉴定，认为达到同类产品领先水平。

5. 增强和高等院校、科研单位、大企业的联合。随着中国加入WTO，中国经济与世界经济进一步接轨，市场将越来越开放，市场竞争越来越激烈。广州环保民营企业先天不足，未经充分孕育成长，又面临过度竞争的局面。为了在激烈竞争中求得生存和发展，许多环保民营企业主动寻求与高等院校、科研单位、大企业的联合，通过优势互补，互惠互利的原则，增强了自身的竞争力，也获得了广阔的发展空间。如中环万代环境工程公司与中国环科院联合，以他们的强大科研力量和高新技术作为后盾，不断创新，不断发展，近年来取得骄人成绩。又如穗环技术工程公司与解放军交通学院合作，承接了国家高科技发展“863”计划项目，共同承担柴油机车碳烟净化器的研制和产业化任务，取得了新的突破。

6．民营环保企业还没能真正和国际接轨，环保产品出口额比较少，因此受国际市场的冲击和影响较。民营企业采用ISO14000国际环保体系认证标准的才9家，仅占环保民营企业数的6%。随着中国加入WTO，国内市场的逐步开放，国际市场上绿色技术壁垒的范围日益扩大，民营企业已开始感到危机的存在，不断增强企业的实力，特别从技术创新，规范管理上下功夫，尽快实施ISO9000及ISO14000国际认证，已开始呈现出良好的势头。目前已有惠林环保铅笔公司获得“清洁生产企业”称号。高奇环保技术公司通过了ISO14000认证。

（广州市环保局调研组供稿）

1－2－10　旅　游　业

【广州市民营资本旅行社的发展概况】

1．广州民营旅行社发展初期的政策性限制。

中国的旅行社业一直以来实行许可证管理。广州市的旅行社，在1996年12月以前基本上没有民营资本这个概念。1988年6月，国家旅游局根据国务院1985年5月颁布的《旅行社管理暂行条例》，发布了《旅行社管理暂行条例施行办法》，其中明文规定：申请开办第一类旅行社和第二类旅行社（即具有组织、接待海外游客业务资格的旅行社）都“必须是全民所有制企业”。当时划分的第三类旅行社（只能开展组织接待国内游客业务）没有所有制限制。但是由于当时国内经济发展水平不高，居民的旅游消费还很少，因此当时“第三类旅行社”的业务量很少，“第三类旅行社”的数量也很少。1996以前在工商部门登记的旅行社注册资料中，广州市旅行社没有“私营经济”或“个体经济”类型的企业。即使设立旅行社的资金全部或者大部是由私人出资，也只能以“国有企业”或“集体企业”的名义登记注册。如分别于1993年和1995年设立的广州艳阳天旅行社和广州远景旅行社。

这种对非国有经济投资经营旅行社业的准入限制，一直到1996年10月国务院发布《旅行社管理条例》和1996年11月国家旅游局颁布《旅行社管理条例实施细则》后，才有所改变。但是，在广州，对于个体、私营开办和经营旅行社，仍然有两方面的限制：

第一个限制是，广东省旅游局规定，在全省实行旅行社经营权招标投标制度。一个国内旅行社经营权（许可证），在投标市场动辄上百万元，最高的曾经达到300多万元。这无形中给非国有经济进入旅行社业设置了很高的门槛，因此在2000年底逐步取消全省国内旅行社经营权投标制度以前，广州旅行社行业中，很少有非国有经济。

第二个限制是，对申报设立国际旅行社进行审批时，对非国有经济的申请仍然有诸如“组织国内居民出境游”业务等方面的限制。因此，虽然有不少旅行社从出资到经营管理都是“非国有”，但也要借用挂靠（“股份制”或“联营”等形式）名义登记注册，这种现象尤其在当时郊县成立的旅行社为多。

2．广州旅行社的民营化进程。

进入2000年以后，广州旅行社业的民营化进程发展很快。1999年前仅有8家民营旅行社，到2003年底，已有54家民营旅行社。

表 2－34　广州市 1999～2003 年民营旅行社数量统计表

单位：家

年度	当年合计	原有	当年新设立	当年转制为民营	当年停业
1999 年	8	6	2	1	1
2000 年	17	8	2	8	1
2001 年	32	17	13	3	1
2002 年	46	32	10	4	
2003 年	54	46	7	1	

资料来源：广州市旅游局。

2000～2003 年，广州市新设立的 32 家旅行社，全部是由民营资本投资设立。另外，自 2000 年以来由原国有企业或集体企业转制而成为民营企业的 16 家旅行社，占 54 家民营旅行社总数的 29.62%。转制的形式主要有两种：第一种是内部转制，即由本单位员工购买旅行社国有资产实现民营化，如广东南湖国际旅行社、广东粤新国际旅行社、广州岭南旅行社等 15 家旅行社，这种形式占了很大比重；第二种是外部兼并，即旅行社整体（或其上级控股公司）被民营企业收购而转制，先后有黄埔旅行社、喜程旅行社、中青旅广州公司、广州市中国旅行社 4 家。

3．广州民营旅行社的市场冲击力。

由于经营机制灵活，民营旅行社所占的市场份额增长十分迅速。民营旅行社的营业额占全市旅行社总营业额的比重，从 1999 年的 2.13%，到 2003 年的 13.35%，4 年增长了 832.87%（详见表 2－35）。

表 2－35　广州市民营旅行社发展进程主要指标

年　度		1999 年	2000 年	2001 年	2002 年	2003 年
旅行社数量（家）	全市旅行社数量	118	121	136	134	142
	民营旅行社数量	8	17	32	46	54
	民营所占比重	6.78%	14.05%	23.53%	34.33%	38.03%
旅行社行业营业额（万元）	全市旅行社	260524.33	282075.95	326014.74	449553.75	387470.84
	民营旅行社	5544.09	21917.1	32052.19	58958.07	51718.96
	民营所占比重	2.13%	7.77%	9.83%	13.11%	13.35%
旅行社行业纳税额（万元）	全市旅行社	2528.82	2449.96	2241.55	3279.95	1796.15
	民营旅行社	35.96	82.22	117.98	183	109.54
	民营所占比重	1.42%	3.36%	5.26%	5.58%	6.10%
旅行社行业员工人数（人）	全市旅行社	6073	4976	5574	6685	7430
	民营旅行社	76	199	559	976	846
	民营所占比重	1.25%	4%	10.03%	14.6%	11.39%

资料来源：广州市旅游局。

上表数据显示，在几项主要的统计指标中，民营资本旅行社在广州市旅行社行业所占比例都呈迅速上升的趋势。

广州民营旅行社经营机制灵活的一个重要特

征，是创造了由专业人士进行资本运作，打造专业"旗舰社"品牌，强力推介专业王牌线路的模式。如南湖国旅及其所属品牌"西部假期"操作的四川、云南线路，抓住了国家"西部大开发"推动下形成的西部旅游热潮所带来的机遇，调动各种资源，及时对西部旅游线路的各个环节进行整合，在各个旅游目的地设立了分社，对西部的旅游产品（包括车队、酒店、餐厅、景区）进行原始团购，对航空公司进行常年包机，这样资本运作的结果，组团成本大大降低。再通过多种新闻媒体持续性地开展强势"低价"宣传，使得这条西部旅游线特别引人注目，以极好的"性价比"赢得了市场，获得了巨大的成功。现在，南湖国旅及其"西部假期"操作的西部旅游线路，已经成为影响全省旅行社的"广州价格"。

除了内部转制和外部兼并以外，民营资本切入旅行社行业的另一种强势手法，是利用互联网的迅速普及，通过提供网上机票预定和异地酒店预定服务，以方便快捷和薄利低价向各类旅行人士直销各种旅行服务产品。最典型的当属总部设在上海的携程旅行服务有限公司。2000年以来，携程旅行网（携程旅行服务有限公司的前身）陆续在北京、广州、深圳、香港四个城市设立了分公司。最初，携程是依靠"人海战术"切入市场。有很长一段时间，在广州、北京、上海等地机场，携程旅行手册几乎随处可见。而自2002年开始，携程已经在广州考察了多家旅行社，拟通过其关联公司整合拥有"出境游组团社资格"的旅行社业务。2003年3月，携程借助其拥有的2000多家国内外星级会员酒店可供直接预定和超过5000家酒店可供查询的资源，与南方航空公司建立了合作关系，联合推出"机票+酒店"的服务项目。2004年5月，携程又与南方航空公司联合在全国首次推出了"机票+景区"全新旅游模式，其特点是旅客可以自主选择"机票+景区"或者"机票+景区+酒店"个性化组合，并能节省30%～50%的旅行费用。"南航行——新版如画漓江"套票以电子客票为载体，以互联网络为渠道进行销售。旅客登录携程网，可以自主选择航班、酒店和景点的组合，并可在网上支付全套费用，非常方便快捷。

【民营资本旅游景区景点及其主要特点】

民营资本大规模投资建设广州旅游景区景点，是从上世纪90年代中开始。至今先后有世界大观、飞龙世界、航天奇观、香江野生动物园、长隆夜间动物世界、百万葵园等项目投入经营接待。特别是早期的几个大型项目，在投入经营的初期，几乎都曾经引起全省以至港、澳地区的轰动，吸引了众多的各地游客前来观光，客观上形成了当时广州旅游的强势吸引物，成为来穗游客的必游景点。这些项目在取得很好的经济效益的同时，也取得了很好的社会效益。

民营资本旅游景区景点建设的主要特点是：

1．在初期的经营主题定位都很有特色，而且围绕主题所作的策划都很有创意，各个项目几乎都开创过某一方面的"第一"：

世界大观　（1）在广州首创股份制投资经营旅游景点的模式。总投资4亿多元的规模，由于股东投入的资本无需经营者偿还，减轻了经营者还本付息的压力。（2）成为广州唯一一家在香港设立票务总代理的旅游景点，1996年曾经创造过在香港年销售门票超过300万港币的业绩。（3）国内首家专为游客观赏而进行全套策划包装、自编自演大型室外歌舞剧《战王与女神》，最鼎盛时，每场演出动用40匹战马、3头大象、配有人工降雨、有近500演员参演的庞大阵容。

飞龙世界　总投资近9亿元的规模，在国内首创蛇文化研究展示和娱乐中心，曾经是世界上最大的蛇文化主题公园。1996年被评为"羊城10大旅游美景"中的第六位。

航天奇观　（1）在省内首创农村集体集资建设旅游主题公园的模式。（2）曾经是国内最大的航天科技展示娱乐主题公园。

百万葵园　目前仍是国内面积最大、展示葵花品种最多的观赏性生态环境主题公园，也是国内最大的松鼠乐园。

香江野生动物园　曾经是国内面积最大、名贵珍稀动物最多的野生动物主题公园。

长隆夜间动物世界　目前亚洲最大的观赏各种野生动物夜间活动的主题公园。

香江鳄鱼公园　目前世界上面积最大、养殖鳄鱼数量最多的观赏性鳄鱼养殖场。

2．大量民营资本投入旅游景区景点建设，为广州创造了一大批工作岗位，吸纳了很多就业人员（见表2－36）。

3．民营投资者都能准确地把握大众娱乐消费的潮流热点，借鉴国外的成功经验，依靠现代化的策划和包装，创造出在一段时间受旅游消费者欢迎的休闲娱乐项目。

4．民营投资者大都信奉“规模制胜”的经营理念，充分运用其所能调动的资源，所投资项目动辄占地数十万平方米（见表2－37），而传统的历史古迹、宗教文博类景点，占地面积均不大。如陈家祠、中山纪念堂、黄埔军校、黄花岗、六榕寺、光孝寺等6个景点的平均占地面积约为4.26万平方米（约64亩）。

表2－36　广州部分民营旅游景点员工人数统计表

单位：人

年度	合计	世界大观	亲亲农庄	航天奇观	丹水坑	祈福农庄	化龙生态农庄	香江野生动物园	长隆夜间动物园	花都九龙潭	番禺宝墨园	瀛洲生态公园
2000	2348	345	37	258	65	90	87	650	383	198	210	25
2001	2115	165	38	215	65	95	54	630	383	208	230	32
2002	2212	131	36	210	65	150	17	698	413	210	250	32
2003	2183	119	36	200	65	150	17	750	310	220	280	36

资料来源：广州市旅游局。

表2－37　民营资本投资主题公园规模统计表

主题公园名称	开业时间	占地面积
番禺宝墨园	1994年	10万平方米
广州世界大观	1995年	48万平方米
飞龙世界	1995年	1000余亩
花都九龙潭	1996年	2.4平方公里
番禺利泰瀑布	1996年	108亩
航天奇观	1997年	22万平方米
番禺香江野生动物园	1997年	2000亩
增城裕达隆	1998年	80万平方米
番禺宝墨园	1998年	10万平方米
番禺横沥生态农庄	1999年	4000亩
番禺森悦农庄	1999年	600余亩
增城源章度假山庄	2000年	224亩
长隆夜间动物世界	2000年	3000余亩
番禺百万葵园	2002年	26万平方米
广州鳄鱼公园	2004年	1000余亩

资料来源：广州市旅游局。

5. 民营资本投资广州旅游景区景点出现两极分化。一部分表现为"强者恒强"，如广州长隆集团，先后大手笔投资建设了香江野生动物园、长隆夜间动物世界、长隆酒店、广州鳄鱼公园、香江大酒店、香江海鲜酒家等旅游项目，走出了一条快速发展的道路，已经形成了主题突出、规模庞大、形象健康的大型骨干旅游集团。另外一部分则被淘汰出局。自1998年以来，先后有"飞龙世界"、"广州太阳岛乐园"、"利泰乡村俱乐部"、"森美反斗乐园"、"源章度假村"等由民营资本投资建设的大型景点停业（见表2－38）。

表2－38　广州大型民营景点停业时间统计表

名　称	所在区域	开业时间	停业时间
太阳岛乐园	白云区	1987年	2002年正式停业
飞龙世界	番禺区	1995年	1999年
利泰乡村俱乐部	番禺区	1996年	2001年
森美反斗乐园	番禺区	2002年	2004年
源章度假山庄	增城市	2000年	2004年

资料来源：广州市旅游局。

【民营资本旅游景区景点的发展趋势】

1. 随着城市公共服务设施建设经营的进一步放开，一些原来不允许民营资本进入的领域将被冲破，将会有更多的民营资本投资具有旅游观光功能的城市基础设施，成为新的旅游景点。如广州市已经推向市场招标的观光塔、珠江新城标志性建筑"双塔"中的西塔、"珠江游"旅游码头等项目。同时，又由于上述项目的建设可能引起的连锁效应，将会吸引更多的民营资本进入旅游行业。如旅游码头的建设，将会打破原来"珠江游"封闭经营的格局，必然会有新的资本组成新的公司参与"珠江游"游船的经营，为游客提供更多的选择和更好的服务。

2. 将会有更多投资其他行业的民营资本，依托其本业，增加或扩充娱乐休闲功能，从而成为新的旅游景点。如已经出现的新兴农业示范园区（包括蔬菜水果基地、生态园等）、商业示范单位（包括即将建成的北京路名盛美食城、天河南万佳广场及其中的现代化电影院等）。此外，广州市郊外众多的大型楼盘配套建设的会所设施，都具有相当多休闲健身娱乐项目，成为城市居民度假休闲的吸引物，在为楼盘居民提供服务的同时，兼具旅游景点的功能。（详见表2－39）

表2－39　广州市郊部分楼盘会所对游客开放的休闲项目统计表

大型楼盘名称	楼盘所在区域	会所开设休闲项目内容
广州奥林匹克花园	番禺区	羽毛球、游泳、攀岩、保龄球等
南国奥林匹克花园	番禺区	高尔夫练习、羽毛球、篮球、沙壶球、足球、飞镖
广州雅居乐花园	番禺区	羽毛球、游泳、攀岩、保龄球、水上乐园等
祈福新村	番禺区	潜水、射箭、高卡车、攀岩、羽毛球、高尔夫练习等

资料来源：广州市旅游局。

一些民营资本投资的体育娱乐项目和设施，也成为吸引游客的新景点。如先后于1999年和2003年开张营业的番禺骑士堡马术俱乐部和天河黄陂骑术俱乐部，就不仅仅以骑马娱乐作为招徕，还开设了游泳、球类、烧烤和宾馆等娱乐配套设施。

另外，民营资本经营的特色餐饮业，也越来越成为吸引各地游客的目标。如近年十分红火的农家菜、生态食品等等。其中典型的有番禺汇景旅游推荐餐馆独创的“铁盘烧”系列菜式，既有独特的风味，又有观赏性很强的操作效果，已经成为番禺餐饮业的一块招牌。

3. 将会出现部分民营资本投资的景区景点走向退出的结局。一方面是由于市场消费的变化导致了旅游消费者兴趣的转变，直接推动了旅游娱乐产品的结构调整和升级换代，自然会冷落长期以老、旧、残项目和设备面向游客的景区景点。另一方面也是因为不少民营景点自身的科技含量不高、文化特色不突出、后续资金不足、市场热点难持久等问题积累到最后总爆发的结果。不少民营景点为了强势切入市场，往往采取“规模制胜”和大资金包装上市的策略，虽然往往一开始能够取得理想的效果，但同时也背上了沉重的债务，一旦出现市场变化，导致现金流大幅下降，而庞大的员工队伍和设备设施维护，以及还本付息的压力就会使这类民营景点的经营元气大伤而无法翻身。再由于这类民营景点的土地设备资产难以转营其他业务，变现能力较差，也就无法进一步得到银行贷款支持。在这种情况下，往往陷入一种苦撑苦捱的恶性循环：减少娱乐项目、减少员工──→服务缩水、口碑下降──→销售状况进一步恶化──→再减少娱乐项目和员工……如果没有外力介入，没有新的资源注入，这类民营景点只能选择退出市场。

（撰稿人：广州市旅游局　张铭）

1－2－11　高新技术产业

【民营科技企业发展概况】　作为华南地区中心城市的广州，具有经济快速增长、智力密集、产业基础雄厚、市场机制灵活、市场秩序较规范、投融资环境良好等诸多条件，为民营科技企业在本地的创业发展提供了沃土。起步于20世纪80年代的广州民营科技企业，在改革开放的大环境中，得力于政府的引导扶持和市场经济的推动，经历了从慢到快、从小到大、从弱到强的发展历程。尤其是近几年来，广州民营科技企业坚持以市场为导向，以技术、人才和机制为依托，以科技成果的商品化、市场化和产业化为目标，结合本地资源环境和区位优势，始终充满生机与活力，不断发展壮大，成为广州市科技创新的重要力量和高新技术产业发展的主体力量。

近年来，广州民营科技企业发展的基本态势如下：

1. 集群发展，形成了一定整体规模。

广州的民营科技企业，从地理位置上看，大部分分布在各个科技园内，包括天河科技园、黄花岗信息园、广州科学城、留学人员创业园、广州民营科技园等地，从技术领域来看，则主要集中在高新技术领域，尤其是近年来广州市重点发展的计算机、软件、通信设备、新材料和生物医药几大领域，具有明显的产业特色。2003年，全市经认定的高新技术企业共有571家，其中民营科技企业就有461家，占总数的80%以上。这些活跃在高新技术领域的民营科技企业，基本上都是以科技含量高、附加值高、市场前景广阔的科技成果起步，高起点进入各自行业，并实现快速发展，初步形成了在高新技术产业的集聚态势。事实上，在高新技术领域，民营科技企业已成为广州市发展高新技术产业、进行高新技术产品研发与生产的主体力量。在规模名列全国十大软件基地第二位的广州天河软件园，目前已聚集了930家软件企业，其中99%都是民营企业。在全市软件企业中，民营企业占了八成。广州市现有的11家“国家骨干软件企业”全部是民营企业。民企已经撑起了广州软件行业的大半个天。

2. 优势突出，保持良好的快速发展势头。

从数量上看，广州市民营科技企业近年来一直保持增长趋势。2003年，全市民营科技企业总数达到2256家，与1997年的1427家相比，增长了58%。当年年末职工总数13.8万人，资产总额588亿元，全年技工贸总收入588亿元，上缴税金21.9亿元，出口创汇10.9亿元。近3年来全市民营科技企业发展的基本情况如图2－1～2－4所示。

图 2－1　1999～2003 年广州民营科技企业数量

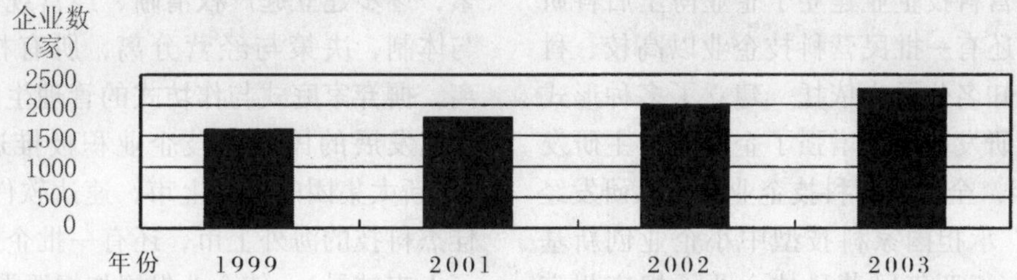

图 2－2　1999～2003 年广州民营科技企业职工总数

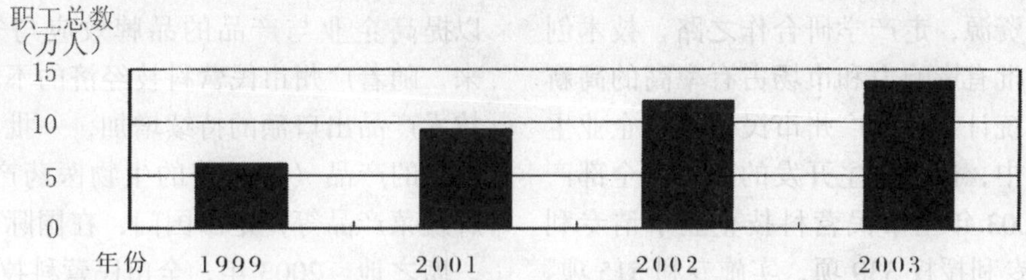

图 2－3　1999～2003 年广州民营科技企业资产总额

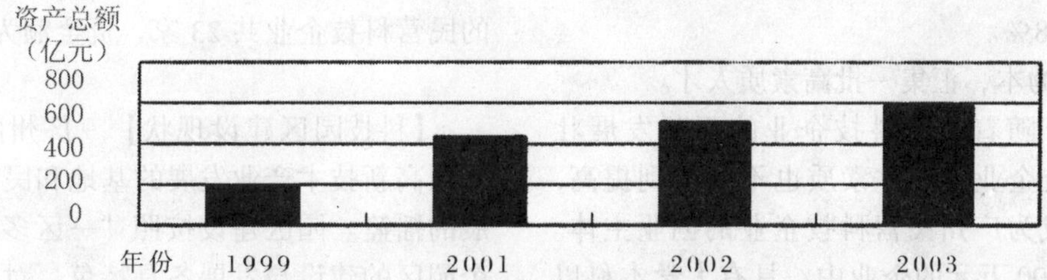

图 2－4　1999～2003 年广州民营科技企业技工贸总收入

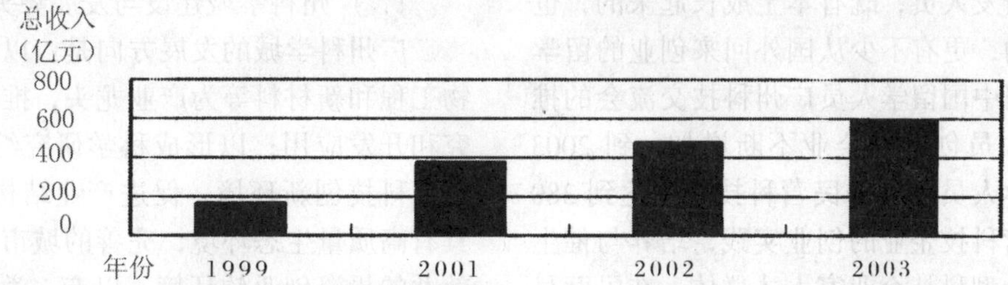

由上图可以看出，广州市的民营科技企业确实是在不断发展壮大之中，并日益发挥着越来越重要的作用。事实上，广州民营科技企业数已占到全省总数的 4 成，广州被誉为民营科技企业创业的乐土。

3．不断创新，增强企业发展后劲。

广州的民营科技企业，从实践中认识到技术创新对企业发展的关键作用，因此逐步由主要依靠资金和劳动力投入的高投入、高消耗、高污染、低效益的粗放型发展模式向以依靠科技进步为主的科技含量高、经济效益好、资源消耗低、环境污染小、人力资源得到充分发挥的新型工业化发展模式转变。许多民营科技企业（如金发、迪森、美晨、大日、白云粘胶、宏昌胶粘带以及羊城科技、高科通信、恒山股份、阿波罗建材等）相继建立了自己的企业工程技术研究开发中心，购置先进的仪器设备，汇聚一批海内外高素质科技人才，增强研究开发和创新能力。包括金发、迪森、鹏辉、高科通信、宏昌胶粘带、恒山股份的6家民营科技企业建立了企业博士后科研流动工作站；还有一批民营科技企业以高校、科研院所和国外知名公司为依托，建立了多种形式的研发中心或研发基地，增强了企业的自主研发能力。2003年，全市民营科技企业共投入研发经费18.9亿元；承担国家科技型中小企业创新基金项目10项。近两年民营科技企业承担广州市科技计划项目数都超过100项，占全部项目数的3～4成。民科企业通过校企联合，充分利用广州市丰富的科技资源，走产学研合作之路，技术创新，形成了一批有影响力和市场占有率高的高新技术产品。据统计，目前广州市民营科技企业生产的主要产品中，属于自主开发的产品占全部产品的70%。2003年全市民营科技企业申请专利638项，获得专利授权339项，实施专利515项。在广州市2003年度科学技术奖所奖励的78项科技成果中，有24项是由民营科技企业完成的，占总数的30.8%。

4．以人为本，汇集一批高素质人才。

近年来，随着民营科技企业的不断发展壮大，民营科技企业中人才素质也不断得到提高，高层次人才成为广州民营科技企业的创业主体。在年收入超100万元的企业中，具有大学本科以上学历的科技人员占从业人员的比例达到21%，具有大专以上学历的达到37%。民营科技企业的主创人员和研发人员，既有本土成长起来的，也有来自内地的，更有不少从国外回来创业的留学人员。在历届中国留学人员广州科技交流会的推动下，留学人员创办的企业不断增加，到2003年，全市留学人员创办的民营科技企业达到380家。通过民营科技企业的创业实践，培养与催生了一大批复合型科技企业家人才群体。在民营科技企业发展和企业家人才队伍成长的过程中，形成了技术领域高新化、创业人员年轻化、创办方式多样化、智力结构高层化、运行机制民营化等五大鲜明特征。很多民营企业都认识到人才对于企业的重要性，以人为本的意识逐步形成并深化，在发展过程中也日益重视建立和完善科学的用人机制。

5．机制灵活，逐步走向规范化管理。

机制灵活是民营企业的一大特色。为了扩大企业规模，使企业发展尽快跃上新的台阶，广州市民营科技企业也开始了建立现代企业制度的探索，逐步建立起产权清晰、经营规范的管理机制与体制，决策与经营分离，所有权与经营权分离，摒弃家庭式与作坊式的管理生产方式。一些快速发展的民营科技企业积极推进股份制改造（如新太集团的借壳上市，速达软件、迪森热能、佳杰科技的海外上市，还有一批企业进入或完成了上市辅导），使企业发展如虎添翼。

6．眼光向外，寻求更大发展空间。

民营科技企业越来越重视海外市场的开拓，以提高企业与产品的品牌效应与知名度。近年来，随着广州市民营科技经济的不断壮大和高新技术产品出口额的持续增加，一批具有较高科技含量的产品（如天普的生物医药产品、“丰名”牌蔬菜产品等）走出国门，在国际市场上占据了一席之地。2003年，全市民营科技企业的产品出口创汇额达到10.9亿美元，是1999年的5.7倍。当年获得广州市技术出口专项资金无偿资助的民营科技企业共23家，资金额为363万元。

【科技园区建设现状】　广州的科技园区是广州高新技术产业发展的基地和民营科技企业发展的摇篮。园区建设按照“一区多园”布局，各个园区的建设与发展各具特色，对广州高新技术产业发展的龙头作用和对民营科技企业的支持作用十分明显。

1．广州科学城建设与发展势头迅猛。

广州科学城的发展方向是：以信息技术、生物工程和新材料等为产业龙头，推动高新技术研究和开发应用；以形成科学研究综合体为目标，培育科技创新环境，促进产业结构的协调发展；具有高质量生态环境，完善的城市基础设施，高效益的投资创业软环境，以产、学、研为主，辅以配套少量高级住宅的多功能现代新型城区的方向发展。广州科学城已经完成7.6平方公里土地的开发和基础设施配套，并出现了土地开发跟不上高新技术项目和企业落户需求的态势。旭丽电子（广州）、南方高科等一批具有相当规模高科技企业的进入，使广州科学城迅速形成产业规模。2003年，广州科学城全年实现技工贸总收入178.4亿元，较上一年增长了近1倍，工业总产值达171.5亿元。广州科学城基础设施投资累计完成65.84亿元，主干路网建设全面展开，中心区建设快速推进；新开发的4平方公里用地的基础设施配套正积极推进，投资2.5亿元建筑面积8万平方米的科技创新基地已封顶。

2. 天河科技园、天河软件园发展势头良好。

天河科技园、天河软件园实行“两块牌子，一套机构”的管理模式，以加快建设国家级火炬计划软件产业基地、国家重点软件产业基地、产业化示范基地、孵化软件企业和人才培养基地为发展目标，以园区特色产业为基础，大力扶持软件产业。2003年园区技工贸总收入达到177亿元，工业总产值98.6亿元。园区已初步形成以软件为核心的信息产业、生物制药、新材料和机电一体化为主要特色的高新技术企业群，区内有各类科技企业1276家，技工贸总收入超亿元企业35家。

天河软件园高唐新建区规划建设进展顺利。高唐新建区6.69平方公里的前期开发工作已基本完成；软件产业孵化中心首期2.8万平方米的建设工程将于今年春季竣工并陆续投入使用。目前，天河软件园共有软件企业约830家，较建园前的1998年增加了646家。软件企业管理和产品开发迈向规范化、标准化，通过ISO9000质量体系认证和CMM等级认证的软件企业分别有95家和5家。据初步统计，2003年园内软件企业实现技工贸总收入105.7亿元，较上一年增长23.27%，其中软件销售收入56.02亿元，比上一年增长26.8%。

3. 黄花岗信息园专业化特色明显。

黄花岗信息园以专业化发展为园区特色，在有限的地域范围内，积极利用社会力量，整合周边资源，发挥自身条件及优势，致力于电子商务、电信与网络服务为核心的信息产业发展，并以一年一个新园区的发展速度，相继开发了汇华、华盛、丰伟、云山等4个基地，吸引了大批从事信息技术研发、应用的现代信息服务业企业进驻，形成了发展信息服务业的集群优势，成为华南地区发展最快、辐射力最强的现代信息服务业园区。2003年9月，黄花岗信息园被国家信息产业部正式批准为全国首家“信息服务示范园”。目前，园内企业总数已达770家，比建园前的1999年增加了660家。2003年园内企业共实现技工贸总收入80.3亿元和税收2.93亿元，分别是1999年的4.4倍和6.6倍。

4. 民营科技园建设步伐明显加快。

2003年，民营科技园已基本完成园区主干道路建设，园区道路、管网等配套设施已完成2/5，供电量可达20000KVA，设备与设施基本能满足入园企业的生产要求。已有15家科技含量高的企业签约入园，其中9家企业动工兴建厂房，有1家企业已经投产。园区正积极筹备建立国家“863”计划项目产业化基地，已联系了7个国家“863”计划项目落户，并已启动“863”产业化促进中心的建设，逐步形成了以汽车零部件的研发与产业化为主导、集电子信息、环保技术、新材料和生物医药等高新技术产品的研发与产业化为一体的高新技术产业化基地。

5. 南沙资讯科技园建设进入新阶段。

南沙资讯科技园以软件人才培训、软件技术引进与合作以及软件出口加工为主要功能，通过发挥穗港合作的优势，以香港为纽带，加强与国际软件产业界的联系，持续引进先进的市场开拓和管理经验以及软件开发技术，逐步形成吸收、消化及转化的良好机制，进而积极发展以软件出口加工为特色的软件产业园区。

南沙资讯科技园首期开发的26万平方米建设用地，以及园内约3000米主干道路和绿化工程已相继建成投入使用；建筑面积为6万平方米的办公服务中心和孵化中心也已建成，目前正在进行对外招商工作。

6. 留学人员广州创业园服务功能不断完善。

留学人员创业园的配套服务设施和孵化服务功能不断完善，为企业服务的能力不断增强。2003年，留学人员广州创业园新增企业60家，在孵企业达到122家，毕业离园企业11家，实现产业化企业18家，新引进留学人员117人。

根据科技部的综合评价，2003年广州高新区技术创新综合排名在53个国家级高新区中列第8位，经济发展综合排名第4位。全年高新区实现技工贸总收入555亿元，同比增长47%，其中工业总产值385.1亿元；外贸出口12亿美元，同比增长56%。对广州市高新技术产业的发展以及民营科技企业的发展都起到了极其重要的推动和支撑作用。

【民营科技企业发展的环境日渐完善】　广州民营科技企业的发展取得了一定的成绩，与政府全力营造环境、推动民营经济发展的努力是分不开的。广州市委、市政府极为重视民营经济的发展，采取了许多得力的措施，支持广州市民营科技企业不断迈上新的台阶。

1998年以来，广州市相继出台了《广州市科学技术经费投入与管理条例》、《广州市促进科技成果转化条例》、《广州市专利管理条例》、《中共广州市委、广州市政府关于进一步扶持高新技术产业发展的若干规定》、《广州市民营科技企业认定办法》、《广州市高新技术企业认定办法》《广州市促进风险投资业发展若干规定》、《广州市鼓励留学人员来穗工作规定》、《广州市民营科技型企业在港澳地区投资设立机构及外派常驻人员的申办办法》、《广州市技术出口专项资金管理办法》、《关于促进个体、私营经济上新水平的若干意见》、《关于进一步放宽市场准入条件加快经济发展若干规定》等地方性法规、政府规章和规范性文件。这些政策法规基本上都体现了对民营科技企业与其它企业一视同仁的原则，大力促进发展高新技术产业中技术、资本、人才等要素的结合，形成良好的政策环境，对广州市民营科技企业的发展起到了重要的推动作用。

市政府和各有关部门从不同层面对民营科技企业的发展给予了重点扶持。在科技计划项目的安排上，按照“不分所有制、不分地域、不分隶属关系”的原则，大力支持民营科技企业的技术创新；在投融资方面，由市政府出资成立广州科技风险投资公司和广州科技创业投资有限公司，对于初步形成全社会风险投资机制和贷款担保机制起到了引导与推动作用，对长期困扰民营企业的融资难现象有了一定程度的缓解；在科技园区建设方面，市政府已连续几年将高新技术园区建设作为全市发展高新技术产业基本建设工程的重点项目，包括广州科学城、天河科技园、黄花岗信息园等在内的广州高新区已具备坚实的基础，承载了民营科技企业的创立创业活动；在科技中介服务体系建设方面，广州国际企业孵化器、广州生产力促进中心、广州市科技风险投资公司、广州技术产权交易所等科技中介服务机构正发挥着日益重要的作用，初步形成了高新技术企业孵化网络、生产力促进中心网络、技术市场和技术产权交易网络等为主干的科技中介服务体系；在国内外人才引进方面，制定了一系列优惠政策，设立了留学人员创业专项资金，创办了南方人才市场，为民营科技企业引进人才提供全方位的服务。从1998年起开始举办的每年一届的中国留学人员广州科技交流会也逐步扩大规模，由与国家有关部委联办发展到国家有关部委联办加部分省市协办，知名度进一步提高，智力广交会的品牌已经打响。

进入2003年，广州市政府在支持民营科技企业发展方面又采取了一系列新举措。一是成立了市、区（县级市）两级民营企业投诉中心，代表政府受理民营企业和个体工商户的各类投诉。投诉中心依照政府授权，直接向市、区两级政府报告工作，不受其他部门、单位和个人的干涉。二是实施了民营企业100强计划，选择100家企业进行重点扶持和培育，力争形成一批技术先进、主业突出、行业优势明显、拥有自主知识产权和知名品牌、具有国际竞争力的大中型民营企业和企业集团。三是举办百家私企融资推介会、外地民企看广州、首届“中国（广州）民营企业名优产品博览会”等专题活动，积极营造民营经济发展的良好社会氛围。四是提出了十个放宽的政策措施，具体包括放宽对注册资本、出资形式、专项审批、集团有限公司和连锁经营、办理证照及年审项目、企业登记事项、部分企业设立条件、民营信用担保公司登记条件、市场开办登记、企业动产抵押物登记等方面限制。五是加强领导，健全组织，将原来的市个体私营经济工作领导小组更名为广州市民营经济工作领导小组，并成立了专门的领导小组办公室。

广州市政府高度重视11位市人大代表提出的《关于加快发展广州民营科技企业的议案》，就议案的实施专门制定了方案，出台了一系列的优惠政策，对广州市民营科技企业给予大力扶持。根据实施方案的要求，市相关部门要把促进和引导民营经济发展纳入国民经济和社会发展规划，并认真清理束缚民营科技企业发展的政策和规定，切实保障民营科技企业在用地、人才引进、职称评定、户籍管理，申报各类政府计划项目、技改贴息等政府各项专项资金，办理各种证照、年检等方面，与其他企业享有同等待遇。放宽经营条件的限制，鼓励科技人员创办民营科技企业；鼓励和支持民营科技企业建立各类技术开发机构，把广州民营科技园建设成为广州市发展民营科技企业的示范园区。降低科技园中的征地规费，对属于市各职能部门收取的各类费用，以后将一律享受广州高新技术产业开发区其他园区同等优惠政策。这些政策从 2004 年起陆续开始实行。

【民营科技企业发展的主要工作】

1993 年：6 月召开的市十届人大一次会议上，代表提出了《关于大力扶持广州民办科技机构发展》的议案，市政府召开民营科技企业工作研讨会，于 12 月提出办理《关于大力扶持广州民办科技机构发展》议案的一系列具体措施。

1994 年：为进一步促进民营科技企业发展，成立了民营科技企业协会，首批会员单位 132 个。市政府拿出 78 公顷土地用于筹建民营科技园。市政府颁发了《广州市民营科技型企业管理规定》。

1995 年：由广州市政府、基金组织、市科技投资公司和民营科技企业共同出资，建立了广州民营科技企业贷款担保风险准备金，当年到位资金 550 万元。市科委、市政府外事办颁布了《广州市民营科技型企业科技人员临时因公出国（境）申办办法》。广州民营科技园定点白云区太和镇，首期建设规划园地红线 23 万平方米。

1996 年：市政府批准在白云区建立民营科技园，作为广州市高新技术产业开发区的一个园区。民营科技企业贷款担保风险准备金在广州科技信托投资公司投入营运。

1997 年：市政府制定《广州高新技术产业开发区管理体制调整方案》，决定对广州高新区实行“一区多园”的管理体制。

1998 年：在国家教育部、科技部和人事部的关注与支持下，广州市政府举办了第一届中国留学人员广州科技交流会，这是国内首创的以海外留学人员为主题的科技交流会。后来，中国科学院和北京、上海等另外 8 个城市也加入到主办和协办单位的队伍之中。到 2003 年为止，中国留学人员广州科技交流会已连续成功举办 6 届。

1999 年：市政府出台《广州市鼓励留学人员来穗工作规定》（简称市政府 10 号令），对吸引留学人员来广州工作、创业起到了强有力的推动作用。市科技局、市财政局设立了“广州市留学人员科技创业资金”，市人事局、市财政局设立了“广州市留学人员专项资金”，分别从鼓励留学人员在广州创业和安家落户等方面，对留学人员予以资金上的支持。同年，广州市政府出资成立广州科技风险投资有限公司。

2001 年：民营科技企业协会进一步强化服务功能，为民营科技企业提供从科技政策法规咨询、项目申报、职称评定、人员出入境政审、技术出口到信息交流、人员培训、人事代理等全方位的服务。

2002 年：科技创新能力和创新水平有较大提高，年内民营科技企业共承担国家 863 项目 3 项，获得国家科技型中小企业创新基金资助项目 13 项，获得市科技三项经费支持项目 100 项。在 2001 年度广州市科学技术奖 59 个获奖项目中，由民营科技企业完成的项目 13 项。

【民营科技企业协会简介】 广州市民营科技型企业协会成立于 1994 年，是以广州地区民营科技企业和各区、县级市科技行政部门以及各科技园区为主要会员，具有独立法人资格的社会团体。协会接受广州市科学技术局的工作指导，是广州市民营科技企业与政府联系的桥梁和纽带。

协会本着“团结全市民营科技企业，促进科技与经济相结合，推动科技成果商品化、产业化、国际化，推动民营科技企业上水平、上规模、上效益，为广州市社会主义现代化建设作出贡献”的宗旨，努力办成一个能为民营科技企业办实事、解决实际问题、提供全方位服务的行业协会，办成民营科技企业之家。广州市民营科技企业协会主要服务内容包括：提供科技政策法规和科技信息咨询；向政府有关部门反映民营科技企业的要求；协助申报科技项目立项、成果鉴定和奖励；协助办理民营科技企业认定；协助办理临时因公出国（境）政审；协助申报技术职称和提供人事管理服务等；开展科技信息交流与研讨、组织培训学习和相关论坛，等等。

【科技中介服务】 目前广州地区为民营科技企业服务的机构的类型主要有：生产力促进机构、科技推广和信息交流机构、科技孵化器、风险投资机构、担保服务机构、人才市场、技术产权交易机构、专利代理机构、科技评估和鉴证机构等。

广州生产力促进中心是以提供公共服务为主的科技中介服务机构。中心的两大服务方向，一是面向企业提供从创立到发展壮大过程中所需的系列服务，包括选择项目、制定发展战略、提供管理咨询、市场调查、培训、科技成果推广等；二是为政府提供决策咨询以及承担因政府职能转变而从政府管理中剥离出的社会公共职能，如科技招投标、科技评估、科技项目执行情况调查等。2003 年，该中心通过 IS09001：2000 国际标准认证，全年服务企业近 1200 家，服务范围扩大到为企业申报创新基金项目、受理制造业信息化推进工程项目申报、进行各类科技项目评估和招标、为企业事业单位科技创新、为企业制定发展规划及提供咨询服务。

科技孵化器基地建设在孵化功能和孵化规模等方面取得新的进展，全市 12 家科技企业孵化器中，拥有孵化场地 23.11 万平方米，在孵企业 526 家，总收入 11.73 亿元，在孵企业职工 13946 人。广州市高新技术创业服务中心是市政府创办的第一家科技企业孵化器，也是广东省首家“国家级高新技术创业服务中心”，专门为成长中的科技中、小型企业提供全方位孵化服务，并成为留学生创业基地。2003 年，中心相继荣获中国技术市场协会授予的“金桥奖”、科技部授予的“先进高新技术创业服务中心”和省科技厅授予的“广东省技术市场管理与经营工作先进单位”称号。年末在孵企业共 94 家，其中留学人员企业 13 家。

目前，在广州地区从事投资活动的各类风险投资机构共有 20 多家，包括 IDG、广东粤科风险投资集团、广州科技风险投资有限公司、广州科技创业投资公司以及一批民营资本背景投资机构及投资管理顾问机构，资金规模合计超过 30 亿元，投资项目约 150 个，累计投资金额 16 亿元，带动项目投资资金约 60 亿元。广东银达担保服务有限公司等担保机构也积极为民营科技企业及高科技企业提供担保服务。

【民营科技企业发展中存在的问题】 虽然广州市的民营科技企业发展较快，并取得了一定成就，但也还存在着一些不可忽视的问题。从企业自身来看，企业规模不大、数量不多、整体素质还不够高，不少企业只关心眼前利益，不注意长期投资，知识产权意识薄弱；从社会环境来看，社会对民营科技企业的认识尚不到位，一些领域的市场准入还有障碍，针对民营科技企业的科技服务支撑体系不够完善，一些政策法规落实还不到位，民营科技园建设进度不够快等问题。这些问题的存在，制约着广州市民营科技企业的发展。

（撰稿人：广州生产力促进中心　沈超）

1－2－12　信息服务业

【信息化及民营信息服务业现状】 广州城市信息化建设一直走在全国前列，信息化建设取得显著成效。2003 年，广州城市信息化指数达 81%，比 1997 年增长 40.42 个百分点，广州家庭宽带接入比例、家庭计算机拥有量、固定电话主线普及率、每百人移动电话拥有量、每百户电视拥有量、人均 GDP、信息产业增加值占 GDP 比重等 11 项指标超过上海，领先全国十大城市，信息化水平总分达 188 分。信息化带动工业化、产业化作用日趋明显，全市电子信息产业链条逐步成型，呈现快速发展势头。是年信息产业完成增加值 360 亿元，同比增长 22.5%。电子与通讯制造业实现工业产值突破 458.96 亿元，同比增长 39.7%，南方高科、金鹏、广州无线电集团，旭丽电子、七喜数码等骨干电子信息企业发展迅速。软件产业技工贸收入 140 亿元，增长 27.3%，其中软件收入 85 亿元，增长 30.7%。产业链条长、带动能力强的电子信息产业逐渐成型，电子信息产品在高新技术产品出口中占据主导地位，比重达到 97.21%，呈持续快速发展势头。

民营经济成为广州市信息产业发展的主力

军。2003年全市信息传输、计算机服务和软件业城镇非国有单位从业人员总数达6.07万人，占全行业总数的78.3%，其中城镇私营个体从业人员总数达4.71万人，占全行业总数的60.8%。广州民营IT企业群体聚集了一支高素质的科技人才队伍，民营软件企业中90%以上高级科技人才和管理人才是留学回国人员。2003年全市信息传输、计算机服务和软件业的非国有固定资产投资额达20.62亿元，占该行业全市投资总额的60.4%；全市通信设备、计算机及其他电子设备制造业的规模以上单位中非国有单位固定资产原价达116.0亿元，占全行业的98.8%，其中私营个体及其他企业的固定资产净值为14.29亿元，占全行业的17.7%。2003年通信设备、计算机及其他电子设备制造业的规模以上单位中其他企业的全员劳动生产率为12.87万元，是全市平均水平的1.43倍。2003年，全市民营科技企业已达2256家，其中经认定的民营高新技术企业461家，占全市经认定的高新技术企业总数的80.73%。全市电子与信息高新技术工业企业123家，产值222.63亿元；经认定的电子与信息高新技术服务业企业256家，产值12.10亿元，民营高新技术信息企业在其中占有相当大的比重。

【2003年民营信息服务业发展特点】

1. 城市信息化持续快速发展为民营信息产业提供了庞大的市场需求。

2003年广州市委、市政府提出“把广州建设成为国际化区域性信息中心”的战略目标，在进一步完善城市信息基础设施建设的同时，不断深化电子政务建设，扎实推进企业信息化和电子商务应用，这些都为广州民营信息产业保持快速发展提供了有利条件。2003年，全市铺设的光纤总长度达53万纤芯公里，国际互联网出口带宽达6.27GB/S，城域网带宽达169GB/S。有线电视网络覆盖全市，已开通有线电视光接点近400个，城市有线电视用户超过190万户。95%的政府部门建立了局域网络和网站，60%的政府部门建立了网络化的办公自动化系统，63%的政府部门开发了网上办事的业务系统。据市统计局的抽样调查结果显示，平均每户企业有1.99个信息化建设项目，73.6%的企业建有内部网络，75%的工业集团实现了或正在推广实施企业管理信息化平台，66%的企业开展了不同类型的电子商务，企业以互联网、移动电话、固定电话等多元化交易手段开展电子商务。

2. 社会信息产品需求迅猛扩张为民营信息产业的自主发展增添了新动力。

在政府和企业的信息化需求拉动下，信息产业市场经过长期的培育和细分，在市场需求量不断增加的同时，逐步形成了相对稳定的市场结构，为民营信息产业保持快速发展提供了重要基础。2003年，广州地区39所高等院校全面建立校园网并接入因特网，建成并开通市教育科研试验网，“校校通”的中小学达到71%，全市中小学生计算机人机比例达13.82：1，居全国前列水平。城市多媒体信息服务终端系统已安装超过1000台，提供代缴费、充值、代售票等服务。“羊城通”业务覆盖范围扩大至增城、花都、南海等地，总发行量达280万张。2003年，广州市居民信息消费水平居全国十大城市第一位，居民人均交通与通讯类支出1404.75元，占总消费性支出的12.14%，因特网用户数达314.75万户，家庭电脑拥有量达76.67台/百户，居全国大城市首位；电话普及率达210.6台/百人（含移动电话），固定电话用户总数达463.2万户，移动用户总数达1063.5万户，小灵通用户63万多户，宽带用户40多万户。居民信息消费持续需求增加为民营信息产业提供了商机，2003年市区限额以上批发零售贸易企业计算机、软件和通信设备销售超过10亿元，电子出版物及音像制品销售额超过3亿元。

3. 政府积极引导促进了民营信息产业发展环境进一步完善。

为了促进全市信息产业不断壮大，广州市在重点抓住市场导向和产业化两个环节的同时，积极通过规范市场行为引导民营信息技术发展。1999年开始，广州市信息工程推行招投标制度，使用财政性资金购置信息技术产品的项目实行政府采购。2003年，政府信息化项目共组织采购256项，采购金额达3亿元，信息工程项目采购业务覆盖广州市属行政事业单位和各区、县行政事业单位，接受采购委托的采购单位达到171个，既规范了信息市场，又支持了民营信息技术企业的发展壮大。市政府有关部门制定了《广州市集成电路产业发展指导意见》、《广州市集成电路企业认定办法》和《广州市集成电路设计与生产基地规划》，广昕科技、广宏科技等9家企业被认定为广州首批集成电路企业，民营集成电路产业开始加快发展。2003年8月市信息办组织召开第三届中国（广州）国际信息产业周，吸引了近200多家国内外著名信息技术企业和广州地区大部分信息技术企业参加，其中有相当多的民营信息技术企业与会参展。通过产品展示、交流和招商，民营信息技术企业获得了更广阔的合作机会。

4. 民营信息产业进一步发展壮大。

随着民营科技企业创业发展环境不断优化，民营科技企业在电子通信设备、信息技术等行业形成了产业特色鲜明的高新技术企业群。广州集成电路及相关行业初具规模，从事集成电路的相关单位达43家，初步形成了产业链条。2003年南科电子、慧视科技等一批芯片和光电制造重大项目相继落户广州，广州高端电子信息产业领域取得突破性进展，广昕科技等集成电路封装企业顺利投产，新增广晟微电子、华大微电子、广宏芯片等6家颇具实力的集成电路设计企业。2003年，全市民营科技企业已达2256家，年末职工总数13.8万人，全市民营科技企业资产总额达588亿元，全年技工贸总收入588亿元，全年投入研究开发经费18.9亿元，年技工贸总收入超过100万元的企业有801家，超亿元的企业有107家，经认定民营高新技术企业461家，占全市经认定的高新技术企业的80.73%。广州市软件开发和系统集成企业已发展到1100多家，有11家软件企业被认定为国家级骨干软件企业，30家被列入广东省重点软件企业，民营企业占全市计算机软件企业的八成，一批民营计算机及软件企业发展取得突破。广州市民营IT企业已开始建立产权清晰、管理规范、机制灵活的现代企业制度，部分企业已经建立起决策、经营分离的体制，实现了所有权和经营权分离。2003年，新太集团通过购买上市公司“远洋渔业”的法人股，成功实现在国内主板“借壳上市”，速达软件在香港上市，七喜电脑、高科通信等民营IT企业进入或完成了上市辅导。

5. 民营信息产业成为高新技术产业园区的主力军。

广州以“一区多园”模式发展高新技术产业，通过建设较完善的基础设施和较高效齐全配套服务体系，加速了民营信息技术企业在广州科学城、天河科技园、黄花岗信息园、民营科技园、南沙资讯科技园的高度聚集，广州市民营信息技术企业大部分分布在各个科技园区内，电子信息技术类民营科技企业已占广州天河科技园、软件园企业的八成多。各个产业园通过整合和利用区域内各种资源，形成不同的聚集优势，发展了不同特色的支柱产业和拳头产品，推动民营信息技术产业集群发展和可持续发展，初步形成了规模经济的竞争优势，为广州信息产业上档次、上规模发挥了重要作用。天河软件园聚集了超过900家的软件企业，2003年园区实现技工贸总收入176.2亿元，同比增长18.02%，其中软件收入56.02亿元，同比增长26.8%。黄花岗信息园充分发挥“国家信息服务示范园”、“广东省电子商务示范基地”的品牌效应，2003年入园企业总数累计为790家，新引进企业173家，实现技工贸总收入80.3亿元、税收2.93亿元，分别比上年增长33.8%和23%，年技工贸收入超亿元企业有20家，上缴税收超百万元企业有39家，经认定的高新技术企业累计有96家。黄花岗信息园的信息技术及其服务业企业累计达510家，实现技工贸收入52.9亿元，上缴税收1.6亿元，分别占园区总额的65%、66%和55%。

【产业基地建设】 广州科学城、天河软件园、南沙资讯园和黄花岗信息园等电子信息产业园区按照产业发展的环境要求，完善园区软硬件环境，形成良好的产业聚集发展氛围，成为大量民营信息技术企业共生共长、集聚效应显著的研发、设计和制造基地。2003年，广州市高新技术产业开发区完成固定资产投资39亿元，比上年增长82.24%，基础设施投资31.27亿元，工业项目投资6.19亿元，科学城中心区道路建设已基本完成。2003年12月黄花岗科技园第四期产业基地云山园区落成投入使用。

【集成电路行业】 广州现有从事集成电路设计企业11家，生产企业5家，测试企业1家，进行芯片二次开发的相关企业和高校科研单位26家，核心技术业和90%的集成电路相关企业均集中在天河软件园内。2003年6月首家高水平集成电路专用芯片设计开发公司广州三甲科技有限公司入驻广州天河科技园，该公司主要从事移动通讯、信息家电及通讯卫星等集成电路专用芯片的设计和开发，其设计技术达到了国际先进水平(0.18－0.1微米)，领先于国内其它集成电路设计水平。

【软件行业】 软件产业快速发展，优势地位进一步加强。广州市民营信息技术企业依托天河软件园、南沙资讯科技园、广东民营科技园等园区，围绕信息化改造工业化，抓住电子政务和企业信息化方面形成的市场机会，加快了软件产品产业化步伐，扩大产业化，促进了行业上档次、上规模。天河软件园园区内目前已聚集了930家软件企业，集中了广州七成以上的软件企业，入园企业中99%都是民企，被认定为“国家骨干软件企业”的11家软件企业都是民营企业。2003年软件收入位居全国火炬软件基地第二位，软件企业技工贸总收入达107亿元，纯软件销售及服务收入57亿元，软件产业成为广州高新技术产业开发区的“拳头产业”之一。

【电子信息服务业】 随着信息技术及其应用广泛渗透到经济社会的各个方面，特别是由于以现代通信、计算机和网络技术为载体的电子商务不断发展，电子信息服务业开始兴起。不少民营企业积极参与“企业信息化公共服务平台应用示范企业”活动，开展信息公共平台建设，为广大中小企业开展电子商务提供条件。广州黄花岗信息园以产业化为方向，创新互联互通和信息共享的模式，搭建社会化的公共电子商务平台。2003年9月广州黄花岗信息园成为广州市高新技术产业示范基地、广东省电子商务示范基地和国家信息产业部信息化推进司授予的国家“信息服务业示范园”。

【名牌IT企业】

京华网络有限公司 成立于1993年，是国家十大软件产业基地广州天河软件园的骨干企业、广东省重点支持的四家软件企业之一、广州市重点支持的十家软件企业之一。公司目前拥有200多名员工、在国内办公自动化市场占据领先地位。京华网络在软件开发、系统集成、电子商务和电子政务等方面，为客户提供全面解决方案和全方位的应用支持。京华ExOA2000办公自动化系列产品获得“重点国家级火炬计划项目”、“国家重点新产品”、“中国优秀软件产品”等多项国家级的奖项和荣誉称号，广泛应用在国内政府、工商、税务、交通、能源、大型企业等各行业，共超过900个使用单位。

广州新太科技有限公司 成立于1997年5月，是一家以软件开发和系统集成为主的高科技企业，被授予“国家实施火炬计划先进高新技术企业”、“广州市优秀民营企业”等称号，1999年12月被国家科技部认定为高新技术企业暨广州软件园骨干企业。新太科技股份有限公司是广州市首家成功上市的高科技企业。其主要从事大规模语音平台产品开发运营、电话网增值业务开发与运营、互联网应用系统开发与运营等，主要产品112系统、114系统、200/201系统、“视聆通”160/168系统早已走进了千家万户的生活。2001年12月通过CMM二级资质认证，是广州市首家通过该项认证的企业。

广州市邦讯科技有限公司 成立于1994年11月，是国家级高新技术企业。专业从事移动通信领域内大型应用软件的开发和系统集成，为移动通信运营商提供联机实时计费、营业、网管、呼叫中心、决策支持、综合管理等整体解决方案和服务，在业界享有较高的知名度。该公司99年被评为广州市八家“科技示范企业”之一，以及国家火炬计划软件产业基地“广州软件园”六家骨干企业之一。公司现有员工一百二十余人，其中从事计算机系统集成、应用软件开发、网络安装服务、市场推广等专业人员占公司员工总数的85%。

广州华南资讯科技有限公司 成立于1997年7月，主要从事社会保险、公安、电信、能源交通等行业以及大型企业的计算机信息系统业务，为政府部门及企业提供专业、全面的业务解决方案，包括计算机系统设计、行业应用软件开发、系统安装实施、维护和技术培训等。目前公司拥有员工350人、年销售额近3亿元，是广州市十家国家软件产业基地骨干企业之一。1999年被认定为高新技术企业，2001年被认定为软件企业，2002年被认定为国家软件产业基地软件骨干企业。

广州创想科技股份有限公司 成立于1997年，2000年9月完成股份制改造，是广州创想科技（集团）有限公司下属骨干企业。其主要产品VOIP可以为IP网、行业专网、公司内部专网、小区驻地网、呼叫中心等提供完整的语音解决方案，为宽带网提供增值业务，系统包括：VOCABOX IP网络集团电话、VOCASWITCHIP媒体交换机、VIRTUALSWITCH IP虚拟交换系统、VBMS IP业务认证和计费管理系统。

广东国讯电信股份有限公司 成立于1992年，是集通信和IT产品的开发、应用、销售以及技术服务为一体的民营通信企业，属下有国讯电信、国讯通信发展和国讯网络信息产业发展等公司，并在全国各地建立了由1000多家连锁经销店、经销商和经销网点组成的销售网络。公司开发的"神州在线"互联网接入系统在全国享有较高的品牌知名度，用户超过30万。

（撰稿人：广州市信息中心　徐景宏　王越西）

1－2－13　中介服务业

【广州市中介组织发展概况】 中介组织绝大多数是以民间形式出现的服务机构。广州市中介组织分为社会中介组织和市场中介组织。社会中介以行业协会和商会为主，这些组织虽然不以营利为目的，但在行业中为企业经济发展提供了大量的中介服务；市场中介是指直接以营利为目的的中介服务企业。中介组织在我国由来已久。唐宋时期就出现了行会为代表的中介组织，明清时代得到进一步发展，如山西的票号、商帮、安徽徽州帮、广东潮州帮等就比较活跃。早在1720年，广州市著名的十三行成立了第一个行业公会——公行后，广州市行业协会开始发展起来，直到1949年前广州市此类行会和商会运作都相当规范和有效。1949年后，由于实行计划经济，广州市中介组织逐渐萎缩，以至基本上消失。党的十一届三中全会后，随着市场经济体制的逐步建立，广州市的中介组织也逐步得到恢复发展，至今，共经历了以下几个发展阶段：

第一阶段，恢复、重建阶段。1980至1986年，作为全国改革开放先行一步的广州最早恢复、重建各类中介机构。

第二阶段，孕育发展阶段。1987至1993年，随着经济体制从计划经济向市场经济过渡，市场经济在孕育发展，各类中介组织也在孕育发展。

第三阶段，规范、调整阶段。1994至1998年，由于受到亚洲金融危机的影响和适应国内通货紧缩的宏观经济环境，广州市中介组织的发展进入规范调整阶段。

第四阶段，脱钩、改制阶段。1999年起，国务院提出对中介机构进行脱钩改制后，广州市的各类中介机构进行了脱钩改制，至2001年基本完成，广州市的中介产业进入了较快发展的成长阶段。

【社会中介机构】 据不完全统计，至2003年底，广州市有各类社会中介机构，包括行业协会、商会、公会、促进会、研究会和学会等约600多家。行业协会在这些中介机构占的比重较大，而且在中介服务业发展中起着特别重要的作用。

1．行业协会总体状况。

在600多家中介机构中产业类行业协会约170多家，按行业分：农业类15家、工业类47家、商业类55家和其他53家。工商类行业协会的分布状况是：制造业20.3%、交通运输、仓储和邮政业10.1%、批发和零售7.6%、科研和技术服务6.3%，四者合计占44.3%，另有其他没有进行分类的行业协会30.4%，两项相加占行业协会总数的74.7%。于1984年成立的广州市企业联合会（广州市工业经济联合会的前身之一）是现在广州市最早成立的行业协会；协会成立最多的时期为1998年和1999年。

至2003年底，广州市行业协会有单位会员40168个，个人会员77823人；注册资金总额1345万元。协会工作人员平均约8人，其中专职工作人员5人。调查显示行业协会会员最多的达到18000个，最少的为21个，平均数为654个。

行业协会20%为事业编制，80%为非事业编制。85%的行业协会进行属地管理，15%是非属地管理；88%实行“一业一会”，12%非“一业一会”，部分行业协会存在着交叉重复的现象。

2. 行业协会内部情况。

领导职数：据调查统计，协会名誉会长平均为2.9人，其中最多的为18人；正副会长平均为7.3人，其中最多的为18人；正副秘书长平均3.11人，其中最多的为11人。

年龄结构：正副会长、秘书长的平均年龄分别为55岁、52岁，最大年龄分别为71岁、72岁；协会工作人员平均年龄45岁。

学历结构：正副会长、秘书长的学历结构中研究生占13.8%、8.8%，本科占53.8%、47.5%，大专占30%、38.8%，中专及以下学历占2.5%、5%；总体上表明协会领导学历总体水平较高，结构合理，而且正副会长的学历普遍高于正副秘书长的学历。

领导产生方式：据统计，正副会长和秘书长通过行政任命和协会内部选举产生的比例分别为10%、86.3%和12.5%、78.8%。这表明行业协会的大部分领导都是通过协会内部民主产生的。

领导来源：正副会长和秘书长来源于党政机关退休或分流干部的比例分别为43.8%、41.3%，企业领导或管理人员分别为46.3%、45%，专家学者分别为5%、1.3%，其他为5%、12.5%。

任职年限：正副会长和秘书长的平均任职年限和最长年限分别是4年、3.1年和16年、15年，表明协会领导具有一定的稳定性。

【部分市场中介组织发展情况】　会计师事务所：1981年，广州市成立了第一家会计师事务所——广州会计师事务所。这一时期，注册会计师行业发展较慢，事务所规模较小，截至1993年底，广州市也只有会计师事务所23家，执业注册会计师341人，从业人员1121人，从业人员主要以财会方面的离退休人员为主。随着市场经济的建立与完善，中介市场不断发育，会计服务也得到较为迅猛的发展，至2003年底共有会计师事务所91家，执业注册会计师1435人，从业人员4208人，收入5.9亿元，人均创收13.5万元（详见表2－40）。这些会计师事务所在2003年为广州地区及至大珠三角地区的81728家客户提供了专业的审计、评审、税务代理和咨询等服务。

表2－40　近年广州市会计师事务所统计表

年份	事务所（家）	执业注册会计师数	从业人员数	业务总收入（万元）
2000	76	1139	3087	30863
2001	77	1141	3341	40570
2002	84	1330	3823	53482
2003	91	1435	4208	59240

资料来源：广州市注册会计师事务协会。

律师事务所：1981年，“广州市法律顾问处”划归广州市司法局管理，并于1984年改名为“广州市律师事务所”，成为广州市第一家律师事务所；随后，在全市各区相继建立了律师事务所，这些事务所均属国有性质，全市的执业律师只有30多名，主要以国家工作人员的身份为社会提供法律服务，从事商务性质的活动较少。1996年国家出台《律师法》后，广州市律师行业开始转向真正意义的以民办为主的中介组织发展道路，至2001年，全市的律师事务所改制完毕；至2003年底，广州市有律师事务所148家，执业律师1568人，总收入43558万元，纳税2476万元（详见表2－41）。据统计，2000年至2003年间，全市律师担任法律顾问累计7104家；代理各类案件36386件，其中为社会弱势群体办理的法律援助案件3810件，代理各类非诉讼法律事务45976件；民事、经济诉讼案件涉及的财产标的额达到37亿元，非诉讼法律事务涉及财产标的额达到了35.8亿元，为当事人追回赔欠款1.6亿元，律师的法律服务已经涉及金融、房地产、证券、股票、商标、专利、高科技开发等多个新兴行业。

表2－41　近年广州市律师事务所统计表

年份	律师事务所（家）	执业律师（人）	事务所总收入（万元）	营业税（万元）
2000	88	1140	15589	873
2001	119	1170	24399	1287
2002	139	1422	32239	1773
2003	148	1568	43558	2476

资料来源：广州市律师协会。

按属地管理口径进行统计，则近年广州地区律师事务所情况如表2－42所示，至2003年底，广州地区共有律师事务所222家，执业律师3361人，总收入86242万元，纳税9049万元。

表2－42　近年广州地区律师事务所统计表

年份	律师事务所（家）	执业律师（人）	事务所总收入（万元）	营业税（万元）
2001	197	2900	46782	4591
2002	217	3304	72380	7280
2003	222	3361	86242	9049

资料来源：广州市律师协会。

中介经纪人情况：1987年10月，广州市成立了第一家市场中介经纪人机构——广州市市场交易服务中心经纪人服务所。1995年6月经市政府批准和市民政局注册成立了“广州中介产业协会”，并于1998年7月更名为“广州市中介产业经纪人协会”。

据不完全统计，至2003年底，广州市有代理、咨询、服务等各类中介机构超过6万家。从市工商局提供的统计资料显示，在企业登记注册分类中，主营业务为中介服务类别的中介经纪企业有3804家，其中房地产经纪企业1887家（经市国土房管部门进行资质评定的941家），科技经纪企业120家。不少经纪组织还设立分支机构，少的两三个，多则几十个，这些经纪组织及其分支机构已形成了一个相对完善的经纪中介网络，并已深深地介入社会经济活动中，对社会经济运作起着重要作用。以房地产经纪业为例，2003年，全市预售（新建）商品房交易面积约1046.54万平方米，成交金额443.95亿元。二手房交易面积约592.32万平方米，成交金额160.04亿元。其中，约50%的预售（新建）商品房交易，约90%的二手房交易是由各类房地产经纪公司撮合而成。

至2003年底，广州市有保险经纪公司10家，保险代理公司22家，保险公估公司19家，这些保险中介服务企业的从业人员约有600人；我市还有期货经纪有限公司8家，期货从业人员329人。

从1996年起，广州市经过教育培训考取“普通经纪人资格证书”的有28000人、“房地产经纪人资格证书”的有14598人、“保险经纪人资格证书”的约有200人、“期货从业人员资格证书”的约有320人。而实际从业人数约为持证中介经纪人的3－5倍，即总数超过10万人。

职业中介情况：至2003年底，全市共有各类劳动力中介机构和组织约430多家，从业人员约2000人。其中，公益性职业中介机构有184家，占总机构数的42%；私人承办的职业中介组织有206家，占总机构数的47%；技工学校及其他组织承办的有48家，占总机构数的11%。目前，广州市已基本建成了市、区、街（镇）三级联网的劳动力市场服务中介体系，为社会就业发挥了较好的中介作用。据统计，2002年间，各类职业中介服务机构共登记招聘791583人，登记求职人数550992人，比上年增长了503891人和200114人。登记介绍成功人数269021人，比

2001年增加了115484人，成功率49%。

广告服务业：据统计，至2002年底，广州市有广告中介组织1996户，从业人员有20111人，营业额477272.18万元。其中国有企事业单位157户，集体企事业单位162户，外商投资企业39户，个体、私营企业达1253户，从业人员12039人，经营额达224661.1万元，个体、私营广告经营企业已成为广告市场的主力军。广告公司1549户，从业人员15333人，广告经营额为322155.91万元。

另外，广州地区较有规模的工程咨询单位76家，其中甲级工程咨询单位48家、乙级28家；等等。

就这些市场中介组织来说，当前发展中存在的主要外部问题是法律法规不健全、行业垄断严重、行业管理和协调不到位、整体市场环境不理想。大部分中介组织规模小、综合竞争力弱，管理理念落后，从业人员素质整体水平不高，高端新兴业务及增值力强的业务比例不大，外向参与度差等。

（撰稿人：广州市计委政策法规处　罗欣贤）

1－2－14　印刷、发行业

【印刷业】　20世纪80年代末，随着民营经济中的手工业部分向工业转移，广州市民营印刷企业的发展已初具规模。从90年代开始，民营印刷企业进入了快速发展阶段。1990年，从事书刊印刷、包装装潢印刷、制版、印花铁、零件印刷、影印、复印、打印等项业务的民营印刷企业有1500多家。2000年，广州市各类民营印刷企业达2232家，仅从事影印、复印、打印的企业就有1318家。民营印刷企业占了全市印刷企业总数的77.8%。组成民营印刷企业的各种经济成份比例也在不断变化。2003年，广州市的民营印刷企业总数为2356家，其中，股份合作企业222家、联营企业1家、有限责任公司426家、私营企业11家、个体工商户609家、个人独资172家、合伙企业98家、影印、复印、打印企业817家，从业人员约45，000人。在多年的发展中，民营印刷企业的产业结构已基本形成，股份合作企业、联营企业、私营企业以经营包装装潢印刷、制版、印花铁、零件印刷为主；个体工商户以经营零件印刷、影印、复印、打印等项业务为主。

广州市民营印刷企业发展较快的根本原因是：1．政府从培育社会主义市场经济出发，采取积极措施发展私营个体经济。2．珠江三角洲地区商品市场发达，市场竞争对产品包装要求不断提高。3．作为第一批沿海开放城市，外资进入广州比较早，而包装印刷又是直接与商品流通相关的产业。

民营印刷企业队伍的壮大，有利于发展社会生产力。部分有一定规模的民营印刷企业，都引入了如德国“海德堡”、“罗兰”、日本“小森”等科技含量较高的先进印刷设备和技术，实行了先进的企业管理制度，提高了员工的工作积极性和劳动生产率。民营企业还有利于安排印刷行业的待业人员。近10年来，民营印刷企业吸收了一大批因国有企业转制而待业的专业技术人员，为国有企业的转制改革作出了贡献。

【发行业】　自1984年起，广州市就开始成为全国书报刊集散地之一。集结在东山区东园路一带开展书报刊批发零售业务的经营者，是形成广州市早期民营发行业的骨干成分之一。以开办书刊二级批发部、综合书店、专业书店、便民书店、书报亭和书报刊摊档为经营形式的民营发行业的形成发展过程，反映了广州市出版发行业不断走向市场化、产业化的进程。1986年以前，广州市以书报摊零售为经营形式的个体工商户有250个，另有少量的私营个体书店。1989年，全市经营书报刊零售的私营个体业户达800多个(其中市区就有600多个)。到1993年，广州市经营书报刊零售的私营个体业户已增加到2000多个。截止至2003年，全市各类经营书报刊批发零售业务的私营个体业户共有5581个，其中，经营书刊二级批发的业户有113个、经营综合书店的有765个、经营专业书店的有397个、经营便民书店的有853个、经营书报亭和书报刊摊档的有3453个。

广州市民营发行业以个体工商户为主体。2003年，全市民营发行业户中有个体工商户4180个，占了全市民营发行业户的74.9%。在经营结构方面，形成了以个体工商户为主的二级批发部、专业书店、便民书店、书报亭和书报刊摊档经营层次；以股份合作制或有限责任公司为主的综合书店、大型图书城经营层次。形成这种经营结构的主要原因是：1. 书报刊是一种靠薄利多销营利的商品，除经营二级批发需要较大资金投入外，一般小型书店或摊档投入不大。2. 经营大型图书城或综合书店需要大量资金投入，一般个体工商户难以承受。3. 书报刊市场倾向性比较强，资金回收慢，要经营大型图书城或综合书店，需要一定的经济基础。

（撰稿人：广州市新闻出版与广播电视局　黎扬）

1－2－15　广告服务业

【广告业历史沿革】　广州的广告发展由来已久，它伴随广州城的诞生而兴起。据史载，公元前214年，秦始皇统一岭南，任命任嚣为南海郡尉。任嚣在番山和禺山筑城以御外寇入侵（古称番禺，三国始称广州）。四周百姓入城居住，日出而作，日落而息，小贩沿街叫卖，店家旗幡飘扬。这“叫卖”，这“旗幡”，便是广州城最古老最原始的广告方式。之后，随着社会的进步，文字和印刷术的发明和使用，又出现了文字广告、印刷品广告及招牌广告。清朝时期，相继出现用木版年画作广告以及报纸上刊登广告（史称“告白”）。民国时期，随着科学技术的发展，电台广告及霓虹灯广告也应运而生。

民国时期，广州市的广告业经历了兴起、萧条、再兴起的过程。民国5年（1916），黄幻吾、黄幻鸟兄弟创办“幻吾画社”和“梁文干画社”经营广告画，以成药如红十字油之类的广告为主。随后有“复活”、“天龙”、“皇后”、“三轮”、“播粤”等数家，其中以“天龙”营业最兴旺。民国19年，广州市无线电播音台开始播放广告。

抗日战争期间，工商业萧条，广告业经营亦受影响。抗战胜利后，百业待兴，工商业逐渐恢复，广告业再度兴起。其时全市广告业户发展到20多家，大部分为繁盛地区的商店绘制商品广告，以招徕顾客。广告形式以大幅油彩壁广告及招贴广告为主，报纸广告、广播广告也较为普遍，利用霓虹灯广告进行商品宣传是当时一种新兴的形式。广告内容以宣传成药、香烟、饮料、化妆品为多。外国商品广告有可口可乐、梅花牌手表、美孚飞马牌汽油、壳牌石油及各种名牌香烟。民国时期的广告管理机关先后为广州市政府公用局、财政局、工务局。

建国初期，广州市的广告业多以庆祝活动和配合政治宣传为主要内容。1951年，广州市人民政府在文化公园现址举办了第一届华南物资交流会，会场内外以及市内繁华地带都设置了许多临时广告牌（座）。该项业务全部由当时的30多家美术广告社承办。计两个月内共制作、绘画广告8000平方米，最大的一幅是宣传榴花牌白糖的广告，面积320平方米，悬挂在大新公司（南方大厦现址）。还有一幅立体式国际牌香烟广告，烟头点燃着（用灯光作幻象），缕缕白烟从烟头飘出，吸引了众多的观众，取得了极佳的广告效果。9月1日，广州市人民政府颁布《广州市广告管理暂行办法》，规定广州市广告管理机关为广州市建设局。1953年8月，广州市人民政府决定广告管理工作移交广州市工商管理局负责，并于1954年3月16日公布了《关于补充和修正〈广州市广告管理暂行办法〉的布告》。1952～1954年期间政府对工商业进行了调整，广告营业额普遍上升。但随着国家实行统购包销政策，广告营业额渐趋下降。1956年，广州市广告业共有39户，由广州市文化局组织进行了社会主义改造，并成立广州市第一家国营的广告企业广州美术装饰公司。此前，广州市的广告业没有自己独立的行业组织。1951年1月，广告业户加入了广州市油漆装饰同业公会筹备会。1954年又转入广州市交通文娱服务同业公会。

1958年6月17日，广州市人民委员会发布了新的《广州市广告管理暂行办法》，并成立广告业管理机构——广州市广告管理所，机构设在工商行政管理局内，其职责是负责全市的广告管理、规划工作。1959年，广州市人民委员会决定成立广州市广告委员会。该委员会由市人民委员会秘书长林西任主任委员。其主要任务是受市人民委员会委托，负责统一领导全市的广告管理工作，研究广告管理的规章制度、规划和重大措施、决策广告设施的建设等。日常广告管理工作由广告管理所负责。

1965年，广州市举办了商标广告展览会，前往参观的有10多万人次。

"文化大革命"期间，广告被视为资本主义的产物而遭全盘否定，国家和地方制定的广告管理规章无法实施，广州市的广告管理工作受到严重冲击。1970年12月24日，广州市革命委员会财贸办公室决定撤销广州市广告管理所，广告行业趋于解体，广州美术服务公司（原广州美术装饰公司）以绘制政治宣传画为主要任务，其他美术广告社大部分转行经营五金、机械、印刷等。各种户外广告被一片"红海洋"式的政治标语和口号代替，报纸、电台也不再刊播广告。

【改革开放后高速发展的广告业】　中共十一届三中全会以后，实行了改革开放政策，发展社会主义商品经济，广州市广告业重新恢复并发展。1979年，广东电视台、广东人民广播电台、广州日报、南方日报等媒介单位先后恢复和开设了广告业务，广州市广告公司、广东省广告公司也相继成立。1979年，广州市共有7家广告经营单位，广告从业人员40多人，年广告营业额132万元。

1979年8月，广州市革命委员会决定恢复广州市广告管理所，加强对广告的管理。广州市广告管理所仍归口广州市工商行政管理局领导，负责规划和管理全市商业广告的合理布局和对各种形式商业广告业务的审批工作。1982年国务院颁布了《广告管理暂行条例》，国家工商行政管理总局发布了《广告管理暂行条例实施细则》，明确由工商行政管理部门统一管理广告。1984年4月，广州市工商行政管理局设立商标广告处，负责全市广告管理工作。同时根据国家工商行政管理局、文化部、教育部、卫生部1984年《关于文化、教育、卫生、社会广告管理的通知》精神，除了对经济广告进行管理之外，还对文化、卫生、社会广告进一步加强了管理。

1986年8月，广州市经济委员会与广州市工商行政管理局联合主办了"1986广州市商标广告展览"，反映改革开放后广州市商标广告工作取得的成绩。这次展览历时21天，参观者达7万人次。展览较系统地宣传了商标广告法规，介绍了广州市13家企业正确运用商标、广告的典型经验，并展出了广州市及海外的优秀商标、广告作品。1986年11月15日，广州市广告协会成立。作为广州地区的广告行业组织，开展了对全市广告行业的指导、协调、服务和咨询工作。

在80年代中，广州市的广告业经历了从复苏到兴起的过程，经营门类逐步增加，经营规模逐步扩大，初步形成了一个为社会商业广告提供设计、制作、代理、发布服务的信息产业。行业所有制结构开始发生变化，多种经济成份的企业逐渐参与广告业的经营。行业的专业结构也发生变化，专业性广告公司、设计制作型广告公司、广告媒介发布单位相互补充，朝专业分工科学化的方向发展。全行业的设计水平不断提高，创意策划能力不断加强，部分专业广告公司已能为客户提供整体策划服务。

1990年，广州市广告经营单位发展到288家，是1979年的41倍，其中专业广告公司13家；广告从业人员3290人，是1979年的82倍；年广告经营额2.24亿元，是1979年的161倍。1990年广州市广告经营额在全国各大城市中排列第三位，占全国年广告经营总额的9%。1990年广州市广告经营额占全市国民生产总值的比例由1989年的2‰上升到7‰。

1991年在全市推行了全国统一的"广告业专用发票"和"广告业务员证"两项管理制度。前后核发广告业务证396个，配合税务机关完成"广告业专用发票"的发放、登记、备案工作。

1992年根据国家工商行政管理总局关于加快广告业发展的指示精神，年中召开了有150多户大中型工商和广告企业参加的首届广州企业商标广告工作研讨会，38户企业在会上作了发言，对如何进一步推进广告业发展作了深入的研讨。当年同时放宽了广州市广告经营审批条件，改变了过去实行总量控制的做法，突破了原不允许私营企业经营广告的限制，拓宽了民营经济的经营渠道。

1993年7月，国家工商局发出《关于在部分城市进行广告代理制和广告发布前审查试点工作的意见》文件，广州市列为广告两项改革试点城市之一。为落实代理制和发布前审查这两项改革措施，广州市工商局为61户媒介单位重新核定广告经营范围，取消媒介单位广告代理权，专一从事发布业务。同时为82户广告公司增加了代理广告的经营范围，促进了广州市广告运作机制向国际惯例接轨。

1995年1月，广州市政府公布了《关于加强张贴广告管理的通告》，广州市工商局根据通告精神，会同有关部门对市区乱张贴广告的单位和个人依法采取了治理措施，制止了乱张贴广告的蔓延。同时对市内公共场所设置的烟草广告、违章户外广告和沿街招牌，进行了大规模的清理整顿，净化了市容环境，配合了全国城市卫生检查评比工作。

1996年11月，隶属于广州市广告协会的广州地区综合性广告代理公司委员会（简称广州4A）正式成立，这是由广州地区综合性广告代理公司组成的专业团体，旨在提高广告业整体服务水平，逐步向国际惯例的广告代理制过渡。首批接纳的18户成员单位都是广州地区技术、人才、经济实力较雄厚的广告公司，其中有14户是带有民营经济成份的广告企业。

由中国广告协会和广州市广告协会联合举办的第五届全国优秀广告作品展于1997年8月26～29日在广州市举行。在全国送评参展的1973件作品中，广州市选送作品243件，获奖79件，分别占全部作品的12.32%和获奖作品的17.91%，这是广州市在历届全国优秀广告作品评比中取得的最好成绩。

从1998年开始，根据广州市城市环境综合整治“三年一中变”和整顿市场经济秩序工作，广州市工商局加大了广告监督管理力度，组织了整治户外、招牌广告工作，清理拆除了一大批违章和有碍市容的户外、招牌牌架及画面，美化了市容，有力地配合了广州市城市环境“三年一中变”工作的全面完成。同时加强了广告监测、办案工作，对医疗、药品、保健食品、房地产等类别的虚假违法广告开展治理，依法处罚了违法当事人，对广告从业人员组织了法规培训，及时遏制了广告宣传中虚假失实误导消费的不良现象，规范了广告市场秩序，促进了广州市广告业的健康发展。

在国家改革开放政策的指引下，广州广告业在90年代发展迅猛，其中民营性质广告企业异军突出，发展最快，成为经营行列中数量最多的一支重要力量。商业广告的作用进一步被广大企业和消费者认同和接受。企业不仅把广告作为参与市场竞争的营销手段，而且作为一种长期的战略投资，列为经营管理的重要组成部分，企业的广告费年年以较高速度增长。生产厂家广告“一枝独秀”的局面已被打破，代之以商业、服务业等各行各业的普遍参与。此外，广告支持了体育、文化、新闻、广播、影视等各项事业的开展，促进了城乡建设和市容美化。一些实力较强的广告公司已由承接、制作、发布广告的单一经营方式，逐步转移到以策划为主导、创意为中心、为客户提供全面优质服务的方向上来。精心制作的作品体现了广告的真实性、思想性、科学性、艺术性的统一，给人以美的享受，取得了良好的经济效益和社会效益。社会经济体系中逐步形成了一个具有一定质量和规模，服务门类齐全，具有较强经营能力和较高技术水平的广告经营行业，形成了高效、畅通、大容量的广告发布网络，建立了广告企业自主经营，职能部门依法管理，行业协会发挥作用的运作机制。广告策略与市场营销紧密结合，相得益彰，促进了社会经济的发展。广州市2000年广告企业2396户，比1991年增长了15.97倍；拥有报社32家，期刊25份，广播电台2个频道，电视台7个自办频道，以及13500个户外广告牌位和其它媒介，基本满足广告发布活动需要；广告营业额从1991年的1.15亿元，发展到2000年的33.9亿元，增长29.48倍。

【广告业民营经济发展的地位和作用】 解放后至“文革”前，广州市的民营经济在广告业中发展缓慢，广告业务量不大，从业人员少。当时集体所有制性质的美术广告社多年一直保持在二三十户左右，也有一些个体户从事制作加工业务。1978年，党的十一届三中全会后，广州市广告业逐步兴起并不断加速发展，其中私营和外资广告公司也逐渐增多。广州市的私营广告企业发展过程大致分为3个阶段：

1. 限制设立阶段（1992年前）：

这阶段对私营广告企业采取限制政策，广州市只有一些广告个体户，或以经济承包方式，挂名在国企广告企业中，以部门名义进行运作。他们主要从事一些平面设计、橱窗布置、字体加工、铁架制作等辅助配合性项目。

2. 适量开放阶段（1992年初至1992年6月）：

1992年4月全国广告管理工作会议提出，原则上允许私营广告企业从事设计、制作国内广告业务，条件具备的，可以代理本市广告业务。按照会议精神，广州市工商局放宽了对私营广告企业的审核登记，允许一些专业突出、资质较好的企业成立私营广告公司。这个阶段成立的私营广告公司有36户，经营范围主要以平面设计、户外广告、电视广告的制作为主。

3. 全面开放阶段（1992年7月至现在）：

1992年，党的十四大确立了建立社会主义市场经济体制的方针，对广告业的发展产生了巨大的推动作用。广告登记管理改变了对私营广告公司"总量控制"的做法，广州市工商局把私营广告公司与国有、集体性质的广告企业登记审批标准等同起来，在管理中一视同仁地平等对待，私营企业只要符合开业条件，可以不受数量限制地进入广告市场。这一政策对私营企业打开了广告经营的大门，促进了广州市私营广告企业持续性地发展壮大。

外资广告企业进入国内市场就更早一些。从80年代开始，国外的一些广告公司——电扬、奥美、智威汤逊、精信、麦肯、盛世等，以合资、合作经营广告业务形式，陆续进入广州市。2000年广州的外商投资广告企业有23户。

广州的外商投资广告企业的外资方大多是国外一些经营时间较长、实力雄厚、专业突出的广告企业，拥有一定的国外公司客户和国内广告市场业务，具有起点高、基础好、客户多的优势，为广州广告界带来了国际先进的技术设备、经营方式以及现代广告观念。

随着社会主义市场经济体制的不断完善发展，带有民营经济性质的广告企业不断增加。90年代初，全市有近百户民营性质广告企业，到2000年，在全市的2396户广告经营企业中，已拥有中外合资、合作企业40户，个体私营企业1320户，民营性质的广告企业占总户数的56.76%。2003年底全市广告经营企业2335户，其中中外合资、合作企业40户，个体私营企业1392户，民营性质的占总户数的61.33%。民营性质的广告企业数量从少到多，成为广州市广告经营企业中的主要成份。

广州民营广告企业在广告业中涉足的经营范围较广，分别有平面、影视、户外广告经营和单项广告设计、制作项目经营。更有一些广告企业，利用自主性强、用人和分配制度灵活等自身优势，加强内部素质建设，积极开拓市场，业务水平迅速提高，经营规模不断扩大，其广告创意和宣传效果方面均得到客户好评和社会认可。如影视广告方面的白马、印象、致诚等广告公司；平面广告方面的黑马、旭日、蓝色创意广告公司；户外广告的有三和、红日、新广美广告公司；综合策划代理方面的有奥美、平成、蓝色火焰广告公司等，都是具有一定经营规模，在行业中发展较好的带有民营成份的广告企业。

广州市民营广告企业还积极参加社会公益宣传、城市环境整治和行业活动。公益广告宣传是精神文明建设的一项重要活动，多年来广州市组织的运动会、大型文娱表演，每年的传统节目，以及在保护生态环境、禁赌禁毒、防非典、诚信建设等专项宣传中，包括民营在内的许多广告企业都是自愿地积极进行作品创作和开展宣传活动，为弘扬社会主义精神文明作出了应有贡献。90年代中期开展的广州市城市环境整治工作，户外、招牌广告是其中的整治项目。广州市的户外广告经营企业，其中有许多是民营性质的企业，他们积极响应政府的整治需要，按照管理部门的工作部署，服从城市建设的整体利益，清理拆除了数量众多的有碍市容的户外广告和招牌广告，整饰翻新了一大批户外牌位，对市区主要干道进行了户外、招牌广告设置规划，积极参与了上、下九路、北京路商业步行街和各区主要商业区的商铺招牌设计和修建，为美化广州市容做了大量的卓有成效的工作。

与此同时，民营广告企业还积极参加行业活动。2003年末，广州市广告协会有226名会员单位，其中有148名就是民营企业，有的还同时参加了协会中的"广州4A"、广告摄影师和户外广告分会。他们在协会的指导下，开展自律活动和专业交流，参加法律法规和专业知识学习，增强守法和诚信经营意识，努力提高专业水平。2003年广州市的广告营业收入达52.55亿，约占了全国广告营业收入总数的5.3%左右，拥有较大的份额。广州市多年来参加广东省和全国广告节组织的作品评选活动，在送评作品数量、获奖项目和获奖数量均位列前茅，反映了广州广告业的发展水平在全国处于领先地位，已成为全国的主要广告活动中心之一。广州广告业前进中所取得的成绩，也包含了占行业比重较大的民营广告企业的努力和贡献。

【民营广告企业的特点和存在问题】

一是经营手段灵活，市场适应能力强。很多民营广告企业虽然起步晚，但是经营理念都较明确，大部份的负责人年纪轻、学历高、干劲大，具有敏锐的观察判断能力和强烈的进取精神。再加上企业的独立自主性强，历史包袱和行政干预少，因此经营手段可以按照市场要求灵活迅速地作出调整变化，这种优势尤其适宜变化较多较快的广告市场。

二是企业结构紧密，整体效能明显。民营广告企业通常按照市场情况和经营需要设置机构和岗位，极少出现机构重叠、人浮于事的现象。一般设置客户、业务、设计、制作、综合等几个部门后，即可组织经营运作。运作中职责、事项、配合、标准清晰明白，责、权、利相互关联，企业强调务实、高效的工作精神。

三是注意服务质量，注重开拓创新。民营企业的危机意识比较强，因此在经营服务中往往表现出追求完善和不断发展。他们认真把握每次业务机会，一般容易接受客户的意见，重视合同中时间、质量、价格的承诺和事后追踪服务，重视与客户的长期合作关系，较少出现应付、拖沓和不守信用的现象。同时关注市场环境的变化，注意新知识、新工艺的学习运用，较快地把新观念、新形式、新设备使用于经营活动中，同时抓紧业务的拓展。但是，民营广告企业在发展过程也有自身的不足之处，如有的企业偏重于业务发展、经济效益和人才发挥，忽略了企业必要的政治思想工作、制度建设；有的经营宗旨不明确，经营决策主观随意，缺乏科学论证和必要程序；员工待遇差异过大，保障条件差；还有的守法经营意识淡薄，使用不正当竞争手段开展业务活动，这些不良现象有待于在发展中逐步解决。

（广州市工商局广告管理处供稿）

1－2－16　文化娱乐业

【概况】　广州作为改革开放的前沿阵地，其文化产业经过改革开放20多年的建设发展，具备了相当规模，成为城市经济增长的重要一极。全市现有文化经营单位1.5万多个，从业人员约15万余人，营业总收入达到154.95亿元，占全市国内生产总值的2%。2003年广州城镇居民人均娱乐文教服务消费支出1515.95元，占消费总支出的13.2%，并呈逐年快速增长的趋势。

【电影放映业】　截止2003年底，全市电影发行机构9个，有珠江、南方两条在全国有影响的电影院线，其中珠江院线发展到了广西南宁、百色等地。全市现有电影放映许可单位142个、放映场所300多家，年放映场次约4万场，2003年观众约262万人次。中华、飞扬电影城被国家广电总局评为首批五星级电影城，连续3年票房年收入居全国前列。由广州市电影演出公司开发的《电影售票系统》被国家广电总局在全国50多个地区推荐使用。在全市电影放映业中，民营资本投资占40%左右。

【演出市场】　广州市演出市场共有专业演出剧场35个（不含企业、乡镇礼堂、文化馆、文化站剧场），座位总数125648个，从业人员1174人。其中，国营演出剧场23个，从业人员843人。代表剧场中山纪念堂，座位3238个，是广州最具活力的演出剧场。国营体育场4个，座位数82018个。民办演出剧场8个，座位数27974个，占演出总量的23%。民办丽江明珠歌剧院是由私人投资近4亿资金建造的拥有1500

个座位和功能设施先进的现代化演出剧场。

近两年，全市演出单位接待各类演出团队373个，接待演出（含歌舞、酒吧及大型游乐场所，2003年下降明显的原因主要是受“非典”影响）情况见（表2－43）。

表2－43　广州市演出单位近两年演出市场情况

年份	演出场次	观众数（万人次）	平均上座率（%）	票房收入（万元）
2002	49759	650	70%	6100
2003	18254	344	54%	3071

资料来源：广州市文化局。

2003年，广州市民办演出团体已成为文艺演出主力军。全市现有文艺演出团体70个，其中：国营团队16支，从业人员1019人；民办团体54个，从业人员1163人。民办团队占总量的77%，民办从业人员占演出从业人员总数的53%。

全市文艺表演团体近两年演出情况见（表2－44）（2003年下降较大的主要原因是受“非典”影响）。

表2－44　广州市文艺表演团体近两年演出市场情况

年份	国内演出场次（人次）	境外演出场次（场次）	演出收入（万元）
2002	11659	650	3210
2003	8650	473	1238

资料来源：广州市文化局。

广州民族之花艺术团是广州唯一由少数民族演员组成的民营民族艺术特色的文艺团体。该团演员综合素质较高，管理规范，长年活跃在广州及珠江三角洲的娱乐演出市场。去年共演出了300多场次，观众达20万人次，演出收入72000元（纯利润）。

广州市演出市场存在的主要问题是：1．基础设施规模小、档次低。广州的演出剧场不算少，但大多数都是上世纪60、70年代建立，80、90年代改造的小型演出剧场，最大的剧场中山纪念堂是从会堂改造过来的。许多国际巨星到中国演出都会首选北京、上海、广州，如国际流行乐坛巨星玛丽亚、著名音乐剧《猫》、《大河之舞》等国际顶尖的演出都曾选择来广州演出，但由于广州演出剧场先天条件不足，无法接纳而被迫取消到广州的演出计划。2．缺乏优秀策划、经营人才。3．管理滞后。执法管理人手不足，削弱了演出市场的执法监督力度。少数黑经纪公司、黑经纪人、广告公司操纵娱乐演出市场，一些无证的团体、无证演员的介入，造成演出价格低廉。不公平的竞争，使部份演出团体除工资等日常开销外，已基本没有积累的资金投入艺术再生产，既影响了团体、个体演出艺术水平的提升，又破坏了演出市场的秩序。

【音像业】　截止2003年底，全市有音像出版单位10余家，2003年出版各类音像制品2000多种；音像经营单位2029家，投资规模约1300多万元，其中70%为民营资本；年销售约20亿元。连锁经营音像企业有中国唱片、精彩无限、广东新华书店等，虽然为国营企业，但由于是连锁经营，90%为民营资本加盟经营。

广州音像业在全国有举足轻重的作用。行内流行“全国70%的音像批发业务在广东、广东一半业务在广州”的说法。特别是改革开放初期，诞生了新时代、太平洋影音公司等全国家喻户晓的音像产、供、销品牌企业。但广州音像市场一度存在盗版、走私泛滥的局面。

为整顿和规范广州音像市场，迎接全国音像博览会在广州召开，近年来，广州市文化市场管理部门围绕“压缩总量，调整结构，规范经营，规模发展”的目标，坚持抓住销售、仓储、运输三个关键环节不放松，不断加大管理力度。2003年，全市文化市场管理部门共出巡9778人次，查处非法音像制品存放仓库139间次、违章包装厂21家次、违章店档1030家次，共收缴非法音像制品4861万张；吊销《音像制品经营许可证》15家，有力打击了音像市场上各类违法、违规经营活动，强化和促进了经营者守法经营的意识，规范了音像市场经营秩序。

【文化娱乐业】　全市现有卡拉OK娱乐场所673间，游戏机室58间，95%为民间投资。其中形成规模和品牌的有芳村区的酒吧一条街、番禺野生动物园娱乐城、天河娱乐城、钱柜卡拉OK城等。其中，钱柜为广州第一家自助式卡拉OK。广州文化娱乐业每年接待境外各类演出达3000多人次。

【美术品经营业】　全市有美术品经营、工艺品加工经营、艺术品拍卖等经营单位4926家，投资规模约1亿多元，98%为民营资本。如东山区文德路的美术品经营一条街、荔湾区的古玩一条街和广东古今拍卖行等，在全国同类单位中具有一定的知名度。

【互联网上网服务场所】　全市现有证照齐全网吧590家，总投资约5亿多元，98%为民营资本。其中，阳光网苑、COM.TOP等一批高层次的网吧，集软件开发、网络文化建设、培训等功能于一身，建设和发展十分前卫。

与其他省市一样，广州市网吧发展经历了禁止、重新审核、初步规范三个时期。第一个时期为2002年以前，国家禁止设立互联网上网服务营业场所，这一时期，存在极少数非法经营“黑网吧”。第二时期，从2002年下半年到2003年12月，广州市根据国家文化部的统一部署和广东省文化厅的具体要求，采取“合理布局、指标控制”的办法，对全市互联网上网服务营业场所进行重新审核审批。当时，广东省文化厅分配广州市网吧指标为625家，这个数量与广州市场的需求存在较大差距。这期间，由于市场的突然开放，各职能管理部门力量侧重审批，加上政策、管理手段以及政府审批环节的不够协调，致使网吧市场出现有证与无证并存的局面，在不平等的经营条件下，相当部分网吧经营者不同程度地违法接纳未成年人上网。第三阶段为整治规范阶段。从2003年10月起，广州市文化、公安、工商等部门加大对网吧的管理力度，明文规定：网吧经营业主违法接纳未成年人一次罚款警告，两次停业整顿，三次吊销经营许可证。广州市文化局采取公开投诉电话、举报信箱、电子邮箱、聘请社会监督员等办法，要求市、区文化稽查队每周2次以上巡查辖区网吧。同时广州市文化部门已经着手安装广东省文化厅组织开发的网吧运营监控管理软件，目前全市已有580多家网吧安装并使用该软件。在加大日常巡查的同时，利用网络技术加强对网吧的日常监管，实现以网管网，使广州市网吧的管理逐步走上规范有序轨道。

（撰稿人：广州市文化局　郭武全）

1－2－17　教育事业

【民办教育发展概况】　广州的民办教育同全国一样，也经历了恢复、发展、规范和提高的历程。从20世纪80年代再度兴起至今，已逐渐从对公办教育的“拾遗补缺”上升为社会主义教育事业的重要组成部分，并呈现出纷繁多姿的发展态势，对推进广州教育的改革和发展发挥了重要作用。

改革开放以来，广州市民办教育的发展大致经历了四个发展阶段：

1. 恢复阶段（1979～1986年）。1979年，国家在广东设经济特区。随后，广州市被评定为沿海开放城市，外向型经济得到了快速发展，急需各类人才，特别是外向型人才。与此同时，大批刚从十年浩劫中过来的青壮年职工需要在文化和技术方面“补课”。在这种情况下，广州市各社会团体、民主党派、社会人士顺应社会需求，利用自身优势，挖掘潜力，自筹经费陆续办起面向社会招生的各类补习班和夜校。为了调动各方面办学的积极性，1980年6月，广州市政府（当时的市革委会）批转了市工农教育办公室、教育局《关于加强对社会各类补习班（夜校）管理若干问题的规定》，重新将民办教育纳入了教育行政部门的管理范畴，这对推动广州民办教育的恢复发展发挥了积极作用。1986年底，全市共有各类补习学校（班）220所，办学人员1426人，专兼职教师2155人，开设培训学科157种，当年就读人数62800多人。

2．发展阶段（1987～1991年）。为了推动民办教育事业的健康发展，进一步加强对民办教育的管理、指导和服务工作，1987年8月，广州市政府制定了《广州市社会力量办学管理暂行规定》。该规定明确提出，广州市社会力量办学在市成人教育局的统一管理下，实行分级分类管理的体制。该规定的出台，理顺了管理关系，在体制上和机制上为广州市民办教育事业的发展提供了有力的保障，从而进一步调动了社会各界办学的积极性。这一阶段，广州市民办教育的结构和层次都发生了很大变化：从过去局限于成人教育发展为涉猎社会所有成员的教育；从着重于辅导补课转变为注重职业技术培训；从层次较低的教育发展到中、高层次的教育和培训；从单一办学模式走向复合型、特色化的办学。基本形成了多层次、多学科、多形式的办学体系，办学的适应能力和承受能力也得到显著提高。至1991年底，全市共有民办学校360所，教学班4778个，就读人数153000人，结业144000多人，有办学人员2635人，专兼职教师4666人。

3．飞跃发展、形成规模阶段（1992～1996年）。1992年邓小平南巡讲话以后，广州民办教育积极导入市场经济的观念和机制，主动面向经济建设主战场，办学层次进一步丰富，规模进一步扩大，成为广州市教育事业的重要组成部分。这主要体现在以下几个方面：一是办学覆盖面进一步拓宽。除了成人教育、职业教育之外，这一阶段广州市还出现了民办高校、高等职业技术学院以及有一定规模的民办中小学；二是办学模式日趋多元化。除了私人办学外，还出现了民办公助、公办民助、私营企业办学以及民主党派办学、中外合作办学等形式；三是投资渠道更加多元化。从过去依靠个人或集体筹集资金办学发展为合资、参股、金融机构贷款、收取储备金、海外捐款等多种形式；四是办学水平进一步提高。一些培训机构初步建立了“培训——考试——推荐就业”一条龙服务体系，一些民办中小学初步创建了自己的素质教育模式，办学水平和质量都有较大的提高。与此同时，为了进一步将民办教育纳入法制的轨道，1993年7月，广州市制定了《广州市社会力量办学管理条例》，这是我国民办教育发展史上的第一个地方性法规，对促进广州市乃至全国民办教育事业的发展，发挥了十分重要的作用。至1996年底，广州市共有各类民办学校1140多所，校舍建筑面积70多万平方米，固定资产价值10亿元以上，培训学员20万人次以上。

4．规范办学、提高质量阶段（1997～现在）。以1997年10月国务院《社会力量办学条例》的实施为标志，广州市民办教育进入了新的发展阶段，广州市更加注意办学行为的规范和对教育教学质量的监控，使广大民办学校的办学水平和质量效益进一步得到提高。此后，随着《民办教育促进法》和国务院《＜民办教育促进法＞实施条例》的先后颁布实施，广州市民办教育进入了更加规范的发展时期。近年来民办中小学和幼儿园机构数量发展很快（详见表2－45）。

表2－45　广州市近年来民办中小学、幼儿园情况

单位：所

年份	普通中学	职业中学	普通小学	幼儿园
1999	18	4	56	416
2000	25	19	63	478
2001	56	21	95	609
2002	66	16	108	622
2003	85	20	149	721

资料来源：广州市教育局。

【民办教育的现状】 广州市2003年共有各类民办学校和其他教育机构1437所，在校生721052人，其中小学149所，在校生151681人，分别占全市小学校数、学生总量的9.72%和17.90%；中学85所，在校生43721人，分别占全市中学校数和学生总数的19.59%和8.54%；中等职业学校（不含技工学校）25所，在校生14111人，分别占全市同类学校数、学生总数的20.16%和11.42%；民办高校6所，在校生30748人；高等院校民办二级学院5所，在校生22672人，占全市普通高校学生总数的38.72%；专修学院17所，在校生39683人；职业技术培训学校（教育机构）429所，在校生319752人，分别占同类学校（机构）、学生总数的68.86%和86.48%；幼儿园721所，在园幼儿98683人，分别占全市幼儿园数、在园幼儿总数的45.49%和37.22%。从目前的情况看，民办中小学的生源主要来自流动人口，其中低收费的外来工子弟学校生源最为充足，高质量、高收费的民办学校也比较受追捧。总体而言，由于广州市经济持续发展，外来人口不断增加，民办学校的办学水平不断提高，民办学校的招生呈上升趋势。

广州市各层次民办学校现有教职工31233人，其中民办小学6528人（专任教师4696人，占71.94%），民办普通中学3651人（专任教师2208人，占60.48%），民办中等职业学校1291人（专任教师1124人，占87.06%），民办高校3341人（专任教师1972人，占59.02%），高等院校民办二级学院845人（专任教师568人，占67.22%），民办专修学院4319人（专任教师1005人，占23.27%），民办幼儿园11258人（专任教师7337人，占65.17%）。广州市民办学校的师资队伍整体上素质较好，水平较高，基本适应现阶段广州市民办教育事业发展的需要。

广州市大部分民办学校是通过举办者自筹资金启动办学（用于征地、租赁场地、购买教学设施设备等），学校成立后，则以收取学杂费维持和发展。部分高收费学校（如英豪学校），从民间吸纳教育储备金建设校舍，并利用这些资金投资其他项目，从中获取利润用于办学活动。实践证明，这种方式风险很大，现已禁止。目前，广州市对实施学历教育的民办学校实行免税政策，总体来说，民办学校的经费运行状况比较稳定，不少学校进入了良性运行状态。

【广州民办普通高等院校现状】 广州民办高等教育的产生和发展是改革开放的产物，民办高等教育的大进展，为广东进一步推动“教育现代化”战略目标的实现，起到了积极作用。

广州民办高校的发展经历了一个艰苦创业的过程。党的十一届三中全会以后，随着广东经济改革与发展的深化，推进了广州办学体制改革，各类民办学校迅速发展。20世纪90年代初，一批刚刚退离工作岗位的知识分子，抓住机遇，率先涉足民办高等教育办学领域。1990年，广州私立华联学校创办（1994年4月广东省政府正式批准成立华联学院，同时参加全国统一招生），是全国第一所民办大学。“私立华联”初创时期，仅有英语和日语两个专业，63名学生，属非学历教育的职业培训。1993年7月在省工会干部学校基础上建立起来的民办南华工商学院（属专科层次），成为广东建立的第二所民办普通高等学校。

随着教育体制改革的深入，广州民办高等教育发展呈现良好态势。针对这一情况，广东省高教厅在调研的基础上，于1994年6月制定颁布了《广东省私立高等学校管理办法》（1995年9月1日正式施行），进一步推动了民办高等学校的快速发展。1996年4月民办培正商学院创办，1999年3月白云职业技术学院建立，2001年6月广东岭南技术学院成立。广州民办高校的发展，打破了政府包办高教的格局 。

在1999年全国教育工作会议之后，社会对高等教育的需求日益增长，并由此大大促进了人们对发展民办高等教育认识的提高。2000年6月，广州对市属大学的布局进行了重大调整，通过合并组建了新的广州大学，这是一次对高教资源进行整合和有效配置的积极举措。其中为了缓解巨大的扩招压力，在2001～2002年间，增设分院（“二级学院”）、或合作办学（设立教育点），随之推动了一批“民办公助”、“公有民营”类型的民办高校的产生。民办机制的普通高校的二级学院，借助了公校无形资产和政府划定的生源市场份额，得到了快速发展。广州民办高校步入了自我完善、良性竞争的新阶段（详见表2－46）。

表 2－46　广州民办高校办学概况

学校名称	设立时间	学校地址	办学层次	学制	办学模式	备注
民办南华工商学院	1993 年 7 月	天河区沙河镇	专科	3 年	民有民办	在省工会干部学校基础上创办
私立华联学院	1994 年 4 月	天河区东圃镇	专科	3 年		前身为“私立华联实用外国语科技学校”
			本科	4 年		
白云职业技术学院	1999 年 3 月	白云区江高镇	专科	3 年		前身为“广州白云应用技术学校”
			本科	4 年		
广东岭南职业技术学院	2001 年 3 月	天河区东圃镇	专科	3 年		前身为“广东岭南专修学院”
			本科	4 年		
广州大学松田学院	2000 年 5 月	增城市朱村镇	专科	3 年	民办公助	设立前与军体院合作办学机构
民办培正商学院	1996 年 6 月	花都区赤坭镇	专科	3 年		新设立
广州大学华南软件学院	2002 年 4 月	从化市太平镇	专科	3 年		新设立
			本科	4 年		
华南师范大学增城学院	2001 年 4 月	增城市镇龙镇	专科	3 年	公有民办	前身为培训机构
广东工业大学番禺学院	2001 年 4 月	番禺区钟村镇	专科	3 年		新设立
广东工业大学华立学院	2001 年 4 月	增城市	专科	3 年		前身为“华立专修学院”
广东商学院花都学院	2001 年 5 月	花都区狮岭镇	专科	3 年		新设立
广东职业技术学院天河学院	2001 年 5 月	白云区太和镇	专科	2 年	公有民办	新设立
				3 年		
广州医学院南大学院	2002 年 3 月	海珠区	专科	2 年	公有民办	新设立
				3 年		
			本科	4 年		
广州医学院天河学院	2002 年 3 月	白云区龙洞镇	本科	2 年	公有民办	新设立
				3 年		
			本科	4 年		
番禺职业技术学院行知学院	2002 年 5 月	白云区龙归镇	专科	3 年	公有民办	前身为培训机构

注：本表所列民办高校均为 2002 年 6 月前成立，此后设立的民办高校未作统计。

广州民办高校设置专业已呈现多样化。广州民办高校顺应人才市场走势，依据市场需求，积极拓展专业范围，在整合专业资源，优化专业结构，创建特色专业方面是有创建的。从2000年到2002年的两年间，广州民办高校专业设置分别增长了75.8%和33.9%，覆盖了理工、农科、财经、政法、文史、医科、艺术、外语9大领域，共70多个专业方向（详见表2－47）。

表2－47 广州市民办高校所设专业类别

学年/专业 专业类别	2000年 （共开设62项专业）	2001年 （共开设109项专业）	2002年 （共开设146项专业）
理工类	11	12	18
农科类	0	0	1
财经类	16	17	19
政法类	2	2	3
文史类	2	3	4
医科类	0	0	7
师范类	1	1	3
艺术类	3	5	6
外语类	3	5	7

资料来源：方言辑 原文引自广州市教育局民办教育研究课题组：《广州教育局民办教育发展报告》，陈勇志：《广州民办高校竞争策略分析》。

（撰稿人：广州市现代教育科学研究中心 张铁明）

1－2－18 医疗卫生事业

【民营医疗机构发展基本情况】 2000年以来，广州市民营医疗机构逐步增加，其中以2003年发展较快。从总体上看，广州市民营医疗机构在数量、规模、技术上尚未能与公有医疗机构相比，但作为医疗服务市场的一部分，对广州市医疗、预防、保健工作起着有益的补充作用。近年发展建立的民营医疗机构具有较强实力，如祈福医院、阳光凯怡口腔中心等，以优美的诊疗环境，优质高效的服务，良好的管理机制，较好地满足群众对高质量医疗服务的需求。

2000年广州市民办医院只有12间（按设有病床的医院统计），共有病床813张，职工798人，其中卫生技术人员607人。经过近几年的发展，大多数民办医疗机构在市场竞争过程中得到进一步发展，民营医院数量、病床数量、就业人员数、经营收入均呈逐年上升趋势。随着我国医疗卫生体制改革的不断深化，广州市不断推进对民营机构的规范化管理进程，民营医疗机构将迎来良好的历史发展机遇。

2003年末，广州地区民营医疗机构总数达842所，其中：医院27所，占3.2%，门诊部189所，占22.4%，诊所626所，占74.3%；实有病床1798张，占全市医院病床4.25%；就业人员6140人，其中卫生技术人员5362人，占全市卫生工作人员总数的比例为7.54%。民营医疗机构2002年总收入为1.36亿元，占全市国有卫生机构总收入的0.87%。2003年，广州民办卫生机构、床位和人员分别比上年增长（详见表2－48、表2－49）。

表2－48 广州市民营卫生机构、床位、人员情况

（2002年、2003年）

年份	机构数（个）		床位数（张）		人员数（人）		其中卫生技术人员（人）	
	合计	增长%	合计	增长%	合计	增长%	合计	增长%
2002	792		1671		4809		4098	
2003	842	6.31	1798	7.60	6140	27.68	5362	30.84

资料来源：广州市卫生局。

注：上表数字包括诊所、医务室、社区卫生院。

表2－49 广州市民营卫生医疗机构基本情况（按地区划分）

地区	机构数（个）	实有床位	构成（%）	人员数（人）										
				合计	构成（%）	卫生技术人员							其他技术人员	管理人员	工勤人员
						小计	执业医师	执业助理医师	注册护士	药剂人员	检验人员	其他			
全市	842	1798	100.00	6140	100.0	5362	2069	426	1422	439	307	699	120	283	375
东山	32	79	4.39	301	4.90	243	122	17	56	25	10	13	2	27	29
荔湾	34	0	0.00	201	3.27	172	75	14	38	18	10	17	2	16	11
越秀	33	0	0.00	156	2.54	127	40	24	20	14	4	25	3	14	12
海珠	47	329	18.30	564	9.19	469	151	30	162	31	12	83	3	39	53
天河	232	100	5.56	1963	31.97	1756	728	127	408	139	192	162	60	77	70
芳村	24	19	1.06	149	2.43	142	72	10	23	18	4	15	3	3	1
白云	256	1169	65.02	2105	34.28	1793	703	122	549	149	61	209	37	95	180
黄埔	45	0	0.00	131	2.13	131	66	9	42	6	1	7	0	0	0
番禺	8	0	0.00	87	1.42	87	23	5	21	9	3	26	0	0	0
花都	47	102	5.67	291	4.74	250	60	23	63	21	10	73	10	12	19
增城	55	0	0.00	136	2.21	136	22	32	36	9	0	37	0	0	0
从化	29	0	0.00	56	0.91	56	7	13	4	0	0	32	0	0	0

（资料来源：广州市卫生局）

注：此表数字包括诊所、医务室、社区卫生服务站。

广州民营医疗机构发展的主要特点：一是数量较多，但规模大、层次高的医疗机构不多，存在大量的个体行医诊所。二是门类较齐全、民营医疗机构的种类含有综合性医疗机构。专科性医疗机构。专科性机构中含医疗美容、康复、口腔、性病（不含AIDS)、手外科、脑科、眼科、骨科、精神病、临床检验、心血管病、肿瘤等门类。

【民办医疗机构有关政策】　近年来国家和地方在民办医疗机构发展和管理方面下发了许多政策性的文件。根据国务院《医疗机构管理条例》、广东省人民政府《广东省医疗机构管理实施办法》，广州市有关部门制定了“广州市申请设置医疗机构办理指南”。明确规定申请设置新的医疗机构应经过设置审批、获得设置批准后才能按要求投入建设，完成建设后申请执业登记，经验收合格的发给《医疗机构执业许可证》，才能合法地从事医疗服务活动。对已取得《设置医疗机构批准书》，拟准备执业的单位或个人，办理申领《医疗机构执业许可证》。

“申请设置医疗机构办理指南”对申报适用范围、办理程序及时间、申报材料等有关规定提出了具体化要求。

【主要民办医院介绍】

祈福医院——是一所设施比较先进的民营医院，投资10亿元人民币，按国家三甲医院标准兴建，是一所较大型的民营中西医结合医院。医院占地130亩，首期设计病床600张，医疗建筑面积超过85000平方米，拥有酒店园林式的住院和诊疗环境，能以企业化的高效管理为病患者提供良好的医疗服务。

益寿医院——是广州第一家股份制民办医院，由社会各界人士捐助兴办的，实行“自由组合，自筹资金，自找场地，自行管理，自负盈亏”方针。医院占地2384平方米，1990年9月建成投入使用，全院共有病床100张。

广州友好医院——是一所股份制民办医院，始建于1988年8月，原为广州消化病医院，1999年更名为广州友好医院。医院占地面积15,000平方米，门诊开设十多个专科。住院部有老年关怀科、内科、外科、骨科、康复科等病区，病床80张。该院还为寿星大厦和广州金盘护老中心几千位老人提供医疗保健服务。

（撰稿人：广州市卫生局办公室　王锡辉）

1－2－19　体育事业

【民营体育发展概况】　广州体育民营经济有一个产生、发展和完善的过程。从目前的广州体育民营经济的发展状况看，总体上尚处在发展的初级时期。其发展历史大体经历如下几个阶段：

第一阶段：初创阶段（1949～1956）。这一阶段恰为广州市的社会主义改造时期，此时广州市存在一些私营的体育经营场所，如谭文彪健身院，服务对象以富家子弟为主。文献记载：“在50年代前期的社会主义改造运动中，上海、北京、广州等少数大城市中原有的一些私营体育经营单位，如收费的举重健身房、乒乓球活动室等，被政府的体育行政部门收购或公私合营了”（毕世明，新中国体育思想和受到的干扰，体育文史，1999［6］）。

第二阶段：真空阶段（1957～1979）。社会主义改造完成后，体育民营经济在广州的土地上消失。因此，这一时期的体育是一项纯粹的福利性、公益性事业。该阶段的广州体育事业完全靠政府财政拨款来维持，体育场馆只象征性地收取很少的门票。文献记载：“50年代末～60年代初，越秀泳场每年进场约为2～25万人次，收入为2万元左右，60年代中后期，为80～90万人次，收入为4.5万元左右”（1999（6）广州市体委编。广州市体育志，1995）。这个时期，先后经历了大跃进、三年经济困难时期和“文化大革命”。尤其是“文化大革命”期间，广州体育事业遭到严重摧残。健身运动、乒乓球运动、羽毛球运动等处于几乎停顿状态，群众体育活动开展非常有限，不少体育场地设施被破坏、占用。“群众业余性活动场所少，有些单位原来建有乒乓球室，但认为开设乒乓球室占地多而盈利少，于是把乒乓球室改为高利润的营业项目，致使群众性乒乓球活动没有得到很好的发展”（万广荣，广州乒坛的回顾与展望，广州体育文史，1987［2］）。

第三阶段：复兴阶段（1979～1992）。这一阶段是民间资本进入广州市的体育事业的初始阶段，同时也是广州市体育产业雏形的形成阶段。在该阶段有两件大事值得一提：一是十三届三中全会出台的一些方针政策为民营经济进入体育创造了良好的大环境；二是1987年8月18日在广州市第八届人大常委会中所通过的《广州文化发展战略纲要》，该纲要明确提出了将体育推向社会，发挥社会办体育的优势，为广州市体育事业的发展指明了方向。改革开放后，许多原被占为他用的运动锻炼场地逐渐归还，越秀山体育馆、广州工人体育馆、广州体育馆、越秀游泳场、海角红楼游泳场、珠江游泳场、矿泉游泳场、沙面泳场等运动场馆的设施、设备得到一定改善、扩建及增设了许多运动项目的专用场地。

与此同时，广州市的民营经济成份开始进入体育事业。广州市的企业，主要是外资和合资企业，出于提高企业知名度等种种需要，出资赞助办运动俱乐部。如1984年10月广州白云山制药厂与广州市体委联手创办了第一个企业与体委合办的白云山足球俱乐部；1986年广州市10多家企业出资30多万元创建市少年足球俱乐部；1988年广州陈李济药厂出资赞助以新产品命名的“血宝杯”小学生足球赛；27家企业联合资助“市长杯”中学生足球赛。除此之外，一些适应社会大众需要的私营性质的健身房、台球室等如雨后春笋般涌现，有些公共体育场馆也纷纷采取自办或与企业合办的方式成立了群众体育俱乐部。

至1989年9月止，广州市拥有健身院（房）53间，台球室882档，大型体育俱乐部（即会员在1千人以上的）15个，“健力宝乐苑”是其中影响力较大的体育俱乐部之一。此外，室内保龄球、草地保龄球、高尔夫球、壁球、门球等新兴运动项目，乒乓球、羽毛球、武术、网球等传统体育项目的经营场所也各有几家。在当时，保龄球、高尔夫球、壁球、网球等项目因其价位较高，需要消费者具备较强的消费能力，还曾被界定为“贵族运动”。80年代广州市发展最好的经营性运动项目，当属台球，台球运动不但是当时经营效益最好的项目，而且该运动本身的发展也达到了最高峰。台球室在当时比比皆是，剧院、电影院、文化宫、街道都开设了台球室，公私经营各占一定比例。

1989年，广州市体委在6个下属体育场馆试行场、馆长任期目标制，初步实现体育场馆由事业型向经营型，由单纯消费型向创收型转变。

这一时期的广州市体育经营性场所，以台球项目为主，其它项目的经营相对较少，处于起步阶段，而且，该时期广州市体育经营性场所的特点为高档次、高消费。

第四阶段：成长阶段（1992～现在）。从宏观环境来讲，党在十四大中所确立的社会主义经济体制改革的目标和1992年中共中央发布的《关于加快发展第三产业的决定》，对广州市民营体育企业的发展提出了更高的要求。同年，原国家体委在中山市召开了贯彻中央文件精神的会议，进一步强调我国的体育应该走国家与社会相结合的道路，明确了体育的社会化和产业化的方向，并于1993年和1994年分别制定和下发了《培育体育市场，加快体育产业化进程》和《关于加强体育市场管理的通知》。这两个文件的出台，对于广州市规范体育市场管理和发展体育产业提供了坚实的思想基础和强有力的政策保证。

1996年，广东省又先后颁布了《广东省体育市场管理暂行规定》和《<广东省体育市场管理暂行规定>实施细则》，这个首次以省长命令形式对体育市场进行管理的政府行政规章，对广州市体育民营经济的壮大起到相当大的作用，主要表现在逐步推行法制化管理，为广州市体育市场的正常运行建立了良好的市场秩序。1997年，广州市体委成立了体育市场管理处。

2003年10月22日，市委以穗字［2003］4号文下发了《中共广州市委、广州市人民政府关于进一步加强和改进我市新时期体育工作的意见》。《意见》提出把发展体育产业纳入经济发展规划，积极培育体育市场，并对扶持鼓励社会力量兴办体育产业，建立投融资机制，探索建立体育发展基金，组建体育集团、体育俱乐部，发展青少年活动体育场所，鼓励对体育事业的捐赠等问题提出了意见。这些政策措施的出台，为民办非企业单位建设与健康发展发挥了积极的作用。

这一时期，不管是经营项目还是同一项目的经营场所都曾出现较强的增长趋势，且经营定位也由过去的高档逐渐向中低档发展，经营对象则由“贵族化”逐渐向大众化方向发展，大型综合体育经营场所开始出现。如健力宝健美集团，在十年的时间内，已经形成了较大的规模，共有11

个健美乐苑分布在广州的各区、县及附近地区，而且实行股份合作制和连锁经营。

【近年来民营经济参与的大型群众性体育活动介绍】

2001年上海通用汽车公司以1000万元现金、600辆轿车的厚礼成为九运会乃至全运会历史上最大的赞助商。

2002年5月，广州本田汽车有限公司为汤姆斯杯、尤伯杯世界羽毛球团体锦标赛提供接待用车。

2003年由安利公司冠名赞助的安利纽崔莱10公里健康跑是广州市非典之后的第一个大型群众性体育。

2003年"中巴赛"，广州本田汽车有限公司作为本次比赛唯一汽车赞助商，赞助200万元人民币，设立了"广州本田杯"最佳球员奖；同时提供10辆新一代雅阁轿车（本田第七代雅阁轿车）和8辆奥德赛多功能轿车，作为该次赛事活动期间的嘉宾接待用车。

【广州健力宝健美乐苑】"健力宝健美乐苑"是目前我国具有规模及首创"一卡通用"的系列健美娱乐场所。

健力宝健美集团属下在广州市有十个分苑，各分苑各具特色，环境设计令人赏心悦目，特别符合都市白领阶层的品位。该乐苑还为会员提供各类优惠，会员均可随意在各苑内参加各项活动。

乐苑所使用的健身器械，高级音像，均属引进的现代先进设备。苑内设有大型器械健身房，健美操锻炼厅，宽敞体育舞蹈训练馆，泳池，配有蒸汽浴室、冷热水淋浴室、咖啡厅、美容美发廊、桌球、乒乓球、羽毛球、篮球等多元化设施，更有高水平的专业教练指导。

【广州市各类民营运动场馆】

体育场馆：广州市海珠体育馆、广州体育馆、广州军区体育馆、广东体育馆、荔湾体育馆、天河体育馆、广东省人民体育场、广州市燕子岗体育场、广州市工人体育场、越秀山体育场。

溜冰俱乐部：广州溜冰俱乐部、广州新世界溜冰俱乐部。

射击俱乐部（中心）：广州市白云群英飞碟击活动中心、广州宏威国际射击俱乐部、广州市射击俱乐部。

健美乐苑：黄埔天鹅会健美乐苑、宝岗健美乐苑、健力宝流花健美乐苑、健力宝文化健美乐苑、健力宝越秀健美乐苑、健力宝东方健美乐苑、健力宝白云健美乐苑、健力宝天河健美乐苑、健力宝健美乐苑珠海分苑、健力宝芳村健美乐苑、健力宝员村健美乐苑、健力宝花都健美乐苑。

高尔夫俱乐部：广州麓湖高尔夫球乡村俱乐部。

保龄球场馆：宾士域保龄中心（广东）有限公司、景成保龄球场、广州华泰保龄球馆、广州市广信保龄球有限公司、南方保龄球馆、海宝保龄球俱乐部、得宝保龄球馆、广州市回力保龄球馆、东山区其乐保龄球馆、广州二沙岛保龄球馆有限公司、广州荔湾保龄球馆。

网球场：沙面网球场、海珠体育馆网球场、中央酒店网球场、市二宫网球场、广东马会网球场、广州体院网球场。

游泳场：珠江泳场、沙面游泳场、西郊游泳场、海角红楼游泳场、芳村游泳场、矿泉游泳场、越秀山游泳场、宝岗游泳场、珠江宾馆游泳场、三元里矿泉游泳场、天河体育中心游泳场、东山游泳场。

其他：广州市航海俱乐部、广州市摩托车俱乐部、广州武术馆。

（撰稿人：华南师范大学体育科学学院　孙莹）

1－3　广州民营经济发展的区域分布及其状况

1－3－1　东　山　区

【区情概况】　东山区是广州市辖10个行政区之一，地处广州市中心城区的中部。东以广州大道北和广州大道中为界（除杨箕村）；西从北京南路段起沿文明路、府学西街、中山四路、德政北路、法政路东段至东濠涌；南临珠江；北至广九铁路。面积为15.83平方公里。2004年，常住户口18.16万户、总人口为63.87万人。下辖华乐、黄花岗、农林、梅花村、东湖、白云、建设、大东、大塘、珠光10个街道办事处，139个社区居委会。

东山区历史悠久，名胜荟萃。黄花岗七十二烈士墓、中国国民党第一次全国代表大会旧址、中共"三大"会址、广州农民运动讲习所等革命文物，见证了中国民主革命的进程；番禺学宫、万木草堂、广州天文台等历史古迹，见证了东山文明传承的过程；新河浦旧民居建筑区、文明路骑楼、华侨新村、东湖新村等建筑群，见证了东山建筑风格的演变。

东山区人缘地缘条件得天独厚。党政军首脑机关众多，辖内厅级以上单位80多个，中共广东省委、省人大、省市政协、广州军区、广州空军等都在境内。辖内聚集了较多的华侨、侨眷。有中央、省、市属科研机构30多个，科研人员数千人，有博士证书的高级专业人才1000多人，每10万人中有2.4万人具有大学文化程度。

东山区教育卫生事业发达。2002年，辖内有幼儿园69所，其中省一级13所；小学46所、中学20所、职业中学5所，其中省一级中学9所、小学4所。同年，荣获"广东省教育强区"称号。2003年，创造了高考学生上线率99%的新记录，连续13年居全市之首。

东山区环境优美。羊城新八景之一"黄花皓月"（黄花岗七十二烈士墓）位于区内，"东湖春晓"（东山湖公园）、"红陵旭日"（广州起义烈士陵园）曾入选羊城八景。俯视东山，到处是翻滚起伏的绿浪；纵目四周，道路和街巷充满了红情绿意。2003年，全区绿地面积418.3公顷，绿地率24.73%，绿化覆盖面积514.3公顷，绿化覆盖率达30.41%，公共绿地面积215公顷，人均公共绿地面积3.44平方米。

东山区经济繁荣。随着城区投资环境的改善，吸引了越来越多的海内外和港澳台客商到此投资经营。近年来，围绕实施可持续发展战略和建设现代城区的目标，经济建设取得喜人的成果。2003年，全区生产总值达308.31亿元，同比增长12.35%；商品销售总额751.83亿元，社会消费品零售总额198.34亿元，分别增长20.1%和8.2%；税收总额124.71亿元，同比增长16.16%；财政一般预算收入7.25亿元（含专项收入），按可比计算同比增长5.63%。1991～1998年，"三来一补"企业累计签合同676宗，应收工缴费1227万美元，银行结汇收入1122万美元。2003年，全区有"三资"企业97家，其中合资企业19家，合作企业65家，独资企业13家。

【个体私营经济发展综述】　建国初，因长年战乱而凋零的工商业和手工业得以恢复。1951年，全区共有商店1442户，行商572户，工业155户，小手工业402户。1952年，个体工商业进行社会主义改造，走合作化道路。"文化大革命"时期，私营和个体经济被作为资本主义而受到批判和限制。1979年以后，实行改革开放政策，东山区鼓励待业青年开办店铺从事个体经营，个体经济逐步恢复和发展。1980年，个体户有1374户、1692人；1981年，全区共开办8个农贸市场。20世纪80年代，东山区根据经济发展的需要，优化第二产业，发展第三产业，大力扶持和鼓励个体、私营经济发展。1985年第一间私营企业登记注册。到1990年，全区个体户发展到4894户、6472人。

1992年，邓小平巡视南方后，市场经济发展较快，个体和私营商业异军突起。全区个体和私营经济涉及科技开发、市场调查、商标广告、商业贸易等30多个门类。1999年，东山区在维护合法权益、放宽经营范围、引导产业投向、参与企业改革和改善服务等10个方面提出扶持个体私营经济发展的具体措施，把个体私营经济的发展纳入全区总体规划，突出地域特点和行业特色，为个体私营经济的健康发展创造良好外部环境。2000年，个体、私营企业8928户，从业人数1.15万人，营业额39.05亿元，上缴国税占全区比重50%以上。在东山区登记注册的商品交易市场103个，营业面积16万平方米。其中颇具知名度的有海印电器市场、较场西摩托车零配件市场、仰忠街精品市场、文德路文化精品市场等一批专业市场。黄花岗信息园中，民营（私营）企业占95%以上。

2001年，区街国有（集体）企业完成转制。通过公司制、股份合作制、私人独资和合伙制等形式，使国有资产从区街工业、商业、房地产企业中全部退出，进一步壮大了民营经济。

2003年末，全区民营企业达到2.28万家（其中私营企业8592户），占全区企业的80.2%；实现GDP113.95亿元，同比增长13.07%，营业额970.49亿元，同比增长15.83%，分别占全区总量的36.96%和38.22%。其中53户超亿元民营企业实现营业额达278.87亿元，同比增长59.77%。民营企业实现外贸出口3738万美元，同比增长53.51%，占全区总额的56%，成为外贸出口的主力军。近年来个体私营经济发展较快，尤其是私营企业数量和从业人员，有大幅度的增长（详见表3－1）。

表3－1　近年来东山区个体私营经济发展情况

年份	个体工商业户			私营企业	
	年末户数（户）	年末人数（人）	注册资金（万元）	年末户数（户）	年末人数（人）
1999	6913	8056	9387		
2000	8184	8482	11207	744	3015
2001	10007	10276	13135	1069	4154
2002	11534	11916	14532	2056	7617
2003	11312	13162	18180	8592	63381

资料来源：《广州统计年鉴》2001～2004年。

【工业】　建国初，政府通过办理工商企业登记，增拨贷款、供应原材料、收购产品等措施扶持私营企业，使私营企业有所恢复。1950年上半年，全区小工厂和小作坊共有163户。其中榨油厂3户、羽毛厂4户、织布厂5户、盐厂和化工厂各1户，稍具规模。其余的竹器65户、木器49户、米机2户、酿酒1户、机器业1户、修车10户、羽毛业21户都是小户。1951年，全区工业年营业额为2405万元。

1954年，全区个体手工业共有1426户，从业人数共3423人。同年，友光染织厂和天心制药厂被定为公私合营企业的试点。至1957年，全区个体、私营手工业和工业的社会主义改造基本完成。这在当时，一定程度上促进了生产的发展，但由于政策出现严重偏差，以至后来相当一段时期完全取消私营经济和个体经济。

1979年以后，实行改革开放政策，东山区的个体工业逐步恢复和发展。1985年发展到619户，个体工业户较多的是服装制造业，还有金银首饰加工、印刷、模具制作等。

1989年始，雇工10人以上的个体户转为私营工业企业。1989年，东山区私营工业企业芳草印刷厂等登记开业。1995年，个体工业户503家，总产值1767万元。私营企业8家，总产值269万元。区内较大的私营工业企业有何植记鞋店，厂房面积400平方米，员工100多人，生产的皮鞋价廉物美，款式新颖，颇受顾客青睐。广州立白企业集团公司也是区内有知名度的私营企业，其研制的"立白"系列洗涤用品，畅销全国；"立白"商标先后被认定为省、市著名商标；1999年被评为广东省纳税先进单位。

2000年，个体、私营工业企业270户，从业人员373人，产值1309万元。2003年，个体工业162户，从业人员198人；私营工业企业99户，注册资金6951万元。

【建筑业】　建国初，东山区的建筑业均由个体的泥水匠、砖瓦匠、木匠、搭棚匠等能手巧匠经营。也有私人泥水铺或建筑铺，承接建房工程施工。工具简陋，仍是几千年承续下来的纯手工操作。1957年，受全国合作化高潮的影响，全区个体修建工共有技术工36人、杂工13人，自愿组成5个生产合作社。

20世纪80年代，随着经济的发展，机关、企业单位办公用房、厂房、商厦以及居民住宅普遍更新换代，建筑业蓬勃发展，当时一些民营企业也应运而生，但他们所持执照的经营性质仍属"挂靠"性质的集体所有制。所以从统计结果看，1995年全区有建筑施工企业164家，计3892人，绝大多数是国营集体性质的，而持个体营业执照施工的仅5家。例如1991年开业的广州市鲁班建筑防水补强专业公司，名为集体所有制，实为民营企业。1995年有员工240人，其中中高级职称20多人，专攻防水补强新技术、新工艺、新材料的研究和开发。该公司的"LB—1灌91化学灌浆材料"、"LB系列聚氨酯防水涂膜橡胶"、"金属复合无隙管材"、"嵌岩微型钢管灌注桩"等科技成果，有的属国际或国内首创，具有较高的应用价值。1995年该公司总产值达4500万元，创税利585万元，被评为广州市100强民营高科技企业综合实力第二强。

20世纪90年代后期，随着经济体制改革和住房制度改革的深入，旧城区改造步伐的加快，东山区的房产业和建筑业掀起新一轮发展高潮。民营建筑业从以铺设线路、管道和设备安装业为主，逐步延伸到土木工程建筑；从区内、市区承揽业务逐渐向市外、省外扩展；操作方式也由半手工、半机械向机械化、电子化过渡，劳动生产率空前提高。

2002年，全区民营建筑业企业125家，占全区建筑企业总数的64.1%；实现产值19.6亿元，占全区施工总产值的22.4%。其中，私营企业48家，完成产值5.59亿元；港、澳、台商投资企业及外商投资企业10家，完成产值3.11亿元。是年，全区民营企业资产总额50.19亿元，利税总额2.1亿元，利润总额1.46亿元。

【商贸业】　建国初，东山地区的商业多为个体私营性质。1953年，全区商店共有898家，固定和流动摊贩共有3041户。1956年，对全区725户个体、私营商店进行公私合营的社会主义改造。"文化大革命"时期，东山区个体商业服务网点被砍掉200多个，个体经济被取消。

1979年以后，实行改革开放政策，东山区积极扶持和发展个体工商业户，鼓励待业青年开办店铺从事个体经营，个体经济逐步恢复和发展。1984年，个体工商业户达4477户，营业额2492万元，税收103万元。

1992年邓小平巡视南方后，市场经济发展较快，个体和私营商业发展迅猛。2003年，全区个体商业、服务业1.16万户，商业、服务业、私营企业7660户，私营个体经济营业额142.7亿元。现代商贸业、服务业异军突起，公有制经济和非公有制经济同步发展，有力地促进了东山区的经济繁荣。主要有两大特点：

(1) 形成颇具规模的四大商业区

解放初期，东山区只有中山四路一带可称为广州商业繁荣地区之一。20世纪70年代，署前路、农林下路逐渐繁荣起来；80年代，以扩建后的东山百货大楼为龙头，形成有数间国营、集体百货商店及大批个体商业店档的商业群。90年代中期，区内新建了大型综合性百货商厦东山广场、广州王府井百货大楼等，个体私营商业店铺星罗棋布，各零售企业以百货超市、连锁店、商业街等专业化形式纷纷抢占市场。群众消费需求不断增长，贸易流通量不断扩大，商业布局和业态进一步优化。经过城区规划和旧城区改造以及经济结构调整，东山地区形成颇具规模的环市东、英雄广场、海印、农林下路四大商业区。

环市东路商业区 以区庄立体交叉桥为中心，东起犀牛路，西至小北路。80年代，宾馆、商业大厦逐渐增多。90年代，商业区形成以高级宾馆（酒店）、大型综合商场、展销大楼为主体，周围聚集众多中小型个体私营商店、食市、酒吧及娱乐场所。到2003年，这里集中了经营旅业的花园酒店、广东国际大厦等；经营写字楼的世界贸易中心大厦、广州国际电子大厦等；经营饮食业的新荔枝湾酒家、利苑酒家等；经营高、中档商品的广州友谊商店、柏丽广场、新大新东山广场等。环市东商贸区拥有营业额亿元以上商贸企业41家，营业总额170.54亿元，其中民营商贸企业27家，营业总额110.01亿元，规模效益显著。

海印商业区 范围包括东湖路、大沙头路、沿江东路、大沙头三马路和四马路。自1990年开办海印毛线布料总汇以来，电器、摩托车配件等专业市场迅速兴起。到2003年商业区已从最初单一的海印电器专业市场发展成为以家用电器为龙头，以电脑软、硬件设施、办公设备、通讯产品、摄影音响器材、毛线布料、二手商品交易、图书批发等为依托，拥有22个各类专业市场，以“海印”品牌为标志的多元化商贸区，该地区专业市场年成交额占全区专业市场成交额的一半。

英雄广场商业区 以英雄广场为中心，北起陵园西路，南至较场西路，南北绵延约1.5公里。1985年开始经营摩托车配件。90年代初，增加经营手机入网、BP机入台及各种通讯器材。1999年，占地3.5万平方米，建筑面积达17万平方米的大型现代化购物中心—中华广场及流行前线建成开业。商业区以经营摩托车配件、通讯器材、时装、园艺产品等为特色，汇集了香港、台湾、日本、韩国等偶像专门店、流行时尚产品店、美食店等多家名牌店铺。到2003年，商业区有近20个专业市场、20万平方米经营面积、6000户个体私营商户，年商品销售额超过5亿元。

农林下路商业区 以东山口为中心向南北延伸，包括署前路、庙前直街、龟岗大马路以及农林下路。1995年，广州王府井百货大楼开业。1998年，农林下路新建 公主商业街、多利通皮具城和名店城等。商业区以经营鞋业、时装、钟表眼镜、食品等为特色，有大小国营、集体、个体、私营商铺700多间。1998至2000年，东山口铁路文化宫前建起了绿化带，署前路、庙前直街、龟岗商铺粉饰一新，整个商业区勃发出欣欣向荣的生机。2003年，商业区年营业额超过7亿元。

（2）专业市场成为商贸发展的一大经营模式

随着改革开放的不断深化和市场经济的不断发展，80年代初的单一、小型、零散的商铺，至90年代末已逐渐发展成为专业性强、货源充足、品种齐全、价格实惠的一大批个体私营专业（工业品）市场和综合市场。到2003年，全区商品交易市场共有58个，其中专业市场有27个，商品成交额24.1亿元；综合市场有31个，其中农产品市场22个，商品成交额9.48亿元。市场经营面积达18.63万平方米，共有摊位9800多个，其中成交额亿元以上的有7个。知名度较高的有海印电器市场、陵园西电信通讯专业市场等6个专业市场。

海印电器市场 1991年由海印电器总汇起步，到2003年发展成为以家用电器为龙头，以电脑软、硬件设施、办公设备、通讯产品、摄影音响器材、二手商品交易等为依托，拥有海印电器总汇、金海印电器广场、声之光电器广场等大小22个专业电器市场。云集约2000户个体私营商铺，从业人员近万人，经营面积近6万平方米，年经营成交额达10亿元以上，连续数年上缴国家税收近3000万元。成为广州乃至华南地区规模最大的、种类最齐全的名牌家用电器和视听器材产品集散地。

陵园西电信通讯专业市场 发端于20世纪90年代初，以新蒂豪电子城、陵园西通讯城、广信通讯连锁有限公司等几家大型商城为龙头，聚集了个体私营商户1000多家。主要经营手机入网、BP机入台及各种通讯器材，是广州市较大的通讯器材专业市场。1999年，仅新蒂豪和陵园西通讯城的销售额就达651.38万元，缴纳增值税27.63万元。

较场西摩托车零配件市场 1985年由3518厂拆围墙引入近百户个体商户经营而始创，是华南地区开发最早的摩托车配件市场。1995年，发展到有1000多户个体私营商户。1999年，中华广场落成后将大部分商户安排在场内经营。

珠光仰忠精品市场 始创于20世纪80年代，专营首饰、手饰、服饰等精致装饰品。1997年，有360户个体商户。2000年，该市场因消防隐患问题被撤销。由珠光街投资500万元在德政南路128号兴建占地面积5000平方米的新仰忠精品批发市场，安置商户继续经营。2001年，湛塘路设分场。2004年，开发华荟大厦首、二、三层共7000平方米作为精品市场，形成了多层次的万福路精品商业带。

永福汽车配件用品市场 形成于1987年。1997~1998年，每年营业额均超过1亿元，年缴税近1000万元。2003年，投资2.5亿元，修建总建筑面积为7万多平方米的广州永福国际汽车电子用品广场。该广场将成为高档次、大面积、服务全面、功能完善的汽配及用品的物流中心、商业中心，凸显华南地区汽车用品中心的领先地位。永福路两侧，写字楼林立，商铺1600多个，1000多家汽配和汽车用品企业在专业市场设点经营。

文德路文化旅游一条街 文德路经营文房四宝始于清代，具有悠久的历史渊源。2003年，文德路文化街有个体书画廊等商铺300多间，以经营装饰字画、文化精品、文房四宝为主。

【饮食业】 建国初，东山区的饮食业以个体私营经济为主。1953年，全区有饮食业111户；1956年，进行公私合营改造。

1978年，区内掀起全民、集体、个体办饮食业的热潮，饮食业得以蓬勃发展，解决了多年饮食业网点不足的老问题。1983年，全区个体饮食业户发展到682户。80年代中期兴起快餐店、小食店。1995年，全区430户个体饮食店中的大部分都经营快餐，出现大型私营快餐连锁店，如大西豪快餐连锁店等。小食店称之为“大排档”，以小锅小炒、价格便宜吸引食客。因店铺面积小，许多店铺占用马路、骑楼经营。90年代末，占道经营的“大排档”逐渐减少，改为室内经营。

90年代中期，东山区出现一批大型食市，如大沙头的西贡食市，广场东西长300米，南北宽80米，面积约2.5万平方米，由新西贡渔港、水东渔港、金印食府等10多家私营酒楼组合而成，经营近百种各类海鲜。寺右新马路几百米长的街道上，汇集了数十家经营新疆菜、湘菜、北京菜、东北菜、粤菜、潮州菜、客家菜、蒙古烤羊肉、台湾小食、西餐等各地风味的个体私营饮食店，每日接待不少慕名而至的顾客。

90年代后期，民营经济迅速发展，饮食行业不断壮大。大街小巷有各式各样的食肆酒楼，成行成市，各地名菜名点、风味小食随处可见，大型高档的私营、合资、外资酒家逐渐增多。有经营“新派粤菜”的新荔枝湾、利苑、半岛、陶苑等高档酒家；有经营外省特色菜的小洞天、东北人、山东老家、洞庭土菜馆等连锁酒楼；有经营外国菜色的绿茵阁、笑味轩、蕉叶屋等食店；有麦当劳、肯德基、大西豪等快餐连锁店。至2003年，全区的股份、私营、外资等限额以上餐饮业有97家，从业人员2万多人，营业收入22.1亿元。限额以上快餐连锁店175家，营业面积6.8万平方米，销售总额13.4亿元。

【服务业】 建国初，东山地区个体私营服务业都是以修、补、改为主的自然行业，还有理发、洗染等。1956年实行工商业社会主义改造后，大部分服务业变成国营和集体性质，剩下部分小修小补的个体服务业。“文化大革命”时期，东山区的个体服务业差不多被砍光，给人民生活带来不便。80年代，市场经济开始发育，个体私营的维修、新潮发廊、复印、相片冲印、咨询服务的网点逐渐增多。90年代，咨询服务、信息服务、中介服务、广告服务、社区服务等现代服务业崭露头角。个体私营服务业已远远超出昔日狭隘的范畴，成了东山区第三产业的重要组成部分。

美发美容 50年代末，原有的个体理发摊档都转成集体或国营的理发店。1981年2月，东山区几个侨属青年率先在文德南路集资办起嘉美发廊。随后个体发廊迅速增加，1995年增至500家。2000年，集体和国营的理发店亦相继转制，除少数是集体租赁之外，都变成个人承包。随着人们生活水平的提高，理发与美发美容逐渐融为一业。高档的美容院添置焗油机、美发电脑机等。2003年，全区个体、私营理发、美容业共有

604家。

维修业 建国初，东山区的大街小巷随处可见磨刀剪；修理锅、盆、碗、雨伞的流动档或店铺；竹、木、藤器修理和衣物织补档；修理自行车、钟表、眼镜、钢笔和补鞋等服务行业。50年代后，这些个体的修理档加入合作社，只剩少量的个体修理户。改革开放初，小修小补的个体摊档逐步增加。至90年代，小修小补的服务业逐渐淘汰，而机动车修理业则发展兴旺。其次是家用电器（电视机、电冰箱、空调机、洗衣机）的修理。再次是电脑和复印机的维修。2000年底，全区有各类维修网点139家，其中综合家电、仪表仪器等专业技术设备修理网点68家，汽车、摩托车等机动车维修网点52家，自行车维修网点8家。

咨询业 80年代，随着市场经济的产生和发展，咨询业应运而生，民营企业以其市场敏锐性和应变灵活性的特点，成了咨询业的主力军。至2003年，它已发展成为内容广泛、门类齐全的产业。包括法律服务、出国咨询服务、投资咨询服务、市场调查策划服务、经纪与代理服务等。2003年，东山区有各类咨询服务企业236家，仅法律服务就多达53家。

广告业 在计划经济一统天下的60、70年代，区内无广告业。80年代，市场经济的激烈竞争使得厂家、商家千方百计打响产品、商品的招牌，提高知名度，扩大市场感召力，广告大战铺天盖地，硝烟迷漫。个体私营企业广告的形式多以户外广告、户内广告、挂历和台历广告等为主。2003年，东山区共有广告业318家，其中广告策划、代理、展览有200家，广告设计、制作有118家。

物业管理 改革开放以来，随着房地产业的迅速发展，住宅小区物业管理也悄然兴起。90年代，企事业单位和党政机关的管理职能也发生了深刻变化，即后勤事务从单位主体分离出去，后勤事务的社会化给物业管理带来广阔市场。物业管理业除去少量的是国有和集体所有制企业经营之外，大部分为民营。物业管理的业务范围也从起初的环境卫生、绿化、美化管理，扩大到包括保安、消防、车辆管理、康乐服务。应业主、居民或单位委托还可提供包括房屋托管、室内清洁、家电维修、装饰工程、接送小孩、代缴水电和煤气费等特约服务。物业管理业的兴办，方便了群众生活，美化了环境，为社会就业提供了广阔前景。2003年，东山区辖内有104家民营物业管理公司。

【信息业】 建国初，东山区没有私营的信息业。改革开放后的90年代，随着世界范围的信息技术革命的兴起，东山区私营的信息业有了飞跃发展。信息业已作为新兴生产力的代表，成了东山区国民经济增长的驱动力，它也深刻地改变着人民群众生活方式。

信息服务业 东山区是中心城区，不适宜制造业生存，90年代后期区内无1家通讯设备制造企业，但运营网络技术和系统工程的民营企业较多，区内的信息服务市场已逐渐呈现出规模化、国际化、集合化的发展趋势。如出现相互参股、并股等市场机制下的新动向，管理运行机制逐渐与国际接轨，软件产业与计算机、网络、电子政务集合度亦不断提高。

据1999年12月统计，东山区信息服务业813家，从业人员9659人，注册资金总额11.52亿元。其中计算机行业注册资金总额3.17亿元，从业人员1294人；从事计算机网络设计、咨询、研发和网络系统工程安装的企业58家，注册资金6891万元，从业人员507人。2002年，东山区有民营信息服务业1304家，营业收入30亿元。其中，民营计算机软件企业331家，营业收入12.73亿元（私营软件企业233家，营业收入5亿元）。

黄花岗高新技术产业开发区 为了实施科技兴区的战略目标，东山区与驻区的中科院广州分院、广东省科学院、广州空军科委、中山医科大学、广东工业大学5个单位合作，于1992年12月创办广州黄花岗高新技术开发区。开发区内进驻企业绝大多数是民营企业。开发区自开办以来，发展态势良好，科工贸营业总收入逐年增加。至2003年末，入园企业总数累计达790家，比1994年的360家翻了一番；实现技工贸总收入80.3亿元，比1994年的6亿元增长12倍；税收2.93亿元。其中，年技工贸收入超亿元企业有20家，上缴税收超百万元企业有39家。

黄花岗信息园 2000年6月28日，广州黄花岗信息园成立。信息园大力发展信息应用技术和信息服务业，开发多媒体教育系统、医疗信息系统、社区综合信息服务系统、电子商务系统、家电和工业产品数字化应用技术及销售网络系统的重点技术，开发网络工程、网络安全系统等，大力推进第三产业革命和带动产业结构的优化升级。截至2003年末，信息园内企业累计拥有大专以上学历专业技术人才11406人，其中具有硕士、博士以上学历的有2700多人，归国创业的留学人员90多人。高素质人才的引进和聚集，促进了信息园经济效益的提升。2003年末，园内信息技术及其服务业企业累计达510家，实现科工贸收入52.9亿元，税收1.6亿元；园内共有软件企业180多家，电子商务企业50多家，各类电子商务、网站20多个，全年电子商务交易额达28亿元。2003年9月，国家信息产业部信息化推进司正式批准黄花岗信息园为全国首个“信息服务示范园”。2003年3月在黄花岗信息园成立全省第一家青年民营企业家俱乐部，为广大民营企业家提供联络和经验交流以及拓展活动的场所。

【文化产业】 东山区是文化区，群众素有喜爱文化活动、酷爱体育运动的好习惯。加之东山区是中心城区，经济较发达，这些都为文化产业的发展提供了良好的社会环境和基础。2003年上半年全区文化产业企业有1035家，实现营业额59.53亿元。其中民营企业数占70.52%，营业收入占43.26%。

文化娱乐业 改革开放初期，一些商家在东山区投资兴办文化产业，如音乐茶座、歌舞厅、录像投影场、书报摊档、字画销售。80年代中期，电子游戏室、幸运盘有奖游戏亦兴起。90年代初，卡拉OK室风靡一时。90年代后期，成人进桌球室、青年人进网吧已成时髦。2003年，全区各类民营娱乐场所有400多间，其中网吧就有70多间，电子游戏机室33间。

教育产业 东山区是教育强区，公办的中学、小学和幼儿园数量多、质量好。常住居民的子女除日常的普通中学、普通小学教育外，家长还根据孩子的兴趣爱好，选择绘画、钢琴、书法、武术、舞蹈、英语等科目，对孩子进行校外教育。2000年，社会力量办各类校外教育的机构达89所，如东山区林顿外语文化学校、广州市美国人国际学校等。区内各类成人教育机构有66间，其中有52间是民办的，如私立培正学院等。随着流动人口的增加，外来务工人员的子女读书求学的需求不断增加，到2003年，东山区社会力量办普通初中4间，在校学生3311人；职业高中3间，在校学生318人；小学33间，在校学生39656人；幼儿园11间，在园幼儿1904人。

体育产业 80年代以来，东山区的健身娱乐业为需求健身、健美、康复、娱乐的消费者提供各类活动场所、器材和技术服务。各种会所、宾馆、新开发的住宅小区都设有健身运动室、健身娱乐室。如位于寺右新马路的广兴华俱乐部，占地6000多平方米，经营游泳、健身、乒乓球、桌球项目，颇具规模，且为消费者配有健身操、瑜珈、形体等多个项目的高级教练。民营健身娱乐业具有优良齐全的设施设备，细致周到的服务体系，精益求精的经营理念。2003年末，全区有50多家民营体育企业。区内体育用品业亦有发展，成行成市，如二沙体育用品市场和海印东川体育名店城等。

【大力扶持个体私营经济发展】 改革开放以来，东山区委、区政府一贯重视发展个体、私营经济，先后多次出台关于扶持个体私营经济发展的政策文件。为了贯彻党的十六大和省民营经济工作会议精神，促进东山区民营经济的大发展，又制定了《中共广州市东山区委、广州市东山区人民政府关于加快民营经济发展的若干意见》(东字〔2003〕10号)。

扶持重点，落实政策措施 区委、区政府决定大力发展连锁、专卖、代理配送等新兴商贸业和信息服务、金融、房地产中介、咨询服务等现代服务业，以及旅业、餐饮、社区服务等社会服务业。放宽投资环境，除国家明确限制的投资领域外，所有竞争性领域和对外资开放的领域，都对民营资本开放。重点扶持信息产业企业，扶持吸纳失业人员就业型企业，支持和协助民营企业取得进出口经营资格，开展进出口业务。积极为来东山区开办企业以及就业的外地人员申请入户。留学人员获得资金资助在区创办民营企业，一年后效益明显的，经评审后由区科技经费再提供10万元的项目发展资金。从2003年起连续5

年，区财政每年安排不少于600万元，重点支持民营企业技术创新；每年安排400万元用于本区失业人员一次性全免费转岗就业培训；每年安排500万元专项扶持资金，用于企业贷款贴息。被评为东山区优秀民营企业者在子女入学、企业用房租金补贴、开辟"绿色通道"等方面将获得优惠。

转变职能，为民营企业提供优质服务 区政府各职能部门在思想认识上有新突破，做到"政治上认同，社会上尊重，政策上支持，经济上保障"。转变政府职能，以更新工作方式、方法，提高工作效能为突破口，以保护、扶持民营经济发展为己任，抓好行政审批制度改革，做到依法行政、廉洁行政、文明执法，强化服务意识，提供优质服务，有效地运用各种手段引导、推动全区民营经济发展壮大。根据省、市的要求，区政府还积极引导民营企业成立商会或行业协会，搭建政府与企业的沟通平台。2003年3月成立东山区民营企业投诉中心，促进政府公开、公平、依法办事。健全金融、信用、咨询、信息服务等社会化服务体系，努力营造和优化区域营商环境。

【个体私营企业组织建设】 改革开放以来，随着个体私营经济的迅速发展，个体私营企业和从业人员的数量不断增加。东山区工商联贯彻执行中共中央〔1991〕15号文精神，充分发挥工商联联系非公有制经济人士的桥梁纽带和政府管理非公有制经济的助手作用。近年来，个体私营企业自身建设和组织建设也取得较大进展。

社团组织建设 1981年，东山区个体劳协成立；1995年，东山区私营企业协会成立，两个协会合署办公。协会成立后，自觉维护会员的合法权益，兴办会员福利事业，组织会员实施"二五"、"三五"、"四五"普法，以提高会员的综合素质。从1988年开始至今的十多年中，区工商联先后成立了东山区百货业同业会、饮食业同业会、制衣业同业会、民营企业商会、蔬菜食品业同业会、摩托车配件行业商会、电器行业商会、摄影商会、汽车用品行业商会等13个基层组织。这些行业社团，在沟通政府、反映意见、组织交流、拓展商机、凝聚同行、探讨发展、协调行业矛盾、引导行业自律等方面发挥重要作用。区汽车用品行业商会还多次参加和组织全国性的行业交流会和研讨会，探索行业发展新趋势和经营管理新思路。

党群组织建设 随着民营经济的逐渐壮大，党组织建设亦得到初步发展。1986年，东山区在个体劳协成立第1个党支部；1996年，东山区在私营企业协会成立第1个联合党支部。为了加强政治思想工作，巩固党的社会基础，在区委组织部和区工会、区妇联、区团委的领导和统一部署下，从90年代后期开始，在有条件的民营经济组织中逐步建立党团组织。至2003年，全区10个街道建立了社区党建工作联席会，共有会员438个，维系党员1.3万人。全区在民营经济组织中建立了56个党组织，管理党员600多人，使流动党员和"口袋"党员有了"家"。与此同时，全区民营经济组织中还成立工会、共青团、妇联组织。通过党团组织的建立和活动的开展，增强了党的向心力和凝聚力，也促进了非公经济组织的健康发展。

【个体私营企业热心社会公益事业】 东山区个体私营企业致富不忘回报社会，造福桑梓，积极投身光彩事业，对扶贫、赈灾、助学、拥军等公益事业，均表现出了极大的热忱。1992年，在全市各区率先成立社会公益基金会，共筹基金36万元。据不完全统计，至2003年止，东山区非公有制经济人士为各项社会公益事业捐款4000多万元。其中，为救助东山区特困重症儿童捐款120万元，兴建老人福利院捐款60万元，为湘西永顺县修建1所光彩希望小学，工程投入60万元。2001年，参加无偿献血活动共捐血2700毫升。民营企业富而思进，积极开展企业精神文明建设，合力营造政治上认同、社会上尊重、政策上支持、法律上保护的良好发展环境。

（广州市东山区地方志办公室　李志诚　周元峥）

1-3-2 越 秀 区

【区情概况】 越秀区是广州市辖10个行政区之一。东以麓景路、东濠涌、法政路、德政北路、中山四路、府学西街、北京路为界，与东山区接壤；南以珠江主航道为界，与海珠区隔江相望；西以人民路、西华路、荔湾北路、流花路、站前横路、站前路、站南路为界，与荔湾区毗邻；东北面以广州火车站、桂花路、市射击俱乐部为界，与白云区、天河区相邻。2003年，总面积为9.16平方公里，总人口数为421336人，人口密度为46007人/平方公里。下辖北京、人民、诗书、大新、光塔、六榕、东风、流花、广卫、洪桥等10个街道办事处，120个社区居委会。

越秀区是广州市最古老的中心城区，秦统一中国后，设南海郡，郡尉任嚣选中了白云山与珠江之间一块负山阻海的地域（在今越秀区域内）作郡治，于公元前214年筑起番禺城（番禺城的遗址就在越秀区内）。此后，沧海桑田，珠江江岸南移，内湖湮没，河涌淤塞，冲积平原不断增大，番禺城在其后各个历史朝代亦不断扩展。如汉代西拓其城，宋代多次扩城（筑子城，东、西翼城和雁翅城），明初合宋代三城为一，其后又分别向南北拓展，北城墙跨越秀山而过，清代临江砌新城等等。在2000多年的中国封建社会里，广州城的发展变化主要都是在今越秀区域内进行。正由于以上的地理和历史的原因，使越秀区成为广州市历史上行政中心、文化中心和繁荣的商业中心。越秀区也是广州市名胜古迹荟萃的城区。广州市市级以上文物保护单位共有155处，而其中约四分之一分布在越秀区内。据2000年第五次全国人口普查结果显示，越秀区除汉族以外，还有回、满、壮等26个少数民族共4277人（其中回族1372人，满族1100人），占广州市区内少数民族总人数的3.08%，占全区人口的1.25%。

越秀区园林绿化有着悠久的历史，古代园林主要以宫苑式园林和自然式园林及寺庙园林为主。解放后，相继建成流花湖公园、越秀公园、兰圃、流花西苑、海珠花园、海珠广场、草暖公园、芳华园、勐园、雅园等公共园林。公园面积占总面积的21.26%，绿化覆盖率达29.88%，人均占有公共绿地面积达4.72平方米。

改革开放以来，越秀区百业兴旺，流通扩大，市场繁荣，人民生活水平迅速提高。特别是20世纪90年代以来，通过实施区经济发展新思路和“优二强三、兴商富区”的经济发展方针，全区经济呈现快速增长态势，主要经济指标以年均10%以上速度增长，高于市的平均水平，综合经济实力逐年增强。21世纪初，区委、区政府与时俱进，根据情况的变化，适时调整区域经济发展战略，按照创新思想观念、创新工作思路、创新工作手段的要求和规模发展、再造优势的思路，实施商旅富区、科教兴区、依法治区和环境立区的可持续发展战略，规划建设“三大商圈”、“三大商务区”，区域经济稳步发展，初步奠定了城区现代化建设的经济基础。2003年，全区生产总值289.37亿元，社会消费品零售总额176.25亿元，商品销售总额508.4亿元，财政一般预算收入5.13亿元。

【个体私营经济发展概况】 近年来，越秀区采取措施促民营经济发展。一是制定《关于保护和促进民营经济发展的意见》等5个配套文件，引导和扶持民企参与区的重点项目建设。如商贸市场的整治改造，以项目招商引资方式，吸纳民间资金3500万元。做好行业协调，加强饮食、食品、皮革、服装等行业协会的建设，积极引导行业协会发挥作用。二是建立信息发布制度和政府经济决策咨询制度。建立与一德路、北京路等商会定期联系制度，努力为企业解决发展中存在的困难和问题；邀请专家、学者、职能部门为企业举行专业知识讲座，开展咨询、策划工作，提供法律咨询和服务等；组织民营企业主与外地企业交流；在全市率先成立街道地区性非公经济组织党委；举办越秀区投资创业商机香港推介会，重点推介北京路商圈4大民营商厦等项目；建立促进民营经济发展工作联席会议制度；与相关部门开展联合预防职务犯罪，加强监督和制约，为民营企业创造良好发展环境。三是大力整顿和规范市场经济秩序。重点开展打击“非典”期间哄抬物价囤积商品行为、非法传销和变相传销、非法拼装车以及“扫黄打非”、食品卫生监督、打假等专项行动，有力地维护公平竞争的市场环境。四是认真做好投资服务工作。成立区投资服务中心，为个体私营企业提供了全方位一站式的服务，并组织系列招商引资活动；定期组织召开重点个体私营企业座谈会，听取企业投资者的意见并协调解决；定期走访重点个体私营企业，宣传政策，帮助企业排忧解难；制定吸引个体私营企业优惠措施，如奖励具有一定规模的新办企业，并为纳税大户、重点项目建立“绿色通道”、“企业办事优先卡”，进一步优化民营经济发展的政策环境。

2003年，全区第三产业增加值274.42亿元，同比增长10.5%，占全区生产总值的95%。其中以民营经济为主的社会服务业继续以较快速度发展，全年完成增加值82.68亿元，占第三产业的30.13%。民营企业保持良好发展势头，全区共有个体工商户21882户，比上年增长0.2%，从业人员25253人，比上年下降22.93%，注册资金总额17.90亿元，比上年增长9.22倍；私营企业6300户，从业人员42005人，其中投资者11185人，雇工30820人，注册资金总额26.97亿元，分别比上年增长1倍以上，其中雇工人数增长3倍多。

近年来越秀区个体私营经济有了较快的发展（详见表3－2、表3－3）：

表3－2　近年来越秀区私营企业发展情况

年份	开业户数（户）	年末户数（户）	年末人数（人）		
			合计	投资人数	雇工人数
2000	334	1267	6110	2315	3795
2001	333	1589	7083	2762	4321
2002	799	2149	12156	5417	6739
2003	1202	6300	42005	11185	30820

资料来源：《广州统计年鉴》2001～2004年。

从上表情况看，近年来越秀区私营企业在户数和人数方面都有较大幅度的增长，2003年年末户数相当于2000年的近5倍，年末人数相当于2000年的近7倍，其中投资人数相当于2000年的近5倍，雇工人数相当于8倍多。

表3－3　近年来越秀区个体工商业户发展情况

年份	期末户数（户）	从业人数（人）	注册资金（万元）
1999	15386	22635	22430
2000	17929	24797	19616
2001	20057	30085	21129
2002	21844	32766	17475
2003	21882	25253	27571

资料来源：《广州统计年鉴》2001～2004年。

从上表情况看，2003年越秀区个体工商户期末户数、从业人员和注册资金分别比1999年增长42.2%、11.6%和22.9%。

【商贸业】　古城广州是海上丝绸之路的起点，隋唐即名扬海外，商贾荟萃，越秀区是广州中枢老城所在地，商业发达。民国期间，全市三个商业中心就有两个在今越秀区内，并有一批明朝以来形成的传统商业街。据1948年《广州市场年鉴》记载，全市共有商户21075户，其中在越秀区范围内的商户约有11123户，占全市总户数的52.78%。广州近代4个商业中心，有3个在越秀区内，即北京路——中山五路、解放中四牌楼、长堤——人民南路。1957年以来，每年春、秋两季在广州举办的中国出口商品交易会均在越秀区辖内举行。改革开放以来，辖内以民营经济为主的多条各具特色的商业专业街先后形成，如闻名海内外的高第街，建筑装饰材料汇集的泰康路、大南路、惠福路，副食品批发市场的一德路，纸张、油墨一条街的天成路，学生用品专业街的状元坊，皮革五金鞋材专业街的濠畔街等等；北京路、中山五路一带逐步成为广州市最繁华的一个商贸中心和古城文化旅游区；流花地区以服装批发为主流成为广州市新的商业繁华地带。

越秀区商业经历了50年代的鼎盛，60年代的曲折，70年代的逐步复苏，80年代的快速发展。进入90年代，越秀区商业覆盖面积已占区域面积的半数，形成国营、集体个体、外资合作企业共同发展的多层次、多功能、各具特点的新格局。近年来，区委、区政府致力"兴商富区"，重点建设"一区一路四带十街"，大力发展商业、服务业等第三产业，重造商业优势。以新的理念不断充实和丰富"商旅富区"战略，规划建设"三大商圈"和"三大商务区"，为个体私营经济发展创造了良好的经营环境。

其中"三大商圈"即：以北京路步行街为核心的国际商贸区；以沿江路、长堤大马路、一德路为主体，集商业贸易、观光旅游、休闲娱乐于一体的沿江商贸区；以流花地区服装批发市场群和广交会场馆为核心的流花展贸区。

北京路商圈集购物、饮食、娱乐、旅游，国有、集体、私营、个体于一体的商业中心。区内既保留了传统的老字号，又新发展了一批国际名牌专买店，既有特色商品经济和商铺、老牌的酒楼饭馆，又有以个体私营企业经营的各类风味小食的食肆、食街，加之拟在区内开发的"千年古道"、南越国宫署、城隍庙、大佛寺、古药洲以及大、小马站、何家襟怀祠古书院群等古迹景点，促进了文化与商贸旅游融合互动。

沿江商圈以海印缤缤广场为主带动，一德路及周边商业的繁荣，大三元、大公等著名"老字号"饮食业的更新改造，长堤大马路历史文化、商业文化、饮食文化、戏业文化的内涵进一步充实，以饮食娱乐为主导功能的特色商业街逐步形成。

流花商圈以流花地区服装批发市场群和广交会场馆为核心，依托该区域的批发业和会展业，大力发展物流配送、货物保管、金融和餐饮服务等配套服务业，流花服装市场的经营档次不断提升，形成商流、物流、信息流充分融合的展贸区。

【专业街和专业市场】　越秀区自古以来就形成各具特色的专业街。改革开放以来，区委、区政府坚持政策引导、营造民营经济发展环境，强化服务，促进专业街建设向不断加强特色，形成规模经营，提高效益的方向发展。其中较为成熟的有西湖路——教育路服装、精品专业街，高第街服装专业街，大新路——玉带濠鞋业专业街，濠畔街皮革专业街，天成路纸张油墨专业街，一德路干果海味专业街，泰康路、大南路、惠福路装饰材料专业街，惠福东路风味食街以及依托光孝寺、六榕寺、城隍庙旅游景点的旅游文化专业街。这些以个体私营企业为主的专业街与区内星罗棋布的商业网点联结成点、线、面发展的商业格局。

越秀区从80年代开始先后投资建设改造了越秀好世界、康乐世界、红棉时装商场、教育路时装城、豪贤路农副产品市场、一德路综合市场、惠福西肉菜市场等较具规模的室内市场。伴随着房地产的发展，一批商场、市场应运而生。1993至2000年间，拓展了40多个商场、市场，增加经营面积26万多平方米，发展了环球（东竣）广场、大川百货、银座广场、天马大厦、浚泰商业城、威利斯商场、亿安百盛百货、中旅商业城等有一定规模的商场，新建米市新街市、东风新街市、大北、洪桥街室内肉菜市场。区政府还积极扶持个体私营经济，开办各类专业市场，促进了国营、集体、个体经济在同台竞争中共同发展。

一德路海味市场　一德路是保存良好的骑楼式商业街，一德路海味干货市场驰名世界各地华人社区，近十年又自发形成玩具礼品、精品行业，是目前全国最大的干果海味和玩具礼品专业街。现时，一德路海味、玩具精品礼品两大行业共有专业市场19个，经营商户超过5000户，从业人数超过3万人，每年营业额达数十亿元人民币。得到政府大力扶持的山海城商贸中心是一德路首个升级改造样板示范工程。“山海城”商贸中心通过借鉴荷兰鲜花专业市场以开盘拍货的交易模式，把生意做到全世界的成功经验，率先在广州海味业首创开盘拍货场。嫁接海内外市场商业桥梁的山海城，吸引众多港商纷纷落定。

高第街日用小商品市场　该市场是个体工商户和私营企业高度集中的小商品市场。地处市区中心高第街内，东起北京南路，西至起义路，全长600米，总面积3600平方米。是经营布匹、鞋帽、服装、日用小百货的集散地，以小商品品种繁多而负盛名。但后来几经调整，特别是经过“文化大革命”后，只剩下为数不多的店铺。党的十一届三中全会后，恢复和发展了个体经济，一些经营服装、小百货、鞋帽的个体商贩陆续出现，高第街逐步兴旺起来。1980年10月，市人民政府批准在高第街开设全市第一个日用小商品市场。据1984年统计，场内有固定摊档329户，占市区日用小商品市场总档数的34.5%，从业人员1，000多人。按行业划分，有服装业235户，占71.4%；日用小百货37户，占11.2%；首饰工艺品23户，占7%；鞋帽19户，占5.8%；其它15户，占4.6%。每天进场交易的有2万多人次，月营业额达127万元。该市场主要特点是：1. 商品种类多。有成衣服装、日用小商品、鞋帽、首饰工艺品、雨伞、儿童玩具、钮扣等7大类，5000多个品种，上万个规格。2. 购销渠道广阔。上市商品多数是本市及外省、省内各地和街道工业、手工业的民营产品，向国营商业进货仅占1%。商品销售范围广阔，有70%销至新疆、内蒙、浙江、云南等20多个省、自治区，25～28%销往市郊、各县及省内20多个县，市内销售量约占2～5%。3. 成为商贩之间进行交易活动的场所。该场开放初期全部是零售，近几年来批发业务迅速发展，批量销售占70%以上。其中日用小商品基本上是批量销售。经营方式十分灵活，批发数量可多可少，如雨伞5把以上，服装5件以上便可按批发价出售。卖出后不适合的可退换，短少的可补足，讲究信用，手续简便，不少档主和商贩建立了固定购销关系。4. 薄利多销。该场经营的大多数是中、低档商品。价格相宜，利润微薄，售价一般比国营、合营企业同类商品要低些。如花篮牌雨伞，国营零售每把利润1元左右，这里批量出售的每把只赚8分至1角。塑料筷子每筒利润也只5分左右。因此吸引了省内、外商贩成批购买。5. 适应市场供求变化。该场出售的商品不仅品种多，而且款式新、变化快、合潮流。有的服装摊档自行设计，裁剪缝制，独具一格，深受顾客欢迎。

流花地区服装市场　流花地区服装市场在广州火车站附近，方圆数平方公里，室内面积近20万平方米。自1992年设立以来，已汇聚了白马、天马、流花、红棉、国宏、新星、康乐等14家大型服装批发商场，入驻档口近万个。2000年，流花地区服装批发市场一条街，有个体户7537户，私营企业30多家，年营业额达21亿多元，成为我国最大的服装批发集散地之一。据2001年越秀区政府组织的抽样调查表明，流花服装市场个体业户占89.1%，私营企业占6.5%，三资企业占3.7%，国企只占0.3%。其中白马服装批发商场经营面积达6万平方米，有营业户2000多户，不仅名列广州市服装市场之首，而且以18亿元的年成交额仅次于天平水果市场的19亿元而屈居全市所有消费品市场的第二位。

流花地区服装市场是广州服装节的发源地，无论规模、品种、项目在全国都有较大的影响，全国各地到广州采购服装，90%在流花地区市场，前来购物的顾客属于广州本地人的只有16%左右，其余都是来自广州以外，包括全国各地和境外的商人。经过多年市场经济的竞争，流花服装市场已形成了品牌效应，广州市500多个服装品牌，大多数在流花市场上都有销售。流花地区服装市场还是广州市劳动就业的大场所。服装行业历来是广州市就业人数最多的行业之一。广州市个体私营服装行业就业人数约10万人，流花地区服装市场就容纳了近5万人就业。

北京路商业步行街　北京路地处广州市中心，是广州城建之始的所在地，是历史上最繁华的商业集散地。按照“现代都市特色，岭南建筑风格，浓郁文化氛围和窗口示范作用”的原则建设。从1998年5月1日起，每逢法定节假日和双休日9：00-23：00实行全封闭管理，禁止包括公交车在内的一切车辆通行，成为广州市第二条商业步行街，节假日人流高达90万人次。目前至少有上千种香港或港资背景企业的产品及品牌在北京路扎根，寸土寸金的118家临街商铺，约100家的经营者有港资背景。一些香港企业以北京路为依托，向全国各大城市进军。这两年，其所在的越秀区政府以建设“最精彩亮丽、最具特色、最富历史文化内涵、最能代表广州市形象的国际级步行街”为目标，对北京路步行街的路面、配套公共设施等进行整饰改造，挖掘和保护了千年古楼、千年古道等一批历史文化资源。

1997年3月，北京路步行街被中共中央宣传部确定为“全国文明商业街示范点”。1999年2月经中宣部检查验收，北京路商业步行街再次被确认为全国精神文明创建活动示范点。目前，北京路网上步行街已开通，市民安坐家中轻点鼠标，即可实现网上步行街购物，是华南地区首宗大规模的网上步行街。

西湖夜市还路于民 2001年12月，为响应广州市政府“还路于民”的号召，有18年历史、名闻全国的西湖灯光夜市实行分批撤消，1045档个体户将被安置到附近的室内市场继续经营。其中，110户被安置到西湖东路的“西湖夜市百货商场”、460户被安置到惠福路与解放路交界处的“惠湖百货商场”。“西湖夜市百货商场”于同月16日开始营业，“惠湖百货商场”于2002年1月开业。

【工业】 越秀区工业是在60年代手工作坊基础上逐步发展起来的。党的十一届三中全会以来，尤其是“八五”计划期间，区民营工业有了较快的发展，在国内生产总值及税收总额中占据较大的比重，是区经济发展的一个重要支柱。80年代，越秀区工业已拥有五羊牌油漆、长江牌水泵、荷花牌不锈钢饭盒、丁香牌钢钉、家声牌立体声耳机、珠江牌消防用品、朝代铝梯等一批稍有名气的产品。90年代又开发了明新冷却塔、康宝奶瓶、广强钟表等名牌产品，不锈钢卷闸、A-PAS系列全自动智能防盗报警系统、无氧铜杆及漆包线、电源插板、自动喷淋水灭火系统，以及延安油漆厂研制出具有优异耐酸性、附着性及保光性的高档自喷漆、中达生物工程有限公司与中山大学昆虫学研究所合作生产的新型农药“虫瘟一号”（NPV杀虫剂）、海鸥电子厂开发的海鸥牌高效节能低谐波含量系列高压钠灯电子镇流器，都是科技含量较高、市场前景较好的产品。在快速发展的同时，街道工业与区属工业，不失时机地进行易地改造，扩大生产规模，开发新产品，提高产品质量，涌现出一批有一定实力的骨干重点工业企业。如大南街的延安油漆厂，1997年成为全区首家产值超亿元的企业和纳税大户，并于1998年组建为延安油漆集团股份公司。“九五”期间，全区工业总产值64799万元，年均增长12.81%，利润总额为1751134万元，比“八五”时期增长52.48%。

进入90年代以来，越秀区工业继续受属地管理和缺乏工业载体以及大规模的城区改造和市政工程建设等因素的影响，区内工业基本上是经营场所在属地，生产场地在外区。特别是规模以上的龙头企业明新玻璃纤维有限公司、豪华汽车座垫厂等企业相继退出区的统计而直接影响区的工业经济总量。第二产业比重继续下降，部分行业生产出现下降甚至萎缩的趋势，不能随市工业的增长而增长，反而相当一部分工业企业流失，原有工业企业外移，新的工业企业难以落足，使区工业企业的经济总量下降。2003年，在全区国内生产总值中二、三产业的比重由2002年的7:93下降为2003年的5:95，降幅达2个百分点；轻重工业的比重为75.29:24.71，同比轻工业增长3个百分点。

【房地产业】 越秀区房地产开发是从70年代末开始兴起。为解决居民群众住房困难，区先后成立了越秀区住宅建设指挥部和越秀区引进外资建设指挥部，采取公与私、私与私合建以及引进外资的办法，兴建了一批住房。

80年代随着改革开放，房地产开发实现了民营化，使房地产开发开创了局面，展现了生机。越秀区城建开发公司成功地开发了景泰新村，建筑面积近16.58万平方米。北秀实业公司先后引进外资，改造开发了广州南油大厦、天安大厦、越秀区少年宫、越秀区体校等一批项目。1986年东风小区的成片开发改造作为广州市连片改造建设的第一例和“有偿使用国家土地”的范例，由越秀区政府委托越秀区城市建设开发公司承担。

经过近十年的努力，一个市政配套设施较完善的住宅小区已初具规模。

进入90年代，房地产业方兴未艾，越秀区利用地利优势，通过加快房地产开发，推动全区建筑安装等相关行业的发展。1991～2000年间，越秀区房地产完成投资55亿元，其中利用外资35亿元，累计竣工面积134万平方米，其中合作竣工面积58万平方米。竣工项目主要有惠爱大厦、天宇广场、富宏花园、应元大厦、泰康城广场、亿安广场、越富大厦、环球（东竣）广场、流花广场等。通过房地产开发，为区提供了商业、服务业等第三产业经营场地42.28万平方米。

【民办非企业单位】 越秀区重视民办文化教育事业。全区现有文化团队、协会近70个，另有众多的民办教育单位。越秀收藏家协会等区中心团队11个，其中越秀区民办的春燕艺术团等少儿文艺团体，其歌、舞、乐屡获全国、省、市的奖励，并多次应邀出国演出，深受好评。

（广州市越秀区政府办公室　杨秀钦）

1－3－3　荔湾区

【区情概况】 荔湾区位于广州繁华市区西部，全区面积16.2平方公里。2003年末全区常住户口52万人。下辖金花、西村、站前、南源、彩虹、昌华、逢源、龙津、多宝、华林、岭南、沙面、桥中等13个行政街道办事处，126个社区居民委员会。

荔湾，旧称“西关”，因区内有“一湾溪水绿，两岸荔枝红”美誉的“荔枝湾”而得名。明朝时，这里已是中国对外通商与文化交流的重要口岸。清朝时曾有100多年是中国唯一的对外贸易窗口，是著名的外贸商埠——十三行的所在地。荔湾独特的地理环境和悠久的历史积淀了独具特色和风格的地域文化，集古代近代和现代文明于一身，既是东西方文化的交融产物，也是岭南文化的典型代表。荔湾区名胜古迹众多：有千年历史名胜荔枝湾；有独享外贸特权近百年的十三行；有创下岭南园林之冠和为发展岭南文化作出过贡献的海山仙馆。至今，区内有全国重点保护单位二处：陈氏书院和沙面古建筑群。有市级文物保护单位多处：广州佛教“五大丛林”之一的华林寺、道教真武帝神庙、近代广州工人反帝斗争丰碑“六二三”沙基惨案纪念碑、蒋光鼐先生故居、李文田的泰华楼、西关大屋等。另外，有孙中山、詹天佑、陈少白、汤廷光等名人生活、工作过的遗迹多处，还有清末洋务派官员张之洞创办的广雅书院和民国陈济棠主粤时期开发的西村工业区遗迹遗址。这些有意义的历史，犹如一颗颗明珠、一部部画卷，镶嵌在荔湾这块风水宝地上，向人们展示她辉煌的昨天。

荔湾区商业发达。全国文明商业一条街——上下九步行街店铺林立，商店云集。1995年，上下九路开通为全市第一条商业步行街，1996年被评为广州市十大旅游美景之一，1997年被定为“百城万店无假货”示范街。区内还有酸枝玉器街、源胜陶瓷工艺街等专业街多条和清平药材市场、童装世界、站西鞋城、黄沙水产品交易市场等大型专业市场多个。

荔湾区亦是广州市著名食肆的集聚地。白天鹅宾馆、广州酒家、胜利宾馆、清平饭店、陶陶居、莲香楼、泮溪酒家等星级酒店与驰名老字号群星争辉，各种荔湾小食琳琅满目；顺记椰子雪糕、伍湛记及第粥、艇仔粥、欧成记云吞面、南信双皮奶等更是历史悠久，蜚声海内外。游览、购物、饮食构成了荔湾区极富岭南风情的全方位特色。

2003年，全地区生产总值2193607万元，比上年增长10.38%。其中，第一产业增加值649万元，第二产业增加值664209万元，第三产业增加值1528749万元，分别比上年增长0.88%、13.00%和9.31%。全区三次产业结构由去年0.04∶31.56∶68.40调整为0.03∶30.28∶69.69，产业结构得到进一步优化。全区人均生产总值45750元，比上年增长10.67%。

2003年，全区商品销售总额7677860万元，比上年增长18.72%，其中限额以上批发零售贸易业商品销售总额6103103万元，比上年增长

52.49%。全区现货商品交易市场成交额496248万元，比上年增长2.91%。

2003年，全区外贸出口总值完成7310万美元，比上年增长16.00%，其中三资企业出口6287万美元，比上年增长36.88%，继续保持强劲的出口势头。内资企业出口则有所下降，全年出口1023万美元，比上年下降40.14%。全区实际利用外资3384万美元，比上年增长0.71%。

【个体私营经济发展概况】　近年来荔湾区民营经济发展情况是：个体工商业户略有发展，但变化不大；私营企业有大幅度的增长。2003年荔湾区私营企业达到3757户，比2000年增长近2倍，从业人员20705人，比2000年增长2.4倍（详见表3－4）。

表3－4　近年来荔湾区个体私营经济发展情况

年份	个体工商业户		私营企业		
	年末户数（户）	年末人数（人）	注册资金（万元）	年末户数（户）	年末人数（人）
1999	12618	15603	15391		
2000	15754	18742	17766	1267	6110
2001	17729	20717	18896	1589	7084
2002	17272	20398	18801	2169	8713
2003	13303	13530	18977	3757	20705

资料来源：《广州统计年鉴》2001～2004年。

从1979年荔湾区第一家个体工商户和1983年荔湾区第一家私营企业注册成立至今，到2003年底为止，全区私营、个体工商业户17060户，从业人员34235人，注册资金181304万元，增长1.09倍。全年销售收入632966万元，增长16.77%。其中，私营、个体经济的户均注册资金和户均销售收入分别为10.35万元和36.12万元，比上年分别增长1.32倍和27.88%。近年来，荔湾区积极优化发展环境，推动非公经济发展，先后制定了《印发关于加快荔湾区室内市场建设，促进占道市场入室的若干规定的通知》（荔府［1996］33号）、《关于进一步扶持民营科技企业发展的若干规定》（荔字［2000］4号），以及《中共广州市荔湾区委、广州市荔湾区人民政府关于加快个体、私营经济发展的若干意见》（荔字［2002］18号）等一系列文件，加强对非公经济发展的引导、管理和服务。区委、区政府每年还通过召开非公经济座谈会，组织关于发展非公经济的专题调研等，进一步提高全区上下对发展非公经济重要性的认识，逐步形成了大力发展非公经济的氛围。在这种氛围下，荔湾区的非公经济不断发展壮大，发挥着越来越重要的作用。

【工业】　荔湾地区的西村、西场一带是清代、民国期间的广州工业开发区，各行业的作坊星罗棋布，刺绣业、五金杂件、玉器、木器家具、制鞋、刀剪、金银首饰加工等多为家庭式小手工业，纺织、中成药、印刷业、卷烟业、日用品工业多为较大规模的私营工厂。其中不乏当时较有名气的厂家及产品，如利工民针织厂的“鹿牌”线仔袜、“秋蝉牌”汗衫，保滋堂的“保婴丹”、李众胜药厂的“保济丸”，冠华衣车行研制的第一台“华南牌”缝纫机等等。

1949年新中国成立后，一些私营或转移资金到香港，或想放弃生产。当时区人民政府为恢复生产、繁荣经济，通过工业贷款、供给原材料、收购产品等措施扶持私营企业。据广州市私营工业调查办公室1954年4月调查统计，西区当时有雇工10人以上的私营企业239家，从业人员10904人，其中用机器设备生产的工业企业201家，从业人员8914人；手工业工场38家，从业人员1990人。

1954年至1957年，成立广州市私营工业调查办公室西区工作队，对荔湾区的手工业、私营工业、个体工业进行社会主义改造，先后把886家私营工厂改造为196家公私合营工厂，及至后来相当长的时期完全取消私营工业和个体工业、手工业企业。1979年以后，实行改革开放政策，荔湾区的个体、私营工业在区政府的扶持下得到逐步恢复和发展。1980年4月，成立区生活服务公司，重点发展个体商业和服务业，对个体工业的扶持仅处在试验阶段。当年，个体工业总产值仅1万元，1985年，个体工业已发展到2185户，从业人员2625人，全年个体工业总产值3008.9万元，占全区工业总产值11.87%。1986年至1990年，区内的个体服装制造业向郊县扩散，同时受市场疲软和三角债的困扰，个体工业户数有所减少。1989年，区工商部门批准少数雇工10人以上的个体大户转为私营工业企业。1990年总产值828.6万元，占全区工业总产值的1.99%。

近年，区委、区政府制定一系列政策措施，从资金、场地等各方面促进个体、私营经济的发展。1998年底，个体私营企业和民营企业的工业产值、税收已分别占全区的41.6%和30.76%。至2002年，全年全区共有个体私营企业1.94万户，从业人员29111人，销售收入完成54.20亿元，涌现出一批年产值或销售额超亿元、税收超千万元的私营企业。

【商业】 荔湾地区南部是旧广州的主要商业区，为广州市金融业、饮食业、南北药材业、百货业、布匹业、大米业、玉器业、酸枝家具业等行业的主要集中地。建国前，荔湾地区辖内的商业均为私营或个体经济。

建国初期，区辖内仍有个体商贩840档，行商254户。1956年，对私营、个体工商业进行改造，对商业网点进行大规模的调整、合并、撤消。1956年，全区小商贩参加的各种形式的合作组、商店有9076户。1958年以后，对个体工商业实施利用、限制、改造、逐渐淘汰的政策。"文化大革命"期间，对个体私营商业实施取缔。1979年，个体私营商业恢复发展，数量不断增加。1985年，全区个体商业户3698户，从业人员4403人。其中饮食业819户，1599人；服务业859户，1067人；修理业510户，587人；建筑修缮业32户，43人。1990年，全区个体商业已发展到4669户，从业人员5666人。其中饮食业645户，1368人；服务业674户，1034人；修理业393户，537人；房屋修缮业15户，19人。1990年销售收入为24113万元，其中私营企业为1673万元，个体企业户22440万元。

【专业市场】 荔湾区专业批发市场是从20世纪80年代的几个占道经营市场的基础上发展起来的，1996年发展到56个，2003年专业市场总数达150多个。专业批发市场涉及中药材、服装、日用品、电子、电器、文具、玩具、玉器、陶瓷、古董、鞋业、装饰材料、水果、水产、五金、花卉等各行各业，门类比较齐全。尤其是中药材、水产、装饰材料、童装、五金等批发市场已成为国内外远近闻名的大型专业批发市场，业务范围辐射到全国各地和东南亚、中东、南非、南美等地，成为荔湾的特色品牌。各类商品交易市场总营业面积为约40万平方米，成交额过亿元的市场有11个，2003年全区专业批发市场总成交量超过100亿元。在专业市场经营的几千商户大部分是私营、个体商户。

谊园文具市场 谊园文具玩具精品批发中心位于黄沙大道，其原址在海珠广场谊园。广州南方展览贸易发展公司于1987年将一德路一带占道经营的个体户引入谊园，实现入室经营，是广州市第一个经营文具玩具精品的大型专业批发市场。1994年底因解放路扩建和解放大桥工程，整体搬迁到黄沙大道，现其营业面积达10000多平方米，配套仓库面积5000余平方米，年交易额超过30亿元，占华南地区的67%，经营业户超过1000户，全部为私营、个体业户。是目前华南地区规模最大、品牌汇聚最多的现代办公用品交易中心和文具精品批发中心。1995年被国务院发展研究中心评为"全国最大最早经营文具玩具精品批发专业市场"。

黄沙水产品市场 广州市黄沙水产交易市场位于荔湾区黄沙大道西猪栏路27号，珠江过江隧道北出口的珠江岸边，西靠广铁南路，东望沙面白天鹅宾馆。沿江四乡渔船可直抵市场码头，水陆交通极为方便。

黄沙水产交易市场是目前华南地区最大的水产品综合交易市场，于1994年7月正式开业。该市场占地近30000平方米，档口总数250多个，室外可同时停靠300多辆汽车，码头可同时停泊100～3000吨的船只数十艘，码头珠江河水面可作为水产品交易场所。每天成交量都在500

吨以上，成交额逾1000万元（全年约40亿元），每天进场车辆达3000多辆次。货源来自广东省内外乃至世界各地。来自广东省的湛江、阳江、电白、三水、顺德、南海、惠阳、惠东、汕尾、汕头、海陆丰、深圳、东莞、珠海等地以及邻省的福建、湖南、湖北、广西、海南等地的水产品此处都可见；来自加拿大、美国、日本、澳大利亚、及东南亚各国的龙虾、象拔蚌、深水鲈鱼、大红斑、老虎斑、老鼠斑、鲍鱼等进口水产品亦成为该市场的主角。市场以批发为主，主要经营鱼、虾、蟹、贝等12大类200多个品种，高、中、低档一应俱全。随着市场的发展及地理位置的独特，现在市场里发展了6家海鲜食府。顾客可以在市场即点即购海鲜水产，拿到酒楼即宰即烹，成为广州市品尝海鲜的一大特色。

黄沙水产市场为解决广州市水产品交易长期占道经营的问题、解决广州市民的菜篮子、平抑物价起到了较大的作用，同时也渐渐成为广州市、珠江三角洲，乃至华南最大的水产集散地。1998年被国家农业部定为第四批全国鲜活农产品中心批发市场和国家重点“菜篮子”工程。

童装妇婴用品市场 广东童装妇婴用品广场位于广州市中山八路，是全省首创专营妇婴系列产品的批发市场，广场1至3层近万平方米，首2层有300多个铺位，经营童装妇婴用品，第3层为敞开式特价商场、广东省童装妇婴用品专业委员会展销部。广场内汇集了内地及港、台地区近5000家厂家及经销商的产品，有帝儿宝恒安及世界名牌花王等系列产品特约经销点及国内外名牌产品上千家，规模宏大，是专业的童装妇婴用品批发广场，吸引来自全国各地商贾乃至俄罗斯、东南亚及欧洲客户，业务往来频繁，全场年销售额10多亿元。所有经营业户为私营、个体注册类型。广场实行商铺、写字楼、存货、板房“一条龙”服务，南天运输公司驻广场承办全国各地的货物运输。广场1996~1997年连续两年被广东省工商行政管理局评为“重合同、守信用”企业，1998年被广东省、广州市消委会评为“诚信市场”、“诚信企业”。

站西鞋城 从20世纪90年代初逐渐形成，经过10多年的发展，截至2003年，站西鞋城目前已有16个鞋类和鞋材批发专业市场，总经营面积达25万平方米，商铺3000多间，各类品牌分支机构和企业97间，个体工商户2084户，从业人员2万多人，年交易额达10多亿元，鞋业销量占全国内销和外销70%左右。鞋城汇聚了国内外众多的名牌鞋的商家、制鞋企业以及配套的生产厂家，产品销往全国各地以及海外。这些专业批发市场组成了全国规模最大、品种最齐及辐射面最广的一个鞋材、鞋类成品批发市场，已成为国内及国外进出口鞋类制品的主要基地，以及全国最为集中、最具规模的鞋类产品集散地和批发中心。

清平中药材市场 广州市清平中药材专业市场坐落于市中心的六二三路旁，东临广州文化公园，西接黄沙火车站和地铁站，北面是上下九路、第十甫路商业步行街，南对沙面风景区，是经国家医药总局批准设立的全国17个中药材市场之一。近年来，在全国中药材专业市场抽验检查中获前3名。它由原清平中药材专业市场、黎明干果批发商场、清平东干果市场组成。

清平中药材专业市场自1979年开办至今20多年以来，发展迅速，从最初占道经营的100多个业户发展到目前的1160多个业户，全部为私营、个体企业商户。现市场占地面积6203平方米，建筑面积18822平方米，2003年成交额超过10亿元，上交税收约3000万元。经营业户来自五湖四海，商品销往全国各省、港澳台地区及东南亚等地，成为中药港的一个对外窗口。

为使清平中药材市场更加规范和现代化，市场建立了一支高素质的管理队伍，设立了“12315“全天候投诉举报服务网络，市药监药检部门专门派员驻场进行日常检查工作。场内经营业户均有省市药监部门核发的上岗证和营业执照，业户中还组织了行业协会，实现自我管理、自我教育、自我约束，形成一种良好的市场经营作风。

清平中药材市场享誉海内外，党和国家领导人曾多次前来视察，美国前总统尼克松、日本前首相海部俊树也曾到来参观。

十三行服装市场 十三行位于广州人民南路，历史悠久，闻名遐尔，自清朝康熙年间就已经是古代中国唯一的、世界第四大的对外通商口岸，并且长盛不衰，在国内外享有较高的品牌效应。改革开放以来，十三行成为广州市最重要的服装批发集散地和物流中心之一。目前，十三行服装批发商贸物流中心包括有22家服装专业市场，总营业面积超过15万平方米，经营商户超过5000户，年总成交额达到数亿元，每天进出货物上千吨，人流量达数十万人次，其商业辐射面达全国各地、俄罗斯以及东南亚地区，成为广州市与白马服装市场、濂泉路服装市场并立的三大服装业批发市场。

【特色街】 荔湾是广州传统的商业老城区，在历史发展进程中出现了不少具有特色的街区，以其特有的人文景观声名远播。有"不逛上下九，不算到过广州"的上下九路商业步行街；有"不知华林玉器街，不是识玉人"的华林玉器街；有"不闻古玩城，不是行中人"的古玩城；更有"食在广州，味在荔湾"等等的说法，可见其影响力的深远。而其经营者基本上是私营、个体工商户，它们是荔湾区民营经济发展最早的实践群体之一，约占全区民营企业的四分之一。

上下九步行街 广州市商业步行街地处荔湾区的上九路、下九路、第十甫路，是广州市三大传统繁荣商业中心之一，蜚声海内外。全长约1218米（现只开放下九路、第十甫路共833米），共有各类商业店铺238间和商户数千。在漫长的历史长河中，逐步形成了当今商业步行街中西合璧的四大西关风情特色，并构筑成一幅独特的、绚丽多姿的西关风情画，营造出亮丽的旅游风景线。步行街于1995年9月30日开通，是广州市第一条步行街，2003年全年人流量近1亿人次，成交额约7亿元。经过近10年的发展，取得了良好的经济效益和社会效益，为广州市和荔湾区争创了不少的荣誉。1992年被广州市政府命名为"不经销（生产）假冒伪劣商品一条街"，1996年被团中央授予"青年文明号街"称号，1997年被评为"羊城十大旅游美景——西关商廊"，1998年被中宣部、内贸部、国家工商行政管理局和国家技术监督局评为全国十五条"百城万店无假货"活动示范街之一，为广州市和荔湾区商贸旅游事业的发展发挥了一定的作用。

华林玉器街 华林玉器街具有悠久的历史传统和西关文化底蕴。据史料记载，西关历来是金银首饰、玉器珠宝的销售中心和集散地，旧称玉器墟，其玉器珠宝文化源远流长，历史上的上下九路曾经是金器玉石的集散之地。华林玉器街南起下九路的西来正街，北至长寿西路的新胜街，以华林寺前为中心，包括西来正街、华林新街、茂林直街、新胜街、长胜街等。在连绵500米的内街中，有玉器店铺140多间，内设近千个玉器珠宝档位，其中华林玉器大楼规模最大，设有档位近400个。街内还设有临时摊档200多个，主要集中在华林新街、华林寺前街心的绿化长廊。

华林玉器街经营面积10000平方米，聚集了广州市八成以上的玉器商，囊括了广州市玉器交易总量的90%以上，以批发为主，兼营零售，批发数额巨大，零售以旅游和家庭顾客为主，年营业额超过1亿元人民币。其交易辐射至中国大陆、香港、台湾、日本、韩国及东南亚等国家和地区，其生意吸引力使缅甸、香港、台湾及云南、河南、福建等国内外玉器商来此经营，使玉器街成为蜚声海内外的玉器交易场所和集散地。

华林玉器街八成左右的商家出售自己加工的玉器。他们主要到云南采购玉石毛料，运回广州加工。不少商家在广州市郊或附近四乡设有加工厂，将玉石毛料加工成玉器，然后在玉器街出售。因为购石、加工、销售一条龙，减少了流通环节，所以华林玉器街的玉器一般比别处便宜五成左右，吸引了成千上万的海内外客商前来"淘宝"。

玉器街内拥有广州市最大的室内玉器商场——华林玉器大楼（即华林珠宝玉器商场）。华林玉器大楼由华林工贸总公司开办，经营面积约1000多平方米，首层设有玉器柜位280多个，由玉器专业户独立经营，是玉器街的交易中心。华林玉器大楼最大的特点是经营品种齐备：既有介面、耳扣、玉坠、玉镯，也有杏心、花件、花牌；既有古玉和仿古玉器，也有近年时尚的生肖类玉器；既有雕工精细的座件摆件，也有玉器加工工具；既有可保值的A货玉器，也有价格相宜的B货、C货玉器；甚至还卖玉石毛料。

玉器街与历史悠久的华林寺——五百罗汉堂共处一地，成为广州市区观光旅游购物重要的人文景点。

源胜工艺街 源胜工艺街从唐代以来就是外来人口、农民和手工业者的聚居地，也是海上丝绸之路的主要发源地之一。明代开始更是凭借开埠的优势发展了商业和运输业，居民以从事制造业和陶瓷业为主。至清代中期以后，对外贸易的迅猛发展促进了珠江北岸商贸规模的不断扩大，并迅速形成了西关“下铺上居”、“前铺后店”的特有聚居形态。一块上书“源胜街”三个大字的清光绪年间的界碑至今仍然保留安放在源胜陶瓷玉石工艺街路口树基上。

源胜陶瓷玉石工艺街是广州市政府选定的“广州十大专业市场”之一，也是华南最大的陶瓷玉石工艺品集散市场。商品远销到广西、山东、江西、浙江等地，缅甸、泰国和一些欧洲的商人也闻风而至，这里的月交易额超过1000万元。

工艺街处于广州市老城西部，历史上即为小商品生产者和商人聚居地，深富历史文化底蕴。20世纪90年代初，街道办事处为配合政府整治市容，在康王路与文昌北路之间建成了200多米的“源胜陶瓷玉石工艺街”。主要经营陶瓷玉器、古玩钱币、古旧家私、奇珍异石等民间工艺品，是省港澳地区最大的古董和仿古工艺品流通市场。集市范围有商户近千档。街内各种精品不计其数，成为中国各地民间工艺品的汇集地。在源胜工艺街，佛山石湾和江西景德镇的陶瓷、宜兴紫砂茶具、福建寿山石和鸡血石、缅甸的美玉，以及竹雕、木雕、根雕、铜雕、牙雕等等，林林总总，异彩纷呈。

西关古玩城　广州市西关古玩城（第一期）于1997年12月13日开业，现有店铺148间，面积5704.88平方米。业户集中了广州市绝大部分古玩经营大户和相当大部分中户以及一部分小户；经营者中有广州本地的行家，还有香港、澳门、泰国等地的行家以及江西、安徽等地的外省业户。

西关古玩城经营范围包括国家允许经营的文物监管物品中的陶瓷古董、石器木雕、历代钱币、名人字画、集邮品、翡翠玉石等，是集民间艺术品买卖、交流、欣赏及旅游于一体的市场，是广州古玩爱好者进行欣赏、交易的理想之地。

古玩城年纳税额约25万元，其中公司8万多元，商铺16万多元。目前已经成为全国四大古玩市场之一。

西关古玩城所在位置是清末民初广州的风水宝地——西关，是富甲岭南的商绅们居住的“高尚住宅”区，他们留下来的住宅，成为反映近代广州民俗风情的西关大屋。除了有西关大屋保护区外，还有荔湾区博物馆、小画舫斋、泮溪酒家等。荔湾湖公园里面的荔湾涌还将恢复古渡口（古码头）和水上游乐活动。届时，昔日荔枝湾“一湾溪水绿，两岸荔枝红”的风景将会得到恢复。

【民营经济组织】　荔湾区个体劳动者协会成立于1981年，荔湾区私营企业协会成立于1990年，其职能是在政治建会、民主办会、服务立会、实力兴会的基础上，发挥“自我教育、自我管理、自我服务”的“三自”作用，教导广大私营个体企业经营者，树立良好的道德情操和职业精神。1995年，荔湾区成立了第一个民营企业党支部，2003年底，荔湾区个协、私协党总支属下有党支部12个，私营企业党支部3个，党员210名。2001年成立了个协、私协团支部。2002年荔湾区个协、私协工会联合会成立，并组建了个体私营企业工会委员会、分会工会联合会26个。2003年，民营企业家有市人大代表3人，市政协委员4人，区人大代表39人，区政协委员42人。近5年来，民营企业家在积极参政议政的同时热心于扶贫济弱，敬老爱幼和拥军优属等社会公益事业，共捐款500多万元。

荔湾区工商联成立于1953年，现有私营工商业商会、糖烟酒副食品业同业会、蔬菜食品业同业会、机电五金业同业会、玉器工艺业同业会、饮食服务业同业会、百货针织业同业会、鞋业商会等8个同业会和12个基层分会，会员1300多名，他们坚持“团结、帮助、引导、教育”的工作方针，开展非公经济人士的思想政治工作，在沟通政企、调查研究、参政议政、慈善公益等方面做了大量工作，为荔湾区民营经济发展作出了贡献。据不完全统计，1996～2003年底，区工商联为光彩公益慈善事业捐款捐物价值约1200万元。

【民营企业投诉中心】　为了加强对荔湾区民营企业和个体工商户合法权益的保护，协调解决有关民营企业和个体工商户的投诉事务，广州市荔湾区民营企业投诉中心于2003年3月18日正式成立，并开通投诉热线，接受民营企业和个体工商户对本区各级党政机关、职能部门、事业单位及其工作人员侵犯合法权益的投诉。

荔湾区民营企业投诉中心设在广州市工商行政管理局荔湾分局，受理投诉的方式有三种：人工电话、来访和信函。其工作宗旨："为民营企业和个体工商户排忧解难，并提供热情、周到、高效的服务"；工作要求："务实、高效、公正、廉洁"；工作目的："切实保护民营企业和个体工商户的合法权益"；工作承诺：对已受理的投诉案件"每件必办、每件必复"。

【鼓励民营经济发展的政策措施】

（1）发挥区科技经费和财政专项资金的作用，支持私营企业推进科技创新。对经科技部门认定的民营企业重点技术创新项目，纳入区财政的挖潜改造资金、科技三项费用支持范围；其管理信息化建设项目，区经发局、区商业局、区发展计划局和区科技局也要给予支持。对已经形成一定基础和优势的民营高新技术企业组织开发具有自主知识产权、市场前景较好的科技成果产业化项目，纳入区技术改造贷款贴息资金、挖潜改造资金等专项资金支持范围。引导有条件的民营科技企业建立工程技术研发中心等研发机构，支持重点私营企业特别是民营科技企业开展研发和成果转化。协助民营科技企业申报省、市各项科技经费和国家中小企业创新基金。

（2）积极落实各项进出口扶持政策。凡具备条件的外向型民营企业，都可申办享受国家中小企业国际市场开拓资金、省和市科技兴贸专项资金及便捷通关、"广交会"参展等政策以及出国展销的各项费用补贴。积极帮助民营企业按有关政策法规获得自营进出口权。加大区出口退税周转金支持力度，对重点私营企业特别是民营科技企业的产品出口，给予退税周转金支持。

（3）积极发展中小企业信用担保机构和民营企业风险投资业务。鼓励民营企业建立互助资金和联保制度，通过企业入股、社会筹集和政府支持建立互助资金，发展以市场机制运作的信用担保。鼓励民营企业依法开展多种形式的互助性融资担保。鼓励民营企业独资或以股份形式组建和经营投资公司，不断完善风险创业的金融支持体系。

（4）鼓励有规模的民营企业到江高工业区发展。进入江高、聚龙工业区发展的制造业企业，全部免收管理费。

（5）对到荔湾区投资新办的民营企业，除属中央、省、市委托代收的行政性收费项目予以保留外，属区地方留成的行政性收费，实行第一年免收，第二年减半征收，第三年起按标准征收。

（6）采取"政府搭台，企业唱戏"的办法，帮助民营企业开拓市场。每年选择荔湾区优势行业或优势商品，政府与行业协会、商会定期举办各类商品交易会、博览会，或组织民营企业到国内大城市举办各类展销会，多渠道全方位推介荔湾区民营企业的名牌产品，拓展外地市场。

（7）对在荔湾区新设立总部的年纳税50万元及以上的民营企业，在注册登记一年内按其纳税额一定比例分级奖励企业经营者。年纳税50万元（含50万元）至200万元的奖励3%，年纳税200万元及以上的奖励4%。

（8）设立引进投资创税奖。对引进年纳税额人民币50万元及以上的企业到荔湾区注册投资的引介人（荔湾区专职从事招商引资的工作人员除外），按企业年纳税额的2%进行一次性奖励，报区招商引资协调小组审批后发放奖金。年纳税额从企业开始纳税起连续累计12个月。

（9）在区内年纳税额人民币30万元及以上的民营企业，可办理广州市蓝印户口1个。对连续两年在区内纳税额100万元及以上的民营企业法人代表，其子女当年可在区内学校入托、入学并享受照顾借读有关优惠政策。

（10）推行企业注册登记前置网上并联审批制度和网上并联年审制度。成立区网上并联审批工作协调小组，实行联席会议例会和工作通报制度。在区政府办证服务中心设立并联审批中心。对涉及审批事项的企业，实行"工商受理，网上发布，并联审批，限时完成"，加快审批速度。结合行政审批制度改革，进一步清理、减少前置审批项目。对关系人民生命财产安全和身体健康的前置审批项目，必须凭许可意见或许可证复印件办理营业执照。全面实行民营企业经营证（照）网上并联年审制度，严格按照国家和省的有关法律、法规执行企业年审项目和收费标准，坚决清理和废止各项违法违规的年审和收费项目。

（11）简化出入境管理手续，取消出国（出境）进行商务、学习、考察等需提供境外邀请函的做法，方便民营企业出境从事商务活动。对申办三个月赴港、澳商务签证的，取消纳税限制，实行按需审批。对民营企业纳税大户，实行资格认定报备制度，根据当年纳税额优先办理一年或三年多次签证，方便民营企业拓展外经贸业务。

(12) 为民营企业提供法律、政策等多种信息的引导和服务。建立信息服务平台，加快资料更新，及时发布企业需要的法律、政策、市场、人才等多方面信息。定期组织区法院、荔湾工商分局、荔湾地税分局、荔湾区国税局等有关部门举行公开咨询服务活动，为民营企业提供法律法规等信息咨询服务。区招商中心要定期召开信息发布会，向民营企业通报最新的投资信息，为企业提供投资决策咨询服务。

(13) 在民营企业中实行《缴费登记卡》制度和《检查登记卡》制度。清理和取消各种不合理的年审、年检、行政检查等收费，属于政府行政管理执法职能范围内的费用，原则上由行政经费负担，不准向企业收费。确需收费的，必须按规定程序报批，并严格实行“收支两条线”。其他任何部门不得擅自制订各种执法、检测、检验、检查、培训收费项目和收费标准，不得将行政职能范围内的公务转移给中介机构搞变相乱收费。制定全区统一的《缴费登记卡》和《检查登记卡》，除登记卡明确的检查项目及国家、省有关法规规定和市物价部门核准的收费项目外，企业有权拒绝交款、拒检和投诉。由区物价部门会同区纠风办、区办证服务中心和区监察部门，每年定期对登记卡制度的执行情况进行回访检查。

(14) 全面实行政务公开，建立行政审批监督机制，实施服务承诺制和违诺追究制。行政执法部门和窗口服务部门要加强对有关人员的业务培训，在规定服务时间不能以各种借口关闭对外服务窗口，要向企业公开其服务承诺内容，包括办事时限、要求、标准、纪律等，违诺者追究责任。

(15) 设立企业服务热线电话。对外公布一个电话号码，设在区办证服务中心，专门为民营企业提供办证、咨询等各种服务。实行首问责任制，工作人员接到电话后若不能当即解答的，必须在 24 小时内答复或派人上门为企业服务。

(16) 设立企业投诉热线电话和投诉信箱。对外公布一个电话号码和一个信箱地址，设在区监察局，对行政主管部门的勤政、廉政及遵守服务承诺制度的情况进行监督落实；监督行政执法部门依法行政。对接受的企业投诉，迅速转到有关主管部门或专业部门，并督促其协调解决，限时完成，及时帮助企业排忧解难；按照组织举报工作的有关程序，对侵犯民营企业合法权益的行为，及时加以制止、纠正；对违纪违法行为严肃查处。实行投诉追究制，区纪检监察机关会同组织、人事部门，对被投诉工作作风有问题或向企业“吃、拿、卡、要”的工作人员，经查证属实的，第一次给予通报批评，第二次调离岗位或免职，情节严重的按照党纪、政纪以及《行政监察法》追究行政和法律责任。

(17) 提高民营企业经营管理者素质。由区经发局、区科技局根据企业需要，不定期举办各类讲座和培训班，请有关专家学者或著名企业的经营管理者授课，帮助民营企业主获得最新的经营管理等各种知识，提高经营管理水平；组织民营企业家外出考察学习，开拓视野。

(18) 为民营企业提供多方面人才服务。区人事部门定期组织民营企业招才引智；协助民营企业解决外地人才引进、大中专毕业生接收、专业技术人员职称评定、档案保管、人事代理服务等后顾之忧；引导民营企业进行人才资源管理开发。

(19) 加强对民营经济发展的领导。建立区民营经济工作联席会议制度，定期研究民营经济发展中的存在问题和对策。建立区五套班子领导联系重点私营企业制度，加强与企业的联系和沟通，及时为企业解决困难和问题。在制定有关经济政策时，重视听取民营经济人士的意见。适当邀请民营经济人士参加党委、政府召开的有关会议，使其及时掌握党和政府的经济发展思路和有关政策，参与经济工作的研究。区经发局是荔湾区民营经济发展的主管部门，负责民营经济发展的规划制订、政策引导、经营投资服务、工作协调等工作。

(20) 区委、区政府在适当时候召开总结表彰大会，对发展快、纳税多、贡献大的民营企业进行表彰奖励。宣传部门要配合做好宣传报道工作，创造、形成有利于促进民营经济上新水平的良好社会环境。

(21) 加强对民营企业发展的保护、引导和依法管理。保护民营企业及其出资人的合法投资和因投资取得的合法收益，任何单位和个人不得侵犯民营企业财产和合法权益。提高行政部门的依法行政水平和管理水平，引导民营企业严格自律、安全生产、守法经营、文明经商。加大力度整治市场经济秩序，查处无证经营，打击偷税漏税、制假售假、走私贩私、欺行霸市等违法行为，营造公平、公开、公正的市场秩序和环境，促进民营经济健康发展。

(22) 加快民营企业信用制度建设。协助在市民营企业信用信息网上建立民营企业信用档案，提供信用咨询服务，引导民营企业守信经营。把“重合同、守信用”的民营企业和经审核信誉好、守法经营的纳税大户列入“绿色通道”，在纳税、年审、年检中给予相应的快捷、优待服务和免予日常稽查的待遇；把信用差的民营企业列入“黑名单”，有关部门加强监管。

(23) 强化区工商联、个体劳动者协会和私营企业协会对民营企业的指导、协调、服务和沟通信息的职能，及时反映民营经济发展中存在的问题，提出意见和建议，并对政府有关职能部门的工作进行社会监督；接受民营企业的投诉，协助政府监察部门依法查处。结合荔湾区实际，加快组建各类行业协会，鼓励行业协会在制订行规、行业自律、价格监督、质量标准、等级评定、产品推介、知识产权保护、管理和技术咨询等方面发挥更大的作用。同时加强对行业协会的引导和管理，避免浪费资源和加重企业负担。

(24) 坚持“围绕中心、服务企业、促进发展”的方针，积极探索民营企业党工团工作新路子，保证民营经济沿着正确方向健康发展。制订民营企业党工团建设规划，指导企业开展党工团建设工作，采取单独组建、联合组建、挂靠组建等方式组建党工团组织。在民营企业中积极发展党员，重点发展生产经营、科技骨干和一线优秀工人，重视发挥党组织在企业中的战斗堡垒作用和在职工群众中的政治核心作用。

(25)《荔湾区扶持中小企业发展专项资金管理暂行办法》规定，对民营企业进行如下扶持：①贷款贴息：中小企业（含工业和商业，下同）发展需要已取得金融机构贷款，并在区级以上计划或经济部门立项的项目，且企业上年纳税总额在50万元以上，可申请贴息。贷款贴息按申请项目贷款年息的部分或全部给予贴息。②租金补贴：中小企业发展符合区政府的导向政策，在适合的场地办公、生产等，可申请租金补贴，重点支持科工贸园、大坦沙科技产业园及留学生科技园。③创名牌奖励：中小企业在创著名商标、驰名商标、名牌产品等品牌战略方面有突出成就，区政府给予奖励，其中国家级的奖5万元，省级的奖3万元，市级的奖1万元。

【广州设计港】 广州设计港是荔湾区在大力发展民营经济基础上推出的中小企业创业园，目前进驻的全部为民营企业。它是在城市发展过程中寻找“比较优势”，形成错位竞争，通过引导优势现代服务业在中心城区加速聚集打造“特色产业”的过程中建立起来的。2003年12月，首期规划面积约4万平方米，由荔湾科工贸园、示范区、主楼、CEPA区、新景城座及国际交流中心等部分组成。目前招商形势较好，已有30家企业进驻，其中专业设计公司有香港传艺中心等9家，预计2年内可达到200家左右专业设计公司的规模。

【民营科技企业】 近年来，在中共十五大、十六大精神的指导下，荔湾区在优化发展环境，推动非公经济发展特别是民营科技企业发展方面做了不少工作。区委、区政府制定了《关于进一步扶持民营科技企业发展的若干规定》、《中共广州市荔湾区委广州市荔湾区人民政府关于加快个体、私营经济发展的若干意见》，从政策、资金、科技、人才等方面都向重点民营科技企业倾斜，搭建了民营科技企业发展的四大平台：留学生科技园、聚龙工业区、广州环保科技产业园、科工贸园。目前荔湾区拥有民营科技企业约150家左右，主要有精细化工、机电一体化、生物技术、电子技术、信息产业、通讯等行业，经营规模在广州市十区两县中处于中等偏下的水平，但发展速度处于中上水平，保持了快速发展的势头。其表现为：一是龙头规模的民营科技企业不断涌现，一批中等规模的民营科技企业迅速成长；二是逐步建立现代企业管理制度和较规范的法人治理机制，相当一部分民营科技企业完成了从集体或区属国有或由家族式管理向现代管理的转变；三是规模民营科技企业大部分拥有自有知识产权的技术和产品；四是民营科技企业已成为荔湾区区域技术创新的主体，也是人才的聚集地，美晨、数控、恒山、高士均成立了工程技术研发中心，数控、恒山被国家人事部批准建立博士后工作站，构筑了技术和人才的高地，企业结构为知识与技术密集型。

荔湾区的民营科技企业主要分布在留学生科技园（一、二期）、聚龙工业区、广州环保科技产业园等园区，来源主要有三类：改制型、引进型、自主创业型。改制型以美晨、数控、兴华、二轻所、荔湾电线为代表，具有较好的基础，规模相对较大；引进型以留学生科技园内的企业为代表，规模较小，有人才和技术优势，但市场和资金是关口，突破了就会有后发优势；自主创业型数量较多，处在创业初期的一般规模较小，技术和人才资金较缺乏，而过了创业期到了发展期的民营科技企业如好迪、恒山、高士却恰恰相反，规模大、资金雄厚。

（广州市荔湾区经济发展局　胡爱东　张金嘎）

1-3-4　海 珠 区

【区情概况】　海珠区四面为珠江广州河段前、后航道环绕，北部与荔湾、越秀、东山、天河区隔江相邻，东部、西部、南部分别与黄埔、芳村、番禺区相望。区域包括海珠岛、官洲岛和丫髻沙岛，总面积90.45平方公里。区辖18个街道办事处，352个社区居委会。全区总人口123.73万，占全市12.45%，其中男性652802人，女性584471人，人口密度为13687人/平方公里。

区内河涌密布，水上交通方便，不但是广州市区内的重要水路航道，还可直通珠江三角洲各内河港口及沿海港口，区内有客运货运码头，船舶可直达汕头、海口、三亚、厦门等沿海城市。陆路有主干道、次干道、支路三级路网遍布全区，14座跨江大桥与市内各区相连，内环路、环城高速公路和华南大道横贯全区，地铁二、三号线通过区的繁华地段。

海珠区既有都市的繁华热闹，又有乡村的田园景色。以“江、涌、林、园”为特色的江岛生态系统，使海珠区成为最适宜创业发展和生活居住的现代化生态城区。广州国际会展中心、国际生物岛等重点项目落户海珠，海珠区的区位优势日益凸现。辉煌的前景，无限的商机，已成为有识之士投资发展的理想之地。

目前，海珠区致力建设滨江路具有岭南特色和异国情调的旅游休闲、观光中心；江南大道、江南西路、宝岗大道的大型零售购物、商业服务中心；广州大道南地区以专业市场为主体的物流商品集散中心；琶洲赤岗地区的会展、信息、商贸服务中心；以中山大学为龙头，建设新港路沿线的科技中心；围绕万亩果树保护区，建设现代都市型的生态农业旅游中心等六大中心已初具规模。

海珠区经济持续稳步健康发展。2003年，生产总值达275.59亿元，同比增长13%；区财政一般预算收入8.22亿元，同比增长13%。

工业生产较快增长，成为全区经济发展的主导力量。2003年，全区实现工业总产值223.48亿元，同比增长16.2%；实现工业增加值78.59亿元，增长16.47%。工业对全区经济发展的主导作用进一步增强，工业增加值占海珠区生产总值的比重为28.52%，对全区经济增长的贡献率达38.41%，拉动GDP增长5个百分点，比上年提高2.37个百分点。

2003年全区外贸出口创下2.39亿美元的历史新纪录，同比增长33.8%。外贸出口2.39亿美元，同比增长33.8%；实际利用外资2344万美元，同比增长11.5%，以生物医药、化工投资和咨询服务为主营业务的龙沙（中国）投资有限公司总投资金额和合同利用外资均为3000万美元，这两个项目的合同利用外资占全区的94.9%，有力地带动合同利用外资和实际利用外资的增长。

商贸服务业稳步发展。2003年全区完成商品销售总额390.04亿元，同比增长10.1%，社会消费品零售总额141.8亿元，同比增长10%，保持了多年来稳步增长的发展势头。全区规模较大、信誉较好的一批餐饮企业营业额稳步回升，其中广州市炳胜饮食有限公司消费品零售额增长

1.89倍。商业环境进一步得到改善，商业网点不断增加，一批大型连锁超级市场纷纷落户，市场的集中化程度逐步提高。全区连锁超级市场实现商品零售18.06亿元，同比增长93.6%。2003年海珠区专业市场137个，全年市场商品贸易成交额79.3亿元，其中亿元以上市场18个，市场成交额达67.74亿元，占全区专业市场成交额的86.7%，所占比重比上年提高13.6个百分点。

【民营企业发展概况】　近年来海珠区民营经济发展呈现出以下8个特点：

(1) 总量规模持续扩张，民营经济成为各种所有制经济中最具发展活力的经济板块。2003年12月，全区民营企业总户数20946户，从业人口76507人，注册资金38.8亿元，其中个体工商业户11276户，从业人口11855人，注册资金1.3亿元，私营企业9670户，64652人，户数和人数分别比1999年增长8.1倍和10.3倍，发展势头迅猛。(详见表3-5)。

表3-5　近年来海珠区个体私营经济发展情况

年份	个体工商业户			私营企业	
	年末户数（户）	年末人数（人）	注册资金（万元）	年末户数（户）	年末人数（人）
1999	16348	17052	9796		
2000	20208	20758	13029	1060	5737
2001	22762	23570	18582	1569	7196
2002	26868	33324	15903	3300	12401
2003	11276	11855	13378	9670	64652

资料来源：《广州统计年鉴》2001～2004。

(2) 经济比重逐步提高，民营经济已成为支撑国民经济持续增长的重要力量。2003年民营经济实现生产总值约占全区经济总量的31%。

(3) 企业实力不断增强，一大批实力强、后劲足、市场占有率高的龙头企业正在崛起。1996年，民营企业的实收资本金约37.2亿元，而到了2002年，民营企业的实收资本金达到了149.03亿元，为1996年的4倍，民营企业创造的工业产品产值达到55亿元，涌现了宏宇集团股份有限公司、金海马实业有限公司、东江饮食有限责任公司、富基房地产开发有限公司、华新贸易有限公司、阿波罗洁具有限公司、金华光钟表有限公司、长江企业发展有限公司、华南汽贸城、南天国际酒店用品公司等一批规模较大的民营企业，在海珠区的经济发展中占有越来越重要的地位。

(4) 加大技术改造投入。为拉动全区经济增长提供新动力，民营企业投入技术改造资金占全区企业技术改造资金的近90%。

(5) 民营企业的经营领域不断拓展。民营经济的投资领域和经营范围由过去的传统加工业、商业、饮食服务业，拓展到工业制造业、旅游服务业等各个领域。近年海珠区商业发展迅速，形成了以民营企业为主的批发业、商业零售和饮食行业。新一佳、家乐福、好又多、万佳、百佳等民营企业成为海珠区商贸及饮食业的“领头羊”。

(6) 科技推动、外向开拓成为民营企业发展新亮点。积极发展高新技术产业，海珠科技产业基地建设进展顺利，吸引了一批民营科技企业驻区发展，民营科技企业成为海珠区高科技产业发展中的亮点。2003年末，经区有关部门认定的民营科技企业达到211家，其中高新技术企业23家。

(7) 民营企业对社会的贡献日益增长。除了增收创税外，重要的是化解就业压力。在提供就业机会方面，民营企业的贡献尤为突出，民营企业从业人员超过7万人，成为安置社会失业人员和国有企业改革下岗人员的一个主要渠道。

(8) 民营企业家积极参政议政，热心社会公益事业。海珠区民营企业家通过人大、政协等渠道积极参政议政。仅近年，由市总商会组织民营企业家提交的人大、政协议案、提案就达100多件。目前，海珠区的民营企业家有55人担任区级以上人大代表，有40人担任区级以上政协委员，其中全国政协委员1人。

【民营企业党组织建设稳步推进】　海珠区民营企业党组织的组建工作按照“先行组建，逐步提高，突破难点，分类指导”的工作思路，采取有力措施，在全区上下形成了各级党委重视、社会各界关心、业主老板支持、广大党员踊跃参与民营企业党建工作的良好氛围。2003年9月，海珠区条件成熟的27家非公经济组织，经过海珠区委、各街道党工委的共同努力，全部成功组建了党组织。截止2003年底，已建立非公经济组织党组织88个，其中党委10个，党总支8个，党支部70个，党员2711名。符合条件建立党组织的民营经济组织100%建立起党组织。

【工会组织在民营企业中蓬勃发展】　海珠区将民营企业和社区作为工会工作的新突破点，从巩固党的阶级基础的高度，创造性地开展组建工作，积极把广大职工团结到工会组织中来。五年来，非公有制企业组建工作逐步形成了“党委领导、行政支持、工会运作、各方配合”、“党建带工建、工建促党建”的工作局面，发展了一批规模较大、职工人数较多的企业如民润岛内价、联合利华（中国）食品有限公司等。民营企业组建工会工作从原来的2家，发展到目前的2400家，发展新会员40706人，增强了劳资双方的理解和沟通，有效保护了广大职工的切身利益，实现“双赢”。同时，为适应新形势的要求，海珠区总工会积极探索在地区、社区（居委会）建立工会组织的新架构，到目前为止，海珠区共有10个行政街道先后建立起地区、社区工会组织，初步形成了区、街、社区三级管理架构，增强了基层工会的活力，使工会工作延伸到社区，延伸到职工群众身边，逐步探索出一套适应经济发展需要的工会工作新路子。

【创造良好的环境为民营经济提供发展平台】（1）营照良好的政策环境。区政府先后制定了多项政策和措施，出台了《中共海珠区委、区人民政府关于强化服务工作，促进民营经济发展的若干问题》，促进了海珠区民营经济的发展。

（2）营造公平竞争的市场环境。把民营经济纳入全区国民经济发展整体规划，扩大民营企业投资领域，鼓励民间资本自由进入一般竞争性行业和教育、医疗卫生、体育、文化、社区服务等社会事业。同时大力整顿市场经济秩序，为民营企业提供良好的生产经营环境，大力规范行政行为和司法行为，加强对行政执法人员的考核、监督，追究失职、渎职人员的责任，司法部门和合同仲裁部门按照公平、公正和诚实、信用的原则，做好调解、仲裁和判决工作。

（3）营造服务完善的社会环境。海珠区各有关职能部门及时为民营企业提供各类管理法规的咨询服务，并提供产业政策引导服务。对于到本区发展的外地民营企业，所涉及户口、配偶就业、子女就读等问题，公安、教育等部门按有关政策积极解决。积极协调辖区内金融机构为民营经济发展提供完善的金融服务，并通过企业入股、社会筹集和政府支持建立互助资金，积极发展中小企业信用担保机构。建立海珠经济信息网站，为中小型民营企业提供产业导向、政策咨询、产品供需信息、对外交流和人才交流等服务。通过建立健全行业协会，强化工商业联合会、个体劳动者协会、私营企业协会的维权和服务职能，健全民营企业社会服务体系。

（4）营造高效廉洁的行政环境。切实解决“门难进、脸难看、话难听、事难办”的问题，为企业提供方便、快捷的服务，提高政府的办事效率、规范政府的行政行为。实行网上并联审批制度，实现“集中、精简、高效、优质”服务；建立健全办事承诺制、投诉登记制、首问责任制、限期反馈制等制度，设立投诉和咨询电话，严禁滥用职权、乱罚款、乱收费，严禁借检查等方式滋扰民营企业合法经营。

（5）营造公开透明的法治环境。全面推行政务公开，建立健全政务公开制度，并在海珠区信息网上公布国家的政策法规及有关部门的制度和规定，让民营企业知情、参与、监督。任何单位和个人不得以未公开告示的部门规定作为限制和处罚民营企业的依据，并加强对行政管理部门纠风减负工作进行监督考核。同时充分发挥人大、政协的监督作用，对于不依法履行法定职务或者履行职务不当的，区人大常委会可以发出意见书、工作监督书或法律监督书，促使有关部门及其工作人员依法行政、公正司法。

（6）大力促进民营经济发展的相关工作。提供政策服务：把国家有关引导企业技术进步的优惠政策汇编成册免费发放给民营企业，并请专家进行现场咨询解释。积极为企业争取省、市财政对技术创新、技术改造的扶持，其中博创机械有限公司、阿波罗建材科技有限公司分别获得400万元和50万元的省财政扶持资金。提供信息服务：收集全区闲置厂房、用地情况通过网上发布，为企业需求提供信息，2003年共引荐21家企业实地察看，其中有9家企业已在区内的南华西、瑞宝、华洲、琶洲等街道落户，面积约2.3万平方米。提供协调服务：引导广州化学试剂厂等一批国有企业及区街集体企业民营化改革转制，壮大了民营企业队伍；引导阿波罗洁具有限公司等民营企业在创省名牌过程中加强企业基础管理，提高产品市场占有率，提供咨询服务；为民营企业引进ERP（企业资源计划）工程，推动企业管理信息化，珠江镀锌、环球电器、恒威厨具、海缝公司等一批民营企业采用了财务管理软件、计算机辅助设计、办公自动化软件等，促进了民营企业的管理上水平；区民营办主持举办了银企见面座谈会，为民营企业沟通银企关系；推荐广州银达担保服务有限公司为企业解决了600万元的流动资金贷款；为民办企业办理引进设备立项，并争取抵免关税4620万元。

【广州国际会议展览中心】 广州国际会议展览中心位于海珠区东南部的琶洲岛上，总体将形成广州国际展览城，集国际会展和博览、国际信息交流、国际金融服务、高新技术产业研究、文化、商业、旅游、高品质住宅等功能于一体。该会展商务区以广州国际会议展览中心为核心，以现代化的会展商务设施为依托，以广州出口商品交易会和广州博览会等综合性大型会展和一系列专业性品牌会展为主题，注重完善为会展活动办公和生活配套的服务设施，打造成为享誉国内外的国际化、现代化会展商务区。

广州国际会议展览中心周边配套规划道路已基本建成，南面双向十车道的新港东路（西至芳村，东至黄埔）已经整饰一新，北面的滨江东路会展段也已建成。地铁二号线建成开通，在会展中心附近设立琶洲和琶洲塔两个站。东侧琶洲大桥已建成，直接通连天河区。按照规划，琶洲地区除了江海大道、华南快速干线等5条南北向主干道和新港东路及环岛北路两条东西向道路以外，地铁二号线和四号线也将在这里交会。

广州国际会议展览中心现代化场馆于2002年12月建成首期工程，全部工程完工后展位将达到1.5万个，雄踞亚洲第一、世界第二。广州国际会展中心的建成使用也必将带动海珠区东部地区经济的快速发展。海珠区将围绕国际会议展览中心构建商务中心区，大力发展商务办公、金融、酒店等服务业，利用会展品牌，加快新城市副中心功能区的形成，吸引高素质人才聚集，发展“总部经济”，提高经济发展质量。

【专业市场】 **滨江路风情休闲街** 滨江路风情休闲街位于海珠区珠江南岸，由洲头咀公园至海珠半岛花园，全长约4400米。以民营企业为主要投资经营对象，按照珠江岸线景观规划要求，在滨江西路建设以酒吧、西餐厅为主的海珠风情街，在滨江东路发展观光购物与酒吧娱乐的休闲消费街。建设滨江路风情休闲街，形成既具有传统商业风貌，又有现代城市景观特色的集购物、休闲、饮食、娱乐为一体的亲水性商业街，成为配套设施完善的观光旅游带。与沿江路一起构成珠江两岸优美、繁华的独具特色的商业景观。

江南商业功能区 空间范围北至滨江路、南至江南西路、西至宝岗大道、东至前进路。主要包括江南大道、江南西路、宝岗大道、同福东路和前进路。该商业功能区以地铁二号线和八号线为依托，以江南大道、江南西路和宝岗大道等为主干，以南丰商场、海珠购物中心、万国商业广场、广百江南分店、家乐福和海珠城等民营企业集约的地产为主要节点，注重现代服务业配套，形成海珠区的区域级商业中心。

广州大道南批发市场园区 位于海珠区广州大道南客村至洛溪桥一带，规划占地面积65万平方米，其中已征地约45万平方米，计划新征地20万平方米，该市场已有20多家批发市场，并有一些土地储备，有形成更大规模批发市场群的条件。广州市政府已拟对该市场群进行全方位培育、整合，改造设施简陋的市场，提升档次，使之发展为吸纳、辐射力强、影响力大的批发市场园区。海珠区将发展以南天国际酒店用品批发市场、华南汽贸广场、广州新华南鞋业百货城、天雄纺织城等为核心和以酒店用品、汽车汽配、纺织品和鞋业为重点的批发市场园区。

新港科技文化经济带 新港地区位于海珠区的中北部，以新港路为中轴向两边拓展。按地段分为新港东路、新港中路、新港西路三段，全长约10公里，东接新洲码头，西联昌岗东路，南面由西至东分别接江南大道南、东晓南路、立新街、广州大道南、赤岗路等路段，向北则由西至东连接江南大道中、东晓路、怡乐路、下渡路、广州大道中等，由西向东分别跨昌岗街、新港街、赤岗街、琶洲街四个行政街道，约占海珠区面积的三分之一，沿线居住人口近50万人。沿线单位有中山大学、中科院南海海洋研究所等50多个政府、科教文卫及艺术单位，被誉为海珠区的“科教走廊”。海珠区将以建设新港科技文化经济带为契机，借助新港地区高等院校、科研院所众多的优势，积极发展教育、文化、科技产品市场，大力发展民营服务业、教育培训、旅游等服务业和中介业。

新港西路批发市场群 位于海珠区新港西路一带。该市场群主要由中大布匹市场等5个大中型布匹、毛线及服装辅料等批发市场组成。人气较旺，经济效益较好，有相当的知名度。

中大布匹市场从1988年开始形成，至今已有16年历史。该市场已发展成为全国闻名、颇具特色的广州地区最大、全国第二大的布匹、毛线、服装配料专业批发市场。市场占地约5万平方米，内设14个分场，有3000多间个体经营档铺，该市场年销售成交额达20多亿元，是发展“商务海珠”的龙头之一，也是发展区域经济的一个重要市场。此外，还有大量的省内外和港澳台商人在该市场经商，布匹、毛线和服装配料销售遍及全国各地乃至海外。同时，该市场创造了大量的就业机会，现有2300多名档主，从业人员5000多人。为了进一步打响中大布市的品牌，海珠区在2003年完成了《中大布市改造升级的总体规划》，并正高进行标准整治改造，建设服装加工贸易园区。

（广州市海珠区委办公室调研科 郭作冬 张晓薇）

1－3－5 天 河 区

【区情概况】 天河区创建于1985年，是广州市新建成的中心城区，位于广州市老城区的东部、珠江北岸，东承黄埔风帆和顺、西得东山、越秀润泽，北倚白云青翠，南濒珠江与海珠。全区面积147.77平方公里，全区森林覆盖率接近30%。

文物名胜古迹众多。早在新石器时期，这里已有人类居住。区内有古老的飞鹅岭新石器时代遗址、传说仙人降临羊城时曾驻足的五仙桥遗址、西汉墓群，又有近现代史上的邓世昌衣冠冢、冯如坠机处、十九路军淞沪抗日阵亡将士陵园、银河革命公墓、孙中山题字碑刻等。

智力资源丰富，高校和科研院所云集。建国初期，叶剑英任校长的广东军政大学和南方大学，分别在沙河、石牌创办。1952年，全国高等院校进行院系调整，当时，广东省只有5所普通高校，而天河地区就占了华南工学院、华南农学院、华南师范学院3所。经过几十年的发展，辖区内已有高校、中专学校82所，教职员工、在校大中专学生、科技人员超过20万人。

初步形成的新城市中心。“燕岭公园－火车东站及广场－中信广场－天河体育中心－珠江新城－海心沙岛－赤岗外事区—新客岗广场”这条新的城市中轴线横贯其中。全国第六届运动会和第九届运动会都在天河举行。粗略地看，天河区的城市建设空间格局，大致由三大组团构成：(1) 六运商都。是以六运会主会场为中心的区域，已建设成为以天河城广场、正佳广场为代表的广州市新商业中心。(2) 珠江新城。包括黄埔大道以南、广州大道以北、华南大道以西、珠江河段以北地区，将成为集金融、商贸、行政、外事、商住、娱乐功能于一体的广州中心商务区。(3) 九运康城。是以全国第九次运动会主场所在东圃黄村地区为中心的区域。该地区将建设为具有东方生态风格，集商贸、运动、休闲、居住于一体的新城区。这三大组团，构成了天河区的城市基本格局，形成各具特色、关联互动的城市“金三角”，而其他区域，基本上是这三大城市团块的补充、衍生或延伸。

天河在建区的19年里，经济得到快速健康协调发展。2003实现GDP370.92亿元。三次产业结构从1985年的35.70:26.60:37.70调整到2003年的0.24:32.16:67.60，基本实现了产业结构高度化。高新技术产业稳步发展，天河科技园、软件园知名度不断提高。天河软件园是全国十大重点软件基地和广州国家火炬计划软件产业基地三大主体园区之一。2003年科技园、软件园企业实现技工贸总收入176.20亿元。现代商贸流通业加快发展，大商贸、大流通的格局基本形成。以中信广场、市长大厦为代表的天河北众多写字楼拔地而起。宝供物流、省烟草、AEC汽车城、广州移动、天贸南大、好又多、美居中心等龙头企业带动总部经济快速发展，喜市多、快客、港湾等社区型连锁超市的发展丰富了商业业态。天河体育中心周边商圈品牌效应得到提升，黄埔大道汽车贸易和装饰材料商业走廊逐步繁荣，沙河濂泉路服装批发市场和石牌西路IT市场群的整治改造逐步推进，促进了现代商贸流通业快速发展。2003年全区完成商品销售总额552.99亿元，社会消费品零售总额200.73亿元。

【个体私营经济发展的政策环境】　创造良好的政策环境。成立了由区长担任组长的区民营经济发展领导小组。在深入调研的基础上，出台并实施了区委、区政府《关于加快发展民营经济的若干实施意见》、《天河区扶持重点企业的优惠措施》等政策文件，解除原有束缚民营经济发展的政策，排除民营经济发展中遇到的政策性障碍和行政管理性障碍，使民营经营得到公平待遇，平等地参与市场竞争。

创造良好的市场环境。区委、区政府按照“突出重点、整体推进，加大查处、标本兼治”的工作思路，对区内各种扰乱市场经济秩序行为进行了严厉打击。通过捣毁制假窝点、查处伪劣商品、查处偷税骗税等一系列有效的市场整治工作，有效地遏制了破坏市场经济秩序违法犯罪活动蔓延的势头，为民营企业的发展营造公平竞争的市场和法制环境。

创造良好的服务环境。区委、区政府出台了《天河区企业办事优先卡制度》，对重点支持的民营企业设立绿色通道，压缩受理时间。制定了向天河区民营企业纳税大户员工提供子女就读义务教育起始年级优质学位的方案，解决民营企业员工子女入学入托等问题。建立了区领导和街道、部门联系重点企业制度，区领导和有关部门负责人定期深入重点企业调查研究，解决实际问题。每年定期召开民营经济工作座谈会，不断完善与民营企业的沟通、磋商机制。利用区政府信息网，开辟了民营经济专栏，建立电子服务平台，为民营企业提供政策法规、市场动态、办事指南等信息。充分体现了政府主动服务、上门服务、细致服务的新作风，为民营企业提供实实在在的帮助。

创造良好的舆论环境。加大宣传力度，运用各种有效的宣传手段，大力宣传民营经济在率先基本实现现代化建设中的重要地位和积极作用，在全社会形成尊重民营企业家和民营企业员工的良好氛围。区委、区政府对民营企业纳税大户进行表彰，鼓励民营企业做大做强。《天河报》对天河区民营经济进行系列报道，宣传天河民营企业的辉煌业绩和民营企业家的风采。在区信息网上的民营经济专栏设立了政策法规、企业风采、民营探讨、商务信息等栏目，宣传发展民营经济的政策、法规，以及民营企业家勤劳创业、贡献社会的模范事迹。

【个体私营经济发展概况】　1950年至1952年，在城镇实行保护个体和私营工商业政策。到1956年，基本实现了公私合营，走上了合作化道路。当时接受合作化改造的私营工商户2662户，个体小商小贩1159户。1957年，由于开放自由市场，私营工商业户、个体户和无牌摊贩迅速增加。是年，在全区范围内开展一次大整顿，在1171户个体私营工商业户中，清理取缔121户，其余均给予登记。

在“文化大革命”期间，由于受“左”倾错误思想影响，个体私营经济被强行合并或取缔，基本处于消失状态。

十一届三中全会以后，充分地解放了生产力，使天河区开创了国家、集体、私营、个体经济一齐发展的良好局面。1985年初，全区个体私营工商业户已发展到2694户。

建区后，区委、区政府鼓励个人因地制宜大办商业、交通运输、饮食服务、仓储等各种行业，帮助其解决经营场地，提供市场信息，简化办证手续等，使其得到充分发展。1985年底，全区个体私营工业户发展到3827户。

1998年，启动了区属国有企业产权制度改革。到2000年底，全区156家（含子公司）除33家撤消或关闭外，其余已基本完成以内部员工持股为主要内容的股份制或股份合作制改造，真正实现了政企分开以及国有资产从竞争性行业退出。

随着鼓励民营经济发展的各项政策措施的不断落实，民营经济逐渐成为天河区国民经济的重要组成部份和经济增长的新亮点。特别是2003年以来，区委、区政府认真贯彻落实党的十六大和省、市关于促进民营经济发展的工作精神，按照“优化环境，讲究实效，以促进民营经济发展为契机，带动区域经济的全面发展”的工作思路，立足区情，有针对性地制定和实施了一系列的政策措施，取得了较大的成效。

2003年底，天河区共有民营企业43538户，同比增长55.4%。2003年全区私营、个体经济实现工业总产值128.89亿元，同比增长36.29%；实现纳税总额为14.65亿元，同比增长36.84%，占全区税收总额的13.61%。截止2003年9月底，企业注册资金62.91亿元，同比增长15.2%，从业人员10.37万人，同比增长20%。无论是从业人员、企业数量，还是注册资金数，都在广州市各区中名列前茅；民营企业已经成为吸纳就业的重要途径，注册资金超过1千万元的企业42家。知名企业不断涌现，新太科技、金发科技、天普药业、高科通讯、AEC汽车城等一批知名企业茁壮成长。民营科技企业发展迅速，形成了电子信息、新材料、新能源、生物制药、光机电等高新技术产业群。

近年来个体工商业户发展放缓，但私营企业大幅度增加（详见表3－6）。

表3－6 1999～2003年天河私营企业与个体工商户情况

项目		1999年	2000年		2001年		2002年		2003年	
		数目	数目	同比增长（%）	数目	同比增长（%）	数目	同比增长（%）	数目	同比增长（%）
私营企业	企业户数（个）	1927	2468	28.7	3973	61.0	7599	91.3	19182	152.4
	从业人员（人）	19736	25245	27.9	35288	39.8	49565	40.5	140165	182.8
	注册资金（万元）	108645	136560	25.7	204679	49.9	389701	90.4	1273382	226.8
个体工商户	企业户数（个）	17657	13993	－20.8	17831	27.4	20415	14.5	24356	19.3
	从业人员（人）	41127	31380	－23.7	38335	22.2	47290	23.4	42720	－9.7
	注册资金（万元）	33452	28795	－13.9	192010	566.8	164712	－14.2	50189	－69.5
私营个体合计	企业户数（个）	19584	16461	－16.0	21804	40.1	28014	28.5	43538	55.4
	从业人员（人）	60863	56625	－7.0	73623	34.5	96855	31.6	182885	88.8
	注册资金（万元）	142097	165355	16.4	396689	1.3倍	554413	39.8	1323571	138.7

【工业】 建国前，天河地区有一些手工业和简单的机械加工业。1949年初，沙河地区主要有织布、制薯莨布、制禾镰、竹木加工、碾米、制酱料等加工厂数十家，商店110多间。东圃地区也有榨油、制砖瓦、制糖、碾米、制酱料等加工厂100多家，各类店铺200多间。其中，车陂附近有砖瓦窑近百座，产品优良，为广州地区建筑商所喜用。

建国后，1952～1953年，天河地区私营工业有：糖厂4家、酿酒厂4家、碾米厂9家、酱料加工场9家、砖瓦厂9家。其中规模较大的糖厂有工人26人，配备7马力木炭蒸汽机1台、压榨机1台、三星炉2台、电动机1部等生产设备。此外，尚有手工生产的砖瓦窑、竹木加工、打铁、打绳、制饼、切烟、酿酒、制腐竹、粉面加工等个体手工业户500余户。

1956年，广州郊区成立私营工商业改造办公室。是年，全区私营工业户基本实现合作化和全行业的公私合营。

1957年，由于开放自由市场，一些私营手工业"自发户"又开始出现。他们开设"地下工场"，套购原材料，进行非法生产。在广州市的统一部署下，开展了全区个体私营企业大整顿。根据不同情况，分别给予发牌照登记、停业及取缔等不同方法处理。当时，只保留一些市民生活必须的小修理业，其余均被整顿清理。

"文化大革命"期间，由于受"左"倾错误思想影响，个体手工业被强行合并或取缔，处于消失状态。

十一届三中全会后，实行改革开放政策，个体工业得到恢复、发展。1984年，广州郊区工业手工业户已发展到1472户，其中天河地区占300多户。特别是经营"梳发"（西式坐椅）的专业户1082户，从业人数5506人。是年，该行业个体户营业额共4780万元，占广州郊区乡镇企业总产值的9.5%。

建区后，全区乡镇工业、街道工业发展规模不断扩大，很多个体私营工业企业逐渐合并为新经济联合体企业，小型个体户数逐年下降。私营企业科技含量不断增加，上规模、上档次企业逐年增多，企业产销衔接良好，经济效益指数不断上升，支柱行业的带动作用增强，通信设备、计算机及其他电子设备制造业一枝独秀，在全区工业中占有较大份额。出现了广东天普生化医药股份有限公司等规模较大的高新技术龙头企业。广东天普生化医药股份有限公司应用"亲和层析提纯"核心技术，在人尿来源、动物脏器来源、植物来源的药品开发方面取得了突破性进展，尤其是在尿制品的研究开发方面处于国际领先地位。先后完成了两项广东省重点科技攻关课题和三项国家攻关项目，取得了4项国家发明专利，开发出5个具有自主知识产权的国家级新药和6个出口创汇产品。

2003年工业（含采掘业和制造业）私营企业有763家，投资者和雇工人数有5128人，注册资金51343万元，实现工业总产值为299295万元。制造业个体工商户有412户，从业人员1195人，注册资金2114万元。

【建筑业】 1985年建区后，天河的建筑业有了长足的发展。2003年建筑业私营企业118个，建筑业总产值239832万元，其中建筑工程176649万元，安装工程49089万元。房屋建筑施工面积2323341平方米，房屋建筑竣工面积437334平方米，年平均人数21182人。劳动生产率113224元/人。资产总计370657万元。工程结算收入235464万元。工程结算利润31029万元。

【商贸业】 建国前夕，东圃地区有店铺200余户，主要经营粮食、油料、水果、片糖、酱料、腐竹、酒类、砖瓦、竹木器具等。

建国初期，国家对私营商业采取保护扶持政策。1953年开始，逐步对私营商业实行社会主义改造。1956年，社会主义改造基本完成。1957年，由于自由市场开放，个体私营商业"自发户"和无证经营摊贩迅速增加。是年，在全地区范围内开展一次大整顿，对"自发户"和无证摊贩整顿，或发牌登记，或停业处理。"文化大革命"期间，私营商贩被看作是资本主义的温床，被取缔停业，从业人员被安置回乡，个体私营商业基本消失。

十一届三中全会后，国家实行改革开放政策，个体工商业得到恢复发展。1979年，天河地区已发展个体商业户2388户，从业人员2969人。1985年天河建区后，个体私营商业发展更快，当年发展为3644户。与此同时，农贸市场亦得到恢复发展。是年，全区有8个较大的农贸市场。农贸市场及个体商业户的总成交额为4400万元。近年来，天河个体、私营商业以大型综合式或连锁、超市、货仓自选等经营方式，迅速发展。逐渐形成了大商贸、大流通的格局，商业的组团式发展渐显雏形，天河体育中心商圈已趋成熟，珠江新城商圈正在崛起，车陂路、奥林匹克体育中心地区商贸业发展迅速。产品结构不断升级，出现了AEC汽车城、太平洋电脑城等大型现货交易市场，科技电子产品、汽车等成为现货交易市场的主体产品。2003年，全区有个体私营商业户43538户，年成交额超亿元的商品交易市场有11个。

AEC汽车城　位于广州市黄埔大道668号。总投资8亿元人民币，占地面积12万平方米，是利用工业厂房改造而成的大型永久性汽车城。汽车城服务功能完善，配套设施齐全，有大型展示区及汽车交易广场，工商、税务、车管、银行、保险职能部门驻场办公，能提供全面的“一站式”服务。是以新车销售、零配件供应、售后服务及汽车文化和信息交流等为一体的大型汽车市场。上海大众、一汽大众、上海通用、一汽马自达6、东风雪铁龙、金龙、东南汽车、丰田、奔驰、宝马、欧宝等国内外知名品牌都在AEC汽车城兴建4S品牌专营店，4S品牌专营店达15到18家之多，知名汽车品牌展示厅上百个。

太平洋电脑市场　始创于1994年，位于有“广州硅谷”之称的天河区岗顶、天河路与石牌西路交界处。太平洋电脑市场分一、二期两座，分别在石牌西路的东西两侧，有天桥相连，共有700多个店铺。曾被评为“1994～1995年全国最大电脑市场”。太平洋电脑市场采取商城与写字楼一体的经营模式。1～3层为商场，共700多个铺位，平时每天人流达6～7万之多，交易畅旺。4层以上是写字楼，有众多IT业厂商入驻。为方便顾客，大堂设有可供查询的电脑，提供报价、计算机动态、导购指南等信息。为维护消费者权益，电脑城执行所有商铺必须有售后保障的制度，并统一制作了产品保修卡。电脑城建立了太平洋电脑网站，设有“今日报价”、“硬件资讯”、“科技动态”、“数码世界”、“IT人才”、“商家索引”、“软件下载”、“网络学院”、“游戏天下”九个栏目。其中“今日报价”栏目，依托广州、上海、北京、深圳、成都办事处，提供5个城市即时IT产品价格信息及走势分析。“硬件资讯”栏目提供硬件评测信息，并传播电脑选购知识。2003年总成交额118825万元。

天平水果批发市场　位于广州市广汕、广从、广韶公路汇合处，总面积为1.9万平方米，由沙河镇银河村于1986年投资250万元兴建。2000年，场内有128个固定档位，203个临时档位，并设有停车场、招待所、饭店、装卸队、卫生清洁队、车队、地磅、公秤、消费者投诉站。市场主要经营南北水果。兴华路，主要经营各种水果。市场营业面积8000平方米，摊位120个，2003年，总成交额32300万元，是广州市规模较大的专业性水果批发市场。1989～1994年多次被评为全国、全省、全市及天河区的文明市场。

龙洞农贸市场　位于广汕公路边龙洞村口，建于1995年1月。2000年，占地面积11000平方米，建设面积为5000平方米。主要经营成衣、工业品、肉菜、水果、烧腊、三鸟、干杂、禽畜等。2003年营业面积达7000平方米，有摊位335个，总成交额达7269万元。

万佳服装批发广场　位于广州市先烈东路143号，建成于1996年8月。2000年，市场占地面积2.4万平方米，商铺面积1.2万平方米。兼具服装陈列、展示、仓储功能，并设有大型停车场、货运广场。场内有10条商业街，含有时装总汇、内衣裤系列总汇、西服、牛仔服以及袜业中心等。是广州市服装成衣仓储式经营批发市场的典范。2003年营业面积达1.2万平方米，有摊位800个，总成交额达16000万元。

【饮食业】　在建国前，天河的沙河粉远近驰名，不少人慕名前来品尝，故茶楼特别多。这些茶楼多是前店后场式的，前面是饮食铺位，后面是沙河粉及菜点加工场。

1985年天河建区，是年有个体私营餐饮业604户，从业人员1030人，注册资金122.2万元，全年营业额235.4万元。1980年，广州首家农民集资建设和管理的大旅店登峰大旅店建成开业。

自1998年起，一年一度的广州国际美食节、中国旅游艺术节、广东欢乐节，在天河体育中心举行。大大促进了天河区个体私营餐饮业的发展。大江南北风味齐全，囊括八大菜系。大至星级宾馆、酒家集团，小至酒吧、茶馆、寿司、料理、咖啡屋、中西快餐店和糕点、粥、粉、面等各类小食。

在第十六届广州国际美食节，天河的新荔枝湾酒楼（市长大厦店）、黄埔华苑酒家东圃店和天河店、丽晶明珠酒家、紫锦山酒店、精致酒店客家食府等个体私营餐饮企业人选为广州餐饮名店。黄埔华苑酒家的燕窝水果挞、奶酱肉松包、五仁烧鸡月饼，荔枝湾酒楼的湾仔鲜虾饺、岭南鳗鱼卷等点心，入选为广州百款名点。新荔枝湾酒楼的阿森鲍鱼、谢家红烧大群翅，广州丽晶明珠酒家的和哥南天鲍鱼，黄埔华苑酒家的美极水律蛇、华苑白王子，精致酒店客家食府的客家水晶鸡等菜式，入选为广州百款名菜。精致酒店客家食府的潮式反沙芋、糖脆花生、客家凤爪，黄埔华苑酒家的华苑鱼包、腊味蒸萝卜丝糕等小吃，被入选为广州百款小吃。金华安大酒楼的腐皮金瓜芋、铁板太极糯米饯，黄埔华苑酒家的金爪海皇翅、双黄白莲蓉月饼、高汤菜胆翅、果皇燕窝盏，丽晶明珠酒家的和哥鲍鱼、宝贵斑兰牡丹酥，新荔枝湾酒楼的雪山飞龙、灌汁椒盐海豹蛇，紫锦山酒店的金丝燕还巢、秘制酒香鸽等菜点入选为名牌美食。

【服务业】 1985年，天河区个体私营服务业有214户，从业人员295人，资金47.4万元，实现营业额112.7万元。

建区以后，天河的高层次服务业蓬勃发展。天河北、体育东、体育西集聚了中信广场、大都会广场、市长大厦等一批高级商务大厦，出租率位于全市前列。金融业、保险业、旅游业、娱乐服务业、律师事务所和会计、审计、统计咨询业等现代服务业发展势头强劲。天河的知识型服务业已初具规模。天河软件园集中了广州3/4的软件企业，目前规模稳居全国十大软件基地的次席。2003年，软件企业技工贸总收入达107亿元，纯软件销售及服务收入57亿元，以软件产业为龙头的电子信息产业已成为广州高新技术产业的拳头产品之一。截止2004年4月底，天河软件园内已经聚集了930家软件企业，其中99%都是民营企业，而被认定为“国家骨干软件企业”的11家软件企业全部是民企，实际上，民企已经撑起广州软件行业的大半边天。

2003年个体私营社会服务业8608户，投资者和雇工人数53650人，注册资金461127万元。其中，个体私营理发及美容化妆业639户，投资者和雇工人数1410人，注册资金1986万元。个体私营沐足业30户，投资者和雇工人数217人，注册资金471万元。个体私营日用品修理业185户，投资者和雇工人数448人，注册资金1071万元。个体私营旅馆业30户，投资者和雇工人数154人，注册资金1371万元。个体私营娱乐服务业40户，投资者和雇工人数144人，注册资金1074万元。个体私营信息咨询服务业1130户，投资者和雇工人数7747人，注册资金69547万元。个体私营计算机应用服务业2276户，投资者和雇工人数16470人，注册资金182494万元。

（广州市天河区计划局供稿）

1－3－6 白 云 区

【区情概况】 白云区东邻增城市，北接花都区、从化市，西连佛山市，南与荔湾区、越秀区、天河区、黄埔区接壤。全区总面积1033.8平方公里，2003年末户籍人口80.42万人。

白云区现辖地域历史上大部分属番禺县，称禺北地区，1952年将沙河、石牌、西村、三元里等地区合并成立白云区，1956年又将白云区、黄埔区、新滘区、芳村区四区合并成立广州市郊区，以后几经变更，于1987年1月易名为广州市白云区。

区内兼有多种地貌。东部和东北是丘陵地区，有广州市（原八区）最高峰的帽峰山（海拔534.9米）和著名的白云山风景名胜区；中西部为广花平原，田园沃野，一望无边；珠江上游的流溪河及巴江河流经境内，既得灌溉之便，更得航运之利。区内动、植物种类繁多，林木茂盛，果树如海，大小水库山塘遍布，湖光山色，风景宜人。

白云区工、农、商贸经济较发达，产业结构不断优化，工业、城郊型农业、第三产业全面发展。工业主要有塑料制品业、皮革毛皮制品业、通信电子设备制造业、电器机械制造业、交通运输设备制造业和医药制造业等。城郊型“三高”农业以蔬菜、水果、水稻和花卉为主，是广州市

“菜蓝子”主要生产基地。白云大道北、黄石路的“旅游饮食走廊”，广园路、黄石路、机场路、白云大道北的“汽车贸易城”，三元里和梓元岗的“皮具城”以及矿泉“美博城”、增槎路“农副产品市场”等为代表的商贸街、专业市场一派兴旺，货运市场十分活跃。

新白云国际机场、地铁2号线等十几个国家、省、市投资的大型基础设施项目的建设使全区的面貌发生了根本性的变化：京广电气铁路纵贯南北，华南最大的铁路编组站座落在区内；广深、广佛、广清、新机场高速公路、京珠、北二环、广惠高速公路和华南快速干线等快速干线以及广从、广花、广汕等国道省道主干线，使全区公路设施达到了世界先进国家的水平；新旧白云国际机场均座落区内，新白云国际机场的建设，将使区内的人流、物流、信息流都发生重大的变化。

2003年实现地区生产总值（GDP）195.53亿元，比上年增长14.13%，是1997年84.79亿元的2.31倍，六年间年均增幅高达14%。其中，第一产业实现增加值19.39亿元，比上年增长1.0%；第二产业实现增加值87.32亿元，比上年增长16.9%；第三产业实现增加值86.82亿元，比上年增长14.5%。

【民营企业发展概况】　1985年，白云区个体私营企业有5981家，从业人数2.10万人，总收入2.67亿元，总产值1.39亿元，以手工作坊式的加工业和养殖业为主，科技含量很低。1993年以后，部分产品科技含量高、经营规模大的私营企业快速发展。经过十几年的健康发展，2003年，白云区民营经济的基本情况如下：

(1) 个体经济。白云区共有注册个体工商户36744户，同比增长10.2%；注册资金122135万元，户均33239元；吸纳从业人员52051人，同比增长27%，户均吸纳就业人员1.4人。从行业分布看，78.6%的个体工商户从事批发和零售贸易、餐饮业，9%从事社会服务业，7.9%从事制造业，3.1%从事交通运输、仓储业，0.7%从事农林牧渔业，另有0.7%从事其他行业。

(2) 私营企业。白云区共有私营企业5709户，同比增长54%；注册资金达254875万元，户均44.64万元；从业人数达41740人，同比增长35.7%，户均7.3人。其中，44.4%的私营企业集中在批发和零售贸易、餐饮业，27.9%分布在制造业，15%从事社会服务业，2.8%从事农林牧渔业，2.6%从事交通运输、仓储业，1.9%从事建筑业，5.4%从事其他行业。

(3) 股份合作制企业。白云区共有股份合作企业723家，吸纳从业人员1.42万人，户均近20人；企业实收资本4.9亿元，户均67万元；企业资产17.2亿元，户均238万元；实现营业收入33.5亿元，户均464万元。行业分布主要在批发和零售贸易、餐饮业，占40.25%，制造业占38.73%，社会服务业占13.28%。

(4) 其他联营企业。此类企业数目较少，全区共有28家，从业人数710人，实收资本1143万元，资产2064万元，总营业收入在8100万元左右。

(5) 个人资本相对控股的其他有限责任公司和股份有限公司。此类企业共有941家，从业人数达4.3万人，户均45人；企业实收资本44.49亿元，户均473万元；资产达143.59亿元，户均1526万元；营业收入为185.61亿元，户均1972万元。主要分布在：批发和零售贸易、餐饮业，占37.2%；制造业占23.0%；社会服务业占15.0%；房地产业占10.5%；交通运输、仓储业占7.3%；建筑业占5.7%。

总的来看，白云区民营企业和个体工商户数量为4.4万户，约占全部单位数的85%左右；民营企业和个体工商户的就业人数为15万左右，约占全部从业人数的30%；注册资本为87.2亿元，约占全部单位注册资本的20%左右；资产总值达199亿元，占全部单位资产总值的19%左右；营业收入达333亿元，占全部单位营业收入的32%左右。民营企业的分布主要集中在批发和零售贸易、餐饮业、制造业、社会服务业等三个领域，全区从事批发和零售贸易、餐饮业的民营企业有2274户（不计个体工商户，下同），占全区批发和零售贸易、餐饮业企业的75%；从事制造业的民营企业有2170户，占全区制造业企业的53%；从事社会服务业的民营企业有898户，占全区社会服务业企业的29%。

【民营工业企业的整体水平不断提高】　白云区民营工业企业发展初期，企业规模小、经济实力差、技术水平低、管理能力弱。过去的二十多年间，民营工业企业发展迅速，整体水平在不断提高。一些私营企业从家庭作坊的、较小规模的经营，发展成为今天具有相当经济实力的企业，生产出具有相当市场竞争力的产品，打造出自己的品牌，创造出自身的企业文化和经营理念，实现了从小规模经营向集约化大规模经营、从不规范经营向规范经营、从家族式管理向现代化的企业管理制度、从单一市场向多元市场的转变，并开始逐步从内向发展向国际化经营、从劳动密集型向技术与知识密集型的转变。

（1）涌现了一批有实力的民营工业企业。经过二十多年的努力，白云区涌现了如白云电气集团、江丰实业有限公司、达意隆包装机械有限公司、欧派厨柜企业有限公司、香雪制药股份有限公司等一批整体竞争力强、社会知名度较高的民营工业企业。以白云电气集团为例，该企业80年代初期还只是一间小铁匠铺，现在已经发展成为了一个以白云电器设备厂为核心的企业群体，并通过"体制创新"、"机制创新"、"技术创新"，跨越了民营工业企业常见的障碍，完成了从家族企业到现代企业制度的转变，从劳动密集型企业转变为知识密集型企业，从粗加工企业过渡到全面信息化的高新技术企业，同时通过与日本东芝公司、三菱公司、德国纳图公司等世界级企业的合作，成功地实现了从内向发展向国际化经营的转变。2003年，白云电气集团实现营业收入16.44亿元。

（2）涌现了一批市场份额大、质量好的名优产品和品牌。白云区获广州市推荐认定的广州市名牌产品有9家企业共11个产品。其中白云牌成套高压开关设备、欧派厨柜、香雪牌抗病毒口服液、洲星牌马蹄粉、康宝牌复合肥等产品在广州地区都享有很高的知名度，深受广大顾客欢迎。全区有119家企业获得了ISO9000认证，其中，60%是民营企业，获得ISO14000环保体系认证的企业有12家，其中民营企业9家，占75%。

（3）通过信息化，民营企业的现代化管理水平不断提高。全区有20多家企业开展CIMS、ERP、CAD等信息化建设，其中白云电器设备厂投资2300万元人民币的计算机集成制造系统（CIMS）工程荣获市第二批信息化试点项目，被评为"国家863计划CIMS应用示范企业"。江丰实业、欧派厨柜、MPC国际电工等的ERP和维高集团的CAD信息化项目的实施成果也得到市有关部门的充分肯定。

（4）研发力量不断加强。目前，全区有14家工业企业被广州市科技局认定为高新技术企业，其中有12家是民营工业企业。有30多家重点工业企业与全国近40家大专院校及研究院、所建立合作关系，并设有自己的研究开发机构。如白云电器的白云电气工程技术研究开发中心，达意隆包装机械的科学技术研究所、贝龙环保热力的研发中心、采诗的护肤品研究中心等。他们所研究开发的产品大都通过了高新科技成果鉴定或专利技术项目鉴定，有的还填补了国内空白。通过加强研发力量，自主研制和开发新产品、新项目，使白云区民营工业企业在某些产业关键核心的技术领域开始拥有自主知识产权，企业的核心竞争力也得到不断的提高。2003年，全区民营工业企业重大技术改造和技术创新项目有52项，投资总额10.16亿多元。这些项目投产后，预计可新增产值40.17亿元，创造利税9.85亿元。

【民营企业出口能力不断增强】 从1997年白云区第一家民营企业取得自营出口权开始，区内民营企业自营进出口业务开始从无到有、从小到大，快速、健康、持续的发展。已从利用破旧闲置的房屋承接简单的粗加工业务发展到资金、技术密集型的深加工项目。2000年白云区仅有3家民营企业获得自营出口经营权，出口交货值仅有63万美元。2001年开始，获权民营企业数和出口交货值得到迅猛发展，仅2002年就有37家民营企业获权，出口交货值达1212万美元。现累计已有92家民营企业获得自营出口权，累计出口交货值达5880万美元。

区内民营企业出口业务涉及行业广泛，以家电、摩托车、自行车、成套机械自动化设备等科技含量的产品为主，还有家具、文具、鞋类、玩具、农产品等。出口产品主要销往香港、美国、日本、欧盟，东盟也日渐成为出口新对象。

【民营商贸流通业不断发展】 至2003年末，全区有私营商业企业8908户，增长116.5%，吸纳从业人员69767人，增长106.2%。登记注册的个体工商户有33097户，吸纳从业人员47147人，增长10.4%。商品流通规模日益扩大，民营商贸业已成为白云区商贸发展和经济增长的生力军。

(1) 民营商业企业积极参与批发市场建设。经过多年的培育，白云区现已建成并开业的批发市场共有77家，其中国有集体19家，民营58家，民营批发市场已占批发市场总数的75%，很多民营批发市场在广州市、乃至全国都具有强大的竞争力，是白云区商贸流通业的核心力量，在构造商贸流通业核心竞争力方面发挥了举足轻重的作用。其中，广州美博城已成为广州市批发市场升级的示范单位；广东天健广场已成为广东省25家流通龙头企业之一；广东音像城是第一个被文化部授予"国家级音像制品批发市场"称号的正版音像制品批发市场，是目前国内规模最大的正版音像集散地。白云区现已形成汽车、鞋类箱包皮具、美容美发化妆品、服装、钟表、音像制品、鞋材、装饰材料、副食品、农副产品十大专业市场，有着强大的集聚和辐射力，成为华南地区乃至全国相关产品的交易中心。

(2) 民营企业积极参与室内肉菜市场升级改造。2003年白云区已成功完成了13个肉菜市场的升级改造任务，其中3个市场改为生鲜超市，10个市场进行了改造升级，成为2003年广州市肉菜市场升级改造的排头兵和先锋，并且荣获了全市唯一的优秀工作奖，为营造白云区安全卫生舒适的消费环境作出了积极贡献。

(3) 民营企业积极加入商业特色街的建设，构筑白云区商贸流通业又一亮点。黄石路汽贸汽配街位于广州市白云区黄石东路，全长2.6公里，共有与汽车经营相关的大小企业及商铺235家，其中主要的汽车经销商有：广州本田第一销售公司、广州汽车工业贸易公司、广州风神华溢汽车有限公司、广州意菲汽车销售服务有限公司、广东物资集团金杯销售中心、广州顺协丰田汽车销售服务有限公司、广东通达汽车公司、广东农业机械总公司等26家。经营的主要品牌有：广州本田、风神蓝鸟、南京菲亚特、沈阳金杯、海南马自达、法国雷诺、美国雪弗兰等52种，另有多家汽车配件供应商和汽车维修企业。2003年黄石路26家主要经销商共销售汽车28500台，销售额33亿元。白云大道美食长廊已群集了数十家较具规模特色的酒楼食肆。远景路商业街已建成并正式开业，成为白云区的"北京路"。

(4) 物流业是白云区商贸业发展的一个重点。《广州现代物流发展规划纲要》规划白云区是全市综合物流园区的重点发展区域。白云区正在积极发展第三方物流，培育民营大型物流企业和货运市场，物流业已经成为拉动白云区经济新的重要增长点。

(5) 建设商业中心提升白云区商贸业形象。白云机场搬迁后，将以白云机场改造后的综合广场（现在候机楼一带）为核心区，规划建设由大型购物中心、超市、专卖店、综合步行街、大型娱乐设施、电影院、戏院、中高档食肆酒楼、宾馆等组成，集购物、娱乐、休闲、饮食、服务于一体的白云现代商贸城。

(6) 商业对外开放水平不断提高。产权明晰的多元化市场主体格局呈现，好又多、宏利超市、易初莲花、家乐福、广百百货、广百电器、岛内价构成白云区超市业态的主力军，零售业档次不断提升，呈现出欣欣向荣的局面。白云区现已制定了《白云区商业布局与发展规划》，提出以培育发展大型批发市场园区和物流基地为突破口，通过建设商业中心、物流基地、特色商业街、批发市场园区和社区便利型连锁商业，加快推进白云区商贸流通业的发展。

【广州高新技术开发区民营科技园】 广州民营科技园是为扶持民营科技企业发展，经国家科技部批准成立，由广东省科技厅、广州市科技局、广州市白云区人民政府共同建设，属广州高新技术产业开发区五大园区之一，是国家科技部重点联系的民营科技园，政策稳定，管理规范。

园区位于广州市白云区太和镇，新广从公路与一环路交汇处，具有优越的交通环境：新广从公路、广花路、一环路分别在园区东西南三面经过。园区距广州中心城区广园路18公里，距广州新机场7公里。北二环高速公路可直达园区与新机场高速公路、京珠高速公路连接，周边交通十分便利，高速公路密度达到国际发达地区水平。首期1223亩用地已实现了"六通一平"，目前，广州珠江电信设备制造有限公司、广州安达轴瓦有限公司等10多家民营科技企业入园发展，占用土地近1000亩。园区以物业管理的方式进行管理，充分满足国内外投资者设厂生产和经营的需要。

园区以汽车零部件的研发与产业化为主导，集电子信息、环保技术、新材料和生物技术等高新技术产品的研发与产业化为一体的国家高新技术创业中心、863产业化服务平台和高新技术产业化基地。首期进驻中心的企业中有9个863计划项目已得到国家立项批复，可进入产业化阶段，另有2个项目拟报863计划项目。

【广州个体私营经济实验区】 广州个体私营经济实验区，享受广州开发区的优惠政策，位于江高镇珠江村南部，广清高速公路以东，大南路以南。白云四线（规划建设中）穿过园区，离广花高速公路、华南北路（规划建设）均较近。区内地势平坦，建有20米宽的道路3公里，基础设施及投资环境不断完善。私企区总规划面积1600亩，已有广东广铝铝业有限公司、广州市来兴汽车配件有限公司等50多户企业落户，占用土地1100多亩。

（广州市白云区经济贸易局　李有恒）

1－3－7　黄埔区

【区情概况】 黄埔区位于广州市东部，地处北回归线以南。东至东江，与东莞市麻涌镇相望；东北部与增城市新塘镇接壤；南临珠江，与番禺区相望；西与天河区东圃镇相连；北与白云区萝岗镇毗邻。总面积为119.42平方公里，其中陆地面积占77%，水域面积占23%。

黄埔区位于广州市东南部珠江口内，是华南第一大港——黄埔港（现名广州港，下同）的所在地，是广州市的港口城区。早在唐朝，黄埔就是中国对外交往的重要口岸，“海上丝绸之路”的起点，近代成为中国的重要商港和军港。现代的黄埔更是中国南方对外经济、技术、文化交流的重要门户。黄埔区交通便利，黄埔港出海可通航沿海各大城市，通往世界100多个国家和地区；内河航运沿珠江而上通达东江、西江、北江；广深铁路、107国道、广深公路贯穿全境，连接广州市中心及深圳、九龙；城区道路、村镇道路纵横交错；水陆交通形成四通八达的交通网络。

黄埔区依山傍水，四季常青，风景秀丽，气候宜人。旅游娱乐资源丰富，独具特色。世界著名的“黄埔军校”、历史悠久的“南海神庙”，以及丹水坑、龙头山观光区和休闲娱乐设施，吸引着越来越多的区外游客。已建成的黄埔区体育馆为热爱体育运动的人士提供了良好的运动场所。为全国第九届运动会配套的黄埔体育中心于2001年8月底竣工。

从秦代始至清康熙二十四年（1685）时，黄埔均属番禺县管辖。民国10年（1921年，是年广州正式建市）至建国初期，黄埔仍属番禺县管辖。1951年，黄埔划为广州市管辖，于1953年1月成立黄埔区人民政府。1956年6月25日，广州市调整郊区乡、镇行政区域，撤销白云、黄埔等区，成立广州市郊区人民委员会，黄埔并入郊区。1960年5月23日，中共广州市委决定撤消中区和郊区，全市调整为东、南、西、北4个市中心区（人民公社）及成立黄埔、芳村、江村3个人民公社。同年7月，全部改为区级建制，黄埔人民公社随之改名为黄埔区人民委员会。这是黄埔第二次建立区级建制。1962年8月23日，市人民委员会将黄埔、江村、芳村3个区合并，成立广州市郊区人民委员会。1973年2月28日经国务院批准，重新筹备成立黄埔区，当年11月13日成立广州市黄埔区革命委员会。1980年7月，黄埔区召开第一次人民代表大会，正式成立广州市黄埔区人民代表大会常务委员会和黄埔区人民政府。1990年，黄埔区行政管辖范围有黄埔街、鱼珠街、红山街、夏港街4个街道办事处和南岗镇、大沙镇，长洲镇3个镇。2002年8月，黄埔区3个镇撤镇改街，改建后全区有10个街道办事处：南岗街、黄埔街、红山街、大沙街、鱼珠街、长洲街、文冲街、穗东街、荔联街、夏港街。

区内生活配套设施完备，有中学17所，小学33所，幼儿园56所，医院10间，其中有中山医科大学黄埔医院。商品市场十分活跃，百货商场、超市、专卖店、专业市场门类齐全，购物非常便利。著名的“南岗海鲜”、“笔村糯米糍荔枝”远近闻名。

黄埔区2003年生产总值517.8亿元，比2002年增长38.25%，其中工业增加值388.49亿元，比上年增长51.55%。工业总产值达到1227.98亿元，居全市各区、县级市首位，比上年增长43.65%。是年社会商品零售总额42.86亿元。1~11月外贸出口总值29402万美元，增长15.3%。

【个体私营经济发展综述】 黄埔区民营经济经历了从无到有、从少到多，从“有益”补充到“重要组成部份”的发展历程，大致经历了四个发展阶段。

(1) 起步发展阶段（十一届三中全会后到1992年）。1992年底，全区共有私营企业98家，其中工业39家，饮食业25家，商业18家，其他11家。当时，长洲服装加工业和以“南岗海鲜”为代表的饮食业发展较快，在广州市有一定影响。如“南岗海鲜”，就是80年代中后期在南岗桥头一带临江建起的10多家海鲜楼，当时交通不便，老市区的人来黄埔需1~2个钟头的车程，但由于“南岗海鲜”有特色，每天吸引上千区外食客前来消费。

(2) 快速发展阶段（1992年邓小平南巡后至1996年）。“八·五”期间，黄埔港吞吐活跃，创造了大量的商业机会和仓储运输业务，为黄埔区民营企业从事交通运输、仓储、饮食、商贸、服务业等创造了条件，使第三产业成为黄埔区民营企业发展的主要产业。高峰期黄埔区民营运输企业达1400多户，拥有运输车辆2000多台。经营规模较大的黄埔通达储运有限公司，拥有6万多平方米仓库和22台大吨位运输车，年储运量10多万吨。私营企业户数以年均35%的速度递增，涌现出了东粤铝材厂、华苑酒家、百事佳商业有限公司等一批产值（营业额）超千万元的民营企业。

(3) 调整发展阶段（1996年~1999年）。受港口环境变化、国内需求不足、亚洲金融危机等因素影响，黄埔区民营经济发展面临着严峻的考验。民营交通运输业由于分散经营，竞争力弱，出现了运输货源不足、运输车辆减少的现象。贸易类民营企业在区位优势和政策优势逐步减弱的情况下，特别是有的靠打擦边球完成原始积累的企业，由于未能及时转型，出现了停滞不前的状况。部分工业类民营企业由于缺技术、资金和先进管理经验，出现了经营困难、难以为继的情况，星辰木业等部分曾经在黄埔区小有名气的民营工业企业停产、关闭。但这一时期黄埔区民营经济发展也有一些新亮点：一是部分眼光独到的民营企业不断拓展新兴行业。在种植业方面，崛起了广州市高雅绿化工程有限公司、红苑花木园艺场、岭南园艺场等一批从事园林绿化的新型农业企业，他们抓住市、区开展形象工程建设、大力改善生活环境的契机，不断引进新品种、新技术，拓展了黄埔区农业发展的新空间。二是民营科技企业崭露头角，到1999年底，全区共有民科企业27家，全年民科企业技工贸总收入9460万元。三是积极拓展区外市场。部分民营企业在初步完成资本原始积累后，主动出击，到区外、省外寻求发展机会。如南岗海鲜、华苑酒家等把分店开到老市区和珠江三角洲；龙之泉实业有限公司把总部设在黄埔，通过收购外地小汽车出租公司和竞投小汽车出租牌照等形式，积极向外拓展业务，先后在北京、天津、南京、哈尔滨等地开设了13家分公司，拥有出租小汽车1200多辆，成为全国第一家连锁经营的小汽车出租公司。

(4) 引资发展阶段（2000年至今）。前三个阶段黄埔区民营经济发展仍以黄埔本地民营企业家为创业主体，但第四阶段开始，逐步形成了以外来民营骨干企业支撑的民营经济发展新格局。2000年，黄埔区明确了以招商引资为经济工作龙头的工作思路，并将招商重点由以引进外资为主向内外资并重转变，相继引进了七喜电脑、蓝月亮等一批上规模上档次的项目，给黄埔区民营经济发展注入了全新的活力，黄埔区民营经济掀起了新一轮发展潮。

现阶段黄埔区民营经济包括如下几个方面：一是个体工商户和私营企业；二是民营科技企业；三是原区属公有企业转为股份制、股份合作制、有限责任公司等员工持股、民间投资的企业；四是为享受“三资”企业优惠政策挂“洋牌”的民营性质的企业；五是国有集体、“三资”企业中民营资本占大头、起控股作用的企业；六是民间投资注册为股份有限公司、股份公司的企业。也就是说，剔除国有集体、纯外资企业和外资控股的“三资”企业后，其余的经济实体都列入民营经济的统计范围。

据《广州统计年鉴》资料显示，2003年末，黄埔区有个体工商业户5718户，从业人员8910人，分别比上年减少了23.37%和35.39%；私营企业2583户，从业人员22621人，分别比上年增长37.9%和32.72%。

【民营经济发展现状的特点】

(1) 民营经济成为支撑国民经济持续发展的重要力量。据统计，2002年全区（区属统计口径）有各种类型的民营企业2990多家，占全区工商注册企业数总额的79%；注册资金25.9亿元，占全区各类企业注册资金的36%；有个体工商户7462户，注册资金1.4亿元。民营经济各项指标的比重情况是：工业产值22.45亿元，占全区的32.82%；商品销售总值35.41亿元，占全区的74.56%；实现社会消费品总额21.84亿元，占全区的89%；物流企业营业收入9800万元，占全区的32.1%；餐饮服务业营业收入4.12亿元，占全区91.1%；房地产开发企业销售商品房金额1.61亿元，占全区的80%。民营企业纳税总额4.02亿元，占全区税收总额的18.3 %；留区部分约为1.53亿元，占全区地方一般预算收入的20%。缴纳地税50万元以上的191个企业中，有81家是民营企业，纳税额为1.27亿元，占191家企业的17.3%。缴纳国税100万元以上企业69家，其中有29家是民营企业，纳税额为8470万元，占69家企业的7.4%。

(2) 民营经济是黄埔区培育支柱产业的骨干力量。黄埔区民营经济发展较早的领域如饮食服务、交通运输等，一直都是民营企业起支撑作用。如华苑酒家，创办于1985年，现已发展成为拥有黄埔、东圃、石牌三间较具规模的大型酒家，年营业额4000多万元。近年来，随着黄埔区招商引资力度的进一步加大，大批外来民营企业落户黄埔区，大大拓宽了黄埔区民营经济的发展领域，调整优化了经济结构。黄埔区民营经济从原来以交通运输、餐饮服务、商贸、加工制造企业为主逐步扩大到现代物流、电子信息、精细化工、机械制造、生物医药、软件开发等多个新兴产业或高科技领域。黄埔区着重发展的六大支柱产业中，有电子信息、精细化工、物流三大支柱产业目前是由民营企业支撑起来的。如：电子信息产业的骨干企业是七喜电脑、百成科技、大凌实业等民营企业，其中七喜电脑公司于2000年落户黄埔区，2002年工业产值达11.71亿元。七喜电脑公司是一家上市公司，是华南地区最大的IT企业集团之一，进入中国十大PC品牌之列，其“HEDY”牌微型计算机获得广东省名牌产品称号。

精细化工产业的骨干企业是蓝月亮、天赐高新材料、粤和实业等民营企业。其中蓝月亮生物工程有限公司总投资8000多万元，占地面积3万平方米，以研究、开发生物技术，生产洗涤用品为主。2002年工业总产值6000多万元。

物流产业的骨干企业是宝供物流、南方物流、怀远物流、粤景纸业等民营企业。如怀远物流有限公司总投资5800万元，从事货物运输、仓储、包装等一体化的物流服务，拥有4.5万平方米的现代化仓库，40多台密封式卡车，运输能力覆盖全国，年营业额3000万元。

在商贸业、批零商业方面涌现了广州珠江物资集团有限公司、卓兴国际贸易有限公司、鸿森集团有限公司、区纺织品进出口公司、新佳信通讯设备有限公司等一批年贸易额、营业额超亿元的民营企业。

(3) 民营经济成为黄埔区域综合产业体系的重要链条。黄埔地处广州东部产业带的中心，为属地的汽车、石化、精细化工、钢铁等重点产业提供配套服务，是黄埔区民营经济发展的一大优势。近年来，黄埔区民营经济主动嵌入到区域重点产业体系中去，积极发展与之相关联相配套的项目，延长了产业链条。如紫江包装、富粤容器、亚钢钢铁、宝供物流、集通物流、怀远物流等民营企业分别直接为黄埔地区的统一、康师傅、可口可乐、珠钢、宝洁、广州港务局等知名企业提供产品配套和物流服务，还有大量的民营企业间接为驻区大企业服务，民营经济在促进黄埔区域综合产业体系形成中起到了积极的作用，成为综合产业体系的重要链条。

(4) 民营经济的发展为黄埔区高新技术产业发展打下了良好的基础。至2002年底，黄埔区共有经市认定的民营科技企业55家，技工贸总收入13亿元，纳税3000多万元，分别比上年增长33.2%和1.4倍。全区被市认定的8家高新技术企业中，有七喜电脑、天赐高新材料、蓝月亮、鹿山化工、汇香源食品添加剂等5家民营企业。民营企业创造的高新技术产品产值达到14亿元，占全区高新技术产品产值的50.6%。民营科技企业的发展成为黄埔区经济结构调整优化的新生力量，为黄埔区产业升级打下了良好的基础。

(5) 黄埔区初步形成了吸引民营资本流入的"洼地效应"。近年来，黄埔区紧紧抓住投资软环境这一生命线，发挥比较优势，着力营造"大力发展民营经济"的良好氛围，产生了吸引民营资本流入的"洼地效应"。2002年新引进的90个项目中，有63个是民营的，合同总投资14.9亿元，占全区引进项目合同总投资的80.14%。引进民资呈现几个特点：一是投资规模大，投资上亿元的有耀轮车业、大衍伽玛刀、广州国际玩具中心、南方物流、汇香源食品添加剂等5个项目；二是科技含量高，有大衍伽玛刀等16个项目，涉足电子信息、生物工程、新材料、通讯设备等领域；三是第三产业成为民营投资的新热点，有南方物流等项目27个，涉足现代物流、专业市场、汽车专卖、连锁超市、体育娱乐、民办教育等多个领域。

【黄埔区促进民营企业发展的主要做法】

(1) 健全和完善发展民营经济的政策措施。1994年初，区委、区政府制订了《关于加快发展我区个体私营经济的决定》，实行"放水养鱼"的优惠政策，把私营企业"扶上马"；1996年，根据个体私营经济发展中面临的新形势，重新制订了《关于进一步加快发展我区个体和私营经济的决定》，采取18条扶持个体私营经济发展的措施，为私营企业"送一程"；2000年又根据形势的发展，修订了《关于进一步促进我区个体、私营经济发展的决定》（以下简称《决定》）。重点在民营企业登记、规费管理、金融信贷、市场准入、部门服务、人才引进、出入境、权益保护等方面提出了具体的扶持措施，促企业"快发展"。此外，2000年以来区委、区政府制定了《区政府职能部门业务受理回执制度》、《黄埔区业务受理制度实施细则》等一系列具体措施。同时，加大了政府审批制度的改革，取消了行政审批审核事项117项，简化了企业办事的环节，建立了部门服务首问制，公开了政府工作部门的办事程序，缩短了办事的期限，真正实现了政府服务的公开、方便、高效，切实清理企业发展的行政障碍，让企业轻装上阵谋发展。

(2) 加大招商引资力度和实行企业技术改造，鼓励民营企业来黄埔区投资。促进民营经济发展，尤其是第二、三产业发展，是黄埔区今后经济发展的重头戏之一。近几年，黄埔区确立以招商引资为龙头的经济发展思路，改变过去对民营企业和外资企业分别对待的做法，积极鼓励发展民营经济，吸引民营资本来黄埔区投资。2000年重新修订了《广州市黄埔区鼓励招商奖励办法》（埔府［2000］1号），明确了对内外资项目的引荐人、项目跟踪服务单位以及提供土地和厂房优惠条件的单位三个层次的奖励措施，首次提出了给予项目跟踪服务单位奖励的办法，积极推进招商引资的专业化。仅2000年、2001年两年共吸引区外投资者到黄埔区投资项目有129个，合同利用资金10499万美元，实际利用资金8261万美元。其中民营企业投资项目119个，合同利用民营资金6595万美元，实际利用民营资金4357万美元。同时为了提高民营企业的素质和竞争力，该区还加大企业技术改造力度，加快企业技术进步和产业升级。2002年全区共有技术改造项目15个，技改总投资13.4亿元，已经备案技术改造项目共4个，项目总投资29327万元。通过技术改造和技术创新，打造出一批国内名牌产品，如七喜电脑、蓝月亮、紫江包装、天赐有机硅、百成科技（留学归国人员创办）、中锐新材料、宝供物流等一批具有实力和发展潜力的民营企业。

(3) 重点扶持民科企业发展和积极建设民营经济园区，鼓励高科技人才来黄埔区创业。黄埔区十分重视吸引和鼓励高科技人才到黄埔创业，在全面贯彻国家、省、市有关促进科技进步政策的基础上，制定了一系列适合高科技人才来该区创业的政策和措施。在科技人员职称评定、子女就业、就学方面给予照顾和方便，在资金上给高科技企业扶持，通过市、区科技立项给予资金上的帮助。2001年该区共立科技项目11项、市立项目6项，共投入科技三项费用1646多万元，其中市投入286万元。

(4) 积极推动企业名牌产品的规划和发展，以品牌带动企业和产业结构优化。目前广州七喜电脑股份有限公司“HEDY”牌微机已纳入广州企业重点培育发展的企业名牌产品。黄埔区正在培育的有“蓝月亮”洗涤用品、“娇妍”日用品、“OSCAR”自行车、“大凌”数码相机等民营企业品牌。对于列入重点培育产品品牌的企业，黄埔区在用地、建设、技术进步资金等方面给予优先扶持。如协助七喜电脑公司上市工作，组织七喜、蓝月亮、大凌电子公司赴俄罗斯进行产品推介。

(5) 改善投资环境和创新企业服务方式，增强企业投资信心。为扶持民营企业的发展，加大招商引资的力度，黄埔区在改善投资环境和服务质量上下功夫，区政府建立了区企业协调服务领导小组现场办公会制度和“招商项目督办卡”制度。该区定于每月18日，由区政府主要领导和工作部门的领导集中现场办公，并且邀请驻区的海关、商检、工商、供电、供水、银行等单位参加，接受各种性质的企业现场咨询、投诉、申报事项，现场为企业解决发展过程中的问题。到2004年7月为止，现场办公会已召开了53次，共为民营企业解决400多宗筹建、经营中的问题。为了进一步提高黄埔区招商引资工作的办事效率和加快项目引进速度，黄埔区还推行项目督办卡制度，目的是让全社会、各部门都围绕项目、企业服务。这些服务方式深受民营企业欢迎，增强了民营企业家投资的信心。

【广州云埔工业区黄埔片】 广州云埔工业区黄埔片位于广州市东部，北临云埔（白云）工业区，南接广州经济技术开发区东区，总面积4.1平方公里，重点引进资金密集型、技术密集型、创税能力强的项目。

工业区于1995年开始进行基础设施建设，至2003年9月止，已开发329.5万平方米(6156亩)，共引进项目52个，项目总投资5.8亿美元，区内主要民营企业有广州七喜电脑股份有限公司、广州蓝月亮生物工程有限公司、广州紫江包装有限公司、广州长江自行车有限公司、宝供集团、南岗物流基地、广州汇香源生物科技有限公司等，外商投资企业有广州统一企业有限公司、广州迪生鸟取三洋电机有限公司、广州品食乐维邦食品有限公司、广元（广州）科技有限公司、广州田氏塑胶有限公司等，已形成电子信息、精细化工、新材料等产业。园区企业不断提高管理和技术水平，市场综合竞争力不断提高，发展后劲强。2002年区内企业实现工业总产值32亿元。

工业区正进入二期开发，总面积60万平方米（900亩），主要引进电脑软件开发、网络建设、生物工程、新材料等科技含量高的项目和大型公司、著名品牌的工业项目。区内营商环境良好，配套设施齐全、环境优美，有占地面积1.6万平方米，总投资1000万元的商务中心为区内企业提供服务。

（广州市黄埔区经贸局供稿）

1－3－8 芳 村 区

【区情概况】 芳村区是1985年设立的广州市辖行政区，地处广州市西南门户。全区三面环水，西与佛山市南海区接壤，北东南三面分别与荔湾区、海珠区、番禺区隔江相望。面积46.2平方公里。2003年总人口32.5万人，常住户人口18.5万人，下辖石围塘、花地、冲口、白鹤洞、茶滘、东漖、东沙、海龙、中南九个街道办事处。

芳村区有“水秀花香”的生态优势。芳村种花历史长达2000多年，是名副其实的“岭南第一花乡”，素有“花卉之乡、盘景之地”的美称，被誉为“花城中的花城”，是华南地区重要的花卉销售中心，花卉年出口量占广州市70%以上，被国家农业部、中国花卉协会授予“中国花木之乡”称号。芳村区又是都市“水乡”，区内10米宽以上的河涌近100公里，河涌成网，岸线绵长，有优美宜人的亲水生态环境，是广州山水生态城市“水”的体现和“花”的代表。2003年，建成绿地面积603.47公顷，绿地率32.25%，绿化覆盖率36.1%，人均公共绿地面积12.88平方米，为广州市各区之首，区内处处草木如茵、鲜花盛放、水网纵横，是适宜人创业发展和生活居住的现代化生态城区。

芳村区有底蕴丰厚的文化资源。历史上形成了“八大名园”、聚龙村、黄大仙祠、小篷仙馆、五眼桥、凤池书院、进士里、何香凝纪念馆等一批文化古迹；在当今又打造了广州花卉博览园、南方茶叶市场、花鸟鱼艺市场和白鹅潭欧陆风情酒吧街等知名品牌。芳村区目前已集花、茶、盆景、观赏鱼和宗教、民俗、西洋文化于一体，积淀了丰富的历史文化资源，是广州市历史文化名城的重要组成部份。

芳村区是广州西南的交通枢纽。建区以来，先后建成了珠江隧道、地铁一号线、环城高速公路、鹤洞大桥、丫髻沙大桥、龙溪大道、芳村大道、花地大道、穗盐路、广珠高速公路西线等一批大型市政工程，形成了四通八达的交通网络。目前，广佛地铁芳村段、珠江大桥放射线、东沙大桥、洲头嘴隧道、地铁五号线等对外交通建设项目正在加快推进，未来有多条地铁线始发或经过区内，芳村作为广州西南交通枢纽的地位将进一步强化，城区的承载力和辐射力不断提高。

2003年，按区属统计口径，完成生产总值35.07亿元，同比增长14.3%；财政一般预算收入3.8亿元，同比增长11.7%；商品销售总额87.63亿元，增长18.0%；社会消费品零售总额34.71亿元，同比增长15%；完成工业总产值38.8亿元，同比增长13.8%；商品房实际销售面积和金额同比分别增长6.9倍和8.7倍。

【民营私营经济的发展历程】 改革开放以来，芳村区个体私营经济伴随着工业化、城市化进程的推进而迅速成长。从资本积累，到扩大再生产，经过小规模办实业逐渐过渡到规模经营阶段，民营经济从小到大、从弱到强，规模不断扩大，档次不断提高，已成为芳村区国民经济的重要组成部份和推动区域经济持续、快速、健康发展的主力军。

1985～1989年，是芳村区民营经济发展起步阶段。1985年建区以前，芳村区隶属广州市白云区，个体工商户多以饮食店、士多店、服装档、电器及小型加工业为主，经营档次很低。1985年芳村建区时，全区个体工商户发展到2301户，从业人员3006人，当时私营企业还是以假集体的名义存在。1998年第二次修宪后，私营经济取得了合法地位，1989年国家开始在统计上单列“私营经济”，据统计，1989年区有私营企业95户，从业人员851人。

1989～1992年，是芳村区民营经济发展调整阶段。1989年“六四”风波之后，区民营经济发展受到一定影响，处于观望状态。据统计，1987年全区个体工商户3097户，从业人员4714人，而1990年下降为2393户和3704人，分别下降了22.73%和21.43%。

1992年至今，是芳村区民营经济发展的快速成长期。1992年邓小平南巡，提出“发展是硬道理”，党的十五大把个体私营经济作为社会主义市场经济的重要组成部份，从法律和政策上基本扫除了影响个体私营经济发展的障碍。芳村区各职能部门一手抓管理，一手抓发展，通过政策支持、条件放宽、手续简化等有效手段，促进了民营经济的加快发展。1992～2003年10年间，芳村区个体工商户增加6122户，从业人员增加6741人，年均增长率分别为23.28%和16.14%；私营企业增加2184户，从业人员增加16649人，年均增长率分别为168%和168.51%。到2004年7月底，芳村区个体工商户登记注册9292户，注册资金14502万元，从业人员11489人；私营企业登记注册2515户，登记注册资本179921万元，从业人员20724人。主要由民营企业经营的花卉、茶叶、观赏鱼、家居等专业市场在华南地区颇有名气。

【民营经济的发展特点】 建区以来，芳村区民营经济获得了较大发展，民营经济的增长速度超过国有经济，在全区经济中所占比重越来越大，对区的经济发展起着重要的支撑作用。芳村区民营经济发展呈以下特点：

(1) 总量不断增大，对全区经济拉动作用明显。民营经济的总量不断增加，2003年底全区个体私营企业户数达到11066户，从业人员达到23742人，分别比1985年底增长3.81倍和6.90

倍。民营经济对全区经济拉动作用明显，2003年区商品销售总额中个体经济占47.6%，区社会消费品零售总额中个体经济占58.1%；2004年1~8月，区个体私营企业向国家交纳税金1.53亿元；个体私营经济占GDP的比重由1985年的8.5%上升到2003年的38.2%，经济增长率远远高于其他经济的增长率。芳村区经济的快速发展与民营企业的发展密切相关，民营企业已成为芳村区经济发展极具活力的新增亮点。

(2) 规模化经营趋势明显，制度创新步伐加快。近几年来，随着区投资软硬环境的不断改善，吸引了一批较具规模的民营企业落户，加上原有的国有企业及集体经济，由于经营不善等原因逐渐退出或经过改制转为股份制企业或个体私营企业，使全区个体私营经济经营规模逐年扩大。2003年底全区个体私营企业年末注册资金174439万元，户均注册资金15.76万元，分别比2002年增长1.75倍和1.40倍；个体私营企业注册资本100~500万元的有343家，500~1000万元的有27家，1000万元以上的有21家。个体私营企业制度创新步伐加快，有限责任公司发展速度较快，到2004年7月，在登记注册的私营企业中，独资企业307家，合伙企业58家，有限责任公司2150家，有限责任公司占私营企业总数的85%以上，还有不少企业改制成股份有限公司。立白集团、长力汽车、日产汽车、华联化工、真善美有限公司、英达尔药业、越和企业(集团)、蒙特利实业有限公司、倩影公司、芳源实业有限公司等企业已成为全区民营经济的排头兵。其中立白集团是我区的纳税大户，2003年纳税2000多万元。

(3) 涉及行业广泛，绝大多数从事第三产业。虽然民营企业介入大部分行业，但从事第三产业占绝大多数，主要集中在商贸业、制造加工业、建筑业、种养业、物流交通运输业、餐饮业、文化娱乐业、医药、高新技术产业等。2003年底，从事一、二、三产业的个体私营企业分别占全区企业总数的8%、32%、78%，个体私营经济登记注册在一、二、三产业的户数比重为1.73：12.47：85.80，分布在第一产业的有191户，分布在第二产业的有1380户，分布在第三产业有9495户，其中个体工商户有8023户，占全部个体工商户的91.67%。2003年底从事制造业的有829户、从事批发和零售业的有3103户、从事餐饮业的有356户、从事物流交通运输业的有864户、从事房地产开发的有70户，从事科技与信息开发的有66户。个体工商户以商业发展为主，私营企业以批发和零售贸易、餐饮业、食品饮料、家庭日用品批发业、能源、材料、机械电子设备批发业和社会服务业为主，其中以批零贸易、餐饮业和能源、材料和机械电子设备行业增长较快。

(4) 品牌酒家蓬勃发展，民营饮食业成为经济增长的新亮点。20世纪80年代，芳村区的饮食业主要以国营企业为主，个体工商户主要从事档次较低的"大排档"经营；90年代，出现了一批中低档次的食肆，如应记饭店、地一居酒家、包仔记食坊等，这时期佛山市南海区的饮食业迅猛发展，吸引了芳村区和广州老城区的食客，芳村区饮食业在艰难中发展，1995年在芳村区注册登记的饮食业有个体工商户69户，私营企业5家。21世纪初，芳村区民营饮食业异军突起，发展势头迅猛，成为全区新的经济增长点。盛苑酒家、鹅公村、竹溪、东海湾酒家、花地食街、百福酒家、金城酒家、添宝私房菜、喜运来等一大批民营品牌酒家的落户，使芳村区饮食业"红红火火、人气旺盛"，不仅擦亮了"食在广州"的品牌，充实了"食在广州"的内涵，而且促进了芳村区经济的发展，改变了昔日芳村人"住在芳村，食在南海"的旧况，现在越来越多佛山人、南海人都来芳村消费。其中，白鹅潭风情酒吧街有民营业户30多户，被广州市商业局评为"广州市十大特色商业街"，是广州市12个重点商贸项目之一。2004年上半年，芳村区全区餐饮业营业总额16817万元，比去年同期增长17%，有力拉动了第三产业的发展，使同期芳村区第三产业发展速度位居全市各区之首。

(5) 产业结构不断优化，民营科技企业发展势头良好。近年来，在区委区政府的正确引导下，民营企业经营领域不断拓宽，新型行业不断涌现，区民营经济的发展，正由传统的商贸、饮食、服务等行业，逐步拓展到印刷、装璜、设计、咨询、中介、家政、培训、高科技、信息等新兴行业，还出现了市场策划、保险代理、物流等各类现代服务型民营企业，其中民营科技企业发展势头迅猛。从1995年第一间民营科技型企业在芳村区注册登记，到2004年8月底，全区在工商部门登记的民营科技企业已发展到38家（其中留学人员企业15家，经广州市认定的高新技术企业5家），从业人员达4000多人，主要分布在装备、特殊照明、新材料以及软件开发等行业，其中广州华限数控机床有限公司、南方金属软管有限公司是区的纳税大户，芳村微点焊设备有限公司、真善美电气有限公司开发的高科技产品被广州市授予科技进步奖。2003年，技工贸总收入8.07亿元，高新技术产品产值5.77亿元，分别占全区工业总产值的20.11%和14.37%，纳税总额1.17亿元。年技工贸总收入超过500万元的企业有23家，占企业总数的60.5%。芳村区民营科技企业发展呈现出四个特点：一是以高科技项目起步，在高新技术领域集群发展；二是以人为本，形成了一支高素质的民营科技企业人才队伍，高层次人才成为区民营科技企业的创新主体；三是注重技术创新，加强研究开发，增强企业发展后劲；四是注重机制和体制创新。民营科技作为高新技术领域中的主体力量，在芳村区经济发展中的作用越来越明显，已逐步成为促进和加快区经济发展的新增长点。

（6）吸纳大量劳动力，有力地促进了就业和再就业工作。个体私营经济在拓宽就业渠道，吸纳下岗、失业人员就业方面发挥了重要作用。近年来，芳村区的个体私营经济迅猛发展，产生了一支个体私营经济产业大军，涌现出一批杰出的个体私营企业英才。到2003年底，区个体私营经济从业人员达24887人，占区劳动力总数的47%，个体私营企业是区安排就业的主体，为区国民经济的发展作出了积极贡献。

（7）特色专业市场快速集聚发展，城区商贸服务功能不断增强。专业市场是区商贸业和民营经济发展的主要载体，市场的业主和租户绝大多数是个体私营性质。建区以来，芳村区为广州市孕育出了不少专业市场，早期有鱼类海鲜批发市场、香烟批发市场、北果批发市场以及香蕉批发市场等。近几年来，随着城区软硬环境的优化，芳村区特色专业市场建设形成新的高潮，总的趋势是集聚发展，由主销型向集散型转变，芳村区的集聚力和辐射力不断提升，广州西部商贸中心的综合服务功能日益增强。到2004年7月底，区拥有各类市场54个，其中工业品市场6个，农产品市场38个，综合消费品市场10个。知名度较高、规模较大的有花卉、茶叶、观赏鱼、汽车销售服务、建材家居、大型百货超市、文化用品、塑料包装等“八大专业市场”。

【花卉市场】　主要包括广州花卉博览园和岭南花卉市场。作为岭南第一花乡和我国岭南派盆景的发祥地，芳村区花卉市场有较雄厚的基础，是区首要的特色品牌。

广州花卉博览园　占地3915亩，是集花卉展销、科研、物流旅游等功能于一体的综合项目，被列为国家、省、市农业产业化重点龙头企业、国家级农产品定点市场、全国花卉重点批发市场，是广州市重点建设的五大农产品批发市场之一。园内有亚洲最大、最先进的花卉拍卖中心和广州花卉超市。花卉拍卖中心占地250亩，设有花卉拍卖、展销、超市、物流和综合服务五大功能区，拥有300个拍卖座位；广州花卉超市建筑面积3万平方米，有铺位500多间，以经营鲜花为主，兼营塑料花、干花、丝花、盆栽精品、园艺产品等。2003年底园内有花卉民营企业380多家，花卉年交易额超过21亿元，年接待游客120多万人次，带动农户9000多户，年出口创汇450万美元。

岭南花卉市场　占地112亩，总建筑面积7.5万平方米，商铺500多间，摊位1900多家，场内经营有近千个体工商户。该市场以经营鲜花和盆栽荫生植物为主，品种达几百种，并经营花卉相关的花工艺品1000多种，市场日交易额达100万元以上。

【茶叶市场】　主要包括南方茶叶市场、锦桂茶叶市场、鹤洞国际茶叶贸易中心，及在建的山村茶叶城、广东茶叶城等。20世纪70年代末期，芳村区已有茶叶专营的商铺，其售卖的茶品种不多，主要以茉莉花为主，自发形成了规模小、经营单一的小型茶市。80年代后期，经精心培育和引导，孕育了现时全国规模最大的茶叶市场，云集了近2000户个体私营商铺，从业人员近万人。

南方茶叶市场　占地10.3万平方米，以经营茶叶批发为主，同时经营茶具、茶工艺品、茶家具和与茶文化相关的各类茶商品，汇聚了全国各地及港、澳、台等地的客商1500家，汇集了全国各茶叶产区的茶叶，共6大系列1000多个品种。其茶叶远销全国各地及东南亚和欧、美等地，年交易额15亿元（内外贸易总额），2001年被定为广州市四大重点专业批发市场之一，2002年被国家农业部授予“国家定点”专业市场，是国家认可的国内规模最大、最有影响力的茶叶批发基地。

锦桂茶叶市场包括广东茶叶城 占地2.8万平方米，建筑面积3.15万平方米，起点高、标准高、规模大，地理位置优越，现有商铺230户，2003年销售额达0.9亿元，同比增长70%。

鹤洞国际茶叶贸易中心 占地2万平方米，现有商铺200多户，2003年销售额达0.7亿元，同比增长60%。

【观赏鱼市场】 主要包括越和花鸟鱼艺市场和广州国际观赏鱼博览中心。观赏鱼是我区的“三件宝”之一，芳村区西 早在20世纪70年代末期，就被外经贸部定为“观赏鱼养殖、出口基地”，现已发展成为科技含量高，养殖品种齐全的生产基地。

越和花鸟鱼艺市场 位于芳村区花地湾，占地105亩，建筑面积8万平方米，有个体私营户1300多户，从业人员7000多人，年销售额约2亿元。市场自2000年开业以来，人气旺盛，影响力不断扩大，已成为全国观赏鱼、宠物、雀鸟、鲜干花、水族器材、根雕、观赏石、收藏品等重要的集散地。

广州国际观赏鱼博览中心 这是为促进观赏鱼生产向大基地、大市场、大流通方向发展，专门规划建设的一个集生产、科研、销售、信息交流、观光旅游为一体的大型项目和示范基地。规划1400亩，总投资9166万元。目前观赏鱼养殖品种逾千种，年产各类观赏鱼2千多万尾，产品远销东南亚、中东、非洲、欧洲和北美等100多个国家和地区，年销售额达15亿多元人民币，年出口创汇300多万美元。

【汽车销售市场】 主要包括广州长力汽车销售有限公司（广州本田店）、广东日产汽车贸易有限公司、广州申飞汽车销售服务有限公司、广州上海大众汽车贸易有限公司、芳村机电设备有限公司、广东物资汽车贸易有限公司及在建的芳村车辆管理所、二手车市场、汽车配件市场。区汽车销售企业12家，经营汽车品牌20多个，2004年1~7月销售汽车2525台，销售额达4.2亿元，规格高、品牌全、配套优、汽车文化浓郁的汽车销售配套服务基地正在形成。

广州申飞汽车城 广州申飞汽车销售服务有限公司计划投资3.6亿元，占地100亩，预计年销售额达20亿元。该项目建设有上海大众、奇瑞汽车、上海通用、英国罗孚等9大国内外知名汽车品牌的4S专卖店和中央商务区，是广州市具有一定规模和影响力的品牌汽车销售市场。

广物汽贸芳村汽车物流园 占地300亩，集汽车贸易、汽车展示、汽车体育、汽车文化、汽车旅行为一体，是符合国际现代汽车营销模式，集国内外各品牌汽车专卖店的大型园林式汽车物流园区。

【建材家居市场】 主要包括东方家园、金海马、好美居、百年好，及在建的广州国际家具展览中心、格林商业广场（欧倍德）等品牌建材家居市场。全区建材家居市场总面积超过15万平方米，年销售额可达7亿多元，年创造税收2000多万元。芳村区将成为具有较大影响力和辐射力的建材家居集散中心。

东方家园 由国内建材巨子——东方集团在华南地区投资开设的第一家大型建材家居连锁店，也是迄今为止华南地区同行业中“单店规模最大”的建材家居仓储式超市。总建筑面积3.5万平方米，配备1万平方米（约400个停车位）的停车场，年销售额达3.8亿元，纳税1000万元，创造300人以上的就业机会。市场以“满足居家美化全过程所有需求”为营销理念，实现建材、家居、家具、家装“四位一体”，为消费者提供高质量的建材装饰商品及服务。

广州国际家具展览中心 建筑面积3万平方米，总投资1500万元，年销售额将近5000万元。

格林商业广场 由世界500强企业、全球第四大的建材家居超市连锁集团欧培德建设的大型市场，专营建材、装饰用品、五金工具和花卉园艺产品，建筑面积4万平方米，预计年销售额达2.5亿元。独具特色的园艺式场馆环境，是一种时尚品味的体现。

【大型百货超市】 主要包括"好又多"、麦德龙现购自运商场等。

"好又多"超市 占地3.5万平方米，位于花地湾商贸带的中心区域。2003年2月份开业以来，销售形势喜人，带动了周边商贸业的发展，对花地湾商业功能区的建设，起到较强的拉动作用。

麦德龙现购自运商场 由世界500强物流企业麦德龙集团投资的大型商贸物流项目，占地约5万平方米，商场的建筑面积达1.5万平方米，以批发副食品为主。预计年销售额达2.5亿元，纳税500万元，直接创造300个左右的就业机会。该项目填补了广州市在这一业态中的空白，并带来全新的流通业概念，对广州市实施"食品放心工程"起示范带动作用，能促进广州商贸物流业升级，有利于培养和国际接轨的高级专业人才。

【文化用品市场】 主要包括朝阳文化用品市场、花地广场快快购书中心、石围塘滘口精品市场。文化用品市场逐渐成为芳村区新的经济亮点和经济增长点，将成为华南地区规模最大、最有影响力的文化用品和图书集散地。

朝阳文化用品市场 总建筑面积达5万平方米，商铺超过400间，汇聚了全国500多个知名品牌企业，2003年现货交易额达336863万元，占全区商品销售总额比重38.4%。市场规划合理，停车方便，起点高，规模大，设有展示展销中心、结算中心、仓储中心、质量检测中心等现代化配套设施，市场具备物资集散功能、形成价格功能和信息集散功能，是华南地区规模最大和最有影响力的文化用品市场之一。

花地广场快快购书中心 建筑面积达35000平方米，比广州购书中心还多1万平方米，以经营书刊及其配套文化产品为主，中心内设购书、影视娱乐、动漫世界、广场文化、艺术展示（交流）、风情美食、品牌购物和停车场八大功能区，是集展示、销售、文化艺术交流、演出、娱乐休闲等五位一体的多功能文化中心，也是广州市唯一取得国内外图书批发许可证的企业。

石围塘滘口精品市场 建筑面积10000平方米，市场一期共230档商铺，预计年销售额可达2300万元。该市场处于广州市与佛山市交界处，随着珠江大桥放射线的完工和地铁五号线的开通，市场将具备强大的地理优势和交通优势，发展潜力较大。

【塑料和包装市场】 主要包括广东塑料交易所、广州国际印刷包装城，两大项目起点高、集聚能力强。

广东塑料交易所 是集塑料交易和物流于一体的项目，占地约250亩，是广东省塑料原料交易平台。

广州国际印刷包装城 占地约420亩，总建筑面积23.5万平方米，具有交易、生产、商务会展、科研、物流、信息、经营、培训等多种功能，是华南地区最大的包装印刷产业基地和高级专业市场。

【大力扶持民营经济发展】 改革开放以来，芳村区委、区政府十分重视发展民营经济，对民营经济在认识上"放胆"，政治上"放心"，发展上"放手"，政策上"放宽"，先后召开了四次促进个体私营经济发展的工作会议，出台了多项扶持民营经济发展的措施，有效地促进了民营经济的发展。

（1）出台了加快个体私营经济发展的十条措施。一是加强领导，健全机制。定期召开个体私营经济工作联席会议，协调解决个体私营经济发展中存在的问题。二是营造良好的社会环境。大力宣传党对个体私营经济的方针政策；增加个体工商业户和私营企业家在区人大代表、政协委员中的比例，提高他们的政治、社会地位。三是做好法规政策咨询服务。定期提供工商、税收、劳动等管理法规，以及产业政策、外贸出口政策的咨询服务。四是提高行政效率和服务水平。对个体私营企业集中的专业市场，工商、税务、公安等部门组织力量提供上门服务。五是健全行政监督机制。建立健全办事承诺制、投诉登记制、首问责任制、限期反馈制等制度，切实保护民营企业的合法权益。六是整治乱收费乱摊派乱罚款问题。向个体私营企业印发《个体私营企业缴费项目手册》，明确应缴项目，并进行动态管理。七是协助解决发展用地问题。按照土地利用总体规划，积极申请新的生产经营用地，为个体私营经济发展提供新的土地资源。八是积极解决融资难问题。协调金融部门对信用良好的个体私营企业采取更加灵活多样的服务，建立长期的银企合作关系。九是加强分类指导。对营业收入超千万元的个体私营企业，引导他们采取连锁经营策略；对拥有独立知识产权、独特工艺的个体私营企业，引导他们实施品牌战略；对特色经营的个体私营企业，引导他们集中发展。十是重点扶持，做强做大。对税收贡献大或者创税潜力好、正处在迅速扩张阶段的私营企业，区财政给予一定的企业发展资金扶持，区科技三项经费、挖潜资金、信息化建设资金也给予适当倾斜，并及时落实各项优惠政策。

（2）成立区政府经济服务中心，构建全区招商引资服务平台。组建区经济发展服务中心，统筹协调全区招商引资工作，为投资者提供全程跟踪服务，协调、监督政府部门（包括驻区部门）的行政审批事务，规范行政审批行为，提高行政审批效率。同时，出台《招商引资奖励暂行办法》和《促进企业发展暂行办法》等政策措施，税务部门也制定了《外商企业优惠政策》、《“三来一补”企业的优惠政策》以及《新办企业优惠政策》等，为民营经济投资者开辟“绿色通道”，多渠道促进民营经济发展。

（3）采取系列措施，着力促进民营科技型企业的发展。一是在政策保障上，出台《广州市芳村区鼓励留学人员及国内外科技人员来区创办科技企业的试行办法》等促进民营科技型企业发展的政策措施，形成了良好的政策法规保障机制。二是在硬环境建设上，加大资金投入，建成东沙、西、海北、茶　等科技工业园和留学人员创业园，为民营科技企业的发展提供了载体和支撑。三是在科技项目安排上，按照“不分所有制、不分地域、不分隶属关系”的原则，有力地支持民营科技企业的技术创新；四是在科技中介服务体系建设上，建立了以芳村区科技信息中心、芳村高新技术创业服务中心等为代表的科技中介服务网络，初步形成了技术市场和技术产权申报等科技中介服务体系；五是在资金投入上，设立了留学人员创业和促进中小企业发展专项资金，为民营科技企业的发展提供全方位的服务。

【大力加强民营经济党建工作】　区按照“民营经济发展到哪里，党组织就建立到那里，党的工作就开展到那里”和“成熟一个，组建一个，巩固提高一个”的工作思路，拓展工作领域，加大民营经济党建力度。

（1）调查摸底，完善机制。2002年对全区民营企业党建工作和党员情况进行了系统的调查摸底，经普查统计，全区共有民营企业党员607人，同时进一步完善了民营企业党员动态管理及定期统计报送机制，到2003年底全面实现了民营企业党建工作的“三个百分百”（党员100%登记造册，符合建立党组织条件的100%建立党组织，党员100%纳入管理）的目标。

（2）重点突破，以点带面。挑选区最大的私营企业——立白企业集团，作为辖区内私企党建工作的突破口。通过宣传引导，促使立白集团顺利组建党支部，并在支部下设立6个小组。在此基础上，派设了由区、街道组织委员担任的党建工作指导员和联络员，主动联系民营企业，大力宣传党的方针政策，对有条件成立党组织的，与企业主协商建立党组织，不符合单独建立党组织条件的则联合组建党组织。到2004年6月，全区已建立民营企业党支部15个，基本搭建起民营经济党组织网络，民营经济党建工作取得了可喜成绩，区个体私营协会党总支被定为广州市固本强基工程示范点，立白企业集团被评为广州市私营企业先进党支部。

（3）创新民营经济党建载体。一是在广州市率先成立了专业市场外来党员党支部。针对辖区内专业市场规模不断扩大，外来务工流动党员不断增多的情况，2000年12月，芳村区在广州市率先组建了岭南花卉市场外来党员党支部，2001年12月又组织了南方茶叶市场外来党员党支部，把党的工作延伸到新经济组织中，依靠党支部和党员的先锋模范作用，全面加强专业市场的建设管理，促进了新经济组织的健康发展，为区域经济注入了新的活力。通过党员及时收集和反映外来经商者的意见，协调解决外来经商人员与本地经商人员及管理人员之间的矛盾，推动市场形成良好的管理协作关系；通过调动党员参与市场管理的积极性，加强对市场的监督管理，使外来经商人员中的不良行为抑制在萌芽状态，外来党员党支部领导直接参与市场管理，确保了市场各项管理工作的落实。二是在街道建立民营经济组织党建联席会议制度。以“优势互补、资源共享、相互联动、共同发展”为原则，以党的建设为龙头，整合地区民营经济党组织的力量，加强了辖区内民营经济党组织的沟通联系，搭建了民营企业与地方政府之间沟通合作的平台，为民营经济的发展提供了良好的环境和服务。

(4) 有针对性地做好党员发展工作。针对民营企业人员流动性大，入党积极分子培养难的实际，芳村区一方面注重加强教育引导，帮助员工克服思想上存在“临时打工”的念头，重点培养在企业工作时间较长、相对稳定、表现较好的优秀员工入党；另一方面切实做好非公企业主的思想工作，把一批承认党的纲领和章程，对本地经济发展做出贡献的优秀企业主吸收入党。

此外，加大民营企业工会、团支部建设的力度。到 2003 年共组建民营企业工会 300 家，同时积极组建民营企业团支部。通过党、工、团活动的开展，增强了民营企业的凝聚力和吸引力，有效地促进了民营经济的健康发展。

（广州市芳村区委办公室　郑德伟　赵用能）

1－3－9　番　禺　区

【区情概况】　广州市番禺区地处广东省中南部，珠江三角洲腹地，位于穗港澳“小三角”的中心位置，北与广州市海珠区相接，东临狮子洋与东莞市相望，西与南海、顺德、中山三市相邻，南滨珠江口，距香港 38 海里，距澳门 42 海里，地理位置得天独厚。全区总面积 1313.8 平方公里，总人口 97.68 万，另有海外华侨及港、澳、台同胞 30 多万人。全区划分为 16 个镇，4 个街道，1 个经济技术开发区（南沙）；共有 305 个行政村。番禺原属广州市管辖的县级市。2000 年 5 月 21 日经国家批准撤市设区，成为广州市的一个区。

番禺历史悠久，源远流长。始建于秦始皇三十三年（公元前 214 年），至今已有 2200 多年的历史，历来人文昌盛。近现代更涌现出一大批出类拔萃的学者、名流，有“人民音乐家”冼星海，有开创岭南画派的画坛三杰高剑父、高奇峰、陈树人，有诗、书、画名家叶恭绰、赵少昂、李天马、麦华三、周千秋，建筑工程界泰斗罗明燏，地质学家何杰，教育家许崇清等，数不胜数。因此，番禺素有“文化之乡”的美誉。近年来，获得全国卫生城市、全国文化先进市、全国科技先进市、省双拥模范区、省农村基层建设先进区、广州市文明城区等称号。

番禺在历史上是全国重要的港市，为历代的通商口岸，农业颇具特色，工商业发达，是国内著名的“鱼米之乡”，为岭南富庶之地。随着广州“南拓”发展战略的实施，番禺将建设成为广州高等教育、现代物流业、现代农业、现代工业的重要区域以及居住、商务首选地和休闲旅游胜地。

2003 年番禺区实现生产总值 425.54 亿元，增长 15.6%。其中：第一产业增加值 29.51 亿元，增长 5.1%；第二产业增加值 232.93 亿元，增长 20.1%，其中：工业增加值 209.72 亿元，增长 19.8%；第三产业增加值 163.10 亿元，增长 11.5%。三次产业的比重为 7.0: 54.7: 38.3。人均生产总值为 43889 元（按户籍人口计算），合 5303 美元（按 1 美元折 8.2767 元人民币汇率计算），增长 13.6%。

【个体私营经济发展综述】　1949 年 10 月 23 日，番禺解放，番禺区的个体私营经济逐步恢复。据统计，1950 年全区有市场 67 个，商号 3697 户（其中市桥有商号 707 户）。1956 年对私营工商业实行社会主义改造，全区私营企业 5840 户，从业人员 10144 人，资金 73.4 万元，实行公私合营。而对其中的个体商贩，主要是组织他们参加合作商店和合作小组。1956 年底，对私营工商业的改造工作基本结束。

1978 年底党的十一届三中全会后，番禺区坚持把恢复和发展个体经济和私营企业作为搞活经济的一项重要措施，采取各种优惠政策给予支持和扶植。1978 年番禺有 50 多户个体小商贩，1988 年开始有私营企业。至 1989 年，全区个体工商户已发展到 13856 户，从业人员 32759 人。

私营企业49户，从业人员1086人。个体经济和私营企业的发展，有利于促进商品流通，发展生产，活跃市场，方便群众生活，解决大批城乡青年的就业，增加国家财政收入。

1992年，邓小平同志南巡后，番禺的个体私营经济得到迅猛发展。从1998年起，番禺区提出三年内基本实现区属国有集体企业转制、搞活的战略决策，为番禺区个体私营企业的扩大发展和实现产业转型提供了难得的契机。这是番禺区个体私营企业由低水平家族式管理向现代化企业前进的关键时期，为番禺区个体私营经济持续快速发展奠定了基础。1999年底，全区个体工商户30674户，从业人员82339人，注册资金9.5亿元；私营企业1716户，从业人员22756人，注册资金19亿元。全市个体私营企业产值约192.8亿元，占全市工业产值38.5%，交纳税金3.5亿元，占全市税收11%。

从1999年开始，番禺区的个体私营经济进一步壮大发展。这一时期以长隆夜间动物世界的开张和广州奥林匹克花园的成功开发为标志，番禺区民营经济的发展进入以建立现代企业制度，实施科技、品牌、文化创新为手段，实现企业上规模、上档次和持续、健康发展的更高阶段。到2003年底止，全区有个体私营企业4.31万户；私营企业约5500户，同比增加19%；注册资金约73亿元，同比增加18%。

【农业】　改革开放前，番禺区农业仍属小农经济，没有真正形成产业化。进入90年代中后期，番禺建立了完善的土地经营权流转机制，加速了土地经营权的流转，使土地向耕田能手集中，促进了土地规模经营的形成和发展；大力培育龙头型企业，向农业规模化、产业化、专业化、基地化方向发展，涌现了一大批农业龙头企业和种养专业户。目前，规模较大的农业龙头民营企业有9家。如黄阁小虎麻虾种苗繁育场、南兴鸡场等。全区种植蔬菜50～100亩的专业户106户，100亩以上的有58户。其它如果场、花木场、水产养殖场等也多由个体户经营，规模不断扩大。2003年全区有注册登记个体私营种植企业28家，畜牧养殖企业14家。2003年，全区农业总产值52.70亿元（2002年口径），增长5.1%。

【工业】　解放初的3年恢复时期，政府对原有的私营工企业采取扶持政策，通过银行贷款和加工订货形式，使工业生产得由萧条转趋兴旺，并解决工人的就业问题。按照国家对私营工业、手工业进行社会主义改造的政策，1954年开始对手工业搞合作化试点，至1956年共组建起手工业合作社80个，人数共2441人。对私营工业，先是“联营”，后是“合营”，采用“赎买”政策 。至1956年完成对私营工企业的社会主义改造时，共有公私营合营工企业53户（后为国营企业）。工人较多的有晒莨布业和制砖瓦业，初组成联营社，后发展为染整厂和建材厂。

80年初，按政策私营工业获准发展，作为国营、集体工业的补充。这一时期，一批受惠于家庭联产承包责任制的农民“洗脚上田”，凭着自己的精明和勤劳，瞄准国有、集体企业不屑生产的、但可填充市场空白的产品，创办了一些小型家具厂、五金厂等。如恒锋锁厂、捷成液压机械厂、风达钢具实业有限公司和汀沙木器家具工艺厂等。1983年，全区有个体及联合体工业659户，实现工业产值255万元。此后，不断发展，到1991年，个体工业1444户，产值18774万元，占全区工业总产值3.7%。联合体工业120户，产值6696万元，占全区工业总产值的1.32%。

进入新世纪，番禺区确立工业强区战略，通过建设工业集聚点、引导技术创新和实施品牌强企等措施，不断增强和提高番禺区民营工业企业的竞争力。2003年底，全区个体、私营工业企业5499家，实现总产值281.11亿元，占区工业总产值的31.1%，同比增长17.6%。成为番禺区工业发展新的增长点。

番禺区的个体私营工业企业呈现两个新特点：

(1) 规模不断扩大，向集团化发展。番禺区个体私营企业经过多年量变的积累，“九五”期间产生质的飞跃，涌现了一批上规模、上档次的典型。如省内最大的民营钢铁企业并荣获全国首家产品质量免检的裕丰钢铁有限公司；年产4000万只电子钟的明珠星集团公司；年产树脂5万吨，规模最大、品种最多的福田化工企业；全国首家获得“欧洲质量之门”和“世界先进质量奖”的民营电缆企业——番禺电缆厂；全国最大口径无缝直焊钢管的珠江钢管集团企业等，都是在这几年中成长发展壮大起来的民营企业尖子。1998年注册资金在100～500万的企业有210户，500万元以上65户。到2001年注册资金在100～500万元的企业有553户，500万元以上的有146户。年产值超亿元私企有20多家，超千万元产值不下50家。

(2) 从劳动密集型向技术密集型转变。番禺个体私营经济在完成资本原始积累之后，积极开拓，依靠科技进步、科技革新，实施依靠科技进步、品牌发展战略，向科技要实力，向科技型企业迈进。自由鸟时装有限公司应用新技术、新工艺，使“自由鸟”成为国内知名服装品牌；珠江钢管有限公司抓好技术创新，投资2亿元引进世界先进水平的UOE焊管机组，填补了我国不能生产UOE钢管的空白；好友塑料开发应用的软件技术，其标准具有国际领先水平，每月都有十几种新产品面世；鹏辉电池有限公司的镍氢电池拥有核心自主知识产权，产品系列达到500多个规格；科琳电源设备有限公司新产品开发速度为全省行业之首，平均每年开发三个新产品。这些企业的不懈努力和成功经验，推动了番禺区个体私营企业重视科技创新观念的形成，为企业发展增添新的竞争优势。

【建筑业和房地产业】　建国前，番禺建筑行业均属私营，承建能力只可以应付区内商户民居建筑工程。解放后至80年代末，番禺的房地产开发主要靠国有公司。

进入90年代，随着“洛溪新城”和“祈福新村”的开发，掀起了广州第一个房地产开发高潮。90年代中后期，是番禺民营企业进军房地产开发并担当主角的开始。1996年，金业集团（现名为广东奥园置业集团）开始进军地产项目，个性鲜明的金业别墅花园一推出就震撼了当时尚在起步的广州楼市。1999年，金业集团以全新的思路将体育健康产业与房地产产业有机嫁接，成功开发了广州奥林匹克花园，并拉开了全国连锁经营的序幕。2000年，一个以体育产业、教育产业与房地产相结合的新型现代化生活社区——南国奥林匹克花园，再次成为中国楼市的焦点。此一时期，许多国内有名的民营房地产公司进驻番禺迎宾路沿线，开始形成华南板块概念。2001年年初，华南板块的强势开始凸显，至星河湾的问世，华南板块正式浮出水面。至今，由民营企业开发的星河湾、丽江花园、锦绣香江、绿茵岛、富豪山庄、华南碧桂园、广州雅居乐花园、华南新城等一大批大规模、高档次、环境好、配套设施全的楼盘，打造了在全国地产界响当当的“华南板块”的金字招牌，向我们展现一幅幅美妙的城市风情画。同时，市桥板块内，东区的金海岸花园、东怡新区、美心花园、东方白云花园，南区的番禺奥林匹克花园、华景新城、绿庭雅苑、新世纪花园等楼盘脱颖而出，使得世纪之交的番禺房地产全线飘红。

房地产业的兴旺为番禺的经济发展作出了巨大的贡献：2000～2003年连续多年房地产业纳税额在全区财政收入中保持绝对领先地位，真正成为番禺的创利大产业和经济支柱。2003年，番禺商品房销、预售面积354.21万平方米，销、预售金额125.81亿元，分别增长9.7%和14.3%。全区有个体私营建筑企业299家，有个体私营房地产开发公司117家。

【商贸业】　番禺商业历来较为发达。1945年，全县有行业29个，商号2653户，从业人员6741人。其中市桥有商号532户，从业人员1826人。建国初，国家对资本主义商业实行“利用、限制、改造”政策。1956年，番禺区有私营商业共5840户，10141人，资金73.4万元。当年底，完成对私营商业的社会主义改造。“文化大革命”期间，停发个体营业执照。

1979年，恢复个体商业，同时对个体商业进行登记管理。1983年，建立县个体劳动者协会。在个体商业中，各具特色的专业市场迅速发展，有以专营电子、电器为主的市桥易发商场，专营工业品、时装为主的市桥番山商贸城，专营家具、占地13万平方米的大石家具城等。其中市桥的易发商场最具特色，该商场原为市桥镇西郊大队的菜地，1980年前后，因城区扩大，允许个体商业发展，有关部门征购农用地建商场，有两条街道，东西长约250米，分南、中、北三排，铺位300多间，主要是经营家用电器等。由于地处闹市，又多进口洋货，因而车水马龙，异常热闹，有“番禺高第街”之称。1991年，个体商业发展到10543户，15263人，个体商户的商品零售额达4.2亿元，占社会商品零售总额的24.5%。

今天，随着广州"南拓"战略的实施，番禺的区位优势更显突出，日益成为商家必争之地，并形成了多个商业圈。

市桥大北路专卖店一条街 1997年，随着区政府对市桥城区进行城市改造完成，大北路随之兴旺。几十家国外品牌登陆其中，共有商户600多家，每天人来人往，成为番禺最繁华的商业街。

迎宾路商业圈 近年来，随着万博中心的开张，吉盛伟邦国际家具博览中心和斯高数码电子港的进驻以及丰田、现代、标致、别克等汽车专卖店的陆续开业，"迎宾路商业圈"渐成规模。

市桥环城东路电器街 在短短几百米内的街道两旁，汇聚了多家区内外有名的家电经销商，如番禺沙园集团、国立电器、国美电器、苏宁电器等。产品种类齐全，售中和售后服务质量高，良好的商业氛围吸引着市桥及周边甚至港澳等地区的消费者慕名而来。

此外，德兴路、禺山西路建材一条街，大南小区"手机一条街"，大西夜市，繁华路等商业街也日益兴盛。

2003年，全区实现社会消费品零售总额112.04亿元，增长14.3%，其中区属110.27亿元，增长15.9%。在区属社会消费品零售总额中：批发零售贸易业81.73亿元，增长16.4%；其他行业零售额4.71亿元，增长11.2%。全年零售额超亿元的零售企业有4家。至2003年底，全区有个体私营批发零售贸易企业3501家，

【旅游业】 番禺为岭南古县，名胜古迹较多。改革开放前，境内旅游点只有列为国家、省、市级文物保护单位的几个，如莲花山旅游区内的莲花塔和莲花城，南村镇内的余荫山房，沙湾镇内的留耕堂，珠江口的大角山炮台和上、下横档岛等一批具有历史价值的旅游胜地。民营企业参与甚少。

改革开放后，番禺区出台多项政策措施积极引导、鼓励民营企业投资旅游业，涌现出一批世界级和国内知名的旅游景点（区）。如广州长隆集团公司相继投巨资打造的香江野生动物世界、长隆夜间动物世界和广州鳄鱼公园分别在1997年、2000年底和2004年5月开业，它们是中国和世界最大的野生（夜间）动物园和鳄鱼公园。还有丽江歌剧院、南沙天后宫等知名景观，构成了我区丰富的旅游内容。2002年共接待游客621.50万人次，增长4.6%，全区旅游业总收入达37.40亿元，增长3.3%。2003年，旅游业虽然受"非典"疫情影响，但在区委、区政府的大力扶持下，迅速恢复到往年的水平，全年共接待游客550.3万人次，旅游总收入达32.4亿元。

【饮食业】 番禺饮食业素称发达。建国初期，番禺区有茶楼、制饼业49间，从业人员512人。1953年，对粮油实行统购统销，饮食业开始萎缩。"文化大革命"期间，取消茶市，造成传统风味特色消失。1972年3月，贯彻国务院《关于改进服务工作的通知》，饮食业逐步恢复了传统小菜、名点。

改革开放后，农村个体、集体开设的饮食店蓬勃兴起，据统计，1980年有150户。个体饮食业以经营灵活、品种多样、服务优良、传统风味、价廉物美、方便群众著称。1991年，全区个体饮食业1237户，从业人员3492人，注册资金1221万元，申报年营业额8589万元。

时至今天，番禺个体私营的饮食业遍及城乡，声名远播。有成行成市的食街，如兴发食街、德兴食街、西丽、西环食街、黄编食街、石基海傍海鲜食街等。高档的有长隆酒店、世昌酒店、南岗海鲜城、嘉禾酒家等，地方特色的有川菜馆、湘菜馆、东北菜馆，此外还有各镇村的特色菜，如化龙复苏禾虫、沙路半煎白鸽鱼、石楼海心麻虾、黄阁麻虾、黄阁烧猪肉、新垦海鲜与粉藕、钟村的桂花蝉等。"吃在番禺"正日益成为世界认识番禺，番禺走向世界的响亮招牌。2003年，全区餐饮业实现营业收入23.83亿元，增长15.3%。全区个体私营餐饮企业24194家。

【教育产业】 番禺向有重视教育和奖励子弟读书的传统。解放后，番禺区政府贯彻"群众办学"方针，提倡私人办学，当年增加民办小学14所。此后，不断发展至"文革"开始后停滞。改革开放后，政府鼓励多渠道筹集办学资金。1986年起，市桥开始有私人办的幼儿园。民办幼

儿园蓬勃兴起，荣达幼儿学校是其中的佼佼者，2003年获省十佳民办幼儿园。近年来，随着番禺房地产业的迅猛发展，作为配套项目之一的社区学校，采取名校与名企结合的形式，在区政府和民营企业发展商的共同努力下取得了很大的成绩，成为新时期番禺社会力量办学的较为突出的形式。如华南碧桂园学校、华南师范大学附属中学与华南新城合办的华师附中番禺学校、南国奥林匹克花园与北京师范大学合办北京师范大学南奥实验学校，星河湾与广州执信中学合办番禺执信中学，金海岸花园与番禺仲元中学合办番禺仲元实验学校等，有些更与国外学校合作。这些学校包括幼儿园、小学、初中到高中各阶段的教育。民营企业投入巨资建校舍、配设备，学校负责教学管理。民营企业投资办教育正处于方兴未艾阶段，成为番禺区创建教育强区的一支重要力量。2003年，番禺全区经民政核准登记的民办学历性学校17家，非学历性的培训机构38家，幼儿园44家。

【外经外贸】 番禺自汉初就已经是外贸发达的港市。建国后，出口业务基本由国有外贸专业公司负责，出口商品中农副产品占90%以上。

改革开放后，个体私营企业蓬勃发展，利用外贸公司出口产品也逐渐发展起来，出口产品主要有服装、玩具、工艺品等轻工产品。

1998年10月，国家开放私营企业自营进出口权，私营企业享有与国有、集体自营进出口生产企业同等的待遇。至2003年底止，番禺区有自营进出口权的个体私营企业174家，极大地促进了番禺区外贸进出口的快速增长。

2003年，全区民营企业进出口总额为17.1亿美元，占全区总额的20.09%，其中出口8.6亿美元，占全区的18.44%，进口8.5亿美元，占全区的22.09%。有出口实绩的民营企业67家，其中出口额超千万美元的有13家，最大的一家有2.3亿美元。

【信息和高新技术产业】 建国初期，番禺区多数民营企业属低技术含量的小作坊。进入改革开放后的90年代，随着知识经济浪潮的到来和政府的鼓励扶持，番禺区民营信息产业和高新技术产业逐渐发展起来。目前区内有三类科技型企业60家。世界500强企业中有9家、世界化工行业排名前10名的企业中有4家落户番禺，形成了一个高新技术产业群。2003年，全区工业高新技术企业产值280.72亿元，增长26.9%。全年新认定民营科技型企业12家，共鉴定科技成果35项，推广及应用科技成果37项。

据统计，2003年12月，番禺区有个体私营信息咨询服务企业220家，从业人员1638人，注册资金9344.75万元。计算机应用服务企业172家，从业人员1197人，注册资金9361.4万元。

番禺节能科技园 位于番禺区市桥镇龙美村迎宾大道旁，成立于2000年8月。该园由国家经贸委节能信息传播中心批准创办，旨在带动我国新材料和环保信息产业的飞跃发展，建成全国节能科技工业、产品贸易和技术交流示范基地。规划面积为266.7～333.3公顷，首期开发面积56.7公顷。区内以发展节能、环保科技为主体，吸引相关的生产、开发企业和研究机构进驻，着重发展国家鼓励的技术成熟、效益显著的节能科技企业（项目）。入园企业经过推荐可享受世界银行、全球环境基金的资金扶持。目前已有中国电信等25家企业入园，另有70余家企业有意进驻发展。

南沙资讯科技园 由霍英东基金会和香港科技大学合办，自2000年8月起分三期开发，预计2008年完成，将兴建成资讯科技综合社区。

【为民营经济创造良好营商环境】 番禺区历届党委、政府高瞻远瞩，持之以恒地以创造具有竞争力的营商环境为己任，大力扶持个体私营经济的发展，为番禺区个体私营经济的快速发展提供了巨大的动力。

（1）政策扶持，积极引导，致力于扶持和促进民营经济的发展。番禺区委、区政府把发展民营经济列入全区经济社会发展总体规划，逐年加大扶持力度。在1994年制定出台的《关于加快个体和私营经济发展的若干规定》的基础上，1996～2000年连续五年相继出台《关于减轻企业负担，支持经济发展的若干措施》、《关于进一步加快个体、私营经济发展的若干规定》，《关于进一步加快个体、私营经济发展的补充规定》和《关于加强个体私营经济工作的若干意见》和

《关于进一步促进民营科技企业发展的若干规定》。所有这些，都有力地促进了民营经济的发展。

（2）解放思想、转变观念，正确认识民营经济在国民经济中的地位和作用。番禺区领导班子认为，抓民营经济发展，就是抓“发展就是硬道理”，就是抓发展这个第一要务，就是体现“三个代表”。一是在市场主体地位上一视同仁。制定公平的市场竞争规则，把民营经济同国有经济一齐纳入国民经济和社会发展计划。在产业投资政策、投资方向和重点建设项目等方面，为民营经济发展提供及时指导和协调，有关工作会议邀请个体私营企业代表参加，征询他们的意见。二是在市场准入上一视同仁。进一步放宽市场准入政策，降低民间投资准入门槛。除国家有特殊规定的以外，非限制类项目要向民营经济全面开放；凡是鼓励和允许外商投资进入的领域，也向民营经济开放，扩大民营经济的投资引导，鼓励和引导民营企业投资建设和经营道路、港口等交通设施，污水、垃圾处理设施，园林绿化设施，以及水、电、气供应设施等。三是在资源配置上一视同仁。重点解决民营企业融资难、用地难的问题，解除“瓶颈”制约。完善金融服务体系，拓宽民营企业的融资渠道。鼓励和支持民营企业进入资本市场直接融资，进入产权交易中心进行产权交易。规划、国土部门依法处理和解决民营企业用地问题。

（3）转变职能，增强服务，努力创造有利于民营企业发展的政务环境。一是进一步改革行政审批制度。2001年4月组建了“一条龙服务”的行政审批服务中心，至今，进入中心办公的单位已达到20个，行政服务效能迅速提高，受到社会好评。二是公开办事程序，提高办事效率。以公正、便民和廉政、勤政为准则，全面推行政务公开制度，进一步增加政府工作的透明度，实行“一幢楼办事”。加快实行“并联审批制度”，按“工商受理，网上发布，并联审批，限时完成”的方式开展“并网年检”，为企业办理经营证（明）和有关的年审事项，缩短业务流程，提高政府行政效率和服务质量。三是采取积极有效措施，推动民营工业经济发展。近年来，番禺区政府实行对全社会工业的管理，重点开展了对大型民营工业企业的重点扶持和服务。①支持民营企业进行技术创新。区政府设立了一个7000多万元的科技基金，只要有好项目、符合相关条件的民营企业都可以申请该基金。2001年，番禺区制定了重大项目跟踪制度，凡是1000万元以上的项目都有区领导进行跟踪。②成立企业创新担保基金。解决中小企业发展融资难问题。③参与民营企业的活动。番禺各级政府及有关部门还通过引导，鼓励参与国有集体企业改革，帮助私营企业实现低成本扩张，通过“政府搭台，商家唱戏”的形式，组织各种商务活动，请进来，走出去，帮助私营企业家长见识、拓思路、抓商机、联友谊，由此营造了番禺区个体私营经济发展的灿烂天空。四是保护个体私营企业合法权益。依法清理整顿“三乱”，明确公布对民营企业的所有行政事业性收费，规范对公益性的赞助活动等。建立起科学、规范、具有约束力的监督机制，保证依法行政，提高效能。

（4）修路建桥，集聚发展，软硬环境建设日趋完善，带动了民营经济的发展。20世纪80年代以来，番禺共计投资50多亿元，修建了280多座桥梁与一批交通主干道，形成四通八达的交通网络。近年来，在开展“一年一小变”、“三年一中变”创建文明城区工作中，番禺共投入了40多亿元，使城乡面貌发生了巨大的变化。2000年7月，番禺正式撤市设区，使番禺的经济和社会发展进入一个新的历史时期。南沙大开发及地铁、大学城、新火车客运站和其他重大基础设施建设所带动的投资热潮，将使番禺进一步奠定其作为广州新的城市中心的地位。这是历史赋予番禺的新机遇，是番禺创造发展新优势的历史契机，将为广大个体私营企业主创业、发展提供更大的舞台。

新一届政府提出的发展思路更是给民营企业以巨大信心。区政府提出配合国家、省、市重点工程项目，加快和完善城市基础设施和配套服务设施建设，全面提升地区的生活水平和环境质量；整合各种资源，推进工业园区和物流园区的建设，坚持走新型工业化道路；努力打破城乡二元结构，走出一条适应番禺发展的城乡一体化新路子。为了加快集聚发展，区政府通过抓好“星星点点，遍地开花”的民营企业在一定区域相对集中地生产同类产品或系列产品，形成具有地方特色的块状经济和区域产业链，如市桥街、沙湾镇的金银首饰加工业、大石镇的空调和音响、南沙开发区、黄阁镇的石油化工等。

区委、区政府非常注重发挥工商联的桥梁作用和番禺的“侨乡”优势。一些知名的企业家，不但在家乡投资设厂，还投入资金帮助家乡人民进行基础设施建设，同时还带来了先进的管理经验。得天独厚的地理位置和多年形成的优良经商环境，不但造就了一大批土生土长的杰出民营企业家，还吸引了来自全国各地的精英到番禺投资创业。

【个体私营企业组织建设】 改革开放以来，随着番禺区个体私营经济的蓬勃发展，其经济实力和社会地位也不断提高。番禺区委、区政府按照中央［1991］15号文精神，充分发挥工商联联系非公有制经济代表人士的桥梁纽带作用，以及政府管理非公有制经济的助手作用，按照市场经济的规律，重视工商社团组织的建设。近年来，个体私营企业组织建设取得较好的成绩。

社团组织建设 1991年6月，番禺区制衣业同业会成立，成为番禺第一个直属工商联的县一级同业公会。1991年7月6日，中央15号文发表，明确了新时期工商联的性质、会员结构和主要职能，成为指导新时期工商联工作的纲领性文件。1992年在试点的基础上，相继成立了大岗和大石两个镇民间企业家公会，这是番禺区工商联最早的镇级组织。1999年6月10日，区委批示，要求具备条件的镇尽快成立商会，借此促进地方个体私营经济的健康发展。工商联组织建设工作因此进入一个较快的发展时期。至今，区工商联有会员1020人，有1个同业会，16个镇（街）商会（分会）。它们分别是（按成立时间排列）：番禺区制衣业同业会、大岗镇商会、大石镇商会、市桥商会、沙湾镇商会、石基镇商会、灵山镇商会、钟村镇商会、石楼镇商会、南村镇商会、鱼窝头镇商会、化龙镇商会、黄阁镇商会、沙头街分会、桥南街分会、东涌镇商会和横沥镇商会。近期，工商联还计划成立汽车行业商会、东环街分会和灯光音响行业商会。这些基层商会在沟通政企、反映意见、组织交流、拓展商机、探讨发展等方面发挥了重要作用。

番禺区厂商会 创立于1997年，前身为番禺区民营工业企业协会，2002年更名为广州市番禺区厂商会，成为具有独立法人资格的社会团体。现有团体会员、个人会员928家（人），设有化工专业委员会、表面处理专业委员会、包装印刷专业委员会、金属制品专业委员会和工程师协会，是本区具有一定代表性的工业团体。

党群组织建设 目前，在番禺区个体私营经济企业中有党员约2800名。至2003年底，全区民营企业成立独立党支部（党总支部）有121个。如广州市长隆集团公司、裕丰钢铁有限公司、广东金业集团、广州明珠星、珠江钢管等多家私营企业已成立党支部或党总支。2001年8月份召开全区私企工会组建工作会议后，至2003年底，全区共3504家民营企业组建工会，员工入会率达80%以上。551家外资企业组建工会。团组织的成立也在私营企业家的重视和支持下逐步推进，现已有恒锋锁业有限公司和南国奥林匹克花园等成立团支部，为企业做好青年员工的思想工作和企业的健康发展打下了基础。

【个体私营企业热心社会公益事业】 番禺区个体私营企业主致富不忘回报社会，积极参与扶贫、赈灾、助学、抗击“非典”和光彩事业，体现新一代私营企业家的崇高品德。据不完全的资料统计，近年来积极参与公益捐款和投资扶贫等光彩事业，合计捐款达6000万元，合作办厂投资额超过4000万元。如广东奥园置业有限公司共为各项公益事业捐款合计2058万元；广州长隆集团共为教育基金、赈灾等多项公益事业捐款超过2000万元；番禺永成实业有限公司董事长林永锦向从化市北部山区东明镇东明学校捐资30万元，新建一幢综合性教学楼；2003年各商会为抗击“非典”捐钱捐物合计超过100万元。此外，商会会员还热心光彩事业，如番禺科琳电源设备有限公司投资2300万元与那坡县电业公司合作共同开发那坡水电站；百得打火机有限公司、文华羽绒制品厂到江西投资办厂到位资金达2100万元。

（广州市番禺区委政策研究室 张永兴）

1－3－10 花 都 区

【区情概况】 花都区（原花县）境域，汉朝属番禺管辖，隋朝属南海县辖，宋以后分属番禺、南海县辖。清康熙二十五年（公元1686年）取南海、番禺两县部份区域置县，因县城近花山，定名“花县”，属广州府。民国时期，花县主要由省直辖。建国后先后隶属江北专区、珠江专区、粤北行政区、佛山专区。1960年4月划为广州市属县。1993年6月18日，经国家批准，撤县设市，定名为“花都”，由省人民政府委托广州市代管。2000年5月21日又经国家批准撤市设区，成为广州市的一个区。

花都区位于广州市区北部。全区面积970平方公里，2003年末户籍总人口62.96万人，其中农业人口40多万人。区辖新华、花山、花东、狮岭、炭步、赤坭、芙蓉、梯面、北兴、花侨、雅瑶等11个镇，共有188个村民委员会和45个居民委员会。区政府设在新华镇。

2003年，花都区经济发展较快，实现国内生产总值226.88亿元，比上年增长11.29%；地方预算内财政收入10.91亿元，在上年增长63.53%的基础上又增长了55.86%；全区农业总产值30.9亿元，比上年增长7.84%。

花都区继续大力实施“工业兴区”发展战略，强化了工业经济对财政增长的龙头作用，全区有工业企业5千多家。2003年实现工业总产值530.07亿元，工业增加值136.59亿元，分别比上年增长22.38%和17.27亿元，其中规模以上企业完成工业总产值376.3亿元，占全区工业总产值的73.9%。工业对经济增长的贡献率达78.83%，拉动全区经济增长11.14个百分点，已经成为全区经济发展的强劲“引擎”；全区外贸出口总值37389万美元，比上年的31478万美元增长18.78%。出口货物以传统产业纺织原料及制品、鞋帽业为主。机电和音像设备、皮革制品及珠宝首饰出口有较大幅度的增长。

汽车、皮革皮具、金银首饰三大支柱产业发展迅速，成为壮大全区经济总量、增加出口、带动群众致富的龙头。去年花都汽车产业基地经省政府正式批准成为全省目前唯一的汽车产业基地，并被纳入全省工业发展总体布局。东风汽车有限公司乘用车公司在我区正式成立，全年生产汽车66134辆，实现产值114.82亿元，占全区工业总产值的22.55%，交纳税金16.5亿元（含关税），占全区税收总额的39.31%。成功举办了第三届中国（狮岭）皮革皮具节，进一步扩大了“中国皮具之都”的影响力，促进了皮革皮具业加快发展，皮革皮具业实现产值45亿元。金银首饰加工业增长强劲，实现产值2.7亿元，同比增长430%。

花都区山青水碧，风景秀丽，旅游开发价值大。目前，正在开发的旅游资源有梯面综合旅游区、芙蓉度假村、九龙潭水上世界等，已建成洪秀全纪念馆、洪秀全故居、盘古圣庙、资政大夫祠、广州宝巾高尔夫乡村俱乐部、圆玄道观等多个旅游景点。

【个体私营经济发展概况】 改革开放以来，花都区民营经济发展迅猛，从无到有，从小到大，从传统型到科技型，已成为全区经济发展的生力军。2003年全区新增个体工商户4347户，从业人员9155人，注册资金0.96亿元；全年新增私营企业738户，从业人员6561人，注册资金3.96亿元。全年新增的个体户数和私营企业户数分别占总数的12.4%和30.45%。截止2003年底，全区累计个体工商户17397户，从业人员34111人，注册资金2.54亿元；私营企业达2343户，从业人员达33481人，注册资金22.49亿元。规模以上民营企业完成工业总产值82.23亿元，占全区规模以上工业比重21.85%，同比增长24.25%。

花都乡镇企业绝大多数是个体私营企业。全区有乡镇企业16126家，比上年增长2.4%，其中镇办企业352家，村办企业719家，私营企业1935家，个体企业13120家。年末职工总人数152931人，比上年增长2.7%。全区乡镇企业实现营业收入363.18亿元，比上年增长13.7%；总产值402.38亿元，增长13.2%；完成增加值88.33亿元，增长14.89%；创利税21.80亿元，增长10.7%。全区有9个镇的乡镇企业营业收入超10亿元，其中新华镇103.8亿元，居首位。全区规模以上乡镇企业564家，超亿元的有14家，其中炭步镇广州陆仕水产企业有限公司5.1亿元，继续排在全区乡镇企业的首位。乡镇企业中，个体私营企业占93.4%，比上年增加330家，营业收入169.8亿元，增加值38.8亿元。

花都区是"广东省科技进步先进城区"，民营科技企业保持健康、快速发展的势头，已成为花都高新技产业发展的主力军。2002年全区民营科技企业达68家，其中超5亿产值的企业2家，超亿元产值企业12家，从业人员达1万人，全年技工贸总收入78.3亿元，比2001年翻两番。

2003年，民营科技企业发展环境进一步优化。政府围绕"优化环境，优化结构，优化发展"的思路，开展调查研究，出台了《花都区民营科技企业认定办法》及扶持民营企业发展的16项措施，制定了《花都区优秀科技人员、民营企业家、名牌产品评奖实施办法》、《花都区区级科技计划评估评审办法》、《花都区专利项目奖励办法》等。在良好的政策环境下，高新技术产业和民营科技企业进一步加快发展。全区认定民营科技企业100家，比上年增长了68%。

近年来花都区个体工商业户比1999年略有减少，私营企业的户数和人数都逐年增加；2003年私营企业年末户数和人数分别比2000年增长了9.9%和7.7%；私营企业注册资金2003年比2000年增长7.8%（详见表3－7、表3－8）。

表3－7　近年来花都区个体经济发展情况

年份	年末户数（户）	从业人员（人）	注册资金（万元）
1999	27441	46984	30499
2000	26581	45240	30743
2001	27062	46304	31591
2002	26593	45643	33100
2003	17397	34111	25384

资料来源：《广州统计年鉴》2001～2004。

表3－8　近年来花都区私营企业发展情况

年份	企业户数		年末人数		
	开业户数	年末户数	合计	投资人数	雇工人数
2000	252	1222	18843	2247	16596
2001	447	1426	24039	2639	21400
2002	487	1889	31003	3595	27508
2003	685	2343	33481	3902	29579

资料来源：《广州统计年鉴》2001～2004。

【民营经济发展的主要特点】

（1）民营经济的经营领域不断拓宽。经过20多年的发展，该区民营经济已由传统的商业、饮食服务业，扩展到工业、种植养殖、建筑、运输、房地产、科技咨询、广告、医疗、文化教育等产业领域；经营领域从原有的服装、家具、塑料等传统加工制造业逐步扩大到机电产品、电子电器、汽车配件生产、生物制药等国民经济主要行业和高新科技领域。目前，全区民营企业涉足行业达129个。民营经济正成为我区产业链条的重要环节。全区的皮革皮具企业基本上是民营企业，产业内企业互相配套协作，成为花都区皮革皮具产销基地的支撑力量。

（2）企业管理逐步突破家族式管理，向建立现代企业制度的方向发展，企业整体实力不断增强。为适应企业管理需要，克服业主自身知识、能力不足和家族管理关系复杂化对企业发展的制约，有一定规模的民营企业都注重聘请善经营、懂管理的人员充实企业管理层，逐步建立科学的用人机制和激励机制，改变“兄弟厂”、“父子店”、“夫妻档”的家族管理模式。部分企业还以赠期股、配股等形式来调动和发挥管理人员的积极性，同时积极推进股份制改造，使产权股份化、企业管理制度化，建立适应民营企业发展的现代企业制度。涌现出一批具有竞争优势的行业龙头企业，优化了企业组织结构。培育了一批知名品牌，优化了产品结构，提高了市场竞争力。飞达音响、宏昌胶粘带、星冠、新新日用制品等20多家民营企业产品被评为省、市名牌、科技、优秀新产品。“宏昌胶粘带”、“新新烫衣板”系列产品的知名度和市场占有率已上升到全国同行业领先地位，在国际市场上享有盛誉。在第三产业方面，如骏威房地产、绿景房地产、雅居乐等企业崭露头角，赢得良好社会信誉，并成为全区的纳税大户。2003年，全区纳税超千万元的民营企业有9家、超300万元的22家；工业产值超亿元的企业四成以上为民营企业。目前花都区已初步形成汽车、皮革皮具、金银首饰等新兴支柱与纺织服装、机械电子、建材、塑料化工等传统支柱齐头并进的良好发展格局。

(3) 从业人员素质逐步提高，企业家队伍不断优化，企业产品技术水平发展迅速。近几年来，许多年轻有为的知识精英下海创业，博士厂长、硕士经理等高素质管理人才主要集中于民营企业，为民营企业家队伍注入新的活力。全区民营科技企业职工总数为13964人，其中初级职称以上人员2514人，占职工总数的18%。通过吸收优秀人才和开展产学研合作，一些较有实力的民营企业产品开发能力和技术水平保持在国内同行业领先水平。如花都科苑企业同澳大利亚科学院建立稳定的产学研协作关系，在全淀粉生物降解塑料方面的合作研究成果已实现产业化，为国内塑料制品“白色污染”问题提供了解决途径；刘氏橡塑公司开发的“激光打印辊”项目填补国内空白；上源合成材料科技公司采用离子络合法提高钙锌复合稳定剂的金属含量，使之能广泛应用在硬质聚氯乙烯上，该技术属国际领先水平。截至2003年底，全区100户民营科技企业中，年产值超亿元的民营科技企业10户，超1000万元的44户。首个博士后工作站——广州宏昌胶粘带厂博士后工作站已获国家人事部批准正式挂牌成立。民营企业产品技术水平的迅速发展，促进了民营经济乃至全区经济结构的调整优化升级。

(4) 以民营经济为主导的产业集群相继形成。随着民营经济向优势区域和优势产业集中，以特色产品为主导、以民营企业为主体的产业集群相继形成。如拥有20多年皮革皮具产销历史的狮岭镇，几年前是家庭作坊式，销售靠广州桂花岗一个窗口，产品单一、生产能力有限、规模不算大，属于农村自发式的生产模式。近年在政府部门的扶持和引导下，已迅速发展成为全国最具规模的皮革皮具原辅材料集散基地和皮具生产基地。被中国皮革工业协会定为全国扶持培育的专业市场之一，被推荐为广东省五大龙头专业市场之一。目前，有凌云、华尼、叶氏、蒙娜丽莎、辉隆撼等上规模皮具生产企业77家，从业人员近10万人，年产皮具3亿只，年产值超过45亿元。生产高、中、低档皮具产品远销全国25个省、市、自治区以及东南亚、欧洲和美洲等地，皮具、皮革交易量均为全国第一。以狮岭皮具为龙头的广州皮具约占广东市场的6成。2003年狮岭皮具出口为2944万美元，同比增长7.45%，狮岭皮具国际竞争力逐步增强。具有鞋业加工起步早、产业链配套快等发展优势的赤坭镇，以制鞋工业为主导方向，通过以台引台、以商招商等多种形式，先后引资创办了美式鞋业有限公司、凯迪鞋业有限公司、广州市美斯乐有限公司、广州市德时兴鞋业有限公司等一批台资鞋业工业企业，开发出“凯迪”、“美斯乐”等享誉国内外的系列品牌产品。此外花都汽车城、金银珠宝城、以电子电器为特色的炭步镇、以研究、生产基因芯片和生物科技为主题的芙蓉镇等一批特色产业群体也已分别成为花都区新兴支柱产业、传统优势产业和高新技术产业发展壮大的主要承托基地和招商引资平台。

【花都三大支柱产业基地】

狮岭“中国皮具之都” 2002年9月16日，在上海市举行的中国皮革工业协会第四届理事会第四次扩大会议上，花都狮岭被中国轻工业联合会、中国皮革工业协会授予“中国皮具之都”称号。花都区狮岭镇皮革皮具业发展有30年的历史。80年代初由2000多家民营皮革企业取代建材业而成为支柱产业。区委、区政府高度重视皮革皮具行业的发展，成立由区委书记亲自挂帅、有27个职能单位参加的皮革皮具发展协调小组，把皮革皮具业作为支柱产业和区域特色经济重点扶持，优先安排皮革皮具业发展用地。2003年，全区有皮革皮具生产、经销和批发商4000多家，提供了8万多个劳动就业岗位。投资4.5亿元兴建的占地30万平方米的狮岭（国际）皮革皮具城一、二期工程先后投入使用，占地13.33万平方米的第三期工程皮具数码城亦已建成。

花都汽车城　2002年7月，占地15平方公里的汽车工业城总体规划、设计方案通过专家评审。该汽车城位于花都区西南部，划分为九大功能区，即整车生产区、综合工业区、汽车零部件工业园区、汽车贸易服务区、行政管理区、物业中心区、出口加工区、汽车文化体育旅游区和生活区。汽车城以广州风神汽车有限公司为龙头，另有8户企业也已签约落户，5户签署了投资意向。

花都（国际）金银珠宝城　花都区把金银首饰业作为优先扶持的重点行业，给予土地、出口奖励等多项政策优惠，使之逐步成为花都区的支柱产业之一。2000年立项兴建的广州花都（国际）金银珠宝城位于新华镇工业区，占地120公顷。投资1亿元的首期工程，至2002年末，建成厂房及配套设施12万平方米，有12户企业落户，其中6户已投产。

（广州市花都区经贸局供稿）

1－3－11　增　城　市

【区情概况】　增城建县于东汉建安六年（公元201年），隶属南海郡。因南海郡原辖6县，新设一县，增多一城，故曰“增城”，距今已有1800多年历史。1993年撤县设市，现辖6个镇、3个街道办事处，市政府驻荔城。全市总面积1741平方公里，常住人口90万，旅居港澳及海外的乡亲近30万人。

增城地理位置优越。位于珠江三角洲东北部、广州东部，背靠大广州，南与东莞隔江相望，东临惠州，北界从化、龙门，地处广州、东莞、深圳、香港等发达区间，紧连广州经济技术开发区和广州科学城，工商各业发达，具有“多城辐射效应”，发展空间大，前景好，是广州东部板块的重要组成部份，是广州通往深圳、香港和粤东各地的交通咽喉。

增城经济发展迅速。2003年，全市工业总产值达402.84亿元，比上年增长16.4%；农业总产值36.3亿元，增长1.65%；生产总值208.6亿元，增长14.62%；财政总收入19.42亿元，增长29.95%；实际利用外资1.97亿美元，增长22.45%；外贸出口总额4.7亿美元，增长12.93%。全国百强县（市）综合竞争力评比中居21位，在广东省68个县市中居首位，是广东省文明城市和广东省卫生城市。

【民营经济发展综述】　自改革开放以来，增城市民营经济稳步健康发展，已成为增城国民经济的重要组成部分。1991年，全县个体工商户注册资金达6784万元，私营企业注册资金达29168万元，其中登记注册为有限公司的有75户，年纳税额占全市总税收30%。从分布情况来看，民营企业主要集中在原新塘、荔城、仙村等南部几个镇。增城民营经济在原广州8区4县中是发展较快的地区之一。

自1992年邓小平南巡后，市场经济发展较快。为促进民营经济的发展，增城市委、市政府先后出台了《关于加快个体和私营经济发展的决定》、《进一步促进个体、私营经济发展的决定》以及《关于加快工业发展的决定》等一系列政策措施，为民营经济的发展创造了宽松的社会环境。1999年，全市共有个体工商户32222户，私营企业2936户；实现社会总产值25.5亿元，销售额28.9亿元，缴纳税收2.76亿元。在全市主要的家电、摩托车、纺织品、汽配、钢材、水果、蔬菜、农副产品等行业中，民营经济均发挥了重要的作用。一大批民营企业在发展过程中积极实施“走出去”战略，经营阵地遍及全国各省、市，不少民营企业甚至在海外国家及地区设有分公司。

2000年以来，增城市民营经济进一步加快发展。2003年，全市民营企业达3.4万户，其中工业4220户，房地产企业33户，农业企业23户，社会服务业3357户，其余为商业及其它行业。民营工业企业完成工业产值245.12亿元，占全市工业总产值60.85%；完成工业增加值57.6亿元，占全市增加值27.29%。民营经济总投资37.02亿元，占全社会固定资产投资额67.11%。民营社会服务业企业占全市服务业企业的67%。增城市民营经济正由过去单纯数量增长型向质量效益型转变，涌现出一批上规模、上档次、科技含量高，产值超千万元及亿元的民营企业。目前，增城市民营工业已形成汽车摩托车及其配件、纺织服装、皮革制鞋、电子电器、农副产品加工、陶瓷、建材、化工、机械、印刷包装、五金等行业，尤其初步形成了全市汽车、摩托车及其配件、牛仔纺织服装三大支柱产业。每个行业均涌现出若干家龙头骨干企业。如：汽车摩托车及其配件方面的有宝龙汽车、五羊本田摩托、豪进摩托、奴风铸件等；纺织服装方面有创兴、康威、广英、康辉等；电子电器方面有科密电子、特种电力设备等；农副产品加工方面有东凌大豆加工、威华中纤板、如丰食品等。民营商业企业方面，则有新塘（国际）牛仔纺织城、增城（国际）牛仔面辅料城、碧桂园物业、百花山庄、增城宾馆、太阳城、人人乐购物广场、华润超市、挂绿商贸城等大中型企业。

【民营经济主要特点】 2000年以来，增城市委、市政府十分重视民营经济的发展，通过思想发动、政策带动、项目拉动，推进了民营经济的健康发展，民营经济日益成为壮大增城市经济总量、增强发展后劲的一支生力军。主要呈现以下几个特点：

（1）发展步伐明显加快。2003年全市民营经济注册资金达92.15亿元，是2000年的2.4倍；规模以上民营工业企业430家，占规模以上总企业数56.75%；规模以上工业企业中私营企业工业产值127.03亿元，占全市规模以上工业产值47.76%。全市年产值超1亿元以上的私营企业有13家，年产值超1000万元以上的私营企业由2000年的205家增加到2003年的329家；年纳税100万元以上的私营企业大户有182家。全市民营经济实现社会消费品零售额41.36亿元，分别比2000年增长44.83%、157.22%和58.89%，年均分别递增13.14%、37.01%和16.1%。

（2）社会贡献明显增大。一是成为财政收入的主要来源。2003年全市民营企业上交税款达6.06亿元，占全市税收的36%，比2000年增长225%；二是扩大了就业机会。目前全市实际从事民营经济的人数达31万人，占全市劳动力的64.6%，民营企业接纳下岗职工再就业9916人，占全市下岗职工的96%，民营企业为职工购买社会保险费570万元，办理社会养老保险55802人，占注册登记人数的85%；三是繁荣了城乡市场。去年全市民营经济实现社会消费品零售总额41.36亿元，占全市社会消费品零售额71.9%。无论是在城市，还是在农村，民营商业网点遍布每一个角落，成为流通领域的主力军，极大地方便了人民生活，改善了城乡居民的生活条件。此外，民营经济在促进国家、集体企业改革，完善市场机制等方面也发挥了积极的作用。

（3）企业科技创新能力明显增强。近年来，增城市越来越多民营企业注重自主创新，坚持以科学技术为指导，依靠科学管理和技术创新，加大科研投入，积极采用新技术、新工艺、新材料，引进和消化国外先进的管理和技术，大大提高了产品技术含量，树立了品牌，增强了竞争力。2003年，全市新办民营企业694家，全市高新技术产品产值36.22亿元，同比增长13.7%，高新技术产品产值占工业总产值达9.0%。全市新组织实施科技项目19项，申报广州市级以上科技项目4项，其中2项列入国家级科技计划。在去年全国第十四届发明展览会上，增城市民营企业有2项专利获金奖，1项专利获银奖。涌现了宝龙、豪进、福田、中新塑料、康威、创兴、广英、银钻等一批较具规模的民营科技企业，带动了全市支柱产业的形成，有力促进了全市经济的发展。

【大力扶持民营经济发展】

（1）政策扶持，积极促进民营经济的发展。1998年7月，增城市委、市政府出台了《关于进一步加快个体私营经济发展的决定》，对放宽民营企业经营条件、经营范围、外经贸经营活动范围，鼓励和支持民营企业参与国有中小型企业改革，开展横向经济技术联合，给予民营企业财税信贷政策扶持，解决民营企业生产经营场地、用工、产品鉴定、技术人员待遇，保护民营企业及其职工的合法权益，加强对民营经济的引导和管理等方面均作出了明确规定。2002年10月，增城市委、市政府出台了《中共增城市委、增城市人民政府关于加快工业发展的决定》，明确了工业强市发展战略，并在加快工业发展、减免生产性项目规费等方面作出了相关规定，为促进民营经济的发展进一步提供了政策保证。

（2）加强引导，大力发展民营科技企业。近年来，增城市加大了对工业企业特别是民营科技企业的扶持力度，积极引导民营企业应用高新技术进行改造提高，有力地促进了民营科技企业的发展，涌现了宝龙汽车、豪进摩托、福田油漆、中新塑料、特种电力等一批较具规模的民营科技企业。2003年全市民营企业技术改造20项，总投资98628.4万元，引进国外先进设备642台（套），技改项目主要突出我市的支柱产业如汽车摩托车、纺织服装等。同时，大力支持有条件的企业建立科技创新中心和研发机构，积极鼓励企业与广东省、广州市科研机构和高等院校建立联系与合作，推进产学研联合，加快技术成果转化和应用，增强企业科技创新能力。目前东凌集团、宝龙汽车、特种电力设备有限公司等一大批大中型企业建立了自己的研发机构，积极进行技术创新，攻克技术难关，研发新产品。如豪进摩托车、宝龙汽车等企业，每年都推出新款车型，大大提升了企业产品附加值和市场竞争力。又如广东增城特种电力设备有限公司实施的企业信息化建设工程，广英服装有限公司的高频节能污水处理技术，广东南方铜材有限公司的上引连铸生产铜合金产品和加工铜杆直接冷镦成球工艺，广州双菱钢铁工业有限公司新建成的全自动连续轧制高强度棒材生产工艺等高新技术的应用，大大提高了企业的生产效率和经济效益。

（3）加强服务，大力营造良好发展环境。一方面，增城市委、市政府通过加大软硬环境的建设力度，大力提升综合环境竞争力，为民营经济发展创造了良好的条件。成立了市审批服务中心，进一步规范了行政审批权，简化了办事程序，提高了办事效率。成立了民营企业投诉中心，专门受理全市民营企业的各类投诉，积极为民营企业排忧解难。全市各有关职能部门结合自身业务，积极为民营企业服务。例如，市外经局积极为民营企业申办进出口经营权提供优质服务，市纪检部门将全市部分重点企业确定为“无干扰企业”，市经贸局对全市的重点企业和项目积极进行跟踪，及时为企业解决实际问题。另一方面，大力整顿和规范市场经济秩序，突出抓好“三重一大”：突出重点商品，将食品、药品、卷烟、酒类、化妆品、摩托车及其配件以及危害人体健康和生命、财产安全，群众反映强烈的假冒名牌商品列为重点，进行深入查处；突出重点市场，以假冒伪劣商品集中的市场作为重点，进行集中整治；突出重点区域，以制假售假多发的地方作为重点，进行彻底整治；狠抓大案要案的查处，对全市范围内制假售假、涉及面广、数额巨大、危害严重、影响恶劣的典型案件进行依法查处。2003年全市共查处案件3200例，查补税款2133万元，捣毁和取缔窝点150多个，移送司法部门处理案件100多宗。

（4）大力实施品牌战略，增强企业发展后劲。制定了鼓励企业争创品牌的措施，对全市创建品牌企业实行重奖。去年评选了全市50家名优企业和十大牛仔休闲服装品牌企业，评出获奖科技项目27项，对优秀的科技创新项目和科技成果给予了奖励，有效调动了企业和科技人员的创新积极性。在推进名牌战略实施的同时，加大了对企业的知识产权保护，2002～2003年，增城市共申报专利460件，获得专利授权324件，依法调解专利纠纷案件13起，通过产品打假，处理冒牌产品和打击专利侵权与商标侵权，有效保护了企业的知识产权，调动了广大企业尤其是民营科技企业科技发展的积极性。

（增城市政府办公室　朱建辉）

1-3-12 从化市

【区情概况】 从化市东邻龙门县，南与增城市、广州市的白云区接壤，西与花都区、清远市相连，北与佛冈、新丰毗邻。全市总面积1985.25平方公里。2003年，全市人口53.55万人。辖有街口、江埔、城郊3个街道办事处和太平、温泉、良口、吕田、鳌头等15个镇，223个村民委员会，38个社区居委会。设有从化市经济技术开发区管委会、明珠工业园区管委会、流溪温泉旅游度假区管委会。市人民政府驻街口。

从化市处于珠江三角洲到粤北山区过渡地带，自然景观多姿多彩，地理环境呈多元化特点。境内青山绿水，风景秀丽，以温泉著称于世。全市100多个湖泊水库，180多万亩青山，森林覆盖率达68%；流溪河是最大的一条河流，总长157公里，是广州市的“母亲河”。从化素有“北回归线上的明珠”和“都市桃园”之誉，拥有温带的雨水与热带的阳光，是广州的“后花园”。属亚热带季风气候，雨量充沛，四季如春。年均气温19.5—21.4摄氏度，平均相对湿度77%，年降雨量1800毫米以上。地下水资源丰富，总储量估算值约4.85亿立方米，其中温泉地下的储水约在200米深层。良好的地貌和土质适宜于荔枝、龙眼、蔬菜、花卉等作物生长，是全国著名的荔枝之乡。

从化山青水秀，风光旖旎，山、水、林、果、泉为特色的旅游资源丰富，文化旅游景点达10多处。广裕祠、五岳殿等7个景点列为广东省或广州市重点文物保护单位。其中钱岗广裕祠被评为亚太区世界文化遗产保护奖第一名。被誉为“岭南第一泉”的从化温泉是世界著名的稀有小苏打、氡元素名泉；流溪河国家森林公园有“第二庐山”之称；广州抽水蓄能电厂旅游度假区被评为“三A”级国家重点风景名胜区；石门国家森林公园有“南粤九寨沟”之誉；从化环境质量连续三年全省第一，是一个适宜创业发展和生活居住的花园城市和“休养地”。

2003年，全市生产总值达到101.22亿元，比上年增长13.46%，人均GDP超过2300美元。完成工农业总产值279.43亿元，同比增长18.42%，其中地区工业总产值264.93亿元，同比增长21.7%；受荔枝等大宗水果减产的影响，农业总产值完成14.50亿元，比上年减少3.85%。三次产业的比例为9.30：67.22：23.48。工业经济效益继续提高，全市规模以上工业企业经济效益综合指数为157.13%，比上年提高15.33个百分点。全年外贸出口总额4.94亿美元，同比增长17.36%。天马摩托、家乐食品、东麟钻石等民营企业被评为2003年广州市最具竞争力制造业和高新技术企业百强。第三产业发展加快，增加值增长13.51%。旅游业经受“非典”的冲击，全年总收入仍达4.8亿元，按可比口径增长2%；全市社会消费品零售总额41亿元，增长9.57%。财税收入稳步增长，金融形势良好，全市实现税收总收入8.27亿元（不含关税），同比增长8.0%。地方一般预算财政收入3.32亿元，同比增长10.70%；一般预算支出5.97亿元，同比增长11.15%。全市金融机构年末人民币存款余额68.73亿元，同比增长10.25%；贷款余额26.45亿元，扣除消化的不良贷款之后，各项贷款余额净增2.3亿元，同比增长7.45%。

【从化民营经济进入发展新阶段】 按区属口径统计，到2003年底，从化市除国有独资和国有控股以外的企业总计户数12781户，注册资本34.54亿元，税收7.89亿元，占全市税收的95.3%。其中，集体、其他合作、联营股份有限公司等企业户数875户，税收4.03亿元；外资企业（含港、澳、台）户数260户，税收2.88亿元；民营经济、外向型经济健康发展，全市个体、私营企业达11645户，实现工业总产值74.3亿元，占全市的50.42%；2003年新增个体工商户数2590户，注册资本5531.53万元。

从化市近年来个体私营经济发展情况见表3-9：

表 3－9　从化市近年来个体私营经济发展情况

年份	个体工商业户		私营企业		
	年末户数（户）	年末人数（人）	注册资金（万元）	年末户数（户）	年末人数（人）
2000	8429	13013	13891	543	6937
2001	10352	17310	18626	743	9344
2002	9948	16189	117949	812	10140
2003	10584	17086	22181	995	11623

资料来源：《广州市统计年鉴》2000～2004。

【民营企业发展的主要特点】

(1) 民营企业数量不断增加。从化市个体私营经济起源于改革开放初期的 1980 年，当时全市仅有 23 家个体户。到 2002 年，全市有个体工商户 12416 户（其中个体临时营业执照 2388 户），注册资金 2.1 亿元，分别比上年增长 47.28%和 10.53%；私营企业 812 户，注册资金 8.72 亿元，分别增长 9.29%和 2.35 倍。根据从化市实际，适度放宽了农村地区个体登记的条件，采用发临照的办法，对一批在农村长期无照经营户进行了登记，把无照经营纳入监管范围。当年，被广州市委、市政府表彰的先进个体工商户 5 户，先进私营企业 5 户，私营企业纳税大户 1 户；被从化市委、市政府表彰的先进个体工商户 39 户，先进私营企业 20 户，私营企业纳税大户 12 户。到 2003 年底，全市个体、私营企业发展到 11645 家，比 1980 年增长 500 倍，个体、私营企业总数占全市各类企业数的比例达 89%。经过 20 多年的培育和发展，全市民营企业迅速崛起，在数量规模上有了较大的飞跃。

(2) 经营规模不断扩大。1989 年底，从化市个体、私营企业的注册资金只有 1.24 亿元，到 2003 年底，全市民营企业注册资金上升到 35.54 亿元，是 1989 年的 25 倍多。摩托车制造业、大型连锁商业、房地产业、信息咨询服务业等，成为个体私营经济发展的重要领域。有 25 家私营企业取得 ISO9000 国际质量体系认证。涌现了莱泰药业、亨龙机电、中宇冷气、新科轻化、顺昌源等 10 多家科技型民营企业。一些私营企业不但开拓国内市场，还瞄准国际市场。天马集团、松峰机械等 9 家私营企业取得自营进出口权，将产品打入了国际市场。部分私营企业已超越原始积累阶段，正向规模化、集团化、外向型方向发展，在市场竞争中脱颖而出。很多私营企业集聚了较强的市场竞争力，经营规模不断扩大。目前全市注册资金 500～1000 万元的私营企业有 36 家，1000 万元以上的有 26 家。

(3) 涉及领域越来越广。从化民营经济涉及三大产业，已经渗透到经济领域的方方面面。从行业分布来看，主要集中在批零贸易、餐饮业、制造加工业、社会服务业等传统行业，私营企业总产值中 72.8% 来自于制造业，销售额中 73.2%来自于批零贸易、餐饮业。从产业结构来看，私营企业三次产业比重为 2.86∶45.66∶51.48，个体工商户基本上集中在第三产业，私营企业则以第二、三产业为主。除了传统的制造、商业贸易、餐饮业以外，还涉及高新科技产业、中介咨询服务、运输物流、房地产开发、旅游项目开发等。近几年来，随着效益农业的发展，涉足第一产业的私营企业日益增多，规模也不断扩展。如从玉、华隆、顺昌源、龙丰园、清香等一批农业龙头企业不断发展，对社会的贡献越来越大。投资教育产业的私营企业有了新突破，并朝着上规模、上水平方向发展。如英豪学校、广州南洋英文学校、广州大学纺织服装学院等成为国内私立学校优质教育品牌。

(4) 参与资源优化配置。近几年来，从化市民营企业积极参与国企改革，促进了所有制结构的调整和中小企业产权制度的改革，安置国有企业分流下岗人员，民营经济在推动全市工业化，扩大就业和保持社会稳定等方面发挥着不可替代的作用。既实现了企业自身实力的低成本扩张，又为国企改革作出了贡献。目前，以兼并、购买等多种形式参与国有、集体企业改组、改制的私营企业达65家，安置下岗职工4000多人，使全市转制企业职工再就业率达90%以上。

（5）综合素质逐步提高。从化市民营企业在市场竞争中不断增强人才意识，经营者和生产者的文化、技术和管理素质逐步提高，近几年来大中专毕业生到民营企业就业的有1500多人。不少知识分子、技术人员、复转军人、离退休人员、党政机关分流干部和原国有企业的厂长经理加入个体、私营企业队伍，使私营企业的人员素质结构发生了较大的变化。许多有远见的企业法人和管理人员正在“加油”、“充电”，参加各类学校的学习和培训，力求提高自身的经营管理水平。

【民营企业组织建设和参政议政情况】 从化市民营企业的组织建设得到重视和发展，到2003年底，在民营企业中成立党（总）支部29个、共有中共党员907名；团（总）支部16个；工会及其联合会2362个，会员达3.5万多人。民营企业中有广州市人大代表2名，从化市人大代表9名，广州市政协委员1名，从化市政协委员37名。2002年4月从化市工商联换届，有11位民营企业家担任副会长职务。

【为民营企业腾飞创造新的环境】 “九五”以来，从化市坚持以跨越式发展为主题，在为民营经济发展营造新环境方面主要抓了几项工作：一是调整优化经济结构，着力提升整体经济素质、工业化程度和综合经济实力，促进经济持续快速健康发展。目前已初步建立起机电、化工、建材、食品、医药、制鞋、制衣、工艺、饰品等行业为主的工业体系，民营企业技术装备水平不断提高，规模不断扩大，涌现出一批大型骨干民营企业。全市GDP平均增速达17.87%，各项经济指标在全省50个山区县（市）中位居前列。个体、私营企业蓬勃发展，已成为从化市工业经济的主力军，产值占工业总产值的50.42%。二是不断增创投资环境新优势，加大招商引资力度，加强对外经济技术合作，外向型经济蓬勃发展，全市外资企业达200多家。大力发展各类专业市场和工业园区，筑巢引凤，为民营企业搭起腾飞的舞台。目前市经济技术开发区引办国内外企业100多家，实现工业总产值30多亿元，发挥了对外开放的窗口和基地作用。三是加快推进明珠工业园、西部工业走廊建设和各镇村主题工业园建设，全市连片开发、集聚发展的工业发展平台初步形成。四是加强基础设施建设，创业宜居环境不断改善。以交通为重点的基础设施建设取得新进展，国道105、106线贯穿全境，京珠高速公路穿越西南部，并在棋杆镇设置了出入口；街北高速公路（街口—北兴广州新国际机场）、广州北三环正在规划兴建，“半小时经济生活圈”优势逐渐凸现。全市实现了行政村通电、通水泥路、通有线电视、通自来水、通电话的“五通”目标。五是在软环境方面，不断强化和创新市投资服务中心功能，将18个市属职能服务单位集中起来，实行“一幢楼办事、一个口受理、一个窗收费、一条龙服务”。制订了加快工业和旅游业发展、鼓励招商引资以及常住人口调控管理等一系列优惠政策和措施，给予民营企业办证、用地、用电、用水、行政性收费等方面优惠。

【发挥优势，重点扶持三类民营企业发展】 一是重点扶持主导产业、主导产品，强化产业特色。坚持改造提升传统产业与发展高新技术产业相结合，加快产业升级和产业创新。引导企业积极运用高新技术和先进适用技术，改造机电、摩托车、化工、食品、服装、药业、饰品等传统产业和优势特色产业，提高科技含量，提升产业层次。积极发展新型材料、电子信息、生物医药、小水电、环保等新兴产业和高新技术产业，抓住若干优势领域予以重点突破，提高新兴产业和高新技术产业在国民经济中的比重。重点培育我市的摩托车生产及配件、五金、饰品、化妆品、钻石加工以及小水电等优势产业。二是重点扶持规模型、科技型和外向型企业。按照专业分工协作和规模经济原则，加快企业组织结构调整。坚持“小而精、小而特、小而强”的要求，发展一批“小型巨人”企业。引导量大面广的中小企业与国内外大公司、大集团建立合作关系，加入产业链，提高市场占有率和抗市场波动能力。制定扶持政策，加大财政返还力度或奖励力度，使它们早日成为民营龙头企业，带动区域经济发展。积极组织和引导有条件的企业申报进出口经营权，推行出口代理制，鼓励个体私营企业

"借船出海"。三是重点支持农业综合开发。切实抓好果、菜、花、粮、林、畜各业生产，着重发展花卉业、蔬菜、水果等优势农产品，使之成为从化市农业经济的"亮点"。切实推行农产品无公害标准化生产，打造"从化农产"绿色品牌。培育和扶持农业龙头企业，积极实施"订单农业"等有效形式，加快农业产业化进程。制定相关政策，按农业产业化经营的要求进行规划和综合开发，提供相应的技术服务。

（从化市政府办公室调研科　李楚辉）

1－3－13　广州经济技术开发区

【区情概况】　广州经济技术开发区、广州高新技术产业开发区、广州保税区、广州出口加工区都是经国务院批准设立的国家级经济功能区。根据广州市委、市政府的决定，经济技术开发区先后与高新技术产业开发区、出口加工区、保税区实现了合署办公，成为全国第一个采用"四区合一"管理模式的综合经济功能区（简称广州开发区），规划控制面积为61.32平方公里。为加快实施广州城市发展"东进"战略，发挥开发区的辐射带动作用，统筹城乡发展，广州市政府决定将开发区周边的部分农村和国营农场委托开发区管理，这样，广州开发区的实际行政管辖和委托管辖面积扩大到176.07平方公里，常住人口为16.39万人。近年来，广州开发区抓住发展机遇，全区上下团结奋进，埋头苦干，从改善投资环境，抓好招商引资、加快企业筹建、发展高新技术、加强管理服务、统筹城乡发展等方面入手，促进广州开发区经济社会全面快速发展，并不断创新、超越，使经济建设保持了跨越式的发展势头。

2003年，广州开发区完成生产总值423.06亿元，同比增长42.12%；完成工业总产值895.87亿元，同比增长59.68%；完成工业增加值313.96亿元，同比增长68.82%。合同利用外资按注册资本计12.84亿美元，同比增长18.55%；实际使用外资6.05亿美元，同比增长8.04%。完成进出口总额71.44亿美元，同比增长73.17%，其中：出口32.26亿美元，同比增长71.93%。实现固定资产投资79.94亿元，同比增长77.41%。完成财税总收入85.59亿元，同比增长27.38%。2003年商务部对国家级经济技术开发区投资环境综合评价结果，广州经济技术开发区排名第2位。

【民营经济综述】　建区以来，随着广州开发区经济的飞跃发展，民营企业也逐渐形成一定的规模，据全国第二次基本单位普查及2003年基本单位清查数据，截止2003年底，广州开发区民营企业已达到951家，占全区企业数的37.81%。其中第一产业3家，第二产业167家，第三产业781家，分别占全区对应产业单位数的1.99%、24.93%、46.10%。

截止到2003年，广州开发区951民营企业合计从业人员22006人，占全区从业人员的14.55%，其中：男女从业人员比重为64.50:35.50。实收资本46.28亿元，占全区的11.09%。固定资产原值96.16亿元，占全区的7.09%。全年营业收入90.70亿元，占全区的9.84%，其中，主营业务收入82.14亿元，占全区的9.15%。

广州保嘉乐器制造厂有限公司、京信通信系统（广州）有限公司、京信通信技术（广州）有限公司、广州迪森家用锅炉制造有限公司、广州经济技术开发区南方尼龙制品有限公司、广州杰特免疫诊断制品有限公司、广州南洋电缆有限公司形式上虽是合资企业，但实质上是民营企业，即国内资金转为外资。这7家企业2003年合计完成工业总产值3.86亿元，工业增加值2.45亿元，工业利润1.55亿元，产品销售收入3.03亿元，分别占全区工业民营企业的31.82%、40.30%、47.11%、28.97%。

【民营经济基本特点】　（1）民营企业以第三产业为主。目前在广州开发区所有的民营企业中，第二产业134家，第三产业564家，分别占全区民营企业的19.05%、80.95%。在第二产业中，工业企业90家，仅占全区民营企业的12.89%，还不到五分之一。可见广州开发区民营企业以第三产业为主，工业中的民营企业数量较少，在广州开发区发展的面还不大。

（2）第三产业民营企业发展较成熟。目前广州开发区第三产业民营企业发展相对较好，除固定资产外，其余各项主要指标占全区民营企业的比重均超过50%。截止到2003年，第三产业民营企业从业人员8120人，实收资本21.97亿元，固定资产原值6.54亿元，固定资产净值4.89亿元，全年营业收入55.38亿元，主营业务收入46.06亿元，分别占全区的59.18%、53.55%、22.97%、38.16%、72.56%、68.83%。

（3）批发零售贸易业是第三产业民营企业的主要经营方向。第三产业民营企业以批发零售贸易业为主，达到270个，合计全年营业收入42.83亿元，固定资产原值1.39亿元，实收资本7.15亿元，从业人员2653人，分别占第三产业民营企业的比重为48.21%、77.52%、21.44%、32.56%、32.96%。

（4）工业民营企业在第二产业中居于主导地位。广州开发区第二产业中民营企业133家，其中工业90家，从业人员4770人，占第二产业民营企业从业人员的85.16%。实收资本18.39亿元，占第二产业的96.54%。固定资产原值21.21亿元，占第二产业的96.79%。全年营业收入20.17亿元，占第二产业的96.30%，其中主营业务收入20.11亿元。2003年，广州开发区列入统计的工业民营企业有33家，共完成工业总产值12.13亿元，占全区工业总产值的3.25%；工业增加值6.08亿元，占全区工业增加值的4.65%；工业利润3.29亿元，占全区的8.99%；产品销售收入10.46亿元，占全区的2.96%。

（5）化学、电子及电力行业是工业民营企业中的主力军。从行业分类来看，工业民营企业主要集中在电力、蒸汽、热水的生产和供应业、电子及通信设备制造业、化学原料及化学制品制造业这三个行业。2004年上半年，这三个行业完成工业总产值10.49亿元，占全区的86.50%，实现工业增加值、工业利润及产品销售收入也均占全区的90%左右，分别为91.29%、101.63%、87.86%。

【民营经济存在问题】

（1）占全区经济总量的比重较低。广州开发区目前已有698家民营企业，占全区企业数的38.80%，但各经济指标占全区的比重却不高，均低于15%，从业人员、实收资本、固定资产原值、全年营业收入占全区的比重分别为12.84%、10.74%、6.95%、9.72%。

（2）个体私营经济分布较散，集约化程度较低，大企业数量较少。按全年营业收入规模划分，5000万元以上的民营企业30家，全年营业收入57.17亿元；500～5000万元的企业101家，全年营业收入15.11亿元；500万元以下的企业567家，全年营业收入4.04亿元。由此可见，广州开发区民营企业仅靠其中几个大企业支撑，整体实力不强，规模小的企业较多，集中性不强。

（3）科技含量较低。在广州开发区民营企业中，被认定为高新技术企业的有16家，其中工业9家。16家高新技术企业从业人员合计871人，占全区民营企业的6.35%；实收资本2.27亿元，占全区的5.53%；固定资产原值1.63亿元，占全区的5.73%；固定资产净值1.32亿元，占全区的10.30%；全年营业收入2.70亿元，占全区的3.54%，其中主营业务收入2.69亿元，占全区的4.02%。

（广州经济技术开发区供稿）

第二篇

专题研究

2－1　领导讲话

2－1－1　在广州市第六次民营经济工作会议上的讲话

（2004年5月24日）

林树森

刚才，广宁和晓玲同志分别对我市民营经济工作情况进行了总结，对下一步的工作提出了具体要求，我完全赞同，希望大家认真贯彻落实这次会议精神，不断加快我市民营经济的新发展。下面，我再强调几点意见。

一、以科学发展观为指导，加快民营经济发展

树立和实践科学的发展观既是重大的理论问题，又是新时期新阶段的伟大实践。科学发展观进一步明确了新时期新阶段我国要发展、为什么要发展和怎样发展的重大问题，既是我国经济工作必须长期坚持的重要指导思想，也是解决当前我国经济社会发展中诸多矛盾和问题必须遵循的基本原则。因此，树立和实践科学的发展观，把握好新的发展机遇，不断加快民营经济发展，是我们建设现代化大都市的重要基础性工作。有几个概念必须明确。

一是抓民营经济发展和抓生产力的发展的一致性。科学发展观主要是为了指导发展，本质还是发展。我市8万多家民营企业和22万多家个体工商户，是一支强大的经济发展力量。今年1~3月，全市民营经济增加值达256.66亿元，同比增长12.9%，占全市生产总值的29%。实践证明，只要我们政策对头，措施到位，把民营经济的力量释放出来，就会对广州的经济发展产生巨大的推动作用。因此，抓民营经济发展，就是抓发展这个硬道理，就是抓发展第一要务，就是实践“三个代表”重要思想和科学发展观。我们必须按照党的十六大提出的要求，毫不动摇地鼓励、支持、引导民营经济的发展，形成“放手让一切劳动、知识、技术、管理和资本的活力竞相迸发，让一切创造社会财富的源泉充分涌流”的良好发展局面。

二是立足加快发展解决存在的问题。现在有些人一讲到民营经济发展，就是贷款难、用地难、人才缺乏、规模小、信用低、竞争力低，等等，产生这些现象的总根源主要还是发展不足带来的问题。因此，解决民营经济存在的问题还是要靠发展，这是我们一贯的方针和指导思想。希望大家牢固树立加快发展，在发展中解决问题的思路，齐心协力，把握机遇，共同促进民营经济的大发展。当然，政府有责任、有义务帮助民营企业解决发展中的问题，这是毫无疑问的，但太多强调客观困难不发展，最终肯定是发展不起来的。

三是发展民营经济是各级党委和政府的重要责任。当前民营经济发展正面临前所未有的发展机遇，十届全国人大二次会议通过的《宪法修正案》，其中最令人瞩目，也直接关系到公民个人和民营企业切身利益的重要内容之一，就是把保护私人财产权写进了宪法，这对民营经济的发展具有重大而深远的意义。依法治国，首先是依宪治国，宪法修正案为民营经济的发展提供了坚强的法律保障，预示着民营经济的发展在今后几年会有大的突破。因此，各级党委、政府要把思想统一到以科学发展观为指导，促进民营经济的全面发展上来，统一到省委、省政府加快民营经济发展的重大战略决策上来，把发展民营经济摆上重要的位置。要立足现有基础，把握发展大局，改进领导方法，创新工作机制，保证领导力量到位、工作责任到位、政策措施到位，扎扎实实地促进我市民营经济的新发展。

二、努力营造民营经济良好的发展环境

在市场经济条件下，我们扶持民营经济的发展主要是努力为民营企业发展创造良好的创业环境，按市场经济规律促进民营企业的发展。这些年来，市委、市政府始终坚持对民营企业和其他所有制企业一样实行“一视同仁、平等对待”的政策，努力为民营经济发展创造公平竞争的大环境和大气候，这是我市促进民营经济发展的一条基本经验和基本方针。比如我们的科技风险投资基金，很大一部分就投向了民营企业；我们召开的专门工作会议，都邀请民营企业的代表参加。因此，不能一讲发展民营企业，就是政府给钱、给人、给物，这是计划经济条件下的思维方法，已不适应市场经济条件下企业的竞争发展。企业是市场的主体，民营企业也不例外，鼓励和支持民营企业的发展，并不是要给民营企业一些不同于其他所有制企业的特殊待遇，而是要按照市场经济规律办事，这样我们的民营经济才会有生命力。政策要公平，这是市场经济的原则。各级党委和政府要继续坚持对民营企业和其他所有制企业一视同仁的原则，不断优化经济发展环境。这里，还要强调几项基础性工作。

一是以《行政许可法》颁布实施为契机，进一步放宽市场准入。各级政府和部门要结合《行政许可法》的贯彻实施，认真清理各种政策法规，凡是与《行政许可法》不一致的，要尽快取消，不利于实施《行政许可法》的要调整。要继续深化行政审批制度改革，减少前置审批项目，简化审批程序，依法建立和完善备案登记制度。要努力提高政府的行政和服务效率，继续推进政府信息公开工作，完善“窗口”办事制度、“网上”审批制度和公开办事制度。发展民营经济，凡是能由市场来做、企业来做或中介机构来做的事情，政府、部门就尽量不要插手，更不要包揽。目前，从广州民营经济投资的行业分布和介入程度差异性来看，民营经济投资除在批零贸易餐饮业、高新技术产业、房地产开发业中介入程度较高外，其余行业所占比重还比较小。只要坚决按照市委、市政府的要求，依法做好改革行政审批制度，放宽市场准入这篇大文章，就能够为民营经济发展创造更广阔的前景和空间。

二是切实抓好一批重点民营企业的发展。我曾多次说过，广州要努力创造和培养一批与广州历史文化和现代化城市发展相适应的民营企业品牌和民营企业家。经过这些年的发展，广州抓好几十家民营骨干企业发展是完全可能的，市有关部门对此也提出了具体的规划发展目标和措施，要认真抓好落实。比如说，对现有规模比较大的民营企业，要指导和帮助它们研究制定企业的发展战略，研究适应市场不断变化的战术问题，企业发展怎样组合得更好，既不违反国家的政策，企业又可以得到实惠，这样才有利于这些企业的发展。这些都是很具体的工作，要很好地加以研究和落实。在抓好一批重点民营企业的同时，也要认真研究其他中小型民营企业的发展问题，及时提供服务，沟通联系，通报情况，解决具体问题，让民营企业知道将来的发展前景，知道将来市场发展的方向，引导民营企业更好地发展。

三是突出抓好规范管理和有效管理，整顿和规范市场经济秩序。市场经济正常、健康运行的重要条件之一，是市场秩序的规范有序，这也是民营经济生存发展的必要环境。当前，个别民营企业和个体工商户不守法经营、缺乏诚信，存在制假售假、偷税漏税、合同欺诈等不法行为，不仅损害了民营企业的整体形象，而且扰乱了市场秩序，破坏了公平竞争的市场环境。守法经营的民营企业和广大消费者一样，深受其害，对这些害群之马深恶痛绝。我市近期发生的有毒散装米酒中毒事故，在社会上造成了恶劣的影响，对广州的形象、民营企业的信誉是无形的损害。各级党委、政府要从这件事中吸取教训，高度重视一切事关人民群众身体健康和生命安全的问题，切实加强有效管理，针对当前社会管理、城市管理和市场经济秩序整顿中存在的漏洞和薄弱环节，重点进行整顿和改进，把管理工作和措施落实到基层，依法严厉打击违法经营行为，严防此类事故再次发生。广大民营企业和个体工商户只有通过诚信经商、守法经营、照章纳税才能获得社会尊敬，才能在日益规范化的市场经济体系中站稳脚跟，发展壮大，赚钱才能心安理得。要进一步加强民营企业信用体系建设，各级政府和各有关部门要搞好协调，加强协作，互通信息。工商部门的企业信用平台已有一定的基础，要扩大和充实民营企业的信用资料，最终建立起全市性完善的企业信用体系，营造公平竞争的市场环境。

三、民营企业要为经济社会发展作出新贡献

新时期新阶段对民营经济的发展提出了更高的要求，民营企业家要倍加珍惜现在良好的发展环境，倍加珍惜取得的成绩，倍加珍惜当前好的发展机遇，开拓创新，百折不挠，千方百计谋创业、求发展、促创新，为现代化大都市建设作出积极的贡献。

一是民营企业要积极参与我市经济结构战略性调整。民营经济具有良好的市场适应性，可以利用自身的有利条件，发挥机动灵活的优势，在多个领域投资发展，即便是在当前国家加强宏观调控的形势下，民营经济也仍然具有广阔的发展空间。民营经济的广泛参与，有利于促进我市经济结构和所有制结构的优化调整；在提高产业层次和经济效益方面，民营经济更是大有可为。民营企业要结合我市城市基础设施和生产力骨干项目建设，扩大经营领域，形成合理的产业链，大力发展高新技术产业和现代服务业。要充分利用我国入世和CEPA实施的有利时机，扩大企业规模，提升档次，增强竞争力，积极参与国际市场竞争。

二是民营企业要在中心镇建设及扩大就业方面发挥应有作用。加快中心镇建设是从根本上解决广州“三农”问题和城乡二元经济结构的重大举措，广州中心镇的发展，明确了“今日中心镇、明日卫星城”的规划建设目标，按每个镇20平方公里、20万人左右来建设，因此，我市民营企业在中心镇建设中大有可为。民营企业要充分发挥作为市场主体的积极性，推动中心镇产业的集聚发展，形成有中心镇特色的产业格局，增强中心镇吸纳本地农村剩余劳动力和全面带动农村发展的能力，进一步加快中心镇的建设。

三是民营企业要与时俱进、开拓创新。创新是企业发展的重要动力，创新的目的是增强企业的内在活力。民营企业要通过机制创新，促进人才队伍的建设，提高科技创新能力和经营管理水平。要加快建立现代企业制度的进程，积极探索现代企业制度、现代企业法人治理结构与家族式经营的有机结合，从单一的投资主体向多元化投资主体转变，从所有权与经营权合一向所有权与经营权分离转变，从业主制向现代公司转变。要适应时代的要求，逐步摆脱传统营销观念的束缚，善于运用电子商务和各种新兴营销手段，建立一支善闯市场的营销队伍，全面提高企业营销水平。要讲求发展策略，精心策划包装，加强商标注册和保护意识，致力于争创品牌，争创一流。要广开门路与外资广泛合作，“走出去”参与国际竞争。

四是民营企业家要不断提高自身素质。企业的发展在很大程度上靠企业家的经营和管理，民营企业家要志存高远，与时俱进，讲理想、讲大局、讲奉献，肩负起发展民族经济的重任。要认真向江浙的民营企业家学习，提倡艰苦创业精神，这种艰苦创业的企业家精神，是一个企业不断走向成功的基础。民营企业家要加强学习，开阔视野，努力适应新形势的要求，不断完善自我，不断提高自我，不断增强提高现代市场经济条件下经营管理企业的能力。要把遵循市场法则与发扬社会主义道德结合起来，走爱国敬业、诚信守法的道路。

五是民营企业要切实加强基层党建工作。经过多年的努力，我市在探索民营企业党建工作方面取得了较好成绩。要继续按照省委固本强基工程的部署，大力加强民营企业党建工作，力争到今年底，实现“两个有”的工作目标，即“50人以上企业60%要有党员，100人以上企业60%有党组织”，不断开拓民营企业党建工作的新局面。非公经济组织党建是新时期基层党建工作面临的一个新课题，做好这项工作，涉及不少理论和实践问题，必须大胆实践，勇于创新，努力探索民营企业党建规律，逐步理顺和规范民营企业党建规律，逐步理顺和规范民营企业党建工作架构，形成“条块结合，以块为主”的管理格局。搞好民营企业的党建工作，提高党员干部素质是关键，要重点抓好党组织自身建设，做好在民营企业发展党员的工作，积极研究探索民营企业党组织开展活动和发挥党组织及党员作用的有效途径和方法，促使民营企业党建工作逐渐步入制度化、规范化轨道。

同志们，当前我国现代化建设正处在重要的战略机遇期，民营经济大发展的春天已经到来！让我们以只争朝夕的精神，努力实践“三个代表”重要思想，以科学发展观为指导，努力开创民营经济全面发展的新局面，为加快建设广州现代化大都市做出更大贡献。

2－1－2 在广州市第六次民营经济工作会议上的讲话

（2004年5月24日）

张广宁

今天召开的第六次民营经济工作会议，是贯彻落实党的十六大和十六届三中全会精神，鼓励、引导民营经济发展的一次重要会议。刚才，晓玲同志回顾了前一阶段我市民营经济的发展情况，对下一步的工作作了部署。等会，树森书记还要作重要讲话。现在，我就如何进一步推动我市民营经济发展问题讲几点意见。

一、大力发展民营经济具有非常重要的现实意义

民营经济是改革开放以来，从计划经济向市场经济转制的过程中发展起来，并伴随着社会主义市场经济的发展而不断成长壮大起来的。作为社会先进生产力发展的力量，作为最活跃的市场经济细胞之一，民营经济已成为社会主义市场经济的重要组成部份，深刻影响着我们的经济社会生活。大力发展民营经济，不仅大大提高了人民的物质生活水平，而且进一步解放了人们的思想，调动了生产者和经营者的积极性。特别是通过大力发展民营经济，改变了我国单一的公有制结构，促进了生产力发展，促进了社会主义市场经济体制的建立和完善。二十多年改革开放的实践证明，没有民营经济的发展壮大，是不可能建立起社会主义市场经济的；民营经济在繁荣经济，扩大就业，稳定社会等方面发挥了越来越重要的作用。目前，在我市已形成了民营企业、国有企业、外资企业共同支撑广州经济发展的基本格局。广州民营工业企业产值占全市工业总产值的四分之一，民营高新技术企业占全市认定高新技术企业总数的八成，成为推动我市高新技术发展的生力军。同时，民营企业的市场竞争力也越来越强，涌现出一批颇具竞争力的民营企业或企业集团，有些还成为行业的龙头，一些民营企业创立的产品品牌足可以和洋品牌抗衡，如立白洗涤用品、美晨化妆洗涤用品等。随着出口经营权的开放，不少民营企业企业积极开拓国外市场，目前我市拥有自营出口权的民营企业已占全市拥有自营出口权的企业总数的近七成，且出口增长速度很快，是我市外贸出口不容忽视的重要力量。

各级党委、政府和各级领导，一定要进一步学习贯彻党的十六大和十六届三中全会精神，深刻认识坚持和完善公有制为主体，多种所有制经济共同发展，是我国社会主义初级阶段的一项基本经济制度，着眼于解放和发展社会生产力，继续鼓励和引导民营经济发展。要切实加强对民营经济工作的领导，经常分析研究形势，及时解决存在问题，切实做到思想上重视，行动上支持民营经济发展。

二、抓住机遇，积极引导我市民营经济发展再上新台阶

目前，我市民营经济面临着良好的发展机遇：一是民营经济发展有了理论的支撑和政策的保障。党的十五大明确了“个体、私营经济等各种形式的非公有制经济是市场经济的重要组成部份”。党的十六大进一步指出，要“充分发挥个体私营等非公有制经济在促进经济增长、扩大就业和活跃市场等方面的重要作用”，要“完善保护私人财产的法律制度”，“必须毫不动摇的鼓励、支持和引导非公有制经济发展”。这一系列的理论创新，从根本上消除了对发展非公有制经济的顾虑、担心，为民营经济的加速发展提供了强大动力。二是市委、市政府高度重视民营经济的发展。始终把发展民营经济作为一项重要工作来抓，积极贯彻落实中央和省的指示精神，出台了一系列扶持民营经济发展的政策，努力为民营经济的发展创造良好的政策和政务环境。三是随着我市生产力布局和产业结构的调整优化，民营经济将获得更多产业发展空间。当前，我市大力发展汽车、会展等现代服务业，民营企业完全可以大有作为。同时，随着高新技术产业的发展和对传统服务产业的提升改造，也为民营经济发展提供了前所未有的商机。四是随着中国——东盟自由贸易区和泛珠三角的加速形成，广州中心城市的聚集辐射作用将会越来越突出，民营经济参与国内外合作与竞争的机会越来越多。我们一定要抓住机遇，积极引导广州市民营经济发展再上新台阶。

（一）积极引导民营企业向更宽产业领域发展。

目前我市民营企业经营的产业布局是：在第一产业经营的民营企业很少，在第二产业经营企业一成多，有八成的民营企业集中在第三产业，其中又主要从事批发、零售贸易和餐饮业等传统服务业。我市民营企业的这种产业布局在活跃市场、满足人民基本生活需要和解决就业方面发挥了重要的作用。但要适应我市经济社会发展的更高要求，适应产业结构的调整优化，就要积极引导民营企业向更宽产业领域拓展。民营企业要在继续发展第三产业的同时，逐步向第二产业、第一产业延伸和转移，使部分商业资本转化为产业资本，在为支柱产业提供配套加工服务的同时，提高自身的发展水平。在广大农村和城郊地区，要鼓励民营企业投资“三高”农业，走农业产业化道路。在第三产业，民营企业也要走出传统服务业的局限，积极扩大经营范围，向新兴服务行业进军。

（二）积极引导民营企业开拓多元化市场。

目前，我国产品供求结构性矛盾突出，部分行业产品过剩，要引导民营企业根据市场需求，调整产品结构，创名优产品、特色产品、提高产品的市场竞争力。要注意开拓农村市场，开发适应农民需要的各种工业制成品、家电产品和农用车辆机器，满足农民的消费需求。要鼓励民营企业走出省、市，走出国门，积极开拓国内外市场。最近，有关部门已研究制定了广州市民营企业参加国际经济贸易活动的鼓励措施，包括对民营企业申请出国、办厂出国考　，申请自营出口经营权，开展对外加工装配业务，参加国际商品展销等。希望有条件、有实力的民营企业勇敢走出国门，到国际市场上参与竞争，促进我市对外经济贸易的发展。

（三）积极引导民营企业进行科技创新。

民营企业要谋生存、求发展，跟上时代的要求，就要实现从劳动密集型向劳动密集型与技术密集型结合的转变，实行科学管理，不断提高企业的综合竞争力。目前，人才不足已成为制约我市民营经济进一步发展的主要因素，因此，民营企业家要注意努力提高个人的自身素质，更新知识，提高管理和驾驭企业和市场的能力。同时，要注意做好人才工作，积极培养和广泛吸纳人才，鼓励大、中专毕业生、科技人才到民营企业去，充实民营企业的人才队伍。要积极为民营企业提供各种学习和培训的条件，逐步建立适应民营经济发展要求的人才培训体系。市质量技术监督局为全市食品、化工及化妆品、服装、机电行业1000多家民营企业办了培训班，提高企业的质量意识、法制观念和管理水平，同时为企业开展检验检测和校对服务，提供有关技术咨询，这种形式很好。希望更多的政府部门在指导和帮助民营企业开展培训方面多做工作。

（四）积极引导民营企业进行体制创新。

我市民营企业要进一步发展壮大，就需要在更大范围内、更高层面上配置资源。已经具备一定规模的民营企业，要逐步实行规范的公司制，组建有限公司或股份有限公司，健全法人治理结构，突破家族式管理的局限。要引导和支持民营企业积极改革产权结构，通过相互参股、技术入股或国有、外资参股，使企业从单一的投资主体向多元化投资主体转变。鼓励有较大规模的企业组建企业集团，推进规模化和集约化经营，进一步做大做强。在加快国有企业改革的进程中，要鼓励和引导民营企业积极参与国有大中型企业的改组改造，为国有企业输入新鲜血液，引入竞争和激励机制，促进国有经济和民营经济的共同发展。

三、不断优化民营经济发展环境，促进民营经济快速健康发展

经济环境是一个地区市场发育程度和政府管理水平的综合体现，决定一个地区经济发展的水平。在社会主义市场经济体制下，政府要转变职能，创新管理和服务方式，提高管理和服务水平，全力营造和完善有利于经济发展的环境。

（一）要创造良好的市场环境。

创造良好的市场环境，关键是整顿和规范市场经济秩序。近年来，我市大力整顿和规范市场经济秩序，取得了重大成果，但整顿和规范市场经济秩序，是一项长期的艰巨任务，必须长抓不懈。最近发生的“毒酒”事件，严重危害了人民群众的身体健康和生命安全，严重影响了广州的形象，代价沉重，教训深刻。我们必须按照中央和省的部署要求，紧密结合广州的实际，继续下大力整顿和规范市场经济秩序。

一是要抓好“安全放心”工程，集中力量整治与人民群众身体健康和生命安全相关的突出问题，特别是狠狠打击制假售假的不法行为。制假售假是破坏市场经济秩序的“头号杀手”，为群众所深恶痛绝。因此，要把打击制假售假作为整顿和规范市场经济秩序的重中之重来抓。一方面，要从源头严查严打制假售假。特别要加强出租屋管理，清除制假售假黑窝。另一方面，要充分发动群众，举报制假售假行为，发挥“12315”投诉举报中心、110社会联动网络的作用，建立起群众积极参与、社会各界监督的联合打假机制，有效地解决市场秩序混乱问题，进一步净化市场环境。

二是要引导民营企业规范经营和守法经营。政府有关部门要加大法律法规的宣传力度，使各类市场主体知晓法律法规，增强规范经营和守法经营的自觉性。民营企业必须从维护市场经济秩序，维护市场信誉和企业形象出发，依法依规经营，禁止发生制假售假、偷税漏税、合同违约、商业欺诈等不法行为。政府有关部门要采取有力措施，清理无证无照经营，扰乱市场秩序的问题。

三是建立健全市场业主责任制。这次发生的“毒酒”事件，一方面暴露出政府有关部门对生产和流通环节监管不到位，工作有漏洞，另一方面也说明业主对市场的监督、管理缺位，没有负担起相应的责任。事实证明，维护市场经济秩序光靠政府还不行，企业也必须履行应有的责任和义务。因此，我们要针对这次“毒酒”事件暴露出来的问题和薄弱环节，采取切实可行措施，建立各类市场业主责任制。业主不但要组织协调市场的经营，还要配合和协助政府有关部门监管市场，并切实做好食品卫生安全、消防安全等工作，维护市场的正常秩序，保证市场安全。出了问题，市场业主就要负经济责任，造成人民生命财产损失的，要依法追究刑事责任。

四是加快企业信用体系建设，逐步建立和完善企业信用信息征集、信用评估和管理体系，建立企业信用信息依法披露制度。今天，我们正式启动“广州市民营企业信用征询系统”，为民营企业快速查询企业的信用情况，更好地开展商务活动提供便利服务。今后，对诚信企业要予以表彰，对失信企业要予以谴责和处理。

五是政府有关部门及其执法人员要坚持文明执法，不得干扰民营企业正常的生产经营活动，依法清理乱收费、乱摊派、乱集资的“三乱”行为，切实减轻企业负担。建立健全投诉处理制度，发挥市、区两级民营企业投诉中心作用，对各类影响民营企业生产经营、侵犯民营企业合法权益的行为要坚决严肃处理。

（二）要创造良好的政策环境。

去年省民营经济工作会议召开以后，省委、省政府颁布了《关于加快民营经济发展的决定》以及12个配套文件。市民营经济工作领导小组根据市委、市政府的部署要求，积极组织有关职能部门调查研究，在贯彻落实省委、省政府《决定》和12个配套文件的基础上，结合我市实际，制定了29个扶持民营经济发展的政策措施。各级党委、政府，各部门一定要认真抓好支持民营经济发展的各项政策措施的落实。同时，要在实践中不断加以完善，并根据新的形势制定新政策、新措施，为民营经济发展提供有力的政策支持。

（三）要进一步放宽市场准入限制。

除国家明确限制的投资领域外，所有竞争性领域和对外开放领域都要对民营资本开放。要取消对民营企业在产品出口、用地、人才引进、办理证照、收费等方面的一些不公平的限制规定。要以城市基础设施和公用事业为重点，打破行政性垄断和保护，鼓励民营资本投资高速公路、桥梁、隧道、港口、公交、停车场、污水处理、垃圾处理等建设项目。对民营企业参与基础设施和社会公益项目建设，要根据实际情况给予一定的优惠扶持。要大力引导民间资本投向非义务教育、非公共卫生以及体育、文化和社区服务等社会事业，并按照规定落实税收优惠政策。

（四）要进一步拓宽融资渠道。

当前，民营企业融资难，资金短缺，是制约民营经济发展的“瓶颈”，我们一定要采取有效措施，尽快改变这种状况，为民营经济发展提供资金支持。

一是要加快建立支持民营经济发展的金融服

务平台。鼓励银行扩大对民营企业的贷款，支持发展中小金融机构，建立适应各种所有制经济和多种融资要求的多元化金融服务体系。去年，市私营企业协会和广东银行同业公会合办“广州百家民营企业与银行融资推介会”，我省驻穗16家大银行和100多家民营企业进行了现场洽谈，17家担保公司进场为企业提供担保，为民营企业融资搭起了一个服务平台。今后，希望有关部门和行业协会继续做好这方面工作，为银行、担保公司、民营企业“牵线搭桥”，探索解决民营企业融资难的有效途径。

二是要推动和支持大型民营企业直接上市融资。近年来，我市共有十多家民营企业进行股份制改造，先后在境内外证卷市场成功发行股票上市，增强了企业发展后劲。今后，继续抓紧培育资本市场，培育优秀的民营企业成为上市公司，拓宽民营企业融资渠道。要抓紧研究创立产业投资基金、风险投资基金，完善中小企业扶持发展基金，支持民营企业发展。

三是要加快担保体系建设。鼓励社会力量设立担保机构，加快发展以民间资本为主体的商业性担保公司，鼓励发展企业间互助性融资担保机构，对中小企业信用担保和再担保机构从事担保业务的收入，按照国家有关规定给予税费优惠。政府要引导和支持金融机构加强与各担保公司合作，帮助担保机构和企业降低经营成本和风险，切实解决民营企业融资难问题。

（五）要建立和完善社会化服务体系。

要积极为民营企业提供中介服务。鼓励各类中介机构为民营企业提供创业辅导、信息咨询、资金融通、技术支持、人才培训等多方面的服务。引导和鼓励律师、会计师、审计师、评估师为民营企业提供信用评估、投资策划、维权保护等代理服务，帮助民营企业降低生产成本、降低经营风险，提高经济效益。充分发挥工商联、个体劳动者协会、私营企业协会以及各类行业协会和商会的协调、服务作用，加强行业自律和行业协调管理。

要积极为民营企业提供便捷有效的信息服务。充分运用电子信息技术，为民营企业提供政务、商务、信用等多方面信息，解决民营企业信息不灵通的问题。政府有关部门要加强协作、互相支持、密切配合，加快电子政府建设步伐，完善网上办公、网上查询、网上审批等服务功能，切实为民营企业提供便捷的政府信息服务。

要认真贯彻落实《行政许可法》，规范政府行政行为，完善行政审批制度，认真清理和取消不必要的前置审批项目，公开办事制度，简化办事程序，提高办事效率，一视同仁地为各类所有制经济、不同的市场主体提供政府公共服务。加快广州市投资审批服务中心建设，为民营企业投资、审批、收费、咨询提供一站式服务。

同志们，加快民营经济发展是广州建设现代化大都市的重要任务，是建立和完善社会主义市场经济的必然要求。我们要充分调动人民群众创业的积极性，抓住本世纪头二十年战略机遇期，大力发展民营经济，为我市率先基本实现现代化奠定坚实的基础！

2-1-3　在广州市第六次民营经济工作会议上的讲话

（2004年5月24日）

王晓玲

这次全市民营经济工作会议的主要任务是，以“三个代表”重要思想为指导，深入贯彻全省民营经济工作会议精神，总结前段我市民营经济工作情况，研究部署我市民营经济工作任务，抓住机遇，加快发展，促进我市民营经济发展上新水平。市委、市政府对这次会议很重视，林树森书记、张广宁市长亲自到会并将作重要讲话。下面，我讲几点意见：

一、肯定成绩，查找不足，提高加强民营经济工作的责任感和紧迫感

去年以来，根据省委、省政府《关于加快民营经济发展的决定》和我市民营经济工作会议的部署要求，全市各级党委、政府和有关部门坚持以“三个代表”重要思想为指导，深化服务，开拓进取，有力地促进了我市民营经济的发展。截止今年4月底，我市共有个体工商户229229户，从业人员354544人，注册资金64.66元，分别较2003年底减少0.43%、1.74%和增长10.39%。今年1～4月份，全市新登记户数为15074户，比去年同期增加1.96%。有私营企业85309户，投资人数217617人，雇工人数516113人，注册资金1022.78亿元，分别比2003年底增长8.53%、44.61%、8.68%。今年1～4月份新登记户数为7298户，较去年同期增长18.53%。私营企业总户数与同期的国有、集体企业相比超出27397户；个体工商户户均注册资金2.82万元，超出全国平均1.59万元/户的水平；私营企业户均注册资金119.89万元，高出全国平均101.3万元的水平。我市民营经济发展主要有以下特点：

1. 新办私营企业保持较快的增长势头。去年我市私营企业数、雇工人数、投资人员和注册资本与2002年同期相比，分别增长了18.03%、2.55%、28.74%和20.21%。新增开业户数为国有、集体企业新开业户数的7倍，在总数上首次超过国有、集体等内资企业的总户数。今年1～4月份增长势头不减，月均新开业户数较去年均新开业户数多了4.05%。

2. 民营企业整体实力不断增强。到2003年底，我市个体工商户和私营企业的户均注册资金分别是2.54万元和119.73万元，到今年4月份，分别增至2.82万元和119.89万元，均超过全国1.59万元和101.3万元的平均水平，呈现较快增长趋势。截止今年3月底，我市登记在册的私营企业中，注册资本在1000万元以上的有1848户，较2003年底增长了7.88%；注册资本超过亿元的私营企业有18户，私营企业集团有47户。

3. 民营科技型、出口型企业增长快速。截止今年4月底。全市共有民营科技企业2008户，约占全省民营科技企业的40%。全市经营软件业务的企业中，80%是民营企业。全市拥有自营出口权的民营企业1001家，占全市拥有自营出口权企业总数的69%，是2000年的26倍多。民营科技型、出口创汇型企业已成为我市科技创新和出口创汇的新生力量。

4. 民间投资双向流动性增强。据统计，流动人员在我市开办的私营企业从2000年的5000多户，增至现在的2.01万户，增长了4倍多，并呈现不断增长的势头。与此同时，我市私营企业在外地的投资项目从以房地产开发为主，扩展到对钢铁生产、药品生产、稀土加工等生产制造业的投资，进一步拓展和完善了产、供、销的生产经营链。

5. 国有、集体企业转制为民营企业的数量不断增加。到去年底，全市在工商部门登记注册的国有、集体企业转制为民营企业的总数有5041家。这类转制的民营企业普遍实力较强，经营运作规范，凭借规模、市场、人才等方面的优势，经济效益和社会效益越来越好，为民营经济注入了新鲜血液。据不完全统计，有80%左右的国有、集体转制企业的经济效益均超过转制以前。

6. 民间投资领域不断扩大，多个行业出现了零的突破。随着国家产业政策的不断放开，民间投资正逐走进入一些以前民营经济不能涉及的行业，并迅速成长起来。其中，民营信用担保公司的数量从2002年底的8家猛增至目前的53家，增长了6倍多；从事医药卫生用品经营的个体工商户和私营企业达到3732户，比2002年同期增长了近16倍。2003年9月1日起，出版物总发行权向民营资本开放，文德广运发行集团成为第一家获得报刊总发行权的民营企业。客运站、高速公路等公用交通建设项目也首次以公开招标的形式向民间资本开放，今后还将有越来越多的公用建设项目由民间资本投资经营。

7. 民营企业纷纷在境内境外上市。2001年广州佳都集团在新加坡成功上市后，2002年恒大集团也借海南一家上市公司的壳，成功地以恒大地产在深交所上市运营；2003年8月广州迪森热能技术股份有限公司在新加坡主板市场上市，之后城启集团也成功收购东华实业成为一家新的借壳上市的民营企业。另据了解，海印集团、贤成集团等一批民营企业也陆续在上交所和深交所两家证券交易所借壳上市。

8. 汽车及零部件产业产销两旺，产业群落初步形成。广州的汽车及零部件产业，经过多年的发展，依托本田、风神、光宝、大众、宝龙等大型生产、商贸企业的辐射和带动作用，已逐步形成了较大规模的经营链，从事整车销售、汽车维修、零配件加工、零配件销售的私营企业和个体工商户2101家，并逐步形成东部的开发区、增城区、黄埔区，北部的花都区，南部的南沙开发区以及西部的白云汽车零部件产业园等四个产业群落。汽车及零部件产销业还将成为今后一段时期内民间资本投向的新热点。

为了扶持和推动我市民营经济的发展，去年以来，市委、市政府主要抓了以下几项工作：

(1) 成立民营企业投诉中心。去年2月市委常委会议决定，在市及各区（县级市）成立民营企业投诉中心。根据市委常委会议精神，3月18日，广州市及各区（县级市）共15个民营企业投诉中心同时挂牌成立。到去年底，15个民营企业投诉中心共接待上访38宗、132人次，接到投诉或咨询电话6487个，受理案件110案，结案95宗，结案率86%，投诉涉及的机关、单位21个。

(2) 举办三项大型活动。一是在去年9月18日，举办广州首届百家私营企业与银行融资推介会，吸引了30多家银行和信用担保公司的代表与我市160家个体私营企业的代表参加，达成签约意向近40亿元。二是在去年11月13日至14日，举办“外地私企看广州”活动。邀请了15个省、市的近200家较为知名和有影响力的私营企业代表，对我市的亮点工程和招商引资项目进行参观考察。三是在去年12月11日至13日，在中国出口商品交易会展鉴馆举办“首届中国（广州）民营企业名优商品博览会”，有580多家来自省市内外的民营企业参展，展位达700多个。

(3) 制订促进民营企业发展的政策措施。针对涉及市场准入条件的注册资本、出资形式、专项审批、年审项目、登记事项等多个方面的问题制定了《关于进一步放宽市场准入条件加快我市经济发展的若干规定》，报经市政府常务会议审议通过后，于8月6日正式下发实施。

(4) 成立市民营经济工作领导小组。根据省委、省政府《关于加快民营经济发展的决定》分成员单位作了调整。并于去年11月27日召开了我市民营经济工作领导小组成员会议，筹备编纂《广州市促进民营经济发展政策法规汇编》，部署组织我市民营企业参加省百强民营企业评比活动等。目前，有关工作已顺利完成。

去年以来，我市的民营经济在市委、市政府的直接领导和高度重视下，经过社会各界的共同努力，保持着稳步发展的良好态势。但从广州在全国、全省所处的地位来看，与我省一兄弟城市相比，特别是与江浙一些城市相对照，还存在一些不足之处：一是中小民营企业占绝大多数，注册资金100万元以下的民营企业占80%，实力强、影响大的民营企业不多；二是具有驰名品牌、拳头产品的民营企业数占全市民营企业总数的比例低，全市民营企业中，只有全国驰名商标1件，全省驰名商标35件；三是总体上看，我市民营企业中经营第三产业的占80.34%，技术含量不高，市场竞争力相对较弱；四是民营企业主的现代管理意识和综合素质有待提高；五是营商环境不够优化，部分企业仍在融资、人才等方面存在不同程度的困难，不能满足民营企业进一步发展壮大的需要。我们必须正视存在的问题与不足，进一步增强发展民营经济的责任感和紧迫感。

二、明确方向，突出重点，大力促进民营经济持续、快速、健康发展

我市民营经济经过20多年持久战的高速发展，已经基本完成了以填补市场空白、迅速扩张数量为主要内容的“量的积累阶段”，进入了以企业全面转型和提升为核心任务的“质的提高阶段”。在新的形势下，我市民营经济今后一个时期总的目标任务是：以“三个代表”重要思想为指导，全面落实省民营经济工作会议精神和省委、省政府《关于加快民营经济发展的决定》，按照市场经济规律，坚持量的扩张与质的提高并举，在发展中提高，在提高中加快发展，实现总量上规模，素质上档次，管理上水平，实力上台阶。重点在以下几个方面引导和支持民营经济发展：

(一) 全面实施民营企业百强计划。按照政治平等、政策公平、法律保障、放手发展和不限制发展比例、不限制发展速度、不限制经营方式、不限制经营规模的方针，集中力量扶持发展一批技术先进、主业突出、行业优势明显、拥有自主知识产权和知名品牌、具有国际竞争力的大中型民营企业和企业集团。在认真落实省百强民营企业推荐工作的同时，市政府每两年根据企业营业收入、利税和自主知识产权拥有量等指标，评选市百强民营企业。对这100家民营企业可平等享受政府支持大企业和企业集团的优惠政策，在实施国家产业政策、技术政策和扶持科技创新等有关政策中予优先考虑，政府各有关部门在行政审批、检查验收、监督管理、业务指导等方面，为企业提供优先、便利的服务。对这些重点扶持发展的民营企业，税务、工商、计划、金融等有关主管部门要有针对性地制定相应的扶持政策。各区、县级市政府也要列出培育和发展大型私营企业（集团）的名单，采取有力措施，支持做大做强。

（二）支持民营企业实施名牌发展战略。对已获得国家、省名牌产品称号或列入市名牌发展计划的产品，优先列入技术改造、技术创新和新产品开发计划，在资金、人才、能源和运输等方面优先保证，重点扶持，政府在行政审批、检查验收、监督管理、业务指导等方面，同样为企业提供优先、便利的服务。凡经营商标被认定为中国驰名商标或产品被评为中国名牌产品的，市政府将给予适当的奖励，鼓励企业争创名牌。

（三）实施优势产业战略，形成新的经济增长点。充分发挥我市汽车制造、石油化工、钢铁和信息技术、商贸流通等支柱产业的辐射带动作用，以资金支持、创业支持、社会服务等形式，带动民营企业发展专业协作、加盟连锁经营，与大企业配套，成为产业链中的重要环节，促进地方特色经济的发展；继续发挥我市民营经济在餐饮业、房地产、商业物流、出口加工业、信息开发和高新技术产业的优势，积极扶持，加强引导，完善服务，依法规范，保障权益，形成优势企业集群；积极吸引外地、港澳资金流入广州，制定引进外来投资的优惠政策，给予外来投资优越的投资、创业和生活的环境，壮大我市民营企业队伍。

（四）鼓励民营企业走园区经济道路。发展园区经济对于培育和发展民营企业有着十分重要的作用。现有的科技园区都要配套完善基础设施，做到通电、通水、通讯、通路、通排水、平整土地的“五通一平”，尽快上规模、上档次、上水平。同时，积极引导相同、相似、相关的民营企业，以龙头企业和优势行业为依托，以资金、技术和产品为纽带向园区集聚，走专业化、集约化、规模化发展之路，鼓励发展大型工业园区，优先安排大规模工业园地，对于投资额大、产业关联大、技术含量高、创税能力强的项目，可按照“一事一议，特事特办”的原则予以支持。

（五）大力支持中小型民营企业发展。在支持有条件的民营企业做大做强的同时，各级要进一步加强对中小型民营企业的指导和服务，切实帮助中小企业解决问题和困难，引导广大中小企业向“特、专、精”发展，增强抗风险的能力。市政府将拿出适当的财政资金用于为民营及中小企业提供创业辅导服务、公共技术实验服务、标准与检测服务、融资担保服务、教育培训和信息咨询服务等。同时，加快我市中高级批发市场建设。引导民营企业相对集中地生产、经营同类产品和系列产品，形成具有地方特色和块状经济特点的区域产业链，实现民营经济从分散、小规模经济向规模集约化经营转变。

三、加强管理，优化服务，为民营经济发展创造更为优越宽松的环境

管理与服务是各级党委、政府和有关部门发展民营经济必须重视抓好的两个方面。要通过科学规范的管理，为民营经济创造一个健康有序的发展环境，通过优质高效的服务，为民营经济提供更加优越的发展条件。当前，要针对我市民营经济遇到的“投资难”、“融资难”等问题，着力抓好以下几项工作：

（一）大力改善和提高政府的管理与服务。一是要进一步改革行政审批制度。要以《行政许可法》的施行为契机，大力清理那些以企业设立、经营资格、许可证等行业管理名义设置的行政性审批，该取消的一律取消，确需审批的，要简化程序，公开透明。二是要大力推行政务公开。政府各职能部门都要向社会公开办事内容、办事依据、办事条件、办事程序、办事时限、办事结果、办事纪律和服务承诺，防止打着依法行政、规范管理的旗号，增加办事环节，方便自己，麻烦群众的现象。三是要继续整顿和清理年检、年审、培训等收费项目和标准，坚决取消越权违规的不合理收费项目，依法清理“三乱”行为，切实减轻企业负担。四是要强化执法监察。要建立起科学、规范、具有约束力的监督机制，保证依法行政，提高行政效能。市区两级民营企业投诉中心要大胆履行职能，认真处理企业和群众的投诉，各有关部门和单位对投诉举报问题要及时调查处理，情节严重者，依法追究当事人责任。

（二）全力搭建民营企业信用平台。我市的民营企业当中，尽管混杂有一些不法企业，但主流始终是好的，绝大多数的企业是诚实守信的。那些长期形成的把民营企业与制假售假、违法违章对等起来的观念对诚实守信的民营企业十分不公，也在一定程度上影响了他们的发展。为此，很有必要尽快搭建一个专为民营企业服务的信用平台。通过这个平台，使社会各界知道谁守信、谁失信，使守信企业得到保护，失信企业得到惩处。今年，我市的企业信用体系建设的重点是建立民营企业信用征询系统平台，等一会，我们将举行市民营企业信用征询系统启动仪式。这个系统是在市工商局的企业信用平台基础上建立起来的。各有关单位和部门要积极配合做好这项工作，及时提供和更新有关的民营企业信用资料，尽快充实和完善这一系统，为企业和群众提供更多、更详尽的民营企业信用信息。

（三）设法解决民营企业融资难的问题。这次会议，我们还将举行一个民营企业与银行融资签约仪式，目的是增进民营企业与银行界的沟通与联系，营造一个相互支持、共同发展的氛围。在继续加强民营企业与银行融资推荐工作的同时，要大力发展中小企业信用担保公司，鼓励民营企业以独资或股份制的形式，组建和经营风险投资公司，支持信用担保公司建设和筹集贷款担保的风险基金，帮助担保企业降低经营的风险，并对担保企业给予减税或免税的支持。5 月 18 日市信用担保企业协会正式成立，成立后的担保协会要充分发挥作用，规范信用担保行业行为，加强行业自律。各有关部门要积极学习借鉴上海等地的成功经验，尽快出台信用担保企业准入办法、信用企业行业的自律办法，促进信用担保行业的健康规范发展。

（四）加强对民营企业的税收政策支持。民营企业固定资产折旧、技术开发费、技术转让费等，以及用于扶持、救济、“希望工程”、“光彩事业”等社会公益活动的捐款，按税收法律、法规规定的标准在税前列支。税务部门应根据法律、法规的规定，及时为纳税人办理增值税一般纳税人资格认定、发票领购、代开发票等税收事项。在具体税收事项办理、税收政策执行和管理中，不分企业经济性质，做到一视同仁。

（五）努力完善社会服务体系。工商联、个体私营企业协会等组织要发展自身优势，努力做好民营企业服务、维护民营企业合法权益的工作。加强行业协会建设，明确行业协会的行业自律和行业管理职能，规范行业行为。要深化行政审批制度改革，凡能由市场来做、企业来做、中介机构来做的事情，政府就尽量不要再去做。要大力发展为中小企业投融资、技术进步服务的各类中介机构，完善市场中介服务体系，为民营经济更快、更好、更大的发展创造良好的社会服务环境。

（六）不断优化政策环境。在这次的大会上，市民营经济工作领导小组将向民营企业的代表赠送我市汇编的《广州市促进民营经济发展政策法规汇编》。这个汇编收集了由市委、市人大、市政府及 20 个政府职能部门制定的共 29 个有关扶持民营经济发展的法规性文件及政策性文件，目的是便于企业和群众查阅有关的政策规定。今后，市民营经济工作领导小组仍将根据形势的发展，组织各单位在工作中制定促进民营经济发展的新措施、新办法，不定期地汇编成册或采取其它有效渠道，向社会公布，为企业和群众办事提供更好的指导和服务。

四、加强领导，真抓实干，确保各项工作和政策措施落到实处

加快民营经济发展是委、市政府当前的中心工作之一，事关我市建设现代化中心城市，率先基本实现现代化的大局。全市各地区、各部门务必把思想统一到市委、市政府的决策上来，提高到全局和战略的高度上来，顾大局，识大体，高度重视这项工作。要进一步解放思想，更新观念，加强领导，真抓实干，开拓创新，形成合力，确保各项工作的落实。

（一）建立健全组织领导机构。市政府已经成立了民营经济工作领导小组，办公室设在市工商局。各区、县级市要参照市的做法，对组织领导机构进行相应的调整充实，完善领导小组工作制度、联席会议制度、联络员制度，定期公布工作计划与部署。各职能部门也要指定有关领导具体抓，有专门的部门、专职的人员具体负责。形成纵到底，横到边的组织领导网络。要改进工作方法，加强分类指导，针对民营经济在不同地区、不同行业、不同规模、不同技术水平的状况，制定切合实际的政策措施，推动民营经济发展。

（二）加强舆论宣传。要加大对民营经济发展的宣传力度。充分利用电台、报刊、电视台等新闻媒体，坚持积极、正面的宣传方针，大力宣传市委、市政府促进民营经济发展的各项政策、法规，大张旗鼓地宣传民营经济的地位和作用，积极宣传民营企业中依法经营、艰苦创业、勤劳致富、做强做大的典型经验，宣传民营企业扶贫济困、捐资公益事业、造福人民群众的义举。在全社会形成关心、支持、促进民营经济发展的良好氛围。

同志们，我市民营经济工作，在各级的共同努力下，已经呈现欣欣向荣的景象。我们一定要倍加珍惜现在的发展环境，倍加珍惜所取得的成就，再接再厉，勤奋工作，齐心协力推动我市民营经济再上一个新台阶。

2－2　专家论坛

2－2－1　政策的变迁与广州民营经济的发展

江　波

中国的民营经济在体制变革的进程中逐步发展起来，从微不足道的弱小份额发展而来。所以一开始社会以及理论界都是以关注幼小树苗的成长的心态来关注民营经济的生存问题，提出了大量的给予民营经济在体制中应有地位的政策建议和理论看法。例如企业注册的手续问题、民营企业的商业尤其是外贸方面经营权力问题、银行融资不受歧视的问题，税收政策是否与公有企业获得同等待遇问题等等。

然而，随着民营企业的合法性质得到肯定以后，进一步发展民营经济的焦点就将提升到民营企业为何不能做强做大，民营企业的现代企业制度的有效建立和企业行为符合市场经济的规范要求方面来。

广州是中国经济最为活跃的几个地区之一，民营经济发展也取得了很大的成就。同时，我们也应看到广州也存在进一步调整民营经济发展的政策的必要，给予民营企业更加有效的发展空间，也通过政策将民营企业的行为作更加符合市场经济体制要求的规范约束，使广州的民营企业在更加规范的公共政策环境健康发展。

一、放宽市场准入，允许民营企业向更宽的产业领域发展

在广州市第六次民营经济工作会议上，中共广东省委常委、广州市委书记、市人大常委会主任林树森强调，不能一讲发展民营企业，就是政府给钱、给人、给物。鼓励和支持民企的发展，并不是要给民营企业一些不同于其他所有制企业的特殊待遇，而是要按照市场经济规律办事。

林树森的看法是，广州当前要以科学发展观为指导，加快民营经济发展。2004 年 1～3 月，全市民营经济同比增长 12.9%，占全市生产总值的 29%。他表示，要坚持对民营企业和其他所有制企业一视同仁的原则，优化经济发展环境。发展民营经济，凡是能由市场来做、企业来做或中介机构来做的事情，政府部门就尽量不要插手，更不要包揽。目前，广州民营经济投资除在批零贸易、餐饮业、高新技术产业、房地产开发业中介入程度较高外。要积极引导民营企业向更宽产业领域发展。要以城市基础设施和公用事业为重点，打破行政性垄断和保护，鼓励民营资本投资高速公路、桥梁、隧道、港口、公交、停车场、污水处理、垃圾处理等建设项目（资料来源：《人民日报》海外版 2004 年 5 月 31 日）。

以上政策思路包括这么几点：第一，民营企业也是市场经济体制中运行的一种微观主体，与其他产权形式的微观主体并无两样，给它们一视同仁的政策环境就是最大的支持。第二，不应该将政府引入以往的对那些企业或领域的支持就是直接分配经济资源，将人财物等生产要素作为政府分配的资源，这不符合市场经济的要求。政府只是提供政策环境和公共产品的定位。第三，向民营企业开放更加广阔的投资经营产业领域，不仅竞争性私人产品是民营企业投资经营场所，甚至垄断性的公用事业和基础设施领域也可以向民营企业开放。

这不仅给民营企业一个信号，也是给这个社会一个信号，广州市将在体制变革的政策上有明显提升。过去，中国的经济体制改革体现为将计划经济变迁为市场经济，其中的政策边界是竞争性产业领域应该对非公有企业开放，以利于组织利用一切社会经济资源用于发展经济。并且，理论上和实践中都得到了证明，在竞争性产业领域的非公有产权效率可以高于公有产权的体制安排。因此，社会在这个认识基础上得到认同，民营企业可以在竞争性产业领域有效经营，提供更有效率的经济资源组织，促进社会经济资源得到更加高效率配置。例如，银行信贷资金完全可以放心贷放给在竞争性产业领域组织经济活动的民营企业。在有效制度的保障下，贷放给民营企业的资金会因为资源配置效率更高，资金的利用效率和银行的经营利益也会得到改善。

但进一步对民营企业开放的非竞争性领域，是否也会有资源配置效率的保障，则对于中国的体制变迁是一个新课题。第一，打破垄断格局，对原有在垄断性基础设施和公用事业领域经营的公有资产企业是一种变革的来临，迫使公有企业改进经营，提高服务效率。第二，对于进入传统由公有企业把持的垄断部门，如何发挥民营企业的效率优先的经营理念，实现在这个领域的效率突破是一个值得我们关注的问题。一般而言，因为长期以来，垄断部门的企业因为缺乏竞争压力，存在资源利用低效率的局面。这恰恰给了讲求效率的民营企业创新获取超额创新利润的机会。第三，民营企业的效率优先的经营理念在给垄断性公用事业和基础设施领域带来创新经营的清新气息的同时，也将给这个领域带来前所未有政府监管新局面。毕竟只能形成有限竞争的市场格局的基础设施和公用事业领域，不像完全竞争领域那样可以依靠竞争来压迫企业的机会主义的市场行为，垄断性领域（例如公共交通），缺乏有效监管的情况下，企业服务的趋利性行为有可能导致机会主义的行为大量出现，例如私人经营的公共交通服务价格偏高，为节省成本有意关掉空调等行为。克服此类行为的思路并非期望私人资本改变趋利的本性，而是依赖于有效的政策监管。

二、鼓励民营企业做大做强的公共政策

由于发展时间和发展的政策环境改善的情况的约束，广州也和中国大多数地区一样，存在着民营企业规模偏小、产品技术含量低、企业经营组织结构原始等现象。虽然我们不能有拔苗助长的做法，不能强制改善民营企业的上述现象。但却应该提供一种有效的公共政策，使民营企业可以在一种较好的政策环境下，较为顺利的做强做大，成为市场经济的微观主体力量，也使中国的市场经济的微观基础得到更加有效的完善。

从理论上和国外的经济实践中，我们都可以得到这样一种认识，市场经济是不可能建立在完全由公有产权所组成的微观基础上的。没有民营企业作为微观经济的基础性主体，尤其在竞争性产业领域，没有民营企业作为骨干性微观主体，这样的市场经济的有效运行是难以保持其高效率的。然而，由于中国的民营企业成长不足，目前大量竞争性产业领域的基础性微观主体还是公有企业或外资企业。这样的局面毕竟不应该长期维持下去，这个民营企业势小力薄的格局自然会影响到我们的经济资源配置效率和经济增长质量的提高。

中共十六届三中全会的精神是："支持非公有中小企业的发展，鼓励有条件的企业做强做大。"这种支持需要体现在政府为民营企业提供的一系列公共政策。

这些公共政策应该包括：

第一，公共税收政策。广东省2003年曾经出台《广东省百强民营企业认定暂行办法》，在历次民营经济工作会上对先进民营企业给予评奖和社会表彰。并且在税收上，从过去的税收优惠、资金扶持、对重点民营企业给予挂牌保护的做法，要进一步发展到建立各类企业的公平税负方面来。

第二，对中小民营企业的融资政策。2003年11月13日，国家发改委中小企业司与广东发展银行举行"支持中小企业融资发展计划试点工作"启动会议，选定一些城市作为试点，由国家发改委中小企业司和试点城市中小企业管理机构定期向广东发展银行推荐值得支持融资的中小企业或优势产品项目，并且协助银行对中小企业的信用等级进行评估。通过相应的企业项目和信用评估工作，帮助中小企业建立起融资担保制度。类似的政策做法国家发改委在南京、上海、南昌、太原、长春等地都有所展开。广州市政府应该积极响应国家发改委的这些试点政策，使广州的中小企业融资的制度建设能够走在全国前列。

第三，在一些对民营企业新开放的领域，尽快制定有关进入的产业规则。例如在公共基础设施和公用事业领域，设立招投标的公平竞争的产业进入机制。参考国外的一些做法，政府将一些

基础设施产业领域允许私人资本进入，或是将原有公共投入的基础设施的经营权放出给私人经营公司经营管理，政府的价格部门和公用事业管理部门仅仅是作为公共主体作政策监管。或是将城市的一些新区的基础设施投资权和经营权加以拍卖，私人资本可以参与竞拍获得投资权或经营权。相关的操作规则以及运作的细节都需要政府相关职能部门提供，以便于这些领域对民间资本开放的政策思路得以顺利实施。

三、在一些政府统制领域加大规则制度的变迁力度，培育民营资本的生长点

广州作为一个南方中心城市，发展民营经济的思路应该和其他地区有所区别。不仅应该在公用事业和城市基础设施方面对民间资本开放，而且应该在文化、教育、医疗卫生、体育等第三产业给予民间资本更大的活动空间，使广州作为华南的文化中心地位更加突出，文化产业也更有生机与活力。

假如说改革开放20多年来，我们的物质产业领域的变革是较为明显的，那么在文化、教育、卫生、体育等第三产业领域，体制的变迁则显得不够充分。在这些领域的投资、经营方面还体现为政府统制的特征，民间资本在这些领域几乎没能够有较大作为。例如，在高等教育服务领域，公立学校占据99%以上的教育、科研资源，目前，在广州市这样一个千万人口的城市，拥有全日制本科招生权的私立学校只有华联大学和培正商学院两家，而且这两家品牌知名度排在几乎所有公立学校的后面。没有一个硕士学位授权点和博士学位授权点，没有成团队的骨干师资队伍和足够的办学土地等，使这两家民间资本投资、经营的高等院校在发展当中无法与公立学校将竞争。第一，没有可能获得优秀的生源，直接影响到其教育产品的质量和数量。高考分数与其他公立学校相差一个很大距离，教学的质量是难以提升的。第二，没有可能获得骨干师资力量作为办学的人力资源，长期聘用公立学校的教师作为自己的兼职教师，专业化程度无法提高，教师只是完成授课工作，教学无法建立在科学研究的基础上，往往是低水平的循环。第三，因为没有办法获得教育市场的较高程度的认可，缺乏品牌效应的经营，难以在规模上做强做大。因此办学经费上难以拓展，学校的成长自然缓慢。第四，由于学校难以做强做大，教职员工在学校这个组织团队中难以获得一种事业和人生的归宿感。在拥有一定人力资本的高学历、高职称的教职员工中，最为重要的人力资源激励手段除了薪酬外，就是事业的成就感和人生的归宿感。没有这种激励，这些私立学校就无法得到生存和发展所必要的人力资源，作为提供知识教育服务的高等院校，就失去了最重要的生产要素，其发展实际上很难摆脱在无米之炊的窘境中挣扎的命运。

也如同物质生产部门缺乏民营企业作为微观层面的基础性主体，会影响到相关产业的资源配置效率一样，在第三产业领域，如高等教育部门，缺乏民间资本经营与投资的微观主体，也使由公立学校一统天下的格局得以形成，并造成缺乏有效竞争而影响着该领域的资源配置效率。表现一，因为缺乏有效产业竞争，各个公立高等院校经营缺乏市场压力。办学质量并不会引起生源流失，虽然存在诸多不尽人意的教育产品品质不高的问题，但在目前的中国（当然包括广州），要想获得高等教育的机会，只能选择公立学校。因为最差的公立学校也优于私立学校，迫使学生丧失了消费选择权。所以，私立学校的发展困境帮助了公立学校的不需要改进的地位稳固。表现二，因为办学资源来自于财政投资，来自于教育行业主管部门的决策与项目设置，使公立学校似乎不必考虑它的直接消费者的感受，只要政府主管部门满意，就可以源源不断得到办学资源，学校就可以生存和发展。表现三，因为不必考虑直接消费者的需求，所以也使大量教育资源的投资用于不符合人力资源市场需求的场合，降低了宝贵的教育资源的利用效率。表现四，因为资源主要来自于政府投资，所以学校的行为倾向于唯上要求是从，学校行政越来越官僚化倾向明显。

类似高等教育领域的民间资本进入严重不足，公有产权一统天下的现象在医疗卫生、文化、体育等方面也一样存在。如公立医院垄断了99%以上的医疗资源，患者的医疗消费选择权也因为体制上的资源如此分布不均而剥夺了。进行改革体制，提高这些领域的资源配置效率的议题也自然同样必要。因此，在高等教育等第三产业领域，针对民间资本开放投资和经营，是十分必要的。在政策上，需要像在其他领域一样，给予有效的公共政策、融资支持和必要的质量监管。

如果广州能够在第三产业的政府统制教育、医疗、文化、体育等领域率先做制度变迁，加大政策调整力度，一定有助于广州的城市经济发展。而这种变革也同时针对于广州这样一个特大城市的经济发展，是十分必要的。因为，第三产业在广州这样的城市经济中的意义是非常重要的，这个领域的公有资产效率的提升，有利于提升城市的核心竞争力和经济发展层次。

四、在变革体制与政策的同时，强化对市场的监管政策实施

民营企业相比较于公有企业，其效率第一、利润第一的倾向会更高。这一方面是形成民间资本的动力机制优于公有资本的地方，另一方面也是使政府对企业的市场行为的监管力度必须加大的原因所在。近一些年来，假冒产品增多，企业违规行为增加，在劳动制度方面的违规，拖欠工人工资等；在生产行为的外部性方面，有意违规排污等，既是企业为节省成本的趋利表现，也是民间资本企业规模增大，民营经济本身需要强化政府监管的新经济体制要求。

政府在鼓励民间资本发展的同时，必须有一个清醒认识，民间资本的趋利本性与社会公共目标是有着一定程度的冲突的。政府不能在这里留下政策空白，使民间资本发现了政府政策设置的滞后。否则，民间资本在发展同时，会给我们带来大量环境污染、市场秩序紊乱、产品品质低下等私人经济发展后外部负效应。市场上出现假冒奶粉、有毒咸鱼和泡菜，不是简单用少数人缺乏良心能够解释的。即使社会存在一些人缺乏良心现象，但如果同时也存在着政府的有效监管政策，那么这种良心缺乏的趋利行为会被监管政策所阻止。反之，如果我们的社会食品安全建立在人人都有良好的道德上，我们就失去了发展民间资本任何空间，当然也失去了利用民间资本趋利动机的动力机制的空间。

我们在广州房地产市场上可以看到相关问题存在，在一些近年新开发城区，楼房的密度超过规划允许的范围。在地产开发商那里，同样土地盖越多房子自然利润就越多。问题在于如果允许商人充分的趋利行为展示，城市的公共空间就没有了。我们在没有有效规划的城中村看到杂乱无章的建筑并不奇怪，但我们在经过规划部门监管下的新城区也看到类似的现象时，只能将原因归于政府的监管力度不够。公共空间的丧失是政府监管的力量小于地产开发商的趋利力量的表现，假如这类力量的不均衡在社会的更多领域蔓延，那么我们的经济发展成就则可能毁于私人资本的利益追逐之下。

在这里，政府的政策监管作用就像城市小区规划中留下的公共绿地和空间一样，作为屏障在维持私人经济行为地秩序。因为在有限资源的分配中，我们不仅需要有满足私人利益的考虑和空间安排，同时我们也需要有满足公共利益的考虑和空间安排的存在。否则，在没有公共利益的空间安排时，私人利益也无法存在和得到有效保护，因为没有公共空间作为樊篱，私人的趋利行为就会冲破一切边界。政府的公共政策的存在，就是这样一种制度的公共空间，它将保护我们私人利益不受侵害。广州民间资本和民营企业的发展，同样也需要这种公共制度与政策的保护。

（作者为华南师范大学经济与管理学院副教授。）

2-2-2　构筑政府与社区共同推动的民营经济发展新模式

张　捷

广州民营经济的发展已经渡过了资本初始积累阶段，开始进入规模扩张、结构优化和体制创新的新阶段。在新的阶段，广州民营经济的发展模式需要实现转型。发展目标要由重视外延扩张转为重视内涵发展和质量的提升；发展动力要由依赖体制转轨的缝隙、政府扶持和外源经济的溢出效应转变为依靠自身的核心竞争力和创新能力；发展战略要由汲汲于眼前利益的零和博弈策略向放眼于长远利益的合作博弈战略转变。总之，新时期的广州民营经济需要从过去作为“补充成份”时代的依附型发展模式转向自立、共生和更加均衡的发展模式。

在新的发展阶段，对民营经济的有利条件有：(1) 意识形态和法律制度等方面的障碍基本上被扫除，各级政府出台了较好的扶持政策，民营经济发展的政策和制度环境得到较大改善；(2) 由于国际产业转移浪潮和政府的推动，广州的产业结构调整初见成效，重化工业和高科技产业发展势头迅猛，对民营经济的结构优化提供了难得的机遇；(3) 在 CEPA 等推动下，大珠江三角洲经济一体化和泛珠江三角洲区域合作起步良好，并将由产业融合进一步向体制对接推进，这为广州的民营经济提供了难得的发展机遇和广阔的发展空间。

但我们也要清醒地看到，新的发展阶段对广州的民营经济提出了更高的要求，如果民营企业的自身素质和外部环境得不到优化，可能影响广州民营经济的发展上水平，使之在新一轮的发展高潮中落伍于其他地区。我们认为，为了突破我市民营经济发展的制约瓶颈，除了依靠政府已经出台的阶段性扶持政策以外，还需要借鉴国内外的先进经验，寻找新的发展思路，采取更为长远的治本之策。

一、社区组织在民营企业成长过程中的作用

市场的基础作用是分配经济资源，而企业则是通过获取和整合经济资源来创造新的财富的经济组织。市场配置资源基本上是效率导向的，但也会因为信息不完全所带来的交易成本以及市场自身的结构问题（如垄断）而产生市场失灵。同样，企业获取资源主要依靠其资源组合效率所产生的盈利能力，而企业自身的组织结构和治理结构不仅将影响其盈利能力，而且也会影响到要素市场对企业信息的获得性与评价。有些企业即使有潜在的盈利能力，但如果因为组织结构的封闭性而难以向市场传递其真实信息，得不到交易者的信任，也无法从要素市场获取资源，潜在的盈利能力亦无法实现，企业的成长将受到制约。

正如许多研究文献所揭示，我国的大多数民营企业由于创业时期的规模、资源、制度环境和文化传统等约束，采用家族企业的组织结构是历史的必然，而且家族企业的组织结构在一定的成长阶段也是一种有效率的制度安排。家族企业由于产权的内闭性和信息不透明，主要在“信任集团”（trust group）内部获取所需的金融资本和人力资本，通过所有权与控制权的一体化来保证资源配置的效率。这种组织形式和治理结构虽然有节约代理成本、决策机制灵活等优点，但最大的问题是，随着企业的扩张，金融资本、人力资本、管理资源和专业知识的约束会变得越来越紧，以至使企业终止成长乃至过早夭折。只有极少数的家族企业得以突破成长的“瓶颈”，发展为大企业乃至公众上市公司。

目前政府和学者普遍希望民营企业能够实现由家族企业向现代企业制度的转变，进一步做大做强。但较少有人认真思考怎样才能实现这种转变，转变的可行路径究竟是什么？根据大量的经验观察，大多数能够做大做强的家族企业（包括海外的华人家族企业），其成长路径并非是在某一时点采取了休克疗法似的彻底改制，一夜之间完全放弃家族控制权而转变为公众公司的，而是通过对信任集团边界的不断扩大，即通过信任集团的泛化，来逐步突破家族企业的局限性，不断吸纳外部的金融资本和人力资本并对其加以有效整合，最终成为家族仅保持临界控股权的公众上市公司。这种成长方式既是路径依赖的结果，同时也是华人社会的文化传统使然。根据费孝通先生关于中国乡土社会的差序格局理论，华人的“家族”概念有很大的伸缩性。在中国乡土社会中，“家族”并没有严格的团体界限，该社群的成员可以根据需要，沿亲疏差序向外扩大。在现实中，成功的家族企业的成长壮大，往往是循着核心家族企业→泛家族企业→社区企业网络与商业联盟→公众上市公司的路径而演进的。信任集团的边界能否由家族内部向产业社区乃至社会扩张，关键取决于企业内外是否存在着广泛的信任与合作关系、商业网络和社群组织等社会资本(social capital)。社会资本是企业吸纳外部金融资本、人力资本和新知识并使之与企业内部经营资源相融合的触媒和中介。只有凭借深厚的社会资本，民营企业才有可能不断地泛化信任集团，充分吸纳外部资源来扩大股东队伍和资本规模、引进职业经理和专业人才、建立业务网络和商业联盟，为最终转变为现代企业奠定坚实的基础。如果企业自身及其所处的产业社区缺乏社会资本，诚信差和社区网络松散乏力，家族企业要跨越信任集团的泛化过程而一步到位式地转变为公众公司，在现实中鲜有成功的例子。因此，民营企业要做大做强，离不开社会资本的积累。

要培育民营企业做大做强的社会资本，除了由企业加强自身的诚信建设和由政府加强法制和全社会的信用体系建设以外，最重要的莫过于强化行业协会、商会、合作社等各种产业社区（industrial community）组织的自组织功能。产业社区组织是构成产业社会网络的重要节点，它们是在企业自愿参与、民主管理和互惠合作的基础上建立起来的，其信息流动是水平而非垂直的，交换关系和义务是平等而非依附性的，因而其内部的信息不对称程度低，容易建立起信任、互惠和自律的道德和组织规范，是培育社会资本的最佳载体。而且，当这些产业社区组织被嵌入地域性社区或更大范围的产业社区中时，将对不愿遵守自律规范的成员产生强大的威慑力，使其违规的机会成本更高，从而加强这些产业社区的凝聚力。必须注意的是，政府虽然可以也应当对这些产业社区组织加以指导和支持，但切不可将其置于自己的控制之下，使之成为政府的附庸，那样一来这些组织将被行政化和垂直化，失去成员的信任，产生各种道德风险，更不用说依靠其积累社会资本。政府与产业社区组织之间应当建立一种平等合作的伙伴关系。

从经济学原理来看，产业社区之所以对民营企业的成长起着政府所难以替代的重要作用，是因为信任和互惠规范等社会资本具有矫正市场失败的正外部性，属于一种地方性的公共产品，这种地方公共产品由社区提供要比由政府提供效率更高。特别是在信息极不完善和司法系统不发达的发展中国家，市场失败和政府失败较为普遍。企业即便可以借助于法律强制程序来保证合同的执行，但民营经济的交易规模普遍较小，动辄诉诸法律会给企业带来高昂的交易成本。社区通过合作与协商机制可以弥补市场失败和政府失败，降低交易成本。因此在发展中国家，经济体制不能仅有建立在竞争基础上的市场调节和建立在强制力基础上的政府调节，还需要有建立在互助合作基础上的社区调节，发展中国家只有通过三者的有机结合才能更好地推动经济发展。

国外的大量研究还发现，产业社区及其所积累的社会资本不仅有助于企业吸纳外部的金融资源与人力资源，还能够促进企业与大学、科研机构、经销商及客户之间的信息交流、知识共享和技术合作，推动企业的技术创新活动。此外，发展产业社区组织也是培育基层民主与公民自治，使经济与社会保持协调发展的一项重要内容，是科学发展观的题中应有之义。

二、政府主导型经济发展模式的局限性

广东和广州的民营经济虽然在总体规模上居全国前列，但仍然存在制约民营经济进一步做大做强的若干问题，包括营商的法制环境和社会环境较差，健康向上的企业家精神和信用文化尚待形成，行业协会和商会等社团组织在社会资本建设上未能发挥有效作用，政府对企业经营干预较多、职能转变尚未到位等。必须指出，产生这些问题的一个重要根源在于：改革开放以来，广东的外源经济发展模式造就了一个强势政府，使本地民营经济的自组织功能受到抑制，经济与社会协调发展的制度环境尚未形成，进而影响到民营经济发展的内生动力。

外源经济发展模式要求一个有所作为的强势政府。为了吸引更多的外资，政府必须大力进行基础设施建设以改善投资硬环境。由于政府财源有限，除了增加税收和垄断高盈利性行业以外，政府还需要控制地方金融机构和通过窗口公司从境外筹集资金。在各地的招商引资竞争中，政府不仅要提供优惠政策和土地，而且往往代替企业直接充当与外商谈判和合作的主体。尤其在20世纪90年代后期以来广州产业结构向重化工业转型的过程中，为了吸引大型跨国公司的投资，政府的资源配置作用得到了极大强化，在落户广州的几乎所有大型引资项目中，政府都直接或间接地侧身其中。应当承认，政府主导下的外源经济发展模式在工业化的初期发展阶段起到了积极作用，对于推动广州产业结构的转型也有一定的成效。但也应当看到，这种发展模式不可避免地会带来各种弊端。

首先，在政府主导的外源发展模式下，政府主要依靠提供各种优惠政策和土地、资金等稀缺资源来吸引外资，本地的民营经济却往往享受不到这些优惠，外资能够进入的一些垄断行业民营企业也无法进入，从而形成对民营经济事实上的歧视。这种不公平的竞争环境使民营经济的力量难以得到充分发挥，导致民营资本大量沉淀或者外流，其中一部分在境外转换为外资身份后再返回国内以获取优惠待遇。无疑，差别化的政策环境不利于民营经济内聚力的形成和社会资本的培

育。一些民营企业不愿踏踏实实地依靠自身力量和社区合作来打造核心竞争力，而是想方设法通过在境外注册皮包公司和将国内产品“出境游”后转化为免税进口料件等手段轻松地获取“政策租金”。可以说，政府政策对外资的偏好对民营经济的发展构成了一种离心因素。

其次，政府主导的外源经济发展模式容易造成政府职能的越位、错位和缺位，不利于培育民营经济的自生能力和形成有效的市场经济秩序。政府推动外源经济的发展主要依靠其控制的经济资源和政策资源。但政府对资源配置的重点容易因政治环境、政府工作重心和领导人换届等变化而发生转移。在这种情况下，由于政策体系是政治动员型而非法治型的，政策将缺乏连续性与稳定性。民间主体由于无法形成对政府政策的长远预期，其经济行为将趋于短期化。在一种短期博弈的制度环境下，民间企业更希望从政府那儿得到的是“鱼”而非“渔”，其自生发展能力的发育过程必然受阻。同时，政府出于保持政策灵活性和资源配置权的需要，其建立的规则体系只能是框架性和状态依存型的，这将使政府的执法管理部门获得过大的自由裁量权。在政治体制改革滞后，政府行为缺乏规范和监督的情况下，一些政府部门受利益的驱动往往产生过度作为或不作为，导致在一些有“利”可图的领域发生政府职能越位、错位和权力寻租的现象，而在另一些无“利”可图的领域则出现政府职能缺位的现象。

政府直接干预资源配置和其行为缺乏规范还将导致市场秩序的紊乱，而这又会迫使政府进一步加强对经济与社会的控制，这种自我收敛的制度环境将束缚民营经济发展的自由空间，压抑其自组织功能的形成。例如在广东，由于前些年政府参与金融活动而导致了广东国际信托投资公司的破产和农村基金会的兑付危机等金融风险，扰乱了正常的金融秩序，迫使后来的政府加强对民间金融的控制，从而使社区信用和地方金融组织的正常发育受到压抑，民营中小企业的融资遭遇严重困难。而在民间的金融资产存量远不如广东的浙江，政府的“无为而治”反而导致了民间金融的自组织化，使社区信用成为支撑民营经济发展的重要融资来源。

再次，政府主导型的发展模式不利于民营经济自治性社团组织的发育和成长。国内外的经验表明，由民营经济自发建立和自主管理的社团组织是民营企业发展壮大的必要条件，也是国家公权力向社会公权力转移、造就以“小政府，大社会”为特征的市场经济体制的有效途径。例如在民营经济发达的温州，由民营企业自发组建的各类行业商会（协会）达到163家（2003年8月数字），同业商会数量居全国之首。这些行业商会在组织“打假”活动、规范企业行为、建立行业质量和技术标准、协调价格、提供信息和培训服务、组织反倾销应诉等方面发挥了政府所无法替代的巨大作用。产业自组织程度高已经成为温州民营企业在市场竞争中获胜的一项独特优势。反观广州，大部分行业协会和私企协会由政府组建或由原政府机构“翻牌”产生，被置于政府主管部门的控制之下，其领导人不由会员选举产生，而由政府委派，多数是在职或退居二线的政府官员。这种带有浓厚行政色彩的“二政府”，其职能基本上是贯彻政府的政策意图而不是向民营企业提供公共服务。由于缺乏社会资本和公信力，它们非但不能有效地维护民营企业的权益，有些甚至出于利益驱动，强行组织各类评比，向企业摊派各种费用（如民营企业若不向私营企业协会缴纳会费则无法通过工商年检），反而成为民营企业的累赘。中国从计划经济时代沿袭下来的官办协会已经严重不适应民营经济的发展要求。上海和江浙等地已经悄然启动对行业协会的改革进程，我省和我市若不急起直追，在培育适宜于民营经济发展的软环境方面将与长江三角洲地区拉大差距。

三、构筑政府与社区共同推动的民营经济发展新模式

近年来，广东省各级政府已经认识到过去偏重外资经济、轻视民营经济的发展模式的局限性，做出了加快民营经济发展的重要决定，并出台了相应的配套政策，这是一个可喜的转变。但也要看到，这些以政府扶持为主的政策措施即便都能得到落实，恐怕也只能收到一些短期性的成效，并非长远治本之策。理由在于：

第一，扶持性措施需要政府动用大量的财政资源，全省每年几亿元的扶持力度仍然是杯水车薪，加大力度则会增加政府的财政负担，而且扶持措施的可持续性也令人怀疑。

第二，扶持性政策依然是“授人以鱼”而非

"授人以渔"的做法，对培育民营经济的自生发展能力作用不大，甚至可能产生适得其反的效果。

第三，也是最重要的一点，通过政府直接调动资源来推动民营经济发展的做法依然未能摆脱政府主导型发展模式的窠臼，至多是将优惠政策和资源配置的重点从国有经济和外资经济转向民营经济（能否真正实现这种转变仍令人存疑）。且不论这种做法是否会产生新的不公平现象，更重要的是以政府为主导推动民营经济发展的模式从长远来看不利于促进政府职能的转变和市场经济体制的完善，最终难以达到使民营经济健康发展的目的。

需要指出，政府主导型发展模式对于国有经济、外资经济和民营经济的发展可能产生非常不同的效果。国有经济与政府同属一个产权主体，政府通过参与资源配置来推动国有经济的发展虽然绩效差，但在这种垂直关系下至少体制摩擦的成本较小。外资经济属于一种嵌入型的经济，与本地社区缺乏内在联系，外商刚进入本地市场时由于缺少社会资本积累，在许多方面需要借助当地政府的力量来获取稀缺资源和降低交易成本。加上外资中的大型跨国公司具有很强的垄断优势，在与当地政府的博弈中容易形成平等关系乃至占优的地位，不必担心其经营受到当地政府的干预。而民营经济虽然产权独立于政府，但毕竟属于本地企业，在许多社会事务上受制于政府的行政管辖，加上民营经济规模小，在与政府的博弈中往往处于劣势。如果用政府主导的模式来推动民营经济发展，在政府职能转变尚未到位的情况下，难免不产生政府越界干预企业、企业向政府"寻租"和政府向企业"抽租"等棘手问题。退一步来说，即使政府已经实现了职能转换，变成了服务型政府，但由于政府与企业之间存在着信息不对称的问题，由政府来向企业提供社区性和行业性的公共服务也会产生过高的成本，而且容易诱发企业的道德风险。鉴于此，我们认为我省推动民营经济的发展应当转换思路，重新寻找新的支持模式。

如前所述，民营企业的成长离不开地域社区和产业社区的社会资本，而植根于社区文化土壤之中恰恰是民营经济相对于外资经济和国有经济的基本优势。因此，政府在推动民营经济发展时应当寻求社区组织的支持与合作。自生性社区组织的基本特点是成员之间相互知根知底，交易成本低，可以依靠合作和信任的社会资本为社区成员提供低成本的公共产品（可共享的信息、信用、新知识和市场机会等），并依靠社区道德规范和社会惩罚机制来相互约束。而社区的自组织功能不仅可以弥补市场失败，也可以弥补政府在提供低端公共产品上的不足。如果社区组织得到普遍发展，政府就可以把一些提供低端公共产品（如行业行为规范、中小企业融资担保、培训与信息服务、价格协调、员工权益及消费者权益保护等）和部分社会管理的职能移交给社区组织，自己专司法律、治安、教育、环境保护等覆盖面更广的高端公共产品的提供。同时，政府与社区组织之间需要在平等协商基础上建立起合作关系和相互制衡机制。社区组织可以向政府提供企业信息、政策建议和官员失职投诉，充当企业与政府之间的桥梁；政府则向社区组织提供必要的政策指导、外部监督和财政援助。政府与社区组织的这种联盟将为民营经济的发展提供一个范围更大、功能更强的社会支持网络。而且，政府与社区组织的合理分工有助于从根源上消除政府职能的越位、错位和缺位现象，减少腐败行为对市场经济的扭曲，加上社区组织对企业行为的约束机制和弥补市场失败的功能，一个高效的市场经济体制就更容易被建立起来，从而为民营经济的持续发展营造一个适宜的制度环境。

需要强调指出的是，依靠社区组织与政府的合作来推动民营经济发展是一种长远的治本之策，它与目前政府对民营经济的阶段性扶持政策并不矛盾。由于产业社区组织的发育成长有一个过程，新模式的形成需要时间，不可能一蹴而就。但相关领域的体制改革需要从现在就开始做起，同时还需要大力提倡和培育民营企业的合作文化。顺便指出，近来省内有一些学者认为，广东的民营经济发展之所以不如浙江，是因为广东人缺乏浙江人那样的创业精神和合作文化。对于这种文化决定论的观点作者不敢苟同。在经济发展过程中文化因素固然重要，但更重要的是形成或改变某种文化的制度安排。且不论广东和浙江的文化差异究竟有多大，仅拿一个眼前的例子——香港来说，其与广东同属粤文化，但我们在香港仍可以看到旺盛的创业精神和普遍的合作文化，香港产业社区组织的发达程度并不亚于许多西方发达国家。由此可以推断，产业社区组织发展的关键因素在于制度创新而不在于区域文化。况且，广东与浙江的民营经济有一个非常重要的共同点：两省均自发形成了若干民营经济的产业集聚（浙江称为板块经济，广东称为专业镇），而产业集聚恰恰是民间产业社区组织生长的最佳土壤。

当然，建立和发展民间产业社区组织的问题涉及面较广（可能牵涉到一些政治体制改革的问题），有一定的敏感性和难度。但无论如何这是市场经济发展的必然方向，也是利国利民之举，中国迟早都得往这条路上走。在中央政府尚未顾及这方面改革的情况下，一些经济较发达、条件较成熟的地区在国家法律允许的前提下，应当率先进行这方面的制度创新。根据广东和广州目前的经济社会发展水平和民营经济的发展需要，发展民间产业社区组织的时机已经成熟。我们相信，只要本着“三个代表”的重要思想去大胆改革创新，在我省和我市完全可以培育出发达的民间产业社区组织来。

（作者为暨南大学经济学院教授）

2-2-3　提升广州民营企业竞争力的对策意见

汪凤桂

广州民营企业的发展得益于改革开放的政策和毗邻港澳的地理优势，其发展速度走在全国前列，但其整体竞争力与上海、浙江等地相比仍有不少差距，如何在日益激烈的市场竞争中获取持续的竞争优势是广州民营企业发展中面临的重要问题。应该说，选择合理的思路、采取恰当的对策培育与提升企业竞争力尤其是核心竞争力是广州民营企业发展战略的重点。

企业竞争力（Competence of the Corporation）是企业能力理论的重要概念，其相关理论是管理学与经济学交叉融合的理论成果，主要源于战略管理理论、经济学理论、知识经济理论、创新理论对持续竞争优势之源与逻辑的探索。1990年，G. K. Prahalad 和 Gray Hamel 在《哈佛商业评论》上发表的《企业的核心竞争力》将企业竞争力的研究推向了高潮，该文的主要观点“企业核心竞争力是持续竞争优势之源”被广为接受和传播。企业能力理论认为，与企业外部环境相比，企业内部条件对于企业的竞争优势更具决定性作用；企业内部能力、资源和知识的积累是企业获得超额收益和保持竞争优势的关键。

企业核心竞争力是企业保持持续竞争优势的源泉。核心竞争力是企业的“技能源”，通过其延展和发散，将其能量不断地扩散到企业经营的各领域（环节）和最终产品上，从而使企业在保持对环境的良好适应性下，为顾客源源不断地提供高用户价值的产品。因而，积累、保持、运用核心竞争力是企业长期根本性战略。企业在市场竞争与发展中可以采取多种战略，但核心竞争力的培育与运用则是最根本的，这一战略是其它战略得以成功实施的基础。

实践表明，成功的企业之所以能持续发展下去，是因为其拥有自己独特的核心竞争力，这种竞争力正是企业能保持竞争优势的源泉。在经济全球化条件下，企业竞争是动态的，市场环境更趋复杂，能否在激烈的市场竞争中立于不败之地，其关键就在于企业能否较好地适应市场环境，是否拥有核心竞争力，它能为企业提供与环境变化相适应的能力，提高企业整合多种资源的能力，并由此为企业提供持续的资金，从而成为企业保持持续竞争优势的源泉。

企业的基本构成要素包括有形的物质资源和无形的规则资源，这是企业赖以生存和发展的载体，而竞争力正是这两种资源相互作用、相互整合的结果，并由此带来企业长期、可持续的发展。与此同时，竞争力同企业发展一样也离不开外部环境的作用，当企业与外部环境能较好地相容时，企业竞争力的形成空间将会扩大，因此在分析竞争力的来源时必须要分析外部环境的作用。

一、广州民营企业竞争力培育的基本思路

竞争力是由技术能力和管理能力共同作用的结果，因此企业在培育自身的核心能力时，既可选择技术主导型的培育思路，也可选择管理主导型的培育思路。从广州民营企业的实际看来，在培育其竞争力时应选择后一种思路，即先提升企业的管理能力，为竞争力的培育创造经济与技术条件，当这些条件较为成熟时，再转向技术能力的培育与提升。这一思路的选择是基于以下理由：

（一）广州民营企业的整体技术水平不高，核心技术不明显。一方面，我国企业技术水平普遍落后于西方发达国家，我国虽拥有高水平的基础教育体系，但在高等教育上与发达国家存在很大差距，在技术的研究与开发上及技术转化利用上仍存在许多缺陷。在这种科技大背景下的广州民营企业的总体技术水平可想而知。另一方面，同国内同行业相比，广州民营企业虽有一些技术优势，但核心技术并不突出，处于国内领先的技术较少。

（二）管理是企业竞争力培育与提升的前提与基础。从根本上讲，企业的竞争力来源于技术，但核心技术能否转化为核心能力则取决于管理能否将多种资源尤其是技术资源有效地整合在一起，能否为技术转化创造相应的平台。

（三）管理体制不完善，如何提高管理水平是广州民营企业进一步发展面临的主要问题之一。一方面在体制变革背景下诞生的民营企业，其仍带有传统体制的浓厚色彩；另一方面，多数民营企业由小做到大的发展路径，其管理在很大程度上仍停留在家族式的管理水平，其制度的家族化特征亦十分明显。不断提高民营企业的管理水平是广州民营企业进一步发展的关键。

（四）管理能力的提高相对于技术能力的提高要容易得多。管理能力相对于技术能力而言是一种“软”能力，可以通过模仿、学习来获得，只要建立起科学的管理体制，在管理理念与管理模式上注重借鉴他人的先进经验，在管理方法与手段上不断创新与改进，并努力提高管理者的素质，就可不断提高企业的管理能力。

这里需要说明的是，以管理能力为主导、先管理能力后技术能力的思路只是一种权宜之计。从长期来看，企业仍应立足于从核心技术获得企业的核心能力，当企业的管理能力为技术能力的培养创造越来越充分的条件时，企业应及时培养自身的优势技术能力，为核心能力的形成与提升提供持续的支撑。

二、广州民营企业竞争力培育的重点

（一）树立品牌意识，创建优质名牌。

在市场中，产品的品牌是一种标识，是消费者将这一产品与其他企业产品区分开来的标志，消费者常常根据产品品牌所传递的产品信息选择是否购买某一产品，因而产品的品牌构成了产品竞争力的重要部分。但在广州民营企业发展的实践中，对品牌的漠视却十分普遍。例如，广东的私营企业注册资本已连续多年位居全国第一。据统计，至2002年末，广东省私营企业平均每户注册资本达130万元，超过江苏、浙江、上海等省市；全省私营企业注册资本达1亿元以上的有100户，私营企业集团有262户。但是，到2002底，全省私营企业拥有驰名商标8件，著名商标58件，仅为浙江的一半。

同样，在广州，相当部分民营企业包括部分生产设备精良、技术能力较强的企业，宁愿“贴牌”，也不愿意把精力投入到创自己的品牌上来。造成这一状况的原因是多方面的：

1．较早的改革开放和特殊的地理位置，为广州民营企业创造了良好的发展环境和众多的发展机会，使企业缺乏创造自己品牌的压力。与香港、澳门等的毗邻位置，使广州的民营企业在承接国际产业转移中占据了得天独厚的优势，许多企业在“三来一补”、与国际企业合作中获得了发展机会，通过利用国际企业成熟的品牌、完善的销售体系就能在市场中获得竞争优势，相对而言创造自己的品牌所支付的成本就要高得多。在这一背景下，广州民营企业大多选择了“贴牌”发展战略。客观地讲，在广州经济发展的起步阶段，“贴牌”的发展方式拉近了与国际市场的距离，也解决了资金投入不足的问题。

2．缺乏争创品牌的社会氛围。广州民营企业品牌意识薄弱，跟政府部门扶持力度不够有关。在浙江，企业被评上驰名商标或著名商标，都会受到政府部门的重奖，因此企业创名牌、争名牌的意识非常强。但这种风气目前在广州还没有形成。不少民营企业甚至认为，企业只要打广告就有知名度了，这比去争名牌更重要。据调查，广州民营企业参评驰名商标、著名商标不积极，主动性不强，有时候要主管部门去催，他们才交材料来。事实上，广州没有上榜的企业中有一批已具备评优实力。

（二）推行管理创新和企业制度改革，提高企业整合多种资源的能力。

广州民营企业同其他民营企业一样，许多企业在在制度安排上有着“三缘性”和家族化的特征，这种制度安排使企业在成长初期获得了巨大的发展机会，但随着企业规模的不断扩大和市场竞争的日趋激烈，它与环境的不相容又使其成为企业进一步发展的制约因素。为此，民营企业必须打破已有的企业制度逻辑，积极推行制度创新，构建新型的现代企业制度。

现代企业制度就是公司制，其最重要的特点是个人资产与企业资产、所有权与经营权高度规范化的分离；由董事会聘请职业经理行使企业的经营与管理权，实行全面的委托代理制；建立健全的企业法人治理结构，实现企业营运的制度化、规范化和程序化。

1．明晰产权，构建开放的、多元化产权主体。

首先，在民营企业内部成员之间重新界定产权边界，以消除由产权不清而产生的成员间的利益矛盾，降低企业内耗；其次，打破产权的家族封闭性，推行产权社会化。一方面可通过企业内非家族成员的内部入股，逐步实行企业全员持股制；另一方面，以多种方式扩大企业外社会股东和社会持股比重，以形成一个开放的、社会化的、多元主体的产权制度，减低企业资本的社会交易成本。

2．打破集权式管理制度，建立合理的公司治理结构。

集权式管理容易导致企业决策的非理性化，从而引致企业的失败。要减少决策的非理性化，就必须建立起合理的公司治理结构。公司治理结构狭义地讲是指有关公司董事会的功能、结构、股东的权利等方面的制度安排；广义地讲是指有关公司控制权和剩余索取权分配的一整套法律、文化和制度性安排，这些安排决定公司的目标，谁在什么状态下实施控制，如何控制，风险和收益如何在企业中分配等这样一些问题。因此，广义的公司治理结构实质上是企业所有权安排的具体化，与所有权安排有着同样的含义。

公司治理结构所要解决的管理问题大致可以分为两类：一是经理层的激励机制，即由于“代理人行为”和“短期行为”所引起的经理人员工作不积极和滥用职权的问题；二是经理层的管理能力，要解决的主要是由于领导班子的管理能力与环境要求不相符，因思想方法的错位所引起的决策失误问题。众多成功企业的实践证明：科学的利益机制固然重要，但一个好的利益机制并不能代替一个好的董事会，有远见的企业家和投资者应当重视董事会的建设。这一点对广州民营企业尤为重要。

（三）建立科技创新机制，提高科技创新能力。

科学技术是企业竞争力的根本来源，广东企业得益于优越的政策与地理位置，在科技创新上有许多优势。多年来，广州充分利用改革开放的机遇，海纳百川，吸引人才，形成人文环境、人才网际互动，杂交优势，并大力发展民营科技企业。短短近几年时间就位居全国前列。

在未来的发展中，广东企业不断完善科技创新机制，以民营科技企业为重点，以依托科技企业孵化器和生产力促进中心为依托，通过风险投资机制的建立与发展，提高科技创新与科技成果的转化能力。

科技企业孵化器是一种为科技创新提供社会化服务的中介机构，国际上称之为科技小企业的摇篮。科技企业孵化器的主要任务是培育科技企业和科技企业家，对初创企业配置资源、降低创业风险、提高创新的成功率有很大好处。在科技企业孵化器的发展上，一是要进一步发展包括专业性孵化器和专门性孵化器在内的各种企业类型孵化器，二是要提升现有孵化器的功能，三是要加强孵化器和风险投资的结合，四是要大力推进科技企业孵化器工作的国际化，为广州民营企业的国际化发展提供平台。

生产力促进中心是科技中介服务体系的重要组成部份，其主要任务是为中小企业的成长提供社会化的服务，所以在国际上，通常称生产力促进中心是中小企业的助推器。生产力促进中心的理念是聚一流人才、联万家企业、为提升生产力服务，起着桥梁纽带和中介的作用。

（四）提高企业家素质，促进企业竞争力的

提升。

企业家在企业竞争力的形成中起着十分重要的作用。企业家才能是企业中最为关键的资源，其异质性、复杂性和价值的难以计量性等特点，使其与企业竞争力之间存在着十分密切的关系，企业能力积累性学习和资源整合的形成机理，决定了企业家才能的发挥是企业能力形成的前提。

总体看来，广州民营企业家的素质普遍不高，在很大程度上制约了企业管理水平的提高与企业竞争力的提升。为此，一方面通过多种途径对企业家进行培训，强化其管理方面的知识；另一方面，建立开放的人才引进机制，吸引高素质管理人才。广州优越的环境条件，对人才有着强烈的吸引力，这为广州企业的发展提供了良好的人才环境。

三、提升广州民营企业竞争力的基本途径与主要对策

从前面的分析可以看出，在经济全球化条件下，民营企业将面临严峻的挑战和前所未有的发展机遇，为了在这一背景下培育和保持自身的竞争优势，必须构建核心竞争力。一方面要在宏观上为其创造一个公平的竞争环境；另一方面，通过多种途径获取和培育核心竞争力。

在以管理能力为主导的核心竞争力培育思路下，广东民营企业应注重采取以下对策培育和提升企业的核心竞争力。

（一）重塑企业文化，为核心竞争力的培育与提升创造适宜的文化氛围。

经过多年的发展，广州民营企业已基本形成了具有民营特色的企业文化，如艰苦创业、勤俭节约、团结进取等，这些文化无疑是广州民营企业的一笔宝贵财富。但与此同时，许多民营特色不利于民营发展的一些“社会记忆”也被积累沉淀下来，而成为民营文化的一部分，这些“记忆”主要包括（朱康对，2002）：

原有角色扮演记忆。民营企业的许多职工在以往的职业中扮演着不同的角色，这些角色记忆有的有利于企业经营目标的实现，但有的对企业经营绩效的改进会起着消极的作用。例如，如果其职工是来自于国有企业，在计划经济体制下，“国有企业职工”这一身份与角色常常比其他企业（或单位）职工更优越，这种优越感一直伴随他们。一旦对企业进行改革需要企业职工转换扮演的角色时，如农场转制需要职工转变为一般农民时，这种身份记忆就会阻碍变革的进行，员工会有意无意地抵制自己身份的变换（这会带来身份优越感的丧失）。

原有行为习惯的记忆。多年来，民营员工有着基本固定的行为习惯，这些习惯中如“搭便车”、“出勤不出力”、“积极参与决策但又不愿承担决策责任”等不良行为，同好的行为习惯一样会在较长时期保留并延续下去，短期内难以根本改变。

原有的利益格局记忆。多年的运作，民营各利益主体已基本明确并习惯在利益格局中的分配关系。而改革意味着利益关系的重新调整，在某些利益主体的利益（或利益份额）增加的同时，另一些人的利益（或利益份额）会减少，这些利益主体就会通过各种方式、途径阻碍改革的进行，这一点在企业的重组中就可以看出来。

所有这些“记忆”都将在不同程度上阻碍着民营改革的进行及管理能力的提高，因此必须通过多种途径消除或减弱这些“记忆”，而重构企业文化则是重要途径之一。

（二）构建学习型组织，提高民营企业的学习与创新能力。

竞争力尤其是核心竞争力是企业知识体系与企业资产的相互融合，而知识获得的唯一途径就是学习，这里的学习不仅仅指企业中某一个人的学习，而更应该是企业这一组织的共同学习，学习型组织则是为此而建立的。

构建学习型组织，首先要建立较为完善的知识管理体系。核心竞争力的知识特性要求企业将知识的管理置于重要位置，知识的管理包括对知识进行管理和运用知识进行管理。一个完整的知识管理体系既要使企业能快速获得知识，又要能及时地将获得的知识转化为企业自己的知识，因此知识管理需要高效的信息支持系统、有效的知识转换系统和科学的管理方式。其次是要建立起组织学习的机制。从目前来看，广州民营企业高层管理者有着浓厚的学习兴趣和较强的学习能力，但高层管理者能力的提高并不表明组织整体能力的提高，为此建议广州民营企业建立起一个提高组织学习能力的机制，将高层管理者的学习兴趣与能力传递给中下层管理者及整个系统的员工，从而提高组织的学习能力。这种机制至少应包括如下内容：一是鼓励员工学习的具体措施，如奖励学有所成者，在学习费用上予以适当资助等；二是必要的学习条件，如在工作任务安排上进行适当调整，对学习者实行弹性工作计划等；三是较多的学习机会；四是灵活多样的学习方式。

（三）实施无边界管理，构建企业战略联盟。

前面的分析表明，企业通过战略联盟可以快捷地获得核心知识与核心技术，企业成功构建战略联盟，要求企业实施无边界管理，这一点对广州民营企业尤其重要。“无边界”意味着广州民营企业必须打破区域界限，打破所有制界限，在更大范围实现资源的配置与优化。

首先，要打破区域界限，充分利用地方资源优势，拓宽民营资源配置的空间。虽然广州民营企业有着丰富的资源，但毕竟有限，有限的资源制约了企业进一步的发展。为此应打破区域界限，加强与其他地方的合作，构建跨地区的战略联盟，以提高企业的规模化、专业化水平和市场竞争力。

其次，资源整合应打破所有制界限。实践证明，虽然在许多行业中民营经济比国有经济更具活力，但在人才素质、技术设备、管理水平上，外资企业有着民营企业不可比拟的优势，广州民营企业在未来发展中，以产权、技术等要素为基础开展与国有、外资等企业的合作与联盟，实现优势互补，培育与提升民营企业的核心能力。

（四）慎重对待多角化战略，谨防多角化陷阱。

多角化战略是企业发展的重要战略之一。对一个需要不断发展的企业，多角化经营是其必然趋势。成功的多角化可以：有利于核心竞争力在其他领域的延伸；分散风险；挖掘企业内部资源潜力；实现规模经济和范围经济；转移企业竞争力。但其局限性也是明显的：由于经营内容、范围扩大了，各种经营业务之间的联系更趋复杂，致使管理者精力和企业资源分散，管理复杂，风险增加，这就是多角化陷阱。因此企业在进行多角化经营时应采取慎重的态度。

事实证明，盲目的多角化往往不仅使企业无法实现预期的目标（实现规模经济或范围经济，分散风险），还分散了企业的核心资源，使企业面临更大的经营困境。90年代初、中期不少民营企业的盲目扩张与多角化经营直接导致企业沉重的债务负担和巨额的亏损。

从目前看来，短期内广州民营企业不宜再实施多角化战略，而应根据实际情况，集中精力于核心业务。在未来的多角化经营中亦应以企业核心竞争力和剩余资源为基点，并注意以下经营原则：

在进入某一新行业时，(1) 把握进入的恰当时机，这一时机是企业现有资源与能力与行业经营所需要的资源与能力差距最小时；(2) 选择适当的进入目标，这一目标应该是以避免行业的最大限度的损失，且对现有行业经营影响最小；(3) 进入目标行业的主题应能够最大限度地缩小能力差距的组织和人员；(4) 进入方式上应先内部发展，后战略联盟，并适当采取并购等方式；(5) 进入地域上，企业应从总体战略层次选择进入目标行业的地域；(6) 根据自身的整体管理能力把握进入目标行业的节奏。

进入新的行业后，应对企业的多元领域进行整合：一是不断根据市场、技术变化，调整产品结构与行业结构；二是根据企业资源的不同特质，在不同行业和产品中进行分配，尤其是重视企业资源的共享，追求协同效应；三是根据企业多角化经营的深度和范围及时调整企业组织结构，使组织结构与战略相适应；四是在多角化领域合理部署企业的核心竞争力，在充分发挥核心竞争力的同时不断提升它，以获取企业的持久竞争优势；五是在采取并购或联盟的方式进入新行业时，应注重企业文化的整合，注意企业文化的记忆性对企业整合的不良影响；六是重视品牌延伸的有效范围及其局限，采取适当的品牌延伸或分离策略。

（五）改善民营企业发展环境，为核心竞争力的培育与提升创造必要的环境条件。

企业的环境是影响企业核心竞争力形成的众多因素中较为重要的一个，要培育与提升这一能力，必须改善企业的发展环境。

1. 放宽投资领域。除国家明确限制的投资领域外，所有竞争性领域和对外资开放的领域，都对民营资本开放。凡是我国政府承诺对外商逐步开放的领域，要引导民营资本加快进入。鼓励和引导民营资本投资支柱产业、高新技术产业和现代服务业，参与城乡基础设施和公用事业建设，鼓励民营资本独资或参股组建投资公司或风险投资公司。积极探索和推进在电信、医疗、卫生、文化、教育、旅游和体育等领域引进民间投资。

2. 放宽经营条件。放宽注册限制条件，创办民营科技型、农产品加工型企业，以及下岗失业人员创办非公司制企业。对非关键条件尚有欠缺，但一年内可以完善的，可由工商部门核发为期一年的临时营业执照，并按正规企业实行预备期管理。

3. 消除各种歧视与不合理规定。各级管理部门要按照公平、公正、竞争的原则，废除或修改体现所有制差别和不适应民营经济特点的政策与管理规定，构建对所有企业一视同仁的政策与管理平台。民营企业在进出口、用地、人才引进、办理证照、收费等方面的不公平待遇必须取消；在科研项目申报、技改贴息等政府专项扶持资金使用、进出口配额和出口退税等方面，享受与其它所有制企业的同等待遇；在国内外经贸展洽活动摊位等资源的分配上应有适当份额；充分尊重民营投资项目投资人的自主权，除涉及公众利益的项目外，由投资人自主决定是否进行项目招标，依法进行建设。

4. 加强对民营企业的财政与金融支持。金融机构要改善对民营企业的金融服务，开发适合民营企业特点的融资服务项目。积极试行非全额担保和非完全抵押贷款，扩大票据业务和对优质民营企业的授信服务，探索对民营企业的信用贷款。完善民营中小企业土地、厂房权属及权属转让的管理政策和制度，切实解决影响企业抵押能力的历史遗留问题和政策不配套的问题。引导和规范民间信用的发展，积极推广委托贷款。扩大民营企业直接融资渠道，各级政府要大力支持符合条件的民营企业以各种方式上市融资和发行债券，在法律允许的范围内，妥善处理民营企业改制上市前的税收、资产权属和股权规范等历史遗留问题，对重组省内上市公司的，在费用减免、债务剥离、优质资产注入和富余职工安置方面进行协调和给予支持。鼓励民营企业与外商合资合作，大胆探索民营企业产权交易的有效形式。

5. 重点扶持民营科技企业、外向型民营企业、吸纳下岗人员就业的民营企业和从事农产品加工的民营企业。实践证明，这些民营企业在促进国民经济的发展、增强经济的整体实力及维护社会稳定上有着重要的作用，在广州民营企业的发展中，应重点对这一类企业在政策、资金等多方面给予支持，充分发挥民营企业在国民经济发展中的作用。

主要参考文献：

1. 康荣平等，1999，企业多元化经营，经济科学出版社。

2. 李显君，2002，国富之源－企业竞争力，企业管理出版社。

3. 李元旭等，1999，发展核心能力的有效途径——知识联盟管理，财经问题研究（12）。

4. 王毅，2000，企业核心能力逻辑结构的理论与实证研究，大连理工大学学报（社科版）(3)。

5. 魏江等，2000 企业并购战略新思路－基于核心能力的企业并购与整合管理模式。

6. 朱康对，2002. 民营企业购并国有企业后的文化整合，经济管理（15）。

（作者为华南农业大学经济贸易学院副教授）

2－2－4　发展广州市民营科技企业的对策研究

谢天祯

近年来的实践表明，民营科技企业已成为促进广州经济增长和高新技术产业发展的一支有生力量。因此，必须努力排除民营科技企业发展的障碍，提升民营科技企业的战略地位，拓展民营科技企业的发展空间，推动广州市民营科技企业获得更快更好的发展。

一、广州市民营科技企业的现状与特点

广州市改革开放先走一步的成果，不仅体现

在国民经济的快速发展、城市综合实力的显著增强，而且也反映在市场经济的发育较为成熟。作为改革开放产物的民营科技企业也较早出现并得以迅速崛起，成为推动广州市科技进步、促进经济发展的一支重要力量。

2003年，全市民营科技企业已发展到2256户；资产总额588亿元，年末职工总数13.8万人；全年技工贸总收入达588亿元；上缴税金总额21.9亿元。出口创汇10.9亿美元。2003年主要指标均居全省各市首位。

民营科技企业的主要特点：

——企业数量迅速增加。广州市民营科技企业创始于1984年，但80年代发展较慢。近几年来，民营科技企业获得迅速发展。1996年全市民营科技企业已发展到1396家。1997年，增加到1427户，比上年增加258户。1999年全市民营科技企业已达到1632户，比上年增加41户；企业长期职位增加到60668人，比上年增长34.93%。2003年全市民营科技企业达到2256家，比2002年增加21%；年末职工总数比2002年增加13.9%。

——经济效益显著提高。民营科技企业始终坚持以市场为导向，以科技为龙头，促进企业不断发展与壮大，因而取得了良好的经济效益。1995年，全市民营科技企业技工贸总收入为28.69亿元，其中技术性收入为4.54亿元，占15.84%。1998年技工贸总收入138.25亿元；1999年技工贸总收入达164.76亿元，比1998年增长19.18%，高于全市国内生产总值和工业总产值的增长幅度。1999年利润总额达12.81亿元，创汇1.91亿美元，上缴税金8.56亿元。2003年技工贸总收入588亿元，比2002年增加23%。上缴税金总额21.9亿元，比2002年增加12%。

——技术力量优势突出。广州市民营科技企业技术力量雄厚，竞争优势明显。1992～1995年，民营科技企业累计申请专利269项，申请授权专利168项，实施专利182项。1996年的调查表明，在399户企业中，科技人员为7860人，占职工人数的54.5%。在科技人员中具有中、高级以上专业技术职称的有3555人，占科技人员的45.20%。1998年，从业人员中科技人员增加到24352人，占职工人数的54.16%。1999年具有高、中级专业技术职称的人员达7279人，占职工总数的11.20%。1999年全市已认定的280家高新技术企业中，有223家是民营科技企业，占总数的79.64%。2003年，在年总收入超过100万元的企业里，具有大学本科以上学历的科技人员的比例为21%，具有大专以上学历的达37%。2003年，全市认定的高新技术企业有571家，其中民营科技企业461家，占80.73%。2003年，全市民营科技企业共投入研究开发经费18.9亿元，获得国家科技型中小企业创新基金10项，承担广州市科技计划项目117项，占全市科技计划项目总数的39%；获得2002年度广州市科学技术奖的78项科技成果中，民营科技企业完成的有24项，占30.8%。2003年，全市民营科技企业申请专利638项，实施专利515项。许多民营科技企业建立了自己的研究开发机构，其中金发、迪森、美晨、大日、白云粘胶、宏昌胶粘带厂等六家被认定为省级工程技术研究开发中心；羊城科技、高科通信、恒山股份、阿波罗建材等四家被认定为市级工程技术研究开发中心；金发、迪森、鹏辉、高科通信、宏昌胶粘带厂、恒山股份等六家企业还建立了企业博士后科研流动工作站。这些企业引进了海内外许多高素质的科技人才，把人才建设作为企业持续发展的核心战略。

——改制上市实现资金突围。为了使企业真正做大做强，民营科技企业必须首先解决好发展中的资金瓶颈，而企业上市是募集资金的有效途径。最近，广州市的民营科技企业在这方面有了明显的突破。迪森热能、新太科技、金发科技和七喜电脑等企业先后在新加坡和国内的上交所、深交所中小企业板成功上市。民营科技企业上市后获得了下一步发展的“及时雨”。例如，金发科技于6月23日上市，企业上市后一下子便从市场募集到4亿多资金，解决了该企业发展所急需的资金。为了做大“蛋糕”，广州的民营科技企业正在积极争取股票上市，今明两年预计还将有20家民营科技企业相继上市。广州民营科技企业走向资金“突围”的态势已初露端倪。

——企业经营范围广泛。广州市民营科技企业经营范围广，目前已经遍及国民经济各个行业。据1996年的调查，399户民营科技企业中，从事各类科学研究和技术服务事业的机构占33.83%；从业农、林、牧、渔、水利行业的占

1.75%；从事各类工业的占53.88%。目前广州市民营科技企业主要集中在工业领域的电子通信设备、新材料、信息技术、生物医药、高效节能、仪器仪表、精细化工等为主。1999年，集中在广州高新技术产业开发区的民营科技企业即达1123户，占全市企业总数的69.88%；技工贸总收入114.83亿元，占全市的6 9.70%。目前，民营科技企业数量最集中的区域还是广州经济技术开发区和天河区。番禺、花都、黄埔、白云、芳村、增城、从化等区、县级市，民营科技企业的数量不断增加。在老城区也分布了一批民营科技企业，如东山、荔湾、越秀和海珠区。

——经营者多属外地来穗人员。广州市民营科技企业创业者和经营者，有一半以上为外地人。仅天河高新技术开发区，近年引进人才就达一万多人。他们包括内地来穗的大学毕业生、硕士生和博士生，还有一部分为归国留学生。留学人员、高学历的科技人员是广州市民营科技企业的创业主体。留学人员在广州创业日趋活跃，2003年新增留学人员创办的企业100多家，留学人员在广州创办的企业总数达到380家。其中外地人在广州市创办科技企业的目的是因为广州的市场经济较成熟，投资环境较好。他们创办公司的目的主要是为实现自己的人生价值和获得更多的收入和发挥自己的能力。

二、民营科技企业发展存在的问题

民营科技企业依靠其机制和技术上的优势，成功地实现了创业初期的发展。但其目前的发展状况，总体上还不能满足广州市经济发展的要求，民营科技企业内外部所存在的问题制约了其进一步发展。从外部环境分析，主要包括以下几个方面：

一是管理体制不协调。目前对民营科技企业的管理涉及工商、科技、税务、物价、公安、城建、卫生、计量、城管等部门和开发区、街道、乡镇等各级政府部门，再加上其他各行业主管部门，总计有20多个。民营科技企业普遍反映，尽管近年来伴随着政府机构的改革，政府部门提高了办事效率，改进了工作作风，但仍然还存在许多不尽人意的地方。目前对民营科技企业的管理监督中，往往政出多门，相互交叉，缺乏协调，这既使民营科技企业的各种负担加重，又使他们无所适从。

二是竞争环境不公平。从总体来看，民营科技企业以其对经济发展和社会进步所作的贡献赢得了一定的地位。但由于过去我们对以公有制为主体的理解存在偏差，因而在制定有关政策和实际操作上，往往对民营科技企业作出一些不适当的限制。民营科技企业还不能完全享受与国有企业平等的待遇。如《公司法》规定，对企业进行股份制改造，国有企业可以连续计算其赢利，而民营企业则不行，必须在进行股份制改造后的三年内连续赢利才可能上市。

三是企业税收负担较重。1994年税制改革后，一般工业产品的增值税率按17%交纳，并实行进项税抵扣销项税。高技术产品一般以智力性因素增值为主，原材料成本占全部成本比重较小，能够抵扣的增值税有限。开发一个高新科技产品，至少需要一至三年时间，还要接受市场检验。不考虑人的智力劳动、研究开发的费用成本和无形资产的投入，仅仅根据产品销售收入减除原材料费用进行扣税，事实上是对科技企业特别是软件、生物技术类企业的歧视。同一增值税率，在相同产业不同的环节可以体现公平税负的原则，但掩盖了不同产业间税负的不公平，也不能够体现国家的产业导向政策。与外资企业相比，民营科技企业也不能一视同仁。

四是缺乏正常的融资渠道。民营科技企业具有高新技术企业的基本特点，投资风险较高，包括技术风险、人才风险、市场风险、经营管理风险、资金风险、政策变化风险等。创业初期的民营科技企业恰恰缺乏风险投资扶持，小型企业借贷缺乏有效的担保机制，企业难以寻求担保人。即使是规模较大的企业，在快速发展时期亦缺少资本金注入，大部分银行不愿意把资金贷给民营科技企业。民营科技企业的运作，主要依靠有限的自有资金艰苦创业，造成不少企业“脑子里有料，口袋里无钱”。不少科研成果因此不能转化为生产力。

五是扶持政策缺乏力度。近年来出台的扶持和鼓励民营科技企业发展的政策规定，缺乏稳定性，在具体的执行过程中，有关部门理解不一，使政策执行不到位。国家和省、市政府对高新技术产业加大了扶持力度，但对民营科技企业则较少具体的有针对性的扶持政策。有的民营科技企业如软件开发类企业，在资金规模等方面不能达到高新技术企业或项目的认定标准，因而难以享受相应的优惠政策。即使达到认定标准，现实的政策是，对高技术产业的扶持政策力度弱于外商投资企业。高技术企业产品开发风险大，面临着开拓市场的巨大风险，产品投向市场被认识和接受需要一个过程。这些问题的存在造成当前一些民营高科技企业，技术开发费用比例偏低，产品技术含量相对较低。

六是市场服务体系尚不健全。民营科技企业如何选择研究开发和成果转化的具体方向，使之与国家产业政策、市场需求、自身优势相一致；如何降低风险、提高成功率、集中有限资源重点突破等方面，企业领导者往往受多种因素影响而难以正确决策。一批民营科技企业经过快速成长期后增长速度明显减缓，一个重要原因就是"方向不明，多头出击，力量分散，没有形成拳头产品和主导产业"。从目前的情况来看，发育技术市场，建立技术市场促进中心、交易中心、技术经纪行、专利代理服务网等机构，形成技术交易服务网络，这些方面都还不能适应民营科技企业发展的需要。

从内部因素分析，也有一些不利于民营科技企业发展的障碍：

一是产权制度尚不规范。目前一些民营科技企业由于脱胎于高等院校、科研院所，与其母体的关系往往导致产权关系难以理清。创业者主观上往往固守单一的私人所有制或集体所有制，对外排斥资本进入，对内拒绝在经营者、劳动者之间建立资产联系。这必然带来闭锁经营，缺资缺智和离心离德。而产权关系不清则直接影响到企业的股份制改造，使企业无法按照规范的股份制企业运作，包括上市募集资金、内部职工持股等。这种不成熟的产权制度极大地制约了民营科技企业的发展。

二是缺乏自主创新能力。民营科技企业创业之初，借助多年科研成果的积累，凭借一两个好项目、好产品，可以迅速发展起来。但是，随着历史资源的逐步消耗，产品生命周期（一般为一、两年）过后，企业就面临缺乏新产品、新项目的问题。民营科技小企业通常不具备开发新项目的资金实力和高水平的科研开发队伍，难以再推出新产品。为了寻求发展，一些民营科技企业发展到一定阶段后，开始走向多元化经营或是转向投资其它行业，盲目转产，舍近求远，从而导致了一些企业由盛转衰。

三是资源供给不足。一些民营科技企业的产品初步占领市场之后，即以极强的冲动迅速地扩大规模，甚至急于向其它业务领域延伸。应该说，追求规模经济本身并没有错，问题在于规模的扩大除了受市场容量制约外，最为直接的制约是本企业各项资源的供给能力。一些民营科技企业往往是在超越企业自身资源供给能力的情况下，强行实施规模的扩张。由于过度扩张，导致企业抗御市场风险的能力大大降低，从而出现了投资决策的严重失误。

四是经营管理方式存在弊端。目前，不少民营科技企业在管理上仍旧停留在创业初期，凭借创业者的脑袋和经验进行市场判断，凭借意志愿望进行经营决策，凭借个人威信进行内部管理。在机遇与风险并存的市场竞争中，这样的企业最容易出现决策失误，经济效益大起大落，甚至在竞争中被淘汰。企业制度建设和组织再造的滞后，使民营科技企业的激励机制和约束机制不能有效地建立起来，给企业经营管理带来了很多问题。有的企业法人代表任免随意性较大，高层管理人员更替频繁，使企业的经营管理极不稳定。受管理方式的制约，造成企业员工与创业者之间的不和，致使内部沟通日益困难，往往使经营者把主要精力用于组织内部冲突的排解，而难以集中精力考虑企业的经营管理。

五是组织形式适应性弱。尽管有些民营科技企业已经结束了资本原始积累的艰苦创业过程，已有了较大的投资规模和经济规模。但从总体上看，民营科技企业仍处于小打小闹阶段，尤其是采取独资、合伙、合资的经营组织形式，限制了企业的扩张。广州市民营科技企业发展虽然起步较早，但却没有诞生像联想、四通、方正、华为、金蝶、远大、清华同方那样的著名的民营科技企业。现代企业的融资数量大，频率高，个人资本的组织形式使其无法容纳更多的占有主体，其资本的扩张只能主要通过间接融资。而间接融资又往往因其信用能力的限制而具有很大的局限性，这就势必会产生社会化生产对巨量资本的需要与单个资本量有限的矛盾。

三、民营科技企业进一步发展的对策与措施

（一）为民营科技企业的发展创造公平竞争

的环境条件。

发展民营科技企业不是权宜之计，而是一项需要长期坚持的基本方针。而良好的社会环境是民营科技企业生存和发展的依靠。如何营造适宜民营科技企业健康快速发展的良好社会环境，是我们当前面临的一项重要课题。因此，必须努力营造良好的、有利于公平竞争的发展环境。

1. 建立完善的政策、法规体系，全面落实各项政策措施。各级政府对国有、民营科技企业应采取一视同仁的政策。应在信贷、投资、订货以及政策导向等方面，营造平等的市场环境。应将民营科技企业纳入全市国民经济和高新技术产业宏观管理的统一规划，加快有关政策、法规的健全和完善进程，并在具体工作中全面准确地落到实处，以加强对民营科技企业的管理和引导。

2. 政府有关部门要加强协调，防止政出多门，堵塞管理漏洞。对民营科技企业的管理，涉及到多个部门，各个部门分工要明确，管理要协调，行为要规范；不能借管理、监督之名随意干涉民营科技企业的日常生产经营活动。对收费项目要认真清理，政府应在综合研究评估的基础上，明确收费项目、收费标准和收费范围，坚决查处和取缔不合理收费，切实减轻民营科技企业的负担。

3. 创造平等竞争的良好环境。要彻底废除多年来按所有制立法定策的做法，打破门户偏见，根据市场准入原则，确立各种经济成分平等竞争的市场定位，赋予民营科技企业应有的权利，如融资权、征地权、上市权、税收优惠权等，进一步建立和健全公平、开放、竞争的机制，使各种所有制科技企业在同等条件下公平竞争，各展所长，优胜劣汰。

（二）积极扶持和鼓励加快发展民营科技企业。

要支持更多的科技力量发展民营科技事业，包括在国有科研机构改革、调整结构、分流人才的进程中，引导一批科研机构调整建制转为高新技术企业，借鉴民营机制发展高新技术产业；允许中小型国有科研机构的科技人员通过集体承包、租赁、收购等方式，将民营机制引入本单位发展科技产业；允许科技人员在与本单位利益分享协议的前提下，带着职务技术成果创办民营科技企业等等。要鼓励、扶持和帮助民营科技企业走联合发展、规模经济的路子。遵循“平等、自愿、互惠、互利”的原则，帮助那些已有一定的规模、产品科技含量高、市场前景好、经济效益佳的民营科技企业组建企业集团，并在资金信贷、项目审批、股份制改造、发行股票等方面予以有力的支持，从而促进民营科技企业的市场主体由初级向高级的演化，不断提高民营科技企业市场主体结构的水平。引导和鼓励有实力的民营科技企业积极参与国有中小型企业改革，采取收购、兼并、参股、合股、承包、租赁等形式，嫁接改造，联合经营，推动生产要素向优势企业集结。

（三）为民营科技企业创造良好的融资环境。

建立安全有效的贷款担保机制，落实银行的各类贷款，加大相应的风险投资，是发展民营科技企业与高新技术产业的当务之急。要采取多种渠道帮助民营科技企业解决融资问题。要建立风险基金，为民营科技企业提供有效的融资渠道。要尽快创造一个扶持风险投资的宏观政策环境。加紧制订和实施有利于风险投资发展的税收减免、证券发行、金融倾斜等优惠政策，使风险投资的平均收益率高于常规投资的平均收益率，从而吸引银行、基金组织、企业等进行风险投资，以加快解决民营科技企业高新技术产业化过程中的资金短缺问题。要努力发展资本市场，允许一些民营科技企业通过发行内部债券或向社会发行债券筹集发展资金。

（四）理顺产权关系，规范企业管理。

产权清晰是企业制度建设和规模扩张的基础。因此，要按照建立社会主义市场经济体制和现代企业制度的要求，推动民营科技企业建立产权清晰、制度规范、管理高效、运作灵活的企业制度。特别是对老集体科技企业，应认真界定其初始产权和股权，而解决这一问题必须立足于保护各方面的积极性，立足于支持集体科技企业的发展。产权界定工作应按照“谁投资、谁所有”和“鼓励改革、支持创业”的原则客观公正地进行。政府有关部门要加强对民营科技企业股份制改造工作的指导，使民营科技企业逐步走上产权清晰、权责明确、管理科学的轨道，让企业员工有集体归属感，充分调动其积极性。通过推动大型民营科技企业实行公司制改造，建立规范化的股权结构、法人治理结构和内部管理制度；鼓励中小型民营科技企业积极探索新的企业组织形式，逐步向现代企业制度过渡。要进一步落实民营科技企业的自主权，使任何单位和个人都不干预民营科技企业的市场主体地位和法人财产权，保持企业经营班子和研究开发队伍的稳定，赋予企业经营者经营决策的自主权、企业财产的调配权、企业用工的选择权和企业内部分配的调控权。

（五）建立中介机构，完善社会服务体系。

民营科技企业由于它的市场边界极其有限，因而对宏观经济形势、政府产业政策和国内外市场情况把握不准，迫切需要投资决策分析、市场咨询以及各类信息服务。因此，亟需政府部门健全对民营科技企业的社会服务体系。要加大对各类工程技术中心、生产力促进中心、创业服务中心的投入力度，提高其服务能力和水平，使之能够根据企业需求开展技术中介、技术孵化、技术集成、技术培训、企业技术诊断等服务工作。要集中发展和建立与民营科技企业发展相配套的社会服务协作体系，包括资产评估、企业认定、产权交易、风险投资基金、政策法律服务及会计事务等机构。培育和健全技术市场，统筹规划，合理布局，壮大技术交易中介组织和技术经纪人队伍。大力发展咨询机构，为企业提供包括战略、管理、市场等方面的咨询服务。努力办好创业服务中心，以优惠价格支持科技人员的成果转化活动，提供孵化场地和服务设施。有关部门还要重视对民营科技企业员工的职称评定、出国考察等工作，解决民营科技企业发展中遇到的各种困难。

（六）鼓励技术创新，推动一批民营科技企业上档次、上规模、上水平。

要实施积极的人才政策，调动社会各界特别是科技人员的积极性，鼓励企业开展技术创新。要落实鼓励尖子人才的政策，大力引进国内外高级人才。吸引和开发人才的工作，一方面要加强教育，激发青年科技人员的爱国热情和投资创业积极性，另一方面要加大用人制度改革力度，尽力使尖子人才的工作和生活条件与国际接轨，解决他们的后顾之忧，让他们扎根广州市，长期稳定下来。要制定有关政策，依靠政策的力量，稳定和吸引一批尖子人才，建立一支由一流人才领导的研究开发和创新队伍。要推动民营科技企业规模化、产业化，重点扶持一批初具规模的民营科技企业组建技工贸总收入超亿元、10亿元甚至百亿元的企业集团，使其科技实力和经济规模及社会影响迅速扩大，形成民营科技企业发展的“航空母舰”，并通过这些企业的骨干和示范作用，带动全市民营科技企业上规模、上档次、上水平，进而促进科技与经济的紧密结合，推动广州市科技兴市战略的实施。

（七）制定合理的财政税收扶持政策。

对于民营科技企业投资高新技术产业，特别是研制和开发具有国际领先水平及国内领先水平的产品，应给予贴息贷款或低息贷款予以支持。科技三项经费也应作出适当的安排，提供给符合条件的民营科技企业。对于民营科技中小企业实行技术改造，更新旧设备和旧工艺，政府也应给予财政补贴和税收优惠。例如在税制方面，对于科技含量高的中小企业可以给予适当幅度的税负削减，以刺激中小企业进行技术创新。鼓励民营科技企业加大对高科技项目的投入，对民营科技企业的科研经费给予减免税收的优惠，保护企业开展科研开发的积极性。建议对新办民营科技企业从事咨询业、信息业、技术服务业的，两年内免征企业所得税。民营科技企业研究开发新产品、新技术、新工艺的费用，按实际发生额计入成本并于税前扣除。研究开发新产品、新技术、新工艺的各项费用年增长幅度在10%以上的民营科技企业，再按实际发生额的50%抵扣当年应税所得额。同时，在不能改革现行的增值税政策的情况下，对经认定的科技企业开发生产的高科技产品自投产之日起三年内，其新增的属地方收入部分的增值税，可实行先征后返的办法，由财政部门返还给企业。此外，对于近年来国家出台的一系列鼓励科技创新的税收政策，要加强宣传，并真正落到实处，使之充分发挥应有的激励作用。

（作者为广州市社会科学界联合会研究员）

2-2-5 广州民营科技企业发展的新思路

沈 超

民营科技企业被誉为最有活力、最富创造力和最具持久力的企业形式，原因有两方面：第一，从体制角度，民营是效率最高的一种制度安排；第二，从生产要素角度，科技是有着巨大潜力的新型经济增长点。改革开放以来，广州民营科技企业迅速崛起、超常发展，并取得了令人瞩目的成就。它已经成为推动广州国民经济增长的重要力量，成为发展广州高新技术产业的生力军，成为本地区劳动就业的新途径，成为国家和地方财政收入的新源泉。民营科技企业在加速科技成果应用和转化、调整产业结构、推动农业产业化进程等方面也起着不可低估和不可替代的积极作用。可以预见，通过持续发展，民营科技企业必将成为我市经济增长的第一拉动力，其重要作用还将进一步凸现。

一、民营科技企业发展进入新时期

在过去的10多年中，与我国其他地区的民营科技企业一样，广州的民营科技企业也顺应发展环境变化，经历了三个大的发展阶段，实现了三个跨越式发展，取得了很大的成就。

第一个阶段是从1978年到1984年，我国改革开放起步，广东抓住了先行一步的机遇，地处珠江三角腹地的广州，民营科技企业在适宜的土地上发芽。

第二个阶段是从1985年到1991年，党和政府积极扶持民营经济发展，以中共十二届三中全会作出的改革重点从农村转到城市的决定为标志，中央出台了一系列鼓励私营经济发展的政策，明确了私营经济的合法地位，民营经济的发展逐步从体制外进入体制内，民营经济的内涵也注入了新内容，一批科技含量较高的新企业迅速崛起，对广州经济发展的贡献越来越大。

第三个阶段是从1992年到2001年。1992年初，邓小平同志的南方视察讲话，人们思想进一步解放，发展民营经济的顾虑进一步消除。十四大明确我国改革开放的目标是要建立社会主义市场经济体制，民营经济从国民经济中的补充地位演变为生力军；十五大又进一步阐明民营经济是社会主义市场经济的重要组成部份，促进了我市民营经济稳步健康地发展，民营科技企业大大增加。

党的十六大再一次为民营经济的发展创造了良好的条件。十六届三中全会进一步为从法律、制度和体制建设的基础上鼓励、支持和引导民营科技企业的发展开辟了道路，使民营科技经济发展环境进一步优化，推动着民营科技企业发展进入了新的发展时期。

二、广州民营科技企业在新时期面临的机遇

当今世界，科学技术发展突飞猛进，经济全球化进行不断加快，国际竞争日趋激烈。能否增强发展后劲，增强经济的国际竞争力，关系到我市能否实现全面建设小康社会，率先基本实现现代化的战略目标。而发展民营科技企业，壮大民营科技经济则是广州增创新优势、确保发展后劲的迫切需要。

在新的发展时期，广州民营科技企业面临着什么样的发展机遇呢？

首先，党的十六大肯定了民营科技企业的创业人员和技术人员也是中国特色社会主义事业的建设者，从根本上消除了各方面的顾虑和担心，为民营经济的发展奠定了理论基础，形成了前所未有的发展民营经济的良好政策环境。

其次，加入WTO和经济全球化为广州民营科技企业提供了一个走向国际化、参与国际竞争的平台，国际产业转移和进一步的对外开放，为广州民营科技企业提供了吸纳新技术、利用国际资源、寻找合作伙伴、开拓国际市场的机遇。

第三，广州正在全面建设小康社会，物质需求不断提高，民营科技企业服务的对象和数量进一步扩大，为民营科技企业提供了更广阔的发展空间。

第四，随着科教兴市战略和人才战略的实施，高学历、高技能、高素质的人才将成为民营经济的主力军，尤其是“海归派”可能充当新一

轮广州民营科技经济发展的领头羊，从而推动广州民营科技企业发展迈上一个新的台阶。

三、民营科技企业发展中遇到的问题

与长江三角洲地区比较，我们不难发现，我市民营科技企业发展中还存在着不可忽视的问题，主要表现为：民营科技企业规模总量不少，上规模的企业不多；民营企业创造的总产值不少，上缴的税收不多；民营科技企业总户数不少，有特色产品、能起龙头带动作用的企业不多；从事资本投入少、资金回笼快、技术含量低的行业的民企不少，从事高科技的民营科技企业不多。

从过去的经验和当前的现实情况来看，导致产生这些问题的主要原因如下：

（一）发展初期资金短缺。

民营科技企业创业初期融资渠道狭窄、融资能力弱小，非常需要资金的扶持。尽管许多企业发展前景相当不错，其科技成果产业化以后融资问题往往会迎刃而解，但是在发展初期，资金短缺问题却实实在在是限制民营科技企业发展的一个瓶颈和结症。

（二）运行机制尚不规范。

民营科技企业之所以能生机勃勃的发展，一个重要原因是因为它们有一个适应市场经济的灵活运行机制，但是部分民营科技企业的失败也是由于这个运行机制。民营科技企业通常是由几个志同道合的科技人员自带项目和资金来建立的，创业之初，企业比较艰苦，所创收入也不多，大家都不计较所得。但当企业发展壮大以后，分配的矛盾就会日益突出。如果未能及时建立现代企业制度，企业的产权界定不清，股权分配不公平，企业难免重蹈国有企业体制问题的覆辙，企业的发展也将受到极大阻碍，甚至还会出现分裂、倒闭和破产。我国民营科技企业的现有运行机制也无法承担科技企业的创新职能。技术人员出来办企业，对管理知识不甚了解，技术专家与企业家的身份分离，建立起来的经营管理体制难免会遇到问题。

（三）难以寻求适合创业的综合环境。

民营科技企业能否成功发展的关键，在于能否寻求到适合民营科技企业创业发展的综合环境。这个环境通常包括四个层次：一是由水、电、交通、通信、融资、市场服务等构成的创业环境；二是由绿化、美化等构成的生态环境；三是由居住、购物、教育等构成的生活环境；四是由科技、文化、人才等构成的人文环境。在现阶段，能在这四个层次上都能令人满意的综合环境还太少，远不能满足民营科技企业创业发展的需求。另外，目前的社会化服务也难以适应民营科技企业的需求。

针对目前全社会广泛关注的民营企业发展及生存环境问题，广州社情民意研究中心曾于2003年初作了一项专门调查，对广州市的557个分属不同行业、具备不同发展规模的民营企业进行了调查。调查结果表明，多数民营企业对广州民营经济和本企业的发展前景充满信心，企业家们对目前广州民营经济面临的发展机遇也给予了肯定，但是这些企业对民营经济发展总体环境、政府服务的评价则趋于一般，尤其是对办事程序过于繁杂、收费项目过多以及服务意识欠缺这几个问题反应最强烈。从调查中了解到，在民营企业心目中，税费重、市场竞争激烈、融资困难、成本高是制约民营企业发展的四大因素。

由于计划经济年代的观念、思路及行政方法，仍影响目前政府机构设置与行政职能正面临着切实的转变；不适应市场经济体制，管理与服务不到位，对民营企业管、卡、要的现象都必须逐步根除。民营企业家们疾呼要服务。因为他们感受到政府管得越多，企业死得越快。这样的政务环境，不但难以适应民营经济发展，甚至会成为民营经济发展的障碍。

四、新时期广州民营科技企业发展思路

在新的发展时期，广州民营科技企业的发展应该量的扩张与质的提高同时并举，以质的提高为主导。着力培植一批科技含量高、外向依存度大、资产总量多、品牌质量叫得响、企业诚信声誉好的大型乃至特大型民营科技企业，真正把广州的民营经济做大做强。

我市民营科技企业经过10多年的发展，已顺利度过第一次创业阶段，开始踏上二次创业的征程，它们的发展是任重道远的。为了实现新的跨越式发展，让民营科技企业真正成为我市经济增长的第一拉动力，除了政府的进一步扶持与引导以外，企业自身尚需继续努力，提高素质，增强整体竞争力。为此，我们必须围绕加快提升企业素质和综合竞争力这一目标，营造良好的舆

论、市场和投资环境，坚持体制创新、技术创新和管理创新，注重发展民营科技与传统产业的改造升级相结合、与利用资源优势发展特色经济相结合，与生态环境保护相结合，与建立现代企业制度相结合，与知识产权保护相结合。

（一）营造三个环境：

1. 消除认识上的困扰，营造良好的舆论环境。

理论界、各种媒体都要与时俱进、更新观念，切实贯彻党和政府的一贯方针政策，把宣传民营经济在国民经济中的地位、作用当作自己的责任，分清是非，消除疑虑，为推动广州民营科技企业健康发展鸣锣开道；要改变宣传国有单位作为责任，宣传民营经济作为财路的状况；认真落实党的十六大精神，切实营造出民营经济在社会上有地位、政治上有荣誉、经济上有实惠的良好氛围。要进一步树立"政府营造环境，人民创造财富"的观念与思路，排除各种障碍，为民营企业创造更加宽松的发展环境。全社会要共同关注并给予必要的支持，将民营科技经济送入高速发展通道。

2. 消除政策上的偏向，营造公平、公正、公开的市场环境。

民营企业最希望的是能得到"一视同仁"的公平待遇。实践已反复证明，内外有别、公私有别的差别化政策，会严重阻碍民营经济的发展。冲破那种扶持什么就给予什么的"喂奶式"政策的思维方式，营造公平、公正、公平的竞争环境，才是对民营经济发展最有力和最持久的支持。

当前在营造市场环境方面，要尽快解决三大问题：一是国有独资垄断性行业要打破垄断、放开经营，让不同所有制企业能一视同仁自由进入；二是国有企业在竞争性行业尽快建立退出机制，以便于民营与外资企业进入，实现国有资产的战略性重组目标；三是国家积极的财政政策要对各种所有制企业一视同仁。解决了这些问题，才能形成公平、公正、公开的市场环境，才能真正有利于民营科技企业快速发展。

3. 更新服务理念，创造一流的投资环境。

大多数民营企业家都认为：理顺政府与民营企业的关系，是保证民营经济快速发展的关键。民营企业从来都是在市场中摸爬滚打中成长起来的，它如何管理、开发什么产品、如何融资，完全是市场行为，不需要政府过多操心，更不需要政府像扶持国有企业一样来扶持，民营企业需要的是政府能保障自身的权益、为民营企业多办实事、规范市场秩序。具体来说，它们希望政府落实与保障民营企业的创业权与经营权，减少政府审批，简化办事程序，收费公平合理，政府工作人员要切实改进服务，提高办事效率，善待纳税人与投资人，真正做到以民为本、权益在民。

因此，政府必须高度重视管理体系的重新定位与架构，摒弃不合时宜的管理办法，以引导不强迫、倡导不限制、指导不干预为原则，建立有利于企业自行定位、自主决策、自由发展、自己经营的机制，多设置一些对民营经济有帮助作用的管理咨询、技术咨询、市场咨询、法律咨询等方面的中介机构。政府部门的职能应主要放在战略研究与决策、行政服务与监督上来，少在企业管理上动脑筋、花力气，不要干吃力不讨好的事。要加强环保、技术、质量、诚信等方面的监督工作，加大打击假冒伪劣的力度，创建诚实守信营商氛围。通过转变政府职能，正确处理管理与服务的关系，建立覆盖全社会的"小政府"，以"亲商、安商、富商"的理念，按照"政治平等、政策公平、法律保障、放手发展"的原则，健全、完善管理体制，提供令民营科技企业满意的服务，为民营科技企业营造宽松的经营、发展环境，让民营科技企业能够公开、公平、公正、有序地参与竞争。

要创造一流的投资环境，还要抓好民营科技企业所处的科技园的规划与建设，理顺科技园的体制，建立规范的管理体制及服务机构，进一步明确管理关系，增强园区服务意识，真正树立为纳税人服务的观念，将为人民服务和为纳税人服务充分地结合起来，多为企业办实事，让企业留出更多的时间、精力致力于自身的发展。

（二）坚持三种创新：

面对当前纷繁多变的国际形势，针对民营科技企业发展中的问题，借鉴国外产业发展的经验，必须正确认识和处理好制度创新、技术创新和管理创新的关系，坚持三种创新并举，推动民营科技企业持续、健康地发展。

制度创新是创新者为获得追加利益所进行的对现在制度的变革，对我国民营科技企业而言，主要是指为适应市场经济要求而进行的以产权制度为核心的经济制度、企业制度的创新，表现形式是现代企业制度的建立。制度创新是技术创新的前提和基础，其实现程度是企业成为市场竞争主体和创新主体的关键，制度创新也为技术提供动力源泉。民营科技企业要努力构建新的体制，建立与完善现代企业制度，形成法人治理结构，使企业规范地运作，努力实现规模经营。对那些主业突出、技术优势明显、核心竞争力强的企业，可以积极创造条件组建企业集团，搞好资本经营，走直接融资道路，拓展民间投融资渠道，创造民间投融资机会，实行投资主体多元化。民营科技企业在分配制度上应更多地体现知识的价值和人才的价值。

技术创新是体制创新的最终目的，其能力与活跃程度直接反映了企业持续发展能力和生命力，同时它也由于自身实现的需要而对企业的生产关系与组织结构提出调整要求，呼唤着体制创新，使得技术创新和体制创新互为动力。民营科技企业以技术为依托和生存之本，必须增强技术创新意识，加大科技投入，使 R&D 经费占销售额的比重达到 2% 并逐年增长，实现自我积累、自我发展。要加强企业研发机构建设，注意培养与造就各种创新人才，同时也要加强产学研结合，提高企业的技术创新能力。

管理创新则是为满足技术创新的需要，建立新的管理模式，对生产要素进行合理组合，确保创新的最大效益化。民营科技企业要以企业战略为核心，更新管理观念，夯实管理现代化基础，明确管理现代化目标，加快制定企业运行的基本规则，建立目标评估体系，建章立规依法治企业，建立以市场为中心的复合营销管理体系、远近期结合的科技创新体系和以经济功能为特点的组织管理体系。在企业内要加强行政监督，推行行政公开。要坚持以人为本，在尊重人、理解人的基础上实现企业的现代化管理，促使企业和谐发展。

从某种意义上讲，三种创新是驱动民营科技企业发展的三只轮子，只有坚持三种创新并举的方针，将三种创新有机结合、同步发展，坚持以三个有利于作为体制创新的基本原则，建立现代企业制度，建立、健全技术创新体系，引进先进的管理方式，提高管理水平，才能推动民营科技企业二次创业，并实现持续、健康的发展。

（三）注重五个结合：

1．民营科技企业发展与传统产业的改造、升级相结合。

民营科技企业的发展离不开区域经济的土壤，这个土壤就是广州的工业，尤其是制造业。广州是华南地区综合性工业基地，传统产业占了相当大的比重，现阶段广州的发展在很大程度上也是依赖传统产业。一方面要用高新技术改造传统产业，以信息化带动工业化；另一方面要以传统产业为载体，加快高新技术产业化的步伐。促进传统产业和高新技术产业的协调发展，是当前和今后一个时期工作的重要内容。民营科技企业涉足的一些传统产业仍有很大的发展潜力，要抓住机遇，在大力发展高新技术的同时，注重利用高技术产业去改造、升级广州的传统产业，让传统工业和高新技术产业"比翼双飞"。

2．民营科技企业发展与发挥区位资源优势、发展特色经济相结合。

广州地处富饶的珠三角地区，毗邻港澳，物产丰富，交通方便，经济发达，拥有各种资源和各种经济形态，是华南地区的经济中心。在商贸、物流、农业、旅游、金融等诸多方面优势突出。民营科技企业要立足本地资源，开发别具特色的拳头产品（如蔬菜、花卉、园艺等），进入国际市场，形成一批市场占有率高、知名度大、替代进口的新的广州品牌，壮大特色经济。

3．民营科技企业发展与生态环境保护相结合。

当今世界，保护生态环境、为子孙后代留下生存空间已成为一项紧迫的任务。民营科技企业要以保护环境为己任，积极探索改善生态环境发展的新路，在产业和技术选择时更多地立足社会，关注人类自身的生存环境，尽量采用耗能少、无污染或少污染的技术，为本地区、国家乃至全球的生存与发展环境的改善、实现人类的可持续发展尽一份力。

4．民营科技企业发展与建立现代企业制度相结合。

在发展初期，由于国内对产权的不重视和传统文化的一些不利影响，许多民营科技企业没有严格按照现代企业制度来运作，产权处理以及融资方面不断遇到问题。企业要生存、要发展，光有先进的技术是远远不够的，还必须有科学的管理制度和健全的决策以及经营监督体系。我市的民营科技企业开始进入规范发展的阶段，要在发展中进一步规范、完善自身。作为市场经济主体和技术创新主体，企业应从制度因素出发，完善内外机制，在政府不断增强宏观调控和服务职能、减少直接干预的前提下，按照“产权明晰，权责明确，管理科学”的现代企业制度要求，不断对企业制度、管理模式进行改革，对运行机制进行完善，促进企业本身的生存和发展。

5. 民营科技企业发展与知识产权保护相结合。

民营科技企业以技术为依托，在产品研发和技术创新过程中不可避免地要经常碰到各种知识产权问题，一方面是善于利用别人的知识而不能侵权，另一方面是我们自己的知识产权要注意保护，对于专利、版权、商标、技术秘密等知识产权要科学管理，妥加保护，防止企业的辛苦劳动毁于一旦，造成不必要的损失。

（作者为广州生产力促进中心副研究员）

2－2－6 广州民营企业外向拓展战略研究

左连村

随着改革开放的进一步深入和扩大，中国民营经济的发展已势不可挡。中国民营经济的发展不仅对中国的内部经济将起到支撑作用，而且对中国的外部经济也将发挥主力军作用。本文结合广州民营企业的情况，就民营企业的外向拓展战略进行探讨。

一、民营企业外向拓展的必然性

经济全球化是当今世界经济发展的基本潮流。经济全球化是各国经济走向融合，加强依赖，世界经济趋向一体化的过程。经济全球化的主要特征是生产全球化和市场全球化。在这样的时代，任何国家要快速推进本国经济的发展，都必须实施对外开放的战略，这是被各国的经济发展实践已经证明了的普遍规律。国家是这样，企业也是这样。面对经济全球化，国外的企业走进来，我国的企业走出去，世界经济形成你中有我，我中有你的相互融合局面，国家的概念开始模糊起来。因此，企业的国际化经营战略是未来企业生存和发展的关键环节。我国日益成长的民营企业也必然面临经济全球化的大环境，从而不得不在全球范围内展开竞争，“走出去”成为我国民营企业在发展中的必然趋势。

中国加入 WTO 实质上是把中国融入到经济全球化的浪潮中。中国入世是中国对外开放的里程碑，它适应了经济全球化的大趋势，是经济全球化的必然结果。中国融入世界经济大舞台，必然要求我们的企业在国际上发挥重要的影响作用。民营企业作为中国经济发展的生力军，担负着振兴中国的重大历史责任，在中国对外大开放的形势下也必然走向国际市场。这不仅是国际国内经济形势发展的要求，也是中国民营企业自身的责任使然。

中国的民营企业参与世界经济竞争，必须要具有较强的实力和经济竞争力，而这种竞争力不仅要在国内市场形成和提升，也要在国际市场中不断提升。经济全球化和中国入世给中国民营企业提供了更多的发展空间和机遇，民营企业可以充分发挥自身的相对优势，把生产和贸易扩及到所有世界贸易组织成员，进行世界性的贸易投资活动。同时，也可以在世界范围内广招人才，共享知识、信息和管理资源，不断给企业注入新的活力。因此，从企业内部发展驱动来看，民营企业向外拓展是必然的趋势。

二、广州民营企业外向拓展的现状

改革开发放以来，广州市的经济发展呈现出明显的外向型特征，这种外向型特征主要表现为：大规模利用外资；以国有外贸公司、涉外企业和国有企业自营出口为主干的进出口贸易、国有企业的对外投资等。民营企业在广州外向型经济发展中的作用并没有突现出来，广州民营企业的外向拓展更显得滞后。最近几年，在中央一系列发展民营经济政策的推动下，广州的民营企业及其对外拓展才得以较快发展。回顾广州外向型企业的发展，大体经历了三个阶段：第一阶段是在1999年以前，广州没有民营外贸企业，民营企业的产品出口是通过国营外贸企业完成的。第二阶段是从1999年1月到2001年7月，这是广州民营外贸企业的缓慢发展阶段，开始了从无到有的过程，总共有13家，占当时351家外贸企业的3.7%。第三阶段是2001年7月以后，外贸经营权全面放开，民营外贸企业得到快速发展。从广州外向型民营企业的发展，可以看出如下特征：

第一，经营总体数量快速增长。在2001年7月放开外贸经营权后的8~12月近4个月间，广州外向型民营企业就从原来的13家增长到82家，从占广州外贸企业总数的3.7%增长到17.95%。截止2003年10月底，广州市进出口企业共有1281家，其中民营进出口企业838家，占65.40%，相比2001年7月国家放宽外贸经营权以前的43家，共增长了18.49倍。截止2004年4月底，广州市拥有自营出口权的民营企业1001家，占全市拥有自营出口权企业总数的69%，是2000年的26倍多。

第二，进出口总额逐年增长。2000年广州市外向型民营企业出口额为4930万美元，2001年为6869.33万美元，2002年为28759万美元，2003年1~9月为3.85亿美元，同比增长3.3倍，占全市出口的3.85%。在广州外向型民营企业中，出口额达1000万美元以上企业在2001年1~9月份就有6家，番禺区番华金银珠宝工艺厂2003年上半年出口值超过3000万美元，是广州市出口额最大的民营企业。

第三，广州外向型民营企业进出口商品结构不断改善。大幅增长的进出口商品除服装、鞋类、纺织纱线织物及制品、玩具、塑料制品、农产品、机电产品外，高技术产品出口也非常迅猛，逐步改变着私营企业出口产品技术水平低下的局面。目前广州科技型民营企业地位突现。截止2004年4月底，广州市共有民营科技企业2008户，约占广东省民营科技企业的40%。广州市经营软件业务的企业中，80%是民营企业。

第四，广州外向型民营企业的内部管理逐步走向科学化。在过去注册登记的民营进出口企业中，多数为家族式经营，企业法人、企业高层管理人员均为亲属。民营企业的家族式管理模式近年有所弱化，管理人员开始从过去的家族化向聘请专业管理人员转化，经营模式开始由家族投资向股份制方向转化。

第五，广州外向型民营企业注重实施名牌战略。目前，广州民营生产企业创造了一批名牌产品，目前共有35个出口名牌商标。

广州市外向型民营企业发展中存在的主要问题表现在：首先，同国内一些外向型民营企业发展较快的省份（如浙江省）相比，广州外向型民营企业的发展起步较晚。其次，总体上看企业规模较小，经营分散，企业之间的合作力仍然比较缺乏，未形成规模性的龙头出口企业，缺乏国际知名品牌，规模效应不明显。第三，企业出口产品技术含量不够高，不少民营企业内部在技术创新、资本运作、产权等方面还存在发展制约，影响生产和经营活动。第四，民营企业对国际经济环境预测缺乏科学性，外向拓展的经验不足。第五，民营企业开展国际化经营的人才总量缺乏，整体素质有待提高。第六，广州外向型民营企业对外投资相对较弱，“走出去”的意识不够强。目前广东省民营企业开展对外投资的共有29家，境外投资累计仅有1374万美元。这与全省30.7万家民营企业的数量和注册资本4214亿元的民营企业资金总规模的地位极不相称。广东全省是这样，广州自然也是如此。

三、广州民营企业外向拓展模式选择

目前广东省已经颁布了关于扶持外向型民营企业发展的实施办法，并且把外向型民营企业列为重点扶持的行业。广州市也出台了扶持和促进外向型民营企业发展的14条措施。广州民营企业面临着外向拓展的良好环境，应抓住机遇，加快发展。广州民营企业进行国际化经营，需要研究进入国际市场的具体模式。一般说来，企业进入国际市场的模式有四种，并且各有优缺点。

第一种进入模式为贸易式进入。比如可以通过代理商、经销商或直接设立境外销售分支机构和子公司，开拓国际市场。这种进入模式的优点表现为经营成本比较低，有较强大灵活性，因而风险较低。缺点是容易受到国外贸易壁垒的阻碍，对目标市场控制程度较低，还会受到文化的差异的影响，得到的收益也比较低。一般说来，直接出口比间接出口的成本和风险大，但经济效益较高。电子商务的兴起，使国际贸易的成本大大降低，因此对于拥有网上销售战略的企业将占有优势。

第二种进入模式为契约式进入。比如许可证贸易，技术贸易，商标、生产经营方法、管理经验等无形资产的贸易等。该种进入方式的优点是低风险、低费用进入，既可以把企业的研究与发展费用分担出去，又可以从技术反馈中获利。缺点是对国外市场不能进行有效控制，未来扩张弹性较小，不是利润最大化的最优选择。

第三种进入模式为投资式进入。即通过对外直接投资，采取投资新建、跨国购并、合资经营以及策略联盟等形式转移各种经营资源。该种进入模式的优点是，可以绕开贸易壁垒，利用当地的资源，缩短产销距离。减少运输成本，增强市场控制能力，淡化文化冲突和国家利益冲突，既能得到东道国的鼓励，也可以带动本国产品的出口。缺点是资金回收期比较长，且有投资风险。

第四种进入模式为综合式进入。即企业充分利用自身的优势资源，以利润最大化为目标，综合考虑以上三种进入模式，结合使用。

企业采取何种模式进入国际市场，完全取决于企业对客观情况和自身条件的判断，即取决于企业的发展战略，同时企业进入国际市场的模式同企业国际化发展的阶段有密切关系。一般说来，企业进入国际市场呈现出一个从低级到高级、从简单到复杂的过程，即间接出口——直接出口——海外设点营销－技术贸易——海外装配——海外合资经营——海外独资经营。结合广州市民营企业的实际，由于处在刚刚起步的阶段，对外拓展战略的实施总体上应遵循循序渐进、逐步推进的原则，不能盲目从事。当然不是说所有民营企业都要从简单和较低级的阶段开始向外拓展，而是应根据企业的具体情况制定具体的国际市场进入模式。对于已经从事出口的民营企业来说，实际上已经进入了国际市场。由于该类企业已经有了较好的出口基础，完全可以通过整合资源，在更高阶段上有计划地实行投资式进入模式。但对于大多数的民营企业来说，在进入国际市场以前，都应首先在国内市场站稳脚跟，然后通过贸易式进入模式逐步走向国际化过程。对于确实具有技术和管理经营优势的民营企业也可以实行契约式进入模式开拓国际市场。

四、广州民营企业实施外向拓展战略应注意的问题

（一）增强外向拓展意识。广州民营企业实施外向拓展战略首先要有进入国际市场的强烈愿望。企业没有主动向外拓展的意识和强烈愿望，是不可能有效实施国际化经营战略的。这里的关键是要拥有积极性高和具有一定胆识的企业家和高素质的管理人员。

（二）要有比较明确的目标和目的。外向拓展的强烈愿望来自于伟大的目标和明确的目的，即要解决为什么要进行国际化经营问题。中国跨国公司研究中心通过调查，曾经总结出我国企业对外投资的 20 种直接动因，现分列如下，以作参考。（1）开辟国际市场；（2）创汇；（3）实现企业总体战略目标；（4）利用现有机器设备带动出口；（5）获取高于国内市场的投资利润；（6）利用国际市场的资本；（7）产品多样化或扩大经营范围；（8）发挥企业管理和经营优势；（9）发挥企业生产和技术优势；（10）克服东道国进口限制；（11）东道国投资鼓励和优惠；（12）增加在国外的市场份额；（13）国内市场的限制；（14）获得先进管理和销售技能；（15）利用当地的低成本投入；（16）增加对第三国出口；（17）取得当地自然资源；（18）提供更好服务；（19）政府间合作项目和意向；（20）取得和利用国外先进技术和设备。当然，作为企业外向拓展的直接目标，以上分列的项目并不是全部，但基本上反映了中国企业外向拓展目标的一个大概状况。民营企业在进行国际化经营时，自然不可能同时实现上述所有目标，但可以根据企业的实际明确一项或若干项目标进行外向拓展。

（三）准确把握国际市场的需要。从经济学的一般原理来看，经济或市场的实质就是供求关系。民营企业要开拓国际市场，作为供给方，就必须准确寻找需求者。广州市民营企业起步较晚，对国际市场的了解还十分有限，应该广泛进行市场调研，充分收集各种市场信息，准确把握和善于寻找国际市场上顾客的需要，并注意各种需要的变化。从而有针对性的进行对外拓展战略。

（四）培养民营企业的核心竞争力。研究跨国公司的成功经验，可以发现这些公司一般都具有企业自身的核心竞争力。所谓核心竞争力就是企业具有的而其竞争者又难以匹敌与模仿的技能。这些技能可以存在于企业的各项增殖活动中，存在于生产、营销、研究与开发、人力资源及一般管理等等。这些技能典型地表现在所提供的产品中，而其他企业不易匹敌或模仿，因此核心竞争力是企业成功的基础，也是向外拓展的基础。它不仅能降低企业创造价值的成本，而且或能够以高价位定价创造价值。广州民营企业在拓展国际市场中，应特别注意培养自身的核心竞争力。如果缺乏自身的核心竞争力，即使是勉强走出去，其进一步扩展的空间也将是十分有限的。当然，有时企业可能因自身拥有一点竞争力就可以取得成功，但其他方面必须相继跟上，不然最终也难以得到发展。

（五）注意研究国际规则，增强法律意识。参与国际经济活动就必须遵循国际市场的经营规则，培养国际法律意识，这是企业在国际市场上生存和发展的基础。中国加入世界贸易组织时间不长，企业对国际经济贸易运作规则的了解还不深刻，有时做出了违规的行为还不知道是违规，结果遭到不应有的损失。比如国内一些企业为了占领某些出口市场，不惜以低于成本的价格向外销售，这样就难以抵挡别国的反倾销调查。因此，广州市民营企业在外向拓展中，应高起点的进行规范化国际运作，认真研究和遵循世贸规则，增强国际法律意识和市场诚信，切忌一切投机取巧行为，为企业的长远发展奠定坚实基础。

（六）民营企业应具有学习力、创新力与合作力。国际上的一些相关研究表明，大企业集团之间都有一个互相学习、互相借鉴和互相抄袭的过程。在你争我夺的国际市场中，一个企业如果不适时地改革自己的管理方法和技术，向优秀者学习，再大的企业也可能在竞争中失败。国际上一些大的企业正是在与别的企业进行比较和相互学习的过程中，保持了自身企业的长盛不衰。国际上的大型企业是如此，作为主要是中小企业的民营企业来说更应该如此。外向型企业不能仅仅停留在学习阶段，还必须不断创新。不创新就会落后。现代企业越来越注重合作发展的模式，因为单枪匹马往往受到信息、资源、资金、人才等方面的制约，只有通过联合与合作，才能成功拓展国际市场。广州市民营企业在拓展国际市场的过程中，应认真研究现代企业发展的新趋势，不断增强企业自身的学习力、创新力与合作力，从而不断增强自身的竞争优势。

（作者为广东外语外贸大学教授）

2－2－7 广州民营外向型经济发展的经验及其对策研究

涂以楠

一、基本经验

广州市在扶持工商个体户、民营经济发展的同时，十分注意扶持民营企业发展外向型经济。特别是近年来随着对外开放步伐的加快，落实加入世界贸易组织的承诺，扶持广州民营企业发展外向型经济的力度不断加大，市外经贸主管部门采取一系列有力措施，促进民营外经贸企业发展，积累了一些经验，取得了比较好的成效。

（一）不断解放思想，营造民营企业发展外向型经济的政策环境。

建国以来，广州个体私营经济外贸发展在观念上经历了一个漫长曲折的过程。1950 年至 1956 年，广州对外贸易活动主要是私营方式，当时批准了 508 户私营进出口商经营进出口业务。随后，“按行归口，统一安排”，采取联购物资、公进私出、委托代理、公私联营等形式对私营进出口商按照利用、限制、改造等政策实施行政管理。1956 年私营进出口商改造完成。1957 年国民经济转入单一计划经济轨道，国家对外贸易公司实行指令性计划管理和统负盈亏，实行统一领导、统一管理、统一经营的高度集中对外贸易体制。十一届三中全会后，我国实行以市场经济为导向的改革开放，人们对发展个体私营经济的认识在不断深化，对个体私营经济在国民经济中的地位作用的定位在不断提高，经历了一个从“补充”到“有益补充”到“组成部份”再到“重要组成部份"的认识过程，这也是一个不断解放思想，不断解开束缚，扶持促进个体私营经济发展的过程。广东实行特殊政策、灵活措施，率先进行改革开放。1993年，市委、市政府试行实施给予私营企业进出口经营权。出台了《中共广州市委、广州市人民政府关于加快个体和私营经济发展的决定》，对经营好、达到一定创汇额的个体、私营企业给予自营进出口权。1997年，为推动我市外向型民营经济的发展，市对外经济贸易委员会、市工商行政管理局发布了《关于印发〈广州市私营企业申办海外企业的报批程序（试行）〉等三个文件的通知》，即：《关于推动我市私营企业走向海外办企业的若干实施意见》、《广州市对私营企业设立的海外企业的试行管理规范》、《广州市私营企业申办海外企业的报批程序（试行）》。1998年，为支持私营企业开展国际经济贸易活动，加快广州市对外经济贸易事业的发展，广州市人民政府又出台了《关于鼓励私营企业开展国际经济贸易活动若干意见的通知》（15条），对私营企业与外国投资者举办中外合资、中外合作经营企业申请进出口权（经由广州市外经贸委向外经贸部上报），在境外设立分支机构和开展对外经济贸易业务作出相应鼓励性和政策性规定。私营企业与其它类型企业一样，按国家产业政策，由各审批机关按国家和本市规定的权限进行所需审批，并由外经部门和有关单位提供开办企业和生产经营指导等服务。2001年，针对民营科技企业反映的问题，市外经贸局主动与科委、外事办协调沟通，联合下发了《广州市民营科技企业在港澳地区投资设立机构及办理常驻外派人员的申办办法》。编制了涉及外经贸、工商、海关、外汇管理、税务等八个部门的申报外贸经营权办事指南。建立工商、海关、税务、外管、银行等相关部门的联席会议和督办制度，海关出台了扶持民营进出口企业的8项措施；市工商局绿色通道，网上注册登记；银行实行授信业务管理，提高出口退税托管贷款比率；国税局对近年开始出口的企业提前启动退税，从而减轻企业资金短缺的压力；市外经贸局推出授予民营企业外贸经营权、扶持民营企业出口的政策和措施，为民营进出口企业发展创造宽松环境。

（二）转变政府职能，加强协调与服务，形成加快民营经济发展的合力。

广州市一直注重扶持发展地方外贸企业，不断扩大外贸经营的企业队伍，赋予具备条件的工贸企业、生产企业、乡镇街道企业、科研院所、设计院外经贸经营权。

推进政务公开，加快电子政务建设。广州市外经贸局共开通26项网上电子政务业务，采用"外网受理－内网办理－外网答复"的办公模式，提高行政的公开、公正和透明度，推动政务运作的创新、政务行为的规范和政务效率的提高，如工商、海关、外管、国税、检验检疫等部门争取做到1个工作日内办结进出口经营权登记备案手续，为民营经济的发展创造良好的外部环境。

做好外向型民营企业求购求售信息的分类整理工作，推动广州市区域工贸对口合作，扩大广州市本地货源出口。在政府外网开设"广州地区工贸产品对口交流信息专栏"，举办工贸产品对口洽谈会，共同扩大广州市本地货源出口，减轻我市财政出口退税压力。

（三）加强政策引导，实行政策倾斜，把扶持外向型民营企业发展落实到实处。

在特定商品进口经营资格、广交会摊位分配、外向型民营企业发展基金使用、中小企业国际市场开拓资金使用等方面，将民营企业一并纳入，并在有些方面给予倾斜，如广交会摊位的分配，2001年以前只有4家民营进出口企业参展，2003年秋交会民营参展企业数达到45家，占广州交易团参展企业总数的35%；2003年以来，广州市外贸局积极组织、广泛发动民营进出口企业申报省外向型民营企业发展资金，共有41家企业的61个项目获得资助，资助总额约计221万元；2003年广州市共审核中小企业开拓国际市场开拓资金项目231个，资金1，165万元，首批资金237万元已经市财政局全额拨付到企业；2003年广州市财政共安排627万元专项资金用于扶持我市的科技兴贸工作，其中23家民营进出口企业享受到363.21万元的支持；2003年广州市外贸局还积极努力为20家民营科技企业争取到省科技兴贸专项资金151.2万元的扶持，为3家民营高新科技企业争取到国家技术改造贷款贴息214万元的支持。

（四）加强业务培训，提高民营企业发展外向型经济的能力和素质。

自2001年7月进出口经营资格准入门槛放

宽之后，广州市拥有进出口经营权的企业队伍迅速壮大，截止2003年12月31日，广州市共有民营进出口企业1062家，占全市进出口企业的74%，比2001年7月31日国家放宽外贸经营资格管理前的43家增长24.7倍。但这些新入门的民营企业对进出口业务的运作和对国家外贸政策缺乏了解，进行业务培训，成为推动民营企业外向型发展的当务之急。

市外经贸局以业务培训为切入点，分期分批对全市的1000多家进出口企业，特别是民营进出口企业培训一遍。特邀有关部门的业务负责人、专家对企业讲授国家对外贸易政策、法规和与进出口业务相关的外经贸、海关、检验检疫、税务、外汇、金融等业务知识；组织海关、检验检疫、税务、外汇管理、银行等相关部门编写教材。还通过邀请老外贸专业公司的总经理介绍经验；组织召开民营自营进出口企业代表外经贸业务座谈会、研讨会；组织企业开展外贸出口、开发市场方面的经验交流；组织民营进出口企业银贸合作讲座及座谈会；分地区、分行业对外向型民营经济进行业务指导、政策宣讲等形式，帮助民营企业扩大视野，研讨融资结算、退税政策等内容，解决资金困难，促进企业出口业务发展。

（五）鼓励利用外资发展壮大民营企业。

一是解放思想、实事求是，80年代初期，广州市委就提出要灵活贯彻中央各项改革开放政策，鼓励民营企业有条件的利用外资，使民营经济在体制边缘悄悄生长，在政府的允许和鼓励下蓬勃发展。

二是改善投资环境，使私营企业在创办之初比较容易获得土地、资金、劳动力等各种生产要素，从而大大降低了企业的创办成本；市政府出台私营企业利用外资发展的政策文件，有关的部门相继制定了实施意见，推动和加速了民营经济利用外资的迅速发展。

三是适时引导，在不断摸索中发展，鼓励个体私营企业相互兼并联合，特别是与外资嫁接，面向全球引进高级管理人才和高新技术；鼓励私营企业加大投入，培植品牌，争创名牌，政府每年拿出一定的资金鼓励获得全国驰名商标的企业等等。成立个体私营经济协调小组，解决协调个体私营经济发展中的问题，反对对私企利用外资的歧视性做法，让个体私营企业在经济上有实惠，社会上有地位，政治上有荣誉；做到六个平等，即企业登记、税收管理、金融贷款、市场准入、部门服务、规费征收等六个方面与其他企业享有平等的权利。有力推动民营经济利用外资，向更高层次发展。

（六）鼓励扶持外向型民营企业开拓国际市场。

坚持市场多元化战略。一是不断改革广交会的组展工作，充分发挥广交会拓展国际市场的渠道作用。引进竞争机制，向名优产品、高科技产品倾斜，向出口规模大企业倾斜，向自营进出口生产企业倾斜，向民营企业倾斜，着力优化广交会参展企业结构和商品结构；二是做好企业参加外展和贸易洽谈的组织服务工作，为企业提供开拓国际市场的信息咨询服务；三是引导企业用好用足中小企业市场开拓资金和外向型民营企业发展资金，调动企业开拓国际市场的积极性。2002年在俄罗斯的莫斯科和叶卡捷琳堡举办的贸易洽谈会，广州市60%的参展企业是民营进出口企业；2003年广州市组织的南美秘鲁太平洋国际博览会，参展企业中有90%是民营进出口企业。同时，通过巩固和开拓海外贸易服务平台，发挥广州市在境外设立的公司的作用，利用民营企业广州互利工贸有限公司在智利依基克设立的境外贸易公司，建立广州市依基克商贸服务平台，形成贸易网络，帮助加快民营企业的产品走出去进入国际市场的步伐。

实施“走出去”战略。在做好调查研究的基础上，出台了一系列促进民营企业“走出去”的政策措施，及时改革境外投资管理和服务，通过多种形式，如分区组织了民营企业情况摸查，了解民营企业“走出去”参与国际竞争的情况；举办民营企业境外经营经验交流座谈会，互相交流民营企业在境外经营的过程中所遇到的值得引起企业和政府注意的难点和热点问题，并探索解决的办法；根据本市实际情况，组织民营企业到投资热点地区进行实地考察，帮助民营企业了解国外情况，鼓励和支持广州市民营企业创办多种形式的境外企业，开拓国际市场。

（七）引导和鼓励外向型民营企业创出口品牌。

加大对民营企业创名牌的宣传力度，举办广州市出口企业创名牌及国际市场营销讲座会，邀请专家教授举行创名牌和国际市场营销专题讲座会，帮助企业进一步提高创出口名牌，开展国际市场营销的理论和业务知识水平，切实推动我市进出口企业创出口名牌工作，加强对创名牌的组织工作，引导民营企业重视商标的注册、专利申请工作，引导企业到重点海外市场注册商标和进行国际标准认证。加快实施名牌战略，提高出口增长质量和效益，实现出口的内涵式增长，不断提高产品的综合国际竞争力和市场适应力。积极发动组织佛罗里达州帮助广州市民营进出口企业申报各种名牌，包括商务部2004~2005年度"中国名牌出口商品"和2002~2003年度省百强民营企业。

二、趋势与展望

（一）趋势。

当前国际、国内经济形势以及相关政策有利于民营企业对外贸易发展持续快速发展，主要体现在：

一是世界经济和世界贸易总体形势继续趋好，国际商品市场行情趋暖，价格上涨。据IMF预测，2004年全球经济将增长4.6%，达到近三年来最高水平，在世界经济复苏步伐加快的带动下，国际贸易将更加活跃，出口的市场空间增大。

二是国内的总体经济继续保持较快增长的势头。近年来国家坚持扩大内需的方针，实施积极的财政政策和稳健的货币政策，使国民经济连续保持较快的增长势头，发达国家产业结构调整和转移，也为民营企业扩大进出口贸易规模创造更多机遇。

三是十六届三中全会提出的完善公有制为主体、多种所有制共同发展的经济制度，为民营企业发展奠定了理论基础和政策基础。广东省和广州市相继出台了扶持外向型民营企业发展的措施，有力的推动了民营企业的发展，随着外贸经营权的加速开放，民营外经贸企业的活力进一步得到释放，企业进出口业务的能力明显增加。

（二）优势。

一是民营企业机制灵活，可以适应境外投资的复杂性，企业"走出去"在解决人、财、物方面有更大的灵活性。

二是民营企业由于出资者到位，相对于国有企业，可以更有效地解决境外投资监管难的问题。

三是民营境外企业趋利性更强，更有动力去发现、开拓国外的市场。

四是由于民营企业以前不能获取进出口经营权，很少接触国际市场，因此缺乏国际经营经验，但随着进出口经营权的放开及门槛的降低，民营企业开始自己参与国际贸易，把握国际市场的脉搏，从而更有利于直接吸引境外投资，减少利用外资信中间环节。

五是广州市在国际上有相对比较优势的行业，如服装、纺织、小机电、轻工、五金等行业中，民营企业众多，随着国际贸易的扩大，国际经验的增多，民企境外投资的潜力必然会逐步发挥出来。

（三）制约因素。

一是融资能力不强对出口竞争力会产生一定的影响。民营企业缺乏融资的渠道，影响了企业技术改造和扩大再生产，不利于企业发展壮大。

二是能源原材料价格上涨，削弱了出口竞争力。当前煤、电、油等供应紧张的矛盾十分突出，严重影响了企业的正常生产和履约能力。与此同时，从2003年下半年开始的钢材、化工原料等原材料价格不断上涨，增大了企业出口成本，企业利润减少，出口竞争力下降。

三是应对国际贸易保护主义的经验不足。目前国际贸易保护主义的威胁进一步增大，民营企业惯用的价格竞争策略有可能会受到各种贸易保护政策的限制，而民营企业在应对方面显然经验不足，不利于企业开拓国际市场。

四是缺乏专业外经贸人才。大多数民营企业尚处于起步阶段，很多已获得自营进出口经营权的企业由于缺乏外贸专业人才和不了解国外市场，只能依赖外贸公司代理，影响了企业自身的发展和壮大。

五是规模经济发展动力不足。多数民营企业尚处在小、散的原始积累阶段，相当部分民营企业技术含量不高，缺乏拥有自主知识产权的品牌，虽在价格上有一定的竞争优势，但综合竞争力不强，对外经贸规模不大，企业可持续发展的后劲不足。

综上所述，随着我国非公有制企业的体制政策的不断完善，入世后国际贸易环境的改善以及应对国外贸易壁垒机制的建立，为民营企业拓展国际市场提供更大的空间和保障，优势大于劣势，挑战与机遇并存，只要不断地努力，克服存在问题，广州市民营外向型经济仍将继续保持快速增长的态势。

三、对策与措施

（一）要进一步解放思想，营造民营企业发展外向型经济的社会环境。

国家已经确定了以公有制为主体，多种经济成份长期共存的方针，非公有经济成分已经是社会主义市场经济中的有机组成部份，要按照公平、公正、竞争的原则，废除或修改体现所有制差别和不适应外向型民营经济发展的政策与管理规定，构建对各种所有制企业一视同仁的政策与管理平台。要鼓励民营企业发展外向型经济，赋予他们进出口经营权、对外承包工程经营权、鼓励民营企业利用外资、参与境外投资。本着有利于经济社会发展和实事求是的精神，对由于历史原因造成的对民营企业造成的不公平待遇，阶段性地给与政策上的倾斜，使民营企业与其他经济组织处于同一起跑线。

要建立工作检查和通报制度。定期对扶持外向型民营企业发展的各项政策措施的落实情况进行检查和通报。加强与其他有关部门的协调与协作，形成工作合力，促进广州市外向型民营企业的发展。

（二）落实对外经贸鼓励政策，促进民营外向型经济的发展。

对民营外经贸企业申报的技改贴息、出口产品研发、中小企业开拓国际市场资金等以及在配额、许可证的使用上，要优先给予安排和支持。对国家和省出台的鼓励政策，各级外经贸部门要主动协调有关部门及时兑现，充分发挥外经贸政策对民营企业的激励效应。

国家制定了扶持具有国际竞争力的大型企业集团的相关措施，鼓励开发国际市场和跨国经营。对具备发展前景好、建立现代企业制度、信用等级较高、开拓国际市场成效显著的企业集团，在授信额度、出口信用保险、境外投资和外汇管理等方面，通过简化手续，提高效率等方式给予支持。广东省也设立了外向型民营企业发展资金。广州市要积极宣传，为符合条件的民营企业争取这些政策扶持。

（三）加强政策宣传，强化服务，实现民营企业信息便利化。

要帮助民营企业解决信息不对称困难，建立民营企业平等地参加各种相关工作会议、业务活动、接收文件等的机制，利用网站、文件、会议、媒体等方式向民营企业宣传传播国家、省、市鼓励外经贸发展的政策、法规、动态、规划、措施等；定期召开政策说明会、研讨会、讲座会等帮助民营企业熟悉了解有关的政策信息；在政府网站开辟民营企业专栏（中英文），为中小型民营企业提供信息平台，宣传外向型企业化形象。

努力为民营外经贸企业提供良好服务。认真落实《行政许可法》，减少行政审批事项，简化办事环节、规范办事程序，提高工作效率，提高服务水平和质量，创新服务内容和方式。建立重点民营外经贸企业联系制度，及时帮助企业解决实际困难和问题。

（四）加大对民营企业金融扶持力度，推动民营企业资本营运。

要深化投资融资体制改革，加快成立以民间资本为主并面向民营企业的地方性商业金融机构。为民营企业在利用外资过程中不断增加优质股比提供担保，减少中方发展资本不够的压力，使民营企业在利用外资过程中健康发展。鼓励有条件的民营企业积极争取在境外上市融资。民营企业通过境外上市进行资本营运，一方面可以募集资金，扩大生产，另一方面又可以通过证券市场的严格规则来约束自己的经营行为，提高市场竞争能力。

（五）推动民营企业创立自主知识产权和开展品牌经营，提高产品国际市场竞争力。

引导民营进出口企业重视商标的注册、专利的申请工作，在重点海外市场注册商标和进行国际标准认证，推动民营企业创立自主知识产权。依法保护名牌，抵制侵权行为，保护企业创品牌的积极性。要在各类出口资金安排、广交会及出国展的摊位配置、配额分配等方面向名牌出口产品倾斜，提高产品国际市场竞争力和管理水平。要规范外向型民营企业的管理，维护经营秩序，建立民营进出口企业的档案管理和信用管理系统，根据商务部的统一安排，做好诚信企业资格认定和推荐工作，推动民营进出口企业在规范经营、诚实守信、正当竞争等方面全面提高整体素质。

（六）鼓励支持民营企业吸收外资，提升外

向型民营企业经营管理水平。

要提高民营企业的管理意识，建立现代企业制度。鼓励民营企业通过合资合作、股份制改造、资产重组等形式建立开放和多元的产权结构，推进民营企业科技创新、制度创新和管理创新。积极支持民营企业开发符合国家产业政策和吸引外资导向的项目。特别是支持从事高新技术产业的民营企业以多种方式利用外资、引进先进技术。帮助民营企业包装、推介利用外资项目，组织和大力支持民营企业参加各种投资说明会、洽谈会，提供政策咨询和招商信息。积极帮助民营企业引进国外先进技术，调整产品结构，提高产品质量和档次，支持民营企业做大做强。

最近，外资并购境内企业政策出台，又是民营企业利用外资，加快发展，扩大利用外资的良好时机，要组织民营企业利用外资并购的专题讲座，使更多的民营企业知道政策内容，操作程序，以及对企业发展的意义。

（七）完善政策扶持体系，扶持民营企业“走出去”。

1．调整、充实境外企业。首先，对挂靠国企经批准成立的民营企业可按其发展需要，可保留、撤并、重组，也可正名，对未经批准成立的民营企业也可按其发展需要，需要保留的，则帮其补办手续。此外，加强对境外企业重组的协调服务工作，重组工作可以在不同所有制企业间进行，形成多种形式企业，多元化地重组好境外企业。

2．完善政策扶持措施。根据国家已出台的各项鼓励政策，结合广州企业的实际，制定相应的配套实施办法；与科技局合作，积极探索引导民营科技企业走向海外的工作思路，争取出台一些有指导意义和可操作性的意见，并组织相应的配合活动。通过完善各项政策，使民营企业向海外发展有法可依，有章可循。

3．利用经济杠杆拉动对外投资。由于我国对外投资起步较晚，国家在许多政策和扶持措施上还不配套，民营企业到境外投资，还需承担较大的风险。应当在用足用好已有的拓展海外市场基金的同时，积极争取地方财政从产业结构调整、处置闲置资产的角度，增加对闲置资源重新配置的鼓励经费，从而拉动企业利用两个市场、两种资源的积极性，促进资源新一轮的配置。经过20年的开放改革、技术更新，广州市有一批成熟的技术以及相对富余的生产设备生产能力，可以直接在境外投资进行境外加工贸易，也可以在广州市产权交易所包装挂牌，让境内外的企业来洽购，推向国际市场。

（八）稳步推进，建立对外投资、境外营销平台。

要建立对外投资的信息平台。一方面继续加强与国家有关部门的信息沟通，通过与各行业商会、中介组织建立合作关系，扩大信息来源渠道；另一方面，利用电子商务，广泛收集、整理各类信息，为企业实施“走出去”战略提供更切实有效的服务。

境外营销平台包括：一是借助境外合作者建立的销售网络，“借船出海”，成为广州商品的展示场；二是构建专业商品展销平台，如家电、纺织服装专业商品营销平台；三是营造连锁销售网络。当前，首先完善乐华迪拜经贸平台，扩大其覆盖面，吸收更多家电企业加入该平台。其次，改进悉尼平台的运作模式，选择具有实力的企业进行操作；第三利用美国、俄罗斯现有驻外机构的资源，加快发展具特色的经贸平台。

承办展销平台既可以是国有集团企业，也可以是民营企业，尤其是充分发挥民营企业的积极性和灵活性，用市场经济的手段参与构建展销平台。

（九）加强民营企业外经贸人才队伍建设。积极为民营企业培训外经贸实用人才，为民营企业经营管理人员的培训、民营企业家出国考察和开展国际交流创造条件。运用财政扶持外贸出口资金向社会教育机构购买专业课程，为广州本地的民营企业培养人才；有计划的举办民营企业管理人员和业务人员对外贸易、利用外资、对外经济技术合作业务培训，讲解最新的外经贸政策，提高其经营管理水平和开拓国际市场的能力，逐步解决民营企业外经贸人才缺乏的问题。

加强民营企业开展对外经济贸易的经验交流和宣传。每年召开一次民营企业发展外经贸的经验交流或现场会，分行业组织民营企业代表团实地考察国外市场；组织民营企业开展中外对口交流活动。对开展外经贸成绩突出的企业和企业负责人进行广泛宣传和表彰，营造民营企业发展外向型经济的良好氛围。

（作者为广州市对外贸易经济合作局副处长）

2-2-8　民营中介服务业发展环境与对策研究

罗欣贤

广州市经济总量不断增大，产业结构不断优化，现代服务业比重不断增加，为民营中介服务业的发展创造了良好的物质基础和条件。我国加入WTO后，内地与香港签订了CEPA，泛珠三角经济区域合作进程不断加快，国家加强了与东盟和中亚等国家和区域的合作，为中介服务业的发展开拓了更为宽广的业务区域；特别是省委省政府提出要把广州建设成为带动全省、辐射华南、影响东南亚的国际大都市，又为我市中介服务业的发展提出了更高的要求和挑战；党的十六届三中全会提出完善社会主义市场经济体制，更为中介服务业的发展创造了难得的机遇。

首先，经济持续快速发展奠定的巨大市场容量。

改革开放20多年来，广州市经济保持年均14.1%的高速增长，“十五”期间GDP增长预计达到12%，为各种经济体的运行提供了坚实的基础和广阔的活动空间。在经济总量快速增长的同时，经济结构发生了实质性的变化，三次产业的比重从1978年的11.7：58.6：29.7调整为2003年的3.02：43.13：53.85，服务业比重大幅增加。我市将按照高新技术产业、传统优势产业和现代服务业协调发展的方针，进一步推进产业结构的调整优化，并积极加快所有制结构、地区布局结构和产品结构的调整，亟需量大面广的中介组织提供优质高效的服务。由于广州具有较强的综合经济实力和相对优越的区位优势，政府、企业、居民和外资的投资或消费需求多元化，需要更为细化和完善的市场中介服务，2004年这种趋势进一步凸显，为中介机构提供巨大需求空间和发展商机。

第二，深化改革和完善市场经济体制带来的扩展空间。

随着政府加快职能转变，行政审批制度改革的深化，特别是2004年7月1日《行政许可法》实施，一方面将许多原来由政府部门承担的业务和工作转移出去，也就是“让位”给社会各类中介组织或机构承担。另一方面，由于行政运作效率提高和决策科学化的要求，政府很多职能工作需要社会的支持，尤其需要中介组织提供高效、权威和公正的中介服务。我国加入世界贸易组织和区域经济合作的不断深化，意味着我市将在更深层次、更广领域参与国际经济合作与竞争，打破垄断，开放中介服务市场已是大势所趋，外资中介机构必然大量进入我市。近几年，我市每年实际利用外资规模都在30亿美元左右，而进驻的跨国公司目前仅占世界500强的五分之一，我市需要引入更多的外资和跨国公司，与这些公司相生相位的中介机构必将进一步扩张，形成良性互动。随着市场经济体制的不断完善，市场配置资源的基础性作用将日益增强，配套中介服务愈来愈普遍，中介机构无疑将发挥不可替代的积极作用。

第三，建设现代化大都市激发的中心城市功能效应。

“9+2“泛珠三角概念的实施与推进，广州中心城市的地位愈加彰显，围绕把广州市建设成为带动全省、辐射华南、影响东南亚的现代化大都市目标，预计在未来5~7年，广州城市基础设施的完善、重要产业布局项目的投资预计可达7000亿元，其规划、策划、设计、实施，都需要中介机构积极参与和提供专业服务，在为包括中介机构在内的市场主体营造发展硬环境的同时，也为中介机构提供了广阔的创业舞台。我市“十五”纲要已明确提出广州要成为区域性经济服务中心，“十一五”将更把发展现代服务业作为优化产业结构、提高产业水平、增强竞争力的重中之重。强化作为区域经济中心的资金流、物流、人流、信息流集散枢纽作用，不断增强对外辐射力、吸引力和影响力，不仅表现为区域的工业、交通、物流等有形生产和服务中心，更表现为区域的工业、交通、教育、咨询、金融等无形服务中心，特别是要强化周边地区和中小城市难以承担的、技术要求高、复杂动态的各种中介服务功能。这既为我市中介组织和发展提供了充分的机会，也提出了更高的要求。

面对新形势新任务，广州市应该以全面提高竞争力为目标，以深化体制改革为突破口，以完善市场经济体制为契机，按照“依法规范、鼓励发展、协调服务、加强自律”的原则，通过规划引导，健全法规，加强监管，规范自律，建立和完善独立、竞争、规范、高效的运作机制，进一步促进各类民营中介机构和组织健康发展，做到培育发展与加强规范相结合，体制创新与国际惯例相结合，行业协会自律与政府间接管理相结合，整体推进与重点突破相结合，力争经过三、五年的努力，使一批运作高效的行业协会和竞争力较强的中介组织脱颖而出，并做到行业管理规范有效，中介市场活跃，中介服务业高度发达。

按照上述要求，近几年我市促进中介组织发展的工作重点在于：

一、推动完善政策法规体系

就整体来说，我市中介行业是一个年轻的行业，有必要推动制定和完善相应的法规规章，进一步明确行业协会和中介组织的法律地位。在国家、省尚未出台新的相关法律法规情况下，结合我市实际，积极推动地方立法或制订规范性文件，适时制订《广州市行业协会（商会）管理办法》和《广州市市场中介组织发展管理办法》，从法规上明确行业协会和中介组织的宗旨目的、组织体系、职能定位、运作模式、权利义务和监管方式，从制度上保障各类中介行业快速、健康、协调发展，维护其合法权益和独立性。

二、加大加快完善和转变政府职能

一是实施《行政许可法》力度，继续深化行政审批制度改革工作，减少对中介机构的审批事项和审批环节，放宽对中介服务业准入的审批限制，实行登记注册制，做到审批、审核事项和程序公开，形成市场准入公平、公正、公开的体制环境。二是充分发挥市场配置资源的基础性作用，努力实现“小政府、大社会、强服务”目标。将凡涉及重大社会公共利益的行业内部事务管理、行业规范制定，以及一些专业性、技术性、程序性的事务管理等能够转交给中介机构和组织承担的社会职能要尽快转移给中介组织承担；在制订强制性标准或做出与行业利益相关的决策时，把听取行业协会意见作为科学决策的一个必备程序，鼓励行业协会积极为经济社会的发展献计献策，主动参与有关行业发展的公共政策研究与制定。今后政府部门凡需行业协会或中介组织提供服务、咨询等，均应遵循市场经济规律，采用公开招标购买方式确定咨询服务单位。同时要及时将已赋予中介机构和组织的职能向社会公布，构建政府、中介组织和企业的新关系。三是继续推进和固化市场中介组织的脱钩改制工作，打破垄断和割据，打破业务分割和部门封锁，保障中介组织的独立运作，成为真正的市场主体，在市场竞争中不断发展壮大；同时，也为中介组织的发展创造一个公开、公平的竞争环境。四是切实推进政会分开。以政府机构改革为契机，逐步促使现有行业协会在人员、财务、业务等方面与行政管理部门或挂靠单位脱钩；对行业协会的编制名额，任何其他部门不得占用，已占用的应退还；行业协会有财政拨付经费的，由行业协会另立户头，单独建帐，按财务制度独立管理。同时，应逐步稳妥地改变协会的组织形式，政府机关工作人员不得兼任协会领导职务，以维护行业协会的自主权和独立性。

三、加快行业协会发展

争取在“十一五”期间，建立起与广州中心城市地位相称的，与广州经济社会发展水平相适应的，符合市场经济运作规律的，管理法制化、运作市场化、组织开放化，结构合理、功能齐全、影响力强和符合国际通行规则，能够为产业发展、企业运作提供高效运作服务平台，能促进广州市经济社会持续、健康、快速、协调发展的行业协会体系。

1．加强统筹协调，优化行业协会布局。

实施“整体推进、局部突破、具体解决”的战略，加强省与市、市与区、区与区之间同类行业协会的沟通和协调，必要时对部分行业协会进行重组整合，以形成纵横互动、信息流转顺畅的行业协会体系，为市场中介组织创造良好的行业发展环境。

一是理顺和改革旧体制，建立新体制，鼓励在新兴产业、支柱产业、优势产业和加入世贸组织相关领域中组建一批新型行业协会，主要是经济鉴证类、产业类、高新技术、信息与管理咨询、农业等行业协会。促使这些行业协会不仅在市内有作用和影响，更要在泛珠三角区域内发挥作用，为强化广州中心城市的地位服务。

二是结合事业单位改革，同步改革旧行业协会，完善协会退出机制，对名称相近、业务交叉重复以及基本不起作用、有名无实的行业协会，予以撤销处理。确实无法采用行政手段撤销的，可以允许在该行业内采用自发方式登记组建另一个行业协会，以形成竞争淘汰机制，使不能履行行业管理职能的行业协会自然消亡，以真正搞活行业协会管理。

2．以市场为导向，进一步强化和落实行业协会职能。

通过调查研究，我们认为在市场经济条件下，行业协会应以行业代表、行业服务、行业自律和行业协调为基本职能。具体主要包括如下内容：

一是行业代表职能。行业协会本质上是一种互益性组织，是广大会员共同利益的代表机构，因此代表职能作为行业协会对外主要功能的体现，具体表现为：

①代表行业企业进行反倾销、反垄断、反补贴等方面的工作，组织行业企业应诉或向政府提出调查申请；

②通过法律法规授权、政府委托，开展行业统计、行业调查、发布行业信息、公信证明、行业准入资格审核等工作；

③参与有关行业发展、行业改革以及与行业利益相关的政府决策，提出有关经济政策和立法的建议，参加各级政府举办的有关听证会；

④参与地方或者国家有关行业产品标准的制定，负责业内企业技术资质等级和技术职称的评定审核。

二是行业服务职能。为广大会员提供优质服务是行业协会最基本和经常的职能，也是这类组织的主要任务和对内主要功能之一。协会可能提供的服务范围非常广阔，主要包括：

①组织行业培训、技术咨询、信息交流、会展招商以及产品推介等活动；

②开展国内外经济技术交流与合作；

③开展行业宣传，树立行业形象；促进企业文化建设，推进企业创建名优品牌；

④承担法律法规授权、政府委托及其章程规定的其它职能。

三是行业自律职能。行业协会为了会员的长远和整体利益，从行业内部进行规范管理，形成共同规范行为标准、价值准则、道德观念等，行业自律作为行业协会的对内主要功能之一，主要内容如下：

①依据协会章程，制定本行业质量规范、服务标准；

②监督会员单位依法经营。对于违反协会章程，达不到质量规范、服务标准、损害消费者合法权益、参与不正当竞争，致使行业集体形象受损的会员，行业协会可以采取警告、责令改正、业内批评、公开道歉或通告批评等惩戒措施。

③逐渐形成或引导制定行业诚信守则、行为标准、价值准则和道德观念等，对违反这些标准的会员及其行为予以谴责或行业处分，为规范市场经济秩序服务。

四是行业协调职能。协调主要体现协会中介、桥梁和纽带作用，是行业协会内外沟通功能的体现，主要内容包括：

①协调会员与会员，会员与行内非会员，会员与其它行业经营者、消费者及其它社会组织，会员与政府，行业与其他行业的关系，维护会员、行业合法权益；

②协调行业价格，推动同业互检，维护公平竞争和市场秩序。

3．创新行业协会运作机制。

实行行业协会自发、自下而上的办会方式，依照协会章程开展活动，实行“自愿入会、自理会务、自聘人员、自筹经费”，自行选举协会领导，走市场化、社会化和国际化道路。打破部门、所有制和地区限制，扩大会员范围，不仅要包括国有企业，而且要尽量吸收民营和外资企业入会，提高个人入会比例，进一步提高行业协会覆盖面和代表性。

4．创造良好的外部环境，促进行业协会平稳运作。

政府有关部门应进一步转变观念，强化服务意识，提高服务质量，明确我市行业协会发展的总体方向和目标，制定切实可行的政策措施，共同推进我市行业协会快速、规范、协调发展。

一是健全行业协会监督管理体制。在继续探讨行业主管和民政部门登记双重管理利弊的基础上，参照国内有关省市做法，指定或成立全市中介机构发展工作协调机构，由该机构统筹规划全市行业协会发展方向和目标，协调解决全市行业协会创建或运作过程中的实际困难和问题，创新政府在市场经济条件下对行业协会管理的新方式，防止政出多门，各行其是。并加强全市行业协会之间的沟通协调，加强协会与政府、协会与协会、协会与市场、协会与企业之间的交流合作，信息共享，提高全市中介组织整体效能。

二是建立行业协会运作基金。建议以财政拨款为主、社会支持为辅的方式，创建行业协会发展基金，明确基金支持发展的行业协会的适用条件，对创建或运作过程确有困难的行业协会给予适当的资金支持。

三是制定切实可行的政策规定，完善行业协会在业务活动、党务、人事、财务和外事工作等方面的管理办法和规章制度，提高行业协会的管理水平。当前特别要解决好行业协会新进人员户口档案挂靠、人才引进、职称评定和外事活动等实际问题。

四是努力提高行业协会人员的政治地位，为其提供更多的参政议政机会。建议人大、政协将行业协会作为服务业的独立系统给予代表、委员的选举名额分配。政府有关文件要印发或传达给他们，有关会议要请他们参加，扩大其知情权。

五是加强对行业协会的监督管理，推动行业协会强化服务意识，克服“准政府”的思想，规范行使基本职能，防止行业协会通过制订不适当的行业规则或其它方式垄断市场，提高准入门槛，妨碍公平竞争，损害消费者、其他合法经营者权益或者社会公共利益；防止滥用权力，限制会员开展正当的经营活动或参与其它社会活动，或者在会员之间实施歧视性待遇。

四、做强做大市场中介组织

1. 整合现有中介资源与发展新兴中介组织相结合。

一是依靠市场经济手段，以资本、知本为纽带，通过兼并、注资入股等形式，对现有中介组织进行优化重组，积极引导有一定规模的会计师、律师、资信评估、信息咨询和人力资源等中介机构做强做大，打造出一批资质好、规模大、管理规范、能按照国际惯例运行的名牌中介组织。二是打破地方和部门利益的局限，实行不分所有制、不限地域和行业、不拘形式限制的联合、重组，鼓励在依法遵章的前提下，大力发展中介服务业，形成多个轮子一起转的格局。三是大力发展新兴、增值力强、影响力大的中介组织，特别是要发展经济鉴证、管理咨询、策划、质量、人力资源、技术等中介服务组织。

2. 着力提高中介机构素质。

一是结合我市国民经济和社会信息化规划，推进中介机构信息化建设，建立健全服务中介机构的网络技术服务系统和公共数据库，提供高效、共享的信息平台。支持引导中介机构采用现代化信息技术手段，提高服务效率和质量，支持各行业协会建立本行业的信息网络和服务平台，资源共享，及时提供行业服务。二是加强中介机构人才建设，通过多种形式抓好中介机构从业人员的业务技能培训，尽快制定和出台在人才入户、住房、子女就学等方面优惠的配套政策和资助政策，激励中介机构从外地和国外引进高素质专业人才，加大中介业务交流力度，从整体上提高中介机构从业人员的业务能力和服务水平，进而提高全市中介机构的素质。三是明晰中介组织产权，完善组织管理架构，提高科学管理水平，全面提高市场中介组织的综合竞争力。

3. 大力推进诚信建设。

一是强化中介机构行业自律，完善行业规范，建立定期或不定期检查或互检，以及行业内违法违规纪录等制度，探索通过授权等办法，赋予行业协会价格协调，对违规企业予以行业通报、口头戒勉等惩罚、警醒的必要手段，更好发挥行业自律的职能作用。二是加强信用信息网络建设，通过各行业协会建立网站，联网后形成全市性相对完善的中介服务信息库，方便社会各界了解全市各行业协会总体组成、组织结构、管理水平和发展现状，以及会员资质、级别评定、服务、诚信纪录，以奖优罚劣，确保行业信誉。三是建立公示制度，对不诚信企业在有关媒体上给予公布，同时通过加强媒体监督，建立诚信档案等形式，加强企业的诚信管理。四是对部分较为关键的行业推行业务报备和保证金制度，规避行业从业风险和加强对行业的监督管理。五是增强中介组织从业人员的职业道德，切实贯彻“以质量求生存，以信誉求发展”的职业宗旨，自觉恪守独立、客观、公正的执业原则，正确处理好经济效益与执业质量、责任风险、社会声誉的关系。

五、扩大对外开放力度，加强国际交流

我市中介服务业正处于蓬勃向上的发展时期。各类中介机构要加强对外交流，要学习、借鉴国外先进的管理方式，要拓展视野、拓展知识面，不断提高自身的工作水平和竞争力，以适应市场的需要。一是面向珠江三角洲，面向全省、全国，抓紧引进、发展一批社会急需的上规模上档次的中介机构；配置一批与国际接轨、精通WTO事务的专业服务机构；按照我国入世承诺，采取独资、合资、合作等多种形式，积极发展一批能承接国际业务的优秀中介机构。二是主动吸引国际尤其是香港的知名专业中介机构和组织来穗发展，鼓励其与本地中介机构合资、合作，引导和支持其加速本地化进程。三是通过学习、研究WTO有关中介服务的规则，借鉴国外先进的管理运行方式，有针对性地开展中介领域的对外交流与合作，特别是加强与国际著名中介机构的合作，实施中介机构"走出去"战略，推进我市中介组织的国际化。

六、营造有利的社会环境

一是必须认识到中介机构作为一个新兴行业，目前存在的种种不良现象，是发展过程中的正常现象，只能在发展中逐步规范，绝不能因噎废食，各部门对此要形成共识。二是要正视存在问题，既不能掩饰护短，也不要渲染夸大，而是应实事求是地做出处理。三是要正确引导社会舆论，在披露抨击中介机构存在问题的同时，更要大力宣传它们对我市经济社会发展所起的作用、所作的贡献，使中介机构在社会上得到客观公正的对待，切实纠正因"一边倒"的舆论导向引起社会公众对中介机构的偏见，消除其负面影响，增强中介机构对今后事业发展的信心，逐渐创造协会、中介组织与社会舆论的良性互动机制。

（作者为广州市发展计划委员会政策法规处副处长）

2-2-9 广州民办大学：发展现状与对策思路

潘燕萍

民办高校的兴起，是我国教育改革与发展中的一件大事。它引起了我国办学体制的变革，也让青少年求学有了更多的选择机会。广州民办高等教育多年来一直走在全国的前列，但其目前的发展亦存在一些制约因素和矛盾。这些问题与矛盾若不加以解决，必将影响民办高校的健康发展。

一、广州民办高校发展的现状与特点

民办教育是在改革开放以后才恢复发展的。广州的民办高校起步于20世纪90年代初，在全国处于先行的地位。当时的民办大学主要有两类：一是民办普通高校；二是非学历民办专修学院。近年来民办高校获得了较快的发展，截止至2003年底，全市拥有独立设置的民办普通高校6所，在全国各大城市中名列前茅，占全国民办普通高校总数的3.5%；占广州地区全部高校总数的13.6%。民办专修学院（即开展高等教育学历文凭考试试点学校）26所，在全国处于领先地位，占全省总数的一半。此外，近年来还出现了一批依托公立大学举办的二级学院，目前共有11所。2003年，广州民办高校在校学生人数已达30749人（不含民办二级学院，下同），占全地区普通高校在校生总数的8.2%；现有专任教师1972人。2004年广州市又新增4所普通民办高校，使全市民办高校总数达到10所。

广东民办大学发展的主要特点：

（一）办学模式多样化：从投资主体、运作方式和管理模式上划分，广州民办大学大致可分为以下几种办学模式。（1）公有民助模式；如南华工商学院，其办学、投资主体是广东省总工会，广东省总工会是一个特殊的社会团体，故属民办性质，办学经费的主要来源则是收取学费。（2）民办公助模式：如培正商学院，其投资主体为香港培正校友会，主要依靠香港同胞投资办学，广州市花都区（原花都市）政府无偿提供办学用地。（3）民有民办模式：如私立华联学院、白云职业技术学院，其投资主体分别为民营企业家和离退休高校教师自筹资金。（4）校企联办模式：即由私营企业依托公立大学联合举办二级学院，如广东工业大学华立学院、广东商学院三水分院、广州大学松田学院等。

（二）发展速度不断加快：改革开放后广州最早建立的民办高校是私立华联学院，创办于1990年。但直到1996年，全省总共只有3所民办大学。1999年，《面向21世纪教育振兴行动计划》出台后，广州市掀起了兴建民办大学的高潮，民办普通高校和专修学院迅速增多，短短两年多时间，到2001年全市民办普通高校增加到5所，二级学院8所，专修学院30多所。目前全市民办大学已达到10所。在教育部公布批准新增高校的名单中，几乎每一批都有广州地区的民办大学。

（三）办学规模不断扩大：受资金和师资力量的限制，民办大学创办初期大多规模较小、学生人数少，而且没有自己的校区和宿舍。经过短短几年的努力，民办大学迅速成长。1993年，广州地区的民办大学招生总人数只有81人。2003年，广州地区民办高校的招生人数已扩大到15011人，比1993年增长184倍，比1999年增长2.1倍。在校生总数比1993年增长378倍，比1999年增长3倍。私立华联学院1990年创办时仅有汉语和英语两个系，学生人数仅40多人。1994年在校学生增至254人，1996年达到916人，2002年达到1131人。1993年创办的培正商学院是以100万元和100个学生发展起来的，到1999年在校学生达2132人，2003年在校学生超过6300人，校园占地面积117公顷，总资产已超过3.5亿元，专职教师270多人。

（四）办学质量不断提高：民办大学的生存与发展，必须依靠高质量，以质取胜。如果没有质量保证，在市场经济条件下，民办大学根本无法生存和发展。为了生存和发展，为了与公立大学展开竞争，民办大学比较重视师资力量的选用配备——招聘具有较高教学水平的专职和兼职教师队伍；学生读书成才环境的改善——配备先进完善的教学实验和实操设施以及生活设施与运动场地；专业紧贴时代需要——设置专业紧跟社会需求，以培养实用型人才为目标。民办高校乐于聘请著名专家、教授甚至博士生导师、中科院院士担任院长或名誉院长。华联学院的正副教授超过100人。培正商学院的正副教授也有60多名，还聘请了20多名外籍英语教师，英语外籍教师数量居全省高校之首。目前广州市的民办大学毕业生就业率也较高。

（五）管理体制灵活高效：民办大学之所以能经营成功，其灵活高效的体制是重要因素之一。与公立大学主要由国家拨款不同，民办高校完全实行市场化运作。民办高校的师生人数之比接近或符合国际标准，没有人浮于事、人力资源闲置浪费的现象。聘任校长由校董会作出决策。在收入分配上也打破了公立大学比较普遍的平均主义，实行多劳多得，教师平均收入大大高于公立大学。在实行股份制形式的基础上，有的学校还专门设置了只拥有平均红利分配权的“知识股”，用于奖励对学校有贡献的教师。

二、广州民办大学发展的制约因素

近年来民办大学尽管获得了较快的发展，但民办大学要在激烈的竞争中进一步得到发展，面临着许多制约因素。这些制约因素既有学校外部的也有自身固有的。

（一）广州民办大学发展的外部制约因素：

1. 融资困难是制约民办大学发展的资金因素。

与民营企业一样，民办大学的性质和规模成为其融资困难的突出瓶颈。与公办大学不同，民办大学必须完全依靠学校自筹资金，而自筹资金的来源只有收取学费。在学校规模有限的情况下，学费收入只能维持学校的正常运转，却无法让学校获得足够的扩大和进一步发展所需的经费。在目前体制下，民办学校通过银行贷款等方式融资十分困难，因而难以扩大办学规模。目前国家对民办教育的融资没有相应的政策。《教育法》规定，所有学校都是公益事业，不以盈利为目的。这无疑限制了以盈利为目的的资本投向民办学校。同时，国家在立法中并没有规定对民办教育投资者给予合理的回报，这也限制了社会资本的投入。国务院颁布的《社会力量办学条例》明确规定，教育机构财产不得转让或用于担保，教育机构的积累不得用于分配，不得用于教育投资。广东省也规定了学校财产属于公共教育资产。这些规定都没有讲清民办教育与教育福利的关系户。教育福利是无偿性地提供产品，如国家办基础教育、某些个人或公司无偿对学校提供捐赠等。而民办教育包含着一种投资行为，应该讲求投入与产出的关系。目前民办高校已到了“不进则退”的关键时期，特别是在公立学校大规模扩招的情况下，民办大学亟待上规模、上档次、走向正规化、现代化，如果完全依靠学校每年所收的学费来滚动发展，就很难适应社会需求，而向银行贷款却出现这样一个“死结”：社会资金投入学校建设及学校盈余再投入学校建设变成的校产，都不能作为贷款抵押。要办一所有一定规模的大学，其投资需求动辄几千万、上亿元。

2. 不公平待遇是束缚民办大学发展的政策因素。

一些明显的歧视性政策，在民办教育的办学过程中仍起重要作用，因而不可避免地引发了许多新的问题。一是对民办教育收费限制过死。目前教育市场竞争激烈，收费也自然受一套市场规律的制约。民办学校怎样收费应该按市场价来定，定高了便是自断后路。二是民办大学从外地调入教师十分困难。民办大学教师编制没有纳入政府的计划因而也没有安排入户指标。三是招生计划不能一视同仁。民办大学在招生时一般都放在最后一批。民办一类技校，往往招生榜上无名，录取时一般都被安排在第四批，与“自费生”同场录取。四是在助学贷款方面，国家政策对公立高校和民办高校亦有明显不同；民办高校学生不能享受国家助学贷款，只可以申请利息较高的一般商业性助学贷款。五是在交纳税费方面，民办学校与公立学校也不一样。对从事短期培训的民办学校按一般工商企业税率征收营业税、教育费附加、防洪费、企业所得税等税费。公办学校水电以民用计价，而民办学校则与工商企业同价。六是在征地方面，对民办大学的政策也带有歧视性质。民办大学欲建校舍或扩大规模，很难征到土地。目前的用地政策，公立学校为无偿划拨，而民办大学则是有偿使用。校舍建设用地审批难或价格高，使许多民办学校难以施展自己的宏图。

3. 竞争激烈是影响民办大学发展的市场因素。

民办高校招生困难日益加大，面临着生存危机。近两年，国家对高等学校进行了大规模扩招，但对民办大学来说，扩招并未成为其发展的利好因素。近几年的情况反映，广州地区民办大学均未招满原计划名额，有的甚至招不到原计划的10%，有的民办学校连一名学生都没招到。造成民办高校招生难的原因，一是普通高校扩大了招生而民办高校又增加过快。如1999年全国普通高校扩大招生51.3万人，仅广东就扩招1.6万人，如果加上成人高校的扩招，实际人数是3万以上。2000年全国扩招60.9万人，广东扩招2.6万人；2001年全国扩招29.4万人，广东扩招1.8万人。2003年全国高校招生335万，比2002年实际招生数增加15万人，其中广东省扩招2万名本科生。随之而来的是落榜生的萎缩。因为招生最低分数线近几年来一降再降，使绝大部分考生都能如愿进入高校就读。二是民办大学迅速增加。广东的民办高校（包括专修学院）1998年只有22所，1999年则增至50多所。其中民办普通高等学校1996年只有3所，1999年为4所，2001年增加到7所，2003年达到12所，而2004年则已有20所。广州地区除了民办普通高校外，其他民办高等教育机构2003年还有33所，2003年的招生人数为12060人，在校生人数为19667人。民办高校之间亦展开了激烈的竞争。2002年，20多间专修学院总共才招到8000名学生，有27所专修学院招生不到100人，其中还有10余所招生数为零。三是社会对民办高校的优势认识不足。每年高考填报志愿时，民办高校往往受到冷落。1999年以来，高等学校连年扩招，但官方统计的全国千余所民办高等教育机构中的绝大部分学校招生数量却明显减少。公立大学大规模扩招，给考生更多的选择条件和被录取的机会，因而在人们对民办大学的观念尚未改变之前，无疑是对民办大学的沉重打击。对于民办大学而言，没有生源就没有经费，没有经费就没有学校的明天，这种逻辑简单而又残酷。在高考填报志愿时，凡是沾着“私立”、“民办”或“职业技术学院”字样的学校，报考者寥寥。

（二）广州民办大学发展的内部制约因素：

1. 教学质量良莠不齐。

个别民办大学专业设置不合理、不科学，教学质量低。民办大学尤其是专修类学院，在专业设置上存在着主观任意性，缺乏规范。有些民办高校面对激烈的竞争突发奇想，不讲科学性，盲目追新逐热，未能赢得市场的认可，因而设置的专业招不到学生。目前，参加国家统一高考、招生，录取为民办高校的统招生，由学校组织教学、考试并颁发毕业证，这类国家承认学历教育的民办高校总体上还较少，绝大部分是参加国家学历文凭考试和自学考试的专修学院。由于自学考试难度较大，迫使各民办高校的教育为考试通过率服务，成了应试教育的一种新模式。甚至为了提高考试通过率，连教师也是聘请各主考大学的老师。这种与普通高校不同的考试、毕业制度，相当程度上限制了民办高校教学的自主性，被民办高校自嘲为“带着镣铐跳舞”。广州地区的民办高校数量上不少，但真正形成规模、教学质量好、有特色、社会信誉高的高校还不多。相当部份民办高校办学条件较差，设备简陋，有的学校至今仍在靠租赁校舍进行办学。由于民办大学大多未形成一定的规模效应，教育资源还未能得到充分利用，教育成本居高难下，教学质量难以稳定和保证，民办教育还不能满足社会对教育消费多元化选择的要求。民办高校教师队伍不稳定，流动性较大，也给民办大学教学质量的提高带来了负面影响。

2．管理机制尚未健全。

民办大学大多由私人投资举办，因而个别学校在管理方式上带有家族式色彩。投资方和管理方权责不明，没有形成专家治学的机制。有的学校校长、院长由投资方董事长一人兼任，学校员工每月的工资都得他批。所有权与经营权不分，管理上没有责任制，董事长一竿子插到底，造成“人人问事无人问”、“样样都管管不好”的混乱局面。个别投资者个人英雄主义、投机主义色彩浓厚，在办学理念上倒行逆施，管理混乱，学生不听老师教诲，缺乏严格的管理制度。与公立学校相比，民办高校思想道德教育普遍较为薄弱，缺乏与政府主管部门的沟通与协作，管理上和制度上的弊端无法得到及时发现并予以纠正。民办教育尚未纳入统一的管理。个别办学者钻政策空子，投机办学，不经审批，自立门户。一些民办学校财务缺乏审计和监督，学校资金运行混乱，存在较大的风险和隐患。政府部门的民办教育行政管理人员力量薄弱，无法对民办学校实施有效的引导和管理，管理人员只能当救火队员，疲于奔命。一些投资者急功近利，不顾办学质量大打招生广告。目前突出的问题是，管理民办学校的法律法规尚未健全。国务院颁发的《社会力量办学条例》操作性还不太强。有些学校利用注册容易到处行骗，给民办学校造成很不好的影响。

3．招生工作缺乏规范。

恶性竞争是民办大学每年招生期间必有的现象。其表现一是拉大旗作虎皮，鱼目混珠。招揽考生，提高知名度。招生时一些民办大学总是打着名牌公办大学的旗号，声称与名牌大学联合办学，学生毕业时颁发正规大学毕业文凭。民办高校（特别是专修学院）争先恐后地争夺数量有限的高考落榜生。这些学校还将目光投向省内其他地区，做广告、发传单、设摊点，还纷纷在各大报刊刊登广告，招聘招办主任和业务骨干。二是招生贩子、招生骗子四处出入。在广州以及其它地方，活跃着一批招生贩子，他们与各地中学、招生机构有着特殊的关系，加之多年构建的网络，他们靠手中的生源发财。部分民办高校为了抢夺学生，各种手段无所不用。有的学校用高薪把别的学校的招生骨干或招办主任挖来。与招生贩子密切联系，给高额回扣，这是许多民办高校心照不宣的普遍做法。招生中的鱼龙混杂、鱼目混珠，以及招生贩子、招生骗子的猖獗，使民办高校的公信度大为降低。有的招生贩子，联手倒卖生源。不少考生被录取的学校根本不是他们当初选报的学校。有的专修学院在正式招生工作开始前便抢先派发录取通知书，用“大包围”的手法争夺生源。学生选择学校时应该是客观而自主的，主要取决于学校的办学质量。让经济利益介入招生大战中很容易引起招生秩序的混乱。

三、促进广州民办大学发展的对策与建议

（一）完善政策法规，改善发展环境。民办高校的发展之所以困难重重，一个重要的原因，就是国家规定的政策尚未得到完全落实。不少民办高校的生存与发展正处于水深火热之中，如果再得不到有关方面的支持，将会出现自我消亡的危险，进而影响到民办教育事业的发展。因此，应尽快贯彻落实《民办教育促进法》，尽快改善民办大学的政策环境，保护民办高校的教师、职工和学生的合法权益。要制定给投资者适当回报的政策以鼓励民间和社会资本积极投资民办高等教育事业。要努力营造有利于民办高等教育发展的社会环境。构建董事会制的民办高等教育机构管理体制，杜绝民办高校中“家长式”、“家族式”的管理方式。增加有权进行计划内招生的民办高校的数量，对部分有条件的民办高校应授予

其进行本科试点的权利，推动民办高校向更高层次发展。适当扩大民办高校办学的自主权。首先要做到政策上统一，民办公办一视同仁；其次是主管部门要加强监管，教育行政部门要对民办教育机构统一管理；三是在立法中要明确给予民办高校资金方面的扶持，比如贷款等的优惠；四是进一步健全民办教育机构教职工队伍的社会保障体系，以改变目前民办高校教师流动大的状况。

（二）加强规范管理，实行依法办学。对民办大学出现的问题和存在的各种困难，政府要给予重视，加强宏观管理和指导。政府的宏观管理包括制定相关政策、法规，提供必要的信息、咨询服务，保证必要的教育投资和办学条件，组织协调各有关部门和单位的联系，加强督导、检查和评估，发现问题及时加以解决。政府要改变对民办高校的歧视政策和不平等待遇，强化平等和服务观念，增强平等服务意识。在税收、融资、用地、教师待遇、职称评定等方面实行与公办学校一视同仁的政策。学历证书的颁发、毕业证书的承认也要采取和公办学校相同的政策，只要教学质量、教学水平达到与公办学校同等水平，国家应准予颁发同等学历证书，予以承认。民办高校必须体现谁投资谁受益的原则。民办高校学费收费标准与办学主体的筹资方式相适应，并按学生人均培养成本（完全成本）进行收费。允许不同地区、不同办学主体、不同学校、不同专业的学费收费标准有所区别。

（三）提高教学质量，注重方法创新。教学质量是民办高校赖以生存发展和取得社会信任的生命线。民办高校能否生存、能否发展和壮大，关键在于教学质量。对民办高校而言，没有生源，就没有财源，没有财源，就无法生存，就只能关闭。没有高质量的教学和高素质的毕业生，民办高校就会失去声誉、失去市场，失去生存的条件。因此，必须树立质量意识、服务意识、竞争意识。要充分利用民办高校办学机制灵活等独特优势，大胆进行教学改革。在运用现代化教育技术与手段、采用教学方法与课程教材、建立现代学校管理制度等方面的改革上，勇于开拓，积极创新。要广采博纳中外成功的教育经验，借鉴公办学校已取得成效的教育实验模式，从学制、课程结构、教学内容到教育方法和教育手段等方面进行全方位的实验和创新，探索一条具有民办高校自身特色的教育改革的新路子。

（四）改善生活待遇，稳定教师队伍。要保证民办高校的教学质量，稳定教师队伍，建设一支高素质的教师队伍是重要的前提。民办高校的教师主要靠公开向社会招聘，包括专职和兼职两类。但在实际运行中，招聘制仍有它的一些弊端，特别是容易造成队伍不稳定和人员老化。因此，建立一支稳定而高素质的师资队伍是民办大学生存和发展的重要基础。一是要让民办高校教师享有与公办教师平等的待遇，包括退休养老、医疗保险、户口迁移、职称评聘、政府荣誉等方面，实施公平待遇，摒弃民办高校教师低人一等的观念。二是把好民办高校教师的质量关，选聘的教师应具备国家认定的教师资格，德才兼备，敬业精神强，热爱教育事业，业务水平高，肯钻研，懂得教育方法和教学规律。第三，加强教师队伍内部管理，建立健全岗位责任制，明确考核评估和职称晋升规定，从制度上稳定教师队伍。第四，改善教师待遇，抓好福利工作。要在工资、奖金、津贴、住房等方面建立规范的分配制度，尽可能提高教师待遇，解除他们的后顾之忧，充分调动他们的工作积极性。第五，加强技能培训，提高科研水平，要定期选送骨干教师到国内外名牌大学进修，鼓励教师开展科技攻关，增加科研成果，不断提高教学水平和科研水平。

（五）注重特色教育，明确培养目标。与公立高校不同，民办高校应以培养复合型实用型人才为目标。因此，民办高校应该注重特色教育，专业设置、教材选用和教学方法不能全盘照搬公立高校的模式。应该针对市场设专业，针对岗位排课程，针对学生选方法，针对实践抓教学，针对竞争创名牌。由于各种原因，目前民办高校学生分配就业的难度要大于公立高校。面对这种现实，民办高校教学的指导思想是注重必要的专业基础理论教育，将专业理论学习与现代化实践技能培训融为一体，重点培养学生的实际业务知识和实践能力，围绕专业发展趋向，扩大知识领域，以适应市场经济条件下对专业技能发展变化的要求，培养学生就业的竞争能力。在教学形式上应注重多样性，在专业设置上注重职业性，在教学方法上注重实践性，在培养目标上注重应用性。只有这样，民办高校才能办出特色，创出名牌，在竞争中发展壮大。

（六）加大改革力度，抓好素质教育。近年来，素质教育问题已成为全球教育界普遍关注的问题。作为改革开放新生事物的民办高等教育，更应加大改革力度，抓好学生素质教育。民办高校抓好教育质量，决不能走回应试教育的老路，而必须按照素质教育的要求，面向全体学生，全面提高学生的思想道德、文化科学、身体、心理和劳动技能素质。民办高校的素质教育，应注意把专业教育与知识教育、理论与实践、教学与研究融为一体，以使学生能够拥有广泛而深厚的基础知识和基本技能。民办高校的学生不仅要学习知识，而且应具备运用这些知识的能力。抓素质教育，一定要处理好素质教育与应试教育和素质教育与专业教育的关系。全面提高学生的政治素质、思想素质、道德素质、文化素质、身心素质和法律素质，把学生培养成为具有渊博知识、丰富创造力、强烈责任感和敏锐观察力的高素质专业人才。

（作者为广东金融学院副教授）

2-2-10　广东省民营经济发展形势分析报告

陈继平

2003年，广东在党的十六大、十六届三中全会精神的指导下，全面贯彻广东省第九次党代会和省委九届二次、三次全会的战略部署，把加快民营经济发展，作为全面推动加快率先基本实现社会主义现代化步伐的一项重大战略举措，加大民营经济工作力度，推动了民营经济新一轮发展热潮，使广东民营经济在加快发展中实现了新的提高。

一、2003年民营经济加快发展对广东经济发展和社会进步产生的积极影响

2003年2月，广东召开了全省民营经济工作会议，就抓住民营经济这个关于广东经济发展活力和后劲的重大问题进行了全面部署，明确了民营经济的发展目标、任务和政策措施。广东各地也根据会议精神，结合实际情况，做出相应部署，制订了配套政策措施和实施办法，共同推动广东民营经济加快发展。当前，广东民营经济已形成快速、健康发展的良好势头。截止到2003年底全省共有私营企业32.3万户，同比增长24.9%，增幅创1996年以来新高；注册资本4522.8亿元，同比增长33.8%。民营经济的加快发展对广东省保持竞争优势和整体实力，发挥了重要作用。

——民营经济为广东经济发展注入了强劲动力，成为经济社会发展的一支重要力量。2003年，广东民营经济的加快发展，促进了国有集体、外资和民营经济三足鼎立推动经济发展的格局。据不完全统计，2003年，广东个体民营企业实现工业增加值约1500亿元，占全省工业增加值的27%左右；民营经济投资达1633亿元，增长了30%，民间投资占了社会总投资的一半以上。由于大量民营企业以其他所有制企业名义注册，大量集体企业转制后尚未改变登记类型，民营经济占全省经济总量的实际比重远高于统计数字。在广东佛山，该市民营经济创造的国内生产总值已占总量的一半左右，税收超过一半，社会固定资产投资也占将近一半，民营经济占半壁江山。在广东东西两翼不少地区，民营经济在经济总量中的份额都超过60%，就是在外资或公有经济比较发达的地区，也基本形成了“三分天下有其一”的格局，民营经济已成为相当部份县域经济的主要支柱。

——民营经济极大地增强了广东经济发展后劲和实力。广东民营经济是与广东改革开放和市场经济发展相伴而生的，是建立市场经济体制的重要推动力量，是市场的主要创造者与参与者。在2003年加快发展的形势下，其起步早、基础好、机制灵活的优势，得到了充分的发挥，极大地促进广东市场的发育，提高市场化程度，从而使广东在建立社会主义市场经济体制方面走在全国前列。如在民营企业外贸出口方面，呈现跨越式的发展态势，对巩固和提高广东外贸大省的地位发挥了重大的作用。2003年广东私营企业出口额为113亿美元，比上年增长1.72倍，占全国私营企业出口的32.4%，居全国首位。民营经济对广东经济的整体素质提高，经济结构优化的作用日益明显。一是民营科技企业发展迅猛，成为广东科技创新和高新技术产业发展的生力军，推动了产业结构的优化升级。广东民营科技企业连续10年保持高速增长，主要指标近年增速高达30~60%。二是涌现出一批具有竞争优势的行业龙头企业和名牌产品，优化了企业组织结构和产品结构。三是在现代物流、软件开发、连锁商业和生物医药等新兴产业中，涌现出如宝供物流、新太集团、海王生物等一大批实力强、前景好的民营企业，成为广东新兴产业发展的重要力量。

——民营经济的发展加速了广东工业化和城镇化进程，对增加就业，维护社会稳定，发挥了重要作用。广东民营经济的发展促进了一批专业镇和工业小区的形成，这些专业镇和工业小区大多拥有一至几种主导产品，聚集了一批企业，形成比较完善的生产、销售和配套服务体系，产品在省内外市场占有重要地位。专业镇和工业小区吸引大批农村人口和生产要素向城镇聚集，二、三产业迅速发展，城镇建设日新月异，成为广东工业化和城镇化发展的重要载体。民营经济不仅为当地政府创造了税收，而且创造了大量就业机会，成为城乡居民增加收入的重要来源。据不完全统计，到2003年底，广东个体私营企业从业人员超过770万人，约占全省从业人员的16%，约占二、三产业从业人数的30%。

二、广东加快民营经济发展的新举措

（一）出台扶持力度大、较为系统的政策措施。

广东省民营经济工作会议讨论通过了《中共广东省委、广东省人民政府关于加快民营经济发展的决定》，并根据这一文件精神，相继出台了12个配套文件，大力度、全方位地扶持民营经济发展。“决定”提出了发展民营经济是进一步解放和发展生产力，实现富民强省的重要途径，明确了加快民营经济发展的指导思想，要求进一步落实公平待遇，加大财政金融支持，重点扶持发展民营科技、外向型、吸纳下岗人员就业、从事农产品加工等四类民营企业，努力提高民营经济的素质和水平，积极营造有利于民营经济发展的良好外部环境。12个配套文件则着重解决当前制约广东民营经济发展的突出问题，包括《关于加快民营科技企业发展的实施意见》、《关于促进个体私营经济加快发展的实施办法》、《广东省财政扶持中小企业发展专项资金管理办法》、《广东省百强民营企业认定暂行办法》、《关于放宽民营资本投资领域的实施办法》、《关于支持民营经济发展若干用地政策的实施办法》、《关于扶持外向型民营企业发展的实施办法》、《关于鼓励民营企业吸纳下岗失业人员再就业的实施办法》、《关于扶持民营农产品加工企业发展的实施办法》、《广东省民营经济统计试行办法》、《关于为民营企业人员循因公渠道办理出国手续的试行办法》、《关于设立民营企业投诉中心的实施办法》。

（二）完善管理和服务，加强对民营经济工作的领导和协调。

一是成立中小企业局，理顺管理体制，强化管理效能。坚持“一手抓发展，一手抓管理”的方针，把加强和完善管理贯穿于加快发展的全过程和各方面，推动民营经济在规范、法制、有序的轨道上发展提高。在省经贸委设立中小企业局，负责组织实施国家和省有关中小企业和民营企业的政策法规，综合协调相关部门对民营企业进行指导和服务。二是设立民营企业投诉中心，加强对政务环境的监督。在广东省工商联设立民营企业投诉中心，让民营企业有说话的地方，接受民营企业的投诉，组织民营企业评议政府职能部门，切实维护民营企业的合法权益，为民营经济的发展创造良好的政务环境。三是重视和发挥中介组织的作用。加快发展行业协会等民间组织，重视发挥工商联的商会职能作用，促进形成政府管理与行业自律相互补充、相得益彰的管理新格局。

（三）广东各地加大力度推动民营经济发展。

第一，加大转变观念力度，思想认识有新突破。广东各地以转变观念为突破口，按照省委、省政府提出的“社会上有地位，政治上有荣誉，经济上有实惠“的总体要求，切实把民营经济工作的思路从“自主放任发展”转变到‘“促进加快发展”上来，改变瞻前顾后、底气不足、措施不力的状况。加大转变观念，成为各地实施加快民营经济发展战略迈出的关键一步。珠三角地区着力营造市场主体地位、市场准入和资源配置一视同仁的发展环境，鼓励和支持民营企业上规模、上档次、上水平发展，把企业做强做大，以占领发展的制高点。粤东地区从发展民营经济作为振兴地方经济主力军的高度出发，重点抓好“软”、“硬”环境建设，大力促进民营经济全面发展。粤北、粤西等经济欠发达地区，强调把加快发展民营经济作为迅速改变落后面貌的战略举措，大抓量的扩张。各地进一步解放思想，转变观念，使广东民营经济的发展迎来前所未有的良好社会环境。鼓励创业、支持发展，创业光荣、发展光荣的氛围日益浓厚。

第二，加大放宽政策力度，解决发展中难点问题有新进展。各地在扶持民营企业加快发展中，明显放宽了政策。清理了不规范的行政事业性收费和服务性收费，减轻企业负担；进一步降低市场准入条件，放宽准入领域；取消各种歧视性政策，普遍在用地、用电、税收方面出台了各种优惠政策。一些地方已开始着手解决长期困扰民营企业的融资、人才等难点问题，扶持政策的广度和深度有所拓展。如在融资方面，深圳、惠州、江门、清远等市采取财政支持或地方税费减免等措施，推动民营企业信用担保体系的建立；佛山市支持民营企业直接上市融资、发行债券；深圳、惠州、韶关、中山等市建立了中小企业发展基金。

第三，加大服务力度，政务环境有新改善。随着政府职能的转变，以及行政审批制度改革的深入开展，政府角色从“管理”企业转变为“服务”企业，已成为不可逆转的趋势，政府服务意识有所增强，服务力度逐步加大。佛山、惠州、茂名、东莞等市设立了民营企业的政策协调机构，专司负责指导、协调、促进民营企业的改革和发展；韶关、汕头等市建立由经贸、工商、税务、海关、工商联等组成的民营经济发展联席会议机制，协调解决民营经济发展中的重大问题；惠州、阳江等市简化办事程序，有关职能部门实行“一幢楼办公、一站式审批、一个窗口收费、一条龙服务”工作机制，提高办事效率；广州市通过加快实行“并联审批制度”，按“工商受理，网上发布，并联审批，限时完成”的方式开展“并网年检”，提高行政效率和服务质量；一些地方还推出服务期限的承诺制度。

第四，加大保护力度，促进民营企业放心放胆发展有新办法。各地在加大对民营企业合法权益保护力度上，主要抓好以下几项工作：一是树立对各种所有制经济成份平等保护的观念，一视同仁地对待民营企业，依法保护民营企业的合法权益。云浮、阳江等市司法部门出台严格执法措施，加强对民营企业的保护工作；惠州市规定行政执法机关不得随意采取对企业生产经营造成严重影响的封账等行为。二是根据省委、省政府关于加快民营经济发展的决定，建立民营企业投诉中心，健全民营企业投诉机制。多数地方把这一职能赋予工商联，明确工商联作为民营企业代言人的角色，使维护民营企业合法权益得到进一步落实。三是对重点民营企业采取特殊保护措施。各地加大对民营企业的保护力度，不仅促进了民营企业的健康发展，而且规范了政府职能部门的依法行政。

第五，加大扶持重点企业力度，支持民营企业做强做大迈出新步伐。各地重点扶持“四类企业”，大力支持从事当地优势产业、具有相对竞争优势的民营企业发展。广州市支持民营企业推进科技创新，发展高新技术产业，并提出要培养扶持一批年销售收入达到100亿元的民营企业；深圳、珠海等市制订实施“民营企业50强”计划，扶持发展一批技术先进、主业突出、行业优势明显、拥有自主知识产权和知名品牌的民营企业；惠州市加大对民营科技企业的财政支持力度，推动民营企业关键技术、共性技术的研发和中试，打造“民营企业100强”；阳江、清远、梅州、云浮等市对利用当地资源优势发展的民营企业给予了财政等方面的支持。在对全省有代表性的288家民营企业问卷调查中，有44．8%的被访者认为政府在财政上对民营科技企业的支持力度有所加强。

三、广东省工商联推动民营经济加快发展的主要工作

2003年，广东省工商联以协助省委、省政府推动民营经济加快发展作为工作重点，抓住机遇，创新思路，发挥优势，大力推动民营经济的大发展、大提高。

——切实抓好“四个工程”工作，进一步发挥工商联的作用，增强和提高为民营经济服务的意识和水平，促进我省非公有制经济加快发展。一是围绕全面建设小康社会的奋斗目标，切实抓好凝聚力量的人心工程。举办了全省县级以上工商联会长研讨班和非公有制经济代表人士培训班，认真学习十六大精神和全省民营经济工作会议精神，进一步明确新形势下工商联工作的指导思想、工作切入点，树立为民营企业加快发展的意识。二是建立健全引导教育工作机制，积极营造民营企业的素质工程。充实健全了非公有制经济代表人士的资料数据库，并实行动态管理。推动民营企业文化建设，引导民营企业树立以人为本、健康向上的企业精神，正确处理好企业与国家、社会、员工的关系。把非公有制经济人士的智慧和力量凝聚在建设中国特色社会主义事业中来。三是促进民营经济加快发展，不断完善商会特色的服务工程，为民营企业的加快发展提供支持和服务。四是进一步提高工作水平，努力塑造工商联的形象工程。加强了工商联领导班子建设和干部队伍建设，增强政治意识、大局意识、忧患意识、责任意识，提高服务意识和水平。

——深入调查研究，推动优化民营经济发展环境。全省民营经济工作会议召开前，广东省工商联积极配合省委、省政府做好各项准备工作，并积极参与文件起草和修改工作，提出具有参考价值的意见和建议。全省民营经济工作后，广东省工商联重点开展了以贯彻落实全省民营经济工作会议精神为主题的调研，对广东省民营经济出现的新情况、新问题展开广泛、深入的调查研究，并形成了调查报告报送省委、省政府。还就广东省农业产业化、工业园区建设情况等9个专题进行了调研，形成了一批有质量的调研报告。《关于各地贯彻全省民营经济工作会议精神情况的调查报告》以其对广东省民营经济发展情况较为全面、客观的反映和对今后发展具有针对性的意见和建议得到了省委、省政府的高度重视和充分肯定。广东省委书记张德江、副书记欧广源在报告上做了重要批示，中共广东省委办公厅、广东省政府办公厅向全省各级党委、政府转发了广东省工商联的这一调查报告。这些工作，对进一步优化广东民营经济发展环境起到了积极的作用。

——办好民营企业投诉中心工作，促进民营经济发展环境的优化。经过广东省工商联的大力争取，广东省把民营企业投诉中心交由广东省工商联具体运作。广东省工商联倾力做好这项重要工作，组织力量到外省和省内有关部门学习考察，广泛征求各方面意见，研究制订了《关于设立民营企业投诉中心的意见》、《民营企业投诉受理办法》和《组织民营企业民主评议政府职能部门工作的实施办法》，并于11月11日正式成立广东省民营企业投诉中心，开始运作。至2003年底，投诉中心共接到各种投诉499宗，已受理和办结了一批投诉。这一工作，不仅加强和充实了工商联维护民营企业合法权益的职能，而且对改善和优化民营经济发展环境产生了积极影响。

——取得全省性社会团体的业务主管单位资格，推动行业商会及该行业的健康发展。在广东省委领导的重视和各方面的支持下，广东省民政厅正式发文，授权省工商联作为全省性社团的业务主管单位。基本上解决了多年来困扰和制约行业商会发展的障碍。这为理顺行业商会、同业公会的管理体制，加强行业商会、同业公会的建设和管理，健全工商联组织网络打下良好的基础，也为规范市场经济条件下行业组织发展做出积极贡献。如广东油气商会承办了第八届中国液化石油气国际会议等大型会议，建立油气信息网等；广东省工商联鳗鱼业商会为会员企业及时准确地提供市场信息，在加强鳗鱼业技术指导、强化行业的管理与协调，维护行业利益方面做了大量工作；省工商联洗衣洗涤商会与省消委会联合制定了"广东省洗衣洗涤消费争议解决办法"等，在发挥行业商会功能方面做出了一些有益的探索和实践，取得了很好的效果。至2003年年底，广东省工商联建立的行业商会有19家，行业组织已粗具规模，体系较为健全。工商联组建的行业商会对促进行业健康发展的功能及作用日益突出，社会影响明显扩大。

四、当前广东民营经济发展的新特点、新趋势

在全省上下各级党委和政府的共同推动下，广东民营经济发展环境逐步改善，加快发展的政策效应逐步显现，其发展呈现出"八大亮点"。

一是创业积极性和投资信心明显提高，投资扩产持续上扬。2003年全省新开办的私营企业有8.16万家，同比增长29%；平均每天新开办私营企业达224家。民营经济投资增长迅猛，投资总额达1633亿元。全省民间投资占社会总投资的一半以上，并且投资质量和效率呈上升态势。

二是规模和实力明显扩大和增强，对经济增长的贡献率进一步提高。2003年规模以上民营企业9246家，实现工业总产值4248.47亿元，同比分别增长31.8%和29.9%。规模以上民营企业对全省工业产值增长的贡献率超过23%。全省个体、私营企业上缴税收340.53亿元，增长21.4%，大大高于全省地方财政一般预算收入，同比增长14.8%。民营经济已成为广东重要税源之一。

三是拓展国际市场积极性高涨，外向型民营企业呈现跨越式发展。各地民营企业利用广东外向度高的优势，走出国门，拓展国际市场，参与国际竞争，发展外向型经济，促进内源性经济与外源性经济协调发展。到2003年底，全省有进出口经营权的民营企业从2002年底的6197家猛增至14776家，占全省进出口企业总数的75%左右。2003年广东私营企业出口113亿美元，增长1.72倍，占全国私营企业出口的32.4%。全省有30多家民营企业在境外办了实业，投资总额超过3500美元。私营企业出口成为广东外贸出口的新亮点。

四是科技型民营企业迅猛发展，成为广东科技创新和高新技术产业加速发展的生力军。具有一定实力的民营企业普遍把向科技型发展作为产业调整的主导方向，进一步加快技术创新，加大科技投入，着力培育自主知识产权和品牌产品。广州、深圳、佛山、汕头、东莞等市一批具有一定规模的民营企业建立了技术研发中心，进入民营科技企业这一行列。民营企业科技企业数量从2002年底的4740家增加到5920家，其中产值超亿元的280家。全省高新技术企业中半数以上为民营企业。

五是涌现出一批具有竞争优势的行业龙头企业和名牌产品，企业组织结构和产品结构进一步优化。全省私营企业平均注册资本达140万元，居全国首位；注册资本在1000万元以上的6871户，其中亿元以上154户。行业龙头企业和名牌产品在市场保持较大竞争优势。

六是发展混合所有制经济的热情提高，资本扩张势头强劲。据抽样调查，有意向混合所有制经济发展的民营企业近一半。加快与国有经济的融合、与外资经济的结合、与民营经济之间的联合，成为民营经济发展的主要方向之一。据统计，到2002年上半年，全省有1467家民营企业参与了国有企业改革；完成股份制改造的企业7687家，私营企业集团268家，上市的民营企业有15家。广东奥园实业有限公司、广州海印实业有限公司、广州福达集团、汕头大印象集团等一批效益良好，管理规范的民营企业在参与国有企业改革中都取得了成功。

七是以民营企业为主体的专业镇经济迅速崛起，产业集聚产生的规模效应和经济效益正日益凸现。近年来，珠三角和东西两翼民营经济不断向市场细分、市场多层次方向发展，特色经济带逐步形成。一些地方把充分利用当地资源与培育特色产业紧密起来，以市场带动和拓展民营企业的产业链，形成了以专业生产经营为主导的行业分工合作体系。“小商品、大市场”，“小企业、大社会”，“小买卖、大发展”，成为广东特色经济的主要特点。广东珠三角和东西两翼地区，已出现了不少以特色产品为主导的专业镇，形成了比较完善的生产、销售和配套服务体系，产品在省内外乃至国内市场占有重要地位。如大沥铝材、宫窑玩具、西樵纺织、石湾陶瓷、小榄五金、古镇灯饰、虎门服装、乐从家具等都是国内外闻名的专业镇。据统计，全省有专业村283个，专业镇62个，其中产值超10亿元的有13个。

八是民营农业龙头企业发展迅猛，成为农村经济的生力军。我省农业龙头企业保持着强劲的发展势头，示范作用突出，带动效应明显。2003年农业龙头企业从2002年的700多家增加到1000多家，涌现出一批新的农业龙头企业。全省农业龙头企业固定资产总值280亿元，年销售收入达639亿元，其中超亿元的有143家；龙头企业带动农户297万户，占全省农户的29．7%，带动农产户增收2341元。

五、当前广东民营经济发展存在的主要问题

（一）在民营经济外部环境上，加快发展的政策效应还没有充分发挥出来，主要表现在以下三方面：

第一，政策措施落实不到位。2003年，广东省加快民营经济发展的力度是空前的，但在省里一些地方民营企业的反应没有预想中强烈。一些地方民营企业人士反映，发展民营经济，在省里是12级台风，市里是8级，到基层就风平浪静了。归纳起来，政策措施落实不到位主要有三方面：一是措施较虚、办法不细、配套不全，可操作性不强。一些地方制定的措施模糊化、边缘化，如对市场准入条件只提及“放宽”，用电、用地要“优惠”，办事效率要“提高”等，但并没有可遵循的具体标准，执行政策的随意性大，政策效应不明显；一些地方虽然注意到了民营企业在人才、融资等方面存在的困难，但解决的办法不多或是隔靴搔痒。二是政策措施脱离实际，成为官样文章。一些地方措施出台较为仓促，脱离当地民营经济发展阶段，揠苗助长而又力不从心。如在工业园区建设上，缺乏整体规划，一哄而上，出现低水平、重复建设。三是扶持政策措施难于兑现。

第二，政务环境亟须进一步优化。政务环境中存在服务意识差、官僚作风严重、办事效率低的状况；“三乱”行为屡禁不绝，变相“三乱”时有发生。政务环境没有根本好转，一方面导致政策在贯彻执行中大打折扣，政府所做的工作被部门利益所抵消，从而也削弱了民营企业发展的信心；另一方面使民营企业不得不“主动”适应这一环境，导致企业与政府之间沟通存在灰色地带。政务环境所存在的问题，实质上反映了政府特别是基层政府部门的职能转变已经明显滞后于经济的发展，这主要表现在：一是一些政府部门权力意识浓厚，以种种“审批”代替必要的市场“监管”，导致政府职能失衡。二是部门利益对政务环境形成严重冲击和破坏。目前存在的“三乱”行为以及新滋生的“变相三乱”行为，在经济欠发达地区尤为突出。政府部门以部门利益为重直接导致政府职能的严重扭曲，一些地方甚至酿成政府与企业之间的对立。近年来，罗定、海丰等地个体户出现罢市现象就说明了这一点。三是政府角色没有真正转变，服务意识差。一些基层政府部门基本上是在“管理”企业，谈不上是“服务”企业，以罚代管、工作方式粗暴等现象屡见不鲜。一些地方推出的“一个窗口办证，一条龙服务”仅起到咨询的作用，办事程序并没有简化，成了摆设。基层工作人员素质低、意识落后、作风差的问题也一直为民营经济工作所诟病。

第三，营商成本高，企业负担重。近年来，广东民营企业普遍认为税赋重，在2002年对288家民营企业的问卷调查中，有20.6%和66.4%的被访者分别认为税赋“很重”、“比较重”。造成税赋重的原因，需做进一步探讨，但目前比较严重的偷税漏税情况，不排除与税赋不合理没有关系，并且也对依法纳税的民营企业形成了严重冲击，损害了正常的市场秩序。此外，在珠三角地区民营企业普遍认为地价过高已经影响了企业竞争力。深圳蛇口一些民营企业反映，江苏昆山工业园区曾以远低于深圳蛇口厂房租价的优惠说服他们易地发展。在佛山市南海区，一度曾聚集400多家铝型材民营企业的大沥镇，现在已不足200家，当地企业反映，这与当地营商成本过高有直接关系。目前广东一些地方也因营商成本高而出现企业外迁的苗头。

（二）在民营企业发展的内部因素上，还存在整体素质不高，突出问题还尚未真正得到解决。

第一，民营企业规模还不够大。目前广东的30多万家民营企业中，上规模的仅几千家，相当部分呈现小、散、弱的状态，竞争力不够强。

第二，企业的核心竞争力不强。目前广东民营企业普遍缺乏自主开发能力。而如果仅靠向别人购买专利生产产品，则不利于企业的长远发展。目前，广东省民营企业中拥有技术开发中心和博士后站极少。

第三，企业的信誉度尚待提高。现在一些民营企业得不到银行贷款的原因，除了存在所有制歧视外，很重要的是与民营企业的信誉度不高有关。银行不敢、不愿给民营企业贷款，就是因为一些民营企业的诚信度不高。

第四，企业的品牌意识有待加强。目前广东民营企业的品牌建设落后于江浙等民营经济发达地区。广东民营企业中拥有国家级名牌产品的较少，这与广东民营经济的整体实力不相适应。

第五，民营企业家精英较少。广东民营企业家在国内有影响的比较少，比不上江浙等地。

六、对加快广东民营经济发展的建议

必须按照十六大和十六届三中全会提出的要求，毫不动摇地支持和鼓励广东民营经济的快速、健康发展，以科学的发展观促进民营经济加快发展、率先发展和协调发展，坚决革除各种阻碍民营经济发展的障碍。

（一）下大力气营造良好的投资创业环境。

随着经济全球化的加快推进，面对长三角地区赶超的强势，区域之间的竞争实际上已成为发展环境的竞争。谁能率先营造良好的发展环境，谁就能率先抓住机遇，率先赢得发展。当前，必须加大政府机构改革和职能转变的力度，彻底抛弃计划经济管理理念、模式和方式，把政府部门的职能切实从重“管”转向重“导”，从简单放开转向主动服务、积极引导。要大力推进政务公开，营造阳光透明政府，形成全方位、多层次、主体式的政务公开格局。要增强政府部门服务意识，明晰办事程序，简化办事环节，提高办事效率，真正做到“进一个门办成所有的事”，以此推动建立良好的政企关系，构建良好的政企互动机制。要加强对行政执法管理部门的监督，约束部门利益，严肃查处行政不作为或乱作为，坚决取缔“三乱”和变相“三乱”行为，推行收费明白卡制度。按照省委、省政府的要求，切实优化“五个环境”。针对目前政策措施落实不到位的状况，要以抓落实促发展为重点，多办实事，少提口号，多些实效，少些形式，使加快民营经济发展的政策措施落到实处。

（二）加强协调，形成加快民营经济发展的合力。

发展民营经济，涉及政府、企业和社会等方方面面，是一项经济社会的系统工程。必须加强领导和协调，把各方面力量凝聚成加快发展的强大合力。要改进领导方法，创新工作机制，形成“党委统一领导、政府宏观调控、部门全力支持，全社会积极参与、企业自主发展”的工作格局。树立服务意识，打破部门利益，为推动民营经济发展各尽其责、各出其力。

（三）切实解决制约民营经济发展的难点问题。

要在建立贷款担保机构的同时，健全票据市场、发展民营投资公司、扩大银行信用贷款等，多渠道、多层次地解决中小民营企业融资难问题。要鼓励高等院校毕业生、专业技术人员从业于民营企业，大力加强人才市场的建设，进一步清除人才流动、吸纳人才的障碍，对具备条件的民营企业赋予一定的人事权，逐步改变民营企业人才严重缺乏的状况。民营企业用地应与其他所有制企业一视同仁、同等政策，按照企业的实际，统筹安排，要制定相应政策规定，允许民营企业为租用土地的建筑物办理房产证。要重视研究税赋重的问题，减轻企业的税赋，增强企业自我发展的能力。要进一步规范各种行政规费，坚决清理只收费不服务的项目，减轻企业的负担，降低营商成本。

（四）大力推动民营企业“三个创新”，提高民营经济的整体素质。

实现体制、科技和管理创新，是民营企业发展和提高的内在需要。民营企业要真正走上可持续发展道路，摆脱自身局限，就必须坚持体制创新，走出适合企业发展阶段的路子。对有一定规模的民营企业，要鼓励其进行产权制度创新，建立多元开放和社会化的产权结构。对条件尚不成熟、面广量大的家族式企业，要按市场规律办事，尊重企业的意向和选择权，帮助其逐步实现管理制度化、科学化、规范化。要积极引导民营企业增强质量意识、科技意识、品牌意识，增加科技投入，大力发展高新技术产业和用先进适用技术改造提升传统产业、产品，逐步走出低水平竞争；要以提高民营企业的技术水平和竞争力为核心，加快技术创新步伐，大力实施名牌带动战略和大企业集团带动战略，以资本为纽带，走联合发展的道路，打造一批在国内外有影响的名牌产品和龙头企业，发展一批拥有自主知识产权和核心技术的规模化民营企业集团。

（五）加大所有制经济结构调整的力度。

进一步搞好所有制经济结构的调整，是发展内源性经济的一个重要环节，是市场经济发展一个不可逆转的趋势。政府主管部门可以在调查研究的基础上，做出具体的规划方案和政策规定，加大国有企业转制的力度，鼓励支持民营企业参与国有企业的改革，促进多种所有制经济融合，优势互补，相得益彰，实现产权多元化。使之一方面盘活国有资产，确保国有资产保值增值，促进政府部门职能的根本转变；另一方面发挥广东巨大的民间资本的财富效应，扭转投资乏力的状况，使民营企业实现低成本扩张，迅速做强做大。不断调整所有制经济结构，符合党在社会主义初级阶段的基本经济制度，有利于增强广东经济发展的活力和后劲，有利于把广东国民经济推上一个新台阶。

（作者为广东省工商联办公室调研组组长）

2-2-11 浙江省民营经济发展的现状与特点

谢天祯

民营经济是浙江经济的活力之所在、优势之所在、潜力之所在，也是改革开放以来推动浙江经济快速发展的重要力量。近年来，“浙江现象”之所以越来越引人注目，其中一个主要的原因就是民营经济的迅速崛起。

浙江省民营经济的发展居全国各省市的前列，民营经济已占全省工农业产值的近2/3，成为全省经济的重要增长点和支撑点。2003年，浙江省实现生产总值9200亿元，其中民营经济实现增加值占全省生产总值的70.2%；全社会固定资产投资4947亿元，其中民间投资占57.4%；外贸出口总值416亿美元，其中民营企业出口占36.5%；在规模以上工业企业税收中，民营经济占65%。2003年全省个体私营经济实现工业总产值8271亿元，销售总额6899亿元，社会消费品零售总额3124亿元，出口创汇额1211亿元．个体私营经济实现工业总产值、销售总额、社会消费品零售总额和出口创汇额等4项指标连续6年居全国第一。目前，在全省工业生产总值中，个体和私营经济所占比重超过了50%，许多地方已经超过了“半壁江山”，有的市、县甚至达到80%，成为地方经济的支柱。如温州市民营企业占全市工业总产值的96%，国内生产总值的80%，税收的56.7%。民营经济占台州市经济总量的90%以上，民营企业所创造的国民收入已占全市的60%以上，财政收入的75%也来自民营企业。

浙江省民营经济的主要特点：

一、民营经济发展呈现出快速增长的趋势

改革开放以来，浙江民营经济特别是个体私营经济得到了迅速发展。1978年，浙江省个体工商户仅2000余户，私营企业几乎为零。近20年来，浙江的个体私营工业产值以年均60%左右的速度增长。1990年，个体私营经济占全省GDP的比重仅为15.7%。1991年，全省经工商登记注册的个体工商户和私营企业分别为100.3万户和1.1万家，从业人员分别为155.8万人和16.9万人，注册资金分别为40亿元和7.3亿元。到了1997年，个体工商户增加到153.2万户，从业人员达到256.4万人，注册资金达到219.9亿元；私营企业增加到9.2万户，从业人员增加到135.5万人，注册资金达到470.6亿元。1998年个体工商户为164.4万户，从业人员281.4万人；私营企业14.6万户，居全国第二位，从业人员191.9万人。到2000年底，浙江省的私营企业总户数已达到17.9万户，仅次于广东省(18.4万户)，注册资本1526.7亿元。而到了2001年底，浙江省私营企业总户数增加到20.9万户，注册资本超过1600亿元，为1679.4亿元。2002年，浙江的私营企业数量为24.7万户，注册资本为2250亿元。2003年，浙江省的私营企业总数达到了30万户，注册资金达到3130.5亿元。当年新增78730家，发展速度创历史新高。浙江省的私营企业从20世纪80年代末起步，1998年总数突破10万户大关，3年后超过了20万户，两年后的2003年则跨上了30万家的新台阶，私营企业总户数为30.6万户。2002年平均每天诞生138家私营企业，2003年则平均每天诞生215家私营企业。1997年，浙江省个体私营经济实现工业产值2579亿元。此后，浙江的民营经济获得了更快的发展。2001年，民营经济工业产值达到6453亿元，2003年增加到8271亿元。

二、民营企业在发展中不断做大做强

一方面，由于得到政府的大力扶持，另一方面，通过自身的努力，浙江的民营企业日益做大做强，实力雄厚的民营企业和民营企业集团不断涌现，成为带动全省民营经济发展的“领头羊”。2000年度全国23家产值上亿元的私营企业有16家在浙江，占全国的近70%。在1997年度全国首批500家最大私营企业中，浙江有112家，总量居全国第一。2000年，全国工商联民营会员企业500强，浙江有157家企业上榜，占全国的31%，其中前10名中浙江企业占了3家，他们

是万向集团、正泰集团、德力西集团。2002年公布的全国最大500家民营会员企业中，浙江有174家，比上年度增加17家，占全国总数超过三分之一，其中十强中浙江占了一半，他们是万向集团、横店集团、正泰集团、德力西集团和天正集团，其中万向集团与正泰集团已连续4年进入前10名。2003年公布的上规模500家民营会员企业中，上榜的浙江省民营企业达到188家，比2002年增加14家。2004年公布的上规模500家民营会员企业中，浙江省有184家。在全国十大民营企业中，浙江省占了4家。万向集团年销售收入已超过百亿元。1998年，年销售收入达5000万元到1亿元的民营企业为95家，销售收入1亿元以上的民营企业有35家，到2002年，分别增加到670家和365家。2003年，浙江省工业企业中年销售收入在10亿元以上的民营企业已达60多家。截至2002年底，全省注册资本超亿元的私营企业已达68家，超千万元的3348家；年产值超亿元企业334家，规模以上企业1.6万家。到2004年上半年，全省已有民营企业集团541家，总资产亿元以上的民营企业735家。

2000年全国私营企业纳税百强排行榜中，浙江共有16家企业榜上有名。2004年3月公布的浙江省百强民营企业户均营业收入为32.33亿元，而广东省首届百强民营企业的户均营业收入仅为13.27亿元。同样是百强企业，但户均营业收入却相差甚远。

此外，民营企业家在国内的知名度和业内人士认同率方面，浙江也占有绝对优势。零点集团进行的一项调查，由各行业业内人士评出的中国企业家综合形象评价，前21名中，即有李书福（吉利集团）、郑永刚（杉杉集团）和李如成（雅戈尔集团）。这说明浙江的民营企业家在业内人士中的认同率较高。中国工业经济联合会和中国名牌战略推进委员会推举出“向世界名牌进军”的16家具有国际竞争力的中国企业，浙江万向集团公司是16家企业之一。该企业是国内万向节产品第一品牌和最大企业。万向集团不仅产品销往五大洲50多个国家，并还在欧美等7个国家收购、兼并了23个企业，在美国设有技术中心。浙江民营企业家鲁冠球、李书福、楼忠福、南存辉、胡成中、冯根生等，成为几乎家喻户晓的人物。

2002年《福布斯》中国大陆富豪榜中，共有14位浙江民营企业家入围，人数之多居国内各省市之首。2003年的《福布斯》中国大陆富豪榜，入围的浙江民营企业家仍然最多。在胡润制造的排行榜中，浙商也独领风骚。2003年的《中国百富榜》的浙江籍富豪有17人，居全国第一。2004年10月12日公布的《中国百富榜》，浙江籍的上榜富豪数量有所减少，但仍然有13位富豪入选。

三、民营经济的发展带动了民间投资的快速增长

浙江省民营经济的迅速成长，使民间投资不断升温，并且成为拉动浙江经济迅速增长的重要力量。近年来，民间投资已成为浙江经济发展的动力源。“中国经济看浙江”，浙江经济发展的多元化格局，使民营经济逐渐成为主体，民间投资十分活跃。据中国人民银行公布的信息，浙江民间资金在2000年底总量约为6000亿元。关于浙江省究竟拥有多少民间资本的估计有多种说法。2004年3月，国内有媒体报道披露“7000亿元浙江民资汹涌江苏”，一时间浙江拥有7000亿民资便成为比较流行的说法。同一时期，人民银行对浙江民资存量的匡算为8100亿元。经济界由此推测，浙江民间资本的拥有量目前至少为8000亿元，而浙江一些民营企业家则认为这个估算还是过于保守。从1978年到2000年，浙江民间投资以年平均24%左右的速度增长。“九五”期间，浙江省基础设施非国有投资达5900亿元，占同期全社会投资的63.8%。在全省已建的83个特色工业园中，约2/3的投资来自民间。2001年，浙江全省的民间投资达到1739.5亿元，比2000年增长28%，增幅高出全国平均数的1倍以上。2002年，民间投资突破2000亿元。2003年，民间投资已经达到2840亿元，占全部投资的比重超过了一半。近年来，浙江省开辟了一系列市场化筹资渠道，广泛吸纳民间资金投资于基础设施和社会发展领域，既缓解了建设资金不足的矛盾，又提高了投资效益。例如，民营经济较发达的台州市，民间投资已从原来仅投资于工业、农业和商业，延伸到经济和社会发展各个领域，包括兴办学校1300多所，股份制医院13家，修建甬台温高速公路等。

四、民营经济的发展促进了市场的不断繁荣

浙江市场的建立和发展是与非公有制经济的发展同步进行的，是在非公有制经济发展的形势下催生的。民营经济的迅速发展，使浙江较早地树立了强烈的市场经济意识。专业市场的发展，使浙江全省较早地形成了比较完善的市场体系，尤其是商品市场体系。在民营经济的积极参与和带动下，各种专业市场迅速发展，不仅数量多，而且种类齐、功能强、规模大。到2003年，浙江全省4036个商品交易市场成交额5591亿元，商品市场中消费品市场3505个，年成交额3845亿元，被誉为中国“市场大省”。市场成交额、超亿元市场数、单个市场成交额3项指标连续多年居中国榜首，市场交易成交额连续12年位居全国第一，而其中90%的经营者为个体私营企业者。个体、私营经济还经营着全省90%以上的商业零售、饮食和服务网点，成了这些行业的主力军。著名的义乌小商品城和绍兴中国轻纺城年成交额连续多年居全国10大同类市场之首。由于专业化、现代化生产的不断推进，浙江许多地方近年来曾先后举办过各种规模的博览会。有袜业之都的诸暨市大唐镇，已经举办了五届中国袜业博览会。自1999年12月以来，全国塑料博览会已在余姚市举办了五届，达成交易总额100多亿元。余姚市的塑料产业年销售额已突破200亿元。由温州市政府承办的2002年中国轻工产品博览会，成功地在温州国际会展中心举办。这是温州打造中国轻工产品展览品牌之乡的重要举措。2004年10月中旬，第三届国际轻工产品博览会如期在温州举行。

五、民营经济的发展推动了块状经济和规模经营优势的形成

区域块状特色经济是浙江经济发展中的重要特征。近年来，以民营经济为基础的块状经济不断发展壮大，逐步形成了集聚发展、规模经营的群体优势。浙江民营经济大多是从农村的家庭作坊起步的，带有鲜明的“一村一品”的区域经济特色，如绍兴的轻纺、义乌的小商品、柳市的低压电器、嘉兴海宁的皮革、永康的五金、桐乡的羊毛衫、诸暨的袜子、温州的皮鞋、眼镜和拉链等等。据2001年的专项调查，全省拥有工业总产值亿元以上的块状经济群519个，工业总产值10亿至50亿元的区块118个，50亿至100亿元的区块26个，100亿元以上的区块3个。全省特色工业企业达13万家，就业人数约600万人，全省特色工业广泛分布在110多个行业。2003年，全省拥有工业总产值亿元以上的块状经济群500多个，涉及175个行业，24万多家企业，占全省工业总产值的50%左右，其中52个行业的产品国内市场占有率达30%以上，14个行业的世界市场占有率在10%以上。浙江的块状经济在全国乃至在国际市场上都有明显的特色优势。块状经济的快速发展，提高了浙江产品的市场占有率和竞争力。如今，温州打火机在国际市场上的占有率超过70%；嵊州的领带年产量达到2.8亿条，占据全国80%的市场份额和全球产量的1/3；海宁年产皮衣1600万件，占全国产量的1/4；萧山羽绒制品产量占全国的1/3。诸暨市的一个大唐镇，就有8000多家家庭企业生产袜子，年产袜子48亿双，产值90亿元，成为全球最大的袜业基地。上虞市崧厦镇，有1050家伞具企业，伞业总产值超过35亿元，占全国伞业产值的20%多。靠一种小产品为支点，通过市场竞争的无形之手，最终成就了区域或者国内乃至世界同行业的霸主地位。统计显示，在532种主要工业产品中，浙江有336种产品的产量进入全国前10名，56种产品产量居全国第一。另据浙江省经贸委最近公布的一项调查结果表明：浙江省232种工业产品市场占有率居全国第一，而且每一种产品的年销售收入都在5000万元以上，其中全国市场占有率达40%以上的产品有160个。

六、突破区域发展制约，积极扩大横向经济联合

随着浙江经济的迅速发展，浙江民营企业向外扩张的步伐大大加速。目前，浙江全省已有200多万人前往全国各地投资经商。仅温州一地，就有103.8万人在外务工经商。所从事的行业以贸易餐饮业、工业和社会服务业为主，从事建筑业和农业的也占有一定的比例。浙江商人的足迹，已经遍布全国各地，上海、江苏、广东、福建等沿海经济发达地区是浙江民营企业投资的重点地区。不仅发达地区，即使是地处西北边陲的新疆，来自浙江的生意人便有10多万，分布于天山南北。为了便于信息沟通和管理，在新疆的浙江生意人成立了“浙江商会”。其中温州企业在新疆设立的办事处、分支机构、专卖店、经销

点就有400多家，创办上规模的市场12家，开办企业500多家，开设各类店铺1万多个，年交易额100亿元。在四川的温州商人已达15万人，其中在成都即有约8万人。成都的荷花池市场，年成交额达50亿元，是西南最大的小商品市场，该市场的经营主力便是温州商人。

在上海，外来投资最大的群体也是浙江人。一项统计显示，浙江人到上海投资的热情最高，平均每5家外省市在沪兴办的企业中，就有一家来自浙江。与浙江相邻的江西，也是浙江商人青睐的投资场所，近年来，投资金额逐年大幅增长，"九五"期间，浙江企业在江西实际投资占江西省引资总额的21.9%。"十五"以来，浙江民营企业在江西的投资有增无减，势头更猛。近年来，浙江企业在江西的实际投资，占了江西全省实际引资总额的接近一半。另一个与浙江毗邻的省份——安徽，近年来也吸引了大批浙江企业前往投资，来自浙江的资金，成为安徽省最大的外来投资来源。

在北京、天津、重庆、云南、广西和东北三省，也有许多来自浙江的民营企业在当地投资经商，创业发展。

七、积极实施"走出去"战略，开展国际化经营

近年来，以民营企业产品为代表的"浙货"已经迅速销往海外市场，民营企业的国际竞争力不断提高。经过20年的发展，义乌的小商品市场已经闻名世界。义乌小商品市场外向度连年大幅提升，小商品出口大幅增加，年出口交货值超过15亿美元，市场外向度达45%。目前已有65%以上的市场经营户从事外贸经营，有160多个国家和地区的客商在义乌采购商品，常住外商3000多人，建立了众多的外贸机构。

浙江制造的产品也已远销世界各地。温州的康奈皮鞋，1993年荣获"中国十大鞋业大王"称号，1996、1998、2000年蝉联"中国真皮鞋王"称号。2001年，康奈集团已在巴黎、纽约、罗马、米兰等城市开设了9家康奈皮鞋专卖店，在国外亮出康奈品牌，进入国际市场。目前康奈在海外已有23家专卖店了。上虞市崧厦镇的"天外天"伞业公司生产的产品，95%远销欧、美及东南亚市场。温州服装行业现有2500多家企业，而且在服装行业中拥有"报喜鸟"、"庄吉"两个中国驰名商标。由于温州西服生产工艺先进，近年来该市生产的西服远销世界各地，使得日本的高档西服加工基地也希望迁往温州。桐乡市的"中辉"、"雪球"等7家皮毛加工企业生产的产品亦已远销世界各地。全市皮毛产品年出口额已达5000万美元。台州生产的塑料产品，出口比重也已达到20%。

近年来，浙江外贸出口连创新高。为了抢占国际市场，私营企业纷纷争取自营出口权，仅2001年取得自营出口权的私营企业即达1820家，比2000年增长62.3%。2002年全省出口交货值超过1000万美元以上的私营企业已达1465家，其中100~1000万美元的1303家，1000万美元以上的162家。2002年，共有3944家私营企业获得自营出口经营权，占全省的48.5%。全省私营出口企业总数为9453家，出口总额82.58亿美元，占全省外贸出口总额的35.9%。2003年，浙江省拥有进出口权的企业猛增到1.2万家，新增企业绝大部分为民营企业，拉动浙江省外贸出口增长12个百分点。1998年，浙江民营企业外贸出口仅占全省的8%，到2001年，出口占比迅速提高到24%，增量所占比重更是高达60%以上。2003年，在浙江省外贸出口中，民营企业的比重首次超过国有及国有控股企业和外资企业。

除了扩大产品出口外，"浙货"还积极与全球采购对接。近年来，浙江民营企业生产的产品成为沃尔玛、家乐福、麦德龙、欧尚等国际知名大买家在各类国际连锁（全球采购）交易会上所垂青的焦点。靠小产品、大市场起家的"浙货"不仅质量上乘，成本也降到了极限，与国外同类产品相比，拥有明显的价格优势和利润空间，因而"浙货"能在两场大型采购会上获得丰厚的收益。随着跨国公司在浙江的采购规模不断扩大，从而使浙江省专业市场进一步提高了国际知名度，并向国际性专业市场的目标迈进。

与此同时，浙江省民营企业进一步加快了"走出去"步伐。目前，浙江在境外投资经商的人近100万之众。浙江民营企业在国外的投资形式多种多样，他们有的在国外投资建厂，抢占国际市场；有的在国外兼并收购外国企业，实行资本经营，万向集团经过几年的努力，已经先后收购了8家海外公司。有的在国外设立浙江商品专业市场，打响浙江制造品牌；还有的企业则在国外开办专卖店或设立贸易分拨中心，实施国际品牌战略。自2001年起，民营企业成为浙江"走出去"的半壁江山，而且增势迅猛烈。2003年，浙江全省新办301个境外企业，民营企业项目达204个，占67.7%。近两年，民营企业对外投资的项目数已占全省当年对外投资总数的50%以上，其中温州市境外投资中民营企业占100%。2004年上半年，民营企业境外企业数、投资额分别全省总数的95%和91%。浙江的民营企业还在中东、南美、非洲、欧洲等地办起了40多个市场，有数万经营户参与边境贸易。

八、民营企业股份化和科技化发展趋势不断加强

一方面，私人资本通过股份制的形式加速集聚，股份制私营企业迅速发展。截至2002年底，全省股份制私营企业14万多家，户数和注册资本分别占私营企业总数的59%和84%；在规模以上工业私营企业中，股份制私营企业7467户，占72.5%。另一方面，以股份制为主要载体的混合所有制经济得到了快速发展。在全省规模以上工业中，混合所有制企业9000多户，约占企业总数的41%；产值近5000亿元，约占50%。在2003年全省64家A股上市公司中，有24家为民营控股企业。他们当中的大多数在各自的领域里具有明显的优势，并以两位数的速度迅速成长着。民营企业在转制上较为彻底，经营上较为灵活，已经成为浙江上市公司的"生力军"。

与此同时浙江民营企业科技化发展趋势也在不断加强。在2003年全省近1500亿元工业企业技改投资中，80%以上为民营企业所投入。一大批民营科技企业脱颖而出，迅速发展壮大。如宁波波导、杭州富通、浙江阳光、湖州升华等企业，成为行业发展的排头兵。民营科技企业的发展，促进了经济结构的调整，加快了产业的优化升级。目前，民营科技企业已经成为全省高新技术产业发展的主体力量，截至2003年底，浙江民营科技企业总数超过1.2万家。在1000多家省级以上高新技术企业中，民营科技企业占95%以上。

（作者为广州市社会科学界联合会研究员）

2-2-12　民营企业建立现代管理制度的探讨

毛艳华　谢凯　胡继霞

在市场化改革的进程中，民营企业的发展及其内部管理问题受到越来越多的关注，如何理解民营企业的治理机制和管理模式，关键在于识别民营企业的发展阶段和产权制度安排。

一、问题提出

民营企业的持续健康发展，除了需要一个良好的外部环境外，民营企业自身内部的管理制度和决策机制也同样十分重要。近年来，在我国市场化改革进程中，部分民营企业面临的管理问题越来越突出，诸如产权主体的单一化、组织结构混乱、管理人员素质较低、浓厚的家族色彩、非科学的经验型决策方式，以及分配和激励约束机制的物质导向及非公正性等现象，"管理水平不高"已成为民营企业发展的主要制约因素之一。如何正确看待和评价我国民营企业的管理模式，以下二个问题值得深入的探讨。

问题一，什么是民营企业的现代企业制度。现有的民营企业主要是从城乡个体工商户发展起来的家族企业，或者是戴"红帽子"的国有或集体企业，还有是国有、集体（包括乡镇企业）改制后的民营企业等，不论是从哪种所有制形式演进的民营企业都面临着如何建立现代企业制度的问题。随着我国市场经济体制的建立与不断完善，未来的企业制度基本上是以下三种类型：一是公司制，二是个人独资，三是合伙制。个人独资企业即企业资产为个人所有，合伙企业的资产所有者为两人以上。而公司的资产则有以下几个特点，公司股东必须有两人以上。公司必须建立法人治理的组织制度，因为公司法人产权制度化，就必须在公司建立法人治理结构，两者是相一致的。公司制度有三种产权形式，一是有限责任公司，二是股份有限公司，三是上市公司。因此，未来民营企业建立现代企业制度可选择以上三类企业产权制度和五种企业产权形式。随着我国市场经济体制的逐步完善，在企业制度建设方面，民营企业要以公司制度为主体，这是它的发展方向。

问题二，民营企业应该建立怎样的产权制度。过去我们一直关注国有企业的产权制度，对私有制产权问题研究不足。考察西方的产权理论正是在私有制的基础上发展起来的，西方产权制度理论主要是研究企业采取什么样的产权结构对企业是最有效率的，产出是最大的。某种产权的形式是否具有存在的合理性和必要性，关键在于这种产权安排能否降低交易费用，合理配置资源，实现企业产出最大化。由于我国民营企业制度类型比较复杂，其产权结构的特征也有较大的差异，因此，应结合实际情况循序渐进地推动民营企业的产权制度创新。对于规模较小的民营企业来说，产权结构单一有其成本和效率优势，因此，不宜追求产权多元化和以现代企业制度为特征的公司制。但对于已具有一定规模的民营企业来说，产权的过于集中则有可能导致决策的盲目性。因此，民营企业的产权结构及产权制度安排主要应由效率标准来判断，处于不同发展阶段的民营企业可以采取不同的产权安排形式。

由于我国的民营企业是在特殊的体制环境下创业和成长起来的，由家族成员直接或间接掌握经营权，实行所有权与经营权一体化的治理结构，这种管理模式对于创业初期、规模不大和水平较低的民营企业来说，实践证明是最有效率、成本最低的选择。但是，当企业的规模发展到一定程度，外部市场竞争激烈的情况下，此种治理结构便成了大多数民营企业进一步发展的障碍。近年来，许多民营企业提出了第二次创业的呼声，进行了股份制改造的探索，部分民营企业已成为股份公司甚至已成为上市公司，但与现代公司制度的最大区别是所有权与经营权没有实质性分离，不具有现代公司治理结构。因此，只有变革原有的产权制度，建立现代企业的组织结构和管理模式，实现交易费用的节约和企业效率的提高，这样才能从根本上提高民营企业的市场竞争力。

二、民营企业创业成长与管理模式演进

企业史学家钱德勒（Alfred D. Chandler）教授在考察西方发达资本主义国家的企业发展史后发现，资本主义国家的企业发展历史，经历了从家庭手工业的个人独资企业到合伙再到公司这样一个过程。在工业革命之前，家族制管理模式与家庭手工业这种企业组织形态相适应，工业革命后，随着电力和铁路运输在工商业的广泛应用，联合制的现代工商企业开始出现，并出现了专门从事企业管理工作的经理阶层，而公司制的企业组织方式使现代资本主义的大规模生产和大批量分销成为可能。在资本主义经济经历从自由竞争到垄断竞争的过程中，企业组织形态也走过了从17世纪英国最早确认的法人地位的古典企业到20世纪初的公司制的现代企业的历程。因此，市场经济成熟的西方国家，企业经历了公司制度的现代化过程。从这一意义上讲，一个国家占主导地位的企业形态，是与其经济发展水平相适应的。如果说个人、合伙企业是与自然经济、商品经济相适应的，那么与市场经济相适应的企业组织形式就是公司。另一方面，从单个企业自身成长的角度来看，企业作为组织形态与生物组织有某些类似性的特征，同样服从进化的规律。根据美国管理思想家伊查克？爱迪思（Ichak Adizes）有关企业生命周期理论（theory of Corporate Life-cycles）的观点，企业的生命周期可划分为“初创阶段”、“成长阶段”、“再生和成熟阶段”和“老化阶段”共四个大的阶段。在进化的每一阶段，组织行为模式都要通过某种努力克服环境变化导致的不适应性而逐渐成长，那些适应环境变化的企业会越过一个个生命阶段，经历相当长的生命历程，那些不能适应环境变化的企业则会迅速衰落，最终归于失败。因此，在企业成长的每个阶段，都需要建立与其组织形态相适应的管理模式。

根据马克思主义政治经济学有关生产力与生产关系的辩证原理，在民营企业的成长过程中，企业生产力水平决定了企业制度，而企业生产力的发展要求企业制度的变革必须与之相适应。因此，民营企业在由小到大的发展过程中，适应其规模经济和生产力水平不断提高的需要，其内部管理模式也将发生相应的演化。为了对民营企业内部管理模式的发展轨迹有一个清晰的认识，本文把民营企业的成长发展过程划分为四个阶段，并从现代企业理论的角度对各阶段的管理模式进行具体分析。

1. 初创阶段及其管理模式。对处于初创期和大多数小规模的民营企业来说，其业务活动单一，组织结构简单，没有进行专业分工，多采用业主制的企业组织形式，实行家长制的管理模式。在这些民营企业中，信息结构简单明了，企业主一人完全可以掌握企业内的大部分信息，并在[illegible]基础上做出符合自己利益最大化的决策。在这种情况下，由所有者兼任经营者，企业的控制权与[illegible]权都交给企业主一个人是有效率的。在激励约[illegible]制方面，对员工进行直接控制，实行严格的奖[illegible]度，员工报酬与工作绩效高度相关，多采用[illegible]工资制，员工获得了按其努力程度得到的报酬。在这种合约安排中，双方表现为个体理性行为[illegible]企业主自己一人说了算，对职工抱一种“愿干[illegible]，不干走人”的态度，难免会忽视员工的[illegible]心和利益，增加员工的敌对情绪，打击员[illegible]作的积极性。企业主虽然可能获得短期利益，但并不一定能导致企业集体利益的最大化。[illegible]，在业主制的企业内部，应倡导团队精神，重视员工的利益，培养职工的集体观念，这[illegible]企业主和员工收益的改进是有好处的。

2. 企业家族化阶段及其管理模式。所谓企业家[illegible]化阶段[illegible]业在组织管理和利益分配上[illegible]得[illegible]于家[illegible]的利益，企业的兴衰与家族[illegible]息[illegible]现家庭分家而分企业现象。[illegible]随着企业经营领域的拓宽，职能的[illegible]单就信息量来说，可能已远远超出业主的[illegible]围，这时如不改变原来的管理方法，信息[illegible]和机会主义等问题就会导致企业内部交易费用[illegible]，效率下降。为了适应这种变化，并基于“[illegible]”问题的考虑，企业主会选择将一部分权力[illegible]给一些有经营头脑的家庭（或家族）成员而[illegible]外来人员。中国文化是关系本位，轻契约、重[illegible]任，对家庭成员表现出高度的信任，而缺少西[illegible]社会那种建立在相互合作基础上的社会信任。这种信任关系进入经济活动后，代理人视企业生产为己任，非常好地解决了委托代理问题，相比与现代公司制的管理方式，其交易费用也大大地降低了。在信息决策机制方面，整个企业的决策权集中于经营者家庭，在家庭内又集中于家长，另一方面，与家长处于同一利益关系下的家庭成员又拥有在不同职能部门的权威，体现了集中决策和分散决策的良好结合。相应地，信息结构也由纵向单向渠道式向网络式转变，使得利益高度一致的家庭成员能及时互通信息，家长集中决策迅速达成，有效地保证了决策的科学性和决策的贯彻实施。在激励约束机制方面，属于家庭成员的高层管理人员，基本不存在激励约束问题，直接的利益关系造成了他们具有极强的主动性去追求利益的最大化。

3. 家族企业化阶段及其管理模式。家族服从和服务于企业，服从于企业规章制度，由人治走向法治，血缘关系从首要的人事关系变为次要的人事关系，但是企业的组织、经营管理大权仍牢牢控制在家族手中，这就是家族企业化的主要特征。由于家族主义信任是不能无限扩展的，也就是说，由于家族范围较小，即使能够通过对长期在企业中工作的一些非家族成员施以相同或相似的待遇，使其准家族化，也会因为受到价值观的差异，很难将绝大多数有能力的外来人员纳入到这一体系之中，而且这样做的代价也是很大的。因此，家族信任只能局限在小团体范围内。随着组织规模的进一步扩大和交易复杂性的增加，基于家族主义信任基础上的管理体制就会出现“家族主义困境”，即“家族主义行为不能同时实现基于信任基础之上的代理成本与基于专家能力之上的代理能力的帕累托最优”。也就是说，业主及其家族成员为主体的管理体制已不能适应企业的发展，具体表现为：“内外有别”的差序信任结构导致对外部人员的歧视，内外不合产生内耗，激励约束机制严重扭曲，同时员工流动大，人力资源匮乏。在信息决策机制方面，集权式领导难以保证决策的科学性，由信息和激励引起的交易费用剧增。因此，适时地引进和重用外部管理人才，将一些重要职位交给可信任的非家族成员，改变传统的家族式集权经营，初步建立委托代理机制，对业主的决策进行有效地制约，防止出现主观非理性的决策。同时，为激励外部员工，推进企业的制度建设，逐步确立和完善规范的人事、工资、奖励和惩罚制度等，弱化家族观念对企业的影响力，减轻外部人的对立情绪，增强企业员工共同合作的社会信任基础。为弱化代理问题，在保证初始企业主绝对控股的情况下，也可适当地吸引中层以上管理人才或技术人才以技术入股或增股，使其和企业的长远利益保持一致。

4. 公司制阶段及其管理模式。在政策允许的情况下，民营企业家具有不断扩张的欲望和动力。然而，家族企业产权结构的一元化及其资金和信用的有限性，成为他们进一步扩张的障碍，同时为避免承担无限责任的风险，迫切需要从自然人企业向法人企业转变。这时民营企业该打破一元化的产权格局，大量吸引社会资本，进行公司制改选，发展股份经济，条件好的还可通过上市而发展成为公众性公司。非上市的公司制民营企业，其创业家族对公司的控制程度可能会因各自情况不同而有的差别。尽管有些民营企业出于家族利益的考虑，以及外部环境因素的制约，不愿意放弃对公司的控制权，股权仍较集中于家族手中，但多数的民营企业这时已建立起比较规范的法人治理结构，股东大会、董事会、监事会制度和其他规章制度也比较健全，企业很大一部分的高层管理人员，由非家族成员担任，基本实现了社会化。这样，企业内部各个机构权责利明确，又能相互制衡，既能有效协调企业内部各级人员利益关系，又能确保企业内各级决策的科学性。民营企业要发展成标准的公众型的公司，就应坚决抛弃家族制，突破个人和家族的限制，不断稀释家族对公司的控制，实现产权的多元化和社会化，真正把企业办成一家社会化的公司。在公司内部，明确终极所有权、法人所有权与管理者权限三者之间的关系，建立起三者之间相互制衡的机制。通过从外部聘请优秀的管理人员，实现两权彻底分离，形成委托代理关系，设计合理的激励机制对管理者进行激励，形成一个系统完整的治理结构，以此保证决策科学化、民主化。

三、我国民营企业的管理模式及其面临的挑战

改革开放以来，我国的民营企业无论在发展数量上还是在成长质量上都发生了明显的变化，其中有许多企业已形成规模，而家族制成为民营企业普遍采用的管理模式。根据第三次全国私营企业抽样调查表明：已婚企业主的配偶50.5%在本企业从事管理工作，其中9.8%负责购销；已成年子女20.3%在本企业从事管理工作，13.8%负责购销；在所有管理人员中，26.7%由投资者担任，16.8%由企业主或主要投资者的亲属担任，5.0%是他的邻居或同乡，在社会上招聘的只占44.2%；有37%的企业主认为“企业要稳定发展，就必须由我本人或我的家人来经营管理”。另据1998年初中华全国工商业联合会信息中心和零点调查公司完成的对14个城市资产在百万元以上的300户具有代表性的私营企业大户的调查显示：有83.2%的企业实行的是“投资者与经营者一体化的治理机制”；有50.2%的老板坦言自己在企业中“决定一切”；有41.9%的老板只负责“重大决策和监督”。无可争议，家族制管理确实发挥过有益的作用。但是，随着市场经济的日益规范化，市场竞争的日益激烈，以及企业规模经营扩大面临的管理复杂性，这种以地域性的血缘和亲情关系为特征的家族管理逐渐成为民营企业进一步发展的障碍。

首先，来自决策机制方面的制约。从组织制度来看，由于大多家族制管理的民营企业内部组织结构简单化，没有健全和规范的规章制度，管理的人格化现象比较突出，因此，管理者尤其是企业的创业者的个人魅力，往往就成为维系企业管理稳定性的关键因素。但是，随着企业规模扩大和市场竞争加剧，家长受知识、经验的限制，个人独断专横的决策很可能脱离实际，缺乏科学性和民主性的家长决策往往导致企业投资及经营方针的重大失误。当血缘关系渗透到企业的各个方面时，企业内部应有的经济关系就会开始遭受腐蚀，企业内部的交易成本上升，家族内部惨烈的冲撞也往往变得不可避免，家族成员之间可能形成巨大裂缝，逐步导致企业解体或倒闭。

其次，来自资金方面的制约。民营企业在快速成长过程中，需要扩大规模，开拓市场，首先遇到的就是资金问题，而家族制无法提供民营企业进一步发展所需要的巨额资本。家族企业再庞大，资金与借贷能力也是有限的。家族制企业的产权通常是封闭型的，其投资主体通常只包括家族成员以及家族有密切关系的朋友，“肥水不流外人田”是家族制民营企业常见的心态，因此，它既不愿外界前来参股，也不打算走产权多元化的道路。虽然有的民营企业也办成了有限责任公司，股东在两人以上，但持股者不是配偶子女，就是亲戚朋友，董事会形同虚设。在封闭型产权条件下，企业的发展主要靠自身的积累和原有股东的投入，这就阻碍了资金最大限度的组合，无法提供企业进一步发展所需的巨额资本。在规模上限制了民营企业的发展。

再次，来自人才方面的制约。民营企业仅仅依靠原有的家族成员已难以保证企业的持续成长。一方面，家族制创业英雄们的知识、能力已越来越不适应新形势的要求，他们过去那种凭直觉、敢冒险，实行专断独行的管理方式，受到了专业化的严重挑战，现在他们往往只出于个人利益的考虑，在非常有限的范围内挑选接班人，不管下一代受教育的情况和经营管理能力，阻碍新人和外人进入企业管理层。另一方面，由于家族成员占据着重要职位，非家族成员中的优秀人才得不到提拔的机会，从而家族制企业无法从市场上获得懂经营、善管理的优秀人才，制约了其经营管理水平的提高，也影响了激励机制的建立和实施。所以，家族制企业任人唯亲、严重排外，必然会导致管理混乱，规章制度难以执行。同时，又会使一些同家族没有关系但有才能的人对企业失去信心，纷纷离去，企业更难以从市场上获得专门人才，最终必然会导致经营管理水平的低下。

最后，来自社会信用方面的制约。在创业阶段，民营企业利用企业内部私人之间的信任关系，实行家族化管理，对其发展确实起到了一定的积极作用。但也应该看到，这同时也为一些民营企业的不规范行为、不合法行为提供了可能。例如，虚列财务项目，造假帐，偷漏税款。这样做是为了保证企业资产的安全和增值，但却是以极大地损害他人和国家的利益为前提，违背了市场经济的基本要求，企业内部信任度可能很高，但社会信用极差。企业的长期发展需要建立一种企业与社会公众的信用关系，社会信用的高低成为企业发展的关键因素。

由此可见，在民营企业经历了初创阶段、企业家族化阶段和家族企业化阶段后，家族制的管理模式已成为绝大多数民营企业进一步发展和实行资本扩张的制约因素。目前，民营企业面临的内部管理问题可概括为以下几个方面：一是民营企业的封闭性产权要向开放性产权转化，产权制度要规范化；二是民营企业的规模大了，要靠制度来管理人，要建立现代企业组织制度；三是解决人才市场化、社会化问题；四是财务、营销、生产、人力资源、科技开发等各项管理制度要建立与完善。面对这些问题，社会各界提出了民营企业“二次创业”的呼声和要求。我们认为，我国民营企业“二次创业”的关键在于制度上的不断创新，即以产权制度为基础的管理制度和组织制度的创新。

四、民营企业建立现代管理制度的新思路

我国民营企业在实现第二次创业过程中，必须逐渐破除传统的家族制管理，大力推行企业管理改革和创新，逐步建立和完善与社会主义市场经济体制相适应的现代企业制度。现代企业制度主要包括三大部分，一是现代企业产权制度，二是现代企业组织制度，三是现代企业管理制度。从这三个方面的关系来看，现代企业产权制度是前提，现代企业组织制度是保证，现代企业管理制度是基础。这三者不可片面和孤立看待，它们是紧密联系不可分割的整体。产权是前提，需要落实到个人，包括家族企业的产权都要落实到个人，否则就易发生产权纠纷事件。组织是保证，分工明确，而组织形式有待于建立管理制度才能更加完善。民营企业在围绕产权制度、组织制度和管理制度这三个方面进行现代企业管理制度创新过程中，具体要解决以下几点关键性问题：

1. 以明晰产权为核心进行产权制度创新。

从我国民营企业的制度创新实践来看，凡是产权明晰的，企业发展就顺利。凡是产权模糊不清的，企业发展就障碍重重。90年代以来，尤其是《公司法》实施以来，我国的不少民营企业通过资本社会化、股权多元化的方式，在现代企业制度方面进行了大量的尝试。比如，四通集团、京海集团、科海集团和华夏硅谷集团等中关村几大巨头率先发起了一场号称民营企业第二次创业的内部股份制改革。1992年邓小平南巡讲话后，浙江民营经济发生重大转变，不少企业突破家族制经营，从集中持股向适当分散持股转变，以正泰和天正公司较为典型，股东人数都增加到几十人甚至百余人，技术骨干和管理骨干大都入股。有些民营企业还成功地跨入上市公司的行列，开始资本经营，如新希望、民生银行等。据有关资料统计，我国私营企业中公司制企业在企业组织类型中占优势，1998年全国私营企业中独资企业、合伙企业和公司制企业三类企业数所占比重分别为36.8%、11.5%和51.8%，公司制的私营企业已超过50%，成为私营企业的主要组织形式。但是，从当前民营企业的股权结构来看，一

股独大的现象并没有得到改变。据相关调查表明，在公司制企业中，有70%多的私营企业由一个大股东加上其他小股东组成，17%多的企业是多个股东平均持股，只有8%左右的企业是由几个大股东与其他小股东构成，而且在后两类企业中还包括了不少股份集中在家族成员手中的公司，其产权的集中情况与个人持大股的形态没有太大的差异。因此，我国民营企业产权制度创新的关键是要明晰产权并对产权结构进行合理配置。

民营企业要做到产权明晰，必须解决好公司产权制度问题。首先，要探讨股权多元化的实现途径。股权多元化最重要是个人股权，民营企业个人股权是基础，但应吸收外部法人股权，包括战略投资者和社会投资者。吸收家族外来股权可通过经营者股权、科技人员股权和员工股权等方式来解决。其次，股权结构要合理。股权结构合理的关键是个人股、家族股与其它的股权各自所占的比例合适，以避免或减少股东之间的利益争夺。就目前来看，由于各种类型的民营企业发展阶段参差不齐，在民营企业股权结构合理的问题上不应提倡用一种固定模式，而且股权结构也不应提倡用一种固定的比例，而应根据股权结构建立一种股东利益协调的机制来处理好股权结构合理与股东利益两者的关系。最后，实行股东所有权与公司法人财产权相分离的产权制度。公司法人财产权是法人统一支配财产的形式，不因股东个人股权的变更而改变。因为公司制度实行股东所有权与公司法人财产权相分离，能保证企业产权制度的延续性，这也是现代公司优越于合伙制企业的重要产权安排。民营企业要建立现代产权制度，公司股东所有权必须与法人财产权相分离，如果不分离，那么股东所有权的转移就会危及法人财产权。而股东所有权与法人财产权关系如何分离，关键是股东要拥有股票权、分红权、转移权、知情权、优先认股权这五个股东权。

2．建立灵活有效的企业组织制度。

民营企业组织制度的选择，应该是灵活多样的。从企业内部的组织形式来看，对于大多数规模较小的企业，完全可以采取简便有效的直线制；而对于规模稍大的企业，也可以采取直线职能制，但仍以短小精干为主要原则，在设置职能部门时，不能走国有中小企业的部门齐全的“小而全”之路。对于规模比较大的企业，则应该按照现代企业制度的要求进行公司制改造，只有所有权与经营权的分离更有利于企业的发展。如希望集团四兄弟分家后，老大刘永言聘请一位博士做他的大陆总裁，老二刘永行也斥资百万聘请总经理来管理他的“东方”公司。至于企业的法律组织形式，民营企业必须根据自身的不同发展阶段、不同规模选择不同的财产组合形式，选择适宜的企业制度。如独资企业、合伙企业、有限责任公司、股份有限公司等企业制度，并在所有者、经营者、劳动者和债权人之间建立规范而且透明的权力和责任关系，使各方的合法权益受到保护。

民营企业如何建立公司组织制度，我们认为关键要处理好三个问题，一是要建立合理的公司组织结构，处理好公司总部集权与内部各单位分权之间的关系。二是建立规范的公司法人治理结构。公司组织结构是要解决公司内部的分工协调问题。解决公司内部上下、左右的组织关系，建立横向联系，建立垂直指挥系统。公司法人治理结构的核心是解决公司法人财产治理的权利结构，要解决好股东机构、董事机构和经理机构的组织关系，其实质是权力关系。三是要处理好集团公司作为母公司与子公司的组织关系，母公司与子公司的关系是法人之间的关系，既要处理好母子公司体制的投资关系，又要处理好两者之间的业务关系。

3．建立与民营企业自身特点相适应的管理制度。

民营企业管理制度的建设，要解决以下几个问题。第一，民营企业要建立战略管理与业务管理相结合的管理制度。战略管理中要找准民营企业的定位和发展方向。在第二次创业过程中，民营企业的发展定位问题把它放在市场经济体制中去考察，要把市场、消费者放在第一位。根据市场的容量、市场需求，以及客户需求来找准民营企业的发展方向。在当前的国有企业改革过程中，民营企业参与国有企业改制与重组，参与国有资产的置换与重组，都必须立足于市场、消费者和企业自身，并要处理好这三者之间的关系。从现代企业的管理实践来看，战略管理又必须落实在业务管理上，提升执行力。第二，在战略管理中，主要是处理好民营企业的主营业务和兼营业务之间的关系。主营业务一定要找准好项目，要有核心的产品、业务和技术，在市场上形成竞争优势。在发展主营业务的同时还要处理好兼营的业务，兼营业务也可以从事一些非相关联的业务，但任何一项兼营活动都要盈利，不能盲目扩大。第三，在业务管理上要建立生产管理、科技研发管理、人力资源管理、营销管理、财务管理等综合的系统的科学管理制度，这是民营企业管理走向科学化、规范化发展的方向。民营企业通过制度创新，建立一整套系统、科学的规章制度实施管理，保证企业经营管理活动有序进行，企业各阶层各司其职，有章可循，并能起到相互监督、相互约束的作用，实现民营企业由“人治”向“法治”转变。第四，要处理好管理工作中制度建设与人本管理的关系。在现代企业管理中，规范管理和人本管理两者都是企业发展建设必不可少的，是企业发展的两大支柱。规范管理的关键是要处理好以人为核心、以人为本的管理。在规范制度建设过程中，应搞好企业文化与团队管理，以提高员工素质和增强企业凝聚力。

参考文献：

1.［美］小艾尔弗雷德·D. 钱德勒，企业规模经济与范围经济——工业资本主义的原动力［M］，中国社会科学出版社，1999 年。

2.［美］伊查克？爱迪思，企业生命周期［M］，中国社会科学出版社，1997 年。

3. 高程德，现代公司理论［M］，北京：北京大学出版社，2000 年。

4. 邓荣霖，现代企业制度概论［M］，北京：中国人民大学出版社，1999 年。

5. 张维迎，博弈论与信息经济学，上海：上海人民出版社，1999 年。

（作者单位：中山大学港澳珠江三角洲研究中心，毛艳华系副教授）

2－2－13　关于民营企业现代制度建设的研究

李敏　周丽

在新的形势下，民营企业遇到进一步发展的压力和挑战。即我国民营企业在完成了创业阶段，资本积累到一定程度之后，面临着如何实现从“创业结构”到“发展结构”的转换，也即竞争生存阶段向资本运营阶段的转换。这就是近年来广受关注的民营企业“二次创业”的问题。

广义的现代企业制度包括三大部分，一是现代企业产权制度，二是现代企业组织制度，三是现代企业管理制度。其中现代企业产权制度是前提，现代企业组织制度是保证，现代企业管理制度是基础。三者不可片面，不可孤立，不可分割，而是紧密联系在一起。我国民营企业二次创业的根本任务就是：建立现代企业制度、全面提升企业素质，从产品、规模和管理等各个方面提高企业竞争力，为企业的永续经营和长远发展打下一个良好的基础。

一、民营企业发展的外部环境分析

从外部环境看，我国民营企业面临着严峻的生存挑战，主要表现在以下几个方面：

（一）来自中国加入 WTO 的挑战。我国加入 WTO，意味着国际竞争就在眼前，意味着民营企业在未来的竞争中，不仅要接受来自国内同行的竞争，而且要接受来自国外的大型跨国公司的强劲挑战，这对于“筋骨”并不强壮的民营企业无疑是一个严峻的挑战。

（二）来自于国内由卖方市场转变为买方市场的挑战。民营企业在创业之处，国内尚处于物质短缺的卖方市场时期，这个时期，商品只要生产出来了，就是“皇帝女儿不愁嫁”，就能获得利润。如今，国内市场已经历史性的由卖方市场转变为买方市场，生产“过剩”、市场疲软、需求不足将不是短暂的经济现象。这时，民营企业靠过去“拾遗补缺”立身，靠价格低廉取胜的经营手法已经难以为继。

（三）随着我国市场经济体制改革的进一步深入，各种市场法制及政策将不断完善，市场也将进一步成熟和规范化，并且日益向国际惯例靠拢，民营企业靠“胆大妄为”、“钻法律空子”的经营行为已经不能适应当前形式的要求。

（四）来自于国企全方位改革及竞争能力不断增强的压力。民营企业发展初期，国有企业改革刚刚起步，相当数量的国有企业还没有“醒过来”，普遍缺乏竞争意识。而民营企业因其充满生机的民营机制使其在与国有企业的竞争中大获全胜。现在，国有企业正在进行全方位改革，从股权结构、经营机制到管理手段全面市场化，这些改革举措，必然使国有企业的活力和竞争能力大大增强，机动灵活的民营机制将风光不再。

外部环境的变化使得民营企业自身的种种弱点和在制度管理方面的缺陷全部暴露无遗，严重限制和阻碍了民营企业的进一步发展。因此，随着市场条件的变化，民营企业的管理模式和管理方法也应该随之改变，民营企业的全面制度改革是势在必行的。

二、我国民营企业的企业制度建设现状

（一）民营企业发展的阶段特征及其管理模式分析。

按照企业的发展过程可将企业的发展分为初建期、扩展期和成熟期三个阶段，每个阶段都有其不同的管理模式。

第一个阶段是初建期。这一阶段企业管理的主要特点是：非正式的组织结构且规模较小，所有者即为经营者，且处在其中心位置；只有一种或少数几种产品。管理的程序时常更改，绝大多数的信息要通过或归向领导者。愿意雇佣一些关键的管理人员，但是授权很少。企业所有者必须参与做所有重要的决策，并充当所有信息交流的中心。这一管理模式虽然在小规模时表现出反应迅速的优势，但其政策与运作程序往往是非固定的。所有者兼经营者凭着他们的个人经验和权力作出决策。

第二个阶段是扩展期。此阶段的特点是：首先职责结构不断增加并趋于完善，增设了人事部、市场营销部门等。企业通常由以创建者为中心的结构演化成一个更加正式的等级组织。一般需要专业的知识和技术。公司的组织结构进化了，并建立了更为正式的等级和职责上的区分，开始引入外面的专职经理，同时，出现授权。建立正式的职务晋升及人事考核政策及评价程序。其次，开始涉足跨行业经营以及产品向多元化方向发展。面临着强化所有者兼经营者的职责并使企业专业化、拟订战略计划、组织系统与经营策略的完善等的挑战。

第三个阶段是成熟期。这一阶段的标志是组织结构趋于稳定，主要产品走向成熟。组织的结构支撑着稳定，组织结构由高级管理层掌握，要求重新调整策略以及管理与所有权的责任等。职业经理人发挥的作用也越来越重要，在日常的经营管理中扮演着重要角色。一些管理人员没有家族介入的情况下，对许多职责的执行有着权利与责任。值得注意的是成熟期仅是企业生命周期中的一个阶段，而不是最终目的。

由表 1 可以看出，经过 20 多年的发展，我国民营企业从规模以上的企业个数和总产值来看，都已经取得了很大的发展。到 2002 年止，年产值 500 万元以上的规模企业个数已经超过十万个，总产值也一直大幅增长。可以说我国民营企业已经走过了原始积累的阶段，正逐步从初建期向扩展期过渡，其管理模式的特点是：所有者和经营者的同一，使得所有者能够直接对企业的生产经营全过程进行控制。家族管理的色彩十分浓厚，企业管理缺乏明确的分工，没有相应的规章制度和完善的管理组织；日常管理工作都是在所有者直接的指挥下进行，经理权限十分有限，主要负责管理日常事务；企业也没有达到标准化、规范化的管理程度，企业牢牢控制在所有者手中。这种传统的管理模式对于已经逐步完成资本原始积累阶段而进入“二次创业”的民营企业的长远发展是非常不利的。

年份	上规模企业数（个）	工业总产值（亿元）	产值增长率（%）
1991	——	10039.00	
2000	80951	21654.74	115.70
2001	93066	25819.59	19.20
2002	105966	33138.24	28.34

注：规模以上企业指年销售收入500万元以上的企业。

数据来源：《中国统计年鉴》(1996～2003)，中国统计出版社。

（二）民企家族化的背景及其弊端。

在我国民营经济中，家族制企业占74%（赵降英，2004）。所谓家族制企业，是指企业的所有权和经营权全部或绝大部分归一人或者一个家族所有的企业模式。家族制企业被认为是最具普遍性的企业类型，并非中国的独创。在此阶段，市场功能和结构上都存在着诸多的不完善之处，家族制企业形式比较好地适应了这种不完善。大多数民营企业选择家族式管理方式是由两个因素决定的：一个是处于经济转轨时期的体制背景；另一个是文化历史传统形成的习惯势力。尤其是改革开放的20多年，民营企业逐渐意识到在这样一个经济体制转轨时期和法律规范尚未完全建立及有效实施的条件下，企业内部各种要素的有效地结合，只能建立在几乎完全信任的基础上，而这种信任就是以家族血缘关系为背景。俗话说："上阵亲兄弟，打仗父子兵"，可以说家族式管理是民营企业对我国经济转轨和法律不健全的一种必然反应。

在民营企业的创业初期，凭着家族的支持，解决了资金、劳动力、场地等方面的不足，又是凭着父子、夫妻、兄妹等血缘和姻亲关系特有的向心力和凝聚力，完成了资本的原始积累。同时，家族制企业有着界定清晰的产权，在企业规模不大时，企业扩张冲劲最为强劲。因此，我们有理由认为：家族制是中国民营企业创业之初的必然选择，它为中国的民营企业发展作出了突出的贡献。然而，随着企业自身规模的不断壮大和着外界环境的变化，企业管理所面临的风险性和不确定性随之增大，家族化管理的弊病日益明显，并成为企业发展的最大羁绊，主要表现在：

第一是管理的封闭性。首先是产权的封闭性。家族化管理的民营企业产权结构一元化，家族成员持有股权，"利益独享"原则使他们不愿让投资者来参股分享利益，也不愿意产权结构向多元化转变。因此，这种排它性的产权加剧了民营企业融资的困难，制约了民营企业充分利用外部资源，从而限制了民营企业的壮大。其次是人员的封闭性。在家族化管理制度中，常出现以"亲情代替制度"管理企业，部分家族成员可能凌驾于企业制度之上，造成管理不顺畅，容易形成不合理的权力运作机制。如果家族成员之间关系处理不当，还容易产生内部矛盾，最后导致家族血缘关系的内聚功能转变为内耗功能，表现出其致命的弱点。另外，有些管理者以怀疑和排斥的眼光来对待非家族成员，不是唯贤是用，而是唯亲是用，这也降低了非家族成员的积极性。

第二是管理的经验性。从家族化企业的整体来看，经营者的素质普遍不高，缺乏应有的管理知识。随着企业内外部环境层出不穷的变化，信息不完全和不对称将逐渐超出家族成员所拥有的有限经验，造成家族化企业难以适应多变的市场，给企业生存带来了风险。

第三是管理的集权性。创业初期的家族化企业由于人员不多，管理层次少，集权式管理可提高管理效率，降低成本。但是，集权式管理也有其自身的弱点：一方面，企业经营者处于管理的高层，集权式管理必然使他陷入繁杂的日常事务之中，不能集中精力进行企业的战略决策；另一方面，家族化管理是建立在血缘关系基础之上，企业的决策往往是由家长（创业者）个人拍板，缺少必要的权力监督，不利于企业的权力制衡。如果决策者素质不高，则难以保证决策质量，这往往是许多家族化管理民营企业决策失误的重要原因之一。

（三）民营企业治理结构的多样性及其存在

的问题。

我国民营企业发展迅速，由于其成份多样（包括私营企业、乡镇企业、中外合资企业等）、企业规模不等、地域分布不同等原因，再加上目前转轨时期经济的过渡性、市场环境的快速变化，使民营企业的治理结构呈现复杂性：（1）有些民营企业，比如个体企业、大部分私营企业不存在治理结构的问题。因为没有代理问题就不会有治理结构问题。（2）我国的外商民间独资企业的治理结构受外商母国的影响较大，其中由外方控股的，其治理结构与外商民间独资企业治理结构类似；而由中方控股的，情况较复杂，但总的来说治理结构比较完善。（3）集体企业和部分较大的私营企业是我国民营企业中治理结构问题比较突出，也是现阶段民营企业治理结构研究的重点对象。

如果把现代企业制度建立情况和家族成员在企业中的地位作为判断企业治理情况的标准，可以看出我国民营企业治理结构的主要问题是现代企业制度尚不规范；家族成员在企业中占统制地位。例如企业内部成员之间的产权界定问题；创业者本人或家族成员几乎完全掌握管理大权。认为自己或家族成员是企业的所有者，让外人管理不可靠；在引进人才方面有关专家测算，优秀企业的人才流动率应该在15%左右，但许多私营企业的人才流动率远高于这一水平，有的高达50%以上；设立和实施有效的激励制度也是私营企业面临的严峻考验。绝大多数民营科技企业不论资金来源如何复杂，初始投资者是谁，全部被注册为全民所有制或集体所有制企业，从而使产权变得模糊不清，而且这种企业的董事会成员是由企业党政主要领导干部和职工代表参加，其中党政领导成员的产生过程很不明确。而且董事局与总裁的权力也与公司的规定不符。董事局的职权下放到总裁是由于股东缺位造成的又一奇特现象，并形成委托代理关系的扭曲的连锁反应。

在创业初期，面对激烈的竞争和不确定因素，一个家族中的亲情容易使大家意志坚定，相互信任，为了企业的利益而乐于奉献，这种血浓于水的亲情是家族企业形成的必然基础，而家族文化的影响力是民营企业形成的文化基础。实践证明，家族制管理是民营企业在创业初期的正确选择。当民营企业处于发展初期阶段时，家族制管理表现出来的凝聚作用往往能帮助企业抵御外部干扰；权力集中的家族制管理模式也使得资本在短时间内有效地完成了原始积累的过程。但是在企业资产达到一定规模、有机结构不断提高、与市场的交往日益频繁时，家族制管理在产权结构、管理方法等方面的缺陷就会逐渐暴露出来。我国已经告别短缺经济时代，市场经济正逐步建立和完善，加入WTO后国内市场国际化，民营企业与其它企业在制度层面上的优势已弱化，而与西方成熟企业的制度落差也逐渐显现，在这种内外环境均发生变化的条件下，原有的家族化管理模式已由当初的一种制度均衡走向了非均衡，即意味着既有的模式不是净收益最大的制度安排，当家族化管理模式这一制度安排的非均衡达到一定程度，即对于行为者来说改进或变革现有的制度安排的净收益为正时，就会产生对改进或变革家族式管理模式的需求，非均衡的家族制将逐步发展和变革并最终演变为现代企业制度。

三、民营企业建立现代企业制度的经济学分析

（一）民营企业家族制向现代企业制度过渡的制度经济学分析。

从制度变迁的理论来看，一种制度形式之所以最终被变革或创新，其基本的原因在于它已不适应变化了的外部环境，而另一种更有效率优势的制度形式被人们所发现和需要。制度变迁实际上是对制度非均衡的一种反映。所谓制度非均衡是人们对现存制度的一种不满意，意欲改变而又尚未改变的状态。之所以出现不满意是由于现行的制度安排和制度结构的净收益小于另一种可供选择的制度安排和制度结构，也就是出现了一个新的盈利机会。这时就会产生新的潜在的制度需求和制度供给。制度选择集合、制度服务的需求以及其它制度安排的改变等因素都会引起制度非均衡。从外部因素看，外部环境的变化、资源条件的改变，国际环境的变化以及体制的变化等，一方面会使原来的制度安排和制度结构变得不是净收益最大的制度，因而产生了制度创新的动机和需求；另一方面又会改变可供选择的制度集合和选择范围，从而改变制度的有效供给。

（二）从代理理论角度分析民企制度变迁。

《美国代理重述》中对代理的描述是："代理是这样产生的一种受托信义关系，即一个人表示愿意另一个人在他的控制下，为了他的利益而行为，而那个人同意此行为。”在许多情况下，当一个个体或者一个组织（委托人）授权另外一些人或者组织（代理人）代表他或者他们行使某项工作或职权的时候，这种委托人和代理人之间就构成了代理关系。所以，代理是一种契约，而公司是由一系列契约组成的集合体。代理理论的基本假设是个人都追求自身效用最大化，所以公司股东和经理人之间存在潜在的利益冲突。股东的目标是财富最大化，而经理人往往有自己的追求。为了减少这种冲突，使委托人和代理人之间的目标趋于一致，就需要激励与约束代理人的经营行为，委托人授权他人代理业务所支付的费用和代价，称为代理成本。当然，企业实行委托代理制也是有收益的。随着企业交易范围的扩大及资本的不断积累，企业的规模也随之扩大，企业资产所有者完全独立地控制企业的经营活动越来越收到自己所具有的精力、专业知识、时间、组织协调能力的限制，因此客观上要求有一个高效率、专业化的层级组织来取代过去个人企业或合伙伙伴的简单管理组织，即委托专业人员代理执行监控企业的职能。代理收益有两个基本来源，一是“分工效果”，即由社会分工产生不同分工效果所带来的比较收益。而是“规模效果”，即由专业化发展形成规模效果所带来的规模效益。

从代理理论角度分析，追求自身利益最大化的民主企业是否愿意转变企业管理体制、建立现代企业制度，取决于体制变迁的成本和收益。正如诺斯所指出：“如果预期的净收益超过预期的成本，一项制度安排就会被创新。只有当这一条件得到满足时，我们才可发现在一个社会内改变现有制度和产权结构的企图”（诺斯，1994）。制度创新是企业为了适应进一步发展的需要，按照公司制企业的要求重新设计企业的治理结构。如果旧制度不对企业发展构成不利影响，也就没有必要对其进行调整。投资者的目的是个人收入最大化，他们的这种利己行为，规定了他们对企业治理结构模式选择上的利益倾向，如果制度的改造违背了既得利益，他们就会宁可维持现有状态。市场的竞争压力可能迫使必须在财产关系上作些变革，但新的财产关系能否引起企业治理结构的相应的变革，也是以改制后能够随企业的规模带来更大的利益为前提。追求利润的内在冲动和外部竞争的压力，决定了投资者在选择企业财产组织形式的时候，维持企业生存和获取利润是首先考虑的因素。对民营企业主而言，建立现代企业治理结构通常要削弱个人权力并增加相应费用，这部分费用需要靠企业规模的扩大所产生的规模经济来弥补，即扩大企业规模所进行的制度变迁所获得的收益增加必须要大于制度变迁所增加的费用。这意味着企业制度的改变，应该能够增加利润，否则，企业就没有必要进行制度变革。

1．变迁收益。

在民营企业创立期和发展初期，企业实行家族式管理，企业行为主要以伦理道德规范来代替经济行为规范，家族等级制度、家族成员间的忠诚、凝聚力和相互信任关系等，有利于降低企业管理的制度成本、内部协调成本和道德风险。但随着企业交易范围的扩大及资本的不断积累，企业内部产生一系列需要，要求打破企业主个人能力的限制，用经济关系来代替道德伦理关系，在激烈竞争的市场上获得竞争优势。其中主要有明晰产权的需要、建立制约机制与进行规范化管理的需要、更好融资的需要、吸引人才的需要、平稳移交管理权的需要，所以客观上要求民营企业以现代管理体制替代家族式管理体制，用一个高效率的、专业化的层级组织来取代家族式管理的简单管理组织，委托专业人员代理经营企业。现代管理体制可以弥补家族式管理的缺陷，使民营企业得到进一步发展。因此，我国民营企业管理体制的公司化变迁是有收益的，因其变迁实质是产生了代理关系，其收益即为上述代理收益，一是“分工效果”，二是“规模效果”。具体表现为：由于由专业经理人员经营企业，从而突破企业主个人能力、时间、精力限制而带来的增加收益；由于企业组织机构和管理模式的改变，使企业的信用度由自然人提升为法人，从而有利于融资而带来的成本减少，有利于投资而带来的收益增加；企业规模易于扩大，而规模扩大有利于形成规模经济，得到规模效益，从而减少了成本和增加了收益。

一般地，职业经理人的知识结构越健全，专业能力越强，并且经理人的潜能得到有效的激励；外部环境对公司管理体制肯定的越多，企业所处发展状态，行业的规模效益越大，企业的体制变迁收益就越大。

2. 变迁成本。

民营企业从家族式管理体制向现代企业制度的变迁的成本除了企业管理秩序的暂时混乱所带来的某些损失外，主要是由于产生代理关系而伴随产生的代理成本。詹森和麦克林认为代理成本的产生源于管理人员不是企业的完全所有者这样一个事实。在部分所有的情况下，一方面管理者对工作尽了努力时，他可能承担全部成本而仅获得一小部份利润；另一方面，当他消费额外收益时，他能得到全部好处但只承担一小部份成本。结果，他的工作积极性不高，却热衷于追求额外消费。于是企业的价值也就小于企业完全所有者的价值，这两者之间的差距就是代理成本（詹森、麦克林，1976）。

一般来说，企业管理体制的变迁成本取决于经理人酬金、监督成本、限制代理人行为的组织机构的运行费用、股东行使监督权而发生的机会成本及由于代理人的逆向行为和道德风险而造成的股东利益的损失。其中经理人酬金这一项与企业效益、企业所处行业特点、社会平均工资水平相关，而其余各项除受企业内部组织机构设置、监督者自身能力等企业内部因素影响外，还与企业外部的市场经济环境息息相关，其中主要包括产品市场、要素市场和法律环境。

（三）民营企业制度变迁的外部环境缺陷。

外部环境因素是影响民营企业管理体制变迁成本的关键因素，而我国现有的市场环境缺陷，大大的增加了民营企业管理体制的变迁成本。

1. 产品市场。

我国尚未形成公开的竞争的产品市场，尽管改革开发以来，越来越多的领域向非国有企业开放，但是在许多领域仍然是国有企业居于垄断地位。由于缺乏竞争，而且国有企业经营目标具有多重性，大多数国有企业满足于维持这种垄断地位，缺乏发展的动力，有效配置资源往往难以实现。要使这些国有企业加强管理、提高竞争力，同时降低民营企业的进入和退出壁垒，给民营企业创造一个公平的市场机会，必须建立一个竞争性的产品市场，从外部对这些企业施以竞争的压力，以优胜劣汰的竞争机制迫使企业转换经营方式。

2. 要素市场。

这里主要分析对企业制度变迁有重要影响的经理人市场和公司控制权市场。德国著名学者法玛认为，经理市场能够对经理过去的绩效做出评价，经理以前的工作绩效影响经历未来的收入和工作机会，因而经理为了自身的荣誉和将来的职业发展，在一定的程度上约束自己的行为不要偏离股东太远。在我国的经理人市场，企业家这种生产要素才刚刚进入市场，真正的市场供求机制尚未建立起来，既没有社会中介性人力资源评估机构和咨询机构，以对经理人的经营业绩作出客观与公正的评价，也没有中高级经理人员档案，能对中高级经理人员的个人信息、经营业绩加以存储和测评。企业选择对象少，选择余地不大，更谈不上通过竞争获得代理人。正是因为经理市场混乱和不成熟，造成了企业所有者与代理人之间的委托代理关系不规范，而且双方的信息不对称，从而使大多数民营企业为了规避风险不得不选择家族式管理。

公司控制权市场是指公众公司的控制权被交易的市场。公司控制权市场的存在可以大大地削弱所有权和控制权分离所引发的利益差异问题。相对于所在行业或整个股票市场而言，管理不好的公司的股票会较低，那些相信自己能够更有效的管理该公司的人就会预期从接管该公司中获得大量的资本所得，因而较低的股价会促进公司的潜在“袭击者”购买，当然，经理一般也被撤换。所以公司控制权市场保证了公司管理者之间的相互竞争，从而有利于公司制度变迁。而我国的资本市场，只被看作融资的场所，大部分股票不能流通，截止 2002 年 1 月 21 日，非流通股本占总股本的 74.43%（吴载德、娄利舟，2002）。股价与企业经营业绩相关性很差，而且民营企业在资本市场的歧视性待遇非常严重，上市门槛很高，从而使通过公司控制权的转移来约束经理人行为成为泡影，也使通过股价来激励和约束经理人收效甚小。

3. 法律环境。

一个法制化的经济环境，对各个经济主体的权利和义务、各种经济行为的责任和利益有较为详细的法律条文说明。对民营企业主来说可以依据法律来保护自身的合法权益，对经理人而言则可以利用法律规范行为并取得合法经济利用。更重要的是完善的法律体制可以促使民营企业主

（委托人）和经理人（代理人）签订一份较为完备的合约，从而降低企业中的委托－代理成本，有利于民营企业从家族式管理向现代企业制度的转化。在我国，完善的法律环境远未形成，对于民营经济产权既未给予完整的法律地位，也未给予明确的法律地位。国家急需建立一个良好的产权制度，以保证在建立现代企业制度、实现所有权和经营权分离后，家族后代作为所有权的继承者能对企业进行有效的监督，同时也能保证经理能依法单独行使经营权。建立一个公正、公平、公开的法律体系，是家族企业由血缘、亲情、信用向非人格化的抽象信用转化的根本保证，是家族企业实现向现代企业制度过渡的主要保障。

（四）民营企业制度变迁的内部观念性障碍。

1．中国传统的历史文化内涵。

中国的历史历经各种变革，无论是在连续了两千多年封建社会，还是在社会主义新中国，由于种种原因，改革开放之前我国一直处于极度贫困状态和动荡之中，中国的家庭很少能够拥有一些自己的私有财产。而改革开放的政策，唤醒了世世代代中国人内心对财产追求的强烈欲望，正是在这种背景下涌现出我国新一代民营企业家，他们以及其敏锐的经济头脑以及不畏艰难的创业精神，创建和发展了自己的企业，积累了以前不敢奢望的巨额财产。在这种情况下，要让他们自发性的进行企业制度创新，把企业的经营权交给支薪经理层，自己退居二线掌握企业的所有权，这对于贫困半生而刚刚获得一些完全属于自己财产的中国民营企业家，是很难从心里接受的，有的甚至明知道自己难以管好企业，但由于这种观念的影响，使得民营企业这种自发性的制度变迁难以实现。同时，几千年的动荡文化内涵和其自身的经历或多或少地影响了我国新一代家族制企业的所有者对未来社会的预期，因而限制了家族式企业规模的扩大，而规模经济的扩大是进行制度创新的必备条件。

2．中国传统家庭制度文化观念。

中国传统家庭制度文化观念等也对我国民营企业发展极为不利。同时受儒家文化影响的日本和中国，日本实行的是长子继承制，长子继承制的最大特点是除一小部分家族财产分给家庭成员外，其余的全部归长子继承，这种长子继承的家庭制度有利于保持企业资本的高度集聚并顺利地跨过规模经济的门槛。而我国的家庭继承制度实行的是多子继承制，即每一个子女都拥有平等的继承权。在我国民营企业中，企业在创业者手中完成了资本的原始积累，而一旦当创业者去世以后，多子继承制往往容易导致企业的四分五裂。我们不对日本长子继承制本身的好坏做评论，单就中国那种多子继承制容易导致企业四分五裂的原因作分析。我们认为这主要是由于中国传统文化缺乏“合作”观念，这可能是中国漫长的封建社会统治，祖祖辈辈养成了一家一户的个体劳动等原因所造成。因为多个子女都各自成家立业，跟日本等发达国家相比，他们的物质基础、文化素质都有很大差距，他们不注意自身的努力创业，过分看重父辈留下的产业，而导致他们之间的矛盾加剧，致使企业不能跨过规模经济的门槛，实现企业制度的转变与创新。

3．社会资本观念障碍。

大多数学者认为，社会资本就是指人们在一个组织中为了共同的目的相互信任、互相合作的能力。西方文化的基督教的生命观认为：个人的生命是由上帝创造的，人生是自由平等的。因而，美国人对自己家人的关心较弱，对陌生人和自家人的相似度高于中国人，对是非的判断美国人也是就事论事。美国企业受西方文化的支配因而有着巨大的社会资本，即成员间相互信任与合作能力很高，在条件成熟后，很快就实现了企业制度的创新，成为现代意义上的大企业。中国儒家思想认为：父母是个人生命的起点，个人生命是父母生命的延续，家族的生命应当构成绵延不绝的一脉相承，因此个人必须“崇拜祖先，孝敬父母”，家庭中长辈要竭尽所能栽培后代，家庭中的成员则应当尽本份，努力获取各种资源，来满足家庭成员的需要。在中国社会中，人们对陌生人的外力比待自己人容易表露出特别不公平的待遇，中国人的自我意识涵盖了家人，因此对待家人如同自己，中国对家庭的高度认同，大大淡化了对社会和组织的认同，造成对家庭的过度依赖。另外，中国人对是非的判断上也是因人而异，在这种家庭观念下，人们特别是相当一部分民营企业家不鼓励家庭以外的人或组织承担和分享权力，因而不可避免地导致一种低信任度的社会结构的出现，这种低信任度的社会结构也是我国民营企业进行制度改革的关键性障碍之一。

四、民企建立现代企业制度的对策

现代企业制度是现代市场经济中企业组建、管理、运营的规范的制度形式，是一套制度体系。民营企业从现有管理体制到现代企业制度的转变是一个系统的工程，解决民营企业目前所面临的各种问题，帮助民营企业顺利完成转制需要企业内外部共同的不懈的努力。

（一）从企业外部看民企建立现代企业制度的对策。

第一，政府应加大制度创新的力度，为民营企业创造良好的生存环境。制度经济学认为制度变迁有两条不同动力驱动的基本变迁路径：一是所谓的“政府强制型”制度变迁，即把制度作为一个由政府强制导入的独立变量来强力替代原有的制度安排；二是所谓的“需求诱导型”制度变迁，即在经济发展过程中，以原有制度安排下经济主体的自我逐利冲动为制度变迁诱因，逐渐推进新的制度关系的发育，逐步取代并最后完全取代原有制度关系。目前我国仍处于体制转轨时期，我国的制度变迁方式仍然是一种政府主导型制度变迁的方式。政府主体在政治力量的对比中处于优势地位，它的制度供给能力和意愿是决定制度变迁的方式和形式的主导因素。因而政府应当加大制度创新力度，明确规定私人财产神圣不可侵犯，加大对私有经济的保护和扶持的政策宣传，采取得力的措施保护家族化民营企业的合法财产。逐步建立企业家市场，有计划地制定企业家市场管理法律法规，保证公平交易，制止打击违法活动和不正当竞争，保护国家、企业、企业家的合法权益。

第二，改善法制环境，打造诚信社会。如果没有法律法规提供的安全保证，实行现代企业制度及其治理结构，投资者将要付出高昂的道德成本。在现阶段社会信用体制和法律制度不健全的情况下，政府的工作重点应放在支撑企业健康成长的制度环境的建设上，让各种形态的企业在各自适应的条件中动态地发展自身的独特竞争优势，这是地区经济发展的一个关键。首先，是建立公平、公正、公开的法律体系。根据十六届三中全会《决定》，家族企业将与国有、外资企业一样享有国民待遇，不再受歧视，产权同样受到法律保护。国家急需建立一个良好的产权制度，既要防止所有权侵犯经营决策权，也要防止经营决策权架空所有权，排斥监督权。其次，要努力改变我国社会信用度低的状况，加强教育和宣传力度，通过教育与惩戒相结合、教育与制度相结合，建立信用监管制度和失信惩戒制度，加快建立政府、企业、中介机构和个人信用档案，以提高社会信任度，逐步打造诚信社会。

（二）从企业内部看民企建立现代企业制度的对策。

1．建立现代产权制度的对策。

建立现代产权制度的关键是建立开放的多元化产权结构。与一元化产权结构相比，多元化产权结构可以聚集更多的社会资本，一定程度上解决资金瓶颈问题，使企业以较低的资金成本享受规模经济；通过引入更多的外部智力，多元化的产权结构使得企业重大经营决策更加民主透明，减少失误的可能性。实现产权多元化的主要途径有：(1) 通过增资扩股，出让产权，资产转换等形式导入战略投资者。(2) 家族财产清晰到自然人，每个人都作为产权拥有者，成为独立利益主体，企业当然就实现了多元化的产权结构。(3) 建立独立董事制度，独立董事虽不是企业的出资者，但其与出资者具有同样的投票权，尤其是独立董事有独立的人格，对企业投资行为可以作出独立的判断，可见从权利上讲，独立董事相当于一个产权主体，对企业的决策经营有重大的影响权。从这种意义上讲，企业也达到了产权多元化的目的。(4) 实行股票期权激励制度。这是一种比较流行的人力资本激励制度。在操作上要求企业拿出一部分股票给那些对企业发展有重大作用的人才，使他们不仅能获得工资收入也能从股票价格升值上获得巨大的差价所得。从这点来看，人力资本就成为了企业的真实股东，实际上也成为企业的一个产权主体。

2．建立现代组织制度的对策。

第一，建立合理的公司组织结构，处理好组织内部集权与分权的问题。缺乏充分授权与决策支持体系的组织结构，难以保证高素质人才行使其应有的管理职能。因此，结合公司发展的战略目标，科学地设定好组织结构，合理分工、因事设职、适当放权，这样才能做到事事有人做、人尽其责，保证组织高效率地运行。

第二，构建现代企业治理结构。在这一过程中，必须实现财产所有权与法人财产权的相互分离，即企业所有者将其财产委托给代理人经营。现代企业治理的核心就是委托人与代理人之间及货币资本与人力资本之间的互动和博弈，由家族化管理向制度化、专业化转型。设立股东会、董事会、监视会及经理人形成其治理结构是基础，但更重要的是建立人力资本的激励机制和约束机制，形成有效的委托一代理关系。在已经明晰产权制度的基础上，逐步在企业内部引入竞争机制。为了适应现代企业制度，企业最高管理者必须转换观念，在引进优秀人才之后，加强他们本身之间以及与企业留用的家族成员之间的竞争，使企业员工包括优秀的家庭成员都有一种忧患意识，才有可能使企业突破家族制管理旧模式，逐步向充满竞争活力的现代企业制度过渡。

3. 建立现代管理制度的对策。

第一，建立战略管理与业务管理相结合的管理制度。战略管理中既要找准民营企业的定位和发展方向，又必须落实在业务管理上，提升执行力。战略管理主要是要解决好主营与兼营之间的关系，而业务管理要建立生产管理、科研管理、人力资源管理、营销管理、财务管理等综合的系统的科学管理制度。

第二，全面提高企业员工的文化素质，实行"能者上，庸者下"的用人制度。只有竞争才能产生压力，只有压力才能产生动力。私营企业要想占领市场，必须先有人才，只有拥有一流的人才群，才能造就一流的企业。据有关资料显示，我国民营企业家在总体文化程度上集中在高中和大专，文化素质不高且缺乏经营管理的专业知识，仅仅凭胆量和经验来管理企业已经越来越不能适应现代企业的发展。现代企业的重要特征是面向市场来聘用职业管理人员，走向委托代理制，因此，企业应该逐步形成通过市场选择经营者的机制。首先，尽快建立公开、平等的选拔制度。广开才路，选拔企业经营者要不受身份、背景、地域和关系的影响。其次，尽快建立健全的经营注册制度，组建"猎头公司"，实行企业经营者职业化、市场化。

第三，创建公平的绩效评估制度。民营企业主不但要敞开心胸，集合比自己有能力的人，对有能力的人委以重任，而且要集合各种各样的人才。那么吸引人才之后，马上就涉及到激励人才、留住人才的问题。因此，欲有效、快速、持久地激励员工，除了完善基础管理措施外，还需要在民营企业内部为员工提供公平的机会，即要建立公平的绩效评估制度、劳动贡献与收入相对应的分配制度以及提供公平的发展机会。对所有员工，包括来自家族内部的员工，都应按规定进行正常绩效评估。同时，可以结合绩效评估来完善培训的机制，通过建立学习型组织的培训管理制度，使企业的绩效评估与员工培训活动相联系，从制度方面加强员工的自我素质提高意识。这样不仅可以调动员工的工作积极性，而且还可以在绩效考评的同时提高员工学习的兴趣，使员工自觉参与企业的培训。

第四，建设企业制度文化。现阶段民营企业的制度文化建设，不仅要求符合企业发展的经济规律，而且要求符合人性管理的现代经营管理理念。企业文化代表着企业的基本价值观念，这些价值观念是一个人类群体所共有的，即使这一群体中成员不断更新，文化也会得到延续和保持。针对民营企业所处的发展阶段，目前企业的制度文化需要加以重视，它不但与组织的发展壮大密切相关，同时也是改善雇佣关系、防止激烈冲突的有效政策。但是，如果没有雇员的基本合作态度，烦琐的规章制度和严厉的监督措施就可能是消极的因素，反而会成为冲突的根源。事实上，没有基本的思想和价值观的一致性，没有基本的合作态度，规章制度和监督乃至组织架构要发挥作用是不大可能的。从这个意义上分析，企业的制度文化建设显然是至关重要的。只有让雇员认同规章制度并遵守它，才能促进雇主与雇员间的合作，才能提高雇员的满意感。

第五，建立良好的企业信誉，树立品牌意识。市场经济是法制经济，更是信誉经济。信誉是企业的身份证，也是企业重要的无形资产。面对日益规范而成熟的市场，民营企业靠在"一次创业"时钻政策空子或通过其他不正当竞争手段来发展是不现实的。因此，民营企业要精心打造和经营自己良好的社会形象，以求得企业的可持续发展。

五、结　论

著名经济学家吴敬琏在杭州发表的《民营经济发展的新思路》的演讲中说："实现企业制度优化，尝试突破传统企业模式，但并不是都要变成'现代企业'，目前有些企业和基层领导对企业组织形式的认识似乎有个误区，认为民营企业都应该摆脱家族式管理，所有的企业都要搞公司制。其实这种看法是没有根据的，不能笼统地说民营企业的家族式管理不好（吴敬琏，2003）。”任何企业的组织结构都是因时、因地、因行业、规模、发展阶段和背景不同而不同的，超越现实情况，盲目追求现代企业形式，只能是拔苗助长，适得其反。我国民营企业要建立真正的现代企业制度，决不是一朝一夕就可以完成的，其前提条件应该是相应的外部环境和内部因素条件的成熟。

目前我国大多数民营企业特别是中小型民营企业实行现代企业制度不在于是否实现所有权与经营权的分离，因为二者分离的目的也是为了有效管理企业，如果能够在企业治理结构不变的情况下，实现企业的有效经营和管理，那么就没有必要要求民营企业按照标准模式进行改制，要想建立较为理想的现代企业制度，消除民营企业的家族色彩，在目前没有必要也不可能做到。因此，对于我国民营企业中的大多数中小企业而言，进行公司制改造，主要不是去除其企业的家族色彩，而是通过改制，使企业能够更加规范管理。改制应该主要围绕如何加强企业市场经营管理，增加企业生产经营的科学性和规范性。通过建立健全企业内部规章制度，完善企业内部管理，使民营企业能够按照法律法规开展生产经营，建立起良好的社会形象，并随着企业规模的扩大，今后真正意义上的现代企业才有可能在我国民营企业中逐步建立起来。

总之，建立现代企业制度是所有民营企业管理模式的长远发展目标。但是，民营企业是否应该改革当前管理模式，建立现代企业制度则要看时机是否成熟。只有当现有的制度非均衡达到一定程度、当企业进行制度变迁的收益大于成本时，制度的变革和创新才会发生。

参考文献：

1. 张维迎，《全球微观经济机制的调整与中国的选择》，《国际经济评论》，1998 第 1 - 2 期。

2. 赵降英、吕一军，《中国民营企业制度变迁研究》，《社会主义研究》，2004 第 1 期。

3. 青木昌彦、钱颖一，《转轨经济中的公司治理结构》，中国经济出版社，1995。

4. E·戴维斯、D·C·诺斯，《财产制度与制度变迁——产权学派与新制度学派》译文集，上海三联书店，1994。

5. 吴敬琏，《民营经济发展的新思路》，《中国信息化发展论坛、中国经济 50 人论坛》，2003 年 4 月 16 日。

6. Jensen, M. And W. Meckling, "Theroy of the Firm: Managerial Behavior, Agency Costs and Ownership Structure", Journer of Financial economics, 1976.

7. 吴载德，《国有股减持对市场及上市公司的影响分析》[R]，《联合证券研究所专题研究报告》，2002 年 2 月 8 日。

8. 马克斯·韦伯，《文明的历史脚步——韦伯文集》，上海三联书店，1998。

9. 福山，《信任——社会道德与繁荣的创造》，远方出版社，1998。

（作者单位：华南理工大学工商管理学院，李敏系副教授）

2-2-14　民营企业管理制度及其变革

王满四　邵国良

一、民营企业管理制度的现状与问题

相对于国有大中型企业和上市公司而言，当前我国民营企业的管理制度从总体上来说有着自身的特殊性，即普遍采用家族制管理模式。家族制管理是所有权和经营权高度合一，主要建立在家族血缘亲情关系基础上，以家长为核心、家族成员为主导，主要凭借个人权威和经验实施的管理。其优势：第一，产权激励较明显。产权激励指以产权作为激励手段，促使经营者把所有者利益看作自己的利益，在规避经营风险的同时，努

力为企业的资产增值。家族式企业产权结构的特点是产权高度集中在少数家族成员手中，对外界而言有着清晰的产权界定，具有产权单一、利益直接、经营灵活等特点，有着灵活的激励机制和约束机制。第二，组织结构相对简单。当市场不完善，规则不健全，信息不充分时，因其组织结构较简单，管理层级较少，成员间具有高度的信任感与合作力，故有较强的经营灵活性和一定的风险抵御能力。其劣势：第一，现代企业制度缺乏。在企业发展过程中，随着规模扩大，原有家族式管理制约了现代企业制度的建立，限制了企业的继续前进。第二，粗放型的增长方式。缺乏特色产品和固定的消费群体，低水平的外延扩张与重复建设。第三，人才缺乏，员工流动性大。由于企业对于外来人才缺乏必要的保障机制，因此对人才的吸引力方面不及大型上市企业。

综合上述对当前我国民营企业管理制度优劣势的粗略分析可以发现，民营企业固然有经营灵活、利益直接等优势，但一旦企业发展到一定规模后，原有家族式管理为主的模式会制约企业发展，这也是民营企业缺乏规范的现代企业管理制度的体现。民营企业现代管理制度的缺失具体体现在以下几方面：（1）现代产权制度缺失。首先，民营企业的产权与企业家的个人产权混淆，个人财产与企业法人财产没明确界限，并没有形成现代企业所具备的独立和完备的产权制度；其次，民营企业的产权结构是完全意义上的单一结构，正如国有企业产权的一元化摆脱不了国家行政干预一样，这种一元化产权结构注定摆脱不了家族血缘关系的干预。所以，民营企业的产权制度是不完善和不成熟的，尽管其所有权归属是清晰的。（2）先进管理方式缺失。与国有企业和上市企业制度化程度较高相比较，民营企业的缺陷恰恰在于缺乏完整的管理制度。其管理表现出更多的随意性，缺乏全面的制度化、规范化和程序化。

二、民营企业管理制度的分类变革

虽然对民营企业家族制管理制度的弊端早已达成共识，但是，在涉及制度变迁的目标时，我们尚不能笼统地抛弃它，我们应把民营企业视作一个动态发展的进程，对民营企业管理制度变革的目标进行细分。现有的大量研究表明，随着企业规模扩张，家族制的效率呈递减趋势（储小平，2000）。在企业发展初期，家族制具有顽强的生命力和很高的效率，因此，如果对大多数小规模的企业进行现代企业管理制度改造，无异于拔苗助长。但是，如果让一些规模较大，技术层次较高的企业固守家族制管理，则是对民营企业变革家族管理制度客观要求的熟视无睹。在此，笔者认为，当前重点应对以下两类民营企业的管理制度进行变革。

1. 对为数众多的中小民营企业要着手对家族制的管理进行合理改造。

这类企业已经历了初创期，随着企业规模扩大，经营领域拓宽，传统家族管理的弊端开始逐步暴露出来。但是，总体而言，这一层次的企业规模仍偏小，经营管理相对简单，在对传统家族管理进行有效改良，或是更深一层的变革之后，家族制度基本上还是富有效率的。针对上述原始家族制度的弊端，这一阶段的民营企业，主要着眼于以下几点进行改造：（1）明晰产权。通过明确界定家族成员之间的产权，消除企业今后产权纠纷的隐患，为其长远发展奠定基础。企业还应适度开放股权，吸收社会资本，初步突破一元化、封闭化的股权结构，让一些中高级非家族成员以管理才能、技术入股，使其和企业长远利益保持一致，减少监督成本。（2）吸收优秀的社会人力资源，逐渐削弱家族成员的作用。随着企业管理的复杂化和专业化，企业要通过恰当地分权，初步建立委托代理机制。（3）推进制度管理，建立各项规章制度，制约家族伦理对企业的影响力。（4）限制企业的集权化决策。通过股权开放和人才引进，对业主的决策进行有效制约，防止业主主观非理性的决策。同时，业主自身要勇于自我否定和自我超越，加快知识更新，培养现代管理理念，努力战胜家庭亲情对企业经营活动的干扰。

虽然这种改造只是初步的，企业的所有权和经营权仅仅初步分离，家族还绝对地控股，因而，企业在本质上仍属于家族制度范畴。但是，开放的股权结构、人才结构及委托代理关系已初具雏形，企业的正式制度一定程度上制约了非理性的家族伦理，家族内部资源也开始和社会资源相融合，在此意义上，可以认为，只要通过对传统家族制及管理模式进行合理改造，家族制管理还是很多中小企业合理的选择。

2. 对大中型民营企业要建立和本土文化相融合的现代企业管理制度。

处在这一层次的企业，已完成资本的原始积累，开始追求科学管理和规模经济，此时，家族制度已完全成为企业进一步扩张的障碍，对这类企业而言，彻底突破家族制度是当前面临的紧迫任务。

制度经济学认为，由于存在制度“配套”问题，制度引进比技术引进更困难。任何制度变迁都不是一个孤立的过程，要受到其他相关制度如文化传统、法律环境的影响，如果一项新的制度安排与制度背景相矛盾，制度变迁就难以推行。因此，制度引进的同时必须进行本土化，使它和相关制度相融合，由外生制度变成内生制度（科斯等，2003）。因此，我们必须摸索出一套适合自身文化传统及特点的企业制度。

要探索我们自己的道路，就必须全盘考虑我国深厚的传统文化，以及当前民营企业所处的内、外部环境等各种因素。（1）必须考虑传统文化对当代民营业主的深刻影响。以儒家文化为代表的中国传统伦理，特别强调家庭的作用和意义，每一个家庭成员对家族的繁荣和延续都赋有不可推卸的责任。和常人一样，民营业主也具有这种使命感，将企业视作家族谋利的工具，将企业经营活动当作家族活动的延伸，并且狭隘地认为，企业是否为家庭“所有”，关键在于企业的控制权是否掌握在家族成员手里，如果失去了控制权，企业就是别人的。为了确保家族对企业的控制，“传内不传外”、“子承父业”等现象在现实中相当普遍，由于这种观念具有深厚的历史文化传统，难以在短期内扭转。（2）必须考虑到我国当前的法制环境。由于法律规范不完善，实施不得力，私人产权受到侵犯时，无法可依或执法不严的情况屡屡发生。在私有产权得不到切实保护，人们对未来的预期还不确定的前提下，要求业主把企业控制权完全交给别人去行使，很难让业主放心。（3）必须考虑职业经理人市场的现状。形成有效的委托代理关系，是建立两权分离公司治理结构的基本前提，但是，我国职业经理人市场的发展严重滞后，市场力量难以对经理人进行有效约束，民营企业寻找和监督代理人的成本特别大。

考虑到上述情况，笔者认为，著名企业史学家钱德勒（1977）提出的第二形态的现代企业制度，应该是现阶段大中型家族企业变革的蓝本。所谓第二形态的现代企业制度，是指家族（或业主）仍然相对（或绝对）地控股，业主及部分家族成员仍参与企业的高层管理，在相当程度上，家族仍掌握了企业的经营控制权。但是，企业很大部分中高层经理人，甚至总经理都是非家族成员，基本实现了社会化，因此，企业成为家族成员和支薪职业经理人共同管理的现代企业。

和中小民营企业相比，大中型民营企业要达到第二形态现代企业制度的要求，必须对现有的管理制度，包括产权制度、人才制度、组织制度、文化理念等各层面进行彻底的变革，主要包括以下环节：（1）全面打破一元化封闭的产权结构。通过大量吸收社会资本，促进产权顺畅流动，形成合理的产权结构。在此过程中，一部分家族成员的股份要退出，中高层员工的股份比例要大幅增加，有条件的企业甚至可以推行大范围的员工持股计划。（2）优化人才结构。企业严格按照公平、公正的原则聘用干部，很大部分能力较低的家族成员要将职位转移给优秀的社会经理人，企业最终形成以非家族成员为主的科学体系。（3）建立相对规范的股东会、董事会、监事会制度和其他规章制度，建立完善的法人治理结构。（4）重构企业文化。文化重构的实质是抛弃传统家族伦理中非理性的血缘、亲缘观念，建立适应现代企业制度的业缘、事缘理念。

尽管从广义而言，第二形态的现代企业制度还存在相对控股，两权没有完全分离，还不属于典型意义上的公众公司。但是，和一般家族制管理的企业相比，存在质的区别：企业的产权结构实现了相当程度的多元化，家族资本和社会资本有效地融合；非家族成员和家族成员共享企业的控制权，专业管理层保证了企业正常的运转，成为企业持续成长的动力源泉，各种规章制度代替了家族伦理的自发作用，因此，它更接近于现代公司制度。可以说，这一阶段的企业达到了家族制管理的最高层次，正处于向现代公众公司的过渡阶段，只要市场环境、法律制度等条件成熟，企业突破相对控股，就演变为真正意义的公众公司。

必须承认，和西方企业管理制度的变迁和“经理革命”相比，在我国浓厚的传统文化背景下发生的民营企业管理制度的变革和“经理革命”都是不彻底的，企业两权没有完全分离，但总体而言，这种制度相对适合我国的文化土壤，是西方企业管理制度本土化的结果，因而属于内生制度安排，具有很强的适应性。

三、民营企业建立现代企业制度尚需解决的两个关键问题

当然，第二形态的现代企业制度只是民营企业在现阶段的一个过渡性变革目标，现代西方规范的公司制度及公司治理结构是在经历几百年的演变后，逐步形成的成熟企业制度，从长期而言，它才是中国民营企业管理制度最终的变革方向，但我们应充分认识到当前过渡阶段的长期性、复杂性。

不过，对一些已上市和准备上市的大型家族企业，要区别于一般大中型企业，这类企业要加快制度创新，坚决抛弃家族制度，建立两权完全分离的现代公司制度，成为典型意义上的公众公司。然而，在现实中，对这类企业的改造进程远远滞后了，新上市的民营企业无一例外地形成“一股独大”的产权结构，很容易侵害小股东的权益，不利于股市的健康发展，更延缓了家族制度向现代企业管理制度变迁的整体进程。造成这种状况的根本原因正是前已述及的我国深厚的传统文化，以及当前民营企业所处的内、外部环境等各种因素，因此，推进民营企业的管理制度由家族制管理向现代企业管理制度的彻底转变，应根据这些因素采取一系列的措施，笔者认为最为关键的是要解决以下两个问题：

1．以企业本位的管理文化取代家族本位的管理文化。

企业管理模式变革的本质，是企业管理文化的变革。民营企业向现代企业管理转变中常常出现的创业者、老板与职业经理人之间对企业所有权、控制权的争夺，以及家族成员、创业元老与职业经理人、企业法治管理之间矛盾，这些都是以自然经济为基础的“家族本位”管理文化与以市场经济为基础的“企业本位”管理文化的冲突所形成的（陈高林，2003）。

采取家族本位的价值取向，在处理企业成长与家族利益之间的矛盾时，必然要按照“先家族后企业”的原则，首先考虑家族对企业的控制权，以及为家族成员提供更多的机会和利益，甚至不惜为此放弃企业的成长。因此，企业中的家族本位的价值取向，也包括一些研究中（李新春，2003）指出的部分职业经理人自身存在的这种倾向，将使家族制管理向现代企业管理转变，以及企业的持续成长成为不可能。

反之，采取企业本位的价值取向，将企业看成是全体员工参与的利益共同体，把企业的持续成长发展作为创业者事业的目标，在家族制管理向现代企业管理制度变革过程中，就会把产权多元化、所有权与控制权的适度分离、管理中的分权和授权、家族成员与非家族成员的公平竞争和利益分享等视为企业成长的需要。

因此，当前推进民营企业由家族制管理向现代企业管理变革的关键，在于构建以企业本位为基础的管理文化取代家族本位的管理文化。在处理企业成长中的家族与企业关系方面，始终不能忘记企业发展才是根本，企业的生存和发展必须高于家族利益，要在企业的初期创业或在特殊时期依靠家族克服困难，更要在企业成长需要变革家族制管理时超越家族，理解和支持变革。只有在企业生存和持续发展的基础上，也才能实现家族和全体员工利益的最大化。

2．在创业者和职业经理人中大力倡导和培养现代企业家精神。

西方创新学派的经济学家认为，企业家和企业家精神，是中世纪西欧社会的经济、政治、社会、文化等多种力量作用下产生和发展起来的，资本主义继承了这一社会遗产，保证了自己的成功，而由于制度的原因，发展中国家缺少这种企业家和企业家精神。

对于现代企业家精神内容，人们一般认为主要包括对企业和社会的使命感和责任感、创新精神、竞争意识、团队精神等。柯林斯（2003）对“第5级经理人”的分析，则是对现代企业家精神的具体描述，其中，最重要的是“他们个个胸怀大志——但是他们的雄心壮志都是将公司的利益放在第一位，而不是首先考虑自己的利益”，他们“都被创造业绩的渴望所驱动、所感染，只要能使公司走向卓越，他们会卖掉厂房或解雇自己的兄弟”。“他们努力的最大成果不是实质地体现一个伟大的构想，不是表现人格的魅力，不是满足个人的自尊或积累个人的财富，他们最大的创造物是公司本身及其所代表的一切”。

我国属于发展中国家，社会经济长期处于自然经济和计划经济的主导之下，市场经济的发展历史短暂，缺少企业家精神的社会遗产。加上我国改革开放以来的企业创业，被动味较浓的生存型创业居主导地位，对于大多数自主创业发展起来的企业来说，其创业动机还主要停留于为家族摆脱贫困，谋求生存、追求财富的基本的、原始的阶段，还没有提升为实现个人理想和抱负的高级动机。因此，无论是创业者还是职业经理人，都表现出现代企业家精神的严重缺失，醉心于家族对企业的完全所有和控制，不能将企业的成长置于家族或个人的利益之上，从而导致家族制管理向现代企业管理制度变革困难重重。

因此，要实现企业本位取代家族本位的基本价值取向的转变，需要企业创业者和职业经理人企业家精神的提升。要成功地完成家族制管理向现代企业管理制度的变革，必须在创业者和职业经理人中大力倡导现代企业家精神，并通过各种渠道和方法，鼓励、引导和帮助他们实现企业家精神的提升。

参考文献：

[美] 科斯、诺斯、威廉姆森等，2003：《制度、契约与组织——从新制度经济学角度的透视》，经济科学出版社。

[美] 钱德勒，1977：《看得见的手—美国企业的管理革命》，商务印书馆。

储小平，2000："家族企业研究：一个具有现代意义的话题"，《中国社会科学》第5期。

陈高林，2003："论家族制管理向现代企业管理转变的途径"，《管理世界》第10期。

李新春，2003："经理人市场失灵与家族企业治理"，《管理世界》第4期。

柯林斯，2003：《从优秀到卓越》，中信出版社。

（作者单位：广州大学经济与管理学院，王满四系讲师、博士，邵国良系院长、教授）

2-2-15　国有品牌与民间资本的结合是快速发展中国教育的一种制度创新

张铁明

党的十六届三中全会确认了“股份制成为公有制的主要实现形式”这一全新的政治经济发展方向，为我们认真审视我国教育的举办制度提供了有力的理论与政策依据。教育的举办制度是一个国家政治经济体制的直接意志体现，国有优质资源如何根据新公有制的目标，充分发挥优势实行有效扩张发展，是一个最现实的无须争论不休的操作性问题了。我们一定要走出我国几十年来沿革的依赖着由政府举办教育的制度惯性及其框框，变制度创新为巨大的生产力，以推进我国教育现代化的快速发展。

一、背景：中国教育资源的虚空与需求

面对我国在知识经济时代社会及现代化建设的迫切人才需求，但人力资源水平整体低下，教育资源又非常短缺的多重矛盾，如何高效率快速度地发展中国教育，以能在较短时期内有一个巨大的教育资源大增量并优质化，是一项摆在全国每一个国民面前的艰巨任务。但如果单靠简单的学校数量增加，却没有教育举办制度的创新及其所拓展出的更加充盈的体制空间，这一目标的达成是不可能的。

我国存在着严重的教育不足状况，现有劳动力中，86%是只受过初中及以下教育的人，受过大专以上高等教育的只有4.3%（2002年）。建国50多年来，教育发展的最突出的特征之一，就是严重的投入不足。政府的投资水平，全世界的平均水平已经到了占GDP的4.9%，而我国在1993年就提出2000年要达到4%的目标，但到2001年也才恢复到1991年的3.19%水平。我国2020年要实现小康，但2001年中国平均一个人才239.43元（30美元）的教育经费，生均（含大中小学）才达951.15元人民币/年；全国农村小学生人均公用经费一年才28元，人均公用经费低于20元/年的县占了大约30%，公用经费一分

钱没有的县约占10%；而香港1997的人均教育经费已经达到了7000多港元，2003年小学生人均经常性经费就达5.5万元/年。

国家财政对教育的欠账非常之多。如，2002年作为全国新经济指数评价位居第三的广东，截至2001年4月止，除广州、珠海、深圳外，18个市义务教育欠债竟达80.24亿元，高中阶段欠债17.44亿元。广东尚且如此，可见全国一斑。

我国的学校也是严重不足。学校大班现象连续几年严重加剧，特别是初中，56～65人的大班，占全国总班数的27.65%；超大班数（66人以上）占全国总班数的23.38%。

又如，广东前不久还有一个中等发达县城中的一所公办学校平均一个班坐有117个孩子！另一个县的中心城区两所小学，2003年学生数分别为8443人和6082人，班平均人数分别为87.9人和89人！国家教育资源严重不足，同时优质教育资源也非常稀缺，已评上省、市一级学校的只占2%（优质学位少，谁上都会有人感到不公平!）。假设提升省、市一级优质学校每所平均要投入1000万元，全国每增加1%就需555.7亿元，到2020年如果省、市一级优质学校增加15%，就要有8335.5亿元，是2001年国家全年财政性教育经费支出的2.73倍。

再就是，高层次的教育严重不足，现在包括夜大、成人、自考，全国的毛入学率也才达到15.3%，普通高校才只有7.8%。根据“中国教育与人力资源问题报告课题组”构想，到2020年全国高等教育的毛入学率应达到40%。假设大学中普通高校在校生占一半，应达2500万人以上；按国家规定的基本办学条件测算，每新增一个普通高校大学生，约需投入4.5万元以上。而按这个教育发展目标，我国在这以后的16年里须新建立1000多所、平均每年新建63所的万人大学，每年新建大学基本办学条件总投入就达283亿元，共需4500亿元以上，加上其他类型高校的投入，起码达6000亿元以上。

这一笔笔的大投入，除了要政府增大财政支出外，还必须在教育投入体制和举办教育制度上有重大的突破。而且要从根本上解决教育公平问题，同样产生着巨大的经济成本，即必须把教育办得更好、更有效率，增加更多更优质的教育资源。

中国教育资源的巨大虚空，除了说明了我国教育潜在需求非常之大以外，同时也说明了教育市场开发与可投资经营的广阔潜力，说明了我国教育制度创新的极大可拓展空间，说明了我国教育必须牢牢建立在效率优先兼顾公平、增量优先兼顾均衡的原则上。这就是决定了中国教育只能走多体制形式发展道路的根本出发点。

二、品牌+资本：动力、方式与阶段特征

国有学校品牌与民间资本力量的结合，就是快速发展中国教育的一种教育举办制度的创新，它是发展中国教育形式中的一种高效率办法，是一种民办公助的特别办学模式。

资本的流向是最明智的，哪里利润高就流向哪里；资本的寻利方式也是很高明的，哪种办法成本低就采用哪种办法。由于我国政府主办教育及其发展的50多年特别沿革，毫无疑问，在很长时期内最好的学校最优质的教育，仍然是集中在最有公信力的国有板块。资本看到了这一历史与现实的特征，在十多年前，就有民办学校投资举办者借用国有学校的品牌实现个人加盟的方式。这些都是以资本为核心要素的一种初级结合模式。

1999年6月召开的全国教育工作会议及其决定中，确立了“教育是一个全局性、先导性、战略性基础知识产业”的本质。在会上朱镕基总理指出“凡符合国家有关法律法规的办学方式，都可以大胆试验。在发展民办教育方面可以迈出更大步伐”；“发展民间办学，吸引社会各方面力量共同办教育，才能实现大国办大教育。我国是穷国办大教育，不走多种形式办学的路子，别无选择”。而在2001年5月召开的“全国基础教育工作会议”及其决定不仅突破了旧框框，在国有教育改制方面，也提出了四条标准：即“公办学校办学体制改革要有利于改造薄弱学校，满足群众的教育需求，扩大优质教育资源。薄弱学校、国有企业所属中小学和政府新建的学校等，在保证国有资产不流失的前提下，可以进行按民办学校机制运行的改革试验。”特别是2001年7月1日江泽民总书记发表的党建讲话，不仅标志着我国改革开放的又一次思想大解放，也标志着国家执政党的指导性理论纲领的重大突破，也再一次证明了党的十五大强调的“体制是形式，发展才是目的”这一真理。当然也为我国教育开发与发

展，特别是为国内多种非政府提供的民间资本和国外资本及教育资源介入中国教育现代化建设，提供了最有利最宽松的生存与发展的政治环境，为中国教育发展提供了最充分的体制空间和最有力的制度变革的巨大动力，推动或迫使着现有教育资源及全社会教育资源实行着重新的配置、扩容、调整和吸纳，广阔的教育市场也由此产生了联动效应。而国有教育品牌与民间资本的合作，也呈现出了广泛且热烈的高潮。从公有幼儿园办连锁，到基础教育中的“名校办民校”，到高等教育中的“二级学院”、“独立学院”，都是这种教育举办制度的全新尝试。在这一个阶段，具有品牌实力的国有大、中、小学、幼儿园全都一反以前的不事张扬态势，主动携手资本进入教育市场，有国有学校申请（不出钱物）民间资本支撑举办的，或国有学校（不出钱物）与民间资本合作共同申请举办的，或国有学校（出小部分钱物）与民间资本合股共同申请举办的，甚至国有学校直接筹措钱物单独申请举办的。这四种方式基本上是以品牌和资本共同组合为核心要素，或是以品牌为第一指引要素为特征的。但不管如何，这前后两个阶段的七种合作模式，资本获取的利益是明确的，而国有学校取得的巨大社会效益与经济效益也是令人振奋的。

三、优势：国有资源与民间资源的利益优化配置

1999年6月召开的全国教育工作会议前后，是我国教育领域中的一次“经济学觉醒”的广泛普及化进程。它标志着中国教育现代化发展进入了快车道。国有教育品牌与民间资本的结合，就是这次“经济学觉醒”的产物，并将在教育现代化进程中发挥着它的特别优势。

国有教育品牌与民间资本的结合形式，可以解决纯民办学校在短时间内同时难解决好的问题：

一是良好的教育社会公信力问题。由于特定的社会发展沿革，民办学校在广大的民众中，毕竟不象几十年以来树立起的国有品牌学校那样有着较好的信誉度；加上近些年来，纯民办学校由于这样那样的问题引起的家长多多疑虑的原因，特别是，学校的品牌是必须依靠长期经营才能形成的，而家长及全社会对它要建立起牢固的信心还得有个漫长的过程。

二是发展监控问题。纯民办学校在学校内部治理机制上，缺乏一个直接的制约主体，这样当处在一种特别的状态时，往往因无有力直接的监督而失控，以致存在着发展的现实与后续保障问题。

三是快速规范管理问题。纯民办学校初始的人与人的磨合周期较长，增加了很多管理成本。而国有教育品牌与民间资本的结合形式，往往是以母体作为参照管理，对大多数的人来说，具有积极的同化作用，而缩短了磨合阵痛期。

四是中坚骨干教师队伍稳定问题。作为品牌学校并不仅仅输出品牌，前期往往还输出有经验的干部和教师，他们的示范性将为新校教师队伍建设起到积极作用。

五是由前四个问题派生而来的教育质量生成与提高问题。教育质量生成与提高主要依赖于校长与教师周期的高质量劳动，但却可以由于前四个问题致使教育周期中断，原有的初中期高教育质量可能缺乏后期延续而化为乌有。

六是时间成本问题。纯民办学校从零开始，到它树立起良好的社会公信力和质量品牌，要花较长的时间，而通过品牌学校的初始切入，将大大缩短这一时间过程。

七是培养新型的会经营的国有学校校长及其成长问题。

八是国有教育品牌与民间资本结合所产生的现代学校制度创新问题。可以肯定，没有这一新形式的出现，就没有有关它的研究和新的理论的丰富。

可见，国有教育品牌与民间资本的结合，是良好社会公信力与经济实力的互相依托，是政府资源与民间资源的合理配置，是教育家与资本家的经验互补联盟，是计划机制与市场机制的积极互促，是国家资源增量与教育质量有效控制的效益契合，是社会、政府与家长、资本多方面需求满足的多赢形式，是社会改革与教育发展目的的统一，是低成本与快增长的产业运行形式的统一，是社会稳定与学校稳定的统一，是教育公益性与资本寻利性的有效联姻，是公有制与私有制的政治融合。

当然，在这里并不是说民间资本与国有教育品牌一结合，就一定能发挥好以上八个优势；也不是说纯民办学校就一定解决不了以上八个问题。但根据“人才资源是第一资源”的论断，可以说，国家没有充分和优质的教育资源，人才的生成就失去了最重要的条件依托。那么只要能快速度高效率使国家教育资源产生巨大增量的办法，就是好办法。这就是我们正确认识国有教育品牌与民间资本的结合方式意义的根本基点。

四、制度缺失并不一定要钻进认识误区

国有品牌与民间资本的结合这一发展中国教育的方式，既然是一种创新，在今天就一定会象任何社会改革初期中都会碰到的制度缺失的困惑一样。

国有学校以品牌（或还有钱物）进入教育经营，使得国有资产增殖，有增殖就可能有流失，如何保证非正常的流失减低到最小，这与过程中涉及到的教育规划布局等很多问题一样，都是一个制度监督和规范管理的问题。国有教育品牌谁来经营？国有教育品牌会成为当时校长的私有财产吗？甚至于产生了腐败，但这只是个人品质和体制缺位问题。国有品牌投入到市场，对所有的民办学校都有冲击，但作为市场经济产物的民办学校，能拒绝国有资源进入市场吗，能自己划定特别领地吗？国有教育资源进入市场，一定会拉低全社会教育平均利润，受益的是教育消费者，这也是公平实现的前提条件之一。同样，这一方式与成为政府放缓投入的借口也没有直接的关系。某届政府官员不想给教育切大一点的蛋糕，连法律以及人大都监督不到，他还需要这一借口吗?! 在今天读“名校”的始终是一小部分人，因此谁都不要轻易地说这或那就“侵害”了部分群众利益。说“名校办民校”质价不符，谁说都不算，只有选择教育的人和市场说了算！更何况没有任何一个“名校”说办的民校也就是此“名校”的。有人一定要把两者的质量特色划等号是另一回事。如此等等，但这都是实践过程中的完善问题。今天的制度缺失并不能否定这一方式或发展途径的积极贡献。再好的改革初始都会有问题，再好的改革没有制度的保障都会有问题。有问题正是制度创新的必要前提条件。我们决不会由于开放改革中问题多多而停止或否定开放改革的。我们不能把事物的发展方向和过程中的问题完全混淆起来——因为其中有错位问题，有监察机制缺位或不完美，而否定其方向。反之，就绝对是一个认识误区；另外，既然我们要从“提案”这一决策层面来讨论问题，就一定要从国家最大的利益角度，而不能仅仅代表某单一方面的利益去讨论或只是非理智的指责。

可以看到这一发展教育的方式，将催生全新的举办教育制度，产生新的教育投入和退出机制，产生新的教育产权机制，产生新的利益分配机制，产生新的学校决策管理机制，产生新的教育成本竞争机制，产生新的教育竞争与发展格局，产生或完善新的教育法规（条款）。最终可能会走向政府逐步退出部分教育市场份额范围，并以现有部分教育资源完全与民间资本或法人机构合股办学；政府财政则在增大教育投入基础上，集中资金刚化义务教育力量，优化国家教育资源存量，提高教育经费使用效率，扩大贫困学生资助面及水平，彻底改变穷国办大教育的局面。而这也正是所有国民所期望的目标！

毫无疑义，国有品牌与民间资本的结合这一发展方式，还有待实践者和理论家、政府和立法界的共同努力去完善；我国“初级阶段”及今后很长时期内，教育仍然必须依着效率优先兼顾公平、增量优先兼顾均衡的原则去发展。这是每一个教育工作者特别要明确的。但可肯定的是，优质的国有教育品牌掌握在教育家手中，与社会资本的有效结合，所产生的巨大社会效益及所创造的教育经济价值，对于尚处于“初级阶段”的国家来说，它决不仅仅是一个教育资源的简单增量问题，更重要的是一个教育改革与发展模式，一个加快发展速度的方式与途径。由此引起的一次更深刻的思想大解放，为我国教育现代化奠基的意义，将不可估量。

（作者为广州市现代教育科学研究中心研究员）

2－2－16　我国民营企业员工组织承诺的主要缺陷及其修复

罗明忠

目前制约我国民营企业的发展因素不少：融资环境问题、人才问题、市场准入问题、政策取向问题等等，其中员工的组织承诺度比较低就是重要的制约因素之一。本文借鉴组织承诺理论，就制约我国民营企业发展的员工组织承诺因素作些分析。

一、员工组织承诺度是制约企业发展的重要因素之一

最早研究组织中员工承诺行为的是贝克尔（H.S.Bcker，1960），此后，布坎南（B.Buchanan）、波特（L.W.Porter）、梅耶（John.P.Meyer）和奥伦（Natalie. J.Allen）等人对组织承诺问题都作了进一步的研究。

所谓组织承诺（Organizational Commitment）就是指员工随着其对组织的“单方面投入”的增加而产生的一种甘愿全身心地参与组织的各项工作的感情。组织承诺是员工心中“记录”着的自己对企业的一种态度，也是检验员工对企业忠诚程度的一种指标。如图一所示，随着员工对企业的各种投入的增加，员工对企业的承诺越来越高，从而就越是不愿离开本企业，亦即高承诺对员工的影响表现在：员工的离职率低、对工作的投入多，能够积极地参加企业的各项工作。反过来，低的组织承诺，将使员工对企业失去信心和信任，或明或暗地减少对企业的投入，甚至是员工对企业的忠诚度下降，最终影响企业的发展。毕竟“没有忠诚的雇员就不可能出现忠诚的顾客；缺乏忠诚的顾客，企业也无法留住忠诚的雇员。”波特进一步指出，承诺度高的员工表现出三个特点：(1）信赖并且乐于接受组织目标与价值观；(2）对组织的各项工作乐于投入尽可能多的精力；(3）对能够成为该组织的成员充满了自豪感。而且，根据沃森·怀亚特公司的一份对美国7500员工的调查显示，拥有高承诺的公司三年内对股东的总体回报（112%）要远大于员工承诺水平低的公司（76%）。

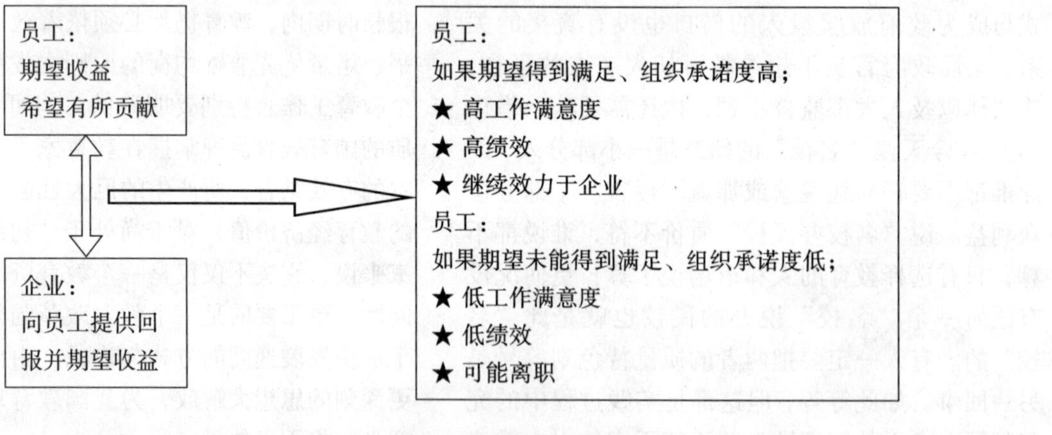

图一

我国不少民营企业就是因为其员工的组织承诺方面的原因，导致其难以留住优秀的人才，跳槽现象时有发生。结果是企业正常的生产经营秩序难以维系，影响企业目标的实现，而且还加大了人力资本损耗，使人力资本使用成本上升。因为据有关资料显示，我国企业若流失一个称职的员工，要想再找到同样能力的一个员工，那么成本是原来那个员工的一年工资的2.5倍。若是核心技术人员或重要岗位的管理人员，则成本远不止这个数目。另外，也因为员工组织承诺方面的原因，一些留在企业里的员工，凭借其事实上的控制权可能部分“关闭”有效利用其人力资源的通道，从而增加了企业利用其人力资源的成本，降低了人力资源的价值。

二、我国民营企业员工组织承诺的主要缺陷

（一）“内部人－外部人”的划分淡化了员工与企业间的感情。

我国相当多的民营企业是家族式的企业，而且有不少还处在家族式企业发展的初级阶段，在企业管理中的直接表现就是家族成员控制企业的要害部门和关键岗位。据有关调查显示，约90%的民营企业财务管理控制在家庭成员手中，中高层管理人员约40%左右是朋友或家庭成员。如图二所示，根据我们于2003年底对广东民营企业高层管理人员（总经理）的产生方法的问卷调查发现，60%的民营企业的高层管理人员是由投资者自己兼任，14%的民营企业的高层管理人员是由董事会推荐家族人员（熟人）担任，只有23%的民营企业的高层管理（总经理）是通过市场招聘产生。这样就自然地把企业员工分成了两类：“内部人”和“外部人”。家族之外的在企业占绝大多数的员工当然属于“外部人”。但这些“外部人”不仅在人数上占企业员工的多数，而且往往还掌握了企业的生产技术，不少是企业生产技术骨干；只因为其属于企业家族之外的“外部人”，在企业日常的生产经营管理中，还是要听命于企业的“内部人”，即使“内部人”的决策是错误的。由此，不少员工对企业的感觉仅仅是谋生的场所而已，难以从内心将自身融入到企业，更不要说把个人的发展与企业的发展联为一体。

结果，如图三所示，根据我们2003年底对广东民营企业的调查，30%的民营企业认为其最缺的人才是高级管理人员，31%的民营企业认为其最缺的人才是高级技术人员；23%的民营企业认为其最缺的人才是诚信度高的人员。

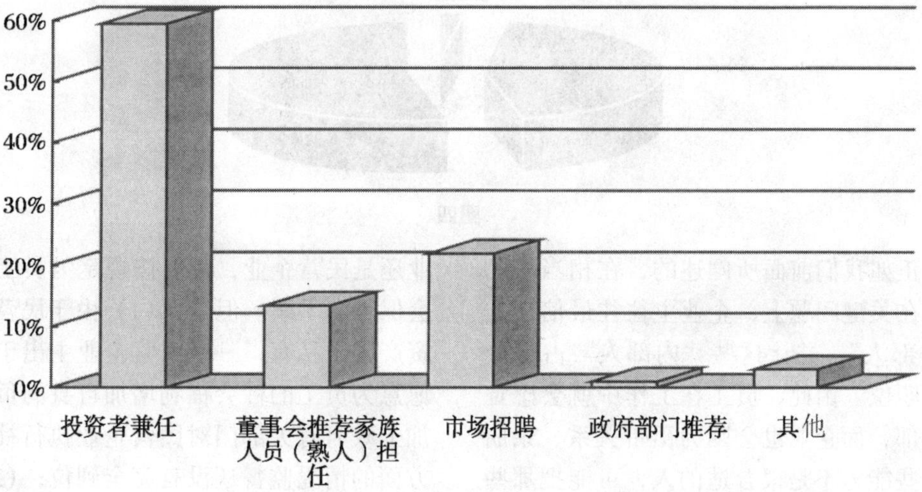

图二　高层管理人员（总经理）的产生办法

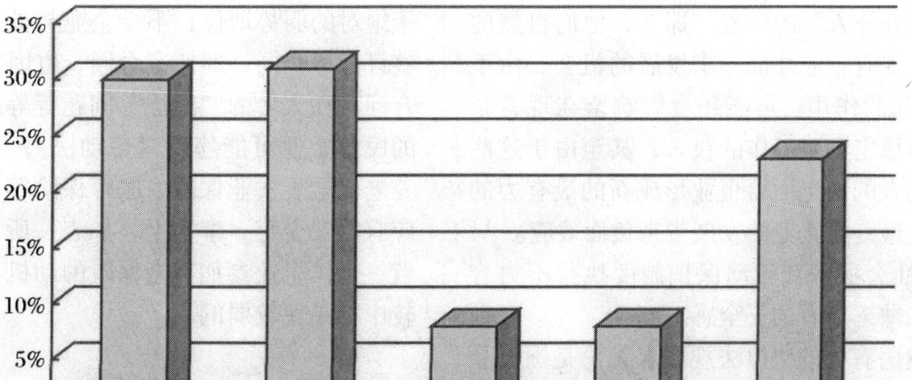

图三　最缺的人才

同样，在很大程度上，企业的成败更多地与企业的“内部人”关系密切。对于企业的“外部人”来说，企业发展了，可能带来的收益就是奖金多一些、工作稳定些；企业发展受挫了，可能带来的损失就是：奖金少一些，工作稳定性差一些。而收入一旦少了，抱着在哪里都是“打工”的心态，这部分员工特别是有一技之长的员工有不少就会“另投明主”。员工心态与企业发展要求的“逆向”情势对企业发展极为不利，成为制约我国民营企业发展的重要因素之一。因为企业发展处于“逆境”时最需要的就是员工齐心协力，需要发挥企业与员工之间在顺境时建立起来的良好的“心理契约”的效用，共渡难关。但在我国不少的民营企业，企业与员工之间根本没有建立起这种关系和承诺，在企业与员工之间存在的更多的就只是一种纯粹的经济契约。

（二）个人职业生涯的不确定性削弱了员工对企业的期望。

对于员工个人来说，都希望通过企业求得个人的发展，实现个人的理想和抱负。但是，目前相当多的民营企业在人力资源管理上是重使用轻培养或者根本就没有培养。以员工培训为例，如图四所示，根据笔者参与的一项主要是针对民营企业的有关中小企业经营与发展情况的调查显示，不少民营企业出于员工流动性大的原因，担心把资金投入到员工的培训中没有回报，因而在员工的培训上，大多数是采取上岗前集中“临阵磨枪”式的培训和“边干边学”的方式培训。

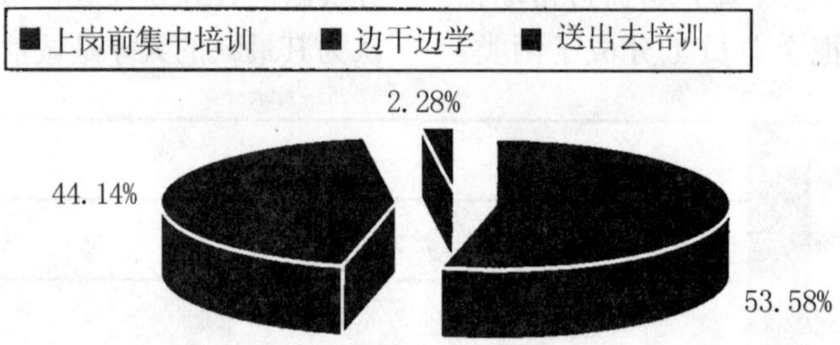

图四

特别是正如我们前面所阐述的，在相当多民营企业中，在关键问题上，企业主往往最信任的人还是“内部人”，并让这些“内部人”占据企业内的重要职位。由此，员工在工作中就会感觉到压抑、抑郁，而企业也会因为裙带关系、亲朋关系用了一些能力不是很合适的人，可能把那些有能力、有才干的能人拒之门外。一旦那些有抱负、有才干的员工认识到其在现有企业永远只能处于企业“外部人”的位置，那么，他们自然的选择就是到现有企业外部寻求发展的机会。由于“羊群效应”的作用，可能还会影响留在现有企业的员工的稳定和对工作的投入，甚至由于这些有才干的能人的出走而给企业形成新的最有力的竞争对手，最终给企业的发展带来负面效应。

（三）社会保障和劳动保护制度执行不力容易导致员工缺乏应有的安全感。

虽然我国有关的法律法规要求无论是国有企业还是民营企业，都要按规定为员工办理参加社会保障的手续。但是，（1）由于民营企业的企业资产属于私有，一些民营企业主出于利益考虑不愿意为员工的社会福利增加自身的负担；（2）再加上政府有关部门对民营企业执行社会保障制度方面的情况监督还没有完全到位；（3）特别是民营企业中的员工大多数又是从农村出来的或是城镇中的失业下岗人员，在与企业的劳务谈判中处于绝对的弱势地位，不少企业与员工根本就没有签订劳务合同，即使有合同，也因为签订的劳务合同存在太多的“隐性”问题等等原因，导致有的民营企业可能违反《劳动法》，不为员工办理养老保险、失业保险、医疗保险等，使员工缺乏应有的安全感。事实上，如表一所示，广东的私营、个体企业参加养老保险的动机在各类企业比较中都是比较弱的。

表一　广东省各类企业缴纳养老保险动机和缴费能力的比较

	国有企业	集体企业	外商投资企业	私营企业	个体工商户	乡镇企业
单位缴费动机	强	强	强	弱	弱	弱
个人缴费动机	强	强	弱	弱	弱	弱
缴费能力	差异大	弱	强	一般	弱	弱

资料来源：广东劳动学会编《广东2001劳动和社会保障理论与实践研究》第431页。

甚至有些民营企业还拖欠员工的工资，更使员工的心理对未来的安全没有着落。以广东为例，虽然这几年，一到年关，劳动和社会保障部门就会同政府有关部门集中解决企业拖欠员工工资问题，为企业员工撑了腰。但是，仍有不少企业拖欠员工工资问题无法解决，这些被拖欠工资的员工是既打不起"官司"，也不知道到哪里求助，而且处理工资拖欠问题所需要的时间大多不是一朝一夕，被拖欠工资的员工根本"耗不起"这个时间，只好另寻出路。由此也加重了在岗企业员工的心理压力，使他们对企业可能持怀疑态度，影响企业员工对工作的投入。

（四）人力资源管理的随意性不利于员工对企业形成固定的预期。

不少民营企业，在其成长发展过程中，主要是依靠企业主个人能力、经验、魅力和威望，导致企业在人力资源管理中往往采取传统的家族式、命令式、随意性管理。在员工的使用上，缺乏科学有效的考核机制和指标，有问题找老板，只有老板说了算。随着企业的发展壮大，有一些企业开始着手建章立制的工作，形成了一些人力资源管理的规章制度，希望把人当作一种资源来管理和使用，按照制度来管理和配置企业的人力资源。但是，一旦企业主的意见与规章制度冲突时，制度往往让位于企业主的意见，大大降低了制度的权威性和效应。特别是，当制度适用于家族成员、与企业主一起打天下的元老和一般员工时，执行偏差太大，造成对其他管理措施的冲击。

三、我国民营企业员工组织承诺的修复

（一）在政府层面上，主要是要加大执法力度，引导民营企业遵照执行国家有关职工劳动保护和社会保障方面的法律法规。

随着我国劳动法以及有关社会养老保险、失业保险、医疗保险等法律法规的相继颁布，我国有关职工保护和社会保障的法律法规体系已经初步形成。目前对于我国政府有关部门来说，重点是加强执法力度，促使企业遵守法律法规，切实履行企业对员工应尽的职责，保证员工在企业里的合法权益能够得到切实保护，在全社会形成良好的社会氛围，增强员工的安全感。为此：

1．要进一步做好劳动保护和社会保障等方面的法律法规的宣传教育，尤其要做好重点地区和重点企业的教育宣传工作，让企业主和员工了解掌握国家有关法律法规，引导企业主进行合法经营和生产，教育员工依法保护自己的合法权益。

2．要开展经常性的执法检查，严格按照国家有关法律法规对违法违规的企业进行处罚，以达到"防微杜渐"的效果。要在显要位置公布劳动保护部门的举报电话，为员工的投诉提供方便。同时要对执行劳动保护法律法规表现好的企业予以公开表彰。

3．进一步做好法律援助工作，特别是"民工"权益保护的法律援助工作。因为这一部分人群属于弱势群体，无论在经济上，还是在知识上都缺乏自我保护的能力，需要政府部门的法律援助以维护他们的合法权益。

（二）在企业层面上，需要在思想观念和人力资源管理两方面入手，改进民营企业的人力资源管理，理顺民营企业的劳动关系。

1．确立企业主和员工"双赢"的共同事业观。企业发展对于企业主、员工和社会都是有利的。企业发展顺利，企业主在赢得经济利益的同时，获得了事业的成功，为社会作出了贡献，自我价值得到体现；员工则有一份稳定的有前景的工作，为企业的顺利发展贡献出自己的一份力量，也为社会作出了自己应有的贡献；而对于整个社会来说，只有一个一个的企业发展了，整个社会经济才能进入良性轨道，就业才会增加，社会经济才能持续发展。

2. 在企业主与员工之间建立有效的沟通机制。沟通是指信息在人与人之间的传递。它是一种通过传递观点、事实、思想、感受和价值观而与他人相接触的途径。如果沟通是有效的，它能促成更高的绩效和工作满意度。人们能更好地理解自己的工作并体验到更多的参与感。有些情况下，人们甚至会放弃自己长期以来的特权，因为他们理解这种牺牲是必要的。我国民营企业不象国有企业那样，工青妇团等各种组织齐全，如此就给企业主与员工之间的沟通带来了渠道缺失的问题。对于民营企业来说，不一定要如国有企业那样设立专门的工青妇团机构，但可以考虑按照民主选举方式由员工选出兼职人员自愿担任这些机构的负责人，企业在可能情况下对有关人员予以适当补助，通过这些机构在企业主与员工之间架起沟通的桥梁，实现企业主与员工之间的有效沟通，提升员工的组织承诺度。

3. 引导并鼓励员工将个人的发展与企业的发展战略方向结合起来。员工的归属感和认同感对于任何发展阶段的企业都是非常重要的。这就需要我们把员工个人的发展与企业的前景结合起来，企业不仅要鼓励员工个人的发展，而且要鼓励员工朝企业战略要求的方向发展，为员工的发展提供平台，要让员工能够切实感受到在分享企业的成功。为此：

(1) 企业与员工要签订正式的劳务合同，特别是对那些管理和技术骨干应该签订时间相对长些的劳务合同，让那些有才干的员工对未来的前途有一个较为明确的预期。

(2) 要注意从家族之外的员工中培养选拔经营管理者，尊重员工的意见尤其是技术和管理骨干的意见，消除或模糊“内部人”与“外部人”之间的界限。员工没有“打工者”的概念，就会对企业有一种依附感，以致于该企业的不少员工说“我们所以愿意呆在这个企业，主要原因不完全是钱的问题，关键是团队精神和感情。”

(3) 在条件许可的情况下，可以实施职工入股，特别是要考虑把主要的经营管理者和技术骨干吸收为股东，使其真正把企业的经营管理和技术开发当作自己的一项事业而不仅仅是“打工谋生”的手段。而且，从世界上的家族企业看，并不是要由一、二个家族掌握全部股权。例如在控制着 7 – Eleven 便利店 73%股权的在全球家族企业 200 强中排名第 21 位的日本 Ito – Yokado 公司中，伊藤家族仅拥有 15%的股份。

（三）在整个社会文化层面上，必须加强诚信教育，建设信用文化。

一段时期以来，诚信问题成为困扰我国企业发展的大问题。著名学者戴园晨指出：“员工的忠诚度与能力相比，忠诚度是首要的。……外部人才忠诚度问题是建立职业经理人制度最难解决的问题。”根据我们的问卷调查，企业认为制约其发展的最主要的因素有五个，按问卷票数多少排列的顺序首先是“社会上普遍缺乏诚信、没有企业诚信体系”；其次是“行业协会和商会未能发挥应有的作用”；第三是“政府部门干预过多”；第四是“会计、法律咨询等中介组织服务差、收费高”；第五是“其他问题”。而诚信的缺失有损员工对企业的组织承诺，也影响了企业主的决策和行为。正是因为相互间缺乏信任，容易导致员工对企业的投入持保留态度，企业对员工的人力资本投资及任命使用也或多或少持怀疑心理，影响企业建立有凝聚力的健康的企业文化。我们必须继续加大诚信教育，在全社会确立信用至上的信念，为企业员工组织承诺度的提升创造良好的社会文化氛围。

1. 首先，要增大“失信”者的法制成本。就是说对人们的“失信”行为要加大处罚的力度，让人们面对其“失信”行为可能带来的处罚而不得不止步。比如，对那些制造和贩卖假冒伪劣产品的人，我们往往是以罚款了事，而由于这种罚款太轻，往往给这些人有再生的机会，因为他“失信”十次，被抓了九次，只要一次没有被逮到，他还是有利可图，他为什么不干呢？笔者认为，对于那些“失信”者，我们就必须罚到他不敢产生“失信”的念头。但是，我们必须清醒地认识到，加大处罚力度并不是目的，其目的是实现最终的没有处罚和不需要处罚，因为在巨大的“失信”成本面前，人们唯一的选择只能是“守信”。

要做到“有法可依，有法必依，执法必严，违法必究”。当前，尤其要注意坚持有法必依，违法必究，否则必然产生“羊群效应”，出现更多的“失信”行为，甚至给人造成法不责众的感觉，使良好的社会信用秩序成为空想。

2. 要增大“失信”者的道德成本。那就是要在全社会形成一种“守信者光荣，失信者可耻”的道德风尚和舆论导向，让“失信”者面对强大的社会舆论压力，无处藏身，失去生存的空间，在社会生活中难以有出头之时。当前要特别防止“失信”行为蔓延的现象，要在全社会开展声势浩大的宣传，对“失信”行为进行猛烈抨击，将信用观念真正植入人们的头脑，让社会其他成员对“失信”者敬而远之，这样“失信”者既要经受社会舆论的批评的成本，又要承受自身道德意识的谴责，而且还要冒可能在社会上寸步难行的风险。

必须建立一种全社会可以共用的信息共享的信用评估和信用档案体系，将“失信”者曾经的“失信”行为记录在案，让人们意识到一旦我今天从事了“失信”行为，那么我的信用档案里就可能会留下一笔永远也擦不掉的污点，成为永远的遗憾，伴随我的终身，人们就会以异样的眼光看我，直接决定人们对我的评价，对我的事业、生活、学习都将受到影响。

3. 要增大“失信”的制度交易成本。那就是要通过完善制度，特别是经济交易制度，使“失信”者无空可钻，通过制度来防范“失信”行为的发生，使“失信”者要想从事“失信”行为，就必须下更大的力气，耗费更大的成本去寻找制度的漏洞，甚至使“失信”行为可能带来的收益远低于为此而花费的代价，这样，人们自然会在成本与收益间作出理性的选择，走上守信的正道。

主要参考文献：

1. 郝元文《忠诚管理的经济效应》见《珠江经济》2002（3）32－33。

2. 士钦等编著“现代通信企业人力资源开发与管理”，人民邮电出版社 2002 年版。

3. 伟生　刘芳“民企 HR 管理的个性化趋势”见《中国人力资源开发》2003（2）12－13。

4. ［美］约翰·W·纽斯特罗姆 基斯·戴维斯著《组织行为学》第十版（中文版），经济科学出版社 2000 版。

5. 戴园晨《民营企业发展关键在人才战略》见《宏观经济研究》2002（11）11－13

（作者为广东金融学院副教授）

2－2－17　广州市民营经济党建工作的回顾

广州工运学会

改革开放以来，广州市民营经济发展十分迅速，民营企业已成为广州市国民经济的重要组成部分和新的经济增长点。目前个体、私营和三资企业总共有 31 万户，由国有和集体企业转制而流向非公有制企业的就业人员也大幅度增加。随着非公企业的发展，广州市非公企业党建工作也在不断探索前进，取得了较好的成绩。早在 1996 年 4 月，经广州市委批准，市私营企业协会率先成立了全国第一个私营企业党委，正式把私营企业中的党员交给各级工商行政管理部门党组织管理。根据统计，至 2003 年底全市私营企业纳入管理的党员共 24000 多人，党组织 1040 个，其中有党委 39 个，包括私营企业党委 21 个，外商投资企业党委 18 个；有党总支 33 个，包括私营企业党总支 18 个，外商投资企业党总支 15 个，另外有党建指导员 198 人。

一、党建工作情况

多年来，广州市积极探索私营企业党建工作的新路子，主要抓了 4 个方面的工作：

（一）加强指导。

市委一直十分重视以私企和外资企业为主要成份的非公有制企业党建工作，从 1985 年起，开始实行“三个一”制度，每年开展一个主题活动，每年初召开一次党建工作会议，每年底开展一次党建、党风、廉政建设工作检查，并坚持把非公企业党建工作作为“三个一”制度中的一项重要内容。从 1990 年起，由市委组织部牵头，每两年召开一次有组织部、宣传部、统战部、工会、共青团、妇联、工商联、以及工商、劳动、人事部门领导参加的联席会议，定期分析沟通情况，总结经验，探索适合广州市特点的非公有制企业党建工作路子。

为加强对党建工作的领导和指导，多年来广州市出台了一系列旨在加强私企党建工作的指导性、规范性文件，如《关于加强私营企业党的工作的意见（试行）》等，明确了非公企业党建工作的地位、任务、工作方法和活动方式，使非公企业党建工作逐步走向制度化、规范化、正常化。

（二）规范管理。

本着有利于加强管理，有利于党组织开展活动，有利于党员参加组织生活的原则，根据企业的不同性质，广州市分类分组对非公有制企业党组织隶属管理关系进行理顺。对外商投资企业党组织建设明确提出“谁兴办企业，谁考虑组建党组织”的以资产为纽带的组建党组织的工作责任制；对私营企业党组织建设从便于管理，有利工作的角度出发，原则上以工商行政管理部门党组织为主，负责组建和管理。市工商局党委于1995年组建了市私营企业协会党委，统管市注册的私营企业党建工作；区、县级市也把工商分局党总支扩建为党委，在其属下的私协、个协组建了党总支或支部，并指定专人负责私营企业党的工作。在农村则明确由镇党委领导私企党组织或委托村党组织代管。没有建立党组织的私营企业由所在地私营企业协会党组织负责。

（三）健全组织。

对于非公企业党建工作，市里明确，凡有3名以上正式党员的企业原则上都要建立党组织。正式党员不足3名，职工人数达到一定数量（私营企业为200名）的，其上级党组织应积极帮助其创造条件，力争在两三年内建立起党组织；尚不具备条件建立党组织的则先把工会、共青团等组织建立起来，培养积极分子，为组建党组织作准备。

（四）注重实效，发挥作用。

广州市明确提出私企党组织负责人必须是政治素质好，党的观念和组织纪律性强，熟悉党和国家的改革开放政策和法律法规、熟悉行业生产经营、有开拓精神、善于与外商或企业主共事，担任较高的行政领导职务的党员。在活动方式上则坚持“小型、业余、灵活、务实”的原则，合理安排党组织的工作内容。一是在工作内容和方法上，把党组织的工作目标与企业发展目标相统一，把党的工作融合在生产经营活动中，积极组织党员、职工广泛开展有利于企业发展的活动，以企业生产经营的效果和精神文明建设状况作为检验党组织工作的重要标准。二是在活动方式上，大多数企业党组织在开展工作时采取“五结合五为主”的方法，即：集中与分散活动相结合，以分散活动为主；工作时间与业余时间相结合，以业余时间为主；必要的会议与小型活动相结合，以小型活动为主；政治学习与业务学习相结合，以业务学习为主；党务工作人员专职与兼职相结合，以兼职为主。

广州市大多数非公企业在建立党组织的同时，同步健全了工会、共青团等群众组织，并加强党组织对他们的领导，由一名党员兼任这些组织的负责人，并发挥他们在企业生产发展和维护职工合法权益方面的作用。大部分非公企业党组织在建立后都十分重视对党员的教育和管理，实施先锋工程，积极发挥党员的先锋模范带头作用，广大党员带头宣传贯彻党的基本路线，带头做好本职工作，带头学习先进技术和管理办法，带头遵纪守法，带头联系、关心和帮助群众，带头与业主、法人代表合作共事，真正做到既是合格党员又是优秀员工，党组织的活动逐步做到为企业所需要，为投资者所理解，为党员所欢迎，为员工所拥护。

二、存在问题

随着非公经济的迅速发展，广州市非公党建工作仍与新形势的发展要求有不大适应的地方，主要表现在以下几方面：

（一）领导体制尚不够完善。目前还没有建立权威的非公经济党建工作领导机制，缺乏在整体上统筹规划、指导协调和督促检查，条与块之间存在交叉和脱节现象，比如，对私企党员党费的收缴目前还没有全市统一的标准。

（二）以条为主的管理模式已经不适应形势发展的要求。表现在：一是工作力量薄弱，没有专职党建队伍，而且绝大部份是兼职，从事党务的时间和精力都不够，直接影响党建工作力度和效果。二是党员活动经费少。对党员的活动经费至今没有明确规定予以保证，私营企业主无法负担这笔经费。三是没有地缘优势。以条为主的管理模式，管理空间距离较远，主管部门对属下企业管理鞭长莫及。四是管理交叉重叠。管理同时隶属两个以上党组织，造成关系较乱。五是影响地方组织部门作用的发挥。由于以条为主，地方党委组织部门职责不够明确，各级都没有建立联系协调会议制度等。

(三) 考核激励机制尚未形成。一是多数单位没有建立工作目标责任制，使得责任考核难以落实，无法衡量工作的成效。二是责任归属不清，各单位分工不明确，对转制企业党组织归属问题至今没有明文规定。

(四) 上级党组织对非公企业党建工作指导不力。由于责任体系未完善，各级责任制没有建立起来，上一级党组织不知道应如何指导私企党的工作的开展，造成随意性较大，指导不力。

(五) 制度建设仍滞后。目前没有统一制订非公企业党组织的各项规章制度，即使有些党组织建立了一些制度也不够完善和规范，缺乏落实和检查措施。

三、关于进一步加强非公经济党建工作的对策建议

(一) 调整非公经济组织党建工作机构，形成权威性强的领导机制。必须加强领导，形成党委领导、组织部门协调、属地管理为主、条块各负其责、密切配合、齐抓共管的工作格局。要建立全市非公有制经济组织党建工作联系协调会议制度。各区、县级市也要设立相应机构具体负责加强非公有制经济组织党建工作。

1. 明确条块的分工，在属地推行派出党建指导员的做法，并按条明确非公企业的上级党组织，可根据情况由中方党组织、地方党委、工商局党委进行管理，企业党组织的活动经费可在地方党费中划拨或由财政单列予以解决。

2. 在条的责任单位（局及分局）设立非公经济组织党建联络员，及时反映情况，沟通上下级党组织的联系。

3. 加强对私企党组织负责人和党建指导员、联络员的培训，加强工作指导，规范运作。

4. 增强党组织对非公企业党员的吸引力，对非公企业党员应一视同仁，享受同等待遇。

(二) 完善非公经济组织党建工作责任制，建立有效的考核激励机制。

1. 要把非公经济组织党建纳入党的建设的总体规划。实行“三个统一”，即非公经济组织党建工作要作为党建工作的重要部份统一规划、统一部署、统一纳入目标管理责任制中，开展党建工作大检查，对各责任单位的非公党建工作情况进行考核，并建立激励约束机制。

2. 建立区、县级市党委及街镇党委工作责任制和条的责任制，明确第一责任人和直接责任人，一级向一级负责。

(三) 建立专职党建队伍。地方党委要配齐专职从事非公企业党建工作的干部，在街镇一级设立党建指导员，向非公企业派出党建指导员负责开展党建工作。

(四) 加强制度建设，建立规范化管理机制。以制度保证党建工作的开展。首先要建立全市性的非公有制经济党建工作条例，明确党组织的任务、隶属关系和活动方式，指导规范党建工作运作。二是加强非公有制经济组织党建工作制度的建立和落实，在管理方面注意多样化、灵活性，建立党组织组建制度、党员发展制度、入党积极分子培养和考察制度。非公企业党组织的上级组织要定期对非公企业的党建工作进行检查，掌握开展活动和工作的实际情况，督促制度的执行，保证制度的落实。

（执笔：孙幼明　资料由广州市委政策研究室提供）

2-2-18　广州民营企业工会组建工作的回顾

广州工运学会

广州民营企业工会组建工作是随着新建企业工会组建工作的深入而发展起来的。新建企业是指我国实行改革开放后发展起来的外商投资企业、乡镇企业、私营企业等非公有制企业。随着改革开放的不断深入，广州市新建企业迅速发展，新建企业工会组建工作也随之开展起来。从20世纪90年代开始，广州市的新建企业工会大约经历了三个历史发展阶段。

一、90年代初期的工会组建工作

90年代初期，广州市的新建企业尤其是外商投资企业已有一定的发展规模，但新建企业工会组建工作还刚刚起步。1991年，广州市外商投资企业有1023家，当时工会组织只有533家，组建率为52.1%，私营企业工会则不足10家。

90年代初期的工会组建工作有如下特点：

（一）中央重视，各级行动，形成齐抓共管局面。

1992年8月，全国总工会召开了全国外商投资企业工会工作会议，发出了《关于加快外商投资企业工会组建步伐和加强工会工作的意见》，提出加快外商投资企业工会组建步伐，力争在两三年内把沿海开放城市中已开业的外商投资企业工会组建起来。1994年，江总书记、全国总工会尉健行主席还就三资企业中出现的一些问题专门作了重要批示，全国总工会为此提出加快外商投资企业组建工会的八点意见，加快了组建工会的步伐。

中央领导的批示引起了各级党政领导对工会组建工作的高度重视。广州市委办公厅以穗发[1994]25号文批转了市总工会《关于加快我市外商投资企业工会组建步伐的意见》，1998年8月又以市委市政府名义在市委礼堂召开“外商投资企业组建工会工作会议”，市总工会、市委组织部、市劳动局、市工商局、市对台办等单位联合发文要求加快外商投资企业组建工会组织步伐，初步形成齐抓共管的格局。

（二）发挥工会作用，落实责任制。

市总工会把组建外商投资企业工会作为重要工作来抓，采取一系列有力措施，加大工作力度。

1. 年初召开会议，总结交流经验，下达组建指标，布置组建任务。

2. 深入调查研究，深入抓促。1994年，在召开市外商投资企业工会工作会议后，市总工会组织了4个外企工会组建工作的调研组，由五位主席、副主席分别带队，分赴到组建任务重、难度大的区、县级市、产业和企业抓促组建工作。

3. 落实工作责任制。1995年在市外商投资企业组建工会工作会议上，市总工会主席陈伟光与组建任务重的13个区、县级市和产业工会签订组建责任书。同时并与市总产业工作办公室签订责任书，把年终奖与组建任务完成情况挂钩，对组建成果进行奖励。

4. 加大表彰力度，树立组建工会光荣感。市总工会先后召开多次有关外商组建工会工作的“迎春茶话会”、“庆五一联欢会”、“优秀员工之友表彰会”，开展“双爱双评”活动（企业爱职工，职工爱企业，评爱企业的优秀员工，评爱员工的优秀经理），加深外商对中国工会的了解，促进了中外双方合作共事，提高了工会的威望，有力促进了工会组建工作。1995年，全市新组建外企工会547家，是当时新发展外企工会数最多的一年。全市共有外企工会1323家，组建率占应建数的100%和开业数的43.6%，与此同时，乡镇企业、私营企业工会组建工作也取得成效。1995年在海珠区新滘镇联星村进行组建村工会联合会的试点工作，建立起全市第一家村工会联合会。私营企业工会组建主要抓了荔湾区建立街道综合经济组织工会联合会的试点工作。1995年，全市私营企业工会已发展到134家。1996年初，市总工会被省总工会评为组建工会工作特等奖第一名，并被评为全国新经济组织工会工作先进单位。

二、90年代后期的工会组建工作

新建企业工会组建工作经历了1995年的高潮后，由于经济环境的影响，一些企业不景气，有的企业关停、撤并，组建工作面临新的困难。至2000年，以迅速、大幅地推进私营企业工会组建为重点的新建企业工会组建工作再度掀起高潮。这一阶段的组建工作有如下特点：

（一）党委领导、部门支持、各方配合、工会运作的组建工作格局初步形成。

2000年2月，省总工会召开了全省市级工会主席工作会议，要求贯彻落实全总提出的“实现最大限度地把新建企业的职工组织到工会中来的突破”，“哪里有职工哪里就要建立工会组织”的指示精神，确定私营企业工会组建工作为当年工作重点，要求全省掀起抓组建工会工作的第二次高潮，并提出三年全面完成私营企业组建工会任务。同年5年和8月，全省共召开了两次私营企业工会工作会议，省委省政府领导作了讲话。

2000年7月，广州市总工会与市委组织部联合召开了“市私营企业工会组建工作会议”，市领导作了重要讲话，再次推动私企组建工作高潮的掀起。

各区、县级市党政领导和有关部门也重视和加强了组建工作，由区委、区政府批转发文或由区总工会与区工商、私协、劳动局联合发文，对私企组建工会提出意见；有的还成立了由区（市）委分管领导和组织部、工商等部门组成的组建工作协调小组，工会组建还与党建工作相结合，以党建促工建、工建促党建，形成了党委领导、部门支持、各方配合、工会运作的组建工作格局。

（二）以多种组建方式和组织形式推进组建工作。

1．组建行业、村、工会联合会，采取“先搭架子、后完善、再规范”和“边建边规范”的做法以及“统一造册，签名确认”的入会简化程序。

2．2000年6月，荔湾区华林街率先在全市组建了全市第一家行业工会联合会——玉器行业工会联合会，将422名玉器行业从业人员组织到工会联合会中。7月，华林街又成立了居委会工会联合会。接着，海珠区南华西街百康居建材装饰行业工会联合会、越秀区大新街鞋业工会联合会、东山区海印集团工会联合会等一批以个体私营经济企业为主的行业性或区域性的工会联合会相继成立。工会联合会以覆盖的组建方式，把原属下的企业、商铺以基层工会、分会或工会小组的形式组织到工会联合会中来。至当年年底，全市建工会联合会148个，覆盖私营（个体）企业1015个。

在城乡区域，村工会联合会也在不断发展。1997年海珠区新滘镇已全部在行政村中建立起村工会联合会，并总结出四种组建模式的经验。1999年6月，市总工会召开了“新经济组织工会、镇村街工会工作经验交流会”，总结介绍了海珠区新滘镇仑头村、天河区东圃镇杨箕村、白云区神山镇、番禺市灵山镇等组建村镇工会工作的经验。至2000年底，全市已组建150多家村工会联合会。工会组织覆盖到街（镇）、居委会（村）、企业工会“小三级”组织网络，使属地大量分散的、小型的企业覆盖到工会组织中来，较快地推进了新建企业工会的组建。

3．“双爱双评”活动继续开展，工会作用进一步发挥。

1997年，广州市总工会在外商投资企业中评选表彰了“双爱双评”活动先进企业五羊—本田摩托（广州）有限公司等27个单位和28名优秀经理（厂长）以及30名优秀员工；1999年，评选表彰了27个“员工信得过企业”、30名热爱员工的优秀经理（厂长）和28名优秀员工。全国总工会和省总工会也表彰了一批我市“双爱双评”的先进企业和个人。市总工会也获得省总工会“双爱双评”活动优秀组织奖。

90年代后期，广州市新建企业工会取得了较大的发展，至2000年底止，全市外商投资企业工会有2184家，占开业企业5442家的40.13%，会员有19.52万人，入会率69.71%；私营企业工会有2118家，占开业企业27084家的7.8%，会员有60250人，入会率21.42%；乡镇企业工会有904家，会员7.2万人，组建率85.9%，入会率72%。市总工会还要求凡有女职工25人以上的私营企业，在建立工会的同时建立女职工委员会，不足25人，则建立女职工小组。

三、进入21世纪后的新建企业组织工会工作

从2000年至2002年，广州市工会组建工作又取得了新的进展。三年来，全市新建企业组建工会共37605家，其中外商投资企业工会1449家，私营企业、个体工商户工会大幅度增加，达到36156家，占新发展企业工会总数的96.7%，新发展会员411319人，超额完成了省总工会下达的组建指标任务。这一时期的工作特点主要是：

（一）下发组建指标方案。在组织发动上，市总工会采取各区、县级市、产业工会下发组建指标方案的办法，将私营企业分布状况、工商登记状况和职工人数公布，要求尽快把私企工会组建起来，把职工吸收入会，采取整片地覆盖的组建方式整体推进。

（二）运用激励机制，表彰奖励先进。2003年市总工会对2000~2002年全市新建企业工会组建先进单位进行了表彰奖励。

（三）继续实行全会抓组建的工作架构。由

市总工会分管主席和各部门与各区、县级市总工会建立联系制度，实行与组建指标挂钩的包干负责制，落实相关责任，确保组建指标的完成。

（四）开展调查研究，摸查基层工会情况，并及时进行检查。

（五）加强与有关部门的沟通联系，形成合力，齐抓组建。与市工商局联合发文要求各工商分局配合开展组建工作，以党建促工会，还将与市委组织部联合对全市非公企业党员情况进行摸查和组建党组织活动，探讨工会组建的新途径和形式。

（六）加大宣传力度，掀起组建工作新高潮。加强和各区、县级市总工会之间的沟通联系，并利用各大新闻媒体对工会组建工作进行宣传报道。

通过十多年来的新建企业工会组建工作，广州市新建企业工会组建工作取得了较好的成绩。至2003年底，有外商投资企业工会1553家，私营企业工会27050家，个体工商户工会32968家，共有会员781624人。

四、当前广州市民营企业工会组建工作的主要问题

虽然广州市非公企业工会组建工作近年来取得了较大的发展，但仍然存在一些不足之处，主要表现在两个方面：一是企业组建工会的组建率和发展会员的入会率仍然偏低。二是非公企业工会组建后，由于人力、财力等各种因素制约，工会作用的发挥受到很大影响，工会组织的现状不容乐观。从目前情况分析，组建难度还是较大的：

从组建形势看，广州市近几年来非公企业工会组建和取得的成绩是有目共睹的。目前，各区、县级市非公企业中具备组建条件的，基本上已组建完毕。剩下部份有很大比例是比较分散的个体工商户，还有一些较大规模的私营企业或外商投资企业，是多年来组建难度大，难以啃下的“猪骨头”。组建工作如何突破“瓶颈”实现新发展，是目前各级工会面临的一大挑战和难题。

从机构、人员看，各区、县级市总工会普遍进行了机构改革和人员精简，基本上设一部一室，专职工会干部不足10人；而街道、镇以及居委（社区）、村这二级则基本上是兼职干部。这样的机构和人员配备，再加上各区、县级市总工会还要负责本区（市）大量的突击任务，如计生、创建文明城市、创建教育强区、“中变”、“大变”等，因此，各基层单位如何克服事多人少的困难，努力完成繁重的工会组建任务实非易事。

从工作效果看，自1999年至今，四年来各区、县级市总工会为完成组建任务，全力以赴，疲于应付，主要精力、人力都集中在组建工作上，而推行平等协商和签订集体合同制度、实行民主管理、履行维护职能、开展群众性经济技术创新工程、收缴工会经费等重要工作的力度受到不同程度的影响和削弱，更严重的甚至连组织员工开展文体活动等这些工会的老传统和基本手段也没有坚持和继承下来，使非公企业工会作用的发挥受到一定影响，有部份工会还面临组织瘫痪和涣散的危险。

五、关于民营企业工会组建工作的对策和意见

在广州市深化改革，基层单位尤其是区、县级市属下单位转制企业增多，非公企业逐渐占据主导地位的新形势下，工会工作如何与时俱进，开拓进取，提高对非公企业工会组织作用发挥的重要性和紧迫性的认识，通过“质的提高”带动“量的发展”，在非公企业工会中大力开展巩固提高、固本强基工程，应成为今后组建工作的核心和重点。

今后工作的指导思想，就是要以开展区域性职代会为试点，抓好基层工会活动为主要突破口，以“建设职工之家”为载体，以推进规范化建设为手段，以“两个满意”（维护职工合法权益，职工满意；调动职工积极性，推动企业发展，投资经营者满意）为标准，全面推进非公有企业工会组织的固本强基工作。

（一）继续推进组建工作，努力完成省总工会下达的指标任务。要建立健全“党委重视、政府支持、工会运作、各方配合”的工作格局，采取区域性、行业性等覆盖式组建方式，最大限度地把广大职工组织到工会中来，坚持不懈地抓好组建工作。

（二）开展区域性职代会试点，通过抓好民主管理等工作，进一步提高和发挥非公企业工会组织的作用。要求各区、县级市总工会抓好一至两个居委（社区）、村职代会的试点工作，要把辖区内的中小型非公企业纳入职代会、民主管理的范围，通过由各企业推选职工代表、实行职工代表巡视制度，开展厂务公开、推行平等协商和签订集体合同制度、建立三方协商制度等，探索发挥非公企业工会作用的有效途径和形式。

（三）以活动为载体，大力加强非公有制企业建设职工之家工作。非公企业工会要健全工会委员会会议制度、工会主席参加上级会议制度和定期组织会员开展工会活动。

（四）继续开展“双爱双评”活动，运用激励机制树立典型，表彰先进，评选“十佳”镇、街、社区、村工会等，全面推动非公企业工会工作走上新台阶。

（五）贯彻执行《工会法》，推进规范化建设。着重抓好两方面：一是规范镇、村、街、社区、工业园区、企事业单位工会组织及配套建设，建立健全“五个组织”（工会委员会、经费审查委员会、女职工委员会、劳动争议调解委员会、劳动保护监督委员会或小组等组织）；二是规范工作制度，建立工作台账，搞好会员、会籍、经费收交、文书档案管理。

（六）加强企业文化建设，开展文体活动，增强非公企业的影响力和凝聚力。可组织全市性非公有制企业文艺汇演，举办职工运动会等活跃职工业余文化生活。

（七）加强交流沟通，学习先进经验。可组织工会干部到省外较先进的地方和单位参观考察，增强知识，开阔视野，提高工会干部工作能力。

（八）加强培训工作，组织非公企业工会干部参加多种形式的业务培训，提高业务水平。

（九）加强宣传工作，加强与《广州日报》、市电视台等主要新闻媒体的合作与联系，以组建工作和发挥非公企业工会的积极作用、固本强基为重点，营造声势，扩大影响，进一步拓展工会工作的空间和范围；宣传非公企业中的劳动模范、先进人物以及工会工作先进单位和个人等。

（执笔：孙幼明）

第三篇

政策指南

3－1　国家有关民营经济的政策法规

3－1－1　中华人民共和国个人独资企业法

（1999年8月30日第九届全国人民代表大会常务委员会第十一次会议通过
1999年8月30日中华人民共和国主席令第二十号公布）

第一章　总　则

第一条　为了规范个人独资企业的行为，保护个人独资企业投资人和债权人的合法权益，维护社会经济秩序，促进社会主义市场经济的发展，根据宪法，制定本法。

第二条　本法所称个人独资企业，是指依照本法在中国境内设立，由一个自然人投资，财产为投资人个人所有，投资人以其个人财产对企业债务承担无限责任的经营实体。

第三条　个人独资企业以其主要办事机构所在地为住所。

第四条　个人独资企业从事经营活动必须遵守法律、行政法规，遵守诚实信用原则，不得损害社会公共利益。

个人独资企业应当依法履行纳税义务。

第五条　国家依法保护个人独资企业的财产和其他合法权益。

第六条　个人独资企业应当依法招用职工。职工的合法权益受法律保护。

个人独资企业职工依法建立工会，工会依法开展活动。

第七条　在个人独资企业中的中国共产党党员依照中国共产党章程进行活动。

第二章　个人独资企业的设立

第八条　设立个人独资企业应当具备下列条件：

（一）投资人为一个自然人；

（二）有合法的企业名称；

（三）有投资人申报的出资；

（四）有固定的生产经营场所和必要的生产经营条件；

（五）有必要的从业人员。

第九条　申请设立个人独资企业，应当由投资人或者其委托的代理人向个人独资企业所在地的登记机关提交设立申请书、投资人身份证明、生产经营场所使用证明等文件。委托代理人申请设立登记时，应当出具投资人的委托书和代理人的合法证明。

个人独资企业不得从事法律、行政法规禁止经营的业务；从事法律、行政法规规定须报经有关部门审批的业务，应当在申请设立登记时提交有关部门的批准文件。

第十条　个人独资企业设立申请书应当载明下列事项：

（一）企业的名称和住所；

（二）投资人的姓名和居所；

（三）投资人的出资额和出资方式；

（四）经营范围。

第十一条　个人独资企业的名称应当与其责任形式及从事的营业相符合。

第十二条　登记机关应当在收到设立申请文件之日起十五日内，对符合本法规定条件的，予以登记，发给营业执照；对不符合本法规定条件的，不予登记，并应当给予书面答复，说明理由。

第十三条　个人独资企业的营业执照的签发日期，为个人独资企业成立日期。

在领取个人独资企业营业执照前，投资人不得以个人独资企业名义从事经营活动。

第十四条 个人独资企业设立分支机构，应当由投资人或者其委托的代理人向分支机构所在地的登记机关申请登记，领取营业执照。

分支机构经核准登记后，应将登记情况报该分支机构隶属的个人独资企业的登记机关备案。

分支机构的民事责任由设立该分支机构的个人独资企业承担。

第十五条 个人独资企业存续期间登记事项发生变更的，应当在作出变更决定之日起的十五日内依法向登记机关申请办理变更登记。

第三章 个人独资企业的投资人及事务管理

第十六条 法律、行政法规禁止从事营利性活动的人，不得作为投资人申请设立个人独资企业。

第十七条 个人独资企业投资人对本企业的财产依法享有所有权，其有关权利可以依法进行转让或继承。

第十八条 个人独资企业投资人在申请企业设立登记时明确以其家庭共有财产作为个人出资的，应当依法以家庭共有财产对企业债务承担无限责任。

第十九条 个人独资企业投资人可以自行管理企业事务，也可以委托或者聘用其他具有民事行为能力的人负责企业的事务管理。

投资人委托或者聘用他人管理个人独资企业事务，应当与受托人或者被聘用的人签订书面合同，明确委托的具体内容和授予的权利范围。

受托人或者被聘用的人员应当履行诚信、勤勉义务，按照与投资人签订的合同负责个人独资企业的事务管理。

投资人对受托人或者被聘用的人员职权的限制，不得对抗善意第三人。

第二十条 投资人委托或者聘用的管理个人独资企业事务的人员不得有下列行为：

（一）利用职务上的便利，索取或者收受贿赂；

（二）利用职务或者工作上的便利侵占企业财产；

（三）挪用企业的资金归个人使用或者借贷给他人；

（四）擅自将企业资金以个人名义或者以他人名义开立账户储存；

（五）擅自以企业财产提供担保；

（六）未经投资人同意，从事与本企业相竞争的业务；

（七）未经投资人同意，同本企业订立合同或者进行交易；

（八）未经投资人同意，擅自将企业商标或者其他知识产权转让给他人使用；

（九）泄露本企业的商业秘密；

（十）法律、行政法规禁止的其他行为。

第二十一条 个人独资企业应当依法设置会计帐簿，进行会计核算。

第二十二条 个人独资企业招用职工的，应当依法与职工签订劳动合同，保障职工的劳动安全，按时、足额发放职工工资。

第二十三条 个人独资企业应当按照国家规定参加社会保险，为职工缴纳社会保险费。

第二十四条 个人独资企业可以依法申请贷款、取得土地使用权，并享有法律、行政法规规定的其他权利。

第二十五条 任何单位和个人不得违反法律、行政法规的规定，以任何方式强制个人独资企业提供财力、物力、人力；对于违法强制提供财力、物力、人力的行为，个人独资企业有权拒绝。

第四章 个人独资企业的解散和清算

第二十六条 个人独资企业有下列情形之一时，应当解散：

（一）投资人决定解散；

（二）投资人死亡或者被宣告死亡，无继承人或者继承人决定放弃继承；

（三）被依法吊销营业执照；

（四）法律、行政法规规定的其他情形。

第二十七条 个人独资企业解散，由投资人自行清算或者由债权人申请人民法院指定清算人进行清算。

投资人自行清算的，应当在清算前十五日内书面通知债权人，无法通知的，应当予以公告。债权人应当在接到通知之日起三十日内，未接到通知的应当在公告之日起六十日内，向投资人申报其债权。

第二十八条　个人独资企业解散后，原投资人对个人独资企业存续期间的债务仍应承担偿还责任，但债权人在五年内未向债务人提出偿债请求的，该责任消灭。

第二十九条　个人独资企业解散的，财产应当按照下列顺序清偿：

（一）所欠职工工资和社会保险费用；

（二）所欠税款；

（三）其他债务。

第三十条　清算期间，个人独资企业不得开展与清算目的无关的经营活动。在按前条规定清偿债务前，投资人不得转移、隐匿财产。

第三十一条　个人独资企业财产不足以清偿债务的，投资人应当以其个人的其他财产予以清偿。

第三十二条　个人独资企业清算结束后，投资人或者人民法院指定的清算人应当编制清算报告，并于十五日内到登记机关办理注销登记。

第五章　法律责任

第三十三条　违反本法规定，提交虚假文件或采取其他欺骗手段，取得企业登记的，责令改正，处以五千元以下的罚款；情节严重的，并处吊销营业执照。

第三十四条　违反本法规定，个人独资企业使用的名称与其在登记机关登记的名称不相符合的，责令限期改正，处以二千元以下的罚款。

第三十五条　涂改、出租、转让营业执照的，责令改正，没收违法所得，处以三千元以下的罚款；情节严重的，吊销营业执照。

伪造营业执照的，责令停业，没收违法所得，处以五千元以下的罚款。构成犯罪的，依法追究刑事责任。

第三十六条　个人独资企业成立后无正当理由超过六个月未开业的，或者开业后自行停业连续六个月以上的，吊销营业执照。

第三十七条　违反本法规定，未领取营业执照，以个人独资企业名义从事经营活动的，责令停止经营活动，处以三千元以下的罚款。

个人独资企业登记事项发生变更时，未按本法规定办理有关变更登记的，责令限期办理变更登记；逾期不办理的，处以二千元以下的罚款。

第三十八条　投资人委托或者聘用的人员管理个人独资企业事务时违反双方订立的合同，给投资人造成损害的，承担民事赔偿责任。

第三十九条　个人独资企业违反本法规定，侵犯职工合法权益，未保障职工劳动安全，不缴纳社会保险费用的，按照有关法律、行政法规予以处罚，并追究有关责任人员的责任。

第四十条　投资人委托或者聘用的人员违反本法第二十条规定，侵犯个人独资企业财产权益的，责令退还侵占的财产；给企业造成损失的，依法承担赔偿责任；有违法所得的，没收违法所得；构成犯罪的，依法追究刑事责任。

第四十一条　违反法律、行政法规的规定强制个人独资企业提供财力、物力、人力的，按照有关法律、行政法规予以处罚，并追究有关责任人员的责任。

第四十二条　个人独资企业及其投资人在清算前或清算期间隐匿或转移财产，逃避债务的，依法追回其财产，并按照有关规定予以处罚；构成犯罪的，依法追究刑事责任。

第四十三条　投资人违反本法规定，应当承担民事赔偿责任和缴纳罚款、罚金，其财产不足以支付的，或者被判处没收财产的，应当先承担民事赔偿责任。

第四十四条　登记机关对不符合本法规定条件的个人独资企业予以登记，或者对符合本法规定条件的企业不予登记的，对直接责任人员依法给予行政处分；构成犯罪的，依法追究刑事责任。

第四十五条　登记机关的上级部门的有关主管人员强令登记机关对不符合本法规定条件的企业予以登记，或者对符合本法规定条件的企业不予登记的，或者对登记机关的违法登记行为进行包庇的，对直接责任人员依法给予行政处分；构成犯罪的，依法追究刑事责任。

第四十六条　登记机关对符合法定条件的申请不予登记或者超过法定时限不予答复的，当事人可依法申请行政复议或提起行政诉讼。

第六章　附　则

第四十七条　外商独资企业不适用本法。

第四十八条　本法自 2000 年 1 月 1 日起施行。

3－1－2　中华人民共和国合伙企业法

（1997年2月23日由第八届全国人民代表大会常务委员会第二十四次会议通过，中华人民共和国主席令第八十二号公布）

第一章　总　则

第一条　为了规范合伙企业的行为，保护合伙企业及其合伙人的合法利益，维护社会经济秩序，促进社会主义市场经济的发展，制定本法。

第二条　本法所称合伙企业，是指依照本法在中国境内设立的由各合伙人订立合伙协议，共同出资、合伙经营、共享利益、共担风险，并对合伙企业债务承担无限连带责任的营利性组织。

第三条　合伙协议应当依法由全体合伙人协商一致，以书面形式订立。

第四条　订立合伙协议，设立合伙企业，应当遵循自愿平等、公平、诚实信用原则。

第五条　合伙企业在其名称中不得使用“有限”或者“有限责任”字样。

第六条　合伙企业从事经营活动，必须遵守法律、行政法规，遵守职业道德。

第七条　合伙企业及其合伙人的财产和合法权益受法律保护。

第二章　合伙企业的设立

第八条　设立合伙企业，应当具备下列条件：

（一）有两个以上合伙人，并且都是依法承担无限责任者；

（二）有书面合伙协议；

（三）有各合伙人实际缴付的出资；

（四）有合伙企业的名称；

（五）有经营场所和从事合伙经营的必要条件。

第九条　合伙人应当为具有完全民事行为能力的人。

第十条　法律、行政法规禁止从事营利性活动的人，不得成为合伙企业的合伙人。

第十一条　合伙人可以利用货币、实物、土地使用权、知识产权或其他财产出资；上述出资应当是合伙人的合法财产及财产权利。

对货币以外的出资需要评估作价的，可以由全体合伙人协商确定，也可以由全体合伙人委托法定评估机构进行评估。

经全体合伙人协商一致，合伙人也可以用劳务出资，其评估办法由全体合伙人协商确定。

第十二条　合伙人应当按照合伙协议约定的出资方式，数额和缴付出资的期限，履行出资义务。

各合伙人按照合伙协议实际缴付的出资，为对合伙企业的出资。

第十三条　合伙协议应当载明下列事项：

（一）合伙企业的名称和主要经营场所的地点；

（二）合伙目的和合伙企业的经营范围；

（三）合伙人的姓名及其住所；

（四）合伙人出资的方式、数额和缴付出资的期限；

（五）利润分配和亏损分担办法；

（六）合伙企业事务的执行；

（七）入伙与退伙；

（八）合伙企业的解散与清算；

（九）违约责任。

合伙协议可以载明合伙企业的经营期限和合伙人争议的解决方式。

第十四条　合伙协议经全体合伙人签名、盖章后生效。合伙人依照合伙协议享有权利，承担责任。经全体合伙人协商一致，可以修改或者补充合伙协议。

第十五条　申请合伙企业设立登记，应当向企业登记机关提交登记申请书、合伙协议书、合伙人身份证明等文件。

法律、行政法规规定须报经有关部门审批的，应当在申请设立登记时提交批准文件。

第十六条　企业登记机关应当自收到申请登记文件之日起三十日内，作出是否登记的决定。对符合本法规定条件的，予以登记，发给营业执照；对不符合本法规定条件的，不予登记，并应当给予书面答复，说明理由。

第十七条　合伙企业的营业执照签发日期，为合伙企业成立日期。

合伙企业领取营业执照前，合伙人不得以合伙企业名义从事经营活动。

第十八条　合伙企业设立分支机构，应当向分支机构所在地企业登记机关申请登记，领取营业执照。

第三章　合伙企业财产

第十九条　合伙企业存续期间，合伙人的出资和所有以合伙企业名义取得的收益均为合伙企业的财产。

合伙企业的财产由全体合伙人依照本法共同管理和使用。

第二十条　合伙企业进行清算前，合伙人不得请求分割合伙企业的财产，但本法另有规定的除外。

合伙人在合伙企业清算前私自转移或者处分合伙企业财产的，合伙企业不得以此对抗不知情的善意第三人。

第二十一条　合伙企业存续期间，合伙人向合伙人以外的人转让其在合伙企业中的全部或者部分财产份额时，须经其他合伙人一致同意。

合伙人之间转让在合伙企业中的全部或者部分财产份额时，应当通知其他合伙人。

第二十二条　合伙人依法转让其财产份额的，在同等条件下，其他合伙人有优先受让的权利。

第二十三条　经全体合伙人同意，合伙人以外的人依法受让合伙企业财产份额的，经修改合伙协议即成为合伙企业的合伙人，依照修改后的合伙协议享有权利，承担责任。

第二十四条　合伙人以其在合伙企业中的财产份额出资的，须经其他合伙人一致同意。

未经其他合伙人一致同意，合伙人以其在合伙企业中的财产份额出资的，其行为无效，或者作为退伙处理；由此给其他合伙人造成损失的，依法承担赔偿责任。

第四章　合伙企业的事务执行

第二十五条　各合伙人对执行合伙企业事务享有同等的权利，可以由全体合伙人共同执行合伙企业事务，也可以由合伙协议约定或者全体合伙人决定，委托一名或者数名合伙人执行合伙企业事务。

执行合伙企业事务的合伙人，对外代表合伙企业。

第二十六条　依照前条规定委托一名或者数名合伙人执行合伙企业事务的，其他合伙人不再执行合伙企业事务。

不参加执行事务的合伙人有权监督执行事务的合伙人，检查其执行合伙企业事务的情况。

第二十七条　由一名或者数名合伙人执行合伙企业事务的，应当依照约定向其他不参加执行事务的合伙人报告事务执行情况以及合伙企业的经营状况和财务状况，其执行合伙企业事务所产生的收益归全体合伙人，所产生的亏损或者民事责任，由全体合伙人承担。

第二十八条　合伙人为了解合伙企业的经营状况和财产状况，有权查阅账簿。

合伙人依法或者按照合伙企业有关事项作出决议时，除本法另有规定或者合伙协议另有约定外，经全体合伙人决定可以实行一人一票的表决办法。

第二十九条　合伙协议约定或者经全体合伙人决定，合伙人分别执行合伙企业事务时，合伙人可以对其他合伙人执行的事务提出异议。提出异议时，应暂停该项事务的执行。如果发生争议，可由全体合伙人共同决定。

被委托执行合伙企业事务的合伙人不按照合伙协议或者全体合伙人的决定执行事务的，其他合伙人可以决定撤销该委托。

第三十条　合伙人不得自营或者同他人合作经营与本合伙企业竞争的业务。除合伙协议另有约定或者经全体合伙人同意外，合伙人不得同本合伙企业进行交易。

合伙人不得从事损害本合伙企业利益的活动。

第三十一条　合伙人企业的下列事务必须经全体合伙人同意：

（一）处分合伙企业的不动产；

（二）改变合伙企业名称；

（三）转让或者处分合伙企业的知识产权和其他财产权利；

（四）向企业登记机关申请办理变更登记手续；

（五）以合伙企业名义为他人提供担保；

（六）聘任合伙人以外的人担任合伙企业的经营管理人员；

（七）依照合伙协议约定的有关事项。

第三十二条 合伙企业的利润和亏损，由合伙人依照合伙协议约定的比例分配和分担；合伙协议未约定利润分配和亏损分担比例的，由各合伙人平均分配和分担。

合伙协议不得约定将全部利润分配给部分合伙人或者由部分合伙人承担全部亏损。

第三十三条 合伙企业存续期间，合伙人依照合伙协议的约定或者经全体合伙人决定，可以增加对合伙企业的出资，用于扩大经营规模或者弥补亏损。

第三十四条 合伙企业年度的或者一定时期的利润分配或者亏损分担的具体方案，由全体合伙人协商决定或者按照合伙协议约定的办法决定。

第三十五条 被聘任的合伙企业的经营管理人员应当在合伙企业授权范围内履行职务。

被聘任的合伙企业的经营管理人员，超越合伙企业授权范围从事经营活动，或者因故意或者重大过失，给合伙企业造成损失的，依法承担赔偿责任。

第三十六条 合伙企业应当依照法律、行政法规的规定建立企业财务、会计制度。

第三十七条 合伙企业应当依法履行纳税义务。

第五章 合伙企业与第三人关系

第三十八条 合伙企业对合伙人执行合伙企业事务以及其对外代表合伙企业权利的限制，不得对抗知情的善意第三人。

第三十九条 合伙企业对其债务，应先以其全部财产进行清偿。合伙企业财产不足清偿到期债务的，各合伙人应当承担无限连带清偿责任。

第四十条 以合伙企业财产清偿合伙企业债务时，其不足的部分，由各合伙人按照本法第三十二条第一款规定的比例，用其在合伙企业出资以外的财产承担清偿责任。

第四十一条 合伙企业中某一合伙人的债权人，不得以该债权抵消其对合伙企业中的债务。

第四十二条 合伙人个人负有债务，其债权人不得代位行使该合伙人在合伙企业中的权利。

第四十三条 合伙人个人财产不足清偿其个人所负债务的，该合伙人只能以其从合伙企业中分取的收益用于清偿；债权人也可以依法请求人民法院强制执行合伙人在合伙企业中的财产份额用于清偿。

对该合伙人的财产份额，其他合伙人有优先受让的权利。

第六章 入伙、退伙

第四十四条 新合伙人入伙时，应当经全体合伙人同意并依法订立书面入伙协议。

订立入伙协议时，原合伙人应当向新合伙人告知原合伙企业的经营状况和财务状况。

第四十五条 入伙的新合伙人与原合伙人享有同等权利，承担同等责任。入伙协议另有约定的，从其约定。入伙的新合伙人对入伙前合伙企业的债务承担连带责任。

第四十六条 合伙协议约定合伙企业的经营期限的，有下列情形之一时，合伙人可以退伙：

（一）合伙协议约定的退伙事由出现；

（二）经全体合伙人同意退伙；

（三）发生合伙人难于继续参加合伙企业的事由；

（四）其他合伙人严重违反合伙协议约定的义务。

第四十七条 合伙协议未约定合伙企业的经营期限的，合伙人在不给合伙企业事务执行造成不利影响的情况下，可以退伙，但应当提前三十日通知其他合伙人。

第四十八条 合伙人违反前款规定，擅自退伙的，应当赔偿由此给其他合伙人造成的损失。

第四十九条 合伙人有下列情形之一的，当然退伙：

（一）死亡或者被依法宣告死亡；

（二）被依法宣告为无民事行为能力；

（三）个人丧失偿债能力；

（四）被人民法院强制执行在合伙企业中的全部财产份额。

前款规定的退伙以实际发生之日为退伙生效日。

第五十条 合伙人有下列情形之一的，经其他合伙人一致同意，可以决议将其除名：

（一）未履行出资义务；

（二）因故意或者重大过失给合伙企业造成损失；

（三）执行合伙企业事务时有不正当行为；

（四）合伙协议约定的其他事由。

对合伙人的除名决议应当书面通知被除名人。被除名自接到除名通知之日起，除名生效，被除名人退伙。

被除名人对除名决议有异议的，可以在接到除名通知之日起三十日内，向人民法院起诉。

第五十一条 合伙人死亡或者被依法宣告死亡的，对该合伙人在合伙企业中的财产份额享有合法继承权的继承人，依照合伙协议的约定或者经全体合伙人同意，从继承开始之日起，即取得该合伙企业的合伙人资格。

合法继承人不愿意成为该合伙企业的合伙人的，合伙企业应退还其依法继承的财产份额。

合法继承人为未成年人的，经其他合伙人一致同意，可以在其未成年时由监护人代行其权利。

第五十二条 合伙人退伙的，其他合伙人应当与该退伙人按照退伙时的合伙企业的财产状况进行结算，退还退伙人的财产份额。

退伙时有未了结的合伙企业事务的，待了结后进行结算。

第五十三条 退伙人在合伙企业中财产份额的退还办法，由合伙协议约定或者由全体合伙人决定，可以退还货币，也可以退还实物。

第五十四条 退伙人对其退伙前已发生的合伙企业债务，与其他合伙人承担连带责任。

第五十五条 合伙人退伙时，合伙企业财产少于合伙企业债务的，退伙人应该按照本法第三十二条第一款的规定分担亏损。

第五十六条 合伙企业登记事项因退伙、入伙、合伙协议修改等发生变更或者需要重新登记的，应当于作出变更决定或者发生变更事由之日起十五日内，向企业登记机关办理有关登记手续。

第七章 合伙企业解散、清算

第五十七条 合伙企业有下列情形之一时，应当解散：

（一）合伙协议约定的经营期限届满，合伙人不愿继续经营的；

（二）合伙协议约定的解散事由出现；

（三）全体合伙人决定解散；

（四）合伙人已不具备法定人数；

（五）合伙协议约定的合伙目的已经实现或者无法实现；

（六）被依法吊销营业执照；

（七）出现法律、行政法规规定的合伙企业解散的其他原因。

第五十八条 合伙企业解散后应当进行清算，并通知各公告债权人。

第五十九条 合伙企业解散，清算人由全体合伙人担任；未能由全体合伙人担任清算人的，经全体合伙人过半数同意，可以自合伙企业解散后十五日内指定一名或者数名合伙人，或者委托第三人，担任清算人。

十五天内未确定清算人的，合伙人或者其他利害关系人可以申请人民法院指定清算人。

第六十条 清算人在清处期间执行下列事务：

（一）清理合伙企业财产，分别编制资产负债表和财产清单；

（二）处理与清算有关的合伙企业未了结的事务；

（三）清缴所欠税款；

（四）清理债权、债务；

（五）处理合伙企业清偿债务后的剩余财产；

（六）代表合伙企业参与民事诉讼活动。

第六十一条 合伙企业财产在支付清算费用后，按下列顺序清偿：

（一）合伙企业所欠招用的职工工资和劳动保险费用；

（二）合伙企业所欠税款；

（三）合伙企业的债务；

（四）返还合伙人的出资。

合伙财产按上述顺序清偿后仍有剩余的，按

本法第三十二条第一款规定的比例进行分配。

第六十二条 合伙企业清算时，其全部财产不足清偿其债务的，依照本法第三十九条和第四十条的规定办理。

第六十三条 合伙企业解散后，原合伙人对合伙企业存续期间的债务仍应承担连带责任，但债权人在五年内未向债务人提出偿债请求的，该责任消灭。

第六十四条 清算结束，应当编制清算报告，经全体合伙人签名、盖章后，在十五日内向企业登记机关报送清算报告，办理合伙企业注销登记。

第八章 法律责任

第六十五条 违反本法规定，提交虚假文件或者采取其他欺骗手段，取得企业登记的，责令改正，可以处以五千元以下的罚款，情节严重的，撤销企业登记。

第六十六条 违反本法规定，在合伙企业名称中使用“有限”或者“有限责任”字样的，责令限期改正，可以处以二千元以下的罚款。

第六十七条 违反本法规定，未依法领取营业执照，而以合伙企业名义从事经营活动的，责令停止经营活动，可以处以五千元以下的罚款。

合伙企业登记事项发生变更时，未按照本法规定办理有关变更登记的，责令限期登记，逾期不登记的，处以二千元以下的罚款。

第六十八条 合伙人执行合伙企业事务中，将应当归合伙企业的利益据为己有的，或者采取其他手段侵占合伙企业财产的，责令将该利益和财产退还合伙企业；给合伙企业或者其他保伙人造成损失的，依法承担赔偿责任；构成犯罪的，依法追究刑事责任。

第六十九条 合伙人对本法规定或者合伙协议约定必须经全体合伙人同意始得执行的事务，擅自处理，给合伙企业或者其他合伙人造成损失的，依法承担赔偿责任。

第七十条 不具有事务执行权的合伙人，擅自执行合伙企业的事务，给合伙企业或者其他合伙人造成损失的，依法承担赔偿责任。

第七十一条 合伙人违反本法第三十条的规定，从事本合伙企业相竞争的业务或者与本合伙企业进行交易，给合伙企业或者其他合伙人造成损失的，依法承担赔偿责任。

第七十二条 合伙企业招用职工利用职务上的便利，将合伙企业财物非法占为已有或者挪用合伙企业资金归个人使用的，依法承担民事责任；构成犯罪的，依法追究刑事责任。

第七十三条 清算人未依照本法规定向企业登记机关报送清算报告，或者报送清算报告隐瞒重要事实，或者有重大遗漏的，责令改正。

第七十四条 合伙人担任清算人在执行清算事务时，谋取非法收入或者侵占合伙企业财产的，责令将该收入和侵占的财产退还合伙企业；构成犯罪的，依法追究刑事责任。

合伙人委托的清算人有前款行为的，责令将该收入和侵占的财产退还合伙企业，并依法承担赔偿责任；构成犯罪的，依法追究刑事责任。

第七十五条 清算人违反本法规定，隐匿、转移合伙企业财产，对资产负债表或者财产清单作虚伪记载，或者在未清偿债务前分配企业财产的，责令改正；损害债权人利益的，依法承担赔偿责任；构成犯罪的，依法追究刑事责任。

第七十六条 合伙人违反合伙协议的，应当依法承担违约责任。

合伙人履行合伙协议发生争议的，合伙人可以通过协商或者调解解决。合伙人不愿通过协商、调解解决或者协商、调解不成的，可以依据合伙协议中的仲裁条款或者事后达成的的书面仲裁协议，向仲裁机构申请仲裁。当事人没有在合伙协议中订立仲裁条款，事后又没有达成书面仲裁协议的，可以向人民法院起诉。

第七十七条 有关行政管理机关及其工作人员违反本法规定，滥用职权、徇私舞弊、收受贿赂、侵害合伙企业合法权益的，依法给予行政处分；构成犯罪的，依法追究刑事责任。

附 则

第七十八条 本法自 1997 年 8 月 1 日起施行。

3－1－3　中华人民共和国企业法人登记管理条例施行细则

（1988年11月3日国家工商行政管理局令第1号公布
1996年12月25日国家工商行政管理局令第66号修订
2000年12月1日国家工商行政管理局令第96号修订）

第一条　根据《中华人民共和国企业法人登记管理条例》（以下简称《条例》）第三十条规定，制定本施行细则。

登记范围

第二条　具备企业法人条件的全民所有制企业、集体所有制企业、联营企业、在中国境内设立的外商投资企业（包括中外合资经营企业、中外合作经营企业、外资企业）和其他企业，应当根据国家法律法规及本细则有关规定，申请企业法人登记。

第三条　实行企业化经营、国家不再核拨经费的事业单位和从事经营活动的科技性社会团体，具备企业法人条件的，应当申请企业法人登记。

第四条　不具备企业法人条件的下列企业和经营单位，应当申请营业登记：

（一）联营企业；

（二）企业法人所属的分支机构；

（三）外商投资企业设立的分支机构；

（四）其他从事经营活动的单位。

第五条　外商投资企业设立的办事机构应当申请登记。

第六条　省、自治区、直辖市人民政府规定应当办理登记的企业和经营单位，按照《条例》和本细则的有关规定申请登记。

登记主管机关

第七条　工商行政管理机关是企业法人登记和营业登记的主管机关。登记主管机关依法独立行使职权，实行分级登记管理的原则。

对外商投资企业实行国家工商行政管理局登记管理和授权登记管理的原则。

上级登记主管机关有权纠正下级登记主管机关不符合国家法律、法规和政策的决定。

第八条　国家工商行政管理局负责以下企业的登记管理：

（一）国务院批准设立的或者行业归口管理部门审查同意由国务院各部门以及科技性社会团体设立的全国性公司和大型企业；

（二）国务院批准设立的或者国务院授权部门审查同意设立的大型企业集团；

（三）国务院授权部门审查同意由国务院各部门设立的经营进出口业务、劳务输出业务或者对外承包工程的公司。

第九条　省、自治区、直辖市工商行政管理局负责以下企业的登记管理：

（一）省、自治区、直辖市人民政府批准设立的或者行业归口管理部门审查同意由政府各部门以及科技性社会团体设立的公司和企业；

（二）省、自治区直辖市人民政府批准设立的或者政府授权部门审查同意设立的企业集团；

（三）省、自治区、直辖市人民政府授权部门审查同意由政府各部门设立的经营进出口业务、劳务输出业务或者对外承包工程的公司；

（四）国家工商行政管理局根据有关规定核转的企业或分支机构。

第十条　市、县、区（批县级以上的市辖区，下同）工商行政管理局负责第八条、第九条所列企业外的其他企业的登记管理。

第十一条　国家工商行政管理局授权的地方工商行政管理局负责以下外商投资企业的登记管理：

（一）省、自治区、直辖市人民政府或政府授权机关批准的外商投资企业，由国家工商行政管理局授权的省、自治区、直辖市工商行政管理局登记管理；

（二）市人民政府或政府授权机关批准的外

商投资企业，由国家工商行政管理局授权的市工商行政管理局登记管理；

第十二条 国家工商行政管理局和省、自治区、直辖市工商行政管理局应将核准登记的企业的有关资料，抄送企业所在市、县、区工商行政管理局。

第十三条 各级登记主管机关可以运用登记注册档案、登记统计资料以及有关的基础信息资料，向机关、企事业单位、社会团体等单位和个人提供各种形式的咨询服务。

登记条件

第十四条 申请企业法人登记，应当具备下列条件（外商投资企业另列）：

（一）有符合规定的名称和章程；

（二）有国家授予的企业经营管理的财产或者企业所有的财产，并能够以其财产独立承担民事责任；

（三）有与生产经营规模相适应的经营管理机构、财务机构、劳动组织以及法律或者章程规定必须建立的其他机构；

（四）有必要的并与经营范围相适应的经营场所和设施；

（五）有与生产经营规模和业务相适应的从业人员，其中专职人员不得少于8人。

（六）有健全的财会制度，能够实行独立核算，自负盈亏，独立编制资金平衡表或者资产负债表；

（七）有符合规定数额并与经营范围相适应的注册资金，其中生产性公司的注册资金不得少于30万元（人民币，下同），以批发业务为主的商业性公司的注册资金不得少于50万元，以零售业务为主的商业性公司的注册资金不得少于30万元，咨询服务性公司的注册资金不得少于10万元，其他企业法人的注册资金不得少于3万元，国家对企业注册资金数额有专项规定的按规定执行；

（八）有符合国家法律、法规和政策规定的经营范围；

（九）法律、法规规定的其他条件。

第十五条 外商投资企业申请企业法人登记，应当具备下列条件：

（一）有符合规定的名称；

（二）有审批机关批准的合同、章程；

（三）有固定经营场所、必要的设施和从业人员；

（四）有符合国家规定的注册资本；

（五）有符合国家法律、法规和政策规定的经营范围；

（六）有健全的财会制度，能够实行独立核算，自负盈亏，独立编制资金平衡表或者资产负债表。

第十六条 申请营业登记，应当具备下列条件：

（一）有符合规定的名称；

（二）有固定的经营场所和设施；

（三）有相应的管理机构和负责人；

（四）有经营活动所需要的资金和从业人员；

（五）有符合规定的经营范围；

（六）有相应的财务核算制度。

不具备企业法人条件的联营企业，还应有联合签署的协议。

外商投资企业设立的从事经营活动的分支机构应当实行非独立核算。

第十七条 外商投资企业设立的办事机构申请登记，应当具备下列条件：

（一）有符合规定的名称；

（二）有固定的办事场所和负责人；

外商投资企业设立的办事机构不得直接从事经营活动。

第十八条 企业法人章程的内容应当符合国家法律、法规和政策的规定，并载明下列事项：

（一）宗旨；

（二）名称和住所；

（三）经济性质；

（四）注册资金数额及其来源；

（五）经营范围和经营方式；

（六）组织机构及其职权；

（七）法定代表人产生的程序和职权范围；

（八）财务管理制度和利润分配形式；

（九）劳动用工制度；

（十）章程修改程序；

（十一）终止程序；

（十二）其他事项。

联营企业法人的章程还应载明：

（一）联合各方出资方式、数额和投资期限；

（二）联合各方成员的权利和义务；

（三）参加和退出的条件、程序；

（四）组织管理机构的产生、形式、职权及其决策程序；

（五）主要负责人任期。

外商投资企业的合营合同和章程按《中华人民共和国中外合资经营企业法》、《中华人民共和国中外合作经营企业法》和《中华人民共和国外交企业法》的有关规定制定。

登记注册事项

第十九条 企业法人登记注册的主要事项按照《条例》第九条规定办理。

营业登记的主要事项有：名称、地址、负责人、经营范围、经营方式、经济性质、隶属关系、资金数额。

第二十条 外商投资企业登记注册的主要事项有：名称、住所、经营范围、投资总额、注册资本、企业类型、法定代表人、营业期限、有限责任公司股东或者股份有限公司发起人的姓名或者名称。

第二十一条 外商投资企业设立的分支机构登记注册的主要事项有：名称、营业场所、负责人、经营范围、隶属企业。

第二十二条 外商投资企业设立的办事机构登记注册的主要事项有：名称、地址、负责人、业务范围、期限、隶属企业。

第二十三条 企业名称应当符合国家有关法律法规及登记主管机关的规定。

第二十四条 住所、地址、经营场所按所在市、县、（镇）及街道门牌号码的详细地址注册。

第二十五条 经登记主管机关核准登记注册的代表企业行使职权的主要负责人，是企业法人的法定代表人。法定代表人是代表企业法人根据章程行使职权的签字人。

企业的法定代表人必须是完全民事行为能力人，并且应当符合国家法律、法规和政策的规定。

第二十六条 登记主管机关根据申请单位提交的文件和章程所反映的财产所有权、资金来源、分配形式，核准企业和经营单位的经济性质。

经济性质可分别核准为全民所有制、集体所有制。联营企业应注明联合各方的经济性质，并标明“联营”字样。

第二十七条 外商投资企业的企业类型分别核准为中外合资经营、中外合作经营、外商独资经营。

第二十八条 登记主管机关根据申请单位的申请和所具备的条件，按照国家法律、法规和政策以及规范化要求，核准经营范围和经营方式。企业必须按照登记主管机关核准登记注册的经营范围和经营方式从事经营活动。

第二十九条 注册资金数额是企业法人经营管理的财产或者企业法人所有的财产的货币表现。除国家另有规定外，企业的注册资金应当与实有资金相一致。

企业法人的注册资金的来源包括财政部门或者设立企业的单位的拨款、投资。

第三十条 外商投资企业的注册资本是指设立外商投资企业在登记主管机关登记注册的资本的总额，是投资者认缴的出资额。

注册资本与投资总额的比例，应当符合国家有关规定。

第三十一条 营业期限是联营企业、外商投资企业的章程、协议或者合同所确定的经营时限。营业期限自登记主管机关核准登记之日起计算。

开业登记

第三十二条 申请企业法人登记，应按《条例》第十五条（一）至（七）项规定提交文件、证件。

企业章程应经主管部门审查同意。

资金信用证明是财政部门证明全民所有制企业资金数额的文件。

验资证明是会计师事务所或者审计事务所及其他具有验资资格的机构出具的证明资金真实性的文件。

企业主要负责人的身份证明包括任职文件和附照片的个人简历。个人简历由该负责人的人事关系所在单位或者乡镇、街道出具。

住所和经营场所使用证明包括产权证明、房

屋租赁协议。房屋租赁的期限必须在一年以上。

第三十三条 外商投资企业申请企业法人登记应提交下列文件、证件：

（一）董事长签署的外商投资企业登记申请书；

（二）合同、章程以及审批机关的批准文件和批准证书；

（三）有关项目建议书或可行性研究报告的批准文件；

（四）投资者合法开业证明；

（五）投资者的资信证明；

（六）董事会名单以及董事会成员的姓名、住址的文件以及任职文件和法定代表人的身份证明；

（七）其他有关文件、证件。

第三十四条 申请营业登记，应根据不同情况，提交下列文件、证件：

（一）登记申请书；

（二）经营资金数额的证明；

（三）负责人的任职文件；

（四）经营场所使用的证明；

（五）其他有关文件、证件。

第三十五条 外商投资企业申请设立分支机构或者办事机构，应当提交下列文件、证件：

（一）隶属企业董事长签署的登记申请书；

（二）原登记主管机关的通知函；

（三）隶属企业董事会的决议；

（四）隶属企业的执照副本；

（五）负责人的任职文件；

（六）其他有关文件、证件。

法律、法规及国家工商行政管理局规章规定设立分支机构或者办事机构需经审批的，应提交审批文件。

第三十六条 登记主管机关应当对申请单位提交的文件、证件、登记申请书、登记注册书以及其他有关文件进行审查，核实开办条件，经核准后分别核发下列证照：

（一）对具备企业法人条件的企业，核发《企业法人营业执照》；

（二）对不具备企业法人条件，但具备经营条件的企业和经营单位，核发《营业执照》；

（三）对外商投资企业设立的办事机构，核发《外商投资企业办事机构注册证》。

登记主管机关应当分别编写注册号，在颁发的证照上加以注明，并记入登记档案。

第三十七条 登记主管机关核发的《企业法人营业执照》是企业取得法人资格和合法经营权的凭证。登记主管机关核发的《营业执照》是经营单位取得合法经营权的凭证。经营单位凭据《营业执照》可以刻制公章，开立银行帐户，开展核准的经营范围以内的生产经营活动。

登记主管机关核发的《外商投资企业办事机构注册证》是外商投资企业设立的办事机构从事业务活动的合法凭证。办事机构凭据《外商投资企业办事机构注册证》，可以刻制公章，开立银行帐户，从事业务活动。

变更登记

第三十八条 企业法人根据《条例》第十七条规定，申请变更登记时，应提交下列文件、证件：

（一）法定代表人签署的变更登记申请书；

（二）原主管部门审查同意的文件；

（三）其他有关文件、证件。

第三十九条 企业法人实有资金比原注册资金数额增加或者减少超过20%时，应持资金信用证明或者验资证明，向原登记主管机关申请变更登记。

登记主管机关在核准企业法人减少注册资金的申请时，应重新审核经营范围和经营方式。

第四十条 企业法人在异地（跨原登记主管机关管辖地）增设或者撤销分支机构，应向原登记主管机关申请变更登记，经核准后，向分支机构所在地的登记主管机关申请开业登记或者注销登记。

企业法人在国外开办企业或增设分支机构，应向原登记主管机关备案。

第四十一条 因分立或者合并而保留的企业应当申请变更登记；因分立或者合并而新办的企业应当申请开业登记；因合并而终止的企业应当申请注销登记。

第四十二条 企业法人迁移（跨原登记主管机关管辖地），应向原登记主管机关申请办理迁移手续；原登记主管机关根据新址所在地登记主管机关同意迁入的意见，收缴《企业法人营业执照》，撤销注册号，开出迁移证明，并将企业档案移交企业新址所在地登记主管机关。企业凭迁移证明和有关部门的批准文件，向新址所在地登记主管机关申请变更登记，领取《企业法人营业执照》。

第四十三条 企业法人因主管部门改变，涉及原主要登记事项的，应当分别情况，持有关文件申请变更、开业、注销登记。不涉及原主要登记事项变更的，企业法人应当持主管部门改变的有关文件，及时向原登记主管机关备案。

第四十四条 外商投资企业改变登记注册事项，应当申请变更登记。申请变更登记时，应提交下列文件、证件：

（一）董事长签署的变更登记申请书；

（二）董事会的决议；

（三）变更股东、注册资本、经营范围、营业期限时应提交原审批机关的批准文件。

法律、法规及国家工商行政管理局规章规定设立分支机构或办事机构需经审批的，应提交原审批机关的批准文件。

外商投资企业变更住所，还应提交住所使用证明；增加注册资本涉及改变原合同的，还应提交补充协议；变更企业类型，还应提交修改合同、章程的补充协议；变更法定代表人，还应提交委派方的委派证明和被委派人员的身份证明；转让股权，还应提交转让合同和修改原合同、章程的补充协议以及受让方的合法开业证明和资信证明。

外商投资企业董事会成员发生变化的，应向原登记主管机关备案。

第四十五条 经营单位改变营业登记的主要事项，应当申请变更登记。变更登记的程序和应当提交的文件、证件，参照企业法人变更登记的有关规定执行。

第四十六条 外商投资企业设立的分支机构和办事机构改变主要登记事项，应当申请变更登记。变更登记的程序和应当提交的文件、证件，参照外商投资企业变更登记的有关规定执行。

第四十七条 登记主管机关应当在申请变更登记的单位提交的有关文件、证件齐备后30日内，作出核准变更登记或者不予核准变更登记的决定。

注销登记

第四十八条 企业法人根据《条例》第二十条规定，申请注销登记，应提交下列文件、证件：

（一）法定代表人签署的注销登记申请书；

（二）原主管部门审查同意的文件；

（三）主管部门或者清算组织出具的负责清理的债权债务的文件或者清理债务完结的证明。

第四十九条 外商投资企业应当自经营期满之日或终止营业之日、批准证书自动失效之日、原审批机关批准终止合同之日起三个月内，向原登记主管机关申请注销登记，并提交下列文件、证件：

（一）董事长签署的注销登记申请书；

（二）董事会的决议；

（三）清理债权债务完结的报告或者清算组织清理债权债务的文件；

（四）税务机关、海关出具的完税证明。

法律、法规规定必须经原审批机关批准的，还应提交原审批机关的批准文件。

不能提交董事会决议的以及国家对外商投资企业的注销另有规定的，按国家有关规定执行。

第五十条 经营单位终止经营活动，应当申请注销登记。注销登记程序和应当提交的文件、证件，参照企业法人注销登记的有关规定执行。

第五十一条 外商投资企业撤销其分支机构和办事机构，应当申请注销登记，并提交下列文件、证件：

（一）隶属企业董事长签署的注销登记申请书；

（二）隶属企业董事会的决议。

第五十二条 登记主管机关核准注销登记或者吊销执照，应当同时撤销注册号，收缴执照正、副本和公章，并通知开户银行。

登记审批程序

第五十三条 登记主管机关审核登记注册的程序是受理、审查、核准、发照、公告。

（一）受理：申请登记的单位应提交的文件、证件和填报的登记注册书齐备后，方可受理，否则不予受理。

（二）审查：审查提交的文件、证件和填报的登记注册书是否符合有关登记管理规定，并核实有关登记事项和开办条件。

（三）核准：经过审查和核实后，做出核准登记或者不予核准登记的决定，并及时通告申请登记的单位。

（四）发照：对核准登记的申请单位，应当分别颁发有关证照，及时通知法定代表人（负责人）领取证照，并办理法定代表人签字备案手续。

（五）公告：对核准登记注册的企业法人，由登记主管机关发布公告。

公告、年检和证照管理

第五十四条 企业法人登记公告分为开业登记公告、变更登记公告、注销登记公告，由登记主管机关通过报纸、期刊或者其他形式发布。

开业登记公告的内容包括名称、住所、法定代表人、经济性质或者企业类型、注册资金或者注册资本、经营范围、经营方式、注册号。

注销登记公告的内容包括名称、住所、法定代表人、注册号、注销原因、负责清理债务的单位。

第五十五条 年度检验制度是登记主管机关对企业法人进行监督管理的重要手段。企业法人应当按照国家工商行政管理局和省、自治区、直辖市工商行政管理局规定的时间和办法办理年检手续。

登记主管机关对年检合格的企业，应当在《企业法人营业执照》副本上加盖年检戳记。

外商投资企业应当在每年五月底以前向登记主管机关办理年检手续，交回执照正、副本，经登记主管机关审核后发还。

第五十六条 《企业法人营业执照》、《营业执照》分为正本和副本，同样具有法律效力。正本应悬挂在主要办事场所或者主要经营场所。登记主管机关根据企业申请和开展经营活动的需要，可以核发执照副本若干份。

企业根据国家规定应当向有关部门提交执照复印件的，应经原登记主管机关同意并在执照复印件上加盖登记主管机关的公章。

第五十七条 登记主管机关对申请筹建登记的企业，在核准登记后核发《筹建许可证》。

第五十八条 执照正本和副本、《筹建许可证》、《外商投资企业办事机构注册证》、企业法人申请开业登记注册书、企业申请营业登记注册书、企业申请变更登记注册书、企业申请注销登记注册书、企业申请筹建登记注册书、年检报告表式及其他有关登记管理的重要文书表式，由国家工商行政管理局统一制定。

监督管理与罚则

第五十九条 登记主管机关对企业进行监督管理的主要内容是：

（一）监督企业是否按照《条例》和本细则规定办理开业登记、变更登记和注销登记；

（二）监督企业是否按核准登记的事项以及章程、合同或协议开展经营活动；

（三）监督企业是否按照规定办理年检手续；

（四）监督企业和法定代表人是否遵守国家有关法律、法规和政策。

第六十条 各级登记主管机关，均有权对管辖区域内的企业进行监督检查。企业应当接受检查，提供检查所需要的文件、帐册、报表及其他有关资料。

第六十一条 登记主管机关对辖区内的企业进行监督检查时，有权依照有关规定予以处罚。但责令停业整顿、扣缴或者吊销证照，只能由原发照机关作出决定。

第六十二条 上级登记主管机关对下级登记主管机关作出的不适当的处罚有权予以纠正。

对违法企业的处罚权限和程序，由国家工商行政管理局和省、自治区、直辖市工商行政管理局分别作出规定。

第六十三条 对有下列行为的企业和经营单位，登记主管机关作出如下处罚，可以单处，也可以并处：

（一）未经核准登记擅自开业从事经营活动的，责令终止经营活动，没收非法所得，处以非法所得额 3 倍以下的罚款，但最高不超过 3 万元，没有非法所得的，处以 1 万元以下的罚款。

（二）申请登记时隐瞒真实情况、弄虚作假的，除责令提供真实情况外，视其具体情节，予以警告，没收非法所得，处以非法所得额3倍以下的罚款，但最高不超过3万元，没有非法所得的，处以1万元以下的罚款。经审查不具备企业法人条件或者经营条件的，吊销营业执照。伪造证件，骗取营业执照的，没收非法所得，处以非法所得额3倍以下的罚款，但最高不超过3万元，没有非法所得的，处以1万元以下的罚款，并吊销营业执照。

（三）擅自改变主要登记事项，不按规定办理变更登记的，予以警告，没收非法所得，处以非法所得额3倍以下的罚款，但最高不超过3万元，没有非法所得的，处以1万元以下的罚款，并限期办理变更登记；逾期不办理的，责令停业整顿或者扣缴营业执照；情节严重的，吊销营业执照。超出经营期限从事经营活动的，视为无照经营，按照本条第一项规定处理。

（四）超出核准登记的经营范围或者经营方式从事经营活动的，视其情节经重，予以警告，没收非法所得，处以非法所得额3倍以下的罚款，但最高不超过3万元，没有非法所得的，处以1万元以下的罚款；情节严重的，吊销营业执照。

（五）侵犯企业名称专用权的，依照企业名称登记管理的有关规定处理。

（六）伪造、涂改、出租、出错、转让、出卖营业执照的，没收非法所得，处以非法所得额3倍以下的罚款，但最高不超过3万元，没有非法所得的，处以1万元以下的罚款；情节严重的，吊销营业执照。

（七）擅自复印营业执照的，收缴复印件，予以警告，处以2000元以下的罚款。不按规定悬挂营业执照的，予以警告，责令改正；拒不改正的，处以2000元以下的罚款。

（八）抽逃、转移资金，隐匿财产逃避债务的，责令补足抽逃、转移的资金，追回隐匿的财产，没收非法所得，处以非法所得额3倍以下的罚款，但最高不超过3万元，没有非法所得的，处以1万元以下的罚款；情节严重的，责令停业整顿或者吊销营业执照。

（九）不按规定申请办理注销登记的，责令限期办理注销登记，拒不办理的，处以3000元以下的罚款，吊销营业执照，并可追究企业主管部门的责任。

（十）不按规定报送年检报告书、办理年度检验的，处以非法所得额3倍以下的罚款，但最高不超过3万元，没有非法所得的，处以1万元以下的罚款，并限期办理年度检验；拒不办理的，吊销营业执照。

（十一）拒绝监督检查或者在监督检查过程中弄虚作假的，除责令其接受监督检查和提供真实情况外，予以警告，处以1万元以下的罚款。

登记主管机关对有上述违法行为的企业作出处罚决定后，企业逾期不提出申诉又不缴纳罚款的，可以按照规定程序通知银行予以划拨。

第六十四条　对提供虚假文件、证件的单位和个人，除责令其赔偿因出具虚假文件、证件给他人造成的损失外，处以1万元以下的罚款。

第六十五条　登记主管机关在查处企业违法活动时，对构成犯罪的有关人员，交由司法机关处理。

第六十六条　登记主管机关对工作人员不按规定程序办理登记、监督管理和严重失职的，根据情节轻重给予相应的行政处分，对构成犯罪的人员，交由司法机关处理。

第六十七条　企业根据《条例》第三十二条规定向上一级登记主管机关申请复议的，上一级登记主管机关应当在规定的期限内作出维持、撤销或者纠正的复议决定，并通知申请复议的企业。

附　则

第六十八条　根据《条例》第三十六条规定应当申请筹建登记的企业，按照国务院有关部门或者省、自治区、直辖市人民政府的专项规定办理筹建登记。

第六十九条　港、澳、台企业，华侨、港、澳、台同胞投资举办的合资经营企业、合资经营企业、独资经营企业，参照本细则对外投资企业的有关规定执行。

第七十条　对在中国境内从事经营活动的外国（地区）企业的登记管理，按专项规定执行。

第七十一条　本细则自二零零一年一月一日起施行。

3-1-4 民办非企业单位登记管理暂行条例

（1998年10月25日国务院令第251号发布）

第一章 总 则

第一条 为了规范民办非企业单位的登记管理，保障民办非企业单位的合法权益，促进社会主义物质文明、精神文明建设，制定本条例。

第二条 本条例所称民办非企业单位，是指企业事业单位、社会团体和其他社会力量以及公民个人利用非国有资产举办的，从事非营利性社会服务活动的社会组织。

第三条 成立民办非企业单位，应当经其业务主管单位审查同意，并依照本条例的规定登记。

第四条 民办非企业单位应当遵守宪法、法律、法规和国家政策，不得反对宪法确定的基本原则，不得危害国家的统一、安全和民族的团结，不得损害国家利益、社会公共利益以及其他社会组织和公民的合法权益，不得违背社会道德风尚。

民办非企业单位不得从事营利性经营活动。

第五条 国务院民政部门和县级以上地方各级人民政府民政部门是本级人民政府的民办非企业单位登记管理机关（以下简称登记管理机关）。

国务院有关部门和县级以上地方各级人民政府的有关部门、国务院或者县级以上地方各级人民政府授权的组织，是有关行业、业务范围内民办非企业单位的业务主管单位（以下简称业务主管单位）。

法律、行政法规对民办非企业单位的监督管理另有规定的，依照有关法律、行政法规的规定执行。

第二章 管 辖

第六条 登记管理机关负责同级业务主管单位审查同意的民办非企业单位的登记管理。

第七条 登记管理机关、业务主管单位与其管辖的民办非企业单位的住所不在一地的，可以委托民办非企业单位住所地的登记管理机关、业务主管单位负责委托范围内的监督管理工作。

第三章 登 记

第八条 申请登记民办非企业单位，应当具备下列条件：

（一）经业务主管单位审查同意；

（二）有规范的名称、必要的组织机构；

（三）有与其业务活动相适应的从业人员；

（四）有与其业务活动相适应的合法财产；

（五）有必要的场所。

民办非企业单位的名称应当符合国务院民政部门的规定，不得冠以“中国”、“全国”、“中华”等字样。

第九条 申请民办非企业单位登记，举办者应当向登记管理机关提交下列文件：

（一）登记申请书；

（二）业务主管单位的批准文件；

（三）场所使用权证明；

（四）验资报告；

（五）拟任负责人的基本情况、身份证明；

（六）章程草案。

第十条 民办非企业单位的章程应当包括下列事项：

（一）名称、住所；

（二）宗旨和业务范围；

（三）组织管理制度；

（四）法定代表人或者负责人的产生、罢免的程序；

（五）资产管理和使用的原则；

（六）章程的修改程序；

（七）终止程序和终止后资产的处理；

（八）需要由章程规定的其他事项。

第十一条 登记管理机关应当自收到成立登记申请的全部有效文件之日起60日内作出准予登记或者不予登记的决定。

有下列情形之一的，登记管理机关不予登

记，并向申请人说明理由：

（一）有根据证明申请登记的民办非企业单位的宗旨、业务范围不符合本条例第四条规定的；

（二）在申请成立时弄虚作假的；

（三）在同一行政区域内已有业务范围相同或者相似的民办非企业单位，没有必要成立的；

（四）拟任负责人正在或者曾经受到剥夺政治权利的刑事处罚，或者不具有完全民事行为能力的；

（五）有法律、行政法规禁止的其他情形的。

第十二条 准予登记的民办非企业单位，由登记管理机关登记民办非企业单位的名称、住所、宗旨和业务范围、法定代表人或者负责人、开办资金、业务主管单位，并根据其依法承担民事责任的不同方式，分别发给《民办非企业单位（法人）登记证书》、《民办非企业单位（合伙）登记证书》、《民办非企业单位（个体）登记证书》。

依照法律、其他行政法规规定，经有关主管部门依法审核或者登记，已经取得相应的执业许可证书的民办非企业单位，登记管理机关应当简化登记手续，凭有关主管部门出具的执业许可证明文件，发给相应的民办非企业单位登记证书。

第十三条 民办非企业单位不得设立分支机构。

第十四条 民办非企业单位凭登记证书申请刻制印章，开立银行账户。民办非企业单位应当将印章式样、银行账号报登记管理机关备案。

第十五条 民办非企业单位的登记事项需要变更的，应当自业务主管单位审查同意之日起30日内，向登记管理机关申请变更登记。民办非企业单位修改章程，应当自业务主管单位审查同意之日起30日内，报登记管理机关核准。

第十六条 民办非企业单位自行解散的，分立、合并的，或者由于其他原因需要注销登记的，应当向登记管理机关办理注销登记。

民办非企业单位在办理注销登记前，应当在业务主管单位和其他有关机关的指导下，成立清算组织，完成清算工作。清算期间，民办非企业单位不得开展清算以外的活动。

第十七条 民办非企业单位法定代表人或者负责人应当自完成清算之日起15日内，向登记管理机关办理注销登记。办理注销登记，须提交注销登记申请书、业务主管单位的审查文件和清算报告。

登记管理机关准予注销登记的，发给注销证明文件，收缴登记证书、印章和财务凭证。

第十八条 民办非企业单位成立、注销以及变更名称、住所、法定代表人或者负责人，由登记管理机关予以公告。

第四章 监督管理

第十九条 登记管理机关履行下列监督管理职责：

（一）负责民办非企业单位的成立、变更、注销登记；

（二）对民办非企业单位实施年度检查；

（三）对民办非企业单位违反本条例的问题进行监督检查，对民办非企业单位违反本条例的行为给予行政处罚。

第二十条 业务主管单位履行下列监督管理职责：

（一）负责民办非企业单位成立、变更、注销登记前的审查；

（二）监督、指导民办非企业单位遵守宪法、法律、法规和国家政策，按照章程开展活动；

（三）负责民办非企业单位年度检查的初审；

（四）协助登记管理机关和其他有关部门查处民办非企业单位的违法行为；

（五）会同有关机关指导民办非企业单位的清算事宜。

业务主管单位履行前款规定的职责，不得向民办非企业单位收取费用。

第二十一条 民办非企业单位的资产来源必须合法，任何单位和个人不得侵占、私分或者挪用民办非企业单位的资产。

民办非企业单位开展章程规定的活动，按照国家有关规定取得的合法收入，必须用于章程规定的业务活动。

民办非企业单位接受捐赠、资助，必须符合章程规定的宗旨和业务范围，必须根据与捐赠人、资助人约定的期限、方式和合法用途使用。民办非企业单位应当向业务主管单位报告接受、使用捐赠、资助的有关情况，并应当将有关情况以适当方式向社会公布。

第二十二条　民办非企业单位必须执行国家规定的财务管理制度，接受财政部门的监督；资产来源属于国家资助或者社会捐赠、资助的，还应当接受审计机关的监督。

民办非企业单位变更法定代表人或者负责人，登记管理机关、业务主管单位应当组织对其进行财务审计。

第二十三条　民办非企业单位应当于每年3月31日前向业务主管单位报送上一年度的工作报告，经业务主管单位初审同意后，于5月31日前报送登记管理机关，接受年度检查。工作报告内容包括：本民办非企业单位遵守法律法规和国家政策的情况、依照本条例履行登记手续的情况、按照章程开展活动的情况、人员和机构变动的情况以及财务管理的情况。

对于依照本条例第十二条第二款的规定发给登记证书的民办非企业单位，登记管理机关对其应当简化年度检查的内容。

第五章　罚　则

第二十四条　民办非企业单位在申请登记时弄虚作假，骗取登记的，或者业务主管单位撤销批准的，由登记管理机关予以撤销登记。

第二十五条　民办非企业单位有下列情形之一的，由登记管理机关予以警告，责令改正，可以限期停止活动；情节严重的，予以撤销登记；构成犯罪的，依法追究刑事责任：

（一）涂改、出租、出借民办非企业单位登记证书，或者出租、出借民办非企业单位印章的；

（二）超出其章程规定的宗旨和业务范围进行活动的；

（三）拒不接受或者不按照规定接受监督检查的；

（四）不按照规定办理变更登记的；

（五）设立分支机构的；

（六）从事营利性的经营活动的；

（七）侵占、私分、挪用民办非企业单位的资产或者所接受的捐赠、资助的；

（八）违反国家有关规定收取费用、筹集资金或者接受使用捐赠、资助的。

前款规定的行为有违法经营额或者违法所得的，予以没收，可以并处违法经营额1倍以上3倍以下或者违法所得3倍以上5倍以下的罚款。

第二十六条　民办非企业单位的活动违反其他法律、法规的，由有关国家机关依法处理；有关国家机关认为应当撤销登记的，由登记管理机关撤销登记。

第二十七条　未经登记，擅自以民办非企业单位名义进行活动的，或者被撤销登记的民办非企业单位继续以民办非企业单位名义进行活动的，由登记管理机关予以取缔，没收非法财产；构成犯罪的，依法追究刑事责任；尚不构成犯罪的，依法给予治安管理处罚。

第二十八条　民办非企业单位被限期停止活动的，由登记管理机关封存其登记证书、印章和财务凭证。

民办非企业单位被撤销登记的，由登记管理机关收缴登记证书和印章。

第二十九条　登记管理机关、业务主管单位的工作人员滥用职权、徇私舞弊、玩忽职守构成犯罪的，依法追究刑事责任；尚不构成犯罪的，依法给予行政处分。

第六章　附　则

第三十条　民办非企业单位登记证书的式样由国务院民政部门制定。

对民办非企业单位进行年度检查不得收取费用。

第三十一条　本条例施行前已经成立的民办非企业单位，应当自本条例实施之日起1年内依照本条例有关规定申请登记。

第三十二条　本条例自发布之日起施行。

3－2 广东省有关民营经济的政策法规

3－2－1 中共广东省委、广东省人民政府关于加快民营经济发展的决定

（粤发〔2003〕4号 2003年3月19日）

为深入贯彻党的十六大和省第九次党代会精神，促进我省民营经济大发展，增强我省综合经济实力、国际竞争力和发展后劲，加快全面建设小康社会和率先基本实现社会主义现代化进程，特作出如下决定：

一、充分认识民营经济的重要地位和作用

（一）发展民营经济是进一步解放和发展生产力，实现富民强省的重要途径。民营经济是利用国内民间资本兴办，适合现阶段生产力发展水平，最具活力和生命力的经济。它同国有经济、集体经济一样，都是我国社会主义市场经济的重要组成部分。加快发展民营经济，对于进一步调整所有制结构，完善社会主义基本经济制度，培育新的经济增长点，增强我省综合实力和发展后劲，应对加入世贸组织后的新形势，扩大对外开放和提高对外开放水平，繁荣市场，增加就业和维护社会稳定，全面建设小康社会，加快率先基本实现社会主义现代化，具有重大而深远的意义。改革开放尤其是党的十五大以来，民营经济日益成为推动我省经济发展的重要力量。面临新形势和新的发展阶段，各级党委和政府必须从实践“三个代表”重要思想的高度，充分认识发展民营经济的重大意义，按照党的十六大提出的必须毫不动摇地巩固和发展公有制经济，必须毫不动摇地鼓励、支持和引导非公有制经济发展，让一切创造社会财富的源泉充分涌流的要求，增强责任感和紧迫感，采取切实有效措施，促进我省民营经济大发展，在大发展中实现新的提高。

（二）加快民营经济发展的指导思想。以“三个代表”重要思想和党的十六大精神为指导，解放思想，实事求是，与时俱进，按照政治平等、政策公平、法律保障、放手发展的方针，对民营经济不限发展比例、不限发展速度、不限经营方式、不限经营规模，消除一切妨碍民营经济发展的思想观念、体制弊端、政策规定和不合时宜的做法，努力营造民营企业人员在社会上有地位、政治上有荣誉、经济上有实惠的良好发展氛围，在全省迅速形成民营经济大发展的新局面。以科技创新、制度创新和管理创新为动力，促进有条件的民营企业逐步实现从家族经营向现代企业制度转变，民营经济从分散小规模经营逐步向规模化、集约化经营转变，从主要是劳动密集型产业向技术密集型产业和劳动密集型产业相结合转变，从不规范经营向重质量、重信用、遵纪守法的规范经营转变，全面提高民营经济的整体素质。

二、公平待遇，力促民营经济大发展

（三）放宽投资领域。除国家明确限制的投资领域外，所有竞争性领域和对外资开放的领域，都对民营资本开放。凡是我国政府承诺对外商逐步开放的领域，要引导民营资本加快进入。鼓励和引导民营资本投资我省的支柱产业、高新技术产业和现代服务业，参与城乡基础设施和公用事业建设，鼓励民营资本独资或参股组建投资公司或风险投资公司。积极探索和推进在电信、医疗、卫生、文化、教育、旅游和体育等领域引进民间投资。建立与市场经济相适应的项目审批和管理体制，对民营资本投资于国家和省产业政策鼓励发展项目的，除国家有规定的外，按照《广东省社会投资项目登记备案暂行办法》的要

求，实行项目登记备案制。

民营企业收购和兼并国有、集体企业，或国有、集体企业转制为民营企业，享受国有和集体企业改革的优惠政策。

（四）放宽经营条件。放宽注册限制条件，创办民营科技型、农产品加工型企业，以及下岗失业人员创办非公司制企业，非关键条件尚有欠缺，但一年内可以完善的，可由工商部门核发为期一年的临时营业执照，并按正规企业实行预备期管理。

（五）消除各种歧视与不合理规定。各级管理部门要按照公平、公正、竞争的原则，废除或修改体现所有制差别和不适应民营经济特点的政策与管理规定，构建对所有企业一视同仁的政策与管理平台。民营企业在进出口、用地、人才引进、办理证照、收费等方面的不公平待遇必须取消；在科研项目申报、技改贴息等政府专项扶持资金使用、进出口配额和出口退税等方面，享受与其他所有制企业的同等待遇；在国内外经贸展洽活动摊位等资源的分配上应有适当份额；充分尊重民营投资项目投资人的自主权，除涉及公众利益的项目外，由投资人自主决定是否进行项目招标，依法进行建设。

增加发展民营经济的土地供应，生产型重大项目可由省、市统一调剂安排用地指标。民营企业依法获得的土地使用权，可依法转让、抵押、出租、折价入股。

（六）加强对民营企业的财政与金融支持。金融机构要改善对民营企业的金融服务，开发适合民营企业特点的融资服务项目。积极试行非全额担保和非完全抵押贷款，扩大票据业务和对优质民营企业的授信服务，探索对民营企业的信用贷款。完善民营中小企业土地、厂房权属及权属转让的管理政策和制度，切实解决影响企业抵押能力的历史遗留问题和政策不配套的问题。引导和规范民间信用的发展，积极推广委托贷款。扩大民营企业直接融资渠道，各级政府要大力支持符合条件的民营企业以各种方式上市融资和发行债券，在法律允许的范围内，妥善处理民营企业改制上市前的税收、资产权属和股权规范等历史遗留问题，对重组省内上市公司的，在费用减免、债务剥离、优质资产注入和富余职工安置方面进行协调和给予支持。鼓励民营企业与外商合资合作，大胆探索民营企业产权交易的有效形式。

按照《中小企业促进法》的要求和国家有关部署，积极探索适合市场需要和我省特点的中小企业信用担保体系发展模式。各级政府要积极推进和组织建立中小企业信用担保体系，鼓励具备条件的民营企业成立担保机构和开展担保业务，鼓励企业依法开展多种形式的互助性融资担保。对不以营利为主要目的的中小企业信用担保和再担保机构从事担保业务的收入，按照国办发〔2000〕59号通知的有关规定办理，三年内免征营业税。

从2003年起连续5年，省财政每年安排扶持中小企业专项资金2亿元，重点用于支持民营企业技术创新、中小企业信用担保体系建设、中小企业服务体系建设、国家中小企业发展基金和科技型中小企业技术创新基金的配套等。各市、县也要安排一定资金支持上述项目建设。有关部门要积极协助符合条件的民间投资项目申请国家高新技术产业化资金、中药现代化专项资金、中小企业创业资金、外国政府贷款和国际金融组织贷款等各类政策性扶持资金。

三、重点扶持发展四类民营企业

（七）民营科技企业。政府有关部门要按照《广东省民营科技企业管理条例》的要求，加强对民营科技企业的指导、协调和服务。鼓励高等学校、科研院所的科研人员，留学回国人员和社会各界创办和投资民营科技企业。技术人员以高新技术成果或专有技术投资兴办民营科技企业，其成果经专门机构评估和省级科技行政主管部门认定后，技术成果占企业注册资本比例可不受限制，由投资各方协商约定。鼓励科研机构、高等学校兴办的企业和国有企业，转制为民营科技企业，并在转制过渡期继续享受国家有关优惠政策；采用股份制形式转化职务成果的，可将不低于科技成果入股时作价金额20%比例的股份奖励给成果完成者；转制为企业的科研院所，可按企业净资产的一定比例划出股份作为创业股和管理股奖励给企业创办人和主要经营管理人员，最高比例可达15%。

省支持各地建立民营科技园，由科技部门会同经贸、信息、国土、工商、地税等部门制定相应的扶持措施，引导民营科技企业进入科技园区，向集约化、规模化方向发展。省财政对山区和东西两翼14个市一次性各安排3000万元，用于支持民营科技园和民营企业园区的建设。

省财政从2003年起5年内，在原有基础上，每年增加安排科技三项经费5000万元，重点用于扶持民营科技企业关键技术、共性技术的研发和中试，省级民营科技园的规划、论证和技术创新中心建设、专业镇技术创新中心建设、省民营科技企业工程技术研发中心建设和民营企业知识产权保护工作。

（八）外向型民营企业。大力支持和协助民营企业取得进出口经营资格，推动民营企业开拓国际市场，参与国际工程承包和劳务合作，开展国际化经营。

增加省财政设立的出口退税账户托管贷款贴息资金，鼓励银行扩大出口退税账户托管贷款规模，缓解民营企业出口退税难问题。从2003年起连续5年，省财政每年安排2500万元，设立中小企业开拓国际市场资金，资助民营企业参加各类国际展销会，采用国际标准，申报国外知识产权，建立国外营销网络和研发机构，开展进出口业务培训。

（九）吸纳下岗人员就业的民营企业。吸纳下岗失业人员就业的民营企业和个体工商户，以及下岗失业人员从事个体经营的，其税费减免、小额贷款担保、社会保险、职业介绍和职业培训补贴等，按照中央《关于进一步做好下岗失业人员再就业工作的通知》（中发〔2002〕12号）和粤发〔2002〕15号文及有关部门配套文件的规定执行。

省财政从2003年起3年内，每年增加安排再就业资金5000万元，专项用于民营企业吸纳下岗人员的社会保险、岗位、就业服务、技能和创业培训等补贴。各地级以上市要在国家和省规定设立的再就业专项资金规模不变的基础上，适当增加安排民营企业吸纳下岗人员就业的各类补贴以及小额贷款担保金。

（十）从事农产品加工的民营企业。各级政府的涉农扶持资金要进行整合并集中使用，以贷款贴息为主要形式，实行省、市、县按比例负担的办法，支持从事农产品加工的民营企业进行深加工和保鲜技术的开发应用，以及设备更新改造、农产品加工基地的质量控制和标准化建设、农产品市场开拓、技术服务和人员培训等。

省对经营规模较大的民营农产品加工企业和鲜活产品运销企业，发放500个农产品运输绿色直通车证。这批直通车证要优先发给省确认的扶贫农业龙头企业和在山区带动农户1000户以上的农产品生产及加工民营企业。盐业管理部门对农产品加工（腌、卤为主）企业的食用盐列入计划，实行价格优惠和专户供应。

四、努力提高民营经济的素质和水平

（十一）积极推进民营经济组织结构调整。政府扶持有优势的民营企业做大做强。从2003年起，每两年根据企业经营资产、营业收入、利税和自主知识产权拥有量等指标，确定全省百强民营企业，并在政府出版物、网站、权威媒体以及政府组织的相关活动中进行广泛宣传。百强民营企业的认定条件和扶持政策，由省经贸委会同有关部门负责制定。

积极推动大企业、企业集团与中小企业开展多种类型的经济技术合作，逐步形成以大企业为主导、大中小企业专业化分工、产业化协作的产业组织体系，防止和减少恶性竞争，建立整体竞争优势。

（十二）推动民营企业创立自主知识产权和开展品牌经营。民营企业申请发明专利，省市知识产权部门联合给予资助；已产业化的专利技术，经省主管部门确认，可直接参加省级科技评审；符合科技兴贸专项资金资助条件的民营企业，由“省科技兴贸专项资金”给予资助。省政府重奖获得中国驰名商标和省著名商标称号的企业、产品被评为中国名牌产品和省名牌产品的企业、出口商品被列为国家外经贸部重点支持的名牌出口商品的企业、专利技术被授予“中国专利金奖”和“中国专利优秀奖”的企业。

（十三）提升专业镇经济整体素质，推进民营经济向园区化发展。总结推广“专业镇技术创新示范试点”经验，在全省专业镇广泛建立服务于民营中小企业的技术创新中心、质量保证服务体系。省中小企业发展资金和新增加的省科技三项经费，要有一定比例用于支持专业镇技术创新中心和民营科技园的配套设施建设。

（十四）结合城镇化建设，在有条件的乡镇建立工业园区。依托专业镇、大型工业企业或专业市场，建立特色工业园区。乡镇工业园区由各市县政府规划和管理，特色工业园区由省发展计划委会同省经贸委、省科技厅规划和管理。特色工业园区要突出产业特色，突破行政区划限制，与我省的产业发展规划相衔接。

加强民营企业的人才队伍建设。省有关部门要制定相关政策规定，利用现有高等学校和中介组织的力量，为民营企业经营管理人员的培训、民营企业家出国考察和开展国际交流创造条件。逐步建立经理人才测评与推荐中心，推进经营管理者职业化和市场化，充分发挥市场配置人才的作用。

破除人事管理中的身份和所有制界限，鼓励各类人才到民营企业就业。对民营企业引进人才，参照《关于加强专业技术人才队伍建设的决定》（粤人发〔2002〕252号）办理，实行与其他所有制企业同样的户籍管理、档案管理、职称评定、住房和子女入学入托政策。民营企业科技和管理人员可以按照国家规定参加相应的专业技术职务资格评审，技术工人可通过职业培训和职业技能鉴定获取国家职业资格证书。

（十五）推进民营企业制度创新和管理创新。符合条件的个体工商户要及时规范登记为私营企业，具备一定规模和素质条件的民营企业要积极改组为股份公司，其他民营企业要着重改进内部组织结构和管理结构，逐步实现所有权和经营权分离。鼓励民营企业通过相互参股、职工持股、吸引外资等多种形式，建立多元和开放的产权结构；允许以管理、技术等无形资产作为资本投入，推行期权制，形成有利于吸引社会资金和容聚高层次人才的制度保障。

帮助民营企业开展质量基础工作和提高质量管理能力。在民营企业中广泛推行 ISO－9000 族质量体系认证，有条件的企业推行 ISO－14000 族环境管理体系认证。

五、积极营造有利于民营经济发展的良好外部环境

（十六）优化政务环境。各级政府要按照多服务、少干预，多帮忙、不添乱，多设路标、不设障碍的要求，积极改进对民营企业的管理与服务。以行政审批制度改革为重点，简化办事程序和环节。除国家和省的法律、法规规定外，企业登记的前置审批条件一律取消或改为登记备案制。设立省民营企业投诉中心，由省工商联负责具体运作，各地可相应建立民营企业的投诉机制。严禁对民营企业乱收费、乱罚款、乱摊派、乱检查。定期或不定期组织民营企业对政府职能部门的管理和服务工作进行民主评议，并向社会公布评议结果。建立和完善民营经济的各项统计制度。

（十七）优化法制和管理环境。根据世界贸易组织规则和市场经济公平、公正的原则，清理和修改现行各种歧视和不利于民营经济发展的地方性政策法规。建立面向全社会的信息公开制度和政策制定过程的意见征询制度，有关法律、法规和政策必须及时、广泛公布。政府及其部门出台与民营企业有关的政策和管理措施要充分听取民营企业的意见。积极开展政策法规的宣讲、咨询和人员培训，帮助民营企业熟悉相关法规和政策。加快制定和完善保障民营企业和民营企业家合法权益的地方性法规与政策。

（十八）规范市场秩序。继续加大"两大整治"力度，坚决取缔无照经营，打击走私贩私、制假售假、偷税漏税和欺行霸市等扰乱市场经济秩序的行为，引导民营企业规范经营和守法经营。加强对民营企业消防、安全生产和环境保护的管理，加强对民营企业劳动关系处理、工资支付、劳动保护、社会保险的监察，依法维护劳动者的合法权益。民营企业要注意维护自身形象，运用先进技术和管理手段提升企业素质。

加快建设全省企业信用信息系统，整合分散在政府各部门和社会相关管理部门的企业信用信息。建立合理的企业信用评估和管理体系，以及企业信用信息依法披露制度。全省企业信用信息系统的建设由省信息产业厅会同有关部门进行。

（十九）建立和健全社会化服务体系。放手发展各类市场中介组织，加快建立执业标准和监督机制，建设公共性服务平台，为民营企业提供社会化、专业化和规范化的服务。

加快行业协会（商会）的改革与发展，广泛吸收民营企业入会，扩大行业协会（商会）的覆盖面和代表性。逐步赋予行业协会（商会）制定行业规范和标准，参与行业规划和资质审查，维护行业公平竞争和行业利益等职能。加强行业协会自身的规范化建设，建立高素质的协会专业化管理队伍。

六、加强对发展民营经济工作的领导

（二十）把发展民营经济摆上重要议事日程。

各级党委政府要把发展民营经济纳入国民经济和社会发展总体规划，放在我省全面建设小康社会、率先基本实现社会主义现代化的重要位置。加强与民营企业家的联系，认真听取他们的意见和建议，切实帮助他们解决企业发展中的困难。

（二十一）进一步理顺对民营企业的宏观管理体制。在省经贸委设中小企业局（同时挂乡镇企业局牌子），负责组织实施国家和省有关中小企业和民营企业的政策、法规，综合协调相关部门对民营企业进行指导和服务。各市、县可根据实际情况成立相应的管理机构。政府各职能部门要协力进行管理体制改革和创新，加强协调与协作，形成工作合力。工商联、个体劳动者协会、私营企业协会要充分发挥作为沟通民营企业与党和政府的桥梁与纽带作用。

（二十二）努力提高民营企业家的素质和政治社会地位。加强思想政治工作，引导民营企业家把自身的发展与国家和民族的命运紧密联系在一起，走爱国、敬业、诚信、守法的道路。鼓励和支持民营企业家参政议政，参加各类评选先进活动。省每两年表彰一批优秀民营企业和优秀民营企业家，各市县也可进行相应的表彰。重视宣传和舆论导向作用，加强正面宣传，营造有利于民营经济发展的良好舆论氛围。

（二十三）积极探索民营企业党建工作的有效途径。积极开展在民营企业中建立党组织和发展党员的工作，建立健全工会和共青团等群众组织。从民营企业的实际出发，解放思想，大胆探索，努力提高民营企业党建工作的水平，促进民营企业健康发展。

各地区、各部门要按照本决定的精神，结合实际，抓紧制订具体的配套政策和实施细则，并加强检查落实。

3－2－2 广东省个体工商户和私营企业权益保护条例

（1999年5月21日广东省人民代表大会常务委员会第十次会议通过）

第一条 为创造公平竞争环境，促进个体、私营经济健康发展，保护个体工商户和私营企业的合法权益，发展社会主义市场经济，根据宪法和有关法律、法规的规定，结合本省实际，制定本条例。

第二条 本条例适用于本省行政区域内从事生产、经营活动的个体工商户和私营企业。

第三条 个体工商户和私营企业的合法权益受国家法律的保护。

个体工商户和驻营企业应当守法经营，依法纳税，文明经商，公平竞争，不得损害国家利益、社会公共利益和他人的合法权益。

第四条 各级人民政府应当把个体、私营经济纳入国民经济发展规划，鼓励、支持和引导个体、私营经济健康发展。

第五条 各级人民政府鼓励和支持一切组织和个人对损害个体工商户和私营企业合法权益的行为进行监督。

新闻传播媒介应当对损害个体工商户和私营企业合法权益的行为进行舆论监督。

第六条 各级工商行政管理部门负责本条例的实施。

各级人民政府有关行政管理部门、司法机关，应当依照法律、法规的规定，在各自的职责范围内，维护个体工商户和私营企业的合法权益。

第七条 个体工商户和私营企业对其所有的财产享有占有、使用、收益和处分的权利。

禁止任何单位和个人侵占、破坏或以其他手段侵犯个体工商户和私营企业的合法财产。

第八条 个体工商户和私营企业享有市场准入的平等待遇。个体工商户、私营企业提出不违反法律、法规规定的生产经营申请，有关部门应当及时办理审批手续。

私营企业可开办中外合资经营企业、中外合作经营企业，可按规定取得进出口权或在境外投资办企业。

第九条 个体工商户和私营企业生产经营中所需的生产资料、贷款和社会服务，应当与公有制企业同等对待。

第十条 经核准登记的个体工商户的字号和私营企业的名称受法律保护。

个体工商户和私营企业的注册商标专用权、专利权，任何单位或个人不得侵犯。

个体工商户和私营企业的商业秘密受法律保护。

第十一条 个体工商户、私营企业独立自主经营，任何单位和个人不得干预。

个体工商户和私营企业有权根据生产经营的需要，依法招聘员工，决定用工条件、形式、数量、期限；依法变更和解除劳动合同。

第十二条 个体工商户和私营企业有权拒绝违反法律、法规和规章规定的各种收费、罚款、赞助和摊派。

第十三条 个体工商户和私营企业可以依法取得土地使用权。

因国家建设需要提前收回个体工商户和私营企业的土地使用权，拆迁地上建设物及其他附着物的，建设单位应当按国家有关规定给予妥善安置和补偿。

任何单位和个人不得侵占、破坏个体工商户和私营企业的合法经营场地及其设施。

第十四条 个体工商户和私营企业的专业技术人员申请参加专业技术职称资格考试或评审的，由个体工商户或私营企业所在的个体劳动者协会、私营企业协会、工商业联合会、民营科技企业协会向人事管理部门填报有关材料，人事管理部门应当按照有关规定办理报考或评审手续。

人事管理部门对通过资格考试或评审的个体工商户和私营企业专业技术人员，应按规定颁发专业技术职称资格证书。

第十五条 个体工商户和私营企业向所在地的科技行政管理部门申报科技成果鉴定，科技行政管理部门应当及时组织专家鉴定。

个体工商户和私营企业开发列入国家和省级计划的新产品，按省有关规定享受优惠待遇。

第十六条 个体工商户和私营企业中的人员因商务、学习考察、短期培训、技术交流等事务需要出国（境）的，经所在的市、县个体劳动者协会、私营企业协会、工商业联合会签署意见，向户口所在地市、县公安机关申请办理出国（境）证件；经聘用一年以上并在其从业的个体工商户、私营企业所在地办理了“暂住证”的人员，可向从业所在地市、县公安机关申请办理出国（境）证件。因公务需要出国（境）的，按有关规定办理出国（境）证件。

第十七条 各级人民政府应当将个体工商户和私营企业从业人员的子女入托和义务教育纳入社会发展规划。

中、小学校和幼儿园吸收个体工商户和私营企业从业人员的子女入学、入托，应当按政府规定收费，不得乱收费。

第十八条 个体工商户和私营企业的营业执照是合法经营凭证，除工商行政管理部门外，其他任何单位和个人不得扣缴或者吊销。

第十九条 各级工商行政管理部门对个体工商户和私营企业进行年检（验照），不得附加法律、行政法规规定以外的条件。

第二十条 任何单位和个人不得强制个体工商户和私营企业购买有价证券和订购书籍报刊杂志。

第二十一条 任何单位和个人不得以评比、评优、达标等活动强行向个体工商户和私营企业收费、变相收费或要求赞助。

第二十二条 个体工商户和私营企业主所聘员工，不得利用职务之便，挪用个体工商户和私营企业的资金或侵占个体工商户和私营企业的财产；不得擅自用个体工商户或私营企业的资产为自己或他人提供担保。

第二十三条 各级行政管理部门向个体工商户和私营企业收费时，应出示《广东省行政事业性收费许可证》，按规定开具由财政部门或税务部门统一印制的收据或发票，并如实在《个体工商户和私营企业缴费卡》上填写收费项目、收费金额、收费单位和收费员姓名。凡不按规定开具收据或发票，或者不按规定填写《个体工商户和私营企业缴费卡》的，个体工商户、私营企业可以拒缴。

《个体工商户和私营企业缴费卡》由省个体劳动者协会和私营企业协会会同省价格主管部门制定。个体工商户和私营企业凭营业执照领取缴费卡，发放单位不得收取工本费以外的费用。

第二十四条 个体工商户、私营企业及其员工的合法权益受到侵犯时，有权向有关行政管理部门检举、投拆，或者向人民法院提起诉讼。有关部门在接到检举、投诉后，应当在 30 日内作出处理并告知检举、投诉人。

个体工商户和私营企业对有关行政管理部门不履行职责，致使其合法权益受到损害的行为，或对有关行政管理部门的行政决定不服的，可依法申请复议或提起行政诉讼。

第二十五条　各级个体劳动者协会、私营企业协会、工商业联合会应维护个体工商户和私营企业的合法权益，接受个体工商户、私营企业的投诉、咨询，协调处理有关投诉、咨询的事项。

第二十六条　行政管理部门及其工作人员侵犯个体工商户、私营企业合法权益拒不改正的，各级个体劳动者协会、私营企业协会、工商业联合会应向违法部门的上级主管部门和违法工作人员所在单位报告，有关部门应当在30日内作出处理并答复报告人。

第二十七条　行政管理部门及其工作人员违反本条例，有下列情形之一的，由其所在单位的上级行政管理部门责令改正，情节严重的，对责任人给予行政处分；造成个体工商户和私营企业经济损失的，依法承担赔偿责任；构成犯罪的，依法追究刑事责任：

（一）强制个体工商户或私营企业购买有价证券和书籍报刊杂志的；

（二）强制向个体工商户和私营企业违法收费、摊派或要求赞助的；

（三）收费时不开具由财政部门或税务部门统一印制的收据或发票的；或不如实填写《个体工商户和私营企业缴费卡》的；

（四）年检（验照）时附加法律、行政法规规定以外条件的；

（五）越权扣缴、吊销营业执照的；

（六）占用个体工商户和私营企业的资金和物资的。

第二十八条　市级以下人民政府违法设立收费项目，或向个体工商户和私营企业进行摊派的，由其上一级人民政府予以撤销，责令如数退还，并对直接责任人给予行政处分。

各级行政管理部门违法设立收费项目，或向个体工商户和私营企业进行摊派的，由其上一级行政管理部门或本级人民政府予以撤销，责令如数退还，并对直接责任人给予行政处分。

第二十九条　挪用个体工商户或私营企业的资金，擅自用个体工商户或私营企业的资产为自己或他人提供担保，侵占、破坏或者非法查封、扣押、冻结、没收个体工商户或私营企业合法财产，以及以其他方式侵犯个体工商户或私营企业财产权，造成损失的，应当依法承担赔偿责任；构成犯罪的，依法追究刑事责任。

第三十条　行政管理部门及其工作人员不依法行政，侵害个体工商户和私营企业合法权益的，按法律、法规的有关规定处理。

行政管理部门工作人员滥用职权、徇私舞弊、索贿受贿，侵害个体工商户或者私营企业权益的，由其所在单位或者行政监察机关根据情节给予行政处分；构成犯罪的，依法追究刑事责任。

第三十一条　对申诉人、检举人或者投诉人进行打击报复的，由其所在单位或者行政监察机关依法处理；违反《中华人民共和国治安管理处罚条例》的，由公安机关依法处理；构成犯罪的，依法追究刑事责任。

第三十二条　本条例发布前的本省有关规定与本条例不一致的，以本条例为准。

第三十三条　本条例自1999年7月1日起施行。

3－2－3　广东省百强民营企业认定暂行办法

（2003年9月29日）

第一章　总　则

第一条　为贯彻落实《中共广东省委、广东省人民政府关于加快民营经济发展的决定》（粤发〔2003〕4号）精神，促进民营经济做大做强，制定本办法。

第二条　本办法所称民营企业是：私营企业

和自然人出资51%以上所兴办的股份合作制企业、联营企业及有限责任公司（不包括外资企业）。

第三条 广东省百强民营企业的认定，按评分所得总分进行排序，选取前100家为百强企业。

第四条 广东省百强民营企业从2003年开始，每两年认定一次。广东省百强民营企业称号有效期为两年，在有效期内，企业有严重违法行为的，撤销其称号。

第二章 申报基本条件

第五条 企业评审当期两年平均营业收入达2亿元以上，纳税额1000万元以上，利润总额1000万元以上。

第六条 认定当期及前三年有下列情况之一，取消申报资格：

（一）生产和经销假冒伪劣商品的；

（二）偷漏税的；

（三）发生重大安全生产事故和重大环境污染事故的；

（四）有其他违法违规行为的。

第三章 评分办法

第七条 广东省百强民营企业认定评分办法设经济运行评分指标和创新性评分指标。

（一）经济运行指标及计分办法。

1．营业收入：评审当期两年平均营业收入达2亿元计35分，超过部分每1000万元加1分，递次增加不足1000万元的不加分。

2．利润总额：评审当期两年平均利润总额达1000万元计25分，超过部分每增加100万元加1分，递次增加不足100万元的不加分。

3．纳税总额：评审当期两年平均纳税额达1000万元计25分，超过部分每增加100万元加1分，递次增加不足100万元的不加分。纳税总额包括国家的扶持减免税。

4．净资产保值增值率〔（年末净资产/年初净资产）×100%〕：评审当期净资产保值增值率平均小于100的不计分，等于100的计15分，超过100的每增加5个百分点加1分。

（二）创新性指标及其计分办法。

1．专利：获中国专利金奖计10分，中国专利优秀奖计5分；拥有发明专利，每项计2分；拥有实用新型专利，每5项计2分；拥有外观设计专利，每5项计1分；拥有国外专利，每项计5分。

2．名牌产品（或优秀新产品）：拥有国家名牌产品（或优秀新产品），每个计5分；拥有省名牌产品（或优秀新产品），每个计3分；同一产品同是国家、省名牌产品（或优秀新产品），只按国家名牌产品（或优秀新产品）计分。

3．商标：拥有国家驰名商标，每件计5分；拥有省著名商标，每件计3分；拥有国外注册商标，每件计5分。

4．获ISO－9000族质量保证体系认证，计4分；获ISO－14000族环境管理体系认证，计5分。

5．科技进步：获国家科技进步一等奖计5分，二等奖计4分，三等奖计3分；获省级科技进步一等奖计3分，二等奖计2分，三等奖计1分。同一项目同获国家奖和省级奖的，只按国家奖计分。

第四章 认定程序

第八条 符合申报基本条件的企业向地级市中小企业行政管理部门申报。申报材料包括：广东省百强民营企业申报表及企业财务损益表、税务部门认可的纳税凭证、营业执照、创新成果证书复印件各一式两份。

第九条 地级市中小企业行政管理部门根据企业的申报资料填写广东省百强民营企业推荐表，并进行综合评议，提出推荐意见报省中小企业局。上报材料包括：百强民营企业申报表、百强民营企业推荐表、百强民营企业推荐汇总表及企业财务损益表、税务部门认可的纳税凭证、企业营业执照、创新成果证书复印件各一份。

第十条 省百强民营企业认定工作小组，对各市推荐的企业进行审核和综合评议，排列名次，选取前100名报省委、省政府审批认定。

第五章 表彰、奖励、扶持

第十一条 广东省百强民营企业由广东省人民政府颁发牌匾，并在主要新闻媒体公榜表彰及给予一次性现金奖励。

第十二条　广东省百强民营企业的技术创新、技术改造、关键技术研发、农产品深加工、吸纳下岗人员再就业等项目，符合有关规定的，省有关职能部门按加快民营经济发展决定的有关精神，优先纳入计划予以扶持。

第六章　组织领导

第十三条　省设立广东省百强民营企业认定工作小组，省中小企业局为组长单位，省财政厅、省科技厅、省国税局、省地税局、省统计局、省工商局、省质量技术监督局、省知识产权局、省工商联等部门为成员单位。工作小组负责对百强民营企业认定的组织、审核、评议工作，对省委、省政府负责。各市可参照省的办法设立评议、推荐工作小组。

第七章　附　则

第十四条　本办法由省中小企业局负责解释。

第十五条　本办法自公布之日起实施。

3－2－4　广东省财政扶持中小企业发展专项资金管理办法

（2003 年 9 月 29 日）

第一章　总　则

第一条　为贯彻《中华人民共和国中小企业促进法》和《中共广东省委、广东省人民政府《中共广东省委、广东省人民政府关于加快民营经济发展的决定》（粤发〔2003〕4 号）（以下简称《决定》）精神，支持我省中小企业发展，制定本管理办法（以下简称《办法》）。

第二条　本《办法》所指中小企业发展专项资金，是根据《决定》由省财政从 2003 年起连续 5 年，每年安排的 2 亿元扶持中小企业专项资金（以下简称“专项资金”）。

第三条　专项资金扶持的对象：在广东省境内依法设立的、符合《中华人民共和国中小企业促进法》和国家经济贸易委员会、国家发展计划委员会、财政部、国家统计局联合制订的《中小企业标准暂行规定》的中小企业、为中小企业服务的担保体系和服务体系建设项目。中小企业包括公有和非公有制企业。专项资金重点扶持利用国内民间资本兴办的民营企业。

第四条　省中小企业局负责会同省财政厅对专项资金进行管理。为体现公平、公正、公开原则，原则上采用评审制等办法确定资金安排项目。

第二章　资金使用范围和扶持方式

第五条　专项资金使用范围：

（一）中小企业技术创新和技术改造重点项目；

（二）中小企业信用担保体系建设项目；

（三）中小企业服务体系建设项目；

（四）国家中小企业发展基金和科技型中小企业技术创新基金的配套资金项目；

（五）省委、省政府要求扶持和鼓励民营企业发展的其它事项。

第六条　专项资金采取定额贴息或补助两种扶持方式：

定额贴息是根据项目贷款实际发生额给予一定数额的贴息。

补助是根据项目的实际情况给予一定数额的资金资助。

每个项目的贴息或补助原则上不超过 100 万元。

第七条　定额贴息所指贷款适用于国有独资商业银行、股份制商业银行、城市及农村信用社等金融部门的贷款。

第三章　职责分工

第八条　省中小企业局根据省委、省政府关于我省发展中小企业的目标、部署和要求，在省经贸委指导下，确定年度专项资金使用方向和工作要求，组织项目申报，并会同省财政厅组织专家进行项目评审，联合下达“广东省财政扶持中小企业发展专项资金（XXXX项目）使用计划”；对专项资金支持项目进展情况进行追踪，并向省政府汇报专项资金使用情况和使用效果。

市、县（市、区）中小企业管理部门负责组织企业申报，并协助企业做好前期准备工作，会同同级财政部门对企业申报的条件和申报材料的真实性进行初审，协助省中小企业局对专项资金扶持的项目进行跟踪和检查。

第九条　省中小企业局会同省财政厅审定下达专项资金使用计划，省财政厅负责专项资金预算管理，办理专项资金拨付手续，对专项资金使用情况进行追踪和监督检查。

市、县（市、区）财政部门负责协助省财政厅办理资金拨付及对资金使用情况的监督检查。

第十条　省科技厅会同省中小企业局、省财政厅审定国家科技型中小企业技术创新基金配套资金项目的申请。

第十一条　专项资金使用单位（企业）法定代表人负责本单位（企业）项目的具体实施，对项目申报资料的准确性和真实性、项目建设、资金使用、达产达效负总责。

第四章　申报条件和工作程序

第十二条　申报条件

凡申报专项资金使用计划的项目，申报单位必须具有独立法人资格，具有健全的财务管理机构、严格的财务管理制度和合格的财务管理人员，同时必须符合下列条件：

（一）申报技术创新和技术改造项目的，必须是符合省中小企业局发布的当年度省支持中小企业技术创新和技术改造指南的项目。

（二）申报中小企业信用担保体系建设项目的，必须是经省中小企业局确认其服务于我省中小企业的中小企业信用担保机构。

（三）申报中小企业服务体系建设项目的，必须是经省中小企业局确认其服务于我省中小企业的服务机构的建设项目或专项活动（包括专业镇技术创新平台和民营科技园的配套设施建设项目），项目必须有明确、具体、可行的为中小企业提供服务的方案和计划。

（四）申报国家中小企业发展基金和科技型中小企业技术创新基金的配套资金项目的，必须是正在项目立项计划实施期内获得国家中小企业发展基金或科技型中小企业技术创新基金支持的项目。

第十三条　工作程序

（一）申报信用担保体系、服务体系建设和国家中小企业发展基金的配套资金项目的程序：

1．省中小企业局每年根据省委、省政府关于我省发展中小企业和民营经济的工作安排，在省经贸委的指导下，提出年度扶持中小企业信用担保体系、中小企业服务体系建设和国家中小企业发展基金的配套资金项目的要求和方向，布置各市中小企业管理部门组织企业申报。

2．各市中小企业管理部门按照省中小企业局的要求，组织符合条件的企业（单位）申报项目，按项目类型分别填写相关的《申请表》，会同同级财政部门对申报项目进行初审后联合上报省中小企业局和省财政厅。

3．省中小企业局会同省财政厅按照有关规定和程序对各市上报的项目组织审查，联合下达《广东省财政扶持中小企业发展专项资金（信用担保体系建设项目/服务体系建设项目/国家中小企业发展基金配套资金项目）使用计划》。

（二）申报技术创新和技术改造项目的程序：

1．省中小企业局根据省委、省政府关于我省发展中小企业和民营经济的工作安排，在省经贸委的指导下，制定支持中小企业技术创新、技术改造的指南，并向全社会公开发布，布置各市中小企业管理部门组织企业申报。

2．各市中小企业管理部门按照省中小企业局的要求，组织符合条件的企业申报项目，按项目类型分别填写相关的《申请表》，会同同级财政部门对申报项目进行初审后联合上报省中小企业局和省财政厅。

3．省中小企业局会同省财政厅按照有关规定和程序组织对各市上报的项目进行审查，联合下达《广东省财政扶持中小企业发展专项资金(技术创新项目/技术改造项目)使用计划》。

(三)申报国家科技型中小企业技术创新基金的配套资金项目的程序：

1. 省科技厅根据科技部、财政部发布的科技型中小企业技术创新基金项目立项公告，会同省中小企业局、省财政厅布置各市科技行政主管部门组织企业申报。

2. 各市科技行政主管部门按照省科技厅、省中小企业局和省财政厅的要求，组织符合条件的企业申报，填写相关的《申请表》，会同同级中小企业管理部门、财政部门对申报材料进行初审后联合上报省科技厅、省中小企业局和省财政厅。

3. 省科技厅会同省中小企业局和省财政厅按照有关规定和程序组织对申报项目进行审查，联合下达"广东省财政扶持中小企业发展专项资金（国家科技型中小企业技术创新基金配套资金项目）使用计划"。

第五章　使用和管理监督

第十四条　省财政厅根据下达的专项资金使用计划，将补助金或贴息金逐级下拨地方财政部门。项目单位凭资金计划与当地财政部门衔接落实专项资金，办理相应手续。

第十五条　项目单位收到贴息金或补助金后，应按国家有关财务制度处理。

第十六条　建立项目定期报告制度。各项目单位要在每年一月底前向当地市中小企业管理部门报告本企业财政资金使用情况、项目进展情况和存在问题。各市中小企业管理部门在每年二月底前将情况汇总报省中小企业局。

第十七条　建立检查制度。省中小企业局会同省财政厅负责对专项资金扶持项目实施情况的管理和监督，定期或不定期对项目进行现场检查，发现问题及时解决。对项目的监督检查应依法办事，不得干预企业正常的生产经营活动。被检查的企业应主动配合检查人员做好相关工作，提供相应的文件、资料，不得阻碍检查工作的正常进行。

第六章　变更和处罚

第十八条　资金项目在执行过程中因特殊原因需要变更或撤销时，需逐级报省中小企业局和省财政厅同意。对因故撤销的项目，资金项目单位必须作出经费决算逐级报省中小企业局和省财政厅核批，剩余资金如数逐级退回上缴省财政。

第十九条　项目单位要对专项资金实行专账核算、专账管理。专项资金必须专款专用，严禁截留、挪用。对弄虚作假、截留、挪用等违反财经纪律的行为，按国家有关规定对项目单位和行政人员给予行政、经济处罚和通报，该项目单位今后五年内不得申报省级财政支持项目；构成犯罪的，依法追究刑事责任。

第七章　附　则

第二十条　本办法由省中小企业局、省财政厅负责解释。

第二十一条　本办法自发布之日起施行。

3－2－5　广东省关于促进个体私营经济加快发展的实施办法

(2003年9月29日)

为贯彻落实《中共广东省委、广东省人民政府关于加快民营经济发展的决定》(粤发〔2003〕4号)精神，现就加快个体私营经济发展有关问题，提出以下实施办法。

一、放宽个体工商户和私营企业市场准入条件

1. 根据现行法律、法规和有关政策规定，规范个体工商户和私营企业登记注册的条件、程序、要求，实行统一、规范、标准的操作办法。凡没有国家和省的法律、法规依据的行政审批项目，一律不作为个体工商户和私营企业开业登记的前置审批条件。

2．积极探索规范新兴行业的登记办法，对担保业、社区居民服务业等新兴行业，在不违反国家和省有关规定的前提下，各地可积极开展登记试点工作，摸索经验，逐步规范。

3．除国家明确限制的投资领域外，所有竞争性领域和对外资开放的领域，都允许个体工商户和私营企业经营，鼓励跨行业、多种经营，不限经营方式、经营范围、经营规模。

4．对符合私营企业条件的个体工商户，可以直接变更登记为个人独资企业，或引导其规范登记为有限责任公司。

5．允许新设立的私营有限公司注册资本在50万元以下（含50万元）的，注册资本分期到位，首期达到法律规定标准50%以上的，可准予登记开业，不足部分，限期在一年内补足。

从事科技、技术的研究、开发、咨询及服务的科技型私营有限公司，其注册资本最低可为3万元。

自然人投资兴办个体工商户、个人独资企业或合伙企业的，不受注册资本限制。

6．放宽企业对外投资比例。不论是公司还是非公司制企业对外投资（含参股）数额由投资者依法自行确定。

7．允许以技术等无形资产作为资本投入办企业。技术人员用以法律形式取得产权的高新技术成果或专有技术投资兴办民营科技企业的，其成果经省科技行政主管部门认定的科技评估机构评估后，技术成果作价金额占企业注册资本的比例可不受限制，由投资各方协商约定。

8．对创办民营科技型、农产品加工型企业，以及下岗失业人员创办非公司制企业，其出资额和出资方式、经营方式、组织形式、雇工人数等非关键条件尚有欠缺，但在1年内能够完善的，可先核发有效期为1年的临时营业执照。

下岗失业人员申请从事临时性、季节性、流动性经营的，可以核发个体工商户临时营业执照。

9．凡利用自有房屋作为经营场地开办个体工商户和私营企业，但因历史原因造成申请开业登记时无法提供合法房地产证明的，可凭村（居）民委员会等机构出具的能够证明申请人拥有该房屋使用权的证明文件进行登记。

10．私营集团有限公司的登记条件可放宽为：母公司注册资本在3000万元以上，有3个以上控股子公司，母子公司注册资本总和达到6000万元以上。

科技型私营企业集团有限公司的登记条件可进一步放宽为：母公司注册资本在1500万元以上，有3个以上控股子公司，母子公司注册资本总和达到3000万元以上。

11．注册资本在600万元以上和年出口额在300万美元以上的外向型民营企业，凭有效证明，可以申请冠省名。

省级民营科技企业、省级扶贫农业龙头企业或山区从事生产型、科技型经营的企业，注册资本达到300万元以上的，可以申请冠省名。

12．国有、集体企业整体改制为私营公司制企业的，允许沿用原企业名称，并加“有限公司”或“股份有限公司”。对于改制后另起名称，同时又要求注明原企业名称的，允许在使用新名称的同时，加注原企业名称。

二、改进监管，促进个体工商户和私营企业健康发展

13．建立以经济户口为核心的动态化、经常化的监管新机制，结合动态管理改革年检、验照办法，减少环节，简化手续。

14．依托经济户口信息化管理系统，建立企业信用收集、评价、警示、奖惩机制，对违法违规者，视情节予以警示或处罚。每年开展一次“守合同、重信用”公示、命名活动，对被评为优秀（先进）或“守合同、重信用”单位的民营企业，列入信用档案的“红名单”，在当年度年检时予以免审。

15．依法打击各种扰乱市场经济秩序的行为和各种不正当竞争行为。在查处无照经营中，贯彻“疏导与制止、教育与惩罚相结合”的原则，对符合个体工商户和私营企业条件的，要引导其依法登记注册，规范其经营行为，促使其合法经营。

在查处违规案件中，对个体工商户和私营企业违规情节轻微，且能按要求在限期内改正其违规行为，又未造成社会危害的，可不予行政处罚。

坚决查处侵犯企业名称权、商标权、经营权

等行为，积极协助企业解决名称、商标等纠纷。

16．省每年认定一批著名商标，并指导知名度高、产品技术含量高、质量好、市场覆盖面广的个体工商户和私营企业，通过认定驰名商标、著名商标，加强对其商标权益的保护。积极引导农业企业申请注册农副产品商标。

三、规范和减免收费，加强对个体私营企业的扶持

17．各级工商行政管理部门必须严格按照国家和省政府批准的收费项目和收费标准收费，不得超范围、超标准收费，禁止在年检、验照时“搭车”收费或代收费。

18．国有企业下岗职工、国有企业失业人员、国有企业关闭破产需要安置的人员、享受最低生活保障并且失业一年以上的城镇其他失业人员从事个体经营的，除建筑业（包括建筑、安装、修缮、装饰及其他工程作业）、娱乐业（包括歌厅、卡拉OK歌舞厅、夜总会、音乐茶座、台球、高尔夫球、保龄球、游艺等）和广告业、桑拿、按摩、网吧、氧吧等国家限制的行业外，凭《再就业优惠证》，从发照之日起3年内免收个体工商户注册登记费（包括开业登记、变更登记、补换营业执照及营业执照副本）、个体工商户管理费、集贸市场管理费、经济合同鉴证费和经济合同示范文本工本费。上述收费优惠政策按规定执行至2005年12月31日止。

19．贫困山区居民申请开办个体工商户试营业的，可先核发有效期为3个月的临时营业执照，试营业期间免收个体工商户管理费。对引导纳入工商登记管理的种养业个体工商户，免收相关登记费和个体工商户管理费。

20．私营企业承包、租赁、兼并、收购国有、集体中小企业的，执行国有、集体企业改革、改组、改造过程中的登记注册收费减免规定，即办理企业变更登记收费每件50元；企业“三改”后的注册资本总量不超过原有企业（含两个或两个以上企业，下同）注册资本之和的，不收注册登记费，只按上述标准收取变更登记费；企业“三改”后的注册资本总量超过原有企业注册资本的部分，按规定的注册登记费标准收费，但不另收变更登记费；办理商标变更登记按每件500元收费。

四、加强和改进对个体工商户和私营企业的服务

21．对个体工商户和私营企业注册依法需要前置审批的，逐步实行并联审批方式，联合有关部门同步审批，限时完成，提高出证、发照速度。对不涉及前置审批条件限制或人民生命财产安全的个体工商户开业，可委托工商所核发营业执照。

22．各级工商行政管理部门要严格按省工商行政管理局《关于加强和规范登记注册窗口建设的意见》（粤工商〔2002〕33号）规定，落实首办（问）责任制和窗口工作人员职责，按统一的程序、手续受理申请，按统一的法规、政策审核材料，使用规范用语接受咨询。采取设立专办窗口、绿色通道、定期走访、上门服务等方式，为企业办理登记注册提供优质服务。下岗失业人员凭《再就业优惠证》申办个体工商户和私营企业，符合条件的要优先受理，优先发照，兑现优惠政策。对获得进出口权的私营企业，要及时为其办理变更登记手续。

23．各级个体劳动者协会和私营企业协会要坚持“自我教育、自我管理、自我服务”的方针，积极反映个体工商户和私营企业的意见和建议，并协助其及时解决经营中的实际问题；积极开展政策、法规的宣传和教育活动；举办各种形式的经贸、技术成果转化等洽谈活动；开展对个体工商户、私营企业技术人员和工作人员的继续教育培训，落实各类专业技术职称的报考、评审、认定工作。

24．各级工商行政管理部门要完善企业联系点工作制度，加强与民营企业和民营企业家的联系。加强与有关部门的沟通和协调，衔接好前置审批与登记注册的关系，减少前置审批与登记、年检时效的矛盾，排除企业登记注册政策上可能出现的障碍。

25．加强个体工商户和私营企业的统计工作。搞好个体工商户和私营企业有关数据的统计、整理、分析、利用工作和企业信用的记录、管理工作。健全调查分析制度，总结经验，提供决策参考。

3-2-6 广东省关于放宽民营资本投资领域的实施办法

（2003年9月29日）

为贯彻落实《中共广东省委、广东省人民政府关于加快民营经济发展的决定》（粤发〔2003〕4号）精神，进一步放宽民营资本投资领域，促进民营经济发展，制定本实施办法。

一、放宽民营资本投资领域的基本原则与要求

放宽民营资本投资领域的基本原则：坚持创造公平、公正、公开的竞争环境，构建对所有企业一视同仁的投资政策与管理平台；坚持将领域开放与项目规划、实施相结合，促进民营资本投资真正进入已开放的领域。

基本要求：除少数关系国计民生的垄断行业外，一般竞争性领域和对外资开放的领域都对民营资本开放；凡是政府承诺对外商逐步开放的领域，都支持和引导民营资本进入；对需要国家批准同意后才可以进入的行业，要创造条件引导并促进民营资本有序进入。

二、进一步开放民营资本的投资领域

（一）《当前国家重点鼓励发展的产业、产品和技术目录（2000年修订）》（国家计委、国家经贸委令第7号）中除下列行业外，其余行业均对民营资本开放：远距离超高压输变电、城乡电网改造、有关核能的投资、放射性药品生产、放射性废物处理处置。

（二）允许类外商投资项目全部对民营资本开放。

（三）《外商投资产业指导目录》（国家计委、国家经贸委、外经贸部令第21号）的"鼓励外商投资产业目录"中，除核电站的建设、经营外，其余行业均对民营资本开放。

（四）《外商投资产业指导目录》（国家计委、国家经贸委、外经贸部令第21号）的"限制外商投资产业目录"中，除有关盐、烟草、成品油、原油批发的投资外，其余行业均对民营资本开放。

（五）《外商投资产业指导目录》（国家计委、国家经贸委、外经贸部令第21号）的"禁止外商投资产业目录"中，除下列行业外，其余行业均对民营资本开放：放射性矿产的勘查、开采、选矿；放射性矿产的冶炼、加工；武器弹药制造业；致癌、致畸、致突变产品和持久性有机污染物产品生产；电网的建设、经营；空中交通管制公司；邮政公司中平信等普通业务；博彩业（含赌博类跑马场）和色情业；新闻出版（其中图书的发行环节、音像制品、电子出版物、广播电视节目中非新闻类等的发行、制作环节允许民营资本投资）；危害军事设施安全和使用效能的项目；国家和我国缔结或者参加的国际条约规定禁止的其它产业。

（六）民营企业与境外投资者设立合资、合作企业按国家现行外商投资有关法律、法规的规定办理。对民营资本开放领域的有条件限制经营，按国家有关规定办理。

（七）省发展计划委员会根据国家政策和全省的发展情况，适时调整全省对民营资本开放的投资领域，并及时对外发布。

三、促进民营资本投资基础设施、公用事业和社会事业

（一）鼓励民营资本投资水电、城市防洪、综合利用水利枢纽工程、江海堤围建设、高速公路、港口、公交、停车场、供水、污水处理、垃圾处理等基础设施和公用事业，以及装备工业等制造业，引导民营资本投资非义务教育、非公共卫生、体育、文化、社区服务等社会事业。

（二）对已运营的经营性基础设施项目，可向全社会公开出售部分股权，积极探索通过参股、入股等方式吸引民营资本投资高速公路、电厂、港口、供水、污水处理、垃圾处理等可经营性的已运营项目。

（三）各级建设、环保、物价等部门要按照产业化要求，加快对城市供水、污水处理、垃圾处理项目管理体制和运行机制的改革，促进从事城市供水、污水处理、垃圾处理的事业单位按照《公司法》改制成独立的企业法人；要按照

“保本微利，逐步到位”的原则，尽快调整供水、污水处理、垃圾处理的收费标准，建立合理的价格体系；公交、燃气、停车场等其它经营性的公用事业项目也要按照产业化要求抓紧推进改革；通过公开招标的方式，在已建成设施的运营中引入竞争机制。

四、建立有利于民营资本投资的政策和管理环境

（一）各地各部门要根据公平、公正的原则，在年内对现行各种歧视和不利于民营资本投资发展的地方性政策法规，进行清理和修订，切实将本地、本行业内对民营投资者的优惠政策落实到位。

（二）建立和完善对民营资本开放领域的投资项目的市场化、社会化运作机制。物价部门要明确这部分领域的价格收费规定并对外公布；各行业主管部门要抓紧制定在本行业领域对民营资本开放或可经营性项目社会化后，对各种所有制企业一视同仁的规范的投资、建设和运营管理办法。

（三）对符合《广东省社会投资基本建设项目登记备案暂行办法》（粤府办〔2003〕3号）的民营资本投资项目，各级发展计划部门要按照规定时限办理登记备案手续。规划、国土、建设、房管、环保、工商、消防等部门要在今年内，建立与投资项目登记备案制相适应的工作制度，简化民营投资项目的审批手续。

（四）无论对民营资本开放还是限制的项目，凡按照《中华人民共和国招标投标法》必须进行公开招标的，符合条件的民营企业均具有平等的投标、竞标权利。

（五）各县级以上政府的有关行业主管部门要充分利用公众网信息平台及时面向全社会公布投资信息。凡制定的国民经济和社会发展规划、各行业发展规划及重大项目规划，如不涉及保密的内容，要在规划通过批准之日起，5个工作日内，通过政府公众网发布。各级发展计划部门要加强对民营资本投资的引导，从今年下半年开始，每半个月要通过公众网，对外发布新批准的投资项目信息。

3－2－7　广东省关于扶持民营农产品加工企业发展的实施办法

（2003年9月29日）

为贯彻落实《中共广东省委、广东省人民政府关于加快民营经济发展的决定》（粤发〔2003〕4号）精神，扶持民营农产品加工企业发展，制定本实施办法。

一、加强对民营农产品加工企业的财政支持

（一）在省财政安排专项资金扶持中小企业的基础上，加大财政现有涉农资金对民营农产品加工企业的扶持力度。

1. 从省财政原安排的涉农扶持资金中，每年安排1400万元，扶持重点民营农产品加工企业的设备更新、技术改造、厂房扩建、基地建设、质量认证及产品包装、保鲜、储藏和加工工艺等关键技术的研究开发等。

(1) 从省“三高”农业专项资金中，每年安排400万元，用于扶持在“三高”农业主产区兴办的重点民营农产品加工企业。

(2) 从扶持省农业龙头企业的贷款贴息资金中，每年安排1000万元，扶持省认定的民营农业龙头企业（含列入省培育对象的民营农业龙头企业）所兴办的农产品加工项目的贷款贴息，包括省民营农业龙头企业到山区和东西两翼兴办原料生产基地或加工企业，以及季节性强的大宗农产品收购（储存）资金的贷款贴息。

2. 从我省申报国家农业综合开发产业化多种经营项目的中央财政和省财政资金中，每年优先安排3600万元项目申报资金（其中有偿资金80%，无偿资金20%），主要扶持被列入国家农业综合开发项目县的重点民营农产品加工企业发展农业产业化项目（扶持内容与“1”同）。

（二）扶持对象和条件。

列入省扶持的重点民营农产品加工企业，应具备以下基本条件。国家和省政府确认的农业龙头企业（含列入培育对象）在同等条件下优先给予支持。

1. 企业资产规模和经营规模较大，对当地农业产业结构或产品结构调整起到骨干带动作用；

2. 企业的主营产品符合优势农产品发展方向，市场前景看好，发展潜力较大，预期效益好；

3. 企业经营状况和资产质量较好，诚实守信，守法经营；

4. 企业实行标准化生产，主要产品获得省级或部级质量认证（或国际认证）；

5. 企业有稳定的加工原料来源和固定的生产基地，并与生产基地的农户建立起利益连结机制，在促进农业产业化经营、带动当地农民奔康致富中起到重要作用。

省重点民营农产品加工企业的认定及管理办法，由省农业行政主管部门另行制定。

（三）扶持方式和管理办法。

借鉴农业工程项目管理办法，通过具体的建设项目支持民营农产品加工企业发展，扶持方式、程序和管理办法按国家和省原有的政策规定执行；原有专项资金的性质、用途、主管部门、下达渠道不变，由省农业厅和省财政厅按照现有的管理办法和程序实施管理。

1. 省“三高”农业专项资金的申报程序：由企业向县（市、区）、市农业局提出申请，县（市、区）、市农业局组织论证并会同同级财政局联合向省农业厅提出申请（县级推荐项目需经地级市农业、财政部门审核加具意见后报省农业厅）。省农业厅对各地申报的项目进行审查并提出安排方案，会同省财政厅审核并联合报省政府分管领导审批后，由省农业厅和财政厅联合下达项目计划和资金。

2. 省农业龙头企业的贷款贴息资金的申报程序：按《广东省农业龙头企业项目贷款贴息资金管理办法》（粤财农［2003］122号）执行。

3. 国家农业综合开发产业化多种经营项目资金的申报程序：按《国家农业综合开发项目和资金管理暂行办法》（财发字［1999］1号）执行。

二、扶持民营农产品加工企业发展的政策优惠

（一）对民营农产品加工和鲜活农产品运销企业，发放500个农产品运输绿色直通车证。持绿色直通车证的车辆在本省境内可享受国务院规定的“绿色通道”证车辆同等的优惠。包括对运输鲜活农产品的车辆，在通过路桥收费站时，享受优先通行的待遇。绿色直通车证申领及管理办法由省农业和交通行政主管部门制定后向社会公布。需要申领绿色直通车证的企业向所在地的地级以上市农业行政主管部门提出申请，经地级以上市农业行政主管部门审核后，由省农业和交通行政主管部门联合审批发放。

（二）对企业加工生产用盐价格实行让利优惠。以腌、卤加工为主的民营农产品加工企业和民营饲料生产企业，经县（市、区）农业行政主管部门确认其加工项目、生产规模和年用盐数量后，可向当地盐业行政主管部门申报生产用盐计划，由省盐业行政主管部门审核并列入计划，指定当地盐业公司在食盐（不含碘粗盐）批发价的基础上，按让利7%的转批发优待率，直接供应民营农产品加工企业和民营饲料生产企业。

（三）参照《国务院办公厅印发关于促进农产品加工业发展意见的通知》（国办发［2002］62号）精神，对民营农产品加工企业（包括民营种植业、养殖业企业）从事种养业或农、林产品初加工所得，从2004年1月1日起，连续5年免征企业所得税。5年后（即2009年1月1日起），民营农产品加工企业研究开发新产品、新技术、新工艺所发生的各项费用，在缴纳企业所得税前扣除。民营农产品加工企业引进技术和进口设备，符合国家有关税收政策规定的，免征关税和进口环节增值税。

（四）对以粮食加工为主的省重点民营农产品加工企业，符合技术和设备条件的，给予其与农民签订粮食生产加工合同，跨区收购、加工、批发、零售粮食的经营权。

（五）对以畜禽加工为主的省重点民营农产品加工企业，其新办畜牧场用地，视同农业生产用地。

3-2-8　广东省关于扶持外向型民营企业发展的实施办法

（2003年9月29日）

为贯彻落实《中共广东省委、广东省人民政府关于加快民营经济发展的决定》（粤发〔2003〕4号）精神，促进外向型民营企业发展，制定本实施办法。

一、做好相关政策的宣传和落实工作

1．省各有关管理部门要及时将现有的国家和省鼓励外经贸发展的政策，通过包括网站在内的各种形式向社会公布，并简化操作手续，切实抓好政策落实工作。各级外经贸主管部门要会同有关部门共同为民营企业举办进出口综合业务培训班。

2．国家扶持外经贸发展的政策主要包括：中小企业国际市场开拓资金、出口信用保险扶持发展资金、境外加工贸易项目贷款贴息、对外承包工程项目贷款贴息、技术更新改造项目贷款贴息、出口产品研发资金、反倾销应诉资金等。

省扶持外经贸发展的政策主要包括：科技兴贸专项资金、出口退税账户托管贷款贴息资金、出口信用保险专项资金、外向型民营企业发展资金、出口企业国际市场开拓资金、反倾销应诉资金等。

凡符合条件的民营企业，均可就以上政策申请扶持。

二、鼓励民营企业开展进出口业务和对外合作

3．民营企业申请自营进出口经营资格实行登记制。凡具备出口产品生产能力的民营生产企业均可申报进出口经营资格。对符合条件的民营企业，外经贸、工商、海关、检验检疫、外汇、税务等有关部门，分别在1个工作日内办妥有关进出口经营资格的登记手续。民营企业申请外贸流通经营资格，有关部门须在3个工作日内为其审核并报国家商务部核准登记。

4．从2003年起连续5年，省财政每年安排2500万元外向型民营企业发展资金，资助民营企业参加各类国际展览会，采用国际标准，申报国外知识产权，建立国外营销网络和研发机构，开展进出口业务培训等。具体实施细则由省财政厅和省外经贸厅制定。

5．民营企业申请参加“广交会”、深圳“高交会”等境内大型国际商品交易会，在摊位安排上享受与国有、集体企业同等待遇。尚未达到申请摊位规定条件的民营企业，如其产品被评为中国名牌产品和省名牌产品的，给予优惠待遇。

6．民营企业申请进出口配额商品享有与其他所有制企业同等待遇。原国有、集体外经贸企业经批准改制为民营进出口企业，其改制前的经营业绩可转移到新企业名下。对一贯守法 经营、出口业绩良好、有品牌的民营企业，给予出口配额的扶持。

7．鼓励民营企业与外商设立合资、合作经营企业，在境内外上市融资。民营企业向外商出让部分股权的，可按规定转为合资、合作企业，外资股权占25%以上的，享受外资企业优惠政策。

8．简化民营企业境外投资核准手续。民营企业在已建交的非热点国家和地区（港、澳、台除外）设立生产企业、贸易公司（机构），由省外经贸厅按规定办理核准手续。深圳市外经贸局负责按规定办理本地企业的核准手续。

三、改进对外向型民营企业的服务与管理

9．对符合条件的高新技术和大型民营出口企业，海关部门给予提前报关、联网报关、快捷通关、上门验放、加急通关、担保验放等便捷通关服务。民营企业开展加工贸易业务，在合同备案、深加工结转、合同核销等环节享受与其他所有制企业同等待遇，符合条件的，实施“电子底帐+联网核查”的监管办法。

10．帮助民营企业及时解决在进出口环节中涉及检验检疫方面的问题，对符合条件的民营企业出口产品给予“绿色通道”、免检等待遇；积极为民营企业名特优出口产品办理原产地标记保护，推广产品质量认证和质量保证体系认证，指导民营企业适应国际通行规则和应对突发事件。

11．取得进出口经营资格的民营企业可申请开立经常项目外汇账户，并保留一定限额的外汇，在进出口核销管理中享受与其他中资企业同等待遇。对民营企业开通出口收汇核销单发放无障碍通道，实行按需发放出口收汇核销单，及时出具出口收汇核销相关证明。除特别规定外，民营企业的每笔进出口收付汇不必事先均到外汇局办理，只需在其开户银行办理。符合条件但无自有外汇的民营企业可购汇向境外投资。

12．金融机构要加强对外向型民营企业的支持，在有效控制风险的前提下，适当提高外向型民营企业较为集中、风险管理较为规范地区的分支机构的授信审批权限；改善经济欠发达地区中担保完善的外向型民营企业的授信和出口退税账户托管贷款业务；有选择地扩大授信转授权的品种范围，灵活运用承兑、贴现、打包、押汇、授信开征等多种融资形式，帮助企业加速资金回笼和周转。

四、简化民营企业人员出国（境）手续

13．民营企业人员因商务申请因私护照的，凭身份证、户口簿向户口所在地公安出入境管理部门申请（暂未实行按需申领护照的市，申请人仍须提交工作单位或公安派出所出具的意见），公安出入境管理部门在15个工作日内办结。户口是外省、在我省民营企业工作并办 有半年以上暂住证的人员，因商务申请因私护照的，凭所在企业意见和身份证、暂住证向企业所在地公安出入境管理部门申请，公安出入境管理部门在征求申请人户口所在地公安出入境管理部门同意后，给予批准发证。

14．民营企业人员申请3个月以下赴港澳商务签注，实行按需办理，凭营业执照、身份证、户口簿（外地户口的提供暂住证）和单位意见向企业所在地公安出入境管理部门申请。申请1年以上赴港澳商务签注，实行按条件审批和报备办证制度。经济发达地区企业年纳税额达到5万元以上的、经济欠发达地区企业年纳税额达到1万元以上的民营企业，向出入境管理部门报告备案获批准后可办理1年或3年有效的赴港澳商务签注。

15．民营企业因商务邀请境外人员办理入出境、居留手续。外国人可凭民营企业邀请函办理“F”签证（访问签证）。所邀请的外国人为高层次人才的，可凭相关证明文件，按照实际需要，向公安出入境管理部门申请办理有效期为1年以上、最长不超过5年、每次停留不超过6个月的多次有效“F”签证。台湾居民可凭民营企业邀请函申请办理1年有效多次入出境签证。

3-2-9 广东省关于鼓励民营企业吸纳下岗失业人员再就业的实施办法

（2003年9月29日）

为贯彻落实《中共广东省委、广东省人民政府关于加快民营经济发展的决定》（粤发〔2003〕4号）精神，鼓励民营企业吸纳下岗失业人员再就业，制定本实施办法。

一、凡在本省各级工商行政管理部门登记注册的民营企业和个体工商户，吸纳下岗失业人员再就业并符合本办法规定条件的，可享受本办法规定的扶持政策。

本办法所称下岗失业人员，是指符合省劳动和社会保障厅等部门《转发劳动和社会保障部等十一个部门关于贯彻中共中央、国务院关于进一步做好下岗失业人员再就业工作的通知的意见的通知》（粤劳社〔2003〕41号）规定条件的下岗失业人员。

二、现有或新办的服务型民营企业和商贸类民营企业（国家规定限制的行业除外），招用下岗失业人员并与其签订3年以上期限劳动合同的，3年内按招用下岗失业人员占职工总数的比例享受相应的减免税收优惠，减免税比例和申请程序分别按财政部、国家税务总局《关于下岗失业人员再就业有关税收政策问题的通知》（财税〔2002〕208号）和省国税局、省地税局、省劳动和社会保障厅《转发国家税务总局、劳动和社会保障部关于促进下岗失业人员再就业税收政策具体实施意见的通知》（粤国税发〔2003〕67号）的规定执行。

三、各类民营企业（包括商贸、餐饮、服务业、制造业，国家限制的行业除外）和个体工商户（国家限制的行业除外）新增岗位新招用国有企业下岗失业人员，与其签订1年以上期限劳动合同并为其缴纳养老保险和失业保险费的，经劳动和社会保障部门核实，由各级财政设立的再就业专项资金提供相应期限的社会保险补贴。社会保险补贴实行先缴后补的办法。补贴标准按单位应为所招用的国有企业下岗失业人员缴纳的养老保险和失业保险费之和计算，个人应缴的养老保险和失业保险仍由本人承担。社会保险补贴的申领和核拨程序按省财政厅、省劳动和社会保障厅《转发财政部、劳动和社会保障部关于促进下岗失业人员再就业资金管理有关问题的通知》（粤财社〔2003〕13号）的规定执行。

四、鼓励下岗失业人员自主创业。下岗失业人员从事个体经营的，按省政府办公厅转发《国务院办公厅关于下岗失业人员从事个体经营有关收费优惠政策的通知》（粤府〔2002〕92号）和财政部、国家税务总局《关于下岗失业人员再就业有关税收政策问题的通知》（财税〔2002〕208号）规定享受税费扶持政策，免收购领发票IC卡费、发票购领手续费等收费。下岗失业人员合伙或组织起来申办民营企业的，经工商部门认定，开业1年内免收地方规定的所有管理类、登记类和证照类的行政事业性收费。

五、省财政从2003年起，一定3年，每年增加安排再就业资金5000万元，专项用于补助民营企业和个体工商户招用下岗失业人员的各项补贴，具体申请核拨办法由省劳动和社会保障厅会同省财政厅另行制定。各市、县（市、区）也要根据财力和实际需要，在按国家和省规定设立的再就业专项资金规模不变的基础上，增加安排资金专项用于民营企业招用下岗失业人员的社会保险补贴、岗位补贴、职业介绍、创业和技能培训补贴及小额贷款担保，并纳入年度财政预算。

六、全面开展下岗失业人员创业和岗位技能培训工作。各级劳动和社会保障部门要结合实际，制订培训计划，落实培训机构，开发创业培训项目，对有创业愿望和具备创业条件的下岗失业人员提供免费创业培训。从2003年起，省重点扶持办好若干个创业培训示范点，开发教材，培训师资，每年培养10000名创业带头人，所需资金从省增加安排用于民营企业吸纳下岗失业人员的再就业专项资金中解决。创业培训的组织实施工作由省劳动和社会保障厅负责。

民营企业和个体工商户可组织招用的下岗失业人员到劳动和社会保障部门指定的定点培训机构参加岗位技能培训，并按规定减免培训费用。民营企业具备条件开展职业技能培训的，劳动和社会保障部门要支持其自行开展职业技能培训。

七、各级劳动和社会保障部门的公益性职业介绍机构要为各类民营企业和个体工商户招聘下岗失业人员提供免费职业介绍，并提供劳动保障事务代理服务。

八、本办法自公布之日起执行。有关社会保险补贴和减免税费的政策暂定执行到2005年12月31日。

3-2-10　广东省关于加快民营科技企业发展的实施意见

（2003年9月29日）

为贯彻落实《中共广东省委、广东省人民政府关于加快民营经济发展的决定》（粤发〔2003〕4号）精神，现就加快民营科技企业发展有关问题，提出如下实施意见。

一、加快民营科技企业发展的指导思想和总体目标

以“三个代表”重要思想和党的十六大精神为指导，坚持技术创新与制度创新相结合、市场导向与政府引导相结合、公平竞争与规范经营相结合、营造环境与科学管理相结合，进一步优化环境，加强服务，全面提高民营科技企业的整体素质和国际竞争力，使之成为我省科技创新、出口创汇、资本扩张的重要生力军。到2005年，民营科技企业的高新技术产品产值占全省高新技术产品产值的50%以上，超百亿元规模的民营科技企业（集团）5~7家，超亿元的350家以上，全省民营科技企业发展的主要经济指标继续在全国保持前列。

二、鼓励各类机构和人员创办民营科技企业

鼓励有条件的科研机构、高等学校校办企业和国有企业，通过股份制改造，转制为民营科技企业。高等学校、科研院所的科技人员可离岗创办或进入民营科技企业工作，经批准，可保留公职两年。重新进入国有单位的，工龄可以连续计算。高等学校在校研究生、本科生创办民营科技企业的，可保留学籍3年。在境外取得永久居留权的留学人员，在省级民营科技企业或高新技术产业开发区、民营科技园区工作期间取得的合法收入依法纳税后，可以全部购买外汇，按规定携带出境或者汇出境外。以高新技术成果和专有技术投资兴办民营科技企业，其成果经省科技行政主管部门认定的科技评估机构评估后，作价出资额占企业注册资本的比例可不受限制，由投资各方协商约定。

省科技行政主管部门认定的省级民营科技企业，经省工商行政管理部门核准，企业名称可以冠省名。

三、规划建设好民营科技园

支持已有一定基础的工业园区通过整合提高，发展成为民营科技园。省重点支持建立在市一级的省级民营科技园，由省科技行政主管部门会同有关部门制定政策措施予以扶持。山区和东西两翼14个市要用好省财政3000万元专项资金，加快民营科技园和民营企业园区的发展。

四、鼓励民营科技企业增加科技开发投入

民营科技企业用于开发新产品、新技术、新工艺所发生的技术开发费用，按实际发生额计入成本。技术开发费年增幅在10%以上的，可再按实际发生额的50%抵扣应税所得额。技术转让以及在技术转让过程中与技术转让相关的技术咨询、服务、培训所得，年净收入在30万元以下的，免征所得税。中试设备折旧年限，按审批权限报经税务部门批准，可适当缩短。对为生产列入《国家高新技术产品目录》的产品进口所需自用设备的技术和配套件、备件，按国家规定免征关税和进口环节增值税。

五、支持民营科技企业开展产学研联合

鼓励民营科技企业与高等学校、科研院所建立稳定的科技合作关系，自办或合办技术开发机构，进行产学研联合科技攻关。省支持在年产值超亿元的省级民营科技企业中建立100家省级工程技术研究开发中心。鼓励有条件的民营科技企业参加省重大科技计划项目竞标。省要再选择一批主要由民营科技企业承担、能够做大做强的科技产业化项目，纳入科技计划予以重点支持。

民营科技企业向非关联的非营利性科研机构的新产品、新技术、新工艺所发生的研究开发费用的资助支出，经主管税务机关审核，可以全额在当年应纳税所得额中扣除。

六、支持民营企业提高技术创新能力

以专业镇、民营科技园为依托，实施技术创新项目，推广先进标准和先进适用技术，建立健全开发式信息服务体系。充分利用各类社会资源，有选择地在IC设计、生物技术、现代制造业、软件产业、生物医药研究等战略性领域或重点行业建立行业技术创新中心，构建为民营科技企业和中小型企业服务的技术创新平台。

省财政从2003年起5年内，在原来基础上每年再增加安排的5000万元科技三项经费，主要用于扶持民营企业关键共性技术的研发和中试，省级民营科技园的规划、论证，科技服务体系、信息网络平台和技术创新平台建设，专业镇技术创新平台建设，省民营科技企业工程技术研究开发中心建设和民营企业知识产权保护等。各级政府有条件的应安排相应资金，支持民营科技企业发展。

七、完善民营科技企业服务体系

鼓励高等学校、科研机构、民营科技企业、外资机构及其他社会力量创建综合或专业孵化器，经省科技行政主管部门认定，各类孵化器享受高新技术企业的优惠政策。各类工程技术中心、生产力促进中心、技术转移中心和技术中介等机构，要把培育和服务民营科技企业作为重要职能。

八、推动风险投资资金支持民营科技企业

引导风险投资资金投向民营科技企业，特别是高新技术企业。创业投资机构投资处于初级阶段，属于核心技术开发，具有产业化背景的项目或企业，可优先列入政府的科技计划项目给予支持。

九、加快建立民营科技企业贷款担保体系

各级政府要积极推进和组织建立中小企业信用担保体系，鼓励具备条件的民营企业成立担保机构，开展担保业务。担保机构按国家和省有关规定享受有关优惠和扶持政策。担保机构对负连带责任的高新技术产业项目发生的担保损失，经主管税务机关审核，允许在税前扣除。

十、引导民营科技企业加强知识产权工作

省、市知识产权部门对民营科技企业单位或个人申请国内发明专利联合给予资助。省科技行政主管部门要会同有关部门抓好一批省民营科技园、民营科技企业建立知识产权工作制度示范试点，支持实施知识产权战略。

十一、推动民营科技企业实施技术标准战略

省、市质量技术监督部门协助各地民营科技企业建立以企业生产管理标准为基础、以产品质量标准为核心、以检验检测标准为保证的企业标准体系。鼓励民营科技企业主动参与国家标准、行业标准的制定，积极采用国际标准和国外先进标准，提高民营科技企业的产品竞争力。

十二、鼓励民营科技企业制度创新

支持有条件的民营科技企业在明晰产权的基础上，按照《公司法》进行公司制改造。省科技行政主管部门要会同有关部门抓好一批民营科技企业建立现代企业制度的试点。

十三、加强对民营科技企业发展的引导和服务

政府有关部门要按照《广东省民营科技企业管理条例》的要求，加强对民营科技企业的指导、协调和服务。

3-2-11 广东省关于设立省民营企业投诉中心的实施办法

(2003年9月29日)

为贯彻落实《中共广东省委、广东省人民政府关于加快民营经济发展的决定》(粤发〔2003〕4号)精神，维护民营企业的合法权益，优化政务环境，加快民营经济发展，现就设立省民营企业投诉中心有关问题，提出如下实施办法。

一、省民营企业投诉中心是受省委、省政府授权，负责受理民营企业投诉的工作机构，由省工商业联合会负责具体运作。

二、主要工作职责。

(一) 接受民营企业对政府职能部门或其他相关管理部门工作的投诉，会同有关部门直接组织或协调组织调查民营企业的投诉，提出处理意见或建议，并将处理结果反馈给投诉企业。

(二) 定期或不定期向各有关部门或单位通报受理投诉情况，并视情况向社会公布。

(三) 定期组织民营企业对政府职能部门的管理和服务工作进行民主评议，将评议结果上报省委、省政府，经批准向社会公布。

(四) 定期分析民营企业投诉中涉及的政策性和普遍性的问题，提出改进的建议和意见，并向省委、省政府报告。对重大紧急的投诉问题，直接向省委、省政府报告。

(五) 对不属于投诉中心受理范围的投诉，提供咨询服务和协助。

(六) 指导各级民营企业投诉中心的业务工作。

(七) 承办省委、省政府交办的其他工作。

三、省民营企业投诉中心受理投诉一律不收费，所需经费列入省财政经费全额预算拨款。

四、各有关部门和单位要积极支持和配合民营企业投诉中心的工作，逐步建立民营企业投诉工作协调机制。

五、民营企业投诉受理办法、组织民营企业民主评议政府职能部门工作的实施办法，由省民营企业投诉中心负责制定，报省委办公厅、省政府办公厅审核后向外公布。

3－2－12　广东省关于为民营企业人员因公渠道办理出国手续的试行办法

（2003年9月23日）

为贯彻落实《中共广东省委、广东省人民政府关于加快民营经济发展的决定》（粤发〔2003〕4号）精神，为我省民营企业人员出国创造更加宽松的政策环境，加快我省民营经济发展，参照因公出国管理的有关规定，制定本试行办法。

一、民营企业人员出国从事与本企业有关的经贸活动，可循因公渠道办理出国手续。

二、民营企业人员出国进行经贸活动，可按以下办法办理因公出国手续：

（一）企业可通过企业注册地的县（市、区）级外事部门或中小企业管理部门报地级以上市外事部门办理因公出国审批手续。

（二）工商联或私营企业协会会员单位可通过所在工商联或协会报地级以上市外事部门 办理因公出国审批手续。

（三）对下列几类企业采取属地管理的原则，直接向企业注册地的地级以上市外事部门 申报出国手续，并可根据业务需要为本企业若干名骨干科技人员申办前往同一目的国一次审批一年内多次出国有效的任务批件。

1．经省中小企业局核定，被省政府认定为广东省百强民营企业的科技人员。

2．经省或广州、深圳市科技行政主管部门认定的高新技术企业、高新技术风险投资公司、列入承担国家和省级高新技术产业计划项目的企业及国家级和省级的工程技术研究开发中心的科技人员。

3．经省政府批准的省择优扶持重点发展的工业大企业或企业集团、省重点发展的农业龙头企业和省流通龙头企业的科技人员。

4．经省科技厅认定的省级民营科技企业中具有中、高级职称的科技人员。

三、从外单位聘用的人员，在本企业工作满半年以上并有正式聘用手续的，企业可选派 其出国执行任务。

四、企业招聘的外地人员，因工作需要被企业选派因公出国执行任务，必须是在该企业受聘工作一年以上的技术、业务骨干人员，企业需提供能证明其身份的有关材料。

五、企业人员申办因公出国手续时，需提交无犯罪纪录证明和企业法定代表人出具的担保函；企业法定代表人申办因公出国手续时，需提交无犯罪纪录、无偷税漏税、无拖欠工资等证明材料。

六、各地级以上市外事部门要为本地区上规模、效益好、有信誉的民营企业“走出去”创造良好的政策环境，特别是对民营科技企业、外向型民营企业、吸纳下岗人员就业的民营企业和从事农产品加工的民营企业应予重点扶持。除按规定标准收取护照工本费外，有关部门一律不准收取其他费用。

七、各审核审批部门应认真履行职责，严格把关，对不符合规定或弄虚作假的团组或人 员，应不予批准并及时报告有关部门查处。具有出国任务审批权单位的负责人和工作人员，因滥用职权、玩忽职守、把关不严、弄虚作假造成严重后果的，对直接责任人将交由纪检监察机关查处。对徇私舞弊、贪污受贿涉嫌犯罪的，要依法追究其刑事责任。

企业应严格遵守外事纪律规定，并根据本企业业务的实际需要，挑选可靠人员出国执行任务。企业法定代表人应承担因发生违法违规事件导致的相应法律责任。

八、本试行办法由省外办制定实施细则，报省政府批准后实施。

九、本试行办法自公布之日起生效。

本办法由省外办负责解释。执行过程中如遇有问题，请及时向省外办反映。

本试行办法中外合资企业、中外合作企业中的中方人员可参照执行。

3－2－13　广东省关于支持民营经济发展若干用地政策的实施办法

（2003年9月29日）

为贯彻落实《中共广东省委、广东省人民政府关于加快民营经济发展的决定》（粤发〔2003〕4号）精神，加强对民营经济发展用地政策支持，制定本实施办法。

一、各级人民政府和土地行政主管部门在今年内彻底清理现行各种歧视和不利于民营经济发展的用地规章和政策，并予以公布。

二、进一步创造公平、公正、公开的土地市场环境，构筑对所有企业一视同仁的用地政策和管理平台。各级土地行政主管部门应在今年底前完善土地使用权公开招标拍卖挂牌交易的各项工作制度、运作程序和监督检查机制；完善建设用地审批和土地市场交易信息定期公布制度；完善土地登记资料公开查询和土地法律法规政策咨询服务制度。

三、有条件的地方经报有批准权人民政府批准设立民营工业园区或原有园区扩建的（包括民营科技园，下同），所需用地必须统一纳入同级土地利用总体规划和城镇体系规划、城市（镇）总体规划。因设立或扩建工业园区确需调整现有土地利用总体规划的，由市、县（市、区）人民政府土地行政主管部门按“先进圈，后调整，总量不增加”的原则编制调整方案，报原规划审批机关批准。因工业园区具体项目建设需局部调整现有土地利用总体规划的，所需用地允许按土地利用总体规划的审批权限，由同级土地行政主管部门先办理用地预审，在办理农用地转用审批时一并报批土地利用规划局部调整方案。

四、民营工业园区新增建设用地所需农用地转用和占用耕地指标统一纳入年度土地利用计划统筹安排，对符合集约用地原则且符合四类重点扶持发展的企业或其他鼓励发展的产业的工业园区新增用地，所需用地计划指标，可由省土地行政主管部门统筹解决。

五、可根据城镇规划和集约经营的要求，对现有建设用地进行位置和权属调换。建设用地进行位置调换，涉及使用农用地，如可对原有建设用地进行复垦，可以保持建设用地总量不增加、农用地总量和耕地总量不减少的，可简化审批手续，由市、县（市、区）土地行政主管部门制定相关的调整土地方案、土地复垦方案和调地补偿安置方案等，按农用地转用和征用土地的权限，报有审批权的政府土地行政主管部门审核确认后实施。

六、简化新增建设用地审批手续，新增建设用地的报批可由土地行政主管部门直接向上级部门行文请示，已由县（市、区）级人民政府组织会审的，上级人民政府可不再召开用地会议重复会审。省级土地行政主管部门办理审查报批时间缩短为20个工作日。

七、工业园区新增建设用地需缴纳的新增建设用地土地有偿使用费，属于中央财政分成的30%和省级财政分成的20%，在规定期限内缴清后，即可办理用地批复手续，其余部分经批准可在一年内分期缴清。

八、经依法批准以乡镇村企业名义取得的集体土地建设用地，可由该企业申请土地登记，依法确认该企业的集体土地使用权。以农村集体经济组织名义依法取得的集体建设用地，农村集体经济组织已用于兴办企业或者与其他单位、个人以土地使用权入股、联营等形式共同举办企业的，由该集体经济组织提出申请，经报市、县（市、区）人民政府批准，可按变更登记的规定，将集体土地使用权变更登记到企业名下。农村集体经济组织或经农村集体经济组织同意，依照规定转移集体土地建设用地使用权的，也可按变更登记的规定，将土地使用权变更到新企业名下。

九、经市、县（市、区）人民政府批准，土地使用权出让金分期缴纳的用地单位，可按已缴出让金的份额申请办理土地使用权登记发证手续。

十、因企业兼并、合并，原使用的划拨土地可以申请继续保留划拨性质。

十一、经报市、县（市、区）人民政府批

准，划拨土地使用权可以设定抵押，在办理抵押登记前，应明确处置土地使用权时应补交的土地出让金数额。

十二、经报市、县（市、区）人民政府批准，集体建设用地使用权可以依法设定抵押，但集体建设用地使用权人与农村集体土地所有权人不一致的，应经农村集体土地所有权人同意，该集体建设用地使用权才能依法设定抵押。

十三、经报市、县（市、区）人民政府批准，集体经济组织可以自愿申请将集体建设用地转为国有建设用地，该建设用地补办土地使用权出让手续需缴纳的土地使用权出让金可以减半征收。

3-2-14　广东省民营经济统计试行办法

（2003年9月29日）

为贯彻落实《中共广东省委、广东省人民政府关于加快民营经济发展的决定》（粤发〔2003〕4号）精神，准确掌握民营经济发展及运行变化情况，制定本试行办法。

一、统计目的

搜集民营经济主要指标数据，加强对民营经济发展及运行变化情况的监测，为各级党委、政府和部门提供决策依据。

二、统计范围

民营经济的统计范围，依据工商行政管理部门制发的《企业登记注册类型与代码》的规定，暂定为股份合作制、其他联营企业、其他有限责任公司、私营企业和个体经济。

三、统计内容

对民营经济总量进行核算；对工业、运输邮电业、批发零售贸易及餐饮业和建筑业等民营企业单位，以及进出口贸易、固定资产投资和劳动情况进行统计。统计的主要指标，包括民营经济增加值、企业（单位）数、总产值（营业收入或零售额）、税金、利润总额、从业人员、进出口贸易、固定资产投资额等。

四、统计方法

为计算上的方便，民营经济各总量指标可用相应的全社会总量扣除内资企业中国有及国有控股、集体经济和港、澳、台商投资企业、外商投资企业总量取得。具体统计方法如下：

民营经济增加值。利用相关专业的总量指标结合年报及投入产出取得的各行业增加值率进行核算；没有相关专业统计的，主要采取工商、税务、财政等部门行政记录和财务资料通过综合测算取得。

工业。规模以上数据由超级汇总取得；规模以下数据以市、县（市、区）为总体采取抽样调查方法推算取得。

运输邮电业。营业收入和实物量统计指标，根据基普名录库中运输、邮电民营企业营业收入占全社会的比重，乘以税务部门的税收收入和统计部门专业月报相关指标取得。企业数和从业人员数直接采用工商、税务季度统计报表数据。

批发零售贸易及餐饮业。限额以上数据从现行报表中汇总取得；限额以下数据以名录库、月报、抽样调查、工商、税务等部门资料推算取得。

固定资产投资及房地产开发。从现有的统计资料中搜集整理取得。

劳动从业人员数和劳动报酬。根据有关部门资料计算取得。

私营企业、个体经营资料从工商部门取得。

税务登记单位及税收收入资料从税务部门取得。

五、上报频率、时间和方式

本方案从2003年第三季度起，实行年、季报。以地级市为单位向省上报资料，年报为年后5月10日前，季报为季后20日前。

上报方式：以电子邮件的形式上报给省统计局对口专业处。

六、几点要求

（一）各级统计部门要高度重视，加强领导，做好组织和协调工作，并在相关专业中安排专门人员负责此项工作。

（二）工商、税务、财政、农业、建设等有关部门要大力支持和密切配合民营经济统计工作，及时提供统计部门所需的统计资料。

（三）严格按照民营经济的统计范围进行搜集整理，加强对统计资料的审核和评估，保证民营经济统计的数据质量。

3-3　广州市有关民营经济的政策法规

3-3-1　中共广州市委、广州市人民政府关于促进个体、私营经济上新水平的若干意见

（2002年8月12日）

个体、私营经济是社会主义市场经济的重要组成部分。促进个体、私营经济上新水平，对于加快我市率先基本实现现代化、建设现代化中心城市有着十分重要的战略意义。各级党委和政府、各部门要以“三个代表”重要思想为指导，以“三个有利于”为标准，与时俱进，进一步解放思想，更新观念，坚持一视同仁，平等对待，合力营造政治上认同、社会上尊重、政策上支持、法律上保护的良好发展环境，促进个体、私营经济从分散小规模经营向规模集约化经营转变，从内向发展向国际化经营转变，从劳动密集型向劳动密集型与技术密集型结合转变，从家族管理向现代化企业管理转变，从不规范经营向规范经营转变。为此，特提出如下意见：

一、积极支持和引导个体、私营企业做强做大

1．把扶持发展私营企业集团纳入全市企业集团发展规划。选择一批主业突出、拥有知名品牌和自主知识产权、技术创新能力强、市场开拓能力强、经营管理能力强、规模经济效益好、能参与国际竞争的私营企业集团，列为市的重点企业集团培育对象。对具备条件的私营企业集团，一视同仁地推荐申报国家级和省级企业技术中心，批准后及时帮助落实国家、省、市有关扶持政策。重点企业集团的重点技术创新项目，纳入市财政的挖潜改造资金、科技三项费用支持范围；其管理信息化建设项目，市经委、市计委和市科技局也要给予支持。各区、县级市也要规划培育和发展一批大型私营企业集团或大公司，采取有力措施，做强做大。

2．鼓励有条件的私营企业推进股份制改造，多种形式实施低成本、高效益扩张，逐步培育和组建一批具有较强竞争力的跨行业、跨地区、跨所有制、跨国的大型股份制企业集团。以现有进入或已完成上市辅导期的私营企业为重点，加大力度，支持帮助私营企业发展为上市公司。支持私营企业通过买壳、参股等形式重组上市公司。鼓励和引导私营企业通过产权转让、合资、合作、承包、租赁、托管、股份制和股份合作制等多种形式，参与国有企业的改制、改组和改造，并享有与国有企业相关的转制优惠政策。原国有企业改制前已办理的各项专项手续和生产经营许可证不因所有制变更而取消。

3．大力支持私营企业推进科技创新，发展高新技术产业。对符合高新技术企业认定条件的私营企业，市科技行政等有关部门要一视同仁地做好认定工作，并落实好各项优惠政策。对民营科技企业技术创新项目，按照“不分所有制、不分地域、不分隶属关系”的原则，通过公平竞争，纳入市级科技计划项目支持范畴。将那些已经形成一定基础和优势的民营高新技术企业组织开发具有自主知识产权、市场前景较好的科技成果产业化项目，纳入市技术改造贷款贴息资金、挖潜改造资金等专项资金支持范围。

4．鼓励和引导个体、私营企业以名牌产品为龙头，通过品牌合作、贴牌生产、配套生产等多种形式，扩大生产经营规模。充分利用广交会、广州博览会、中国留学人员广州科技交流会、广州工业信息网、广州名优产品展销平台、广州工业名优产品展销中心、行业产品推介会、

广州信息网、新闻媒体等多种渠道，全方位推介广州个体、私营企业的名牌产品，增强辐射力，促进企业的发展。

5．实施优势产业带动战略。充分发挥我市汽车、石油化工、信息技术、商贸流通等支柱产业的辐射带动作用，以资金、技术、管理、市场营销和信息等形式，带动、引导、集聚一大批个体和私营中小企业，发展专业化协作，加盟连锁经营，形成产业链和关联企业群体，并大力推进个体、私营企业开展产品质量体系认证、环保认证、安全认证等基础工作，促进一批个体、私营中小企业做强做大。

6．结合我市中高级批发市场的建设，充分发挥专业市场的辐射带动和综合服务功能，引导个体、私营企业相对集中生产同类产品和系列产品，形成具有地方特色的块状经济和区域产业链，实现个体、私营企业从分散小规模经营向规模集约化经营的转变。

二、创新服务环境

7．各区、县级市要结合实施政务公开制度，根据本地区实际，创造条件建立各种形式的政务服务中心，实现“集中、精简、高效、优质”服务，精简审批环节，缩短审批时限，提高办事效率，并建立行政审批监督机制。

8．实行网上并联审批制度。市和各区、县级市要建立电子并联审批网络平台，推行“工商受理，网上发布，并联审批，限时完成”的联审方案，加快审批速度。同时，结合行政审批制度改革，进一步清理、减少前置审批项目。

9．实行网上年审。全面实行个体、私营企业经营证（照）的网上并联年审制度，并严格按照国家和省的法律、法规有关规定，执行个体、私营企业年审项目和收费标准，坚决清理和废止各项违法违规的年审和收费项目。

10．切实加强中介组织建设，按行业加快组建个体、私营企业行业协会和商会，制定和完善行业经营准则，规范会员机构的服务行为，强化行业自律。各行业协会和商会要积极拓展服务功能，建立多主体、多层次的社会化服务体系，着重在科技创新、资金融通、投资创业、对外经贸、市场开拓、企业管理、法律服务等方面，切实帮助个体、私营企业做强做大，提高综合竞争能力。

11．强化保护个体、私营经济的监察职能。政府各职能部门都要公开办事制度，提高办事透明度，向社会公布各项服务的程序、时限、条件及承诺，并建立投诉、监督机制和实行错案究责制。市、区（县级市）各级政府监察机构要加强效能监察职能，设立投诉热线和投诉信箱，对各级行政主管部门的勤政、廉政及遵守服务承诺制度的情况进行监督，检查落实；监督行政执法部门依法行政，严肃查处行政不作为行为和其他违法行为；按照监察机关组织举报工作的有关程序，协调解决个体、私营企业的投诉，对侵犯个体、私营企业合法权益的行为，及时加以制止、纠止。情节严重的，要依照党纪、政纪以及《行政监察法》追究行政和法律责任。

三、进一步扩大个体、私营企业投资领域

12．在投资准入制度上，对个体、私营企业一视同仁。除国家有特殊规定的以外，凡法律、法规和政策未明确限制的投资领域，对个体、私营经济全面开放。认真清理相关的行政法规和规章，坚决废止不符合国家和省、市鼓励发展个体、私营经济的法规和政策。消除审批限制，对个体、私营企业出资建设国家非限制类、非政府投资为主的项目，实行登记备案制。

13．鼓励和引导个体、私营企业发展国家和省、市鼓励发展的产业和技术项目，重点引导个体、私营企业投资发展填补我市空白、在国际和国内处于领先位置的高新技术项目，并享受相关的优惠政策。

14．积极引导个体、私营企业兴建和经营城市基础设施及公用事业。通过合资、合作、参股、项目法人招标、TOT（转让—经营—转让）、BOT（建设—经营—转让）等方式，鼓励和引导个体、私营经济主体投资经营城市轨道交通、公共交通、公路、桥梁、隧道、港口、站场、停车场、生态修复、污水处理、垃圾处理、排污管道、电力、绿化、园林、道路、能源、水利、公共信息网络、公共文化设施等基础设施和公共事业。对自来水、煤气等公用事业，可逐步采取“厂网分开”的方式，在保证符合国家质量标准的前提下，通过公开招标，吸引个体、私营经济主体参与自来水和煤气的生产经营。

15．在符合土地利用总体规划、城市建设总体规划和物流业发展规划的前提下，鼓励和引导个体、私营企业发展物流业，兴建物流服务基地和物流中心、配送中心，并与其他投资主体一视同仁，享受同等政策。

16．依据全市旅游业发展规划，鼓励和引导个体、私营企业以独资或股份合作形式投资经营旅游业，促进旅游业的发展。

17．按照“投资者享受经济效益，国家享受社会效益”的原则，积极引导个体、私营企业发展环保产业，并享受国家相关优惠政策。

18．依据国家金融政策，积极引导个体、私营企业向地方商业银行、证券机构、保险公司、投资基金和租赁企业投资参股。

19．大力支持个体、私营企业以独资或股份合作形式，投入教育、体育、文化、卫生、会展设施、中介服务、社区服务等各项社会事业，并享受国家有关优惠政策。

四、积极支持个体、私营企业发展外向型经济

20．积极支持个体、私营企业扩大对外贸易。市外经贸局等有关部门要积极宣传和落实国家进出口经营资格管理政策，在信贷、退税、外汇管理等方面对个体、私营企业开拓国际市场提供优质高效服务；及时协调海关、工商、税务、商检、外汇管理、技术和质量监督、电子口岸等部门，帮助符合条件的个体、私营企业尽快解决外贸经营权问题。

21．凡具备条件的外向型个体、私营企业，其自产货物的出口平等享受国家、省、市有关政策。进一步建立健全对个体、私营企业发展进出口贸易所必需的融资、信用保险、用汇等多元化金融服务和出国、出境审批管理办法，为个体、私营企业参与国际市场竞争提供全方位的服务。

22．创造条件积极帮助个体、私营企业招商引资。各级政府及有关部门开展的各项招商引资活动，都要吸收个体、私营企业参加，促进个体、私营企业与国际知名企业开展投资合作、品牌合作、科技合作。积极支持具备条件的个体、私营企业在境外、国外设立分支机构，投资设厂，建立研发中心，购并国外公司，在当地融资上市，发展跨国经营。

23．简化出入境管理手续，取消商务、学习考察等境外邀请函，方便个体、私营企业出境从事商务活动。对申办三个月赴港、澳商务签证的，取消纳税限制，实行按需审批。对个体、私营企业纳税大户，实行资格认定报备制度，根据当年纳税额办理一年或三年多次签证，方便个体、私营企业拓展外经贸业务。

五、拓宽个体、私营企业的融资渠道

24．鼓励和支持金融部门进一步开发适合个体、私营企业的多元化金融产品和金融服务，与个体、私营企业建立长期的银企合作关系。支持金融机构扩大抵押贷款、质押贷款以及保证贷款，缓解个体、私营企业的融资困难。

25．积极发展中小企业信用担保机构。鼓励个体、私营企业建立互助资金和联保制度，通过企业入股、社会筹集和政府支持建立互助资金，发展以市场机制运作的信用担保公司，为个体、私营企业贷款提供规范有效的信用担保。鼓励个体、私营企业依法开展多种形式的互助性融资担保。

26．积极发展个体、私营企业风险投资业务，鼓励个体、私营企业独资或以股份形式组建和经营风险投资公司，不断完善风险创业的金融支持体系。

六、支持解决个体、私营企业发展用地

27．各区、县级市要根据本地区个体、私营经济发展的需要，统筹规划兴建不同类型的经济发展园区，解决个体、私营企业用地难的问题。鼓励个体、私营企业进入各级、各类经济发展园区兴办企业，涉及用地可到规划部门和国土管理部门分别办理建设规划许可证和用地批准文件等有关手续。

28．在未办理规划用地手续的农村集体用地上已经建成的比较集中、有一定规模的企业园区，只要符合土地利用总体规划和城市总体规划、分区规划的，规划部门在编制和审批村庄规划时，可将其优先确定为村经济发展用地，并补办相关用地手续，使这些园区的企业能够获得合法的土地产权。

七、依法清理“三乱”，切实减轻企业负担

29．由市物价局牵头，在全市范围内组织开展一次涉及个体、私营企业收费项目和标准的大清查，严格按照《中共中央、国务院关于治理向企业乱收费、乱罚款和各种摊派等问题的决定》（中发［1997］14号）精神进行整治，重点清理和取消各种不合理的年审、年检、行政检查等收费。属于政府行政管理执法职能范围内的费用，原则上由行政经费负担，不准向企业收费。确需收费的，必须按规定程序报批，并严格实行“收支两条线”。其他任何部门不得擅自制订各种执法、检测、检验、检查、培训收费项目和收费标准，不得将行政职能范围内的公务转移给中介机构搞变相乱收费。

30．完善《缴费项目手册》制度，依法保护个体、私营企业的合法权益，坚决制止乱收费、乱罚款、乱摊派。明确除国家、省、市规定的收费外，个体、私营企业对“三乱”有权抵制和投诉。

31．杜绝各种巧立名目的乱拉赞助、乱摊派行为。所有向个体、私营企业的社会募捐和征募赞助项目，都要经过市民政局会同市工商业联合会、个体劳动者协会和市私营企业协会核准。

八、加快个体、私营企业信用制度建设

32．在市工商局设立个体、私营企业信用平台，与市政府信息中心平台及税务、金融、司法、劳动和社会保障等其他行政管理部门的信息平台并网，组成信用资源共享的全市个体、私营企业信用信息网络。建立个体、私营企业信用档案，提供信用征信服务。加强信用法规建设，引导个体、私营企业守信经营。

33．对“重合同、守信用”的个体、私营企业和市、区（县级市）先进个体、私营企业以及纳税大户，在纳税、年审、年检中给予相应的快捷、优待服务。

九、强化工商业联合会、个体劳动者协会、私营企业协会的维权和服务职能

34．市、区（县级市）工商业联合会、个体劳动者协会、私营企业协会要积极向个体、私营企业宣传国家的法律法规，传达党和政府的有关政策文件，沟通个体、私营企业与政府的联系，及时反映个体、私营经济发展中存在的问题，提出意见和建议，并对政府有关职能部门的工作进行监督。同时，根据个体、私营企业的需要，提供信息咨询、人才招聘、法律咨询、法律支援、政策宣传等服务；受理个体、私营企业的投诉，协助政府监察部门依法处理。

十、切实加强对个体、私营经济工作的领导

35．各级政府及职能部门要从过去单一国有经济的管理者向全社会各种经济成份的管理与服务者转变，切实把发展个体、私营经济纳入工作日程。制定地方性经济社会发展规划、重大政策措施，召开经济社会发展工作会议，应邀请个体、私营企业代表参加，认真听取他们的意见和建议。

36．市、区（县级市）建立个体、私营经济工作联席会议制度，由市、区（县级市）有关领导及相关职能部门负责人参加，主要任务是研究提出个体、私营经济发展规划和政策措施，协调解决个体、私营经济发展中的重要问题。

37．加强对贯彻落实市委、市政府制定的加快个体、私营经济发展各项政策的检查督促，并纳入全市党风建设检查范围，一起部署进行。对落实政策不力，服务差，个体、私营企业反映问题突出的单位，要追究单位主要领导的责任。

38．市委、市政府将在适当时候召开总结表彰大会，对发展快、纳税多、贡献大的先进个体、私营企业进行表彰奖励。各级党委宣传部门和新闻单位要配合做好宣传报道工作，创造、形成有利于促进个体、私营经济上新水平的良好社会环境。

39．通过多种途径加强对个体、私营企业主进行思想道德和法律教育，做好思想政治工作，引导他们爱国、敬业、诚信、守法，大力提倡和实践诚实守信的商业道德，做到重合同、守信用，文明经商，守法经营，公平竞争，依法照章纳税，规范经营行为。

40．坚持“围绕中心、服务企业、促进发展”的方针，加强个体、私营企业的党建工作。认真落实市委有关加强私营企业党建工作的规定，抓紧在具备条件的个体、私营企业中建立党组织，扩大党建工作的覆盖面。进一步理顺个体、私营企业党建工作管理体制，实行“条块结合、以块为主”，由社区党组织负责，工商行政部门配合抓。依法在个体、私营企业中建立健全工会组织，发挥教育员工、参与民主管理、维护员工合法权益的积极作用。

3－3－2 广州市专利管理条例

2001年6月6日广州市第十一届人民代表大会常务委员会
第二十五次会议通过，2001年7月27日广东省第九届人民
代表大会常务委员会第二十七次会议批准

第一条 为了规范专利管理工作，保护专利权人和公众的合法权益，根据《中华人民共和国专利法》和《广东省专利保护条例》，结合本市实际，制定本条例。

第二条 在本市行政区域内从事专利管理及其相关活动，适用本条例。

第三条 市人民政府应当加强专利管理，普及专利知识，扶持专利申请和专利实施。

第四条 市人民政府管理专利工作的部门负责本市行政区域内的专利管理工作，并组织本条例的实施。

科技、经贸、工商、税务、公安、海关、文化、质量技术监督、广播电视、新闻出版等有关部门，依照各自职责协同实施本条例。

第五条 在本市行政区域内进行研究开发的单位或者个人应当建立研究开发项目档案，将研究开发全过程详细记录在案。

发生专利权属争议时，负责处理的管理专利工作的部门可以要求当事人提供研究开发项目档案。

第六条 单位对个人非职务发明创造专利申请有异议的，可以请求管理专利工作的部门处理，请求处理的时效为二年，自单位得知或者应当得知之日起计算。个人申请专利时，已将发明创造名称、专利申请文件、专利申请日、专利申请号向单位登记备案的，视为单位已得知。

第七条 个人对单位职务发明创造专利申请有异议的，可以向市管理专利工作的部门投诉。市管理专利工作的部门应当立案调查处理，并对投诉人身份予以保密。

第八条 跨单位学习进修的人员在学习进修期间完成的职务发明创造，申请专利的权利可以由派出单位和接受单位在学习进修合同中约定；未约定的，属于接受单位。

第九条 与原单位解除劳动关系的人员，应当在离开单位前将已完成或者尚在进行的职务发明创造的有关技术资料、实验材料、仪器设备、产品及试验记录等全部归还单位。不得将有关资料泄露或者出卖给其他单位、个人，不得将原单位的职务发明创造申请专利。

3－3－3 广州市私营企业和个体工商户从业人员基本养老保险实施办法

广州市人民政府令第4号

第一条 为了保障私营企业、个体工商户从业人员基本生活权益，促进劳动者的合理流动，根据《中华人民共和国劳动法》和《广州市社会保险条例》等有关规定，结合本市的实际，制定本办法。

第二条 本办法所指的从业人员，是在本市行政区域内经工商行政管理部门登记注册的私营企业，个体工商户（下称用人单位）的业主和雇工。

第三条 市社会保险管理部门负责本办法的组织实施；各级社会保险基金经办机构负责养老保险基金的征集、发放和管理工作。

第四条 从业人员的男性未满60周岁、女性未满50周岁，必须按本办法参加社会养老保险，按规定缴纳养老保险费，并享受基本养老保险待遇。已享受法定养老保险待遇的人员，不适

用本办法。

第五条　基本养老保险实行社会统筹和个人账户相结合的办法。

第六条　业主以不低于上年度市职工月平均工资为基数缴纳养老保险费；雇工以月实际工资收入为基数缴纳养老保险费，最低缴费基数不低于上年度市职工月平均工资的40%。

缴费基数超过上年度市职工月平均工资300%的，超过部分不作为缴费基数。

第七条　业主的养老保险费按其缴费基数的19%缴纳，其中8%划入养老保险社会统筹基金，11%记入个人账户。

雇工的养老保险费按其缴费基数的19%缴纳，其中由用人单位负担11%，雇工本人负担8%，雇工个人账户记入比例为其缴费基数的11%，包括本人缴费的全部和从单位缴费中按本人缴费基数的3%。

第八条　用人单位和从业人员缴纳的养老保险费按税务部门规定的渠道列支。缴费基数每年7月进行核定调整。

第九条　个人账户储存额应每年按省社会保险有关规定计息。中断缴纳养老保险费的，中断缴费期间不计算缴费年限，其个人账户予以保留并不间断计息，重新缴费后，其个人账户储存额及缴费年限可累计计算。

第十条　从业人员由于各种原因中断缴纳养老保险费的，中断缴费期间不计算缴费年限，其个人账户予以保留并不间断计息，重新缴费后，其个人账户储存额及缴费年限可累计计算。

第十一条　用人单位应按下列规定为从业人员办理参加基本养老保险手续：

（一）在市及其以上工商行政管理部门登记注册的用人单位到市社会保险基金经办机构办理。

（二）在区、县级市工商行政管理部门登记注册的用人单位到登记注册所在区、县级市社会保险基金经办机构办理。

第十二条　用人单位在领取营业执照或批准开办之日起30日内，雇工在被招用之日起30日内，应按规定办理参加基本养老保险手续。

用人单位分立、合并、停业、歇业、破产以及与雇工解除或终止劳动关系时，须在当月内持有关证明到社会保险基金经办机构办理手续。

第十三条　工商行政管理部门每半年向社会保险基金经办机构提供新开办单位情况，并敦促其参加基本养老保险。

第十四条　社会保险基金经办机构应为参加基本养老保险的从业人员设立一个社会保险号，建立养老保险个人账户，记录养老保险个人账户储存额，并作为计发基本养老金的依据。

第十五条　社会保险基金经办机构应向从业人员定期提供个人账户对账单，以供其核对缴纳养老保险费的时间、缴费基数、缴费金额、个人账户储存额等情况。雇工有权督促用人单位按规定缴纳养老保险费。

第十六条　从业人员的男性满60周岁、女性满50周岁，且缴费年限满15年的，可按规定逐月领取基本养老金。

缴费年限累计不满15年的，经本人申请，可延长缴费年限，但延长时间不超过5年。并在本办法实施之日起2年内，可以申请按其从业时间补缴养老保险费，但补缴时间最长不超过5年。

缴费年限是指用人单位和从业人员共同缴纳基本养老保险费的累计年限，凡按国家有关规定核定的连续工龄均可视作缴费年限。

第十七条　基本养老金的组成及计算办法：

（一）本办法实施后缴纳基本养老保险费的从业人员，其基本养老金由基础养老金和个人账户养老金两部分组成，基础养老金月标准为符合领取养老金当时的本市上年度市职工月平均工资的20%，从社会统筹基金中支付；个人账户养老金月标准为本人个人账户累计储存额的1/120，个人账户不足以支付时，从社会统筹基金中支付。

（二）本办法实施前已有缴费年限（含视同缴费年限）并在实施后符合按月领取养老金条件的从业人员，除发给基础养老金和个人账户养老金外，加发过渡性养老金，过渡性养老金按现行的计算办法执行。

第十八条　基本养老金应根据上年度市职工平均工资增长率的一定比例在每年7月进行调整。

第十九条　从业人员的男性满60周岁、女性满50周岁，但缴费年限累计不满15年的，不享受基础养老金待遇，其个人账户储存额一次支付给本人，同时终止养老保险关系。

从业人员的男性未满60周岁、女性未满50周岁出境定居的，可一次领取其个人账户中个人缴费部分，同时终止养老保险关系。

第二十条 按月领取养老金的从业人员死亡后，从社会统筹基金中支付国家、省、市规定的丧葬补助费、一次性优抚金、原供养直系亲属的一次性救济费；其个人账户中的个人缴费部分余额，可由其继承人一次性领取。

未达到领取养老金年龄的从业人员死亡后，其个人账户中个人缴费部分，可由其继承人一次性领取。

第二十一条 从业人员流动到其他统筹地区、社会保险基金经办机构应于从业人员提出申请之日起30日内为其办理基本养老保险关系和个人账户储存额的转移手续；不能转移的，由社会保险基金经办机构保留，待从业人员达到本办第十六条所规定的年龄时，再按规定支付。

第二十二条 从业人员达到本办法第十六条所规定的年龄时，应及时向其保险关系所在的社会保险基金经办机构提出领取养老金的书面申请，到指定的社会保险基金经办机构办理有关手续，领取养老金。

第二十三条 享受养老保险待遇的人员须定期向社会保险基金经办机构办理复核手续，对不按时办理复核手续的人员，社会保险基金经办机构可暂停支付养老金。

第二十四条 社会保险管理部门有权对用人单位的从业人数、工资总额、缴费情况及经营情况进行稽查。

社会保险基金接受审计、财政和社会的监督。

第二十五条 用人单位应按规定期限向社会保险基金经办机构缴纳养老保险费，业主每年的养老保险费应于营业执照工商年检前缴清。各级工商行政管理部门应协助收缴，逾期缴纳的，每逾期一日，加缴应缴金额5‰的滞纳金，逾期30日仍不缴纳的，社会保险管理部门除责令其立即补缴外，并可处以应缴社会保险金额的一至三倍罚款。仍不履行的，由社会保险管理部门通知单位开户银行从其银行账号中强制扣缴或向人民法院申请强制执行。

第二十六条 退休职工及其供养直系亲属在享受各项养老保险待遇条件变更或者失去享受条件时，本人及其亲属应立即向社会保险基金经办机构报告。对虚假、匿报、冒领养老保险待遇的，社会保险管理部门追还虚报、匿报、冒领的金额，拒不履行的，由社会保险管理部门向人民法院申请强制执行。

第二十七条 本市其他个体劳动者参加社会养老保险，可参照本办法执行。

第二十八条 本办法自1998年7月1日起施行。

3-3-4 广州市人民政府批转市知识产权局等部门关于加强广州经济技术开发区、广州高新技术产业开发区、广州出口加工区知识产权工作意见的通知

（穗府［2001］45号）

各区、县级市人民政府，市府直属各单位：

现将市知识产权局、工商局、新闻出版和广播电视局、科技局，广州经济技术开发区、广州高新技术产业开发区管委会《关于加强广州经济技术开发区、广州高新技术产业开发区、广州出口加工区知识产权工作的意见》批转给你们，请认真贯彻执行。执行中遇到的问题，请及时向市知识产权局反映。

二〇〇一年十月十八日

附件：

广州市知识产权局、工商局、新闻出版和广播电视局、科技局、广州经济技术开发区管委会、广州高新技术开发区管委会关于加强广州经济技术开发区、广州高新技术产业开发区、广州出口加工区知识产权工作的意见

（穗知字［2001］8号）

市人民政府：

为贯彻中共中央、国务院《关于加强技术创新，发展高科技，实现产业化的决定》，落实穗府［2000］34号文，切实加强我市高新技术产业的知识产权管理和保护工作，充分发挥知识产权制度对发展高新技术产业的激励和保障作用，推动我市高新技术产业的发展，现就加强广州经济技术开发区、广州高新技术产业开发区、广州出口加工区的知识产权工作提出如下意见：

一、区建立和完善知识产权管理制度，建立和健全科技创新与产业化体制，培育和激励创新人才，增强区综合创新能力。

二、区设立专门的知识产权管理机构，由一位管委会领导分管知识产权工作，配备专职人员，统筹管理全区的知识产权工作。要创新管理方式，可试行建立区知识产权联席办公会议制度，区知识产权管理机构作为区知识产权联席办公会议办事机构，负责日常工作。

其他各行政机关、企事业单位应依照各自的职责配合区知识产权管理机构开展知识产权的管理和保护工作。

三、提高区机关、科技、经济、贸易部门以及各类企事业单位人员知识产权意识，善于保护自主知识产权，避免侵犯他人的专利权、商标权、版权及商业秘密，使用正版软件。区应制定培训教育计划，定期对上述部门的人员进行培训。

四、区内各企业应把知识产权工作贯穿技术创新的全过程。在研究开发及技改立项前，应进行专利及相关文献检索，并对项目进行中的知识产权状态监控，防止知识产权侵权和重复研究开发。在产品研究、开发、生产、经营期间，视需要及时申请专利或商标注册、或版权登记，对不宜公开的则采取保密措施，作为技术秘密与商业秘密予以保护。

五、区内企业应将引进技术与创新相结合，尽快形成一批拥有自主知识产权、主业突出、核心能力强的大公司和企业集团，提高产业集中度和产品开发能力，带动全市高新技术产业化的发展。

六、将知识产权申请量、拥有量、专利开发率和专利收益指标作为衡量企业技术创新能力的重要指标，同时作为科技人员、经营管理人员绩效考核、职称评定、职级晋升的重要依据。

七、区财政每年拿出足额资金用于设立知识产权资助专项资金，对有市场前景的技术或产品的自主知识产权的申请、维持、登记等费用有困难的区内企业或非职务发明人，尤其是高新技术领域的发明申请和国外的申请费用予以资助。

区内留学人员持有的高新技术可及时采取申请专利等知识产权保护措施，区及有关部门对申请发明专利者给予资助，并在形成产业过程中给予资金与政策方面支持。

八、区内企业要设立知识产权管理机构，配备专职管理人员或兼职人员，负责本单位的知识产权管理工作和开展知识产权战略研究，将知识产权策略作为企业赢取市场的核心策略。企业主要负责人应主管统筹企业知识产权工作。

有条件的企业应设立知识产权保护专项费用，用于知识产权管理、培训、专利申请、审查、维权、商标注册、续展、软件登记、知识产权评估、诉讼、竞业限制补偿等项开支。

九、区内组建合资企业时，为防止无形资产流失，应对我方企业的知识产权如专利、商标、

版权（计算机软件）、商业秘密等作价入股。外方以技术、设备、产品作投资的，企业应就此涉及的知识产权和相关技术领域进行检索、论证。

对外贸和进出口企业，在国家有关政策许可范围内运用出口配额、出口信用保险等手段扶持出口商品商标。

企业引进或出口技术、产品之前，应对输出国或输入国有关该项技术、产品的知识产权法律状况和技术状况进行检索、核查，并将结果报主管部门，采用相应的知识产权对策措施。

十、企业与外方签订知识产权或将可能涉及知识产权问题的涉外合同，应对知识产权事宜或可能涉及的知识产权事宜作明确约定。企业在签订有关知识产权合同时，应明确知识产权保护条款，合同交区知识产权管理机构审查后，由企业法人代表签署。

区内各企业聘用人员时，应对应聘者在学习、工作中作出的发明创造的专利申请权、专利权归属或商业秘密等作出明确约定，未签订合同或者合同约定不明确的，其权利的归属按照国家有关规定处理。

十一、鼓励在区内设立专利代理等知识产权服务机构。

建立知识产权行业协会，动员企业参加，并由区知识产权管理部门给予指导，以利于区内知识产权保护工作的开展。

十二、区知识产权管理机构要加强知识产权业务建设，在市知识产权管理机构行政执法、查处各种知识产权冒充行为、处理知识产权侵权纠纷案件、维护社会主义市场经济秩序、保护知识产权权利人的合法权益方面，应积极主动配合。

十三、对区内企业所作国内外知识产权检索、合同登记、广告出证等，市有关部门应予以优先或优惠服务。

十四、对自主发明技术产业化及知识产权保护工作成绩优异的企业由区给予奖励。

各单位对专利发明人、实施专利作出贡献的人员、培育商标取得显著效益的经营者，由企业及区分别给予报酬和奖励。

十五、区管委会根据本《意见》制订区知识产权管理和保护具体办法。

十六、本《意见》如与国家、省对知识产权管理工作有关规定有冲突的，则从其规定执行。

以上意见如无不妥，请批转给各有关单位贯彻执行。

二○○一年九月六日

3-3-5 广州市人民政府办公厅关于调整私营企业和个体工商户从业人员基本养老保险缴费比例问题的通知

（穗府办［2002］25号）

各区、县级市人民政府，市府直属各单位：

根据《广东省社会养老保险条例》、《广东省社会保险费征缴办法》（粤府［2001］1号），以及市政府《关于广州市建立统一的企业职工基本养老保险制度实施意见的通知》（穗府［1999］25号）的精神，经市人民政府同意，现就调整我市私营企业、个体工商户从业人员基本养老保险缴费比例有关问题通知如下：

一、私营企业、个体工商户的业主和雇工以本人申报个人所得税工资、薪金税项作为缴费基数。业主或雇工本人申报个人所得税工资、薪金税项的金额超过本市上年度职工月平均工资300%部分，不计征养老保险费。业主本人申报个人所得税工资、薪金税项的金额低于本市上年度职工月平均工资的，按本市上年度职工月平均工资计征。雇工在2002年7月至2003年6月缴费年度期间，本人申报个人所得税工资、薪金税项的金额低于本市上年度职工月平均工资50%的，按本市上年度职工月平均工资50%计征。

二、私营企业、个体工商户业主基本养老保险的缴费比例由19%调整至20%，业主为雇工缴纳基本养老保险的比例由11%调整至12%；雇工个人缴费比例不变。

三、参照执行私营企业、个体工商户从业人

员基本养老保险缴费办法的人员均按本通知执行。

四、番禺区、花都区、增城市、从化市的私营企业、个体工商户从业人员根据本地区上年度职工月平均工资，按上述办法计征。

五、本通知自2002年7月1日起执行。

3－3－6　广州市人民政府关于广州市加快文化事业发展若干政策的意见

（穗府［2003］12号）

为了贯彻落实党的十六大精神，深化文化体制改革，推动文化创新，调动各级政府和社会各方面积极性，切实保障和支持文化公益事业，大力发展文化产业，在全市掀起社会主义文化建设新高潮，根据国家和省有关文件精神，结合我市实际情况，提出如下政策意见。

一、建立多元有效的文化公益事业投入机制

（一）继续加大各级财政对文化公益事业的投入。根据广东省八届人大常委会第三次会议关于发展文化事业的决议要求，市、区、县级市财政安排的文化事业经费，应不低于当地财政总支出的1%，并保证不断增加图书馆、群众艺术馆、文化馆、文化站等文化公益事业的经费投入。

（二）实行政府投入和社会资金投入相结合，共同做好文物和历史文化名城的保护工作。切实保障博物馆（院）、革命历史纪念馆、重点文物保护单位的经费，根据财政状况不断增加投入。历史文化名城重点保护项目由市文化部门逐年编制项目资金计划，市财政根据当年财力情况作出安排。历史文化保护区、历史街区、历史建筑、古村落等的保护资金由区、县级市人民政府安排，并动员社会力量投入。

（三）建立政府文化采购制度，提高文化投入资金的使用效益。市和各区、县级市在编制部门预算中分别建立文化和文物专项资金，按照部门预算核定数，由文化行政部门以公开招投标或委托等方式采购文化艺术产品、文化项目、文化文物科研成果等等。鼓励文化单位参与竞投，并作为项目承担单位加强项目成本管理，推动文化单位提高成本控制力和投入资金的效益。

加强文化投入资金的有效监管。各级财政、文化部门对专项经费的投入实行追踪问效，对使用效益采取科学的评估、监测、跟踪检查等监管措施，促使有限的资金发挥更大的效益，为公众提供优质的文化产品和服务。

（四）鼓励社会对文化事业的捐赠。按照国发［2000］41号文件规定，社会力量通过国家批准成立的非营利性的公益组织或国家机关对下列宣传文化事业的捐赠，纳入公益性捐赠范围，经税务机关审核后，纳税人缴纳企业所得税时，在年度应纳税所得额10%以内的部分，可在计算应纳税所得额时予以扣除。纳税人缴纳个人所得税时，捐赠额未超过纳税人申报的应纳税所得30%的部分，可从其应纳税所得额中扣除。

1．对国家重点交响乐团、芭蕾舞团、歌剧团和民族艺术表演团体的捐赠。

2．对公益性的图书馆、博物馆、科技馆、美术馆、革命历史纪念馆的捐赠。

3．对重点文物保护单位的捐赠。

4．对文化行政管理部门所属的非经营性的文化馆或群众艺术馆接受的社会公益性活动、项目和文化设施等方面的捐赠。

（五）鼓励机关、团体、学校、企事业单位兴办的剧场、电影院、博物馆、文化中心等文化设施向社会开放，其税收按现行文化事业和文化企业的税收政策执行。

二、大力发展文化产业

（一）进一步放开个体、私营企业、民营企业、外资等非国有经济成分进入文化产业的领域，按照国家有关规定，通过以独资、合资、股份合作、联营等方式，引导非国有经济成分投资经营文化娱乐业、文化旅游业、音像制品业、实用美术业、文化中介业、文化会展业、文化信息业、艺术品业、艺术教育业、电影业等领域。对非国有经济投资的文化产业项目和建设的文化场馆，在市场准入、土地征用、税收、信贷、上市融资等方面，按国家有关规定实行与国有文化企业同等的政策待遇。

（二）以需求为导向，以资本为纽带，打破地区、部门、行业、所有制界限，加快文化产业结构的调整和文化资源的整合。依托有竞争力的企业（包括文化与非文化企业），通过兼并、联合、重组等方式，逐步形成拥有文化品牌、多元投资主体的大型文化企业。鼓励优势企业兼并困难企业，对长期亏损、资不抵债、扭亏无望的文化企业依法实施破产。

（三）对国有自收自支营利性文化事业单位进行规范的公司制改革，建立产权明晰、权责明确，政企分开、管理科学的现代企业制度。对国有文化企业集团实行国有资产授权经营，以国有独资、控股、参股等形式，实现国有资产增值。鼓励文化企业集团跨地区发展、跨行业经营，并在经营场所、项目登记、劳动用工等方面提供便利。

（四）积极引导中小型文化企业采取改组、联合、兼并、租赁、承包经营、托管、出售等多种形式进行产权制度和经营机制改革，促进一批中小型文化企业向专业化、集约化经营发展。

（五）积极为国有自收自支营利性文化事业单位改制创造有利的条件。国有自收自支营利性文化事业单位改制为企业，在国有资产、土地使用权的处置、人员的安置及经济补偿等方面，参照现行国有企业改革的有关政策规定执行。改制前离退休的人员和本次改制时提前退休人员的有关费用问题，可从改制企业的净资产或资产兑现中解决。国有自收自支营利性文化事业单位改为企业后，实行企业用工、分配和人事管理制度，并按照有关规定参加企业职工养老、医疗、失业等各种社会保险。

（六）鼓励和扶持文化中介机构的发展。为促进政府职能的转变，加快文化产业的发展，大力发展文化策划咨询、演艺、展览、影视制作等方面的中介机构，引导他们按照文化艺术的规律和社会主义市场经济的规律，积极拓展文化营销服务，向集团化、网络化、品牌化方向发展。

（七）充分发挥政府对文化产业的引导和带动作用。在加快发展服务业的引导资金中安排一定的资金，用于国家鼓励发展的文化产业建设项目的贴息或补助。

（八）采用高薪聘用、续建档案、兼职等多种方式引进高层次优秀文化人才，并在住房补贴、户籍、生活待遇、家属随迁及单位补充养老保险等方面给予特殊政策。

（九）根据按劳分配和按生产要素分配相结合的原则，允许从业人员以文化品牌、创作和科研成果等生产要素参与文化企事业单位的收益分配；鼓励有特殊才能的文化专业人才和文化管理人才占有文化企业的股份。

三、加快文化基础设施建设

（一）改革文化基础设施建设的投资体制，建立多元化的投融资机制。按照谁投资谁得益的原则，通过合作经营、市区联动、中外合资、贴息贷款等方式，多渠道筹集文化设施建设的资金。鼓励和引导个体、私营企业、民营企业、外资企业，通过合资、合作、参股、项目法人招投标等方式，投资经营文化设施。

（二）新建符合当地经济发展水平的非营利性公共文化设施所需用地，市、区、县级市人民政府应优先划拨。

（三）多种方式、量力而为改造旧的电影院、影剧场。根据广州市文化基础设施系统专项规划的要求，由市文化部门会同市规划、国土房管部门对房屋危破、布点不合理、设施落后、经营规模小的电影院、影剧场（包括经租房、代管房）分类进行布局调整；对布局不合理、经营规模小的电影院、影剧场进行置换；充分发挥区、县级市政府和社会力量的积极性，支持和参与投资改造电影院、影剧场，集中资源建设新的电影城和剧场。

（四）由市文化部门会同市规划部门编制广州市文化基础设施系统专项规划，并纳入广州市城乡建设总体规划和分区规划，以群众艺术馆、文化馆、图书馆、文化站、文化广场作为重点，按人口比例规划配套兴建社区文化中心。各级规划、文化部门要认真推动规划的实施，加强对小区配套文化设施建设、管理和利用的指导。

（五）市政建设、小区开发征用的文化设施，按照广州市文化基础设施系统专项规划的要求，落实“拆一还一”政策，进行原地或易地重建，或给予弃产、弃租补偿。复建的文化设施面积必须不少于原有文化设施的面积。

二○○三年二月二十八日

3-3-7 广州市人民政府关于进一步放宽市场准入条件加快经济发展的若干规定

（穗府［2003］44号）

为深入贯彻党中央、国务院、省委、省政府和市委、市政府关于促进国民经济发展有关决定精神，改善我市投资环境，促进国民经济发展，根据省政府《关于加快民营经济发展的决定》以及现行有关法律法规规定，并结合我市的实际，特作如下规定：

一、放宽对注册资本的限制

投资者开办注册资本在50万元以下（含50万元）的有限责任公司，注册登记时资金一次缴付有困难的，允许其分期注入，首期注入资金可放宽到法定注册资本最低额的15%，但最低不得少于3万元；一年内实缴注册资本须追加至50%以上，三年内全部到位。注册资本全部到位前，公司须按注册资本承担民事责任。

二、放宽对出资形式的限制

投资者开办科技型企业，可以工业产权、非专利技术作价出资，其作价出资的金额最高不超过其注册资本（金）总额的60%（另有约定的除外）；其中，属高新技术成果（经市以上科技行政管理部门认定）作价出资的，其出资占注册资本或股权的比例不受限制。出资者应提供相关权属证明。投资者在作价入股协议中约定出资形式，并在企业章程中予以确认，经评估机构评估和会计师事务所验资后，工商行政管理部门办理注册登记。

以国有资产出资的，按照国家有关国有资产管理的规定办理。

三、放宽对专项审批的限制

企业设立登记时，除法律、行政法规规定应当实行前置审批的项目外，其他前置审批项目均改为后置审批。

对涉及前置审批项目的，工商行政管理部门可先核发用于筹建的有效期一年的营业执照，以方便企业办理银行开户、法人代码证、税务登记等有关事宜。同时，通过企业注册登记网上并联审批平台，会同相关部门同步审批。在相关部门办结有关批文或许可证后，即通知企业到工商行政管理部门换发正式营业执照。

对后置审批事项，工商行政管理部门根据申请人的书面承诺直接核发营业执照，同时，通过企业注册登记网上并联审批平台，会同相关部门办结有关批文或许可证。

对相关部门驳回专项审批申请的，工商行政管理部门通知申办人办理经营范围变更手续，并通过企业年检予以审核把关。

四、放宽对集团有限公司和连锁经营的限制

凡母子公司注册资本总和达到6000万元以上，母公司注册资本在3000万元以上，有3个以上控股子公司，都可申请注册登记为集团有限公司；只要具备总店、配送中心和3个以上门店，均可到工商行政管理部门办理“连锁经营”注册登记，需前置审批的经营项目或商品，总店已获批准的（法律法规另有规定除外），属下门店可凭总店的批文申请经营。

五、放宽对办理证照、年审项目的限制

取消对民用航空器设计、生产、维修企业和印制商标单位、商标代理组织的审批。取消对企业登记代理人员资格、广告审查员资格、广告专业技术资格、经纪人从业人员资格、商标代理人资格的核准。商标、广告、合同以及法定代表人等专业培训，不作为企业开业、年检、评比以及有关许可证核发、年审的条件。有关会员费、咨询服务费等费用的收取，应由有关协会、中介组织负责，企业按自愿的原则决定是否缴交，工商行政管理部门不将其作为办理证照和年检的前提条件。

六、放宽对企业登记事项的限制

投资者或其委托人可凭身份证直接到工商行政管理部门办理企业名称注册登记。

国有、集体企业改制为民营企业，允许沿用原企业名称；对改制后另起名称，而企业名称仍确需保留的，经市工商行政管理部门批准，在使用新名称的同时，可保留原企业名称一年。

在广州开发区、南沙开发区试行核发企业营业执照时不写具体经营项目的注册事项改革，经营范围统一核定为“国家法律、法规禁止的不得经营；应经专项审批的，未获得审批前不得经营；其他项目可自行组织经营”。其他行政区域可按经营范围的大类注册登记。企业要求写明具体目的，从其意愿。

除章程规定有经营期限的企业和联营企业外，其他企业在注册登记时，不再核定经营期限。

新设立的企业，可由企业法定代表人（负责人）委托其他股东领取营业执照；办理变更事项的企业，可由企业法定代表人委托本企业工作人员领取营业执照。

七、放宽对部分企业设立条件的限制

对创办科技型、农产品加工型企业及下岗失业人员创办非公司制企业，归国留学人员及大学毕业生创办各类企业，其开业的非关键条件尚有欠缺，但在一年内能够完善的，可先核发有效期为一年的营业热照，并按正规企业实行预备期管理。对在科技园、工业园、农产品加工园区内申办企业，只要园区建设已纳入城市建设规划，企业场地使用有合法的权属证明，可对企业实行预备期制度，发给一年期的营业执照。一年内企业完备相应的手续后，再换发营业执照。

八、放宽对民营信用担保公司登记条件的限制

对申办民营信用担保公司的，只要不涉及金融业务，符合公司登记基本条件，注册资本超过3000万元（限于货币出资），可在市工商行政管理局注册登记。其经营范围核定为“为中小企业提供信用担保”。

九、放宽对市场开办登记的限制

市场开办只要符合城市规划和商业发展规划要求，即可先核发用于筹建的一年期市场登记证，在消防部门验收合格后，再办理市场登记证。

十、放宽对企业动产抵押物登记的限制

企业、个体工商户以自有动产作为抵押借款或从事其他经济活动的，工商行政管理部门可办理动产抵押物登记。企业、个体工商户办理动产抵押物登记时，提供的资料确能证明其拥有合法所有权，工商行政管理部门给予办理动产抵押物登记手续。

以上规定由市工商局牵头会同有关部门研究制订具体的实施办法，并组织实施。

二〇〇三年八月六日

3－4 其他资料

3－4－1 民办非企业单位政策问答

（广东省民政厅民间组织管理局）

1．什么叫民办非企业单位？

是指企业事业单位、社会团体和其他社会力量以及公民个人利用非国有资产举办，从事非营利性社会服务活动的社会组织。

2．民办非企业单位如何界定？

主要从如下几方面界定：

（一）从举办者主体去界定，民办非企业单位是由企业事业单位、社会团体和其他社会力量以及公民个人举办的，而不是由政府或者政府的部门举办的。因此，民办非企业单位具有明显的民间性。

（二）从出资渠道看，这是利用非国有资产举办的，而不是利用政府财政拨款举办的。本条所称非国有资产是指主要利用非国有资产，而不是不允许国有资产的成分，只要国有资产不占主导、支配地位。《民办非企业单位登记暂行办法》规定非国有资产份额不得低于总财产的三分之二。

（三）从其组织性质看，这是从事非营利性社会服务活动的社会组织。非营利性是民办非企业单位区别于企业、公司的一个基本特征。民办非企业单位的非营利性，应当理解为不以营利为其宗旨和目的，并不排斥民办非企业单位可以根据其提供的社会服务收取合理的费用，这些费用是服务的成本价值，是继续维持并扩展业务的必不可少的资金。

另外，它是向社会提供服务的组织，必须具有一定的服务设施。

3．民办非企业单位与社会团体、事业单位和企业有什么区别？

（一）与社会团体的区别：民办非企业单位与社团同属民间组织，但它们之间也有区别。社会团体是指由公民自愿组成的会员制的组织，其组织结构具有松散性、活动具有不定期性；而民办非企业单位是面向社会服务的组织，其活动的特点是连续的、经常的，其组织结构具有实体性。

（二）与企业的区别：主要在于从事营利性经营活动和财产支配权的不同。非营利性是民办非企业单位区别于企业公益事业的一个基本特征。民办非企业单位所提供的服务，具有社会公益事业的特点，其宗旨是为了社会的公共利益和促进社会的进步与发展，而不是为了营利。企业，包括服务类型的企业，其宗旨是通过经营活动而获取利润，营利是一切企业的出发点。企业的盈利可以在成员中分红，清算的财产可以在成员中进行分配，民办非企业单位的盈余和清算后的剩余财产则只能用于社会公益事业，不得在成员中分配。

4．为什么要实行统一归口民政部门登记管理？

一是要规范社会组织的管理格局。长期以来，社会团体、民办非企业单位、事业单位和企业四者界定不清，特别是民办非企业单位，是计划经济向市场经济转制而产生的新生事物，目前管理体制及工作比较混乱。《民办非企业单位登记管理暂行条例》的颁布，从而明确了民办非企业单位与事业单位的界定，各类社会组织将各自具有独立的法律地位。今后，企业和公司到工商行政管理部门登记；事业单位到编制部门登记；民间组织（社会团体和民办非企业单位）到民政部门登记。由此形成符合我国国情的较为科学的社会组织管理体系。

二是实行归口登记管理有利于加强管理。过去一段时期，由于没有实行统一登记管理制度，各部门对于民办非企业单位自行审批，政出多门，致使一些地方民办非企业单位出现发展过滥，总体失控的现象，民办非企业单位的法人资格赋予工作十分混乱。为了避免这种现象的发生，国务院颁布的《民办非企业单位登记管理暂行条例》规定民办非企业单位归口统一由民政部门登记管理。

5．民办非企业单位有几种组织形式？

分三种。

民办非企业单位（法人）——具有民事权利能力和民事行为能力，依法独立享有民事权利和承担民事责任。

民办非企业单位（合伙）——不具有法人资格。合伙负责人和其他人员的活动由全体合伙人承担民事责任。合伙人的债务由合伙人按照出资比例或者协议的约定，以各自的财产承担清偿责任。合伙人对合伙的债务承担连带责任。

民办非企业单位（个体）——不具有法人资格。其债务以个人财产承担无限责任。

6．民办非企业单位登记范围包括哪几类？

民办非企业单位主要包括以下范围：

（一）教育事业。如民办幼儿园，民办小学、中学、学校、学院，民办专修（学院）或学校，民办培训（补习）学校或中心等。

（二）卫生事业。如民办门诊部（所）、医院、民办康复、保健、卫生、疗养院（所）等。

（三）文化事业。如民办艺术表演团体、文化馆（活动中心）、图书馆（室）、博物馆（院）、美术馆、画院、名人纪念馆、收藏馆、艺术研究院（所）等。

（四）科学研究事业。如民办科研院（所）、研究中心等。

（五）体育事业。如民办体育场、馆、中心、俱乐部等。

（六）劳动和社会保障事业。如民办职业培训学校或中心，民办职业介绍所等。

（七）民政事业。如民办福利院、敬老院、托老所、老年公寓，民办婚姻介绍所，民办社区服务中心（站）等。

（八）法律服务业。如民办法律事务所、合伙律师事务所等。

（九）社会中介服务业。如民办评估咨询服务中心（所），民办信息咨询调查中心（所）等。

（十）其他。

7．成立民办非企业单位到什么部门申请办理登记手续？

到地方县级以上人民政府民政部门申请办理登记。

8．什么叫登记管理机关和业务主管部门？

登记管理机关是指县级以上人民政府民政部门。

县级以上人民政府的有关部门或县级以上人民政府授权的组织，是有关行业、业务范围内民办非企业单位的业务主管单位。

9．民办非企业单位的名称有什么规定？

必须遵照民政部颁发《民办非企业单位名称管理暂行规定》的有关规定，并不得含有下列文字和内容：

（一）冠以“中国”、“全国”、“中华”等字样；

（二）有损于国家、社会公共利益的，违背社会道德风尚，带有封建迷信色彩的；

（三）可能对公众造成欺骗或者误解的；

（四）政党名称、党政军机关名称、人民团体名称、社会团体名称、事业单位名称、企业名称及宗教界的寺、观、教堂名称；

（五）已被撤销的民办非企业单位的名称；

（六）其他法律、行政法规规定禁止的。

10．民办非企业单位的名称由哪几部分组成？

由以下部分依次组成：所在地行政区划名称或地名、字号、行（事）业或业务领域、组织形式。

民办非企业单位名称不能单独冠以市辖区的

名称或地名，应当与所在市的行政区划名称或地名连用。

11．民办非企业单位名称中标明的组织形式是什么？

民办非企业单位名称所标明的组织形式必须明确易懂，一般称学校、学院、园、医院、中心、院、所、馆、站、社、公寓、俱乐部等。不得使用“总”字。

12．申请民办非企业单位名称相同时怎么办？

民办非企业单位只准使用一个名称，在登记管理机关管辖范围内不得与登记的同行（事）业单位名称相同。两个以上民办非企业单位向同一登记管理机关申请相同的符合规定的民办非企业单位名称时，登记管理机关依照申请在先原则登记。

13．申请成立民办非企业单位，应当具备什么条件？

申请成立民办非企业单位，必须具备以下的条件：

（一）要有业务主管单位。举办者按业务相关向业务主管单位提出申请，由业务主管单位根据行业管理的有关规定及政策，结合本行业发展的规划和需要，对筹备成立民办非企业单位的有关章程、资金、人员资格、场所设备等内容进行审查。

（二）要有规范的名称、必要的组织机构。民办非企业单位的名称要反映该民办非企业单位的宗旨与业务范围，有别于其他的社会组织。规范名称由以下部分构成：字号、业务领域、组织形式。

如：在广东省民政厅申请登记的某一家民办大学，其名称为：“广东省越秀外语大学”。其中，“越秀”是字号，“外语”是业务领域，“大学”为组织形式。

（三）有与其业务相适应的从业人员。如民办医院，就要求有与医院规模相一致的具有医师资格的人员。

（四）有与其业务相适应的合法财产。必须具备与其规模、业务活动范围和业务量相适应的合法财产。资金数额必须达到行业所规定或要求的注册资金的最低限额。

（五）有必要的场所。如业务活动需要或受客观条件限制可以有两个或多个，但业务活动的场所设置地不能超出登记管理机关和业务主管单位所管辖的区域。

以上五个要求是申请登记民办非企业单位必须同时具备的五个条件，只具备其中一个或若干个是不能提出申请登记的。

14．申请民办非企业单位登记，举办者应当向登记管理机关提交什么文件和材料？

举办者应提交如下文件和材料：

（一）登记申请书；

（二）业务主管单位的批准文件；

（三）场所使用权证明；

（四）验资报告；

（五）拟任负责人的基本情况、身份证明；

（六）章程草案。

15．登记管理机关审核登记有哪几方面的程序？

登记管理机关审核登记的程序是受理、审查、核准、发证。

（一）受理。申请登记的举办者所提交的文件、证件和填报的登记申请表齐全有效后，方可受理，否则不予受理。

（二）审查。审查提交所有材料的真实性、合法性、有效性，并核实有关登记事项和条件。

（三）核准。经审查和核实后，60日内作出准予登记或者不予登记的决定。

（四）发证。对核准登记的民办非企业单位，分别颁发有关证书。

（五）公告。对核准登记的民办非企业单位，由登记管理机关发布公告。

16．申办民办非企业单位（法人）的章程应包括哪些内容？

应当包括以下主要内容：

（一）名称、住所。名称要规范，住所要详细地址。

（二）宗旨和业务范围。宗旨是指该民办非企业单位设立的目的和为之完成的事业，也是确定该民办非企业单位业务范围的主要依据。业务范围是指该民办非企业单位所从事的行业、服务项目的种类。如果民办非企业单位超越章程规定的业务范围开展活动，则属于违规行为。

（三）组织管理制度。对决策机构、业务执行机构以及监督机构的产生及职权制定相应的制度加以明确，对这些机构成员的产生、职能和议事程序作出具体规定。

（四）法定代表人或者负责人的产生、罢免的程序。明确法定代表人或者负责人是通过何种程序产生，又在何种情况下通过哪种程序予以罢免。

（五）资产管理和使用的原则。资产管理必须执行国家有关法律、法规和政策，建立健全内部财务管理制度，必须接受财政部门的监督和自身民主监督。资产来源必须合法，资产使用必须符合章程所规定的宗旨和业务范围，任何单位和个人都不得侵占、私分或者挪用。并载明该单位的盈利不得分配，解体时财产不得私分。

（六）章程的修改程序。章程内容如发生变化需修改时，必须依照一定的程序来进行，而不是可以随意更改的。按照章程规定的修改程序修改后的章程，才能够获得登记管理机关的核准。

（七）终止程序和终止后资产的处理。民办非企业单位的终止与设立一样也是要按照一定的程序进行，它要求在业务主管单位指导下对该单位的资产等内容进行清理，在对资产及有关善后问题进行妥善处理后按一定的程序报批。

（八）需要由章程规定的其他事项。民办非企业单位可以根据本单位的实际情况，约定并记载认为需要规定的其他事项。

17．申办民办非企业单位（合伙）的合伙协议应包括哪些内容？

合伙协议应当包括上述第16条中第一、二、三、五、六、七、八项的内容。

18．申请民办非企业单位登记，登记管理机关受理审核时间要多长？

登记管理机关对成立登记民办非企业单位的申请自收到成立登记申请的全部有效文件之日起60日内，作出准予登记或不予登记的处理决定。

19．《条例》实施前已取得执业许可证的民办非企业单位，如何申请办理登记手续？

在《条例》实施前，依照法律和其他行政法规规定，经有关主管部门依法审核或者登记，已经取得相应的执业许可证的民办非企业单位，登记管理机关应当简化登记手续，凭有关部门出具的执业许可证明文件和业务主管单位同意登记的批准文件，章程草案，负责人或拟任法定代表人情况，在审核无误后，发给相应的民办非企业单位登记证书。

20．在什么情形下，登记管理机关对申请成立民办非企业单位登记作出不予登记的决定？

对于民办非企业单位有下列情形之一的，登记管理机关作出不予登记的决定，并向申请人说明理由：

（一）有根据证明申请登记的民办非企业单位的宗旨、业务范围违背国家宪法、法律、行政法规和政策，危害国家的统一、安全和民族团结，损害国家利益、社会公共利益以及其他社会组织和公民的合法权益，违背社会道德风尚。

（二）在申请成立时弄虚作假的。

（三）在同一行政区域内已有业务范围相同或者相似的民办非企业单位，没有必要成立的。

（四）拟任负责人正在或者曾经受到剥夺政治权利的刑事处罚，或者不具有完全民事行为能力的。

（五）有法律、行政法规禁止的其他情形的。

21．民办非企业单位如何办理变更登记手续？

民办非企业单位登记事项需要发生变更，应首先报业务主管单位审查，在业务主管单位审查同意之日起30日内，向原登记管理机关申请变更登记，并提交下列文件、证件：

（一）法定代表人或负责人签署的变更登记申请书。申请书中应载明变更的理由；

（二）决定变更时依照章程履行程序的原始纪要；

（三）业务主管单位审查同意的文件；

（四）登记管理机关认为有必要的其他有关文件。

住所、法定代表人或负责人、开办资金、业

务主管单位发生变更，还须分别提交下列材料、证件：

住所变更：变更后新住所的产权证明。

法定代表人变更：变更后法定代表人的身份证明。

开办资金变更：金融机构出具的验资报告。

业务主管单位变更：原业务主管单位不再承担业务主管的文件。

22．在什么情形下，民办非企业单位需要办理注销登记手续？

民办非企业单位自行解散的，分立、合并的，或者有下列情形之一的，应当向登记管理机关办理注销登记：

（一）章程规定的解散事由出现。

（二）不再具备《条例》规定的登记条件而无法存续的。

（三）宗旨发生根本性改变的。

（四）作为分立母体的民办非企业单位因分立而解散的。

（五）作为合并源体的民办非企业单位因合并而解散的。

（六）由于登记事项变更，造成与原登记管理机关管辖范围不一致的，应在原登记管理机关办理注销登记，到相应的登记管理机关办理成立登记。

（七）民办非企业单位的原业务主管单位不再担当其业务主管单位，且找寻不到新的业务主管单位。

23．民办非企业单位在办理注销登记时，如何进行清算工作？

清算是民办非企业单位注销登记时必须履行的一个重要程序，是终结民办非企业单位现存的各种法律关系，了结债务，对民办非企业单位资产、债权债务关系等进行清理、处分的行为。清算工作包括：

（一）确定清算人，组成清算组。清算组织的主要职责：清理民办非企业单位财产，编制有关清算的会计报表和财产清单；通知或公告债权人；处理与清算有关的民办非企业单位未结业务；清理债权债务；处理民办非企业单位清偿债务后的剩余财产；代表民办非企业单位参与民事诉讼活动。

（二）组织清算。清算组织成立后，应开展以下工作：通知债权人在限定期限内申报其债权；将民办非企业单位的全部资产作价现金，并按照国家规定的清偿顺序偿还债务；清偿后，对剩余财产进行处理，其支付清算费用和清偿债务后的剩余财产不得分配，而必须在业务主管单位和有关部门的指导下，用于发展同类型的民办非企业单位，不得挪作他用。

（三）提出清算报告。清算结束后，清算组织应提出清算报告并造具清算期内的收支报表和各种财务账册。各财务数据须经注册会计师验证、签字。

（四）加强对清算期间的资产管理，防止资产的损失和流失，未经有关部门批准，民办非企业单位不得擅自处置单位的资产。清算期间，民办非企业单位不得开展清算以外的活动。

24．民办非企业单位如何办理注销登记手续？

民办非企业单位法定代表人或者负责人应当自完成清算之日起15日内，向登记管理机关办理注销登记。办理注销登记，须提交注销登记申请书、业务主管单位的审查文件和清算报告。

登记管理机关准予注销登记的，发给注销证明文件，收缴登记证书、印章和财务凭证。

25．民办非企业单位登记证书上应载明什么内容？

对准予登记的，由登记管理机关颁发具有法律效力的民办非企业单位证书。登记证书上载明：名称、住所、宗旨和业务范围、法定代表人或者负责人、开办资金、业务主管单位、发证机关及日期。

26．民办非企业单位为什么要予以公告？公告分几种？

民办非企业单位登记公告是登记管理机关依法向社会公众发出的具有法律效力的通告，也是维护民办非企业单位的合法权益和正常社会秩序的一项重要措施。

民办非企业单位登记公告分成立登记公告、注销登记公告和变更登记公告三种。

成立登记公告内容为：名称、住所、法定代表人或负责人、类别、注册资金、业务范围和登记时间、登记证号。

注销登记公告内容为：名称、住所、法定代表人或负责人、登记证号、注销时间和原因等。

变更登记公告内容为：名称、住所、法定代表人或负责人变更事项等。

27．民办非企业单位如何参加年检工作？

民办非企业单位必须于每年1月1日至6月30日止，到登记管理机关接受上一年度的年度检查。年检程序如下：

（一）到登记管理机关领取《民办非企业单位年检报告书》，并如实填写；

（二）所有准备材料和文件于每年3月31日前经业务主管单位初审同意后，报送登记管理机关；

（三）登记管理机关对民办非企业单位报送的年检材料和文件进行审定，并作出年检结论。

28．民办非企业单位年检需提交什么材料？

参加年检时，应向登记管理机关提交下列材料：

（一）《民办非企业单位年检报告书》；

（二）上一年度财务决算报告；

（三）上一年度工作总结和本年度工作计划；

（四）《民办非企业单位登记证书》（副本）；

（五）其他需报送的有关材料。

29．民办非企业单位年检不合格怎么办？

凡年检结论为“不合格”的，由登记管理机关指明问题，并责令限期整改（整改期为三个月）。整改期间暂停活动，暂时封存《民办非企业单位登记证书》和印章。整改后仍不合格的，登记管理机关按照有关规定另作处理。

30．民办非企业单位登记证书遗失或损坏怎么办？

民办非企业单位登记证书遗失或损坏，应当及时到当地公开发行、有影响的报刊上声明作废，并到登记管理机关申请办理补发证书手续。

31．民办非企业单位怎样申请补发登记证书？

民办非企业单位申请补发登记证书，应向登记管理机关提交下列文件：

（一）补发登记证书申请书；

（二）在原登记管理机关所管辖区内的报刊上刊登原登记证书作废的声明。

32．申请刻制民办非企业单位印章需办什么手续？

由登记管理机关统一到公安部门办理印章刻制。民办非企业单位在登记管理机关发给的印章备案表中印模备案后，领回印章开始启用。

33．民办非企业单位申请开立银行账户需办什么手续？

民办非企业单位凭登记证书和登记管理机关开具的证明文件，向银行申请开立基本存款账户，在银行账号开立之日起五日内报登记管理机关备案。

34．民办非企业单位应遵守什么财务管理制度？

民办非企业单位应参照执行《事业单位财务规则》和《事业单位会计准则》。必须执行国家规定的财务管理制度，接受财政部门的监督；资产来源属于国家资助或者社会捐赠、资助的，还应当接受审计机关的监督。

35．变更法定代表人或负责人为什么要进行财务审计？

为了确保民办非企业单位资金的正确使用，资产不被侵占、私分、挪用，在变更法定代表人或负责人时，登记管理机关、业务主管单位应当组织社会审计机构对其进行财务审计。

36．为什么民办非企业单位要实行双重负责的管理体制？

民办非企业单位实行业务主管单位和登记管理机关双重负责的管理体制，是符合我国民办非企业单位管理实际的。因为，民办非企业单位的管理是政策性、业务性和社会性都很强的工作，而且非常复杂，在业务领域上涉及方方面面，如仅仅依靠某个部门来管理是难以胜任的。所以必须充分利用业务主管单位熟悉业务工作的管理优势，调动各种力量加强对民办非企业单位的管理，提高登记管理机关的工作效率。因此，成立民办非企业单位，应当经其业务主管单位审查同意，并依据《条例》的规定申请登记。

37．登记管理机关主要履行什么管理职责？

主要履行下列监督管理职责：

（一）监督民办非企业单位是否按照《条例》等有关规定办理成立登记、变更登记和注销登记等；

（二）监督民办非企业单位是否按照核准登记的事项以及章程、协议开展活动；

（三）监督民办非企业单位是否按照规定办理年检手续；

（四）负责上一级登记管理机关委托范围内的民办非企业单位监督管理工作；

（五）负责建立、健全民办非企业单位登记档案和登记统计工作。

38．业务主管单位主要履行什么管理职责？

主要履行下列监督管理职责：

（一）负责民办非企业单位成立、变更、注销登记前的审查；

（二）监督、指导民办非企业单位遵守宪法、法律、法规和国家政策，按照章程开展活动；

（三）负责民办非企业单位年度检查的初审；

（四）协助登记管理机关和有关部门查处民办非企业单位的违法行为；

（五）会同有关机关负责民办非企业单位的清算事宜及善后工作。

39．在什么情形下，登记管理机关给予民办非企业单位什么样的处罚？

民办非企业单位有下列情形之一的，由登记管理机关予以警告，责令改正，可以限期停止活动；情节严重的，予以撤销登记；构成犯罪的，依法追究刑事责任。

（一）涂改、出租、出借民办非企业单位登记证书，或者出租、出借民办非企业单位印章的；

（二）超出其章程规定的宗旨和业务范围进行活动的；

（三）拒不接受或者不按照规定接受监督检查的；

（四）不按照规定办理变更登记的；

（五）设立分支机构的；

（六）从事营利性的经营活动的；

（七）侵占、私分、挪用民办非企业单位的资产或者所接受的捐赠、资助的；

（八）违反国家有关规定收取费用、筹集资金或者接受使用捐赠、资助的；

上述规定的行为有违法经营额或者违法所得的，予以没收，可以并处违法经营额1倍以上或者违法所得3倍以上5倍以下的罚款。

40．民办非企业单位的活动违反法律法规应受到什么样的处罚？

民办非企业单位违反法律、法规，有关国家机关除了可以依照法律、法规的规定对其进行处罚外，如果有关国家机关认为民办非企业单位违反法律，虽然未构成犯罪，但是对社会安全秩序已经造成一定的危害，认为该民办非企业单位不应当再存在下去，可以向登记管理机关提出撤销该民办非企业单位的建议，登记管理机关可以撤销其登记。

41．为什么民办非企业单位不得设立分支机构？

民办非企业单位是面向社会开展服务活动的非营利性组织，其面向社会开展服务活动的特征决定了它的服务对象来自于全社会，其业务往往容易超出本级登记管理机关的管辖区域开展活动，业务主管单位和登记管理机关对其进行监督管理的难度较大。如果在民办非企业单位下面再设立分支机构，更不利于业务主管单位对其指导和监督管理。民办非企业单位作为实体性机构，如再进一步发展，可申请成立登记一个新的民办非企业单位。

42．未经登记的民办非企业单位，国家对其采取什么样的处罚？

未经登记，擅自以民办非企业单位名义进行活动的，或者被撤销登记的民办非企业单位继续以民办非企业单位名义进行活动的，由登记管理机关予以取缔，没收非法财产；构成犯罪的，依法追究刑事责任；尚不构成犯罪的，依法给予治安管理处罚。

43．登记管理机关和业务主管单位的工作人员违反职责如何进行处理？

登记管理机关、业务主管单位的工作人员滥用职权、徇私舞弊、玩忽职守构成犯罪的，依法追究刑事责任；尚不构成犯罪的，依法给予行政处分。

44．民办非企业单位对登记管理机关作出的处罚决定不服的，是否可以申请行政复议？

民办非企业单位对登记管理机关作出的处罚决定不服的，可以根据《行政复议法》、《行政诉讼法》的规定，申请行政复议，提出行政诉讼。

3－4－2　广州市民营经济工作领导小组关于评选广州市百强民营企业的实施方案

为了深入贯彻落实党的十六大和十六届三中全会以及省、市关于加快民营经济发展的决定精神，组织评选我市百强民营企业，通过评选百强民营企业，激励企业不断加强自身建设，促进企业的体制创新、技术创新和管理创新，鼓励民营企业做大做强，进一步引导我市民营经济上规模、上水平，为全面建设小康社会，加快率先基本实现社会主义现代化作出积极贡献。参照《广东省百强民营企业认定暂行办法》，结合我市实际，制定本方案。

一、评选范围

私营企业和自然人出资51%以上或自然人相对控股的股份合作制企业、联营企业及有限责任公司。

二、申报基本条件

1．经我市各级工商行政管理机关核准登记，在本市范围内依法经营，注册资本在1000万元以上，评选当期两年平均营业收入在1亿元以上，纳税额500万元以上的盈利性民营企业；集团公司的数额，可由母公司和子公司的数额相加而成。

2．参加评选企业在当期两年没有发生过生产和经销假冒伪劣商品、逃税、发生重大的安全生产事故和重大环境污染事故以及其他违法违规被处罚的行为（含法定代表人个人违法违规行为）。

三、评分指标和评分办法

1．营业收入：评审当期两年平均营业收入达1亿元计35分，超过部分每500万元加1分，不足500万元的不加分（商业企业营业收入可以商品交易额或货运总量计算）。

2．纳税总额：评审当期两年平均纳税额达500万元计25分，超过部分每增加50万元加1分，不足50万元的不加分。

3．利润总额：评审上年利润总额达500万元计10分（不足的不计分），超过部分每增加50万元加1分，不足50万元不加分。

4．出口额：评审上年度外贸流通企业出口创汇额达500万美元以上、自营生产企业出口创汇额达300万美元以上计10分（不足的不计分），外贸流通和自营生产出口创汇额分别每增加100万美元和50万美元，加1分。

5．专利：获中国专利金奖计10分，中国专利优秀奖计5分；拥有发明专利，每项计2分；拥有实用新型专利，每项计0.4分；拥有外观设计专利，每项计0.2分；拥有国外专利，每项计5分。

6．名牌产品：拥有国家名牌产品，每个计10分；拥有省名牌产品，每个计5分；拥有市名牌产品，每个计3分；同一产品同是国家、省名牌产品，只按国家名牌产品计分。

7．商标：拥有国家驰名商标，每件计10分；拥有省著名商标，每件计8分；拥有市著名商标，每件计5分；拥有国外注册商标，每件计5分。

8．获ISO－9000族质量保证体系认证，计4分；获ISO－14000族环境管理体系认证，计5分。

9．科技进步：获国家科技进步一等奖计10分，二等奖计8分，三等奖计5分；获省级科技一等奖计8分，二等奖计5分，三等奖计3分；获市级科技进步一等奖计5分，二等奖计3分，三等奖计1分。同一项目同获国家奖和省级、市级奖的，只按国家奖计分。

10. 诚信经营：获国家级“守合同、重信用”称号，计10分；获市连续10年“守合同、重信用”称号，计8分；获市连续5年“守合同、重信用”称号，计5分；获当年市“守合同、重信用”称号，计3分，同时获国家和市称号的按国家级计分；银行信用等级在A级及以上，每个A计2分。

四、评选办法和评选程序

广州市百强民营企业的评选，按评分所得总分并适当考虑行业、产业领先地位的原则进行排序，选取前100家为百强企业。评选程序如下：

1. 由区、县市级政府及市属有关委局将符合申报基本条件的企业向市百强民营企业评选工作小组推荐。材料包括：广州市百强民营企业申报表及企业营业执照（含集团公司及子公司营业执照）、资产负债表、利润表及各项证明材料复印件各一份。

2. 市百强民营企业评选工作小组根据企业的申报资料进行综合评议，按照设定的指标进行调查和计分，选出前120名的企业作为候选企业报市民营经济工作领导小组。

3. 市民营经济工作领导小组，对候选企业进行审核和综合评议，排列名次，选取前100名公示后报市政府审批认定。

五、评选时间

5. 6月份进行推荐、评选，拟在9月份公布评选结果。

六、表彰、奖励、扶持

1. 广州市百强民营企业评选结果在《广州日报》、《民营经济报》、广州电视台等主要新闻媒体公榜，由市委、市政府发牌匾。

2. 市政府设立扶持中小企业发展专项资金，对重点企业进行重点扶持。市百强民营企业的技术创新、技术改造、关键技术研发、农产品加工，符合有关规定的，市有关职能部门按加快民营经济发展决定的有关精神，优先纳入计划予以扶持。

七、组织领导

市民营经济工作领导小组牵头成立广州市百强民营企业评选工作小组，王晓玲副市长任组长，朱力副秘书长、陈斯达局长为副组长。成员由市有关部门负责同志组成，市百强民营企业的具体组织、评议工作由市民营经济工作领导小组办公室负责。

附件：

1. 广州市百强民营企业申报表
2. 广州市百强民营企业核定表
3. 广州市百强民营企业汇总表

二〇〇四年五月八日

附件1 广州市百强民营企业申报表

企业名称				法定代表人	
企业地址				营业执照号	
注册资本（万元）			集团属下子公司数量		
联系人		联系电话		传真号码	
企 业 简 介					
年初净资产（万元）		200 年：	；200 年：		
年末净资产（万元）200年：		200 年：	；200 年：		
营业收入（万元）		200 年：	；200 年：		
纳税额（万元）		200 年：	；200 年：		
利润总额（万元）		200 年：	；200 年：		
出口创汇额		200 年：	；200 年：		
其中：1. 外贸流通企业出口额		200 年：	；200 年：		
2. 自营生产企业出口额		200 年：	；200 年：		
拥有专利		金奖专利： 项；发明专利： 项； 优秀奖专利： 项；国外专利： 项 实用新型专利： 项；外观设计专利： 项。			
拥有商标		全国驰名商标： 件；省著名商标： 件； 国外注册商标： 件；市著名商标： 件。			
通过ISO 认证					
名牌产品		国家： 个			
		省： 个			
		市： 个			
科技进步	国家级	一等奖 项，二等奖 项，三等奖 项；			
	省级	一等奖 项，二等奖 项，三等奖 项；			
	市级	一等奖 项，二等奖 项，三等奖 项。			
诚信经营		拥有国家“守合同、重信用”称号□；拥有市“守合同、重信用”连续10年称号□；拥有市“守合同、重信用”连续5年称号□；拥有当年市“守合同、重信用”称号□；银行信用等级______级。			

续表

<table>
<tr><td>企业名称</td><td colspan="3"></td><td>法定代表人</td><td></td></tr>
<tr><td>企业地址</td><td colspan="3"></td><td>营业执照号</td><td></td></tr>
<tr><td>注册资本（万元）</td><td colspan="2"></td><td colspan="2">集团属下子公司数量</td><td></td></tr>
<tr><td>联系人</td><td></td><td>联系电话</td><td></td><td>传真号码</td><td></td></tr>
<tr><td colspan="6">税务部门对纳税额及纳税情况的核实意见</td></tr>
<tr><td colspan="2">国税局（盖 章）
年　月　日</td><td colspan="4">地税局（盖 章）
年　月　日</td></tr>
<tr><td colspan="6">推荐单位综合评议意见</td></tr>
<tr><td colspan="6">盖 章
年　月　日</td></tr>
</table>

附件2　广州市百强民营企业核定表

<table>
<tr><td>企业名称</td><td colspan="4"></td></tr>
<tr><td>序 号</td><td colspan="2">评 分 项 目</td><td>推荐单位评分</td><td>市审核分</td></tr>
<tr><td>1</td><td colspan="2">营业收入（两年平均）：　　　　　　万元</td><td></td><td></td></tr>
<tr><td>2</td><td colspan="2">利润总额（两年平均）：　　　　　　万元</td><td></td><td></td></tr>
<tr><td>3</td><td colspan="2">纳税额（两年平均）：　　　　　　　万元</td><td></td><td></td></tr>
<tr><td>4</td><td colspan="2">净资产保值增值率（两年平均）：　　　%</td><td></td><td></td></tr>
<tr><td>5</td><td colspan="2">ISO 认证：</td><td></td><td></td></tr>
<tr><td>6</td><td colspan="2">拥有专利：
金奖专利　　　　项，优秀奖专利　　　项，
发明专利　　　　项，实用新型专利　　　项，
外观设计专利　　项，　　国外专利　　　项。</td><td></td><td></td></tr>
<tr><td>7</td><td colspan="2">拥有商标：
全国驰名商标　　　件，省著名商标　　　件，
市著名商标　　　　件，　　国外注册商标　　　件。</td><td></td><td></td></tr>
<tr><td>8</td><td colspan="4">拥有国家“守合同、重信用”称号□；拥有市“守合同、重信用”连续10年称号□；拥有市“守合同、重信用”连续5年称号□；拥有当年市“守合同、重信用”称号□；银行信用等级______级。</td></tr>
<tr><td rowspan="3">9</td><td rowspan="3">名牌产品</td><td>国家：　　　个</td><td></td><td></td></tr>
<tr><td>省：　　　个</td><td></td><td></td></tr>
<tr><td>市：　　　个</td><td></td><td></td></tr>
</table>

续表

10	科技进步	国家级	一等奖　　项，二等奖　　项，三等奖　　项		
		省　级	一等奖　　项，二等奖　　项，三等奖　　项		
		市　级	一等奖　　项，二等奖　　项，三等奖　　项		
11	出口创汇额（万美元）		200　年：　　　； 200　年：		
	其中：1. 外贸流通企业出口额		200　年：　　　； 200　年：		
	2. 自营生产企业出口额		200　年：　　　； 200　年：		
12	合　计				
市综合评议审核意见	盖　章 年　　月　　日				

附件3　广州市百强民营企业推荐汇总表

推荐单位（盖章）：　　　　　　　　　　　　　　　　年　月　日

序号	企业名称	推荐单位	评　分	市审核分
1				
2				
3				
4				
5				
6				
7				
8				
9				
10				
11				
12				
13				
14				
15				

第四篇

企业风采

4－1 经验材料

4－1－1 富而思进 力创新高

——广州富力地产集团

2004年8月，中国房地产界最高级别的“第四届博鳌21世纪房地产论坛”在海南博鳌召开。富力地产集团作为广州唯一一家代表企业，应邀参加了此次年会，富力地产集团董事长李思廉先生亲自出席论坛，并作了题为《房地产企业发展与城市经营共创双赢》的专题演讲。李先生在演讲中，围绕目前宏观调控之下，富力地产如何自处、房地产业如何发展、城市经营中土地开发、经营等问题，从宏观到微观做了一一剖析。他的独到见解，对房地产业如何在激烈的市场竞争中做到适者生存、强者恒强，如何保持持续的发展势头起到很好的启迪作用，因而受到与会代表的一致好评。在这次年会上，富力地产集团获得了组委会授予的“2004年度引领中国住宅十大风尚企业”的殊荣，这标志着富力地产集团通过11年来的不懈努力，其以建筑之美、健康生态、智能新概念为主题的住宅作品已得到社会的认同，成为广州市乃至全国住宅的风向标，更成为全国房地产企业的发展典范。

富力地产集团有今天的成功及殊荣，与富力人独到的眼光、准确的决策、良好的资金运用、稳打稳扎的务实态度，及与时俱进的精神是分不开的，正是这种企业精神，使富力地产集团11年来一直保持着高速而稳定的发展。

一、企业概况

富力地产集团成立于1993年，是一家注册资金达5.5亿元人民币的大型房地产开发企业，并获得由国家建设部颁发的房地产开发企业一级资质证书。现拥有11家全资和控股子公司：广州富力地产股份有限公司、广东华南环保投资股份有限公司、广州市住宅建筑设计院、广州天力物业发展有限公司、广州天富建设工程监理有限公司、深圳市鼎力投资有限公司、广州富力美好置业发展有限公司、香港极富发展有限公司、北京富力城房地产开发有限公司、富力（北京）地产开发有限公司、沈阳亿隆房屋开发公司。经营范围遍及房地产开发经营、建筑设计、建筑安装、园林绿化、工程建设、市政环境、工程监理、房产中介、物业管理、生物医药、交通、能源、原材料等多个领域。

至2004年止，富力地产集团累计开发面积超过400万平方米，27个商住项目。营业额100多亿元人民币，2003年度荣获广州地税贡献第8名，为民营企业纳税第一大户，荣获广东民营百强前5名，雄踞房地产企业第一名。2004年预计营业额60亿元。目前富力地产在广州和北京还分别拥有建筑面积300万平方米和200万平方米的土地储备，评估市值达320亿元人民币。

富力地产集团现有员工近6000人，其中管理人员800余人，集团拥有一级项目经理18名，一级注册建筑师20名，一级注册结构师26名，注册工程师35名。在员工中，大专及本科学历占85%，硕士占9%，博士占3%。多年来荣获各种荣誉、奖励100多项。连续三年（2001年～2003年）入选中国房地产品牌企业，稳居广州房地产界龙头企业的地位，是最受广州市民喜爱的开发商之一。

二、发展历程

富力地产集团从第一个项目的破土动工到如今累计开发面积超出400万平方米，成为全国房地产企业发展史上的典范，凭的是他们独到的眼光、正确的决策、良好的资金运作能力、稳打稳扎的工作态度以及团队协作的精神。

（一）1993～1995年 涉足地产，确立方向。

20世纪90年代初，富力正式涉足房地产开发业。良好的销售业绩与收益让集团看到了未来的发展方向。随后的1995年完成了富力新居项目，其热烈的市场反应更坚定了公司发展的路径——搬迁老城工厂，建设宜居社区。

（二）1996～2001年 夯实基础、壮大实力。

广州市中山八路富力广场项目是富力地产发展史上的转折点，它不但奠定了富力地产在广州的地位，还创造了地产开发史上最快的征地、建设、销售纪录。

1998年富力地产进入了迅猛发展的快车道，年内动工了盈泽苑、富力半岛花园、富力环市西苑3个楼盘。2000～2001年，一举开发了天朗明居、富力千禧花园、富力阳光美居、富力顺意花园等多个楼盘。这一系列楼盘的开发成功，使富力连续3年成为广州市房地产销售冠军，为集团迈向新的高峰奠定了坚实的基础。

（三）2002～2003年 布局全国，飞速迈进。

2002年3月，富力地产以32亿元投得中国有史以来最大的公开招标地块项目——北京富力城，从而开始了向全国迈进的步伐。2003年北京富力城开盘首战告捷，仅当年就创下了18亿元的骄人销售佳绩。然而富力地产并没有停步，进而在广州又拿下珠江新城8个地块，全力进入商用地产领域，紧接着北京富力又在北京市黄金地段取得了3块用地，天津、武汉、佛山等城市都相继纳入了富力地产发展的视线。

（四）展望未来，再创辉煌。

2004年，富力将借全国房地产开发的大好形势，稳步拓展北京、上海等市场容量更大的经济中心城市，将富力品牌向全国渗透，组建以广州为龙头的“华南战区”和以北京为中心的“华北战区”，预期销售收入达60亿元。富力地产将以“富而思进，力创新高”的精神再次乘胜前进，书写中国房地产史上新的辉煌。

三、辉煌成就

从广州到北京，从拆建旧城的小发展商走向领导全国商业地产的巨头，富力地产集团创造了无数的辉煌：国内房地产史上最大的土地拍卖纪录；广州最快的征地、建设、发售速度；1999年至今每年荣登地产行业的销售业绩状元榜；连续多年被评为广东省优秀民企；2001年至今为民企纳税冠军；1999年以来连续被权威部门评为广州市综合实力第一名的房地产企业；被建设银行、工商银行等评为最高信用等级——AAA级企业；被国家工商总局评为全国“重合同、守信用”单位。这一切是荣誉，也是动力，富力人相信，超越的只有自己，更辉煌的成就必将属于富力。

富力集团历年荣获大奖一览表

获奖情况	时间
连续3年获“广州市房地产综合实力30强”第一名	2000、2001、2002年
连续3年获广州市房地产销售冠军	1999、2000、2001年
连续4年获“广州民营企业纳税冠军”	2000年至今
广东省优秀民营企业	2003年2月
2003年度全国“守合同、重信用”企业	2004年3月19日
广东地产资信20强	2002、2003、2004年
连续3年获“中国房地产品牌企业”	2001、2002、2003年
连续3年获“广州市重合同、守信用企业”	2001、2002、2003年
广州市先进私营企业	2002年7月
2003年度广州市民十大最喜爱房地产品牌企业	2003年
连续3年获“广州新人居’双十佳’活动十大最佳品牌开发商”	2001、2002、2003年

续表

获奖情况	时间
2002年度广东省地方税诚信纳税人	2003年4月1日
企业纳税信誉等级A	2003年
广州市白云区2001年度地税纳税大户	2002年3月
首批中国广州质量诚信品牌领先企业房地产类第1名	2004年9月17日
荔湾地区2000年度光荣纳税户	2001年4月
连续两年获“黄金客户”	2002、2003年
住房信贷优秀客户	2001年9月
2003年度按揭楼盘优质开发商	2004年1月
连续两年获“天河区2000年度交通安全管理先进集体”	2000、2001年
1999年度经济工作中有突出贡献单位	2000年7月20日
大东社区群体工作先进单位	2002年3月
天河区2001年度经济贡献优秀奖	2002年6月10日
天河区工伤保险工作先进单位	2003年1月
全国3000家重点房地产企业联网直报工作先进单位	2004年3月
十大最吸引眼球品牌地产	2003年6月~2004年6月

四、好捐乐助，回报桑梓

富力地产集团在事业取得骄人成绩，经济效益稳步上升的过程中，坚持致富不忘回报社会，热衷社会公益事业，至2004年，各种公益捐助超过5000万元，其中：

1．支持教育事业建设捐助1942万元。

2．支持医疗事业捐助350万元。

3．支持慈善事业2390万元。

4．其他捐助200多万元。

他们所捐助的款项既有用于希望工程的，又有用于抗“非典”活动的，更多的是捐助广州市的慈善医院、慈善会等，其爱心之举赢得了良好的口碑与声誉。

五、成功的发展经验

富力地产集团之所以在短短时间内取得如此辉煌的成绩，主要是坚持了以下几个方面：

一是以诚信务实作为立业之本。坚持三个准时：准时向业主交付楼宇、准时向政府交纳有关税费、准时向合作单位付款。现在，诚信务实这一经营理念已成为富力金质品牌的基石。

二是在建筑设计上与时俱进，尽量满足当地不同消费群体的需求，保持富力产品的高素质。翻开富力的发展史，可以看到一个个项目熠熠生辉。如“广州最喜爱的楼盘”、“全国十佳住宅小区”、“建设部优质工程”、“2003年北京二十大健康楼盘第一名”等等，都充分体现出富力人对每一个项目的精雕细刻。富力人坚信只有好产品才有竞争力，才能实现销售的超越。

三是重视集团内部人才的培训与选拔。注重团队协助精神、开发、设计、施工、销售、财务、后勤都成为创造富力成功的一份子。正因为如此，富力人才流失率一直是整个地产界里最低的。

四是发展眼光独到，决策准确，投资方向明确。富力集团经营班子在企业的发展规划上摒弃了那种急功近利、盲目开发、冒进及短期行为的做法。从富力的发展历程可以看到他们坚持了三步走的发展战略：首先（1993年~1995年），目标是涉足地产，确定方向；其次（1996年~2001年）在取得经验后，他们坚持了夯实基础，壮大实力的目标，这一阶段成为了富力地产发展史上的转折点，铺平了迅速发展的快车道路；2002年以来，他们又制定了布局全国，飞速迈进的战略规划，特别是在2002年以32亿元投得中国有史以来最大的公开招标地块项目——北京富力城，从而开始了向全国迈进的步伐。目前富力地产集团以广州为龙头，已辐射到北京、沈阳、天津、武汉、佛山等城市。

五是富而思进，回报社会，提高品牌信誉。富力集团发展了，但十多年来一直没有忘记热心投身于社会公益事业。让利于民，回赠社会。正因为富力人在文教、卫生、治安、敬老、扶贫、交通、对外文化交流等各个领域所作出的贡献，使富力的品牌信誉度得到了更大的提高。

在刚刚过去的2003年里，富力集团销售业绩突破43亿元大关，迈进了全国房地产的龙头企业行列。2004年，富力地产集团更定下了60亿元的销售目标，发展势头将更为稳健、更为迅猛。2006年他们将销售目标又定向了一个更新的高度——100亿元。富力地产将以“富而思进，力创新高”的精神再次乘胜前进，书写中国房地产史上新的辉煌！

4-1-2　志存高远　放眼环球

——广州恒大实业集团有限公司

广州恒大实业集团有限公司（简称恒大集团）是以房地产开发为基础，钢铁冶金为龙头，石油化工为核心，电力、交通为两翼综合发展的现代化大型企业集团。系中国500强企业、中国民营20强企业、中国房地产10强企业。

恒大集团全资拥有恒大地产集团、恒大钢铁集团、恒大石油化工集团、恒大电力集团、恒大交通集团、恒大物业集团等六大产业集团，以及上市公司“恒大地产”（股票代码000502）等三十余家企业。

恒大集团拥有一支年轻化、高学历、高素质的员工队伍，中高级管理人员和技术人员近3000人，全部为大学本科以上学历，中、高级职称人员占80%。

恒大集团坚持以诚信为基础，以创新为动力，着力实施精品战略，塑造国际品牌，现已发展成为中国最具代表性的民营企业之一。

恒大集团坚持全面实施国际化战略，已建立起一个具有国际竞争力的全球生产、经营与服务网络。随着恒大国际化战略的推进，与国内外著名企业也从竞争向多边竞合关系发展，实现优势互补、资源共享、双赢发展。

恒大集团立足创新发展，建立了以经营发展战略为核心的企业组织，并以全球视野，追踪和采纳世界一流的管理经验，逐步形成了一套具有恒大特色的经营管理模式，引起社会各界的广泛关注与高度评价，被誉为“恒大模式”。被清华大学等著名高等学府列入经济管理典型案例教材。

恒大集团的战略目标是进入世界500强。

一、创造奇迹的“恒大速度”

八年时间，恒大集团超常规、跨越式发展，诠释了一个民营企业由小到大，自弱到强，初步显现出世界级企业雏形的发展轨迹，创造了无数个“第一”：

1997年，恒大集团首次开发的金碧花园，在广州第一次创造了连续两天昼夜排队购房，日进亿元的销售奇迹。

1998年6月，在广州市首次国有土地使用权拍卖会上，恒大集团以1.34亿元竞得工业大道南5.3万平方米地块使用权，敲响广州国有土地拍卖第一槌。

2001年，恒大地产集团金碧花园年成交量跃居广州市区第一位。

2002年8月，恒大集团成功收购上市公司“琼能源”，并更名为“恒大地产”，成为广东第一家实现借壳上市的民营房地产企业。

2002年8月，恒大集团成立企业党委，成为广州市第一家成立党委的民营企业，开创了民企党建工作的先河。

2003年，恒大地产集团位居广州房地产最具竞争力10强企业第一名。

2003年11月，恒大集团首次进入中国企业500强。

2003年12月，恒大钢铁集团成立，成为广东省第一家大型民营钢铁联合企业。

2004年4月，恒大交通集团成功中标许亳高速公路项目，首次进入高速公路建设领域。

2004年11月，恒大地产集团年在建面积达200万平方米，开创了广州乃至全国房地产企业年开工面积最新记录，销售额提前较去年全年实现翻番。

2004年11月，恒大钢铁首期工程顺利投产，实现产值规模近200亿元。

2004年11月，恒大石油集团成立，稳步推进年原油加工能力1000万吨的大型石油化工项目……

二、确立跻身世界500强远景战略

"凡事预则立"，一个企业的发展需要一个好的远景目标，恒大集团取得如此大的成就在于该集团领军人物的超前眼光和非凡魄力。

恒大创建之初，就确立进军中国企业500强的目标，通过多年来坚持不懈的努力，这一目标已提前实现。随着世界经济的逐步全球化和一体化，恒大集团适时确立了挺进世界企业500强的远景战略——在产业拓展上，瞄准基础产业，逐步形成了房地产、钢铁、能源、交通四大产业板块。在地域拓展上，立足珠三角经济圈，辐射全国，走向世界。

在不断调整产业结构、做好产品经营的同时，开始涉足资本市场。2002年8月，恒大集团成功收购上市公司"琼能源"，并更名为"恒大地产"，成为广州市第一家实现借壳上市的民营房地产企业，实现了产品经营与资本运营的"双轮驱动"，并通过一系列资产重组、兼并收购，促进了企业的跨越式发展。

战略决定战术，恒大集团敏锐的市场眼光和志存高远的战略布局，为其超常规跨越式发展注入了无尽的能量源泉。

三、社会化整合人力资源

恒大集团能够快速发展，得益于其适度超前的人才战略和竞争上岗的用人机制。恒大集团自成立以来，求贤若渴，惟才是举。随着企业的不断壮大，显现出更强更大的发展态势，吸引了海内外英才争相加盟。在广州地产界曾处显要地位的广州越秀城建集团原总经理罗国庆先生，可谓是广州地产界的领军人物之一、难得的将才，2003年8月就义无反顾地加入了恒大集团，并被委以重任，出任恒大集团总裁要职。

恒大集团的每一次招聘都成为广东乃至全国房地产业关注的焦点，屡屡刮起"引智"风暴。在2004年年初的一次招聘会上，恒大集团吸引了来自海内外12000多名中高级人才前来应聘。经过严格的复试和考核，有300多名各类中高级人才被录用。

恒大广开渠道，敞开大门吸纳人才，通过社会招聘、接收大学生、内部培养、海外引进等措施，整合企业的人力资源，并进行相应的专业化培训。对于优秀员工，定期输送出国培训，学习国际先进经验，充分提供事业平台，使员工个人发展与企业的成长形成良性互动。在劳动保障上，员工享受着较高的工资待遇，除国家法定假期之外，恒大又给予各种假期待遇，包括一年一次的免费旅游。

在企业的发展过程，恒大集团逐步形成了"艰苦创业、无私奉献、努力拼搏、开拓进取"的企业精神和"精心策划、狠抓落实、办事高效"的工作作风，构筑起了"包容、奉献、向上"的企业文化。

目前，恒大集团已拥有管理人员和技术人员近3000人，中、高级职称人员超过80%。年轻化、高学历、高素质的现代化团队为"恒大速度"的创造提供了动力引擎。

四、实时更新的管理体制

恒大集团自创建之日起，就力求采取大型现代化企业管理制度，建立以战略为核心的企业组织，摸索出一套高效务实的管理模式，并逐步形成了适应市场的"体系竞争"能力。

在管理体制上，恒大集团着力建立现代企业制度，形成了董事会、投资委员会、经理层的三级管理体系，相互制约，规避风险。集团公司与子公司之间，以产权为纽带，下放经营权，强化监督机制。

在质量管理上，恒大引进ISO9001质量管理体系，制定了一套详尽完整的精品住宅设计、施工、服务标准，保持了产品在同业中的领先地位。今年初，恒大再次发起了以"打造金碧精品，塑造国际品牌"为主题的产品品质提升活动，以提高员工的精品意识、质量意识。

目标计划管理是恒大集团快速发展的另一重

要因素。在企业的发展过程中，恒大建立了一套严格科学的计划管理体系，其主要特色是：目标分解、适度超前、压力传递。通过对周、月、季计划的控制管理，确保了全年节点目标的实现。在恒大，人人有目标，人人有任务，人人有压力，全员为目标勤奋工作、努力拼搏。只争朝夕的目标计划管理模式，始终推动着企业在发展道路上加速快跑。

随着企业的发展，恒大集团积极引入职业经理人机制，设置有效的激励约束机制和可行的绩效考核机制，在内部管理精品化方面迈出了坚实的一步。

2003年初，恒大集团开始酝酿一场轰轰烈烈的改革。春节期间，公司中层干部在金碧御水山庄召开了七天的封闭研讨会，以“规范经营，理顺管理，深化改革”为主题展开深入讨论，对各部门的工作职责及实施细则进行了重新调整和充实，形成了一套具有恒大特色的质量管理体系。

2004年，恒大集团在集团系统内部发起了“从我做起，从零开始，打造精品，再树恒大”的活动，标志着恒大集团的发展将进入一个以更高、更严的标准打造产品的精品时代，也体现了恒大集团进一步创新管理，重塑国际品牌的决心。

由于采用了高效务实的科学管理模式，恒大集团在短短时间内实现了超常规的快速发展。八年来各项经济技术指标平均每年增长速度保持在200%以上。2003年，恒大集团成功跻身中国企业500强、中国民营企业20强和中国房地产企业10强行列。

恒大集团的企业管理，融民族性、现代性和先进性于一体，业已形成自己独特的模式，并与国际现代化的企业管理接轨，这将支撑恒大集团迈向明日的辉煌。

五、持续推进产品技术创新

创新是一个国家、民族和企业发展的源泉。创新能力是衡量企业竞争力的一个重要指标。恒大集团在每一个发展阶段，始终以市场为导向，坚持科技创新，不断提升产品的科技含量。

1996年，恒大集团创立伊始，借广州农药厂转制迁厂的机会，靠先进的科学技术，治理遗留污染问题，开发第一个地产项目金碧花园，以“经济实用”的户型设计和“环境先行”的策略，赢得了市场。

2001年，恒大集团推出被誉为“广州第一豪宅”的金碧华府，打破高档住宅传统的思维定式，运用人性化的自然生态设计理念，率先采用一梯一户和“空中花园”的新颖设计，并采用新材料、新技术，获得了业内外的广泛好评和市场的认可。

在钢铁领域，恒大还将率先采用国家积极鼓励并大力支持的，世界上最先进的钢铁环保项目融熔还原技术。

六、强化企业诚信建设

依法治国，建立法制国家是我国的一项基本国策。企业依法经营是依法治国的一个重要组成部分。恒大集团自创立开始，就致力于建立以诚信为核心的企业文化，旗帜鲜明地提出了“质量求生存，诚信求发展”的恒大战略方针。

2002年8月，恒大集团企业党委成立，成为广州市第一家成立企业党委的民营企业。几年来，恒大狠抓党建工作，并将企业党建工作和企业文化建设、社区文化建设有机地结合在一起，始终把握住公司发展方向，鼓舞士气，营造团结和谐、高效务实的工作氛围。

恒大始终坚信“诚信、守法、规范”是企业能否打造“百年老店”的核心所在。多年来，该公司以实际行动、文化建设、培训提升等各种方式，教育员工诚信守法、规范经营，提高了员工的诚信意识、法制意识和质量意识，较好地形成了“诚信为本，守信为荣”、“守法光荣、违法可耻”的良好诚信守法环境，连续几年被评为资信20强企业、重合同守信用企业和纳税信誉A级企业。

恒大集团在抓好企业经营发展、诚信纳税的同时，主动承担社会责任，不断提升企业的社会责任感。不久前，为广东“十项民心工程”捐款1000万元。近年来，恒大集团先后30多次向贫困山区、灾民、贫困大学生及文化、教育、治安等社会公益事业捐款共计3000多万元。

除此之外，恒大集团还积极为政府分忧，多次举办下岗职工专场招聘会，广泛接收下岗职工就业。至今累计接收下岗职工1000余名。

“回眸来路说精彩，放眼环球更奋蹄”，2004年，恒大集团各条战线均呈现出蓬勃发展的态势。在房地产开发上，开工项目在建面积已超过

200万平方米，创造了广州乃至全国年开工面积最新记录，销售额突破60亿元；钢铁基地如期投产，实现产值规模近200亿元。除此之外，年原油加工能力1000万吨的石油化工项目正稳步推进，并成功中标许亳高速公路项目等，为恒大集团的持续快速健康发展奠定了坚实基础。目前，一个以房地产开发为基础，以钢铁冶金为龙头，以能源、交通为两翼综合发展的现代化大型企业集团已经形成，并初步显示出世界级企业雏形。

志存高远的恒大集团正走在挺进世界500强的康庄大道上。

七、恒大集团近年所获主要荣誉

【恒大集团】

中国企业500强（连续两年）

中国民营企业20强

中国房地产百强企业第五名

中国房地产领先企业

中国十佳品牌开发商

中国城市运营商50强

广东省（广州）房地产最具竞争力企业20强第一名

广东省百强民营企业第九名

广东省优秀企业

中国广州质量诚信品牌领先企业（集团综合类）第一名

广东房地产资信20强（连续两年）

广东省房地产诚信企业（连续两年）

广东省企业文化建设十佳先进单位

广州房地产综合实力30强前列（连续三年）

广州市社会治安综合治理先进集体（连续五年）

广州市“重合同、守信用”单位（连续五年）

广州房地产最具竞争力企业10强第一名

广州市纳税信誉A级企业房地产类第一名

广州优秀住宅品牌奖

全国城市住宅建设试点小区

全国城市物业管理优秀示范住宅小区

中国著名城镇化社区50佳

4－1－3　跻身国际性竞争平台　打造世界级旅游王国

——广州市长隆集团

广州市长隆集团是一家大型私营旅游企业，总投入超过15亿元，拥有香江野生动物世界、长隆夜间动物世界、香江鳄鱼养殖场、长隆酒店、香江大酒店和香江海鲜酒家等六大实体。2001年营业总额达3.6亿元，上缴税收2000多万元，创造就业机会2300多个。两大动物世界开业以来共接待国内外游客1000多万人次。2000年10月，香江野生动物世界被国家旅游局授予首批国家AAAA级旅游景区。

一、明确发展思路，创新经营理念

上世纪80年代，长隆集团的创办人苏志刚作为改革开放后第一批洗脚上田、具有强烈开拓创新意识的农民个体户，从贩卖猪肉开始了白手起家。1989年创办香江海鲜酒家，随后转向经营饮食企业。1994年5月开办香江大酒店，使昔日的大排档逐步发展为集餐饮与旅业于一体的三星级酒店。同年，香江野生动物世界立项，3年后建成对外营业，公司经营项目由餐饮业向旅游观光业挺进。2000年底，在紧邻香江野生动物世界的东南侧，开发了长隆夜间动物世界，旅游项目进一步丰富。2001年底，与夜间动物世界相配套的长隆酒店试业。回顾公司的创业历程可以看到，从贩卖食品到涉足饮食业，从经营酒店到开发旅游观光业，企业的发展环环相扣、步步为营，产品由低级向高级提升，项目由一元向多元嬗变，以旅游为主业的发展思路越来越明朗，使企业能够集中优势资源做大规模、做高档次、做出品牌。

与此同时，长隆集团十分注重创新经营理念，将发展旅游业与生态环境整治、珍稀动物保护、先进养殖技术引进、科普教育以及公益事业发展紧密结合起来，走出了一条企业经济效益与社会效益“双赢”的成功之道。从“动物园首先应该是一个植物园、一个公园”的强烈环保意识出发，两大动物世界的规划、设计和建设均按照环境园林化的原则进行。园区地处一片生态林内，绿化覆盖率超过90%，园内处处花树掩映、空气清新，既解决了一般动物园异味刺鼻的问题，又为周边地区提供了一个"大氧吧"。长隆在野生动物的保护与研究方面也取得了丰硕的成果，成功繁殖珍稀白虎40多头，在国际同业引起了轰动，获得广州市科技进步一等奖；2000年12月，国家林业局批准两园建设"南方珍稀野生动物救护繁育中心"项目，野生动物保护工作跨上新境界。两大动物世界除了为人们提供休闲游览外，还通过科普长廊、动物学堂、儿童动物王国、动物育幼室、动物解说牌等多种渠道，对公众进行生动有趣的科普教育。2000年香江野生动物世界被授予"广东省科普教育基地"称号。此外，长隆集团一贯热心公益事业，主动回报社会。两大动物世界多年来坚持对儿童和70岁以上的老人实行免费，仅此一项就有近80万人次受惠，而半价优惠参观的中小学生也超过了60万人次。几年来，长隆集团还为教育基金、治安基金、支援灾区、扶助建校等多项公益事业捐款达2000多万元，社会效益显著。

二、紧盯国际标准，全力推陈出新

面对广东旅游市场强手如林的竞争环境，长隆集团一开始就确立了与国际标准接轨，赶超国际同行，高起点、高标准建设各大项目的竞争策略。香江野生动物园建园以来，每年均从国内外引进珍稀动物，目前拥有动物近500种，10万多头（只）。其中包括白虎、白狮、北极熊等世界级动物珍品，大熊猫、中华鲟、金丝猴等国宝级动物，以及众多的国家一、二级保护动物，成为全国珍稀动物最多的动物园，在国内同行中独占鳌头。在兴建长隆夜间动物世界时，又力邀世界动物园协会长哈里森会长亲自主持总体规划，由国际知名专家专门设计园区的笼舍和展区，使该园充分展现了当今世界动物保护的一流水平，成为继新加坡之后世界第二家同时也是世界最大的夜间动物世界。为了使景区的旅游功能更加完善，长隆集团又在夜间动物世界西侧动工兴建了一家与景区相配套的五星级标准的长隆酒店，将商务会议式酒店与休闲度假式酒店融于一炉，是世界第二家在酒店庭花园中放养老虎的酒店。由于酒店旅游度假的特色很强，目前已成为广州地区开房率最高的酒店之一。

在营销策略上长隆集团也别具一格，不同的时期，不同的节日，总有不同的"卖点"推出。首先是不断引进"新、奇、特"的动物品种，让游客总能从动物园中找到兴奋点。如抓住常年生活在零下70多度的北极熊能否在炎热的广州生存下去的悬念，耗资上千万元，邀请国际动物馆舍设计专家罗宾巴博士建造国际领先水平的北极熊馆，吸引了众多旅客；2000年农历龙年春节，兴建了大型中华鲟馆，使游客龙年看"龙"，一睹"水中鲟龙"的风采；2001年是蛇年，又特意引进了世界最大的鳊巨蟒王和数十种世界珍稀蛇类，让游客蛇年看蛇，大饱眼福。除了提供静态的观赏外，还以各种动物表演来吸引游客，常年推出娱乐性、趣味性强的鳄鱼、大象、北极熊、鹦鹉、南美海狮和河马等动物表演。在长隆演艺广场可同时容纳12000名观众，上演哥伦比亚、白俄罗斯、乌克兰等世界各国的马戏杂技表演。在宣传推广上，同样别出心裁。1997年，先后两次用波音747专机从南非大规模引进动物，成功地制造了"轰动效应"，知名度大为提高；通过多方努力，使"2002年度国际华裔小姐竞选总决赛暨颁奖晚会"在长隆夜间动物世界举行，影响越出国门。

三、荟萃八方精英，实现管理跨越

从一间只有十几个临时工的大排档，发展到一家拥有六大企业实体、2300多名员工的大型旅游企业集团，企业管理难度剧增，对洗脚上田的农民企业家来说是一个巨大的考验。经过多年探索，长隆集团找到了自己的破解良方：千方百计广纳四海贤才，荟萃八方精英，努力实现从家族式管理向现代企业管理的大跨越。早在香江野生动物世界筹建之初，长隆集团就非常重视引进专业人才，紧紧盯着国内外野生动物保护、饲养和管理方面的精英，以优越的工作环境、丰厚的薪酬福利、广阔的实践空间以及求贤若渴的诚恳态度，招揽了一批知名的教授、博士、高级畜牧师、兽医师等等，仅本科以上的技术人员就达四五十人，还与华南农业大学建立了长期合作伙伴关系，由该校为公司培养和输送专业人才和技术。在这些专业人才中，大部分都是中共党员，他们既有过硬的专业技术，又有较高的思想政治素质，在推进党的工作和企业发展中发挥了中流砥柱的作用。1997年公司成立党支部以来，结合企业的实际，制定了“五个一”制度，实行每月召开一次支委会，每季度召开一次党员大会，每半年研究一次党员发展工作和过一次民主生活会，每年组织党员外出参观学习一次。同时，公司每年划拨专项活动经费，支持党支部开展各种活动。通过加强党建工作，增强了企业的凝聚力，较好地发挥了党员的先锋模范作用，使公司的战斗力和生命力更加旺盛。

为寻“千里马”，长隆还把目光投向国际级的大师，重金聘请了一个由国际动物园协会会长哈里森先生牵头组织的国际高级智囊团，为公司提供技术支持。这些高级顾问将国际上先进的经营方式、管理模式和前沿技术及时输入，使公司的经营运作始终与国际水平保持同步发展。随着高级人才的大量引进，苏志刚先生早期创业时曾经参与集团管理的亲属也逐步退出了管理层，基本实现了从家族式、粗放型管理向规范化、集约型的现代企业管理转变，向现代化的世界级旅游企业集团的目标继续迈进。

4-1-4　发展第三方物流的做法与经验

——宝供物流企业集团有限公司

宝供物流企业集团有限公司创建于1994年，总部设于广州，1999年经国家工商局批准，成为国内第一家以物流名称注册的企业集团。目前已在全国40多个城市建立了7个分公司、48个办事处，形成了一个覆盖全国，并向美国、澳大利亚、泰国、香港等地延伸的物流运作网络。企业拥有先进的物流信息平台，为全球500强中40多家大型跨国企业及国内一批大型制造企业提供物流服务。

宝供集团汇聚和培养了一大批熟悉中西文化、深谙现代物流和供应链管理内涵、具有丰富运作经验的员工队伍。目前企业有员工1100多人，其中70%以上达到大学文化程度；管理人员占总人数的12.3%；工程技术人员占总人数的23.6%。

宝供集团业务范围包括物流规划、货物运输、分销配送、储存、信息处理、流通加工、国际货代、增值服务等一系列专业物流服务。2003年，宝供集团运作货物总量超过300万吨，仓库年进出货物过亿件，实现营业收入近4亿元，是目前我国最具规模和专业化的现代第三方物流企业之一。

一、不断创新经营理念，促进物流经营的现代化

现代物流业是一门新兴产业，现代物流不同于传统意义上的仓库、运输，而是集各种现代高科技手段、网络信息通信技术以满足客户的需要建立起来的供应链一体化物流服务。因此，宝供集团自成立之日起，就不断汲取国外先进物流理念，大胆探索和创新。集团成立初期，基于对市场的敏锐观察和分析，在国内率先打破传统的分块经营、多头负责的储运模式，建立门对门的物流服务方式。从生产中心到销售末端，无论中间经过多少环节，采用多少运输方式，一概实施全过程负责。集团首先采用这种方式为宝洁公司服务，使宝洁公司在中国的分销业务得以顺利开展，市场不断扩大，收到了良好的经济效益和社会效益。1994年起至今，随着客户分销网络的拓展，宝供集团逐渐建立起覆盖全国的分支机构体系，并向境外延伸，形成了国内第一个覆盖全国、提供物流全过程服务的物流运作网络，业务蒸蒸日上，声誉不断提高。在为客户提供服务的过程中，宝供集团始终秉承“为客户创造价值”的经营理念，不断优化客户服务模式、提高服务质量、降低物流成本。从2000年至今，宝供已先后完成了红牛、联合利华、飞利浦、TCL等客户的物流系统的整合优化，使客户分销中心数量、库存水平明显降低，服务质量也得到了很大改善，创造了巨大的整合价值。2000年起宝供参予了TCL的物流系统的改造，在广泛调研的基础上提出了改进方案，该方案的实施使TCL每年节省大量的物流费用。宝供在为飞利浦公司服务两年的多时间里，通过信息技术的运用和运作模式的改变，使其从几十万台的电视机库存下降到几万台，利润直线上升。1997年，宝供集团建成国内第一个INTERNET（国际互联网络）/INTRANET（企业内部互联网络）的物流信息系统，在与客户进行电子数据交换方面取得重大突破，并在此基础上，实现了企业之间物流、资金流、信息流的流程整合，优化了客户供应链，标志着第三方物流服务供应链体系的形成。

二、充分发挥第三方物流服务的优势，增强企业的市场竞争力

所谓第三方物流服务，是指相对于生产、消费的“第三方”，为生产和消费双方提供的专业化的物流服务。宝供集团第三方物流经营模式，是以市场需求为导向、物流系统优化为基础、信息技术和管理技术为手段，推动资源的合理配置和社会优势资源的整合，构筑完整的综合价值链，为客户提供一体化、专业化、全过程的物流服务。主要服务内容：一是物流策划，包括物流规划与模式设计，按客户的需求进行个案分析，为客户度身量体设计出独特而适宜的物流规划方案，从而支持和满足客户持续发展的需要。二是物流运作管理，包括运输、仓储、装卸、包装、分拣和理货等管理，以规范化的业务运作管理系统，规范业务部门的运作标准，明确规定业务运作管理机构的设置及职能、操作岗位及职责、作业分类及运作流程、各项作业的标准操作程序(SOP)以及各项作业的考核办法。三是物流信息，包括信息系统规划、信息技术支持、信息管理，为公司和客户双方监控物流过程提供实时、准确的信息服务。第三方物流服务，能够向客户提供专业化、规范化和更经济的物流运作管理服务，使客户放心地将原材料采购、运输、仓储和产成品加工、配送等物流服务业务交由宝供第三方物流企业去运作，有利于客户专注于主业的发展，增强企业的市场竞争能力。

为推动中国现代物流实现跨越性的发展，全面提升中国现代物流的管理水平和运作水平，进一步满足市场发展的需要。宝供集团计划在全国沿海以及内地重要城市兴建十五个面积在20－60万平方米的高效、大型现代化物流基地，形成以现代物流为枢纽的网络体系。苏州宝供物流基地一期工程已于2002年11月投入运营，广州宝供物流基地第一期工程也于2003年6月正式投入运营，合肥宝供基地于2003年8月投入运作，上海宝供物流基地、宝供顺德国际综合物流基地已先后于2004年3月28日、2004年11月18日举行了奠基仪式。此外，北京、南京、沈阳、天津、苏州等基地的第二期工程即将启动。建成后的物流基地不仅仅是现代化的储存、运输、分拨、配送、多种运输交叉作业的中心，同时也是加工增值服务中心、商品展示中心、贸易集散中心、金融结算中心、信息枢纽及发布中心，并提供“一关三检”、物流科研培训服务，为生产制造及流通产品、进出口产品提供全球供应链一体化的服务。

三、建立先进的物流信息系统和运作网络，不断提高物流服务效率

采用信息网络技术，构建现代物流业体系发达的神经系统，是提高物流服务效率的重要保障。宝供集团从1997年开始，累计投入了数千万元资金、建设了基于INTERNET/INTRANET功能的物流信息管理系统，实现对全国各地物流运作信息实时动态跟踪管理，确保信息处理的及时性、准确性和有效性。客户可通过INTERNET或其它网络方式，利用该系统实时了解自己货物的运作信息，确保对货物的有效管理控制。2001年，借助VPN平台、XML技术，宝供集团实现了与飞利浦、宝洁、红牛等客户电子数据的无缝链接，全面代替了传真、输单等手工操作，摆脱了落后的手工对账方法，而代之以利用数据库、网络传递等计算机辅助手段来实现数据的核对、归类、整理，极大地提高了工作效率。这一技术的采用，给客户的库存管理提供了很大便利，也促使形成了一种新的管理模式，促进了客户成品管理水平的提高。宝供集团这套信息化应用系统被英特尔公司誉为目前国际上先进的物流信息系统，也是全国最早以信息服务驱动提供物流全面解决方案的第三方专业物流公司。

2002年，公司在IT系统上再投资1000万元，寻求与国际大型信息企业合作，开发出适合中国物流需要的，中国一流的物流信息系统。于2003年正式启用TOMS（全面订单管理系统）与WMS（仓库管理系统)，该系统的采用使整个运作过程更加可视化、可控化，最终实现物流信息在一个高效系统内闭环管理。同时，宝供集团建立了覆盖全国的物流运作网络，从根本上改变了传统储运存货、接货、发货、送货多头负责、责任相互推诿以及多环节、高费用、低效率、难以监控的被动局面，确保了面向客户一致性、一体化的全程服务，实现了对物流运作网络的集中监控管理。物流运作网络的建立为大型制造企业在全国范围内的分销提供了高效、可控、透明的物流支持体系，是促进制造业企业拓展市场，提高资源利用率、降低成本的有效途径。宝供集团将工业化管理标准应用于物流服务系统，并全面推行 GMP 质量保证体系和 SOP 标准操作程序，成为国内第一家通过美国 GMP 认证的物流企业。宝供集团的整个物流运作自始至终处于严密的质量跟踪及控制之下，确保了物流服务的可靠性、稳定性和准确性。

2003 年，宝供集团的货物运作可靠性达到 98%，运输残损率为万分之一，远远优于国家有关货物运输标准。

四、努力开发智力资源，为拓展业务提供高素质的人才支持

通过高起点招聘、加强培训、完善用人机制和激励机制，宝供集团逐步建立起一支高素质的专业人才队伍。该集团现有 1100 多名员工，其中大专以上学历达到 74.8%，拥有包括教授级、博士后、博士、硕士在内的高层次、高素质的专业人才，还聘请国内外大批物流领域的资深人士组成专家顾问团，提高企业的咨询、决策水平。为了未来需要，宝供已在筹建物流博士后流动工作站，在公司内部推行“北极星”计划，每年从大学毕业生中招收一批优秀的毕业生，对他们提供完善的培训，宝供已经为参与未来的竞争准备了充足的人才。同时，为激励与推进物流行业人才的成长，宝供集团设立了行业公益性的“宝供物流奖励基金”，用于奖励在物流科技、物流理论、物流管理工作及对物流宣传普及方面有突出贡献的各类人才和项目资助，并面向 15 所大学提供奖学金。从 1997 年起，宝供集团在国家经贸易委等部门支持下，与北京工商大学合作，每年召开一次“物流技术与管理发展高级研讨会”，邀请中外物流界的专家、学者、政府主管部门的领导及企业的物流管理者交流、研讨、传播现代物流知识及理论、技术方法，解决物流实践中存在的问题，介绍先进的物流技术与管理经验，迄今已成功举办了八届研讨会，引起了社会各界的普遍关注，为物流业的发展提供了理论指导。鉴于目前国内物流人才短缺的现象，宝供物流企业集团还和清华大学珠海科技园合作，共同创办了物流管理培训中心，为社会培养并输送优秀的物流人才。

宝供集团的物流系统，为客户提供了专业化、规范化和经济的物流服务，有利于客户专注于主业的发展，提高企业的核心竞争力；有利于客户优化管理机制，不必再按“小而全”、“大而全”的模式建立自己专业的物流运作队伍、管理系统、信息系统等，节省了在物流系统、物流资源方面的巨大投入，避免了重复建设的投资浪费；有利于整合优化客户的物流系统，使供应链上的物流、信息流最优化；有利于整合社会各种优势的物流资源，减少了物流环节，降低流通费用，使运作成本最低化。宝供物流覆盖全国的运作模式和信息的网络，可以帮助客户以最省的时间拓展营销网络及营销市场，增强客户的市场竞争力。在买方市场导致利润率下降，生产和销售成本控制下调空间日益缩小的情况下，现代第三方物流业已成为继有效利用活劳动、物化劳动和自然资源之后，降低成本，提高经济效益的重要途径。

五、宝供未来的发展目标和战略

宝供未来的发展目标是成为国际上较具影响的中国第三方物流企业。运作和管理达到国际先进水平。根据这个发展目标，在未来 3～5 年内，企业发展的主要战略规划是：

（一）供应链一体化发展战略。

宝供集团十年来致力于现代企业供应链一体化的高水准服务，并已形成领先行业的水平和基础。近年来开始探索和实践在流通领域中的分销及连锁企业中的配送业务、港口物流业务和快运业务，并已取得成效。基于对未来市场变化的判断，在 3～5 年间，投入较大的资源，通过与铁路、航空、港口等社会机构的合作，致力于形成包括供应链物流、快运业务、流通配送为主体的三大物流体系和服务网络，以提升宝供集团的整体竞争力和企业价值。

（二）网络战略。

拟在全国 20 条主要干线构造一个安全、稳定、准时、可靠的快速通道，现已开通了广州——上海的定时汽车班车；与大连港合作开通了广州——大连的南北航线；拟进一步与铁路部门及航空公司共同开辟新的运输线路，与其它同行探讨以武汉为中心的南北干线的交叉理货中心的建设。最后将形成一个快速的干线运输网络。

在全国10个主要城市开展深度分销配送业务，构建一个B TO B，B TO C的运作网络，形成一个以干线运输（大动脉）和区域配送（血管）和城市配送（毛细血管）三级连动的运输配送体系。目前，配送业务已经在广州、上海、北京、沈阳、成都正式启动，配送的范围有的已经到达了蒙古包、漠河边疆、哨所，以及乡镇、家庭。最后将形成一个深度覆盖的配送网络。

（三）基地战略。

为适应中国加入WTO所带来的机遇和变化，宝供集团拟在全国15个经济发达城市投资建设大型现代化的全球供应链一体化的综合性物流服务平台（每个服务平台占地面积20－60万平米），形成一个以现代化物流服务平台为节点的运作网络。该平台不仅是一个现代物流中心，还是商品增值服务中心、商品采购中心、运输中心、交叉理货中心、多种运输交换作业中心，同时也是商品交易中心、金融结算中心、信息处理服务中心。

（四）科技战略。

为了更好地服务于客户，向客户提供更多、更好、更快的物流服务，促使物流生产模式由人力密集型向技术密集型转变，不仅加大力度完善、提升宝供现有物流信息管理系统的服务能力，并与全球著名的IBM公司签订有关引进国外先进信息技术的合同，共同联手打造一个基于支持全球供应链一体化的信息服务平台。引进国外先进成熟的适用信息系统和软硬件技术、设备及运作技术。

（五）人才战略。

宝供将坚定不移地推行自己的人才战略，从国外、国内各方面吸收优秀人才充实到公司各岗位。在吸纳人才的同时，更加注重对他们的培养，不断完善自身的培训机制，为公司参与未来的全球竞争奠定基础。

4－1－5　实施品牌战略　促进企业发展

——广州市立白企业集团

广州市立白企业集团成立于1994年，是一家大型日化企业。近年来，在跨国集团纷纷介入中国市场，竞争日趋激烈的情况下，公司坚定创民族品牌的信念，深入持久地实施品牌战略，走出了一条成功之路。目前，集团精心培育的品牌“立白”已经成为中国洗涤用品市场的主导品牌之一，“立白”商标被认定为广东省著名商标，是广州市私营企业首次获得省著名商标称号。在实施品牌战略中，企业的综合实力也显著增强，已发展成为拥有10家全资企业和6家合资企业，在省外设立4家分公司的大型企业集团，企业总资产达3.66亿元。2001年，企业销售收入达10.65亿元，上缴税收1900多万元。从1996年起，连续6年被评为“广州市私营企业纳税先进单位”。企业乐善好施，造福社会，从1994年至今累计为社会福利、体育事业捐款近1000万元。主要做法是：

一、抓质量管理，依靠质量创品牌

在激烈的市场竞争中，产品质量是打响品牌，赢得市场的关键。企业成立之初，立白就把质量视为品牌的生命，建立了严格、规范的质量管理网络。一是坚持高标准，健全质量标准体系。完善的质量标准体系是提高产品质量的基础。立白集团是国内第一家采用OEM贴牌生产模式的洗涤用品企业，有各类产品贴牌生产企业29家。针对贴牌生产容易出现管理失控、标准不一等问题的特点，我们根据产品特性，分别采用国家标准GB系列、行业标准QB系列、公司标准Q/（GZ）LB系列，共建立了153个产品标准，形成了从原材料、包装物、半成品到成品的一整套严格、规范的质量标准体系。我们还坚持不断更新、完善，修订、提升各类产品标准，使产品质量始终紧贴消费者的需要，始终领先于其他同类产品。二是坚持严要求，严格产品检验检测。在立白集团生产基地——广州立白（番禺）有限公司，建立了50多人的质量检验检测队伍，并从国外购置先进的分析测试仪器，提高了产品质量检测的可靠性。配合质量标准体系建设，建立了相应的检验检测项目，从原材料到成品，从常规理化分析测试到产品应用洗涤测试，每一道工序都必须经过产品检测，每一次检测都必须经过生产过程检验、中心化验室检验、集团公司检验室检验“三关”，道道过关，时时严防，确保产品优质化。对贴牌生产企业，采取点样分析、随机抽样相结合的办法，解决了生产过程中质量检测代表性问题，当产品出现质量问题，就一抓到底，决不手软。企业刚开发生产牙膏的时候，前几批产品部分指标不合格，就果断决定将这几批产品作废处理。为此，企业损失了几十万元。三是坚持高水平，提高工程控制能力。产品制造控制水平往往决定产品质量的稳定性。立白集团加强了对生产自动控制操作员工的培训，配备工程技术人员作现场技术管理，使生产与质量始终处于良好的控制状态。同时，引进全自动控制生产线，从原材料投产、生产过程控制到工艺参数检测，实现高度自动化，把一切人为因素造成的质量问题降到最低限度，确保了产品质量的稳定性与过程控制的准确性。严格的质量管理，使企业上下形成质量就是生命、质量就是市场、质量就是饭碗的观念，人人重质量，人人管质量，使质量管理落到实处。产品质量有了保证，在消费者中、在市场上也就树立起了良好的品牌形象。多年来，企业产品抽检合格率达100%，客户满意率在98%以上。今年3月，“立白”获得了国家质检总局颁发的“国家质检产品证书”，目前正在申报“中国驰名商标”。

二、抓科研开发，依靠科技立品牌

立白集团坚持把科研开发作为树品牌、兴企业的根本途径，大力加强产品研究开发。成立了专门的研究机构，构建起多层次、多学科的科研队伍。由一批博士、硕士、工程师担纲成立了多个专业课题组，开展从原材料到产品配方的研究开发和技术储备工作。同时，加强与国内名牌大学精细化工专业的专家、学者的联系，与国内外从事原材料及应用研究开发的多个部门也建立了长期的协作关系。近年来，先后与清华大学化工学院、清华大学诚志股份公司共同研究洗涤剂中聚合物应用研究课题，解决了长期使用洗衣粉后衣物纤维变硬的技术难题；与丹麦诺维信公司开展无磷洗衣粉及洗涤剂用酶配方研究，提升了无磷粉的洗涤效果；与无锡轻工大学化工学院共同进行二合一香波配方研究。坚持不懈地开展科研开发，使企业从单一产品发展到拥有洗衣、牙膏、液洗类、皂类、个人护理、纸、化妆品等7大类共50多种系列产品。同时，企业还完成了数十种高品质、高附加值产品的技术开发储备工作，为产品的升级换代作了充分的准备。

三、抓以诚取信，依靠服务保品牌

在企业发展的过程中，立白把服务作为提升企业品牌价值的重要手段，改进服务理念，规范服务程序，坚持以诚取信，力求以信取胜。注重学习国内外先进企业的管理经验，在发展中不断完善企业服务质量保证体系，不断规范整体的服务标准及规章。建立了严格的顾客投诉服务工作程序，设立消费者投诉专线，对于距离公司100公里以内的，安排专人上门；超过100公里的，由市场业务经理或省区经理负责解决或提供服务。仅2001年，就处理了各类投诉200宗，投诉办结率达100%。同时，注意规范客户管理，不论是直接服务于生产、销售的供应商、加工厂、经销商等直接客户，还是广告公司、顾问公司、银行、物流公司等间接客户，均签订详尽的客户合同，严格执行合同条款，一切按合同办事。还专门成立了法务部门，对企业合同文本进行法律审查，规范客户服务和管理，使企业建立了良好的信誉。此外，公司还严把经销客户管理关，对客户的经营能力和信用等进行严格考察，确保了经销客户的素质和稳定。

四、抓品牌效应，走规模化、专业化发展道路

为了应对入世的挑战，实现企业的可持续发展，我们不断丰富产品生产线，实行多品牌齐头并进。目前，立白企业集团已先后培育出“立白”、“彩奇”、“碧影”等八大品牌。为了适应企业集团化、专业化生产的需要，还不断扩大销售网络，在努力开发国内市场的同时，积极争取自营进出口权，努力参与国际竞争。同时，投资2亿元在永兴工业区兴建了占地200亩的大型生产基地，在芳村购买了8000平方米的办公大楼。立白人坚信，只要深入持久地实施品牌战略，企业一定能不断发展壮大。到2005年，完全可以实现销售收入超50亿元的目标，打造广州日化行业的“航空母舰”。

五、坚持与时俱进，努力开创私营企业党建工作新局面

2001年6月，立白集团成立了芳村区第一个私营企业党支部。在组织建设上，根据企业内党员流动性较大的特点，既坚持党的组织原则，又灵活务实，根据党员同志的自愿申请，把15名党员的组织关系转入企业党支部；对暂不能转入组织关系的，发出调函，核实党员身份后，将其纳入支部管理教育。

目前，已有40余名党员纳入了支部管理。在企业中层以上管理人员中，党员人数占60%。在党支部的活动形式上，注意把握私营企业党建的特点，不断创新党支部活动方式，把推动私营企业党建工作与企业文化建设、精神文明建设紧密结合起来。一是用党的先进文化去引导、丰富企业文化建设，使企业文化建设与中国先进文化的前进方向相一致。党支部因势利导，利用集团内部刊物宣传党的路线、方针、政策，宣传共产党员的价值观，向党员解疑释惑，以党的先进文化丰富企业文化。二是号召党员在各自岗位上实践“代表先进文化前进方向”的要求。党支部努力增强党员在企业的归属感，不断激发党员的工作热情和责任感，以党员的模范行为去影响和带动广大员工，推动企业文化建设，并把这种企业经营文化渗透到生产一线、科研开发、质量管理、营销网络建设等各个领域之中。三是通过开展各种活动展现党员的风采。不论是在为企业献策大会上，还是在无偿献血活动中，党支部的成员总是吃苦在先，表率在前。2001年7月末的连绵大雨，珠江河水陡涨，危及公司在塞坝口存放的40吨物资，在公司抗洪抢险中，党员走在最前面。集团的职工称赞道：“共产党员平时看得出来，关键时刻站得出来”。

4－1－6　努力开拓创新　实现跨越发展

——广州市白云电气集团公司

白云电气集团，总部位于广州市白云区神山工业园，现辖11个独资、合资企业，四大核心生产基地，50个分支机构，500名销售工程师，5000名销售信息员，企业管理和制造员工3000多人。是一家以民营为主体，多种经济成分并存，以研发，制造和销售输配电设备为主的专业性公司，主要从事高低压成套电气设备、电源、自动化设备、电气元件制造和销售，电气技术咨询、电气安装工程、项目集成服务，电镀、喷涂、模具加工、金属结构产品制造和服务。

白云电气集团是胡家兄弟于1980年，在村里支起一个打铁铺起家的。1985年，胡家兄弟承包了濒临倒闭的农机修理厂，成立联星五金厂。1994年，投资8000万元人民币、200万元美元兴建了拥有一流设备、一流产品的高起点的广州白云开关厂。1996年，组建广州市白云电气集团有限公司，下属8个独、合资企业，3个子公司，4个经营机构。

经过二十多年代建设，白云电气集团经济实力逐步增强。1999年，通过了国际ISO14001认证；2000年7月通过该质量管理体系的复评；2001年实施的计算机集成制造系统（CIMS）通过了国家863计划/CIMS专家组的验收，被国家科学技术部授予“国家863计划CIMS应用示范企业”称号。2000年，被广州市科委评为“高新技术企业”，被广东省人民政府授予“先进集体”称号；2002年，被广州市人民政府授予“广州市先进私营企业”称号，被广东省信息产业厅评为“广东省信息化示范单位”称号。目前公司在国内行业综合实力排名第八，华南地区第一。集团的主导产品拥有自主知识产权，获得多项国家专利，高端产品技术达到国际先进水平，部分核心产品的技术水平居于国内领先地位。

一、技术创新，从劳动密集型向知识密集型转变

白云电气集团始终把技术创新看作是企业生存和发展的生命线，不断加大力度引进高新技术，提升企业技术水平，使企业长期保持在同行业中的领先地位。

一是把企业信息化建设作为技术创新的基础

和重点。公司每年投入新产品研发的费用不低于全年销售额的5%，每年投入市场销售的新产品在20个以上，每年的新产品贡献率在30%以上。经过多年的技术改造和产品升级换代，目前白云电气有高低压元件、高低压成套、直流电源、UPS不间断电源、配电及配网自动化、工控自动化、楼宇自动化、母线槽、电源装置等产品共20大类50多个系列，1000多个品种。先后通过了ISO9001、ISO14001等国际标准认证，多项产品被评为广东省优质产品和广州市名牌产品，形成了具有国际市场竞争力的技术基础和项目研发优势。

从1992年开始，先后引进了100多台具有国际先进水平的数控加工设备和300多台具有国内领先水平的加工设备，成功地将信息化技术引入传统电器设备制造业。运用国际先进的智能化技术手段，将产品从研发、制造到销售的整个过程通过计算机系统进行科学的整合，使企业从手工作坊式生产转变为采用信息技术生产，在产品质量和技术方面都实现了新的飞跃。

二是加强与知名跨国企业合作，提升核心技术水平。为了巩固和提升企业在技术和市场上的领先地位，白云电气集团积极争取与世界级企业捆绑运营，在合作中学习、吸收其先进技术。在新产品开发上，致力于和国际知名企业如TOSHIBA、SIEMENS、ABB、ALSTOM、施耐德等进行技术合资合作和交流。

白云电气集团先后与日本东芝公司组建了“广州东芝白云电器设备有限公司”，致力于研究、开发、生产处于国际先进水平的中压真空断路器（VCB）系列产品、充气柜（C－GIS）和SF6符合开关等高科技产品。通过“三步走”，从元件方面合作，发展到大容量UPS电源方面的合资合作，最后实现在世界上居领先地位的核心技术真空泡技术研发生产的合作，实现了技术水平的新跨越。

与此同时，公司注重与国内大专院校、研究院所的技术合作交流。从1998年开始，先后与机械工业部西安高压电器研究所、机械工业部沈阳电气传动研究所、机械工业部天津电气传动设计研究所、机械工业部上海电器科学研究所、西安交通大学等建立了长期广泛密切的合作关系。

三是重视引进和培养高新技术人才，为技术创新提供保证。白云电气集团把人才视作企业创新的基础和源泉，高度重视吸引和培养现代科技人才。公司现拥有工程技术研发人员近350人，其中高级工程师35人，工程师87人。“百川归海，有容乃大”，白云电气追求以人为本。在关注人才资源方面，吸引各路精英纷纷加盟，并为其施展才学搭建舞台。公司成立了白云电气管理培训学院，与中山大学等高校、著名培训机构联合，开展EMBA等从基层到中高层的一系列培训，实现了外部联合，内部培训的效果。同时将部分技术骨干和管理骨干派送至法国、日本、德国等地学习世界先进技术和管理水平。

二、管理创新，从手工作坊式管理向现代企业管理转变

公司的战略规划与管理体制的特色之一是走资本运营的模式，产权结构向多元化发展，让足够的资源支持白云的核心发展业务，在核心业务成长的同时，不断走合资、合作或联合模式，保持每个方块在管理上有足够的空间进行创新。

在激烈的市场竞争中，如何缩短交货期限、提高产品质量、降低生产成本和改进服务水平，对提升企业管理水平提出了迫切的要求。为此，1992年2000年8月，白云电气共投资2300万元构建了以计算机中心为网络中心、总长为3500多米。被称为“白云内环路”的100M光纤主干道为纽带的企业内部网络，将全厂500余台计算机有机连为一体。实施的BY－CIMS系统通过了国家科技部和广东省863/CIMS主题专家组专家的测试验收，并于2001年3月获得由国家科技部颁发的“国家863计划CIMS应用示范企业”荣誉证书。

BYE－CIMS系统的运用实施，使产品设计完全实现了计算机化，图纸的电子化设计程度达到100%，图纸查阅时间仅需几秒钟。ERP系统的实施，实现了产品基础数据、生产、物流、财务、成本、人事等管理模块的优化组合，实现了产品单项成本核算，使生产能力平衡、限额发料、在制品管理等生产管理水平得以大幅度提高，产品生产周期缩短了三分之一，采购周期缩短50%，仓库流动资金占有率下降了18%，赢利能力提高了60%。

公司建立了现代企业制度和完善的法人治理结构，形成以市场为企业进步的龙头，以国际化为企业的发展导向，以产业化为企业发展的支撑，以管理改革为企业发展的驱动，以科技创业为企业发展的牵引的战略模式。

三、制度创新，从家族式企业制度向现代企业制度转变

随着企业的发展壮大，集团领导层日益认识到，在创业初期曾经发挥过巨大作用的家族式企业制度，已不能适应形式发展的要求，必须从制度上进行新一轮创新，推动企业向现代企业制度转变。近年来不断深化企业改革，通过实行股份制、合资合作、联合等多种形式，促进企业不断向规范化、现代化、国际化方向发展。

一是积极寻求与国际知名跨国公司的合作。面对全球化经济，白云电气集团坚持专心专注、与时俱进、以人为本、稳步经营发展的思路。将国际化发展作为公司持续发展的目标和方向，通过与跨国公司合资合作来提升技术水平和管理水平。先后与日本东芝、德国西门子、NATUS、法国施耐德、瑞典阿尔斯通等世界优秀企业以合资、合作、特许、联合等多种形式进行合作，吸收国际知名企业一流技术和先进经营管理经验。为下一步实施“走出去”战略练好了内功，作好了准备。

二是加强与国内同行企业的联合。为加速产业链的形成，白云电气集团采取控股、参股、合作等多种形式在广东、南京、扬州、无锡、上海等地拓展新的产品发展方向，如电线电缆、绝缘子、变压器、继电器等相关产业。实现产品互动、市场互动、资源互通和产业化发展之路。“外引”与“内联”并行，在白云电气制度创新的过程中，通过合资办厂，白云电气实现了在低压电器领域的“借船出海”，利用并整合杨州三力公司在长江三角洲的市场网络、资金和人才，成为长江三角洲市场的有力竞争者。

三是进行内部股份制改造，让经营者与干部持股，企业的所有权走向多元化，实现股权激励。更好地处理公司核心业务与非核心业务之间的关系，让非核心业务独立发展。目标管理是基本的管理方法，通过目标传递使命、职责、文化、激励、协调等，通过以人为本的企业文化建设，使公司的功能结构更加和谐、趋同和灵活。

公司选取集团下属劳动力比较密集的五金分厂率先进行股份制改造，实行中层和基层管理人员持股，通过实股与期股相结合，将骨干员工的利益与企业利益紧密联系在一起，以此激发骨干员工的工作积极性，提高对企业的忠诚度。在机柜事业部、型材分厂等下属企业、部门实行成本包干、责任包干、内部承包等方式，将员工的收入与企业效益挂钩，全面调动研发人员、管理人员和生产线工人的积极性。同时，探索实行职业经理人制度，聘用专业的经理人员从事企业的日常经营管理，而将企业所有者的主要精力集中到制定关系企业长远发展的战略决策上去，在建立和完善现代企业制度的过程中，推动企业不断实现新的跨越。

四、系统规范，产品质量和服务质量持续稳定提高

一是由 1996 年 7 月开始导入 ISO9001：1994，历经半年的导入实施到 1997 年 2 月正式申请认证，1997 年 4 月通过广东质量体系认证中心认证（GACC），获得 GB/T19001 - 1994 - ISO9001：1994 标准的证书。经过三年的贯标，质量体系得到不断改进和完善，各项质量活动逐渐规范、流程不断优化，产品的设计质量和生产质量以及服务质量得到了系统规范，持续稳定提高。产品质量管理由 TQM 向一体化迈进，与供方和顾客建立了良好的供销链。于 2000 年 7 月通过 ISO9001 质量认证体系；2001 年 12 月底 ISO9001：2000 的转版与计量体系（ISO10012）（1999 年已通过认证）优化工作将齐头并进，2003 年完成质量管理体系 2000 版系统再造。

二是为创造发展和环境保护的协调，在加强经营业绩的同时兼顾提升环境业绩，从 1999 年 12 月认证 ISO14001：1996 环境管理体系以来，系统统筹环境改进和环境控制，各种环境因素得到有效控制，同时努力为建设现化化文明的工业园做贡献，每年都有超过 100 万的环保投入，用于改善生产现场和社区的环境建设，积极响应政府环保政策，持续改进环境表现，努力降低和消除环境污染，建设文明工业园，创造现代美好生活；2002 年 1 月工厂按计划推行 OHSAS18001：1999，立足对员工负责的态度和立场，改善职业安全卫生，加强劳动防护并优化作业环境；于 2002 年 10 月底实现了 OHSAS18001 & ISO14001 一体化整合，到 2003 年 4 月初通过了方圆认证中心的认证，将质量、环境、职业安全卫生三个体系进行了有机整合，彻底实现了一体化管理。

4－1－7　全面提升企业素质 拓展民营科技企业发展道路

——广州市新太新技术研究设计有限公司

广州市新太新技术研究设计有限公司是一家以软件开发、信息服务和系统集成为主要业务方向的民营科技控股企业，其前身为中山大学教师邓龙龙、翟才忠等人于1986年创办的广州市新技术研究设计院。新太创立16年以来，特别是1996年成立控股公司以来，紧贴市场需求，注重技术创新，重视资本营运，强化企业管理，重视党组织建设，全面提升企业素质，保持了持续快速发展。目前，公司已拥有包括上市公司新太科技在内的20多家一级成员公司，共有员工2000多人，其中本科以上占90%多，硕士、博士占32%，业务对象涉及电信、邮政、银行、证券、政府、学校、广播电视、房地产等领域。2001年，公司的产值和经营收入均超过10亿元，位居全国民营技工贸百强企业第25名，并先后被评为"全国重点高新技术企业"、"全国创新型高科技企业"、"全国火炬优秀企业"，2001年获得"全国百佳民营科技企业创新奖"。

一、瞄准市场需求，有重点地开展技术研发

作为一个高新技术企业，新太始终把技术研发作为发展壮大的不竭动力，通过技术的开发和经营实现滚动式发展。创立之初，新太就提出了"希望在于新技术"的口号，围绕电信技术发展要求，有重点地组织研究开发。1987年，针对当时市内电话采取计次制的落后记费方式，研究开发了第一个项目——纵横交换机复式计费系统，在全省电信系统得到广泛应用。此后，又开发了大小程控交换标准计费系统、微机电传及货币回笼业务处理系统和列入国家"火炬计划"的"电脑话务员"。1993年，根据电信发展增值业务的需要，开发了"新太信息平台"第一代产品——语音应用平台，并在此基础上开发了声讯服务系统、语音邮箱系统、114号码查询系统等应用系统。1994年，新太又开发了"新太信息平台"第二代产品——数字应用平台，并在此基础上开发了200长途电话业务系统等，仅200电话系统在国内市场占有率就高达90%。这些技术适应了市场的需求，确立了新太在电信技术服务行业的优势地位，实现了企业发展的技术积累。90年代中期，新太进入"二次创业"阶段，仍然坚持把技术创新摆在十分重要的位置，以"信息的新太"为发展目标，先后与中国科技大学合作建立了产学研基地、与中山大学合作共建电子与信息科学研究所，聘请相关技术专家和教授成立了专家委员会。这个时期，新太推出了"新太信息平台"第三代产品——多媒体网络应用服务平台（MMAP），并在此基础上开发了网上办公系统、电子报税系统、大规模语音邮箱、信息交换机等，在全国点心、邮政、银行等行业得到了广泛应用，其中新太媒体公众信息网与应用系统在全国的市场占有率达到40%以上，在同行业中继续保持领先地位。

二、根据不同时期需要，有针对性地进行资本运营

新太在发展壮大的过程中，十分重视资本运营的作用。公司根据发展的不同阶段，选择了不同的资本运营方式。第一个阶段，把分散的项目资金组合为法人资本。为了便于管理越来越多的业务项目，新太把一个个具有成长潜力和发展前途的项目改组成为具有独立法人地位的公司。第二阶段，成立集团式的控股公司，把各自独立"战舰"集合组成"联合战舰"。新太将设计院改组为控股公司——广州新太技术研究院，使下属10多家公司之间资源共享、优势互补、协同作战，实现规模经营向规模效益经营转变，并通过内部公司之间的资本重组，逐步剥离了一些非赢利企业，关、停、并、转了一些分公司和子公司，使核心赢利业务更加突出。第三阶段，买壳上市筹集资金。2000年，新太与上市企业大连远洋渔业股份有限公司进行资本置换，并通过增购上市公司的法人股份成为最大股东，进而把"远洋渔业"更名为"新太科技"，实现了买壳上市的目的。2001年，新太科技配股成功，筹集到3.5亿元的资金。与此同时，新太还进行了一系列低成本进入、高效益产出的市场运作，收购、扩大和加强了一些赢利能力强的企业。目前，新太正加紧国际合作的谈判，进行国际资本运做的尝试。

三、着眼企业持续发展，有计划地建设人才队伍

新太一直注重人才队伍的建设，并把它作为确保公司持续发展的核心战略。一是建立人才激励机制。在物质激励方面，新太采取了包括薪酬、提成、奖励、股权、福利、购房、购车支持等方面的激励模式，实行基本工资、绩效提成、贡献奖金相结合的分配模式，使薪酬待遇始终高于同行业标准。在员工成长激励方面，公司根据员工岗位和职务制定了以薪酬提升、技能提升、职务提升、职称提升和综合素质提升为主要内容的“员工发展计划书”，按计划对员工尽心引导、培养、考察。在环境激励方面，为员工创造良好的学习、工作和生活条件。如每位员工一台电脑，主管以上员工每人一台笔记本电脑和一部手机；每人每天享用价值10元的工作餐；每年一次免费体检等。二是形成不同类型的人才梯队，“水面”以上为支撑公司大局的管理人才，“深水区”以内的为公司人才库中的甄选人才；另一方面在公司外部建立人才网，成立了专业技术、市场营销、营运业务等方面的“专家委员会”，聘请了员工培训、企业文化建设的专兼职培训教师队伍。三是构建人才培养的平台。按照公司不同业务、不同岗位和不同人员的要求，构建了以班组为单位的岗位培养平台、按需育才的定向培养平台、针对中层管理人员和技术人员的基地培养平台、以及以科技创新和学习研究前卫科技为目标的学研平台，形成了适应公司长远发展的人才培养平台体系。

四、立足企业实际，有效实施整合管理

新太的高速成长，还得益于先进的管理理念和手段。随着企业规模的扩张，新太提出把随意变成规矩、把僵化变为灵活、把分工变为有机协作的整合思路，主动引进外部资源、输出自身资源、集中各方资源。在进行资本整合、人才整合、战略整合的基础上，有效实施整合管理。一是整合基础管理平台。根据企业的实际，搭建了组织机构图和岗位设置图、部门职能描述和岗位职责描述、业务程序和工作程序等10对互相对应、互相贯通、互相支撑、整合运用的基础管理平台。二是整合管理原则。根据企业的运作特点和要求，制定了20条管理者必须人人熟记，具体情况具体对待，共同遵守执行的管理原则。如垂直管理和条块管理相结合的原则，每人只有一个直接上司的原则，不越级指挥但可以越级检查的原则等。通过实施整合管理，企业的素质得到了提升，保障了整个公司的运作。三是规范化管理。采用微软MSF模式进行软件开发管理，1997年就通过了ISO9001认证，获得英国（UKAS）、美国（RAB）以及中国国家技术监督局和国家商检局颁发的4份证书，是国内软件开发企业中较早的。最近，新太又获得了广州市首个企业CMM2认证。四是重视党组织和工会的建设。公司为各级党组织和工会划拨了活动经费，支持开展各种活动。很多技术骨干和业务骨干都成为党组织中的一员。公司工会作为全体员工代表与公司签定了集体劳动合同，并通过各种形式的活动成为公司与员工沟通以及员工之间沟通的桥梁，在维护员工权益，活跃企业文化方面发挥了很好的作用。

4-1-8 不断推陈出新 营造粤派新贵

——广州市新荔枝湾发展有限公司

自1994年在沙面创立新荔枝湾食府以来，广州新荔枝湾在食肆如林的羊城逐步站稳脚跟并不断发展壮大，目前已成为在广州和北京拥有高档粤菜食府6家、独资和中外合作公司5家、学院1所、员工1400多名、餐位近3000个的大型综合餐饮管理集团，2001年被世界中国烹饪联合会和中国烹饪协会授予“中国餐饮名店”的荣誉称号。回顾新荔枝湾短短几年的快速发展历程，秉承粤菜传统，不断推陈出新，保持品牌形象，是新荔枝湾赢得顾客、赢得市场的制胜法宝。

一、狠抓出品质量，不断推陈出新

新荔枝湾自成立以来，一直以保持出品的高质量作为自己经营的一大特色，并以此吸引了不少回头食客。公司认为，有缺陷的出品都是废品，不存在等级问题，并由此确定了依靠出品质量创新的名牌发展战略。为了提高出品质量，公司主要抓了4个环节：一是对食品制作流程实施全程质量监控。设定、安排落实不同菜肴的生产操作流程，制定相应的质量标准和要求，使厨房每个员工都明确各自岗位的操作标准。例如招牌菜式“浓汤大碗翅”，从原材料进货的严格验收，初步加工、　洗，直到最后煎、熬、煲的烹饪制作过程，先后经过4条线、4个岗位的烹饪制作，是一条流水线式的生产操作过程。这一流程的每个环节都有相应的操作规范制度保证出品的质量。二是建立层级监督负责制。各岗位向该岗位所属线的线长负责，线长再向厨师长负责，环环相扣，确保出品质量监控机制的落实。三是加强对员工的技术培训。建立了一系列传、帮、带制度，如师傅带徒弟制度、一帮一定员定岗专责帮教制度、定期考核绩效制度等，并形成相应机制，使带得好与带得差的待遇不同、学得好与学得差的福利各异。从而激励员工不断开拓进取，钻研学习业务技术，在掌握基础技艺的基础上大胆创新，力求形成个人风格，共同提高新荔枝湾出品的整体水平。四是加强科研，创新出品。新荔枝湾集团设立的粤菜研制中心，是国内餐饮企业中第一个研究粤菜的专门机构，成为粤菜经营管理科学化的研究基地。研制中心经过多年的探索，目前已拥有十多个获奖的知名品牌菜式。其中“谢家红烧大群翅”、“阿森鲍鱼”、“阿琼官燕”三大品牌，自1998年以来连续4年荣获广州国际美食节金奖，在饮食界中独树一帜。近年来，新荔枝湾的出品已在饮食市场打出了自己的盛誉，形成以“参、鲍、翅、燕”为特色的新荔枝湾出品体系，被誉为餐饮业中的“粤派新贵”。

二、创新管理机制，实行专业管理

优良的品牌离不开出色的管理。新荔枝湾积极建立现代企业制度，组建了由总经理办公室、管理与发展研究中心、人力资源部、财务部、公关宣传部、出品研制中心等14个部门组成的管理机构，构建了“一店五线，分片发展”的现代餐饮管理模式。管理与发展研究中心、出品研制中心、服务研究中心、公关宣传部根据专业知识和技能的特点，分别对店总、出品、服务、营业和宴会等专线进行对口管理，每月开展专线主题活动。例如宴会专线，今年以来针对“宴会服务标准化”、“宴会流程再造”、“目标顾客群分析”、“CRM和ERP在客情分析中的应用”等专题展开研讨和实践，提升管理人员的专业理论水平。为了提高管理绩效，公司全面引入了“内部市场化”管理模式，即把市场经济中的利益调节机制引入企业内部管理，围绕集团的战略目标，把内部上下流程和岗位之间的业务关系转变成平等的买卖关系、服务关系和契约关系，为新荔枝湾的企业经营注入了强大的动力。

三、注重人才培养，为创新提供不竭源泉

新荔枝湾一直重视人才培养和开发利用，把招聘、晋升、竞岗、培训和团队组建结合起来，建立了“赛马又相马”的机制，即给所有的员工参与竞争的机会和权利。公司为员工设计了针对管理人员、专业人员、基层员工的3种职业生涯设计，每一种都有一个明确的升迁方向。如对管理人员实行“岗位候补、适度空缺、首位晋升、末位淘汰、连环替补”的制度，采用“赛马”式的竞岗聘任制，打破年龄、资历、学历等界限，公开空缺岗位的任职条件、工作目标和招聘程序，努力把一流人才选拔到管理岗位上来。在此基础上，对管理人员进行严格考核、监督和审计，奖惩公开严明。通过内部市场化运作的原则，实行了风险抵押，竞选上岗，多元刺激，坚持“竞争留人、组织留人、游戏规则留人、风险利益捆绑留人”的原则，在队伍中形成了一种无形的压力和奋发向上的动力。新荔枝湾在采用“赛马”机制的同时，强化了对高层管理人员招聘的“相马”机制，确保参与竞争人员都具有较高的综合素质。为加强公司人才队伍建设，规范高学历人才的引进和管理，充分调动高学历人才的积极性、主动性和创造性，公司专门制订《新荔枝湾酒店管理公司高学历人才管理办法》，并拨款300万元设立“高学历人才基金”，用于支付高学历人才招聘、引进、管理和激励的相关费用。公司规定，具有博士、硕士学位的员工年薪分别不少于11万、10万元，住房津贴分别为32

万元、30万元，并各补贴业务用车费用12万元。这一系列措施大大地增强了对高级人才的吸引力，为创新提供了源源不绝的人才资源。使公司上下充满了朝气和活力，同时也进一步提升了新荔枝湾的品牌价值和经营效益。

四、抓党建促发展，形成良性互动的工作新局面

伴随着新荔枝湾经营的不断发展壮大，1998年，新荔枝湾建立了中共党组织，并且就党组织在私营企业中如何找准自己的位置、起到应有的作用，在不断实践、探索中走出了一条新路。一是树立党组织的威信。新荔枝湾目前共有中共党员33名，其中55%的党员直接参与公司的战略规划，其余45%分别从事高层或基层管理。这些党员无论在哪个岗位，处处都体现了较高的政治思想觉悟和道德操守，与企业同舟共济，身先士卒，敬业爱岗，以高度的责任心和良好的工作业绩，赢得了全体员工的信任，树立了党组织在私营企业的政治核心地位。二是组织活动开展与民主化管理工作有机地结合起来。在新荔枝湾的经营中，党支部充分发挥作用，成立了以共产党员为骨干的参议小组，小组坚持每月一活动，党支部坚持每季一活动，通过参议小组和党组织的活动，把员工对公司经营、管理的意见和建议收集整理，及时总结，并将其中合理化建议在全公司推广，使党组织活动成为企业实行民主化管理的重要渠道。在党支部的领导下，参议小组开展了丰富多彩的活动，维护员工合法权利，敢于和善于为员工排忧解难。如员工的晋升和处罚须听取参议小组意见，否则参议小组有权质询；工作满半年的员工，参议小组要求应按比例报销医药费用等等。这些措施有效地树立和提升了党组织在企业和职工中的威信和地位，增强了企业党组织的凝聚力和向心力。党支部还有意识地从参议小组成员中，发掘优秀的员工，为发展党的组织提供后备力量，也为企业的发展输送了新的人才。三是形成党组织建设与公司经营良性互动局面。一方面，党组织起到了坚强的战斗堡垒作用，促进了企业不断发展壮大，另一方面，企业制定了一系列措施，提高党组织的地位。在新荔枝湾，党员享有“特殊优惠”地位。如党员的风险抵押金只需要金额的50%；党员在年终业绩评估、年终诚信考评额外加分；经党组织批准加入中共预备党员的员工可晋升一级工资等等，这些“地位”是公司党员同志们以自己的实际行动赢得的。新荔枝湾党组织凝聚了党员，团结了骨干，得到了企业的支持，也受到了职工群众的拥护。多年来，在党组织的带领下，新荔枝湾积极支持社会公益事业，多次向省、市残联、重症儿童基金会、老年人协会等公益机构捐赠财物达250多万元，同时每年还组织员工分批参加义务献血活动。目前在新荔枝湾中形成了一股爱党、爱国的良好风气和积极向上的氛围，使党组织建设与企业经营形成良性互动。目前公司有46.4%的员工自愿要求加入党组织，已有16名员工向党组织递交了入党申请书。

4-1-9　全力打造科工贸一体化的现代民营企业

——美晨企业集团

美晨集团前身始建于1896年，是中国最早的牙膏专业生产厂家之一。其核心企业美晨集团股份有限公司是一家“职工控股96%，国家持股4%”的股份制民营企业，以口腔护理品、食品添加剂、化妆洗涤品、现代中药、高新分离技术设备为主要产业。集团下辖独立法人资格的子公司24个，其中合资企业4个，是集科、工、贸于一体的大型综合性高新科技企业。2003年被广东省人民政府授予省优秀民营企业，2004年又被省政府授予省百强民营企业。

美晨从一个单一的日化老企业发展为今天的综合性、多元化大企业，并能从众多民营企业中脱颖而出，原因是它在发展壮大的过程中，用改革与创新作为自己前进的武器。

一、体制改革铺就发展基石

1993年，“美晨”以敏锐的眼光迈开了产权改革的第一步，在国内同行业中率先成立“国家控股，职工持股”的股份制企业——美晨股份有限公司。之后美晨又进行了四次产权结构改革，于2001年3月，实现职工持股96%，国家持股4%。

经过一连几次的股权改革，企业成为大家的，员工“个个是股东，每人都有份”。职工对企业的关心是发自真心的，尤其是股份制改革后，美晨公司的各项指标每年以30%～40%的速度增长，职工越干越有劲儿，越做越有活力，高度的责任感和积极性得到充分的发挥。

二、强强联合奠定多元化发展方向

美晨是从牙膏专业生产起家的，经营单一的产品有很大的风险，一旦牙膏滞销，企业将面临巨大的生存困境，要走多元化的发展道路，保持企业竞争的优势，兼并与重组则不失为一条有效的捷径。1997年美晨公司吸收合并广州梦思股份有限公司，兼并广州人民日化厂，正式进入中国化妆品行业。

1999年广州市轻工研究所加盟美晨，使“美晨”快速实现企业的关键转型。广州轻工所先后承担了8项国家级科研项目，获得各级科技进步奖达10余项。其中“超临界二氧化碳萃取技术”、“分子蒸馏技术”处于国内领先地位。美晨最大限度发挥轻工所的科技优势，成立了以轻工所为核心的“美晨科技开发中心”，为美晨向高科技发展插上了腾飞的双翼。

2003年1月，美晨集团与广州轻工业供销公司实现强强联合，这一举措标志着美晨集团又一次重大战略重组拉开帷幕。广州市轻工供销公司在外经外贸及物资流通方面具有较强的优势，借助于它的优势，将为美晨在资产运营、贸易流通、外向经济拉动方面提供极大的支持。

美晨的几次强强联合，战略性重组，使美晨从传统的制造产业转变为现代化高新科技企业，从单一的日化生产企业发展成为集科工贸一体化的综合性民营企业。这一做法既迎合了美晨做大做强综合性的发展战略，而且也完全符合中国加入WTO后参与更大国际竞争、参与经济全球化的发展要求！

三、科技创新促进产业结构优化升级

美晨充分利用轻工所的高新科技成果大力改造传统产品，提高产品的科技含量。例如，全球第一支有机钙牙膏——“黑妹”CPP钙牙膏，就是应用轻工所科研成果开发成功的。“黑妹”被国家工商局认定为“中国驰名商标”，“黑妹”牙膏更是获得中国名牌产品的光荣称号。目前利用超临界技术开发成功的“黑妹”现代中药牙膏、富含野菊花精华的“黑妹”清热牙膏也已全面上市，受到广大消费者的热烈欢迎。美晨原有主导产品“七日香”化妆品在轻工所高新分离技术的融合下也已开发出30多个新品种，促进了产品的整体升级，“七日香”人参胎素美容膏被评为广东省名牌产品。原轻工所保健品的产量也创下历史纪录，2000年的产值是1999年的两倍多。和记黄埔（中国）有限公司看重了美晨在保健品方向发展的前景，主动与美晨携手合作，共同进军保健品市场。原有的食品添加剂产品，继续保持国内领先地位，“银谷”速发蛋糕油占据国内市场的半壁江山。

同时，美晨集团还利用轻工所的高新技术拓展新产业领域，寻求新的经济增长点和市场竞争制胜点。轻工所的超临界萃取技术，经美晨的孕育成为一个极具竞争力的中药现代化的产业——美晨药业有限公司，2003年6月，美晨药业正式通过国家GMP认证的评审。现美晨药业生产的复方丹参片、补身强肾胶囊已经在国内上市。轻工所原有的分离技术如“超临界二氧化碳萃取技术”、“分子蒸馏技术”也进一步商品化、产业化，2001年3月美晨高新分离技术有限公司正式成立，其高新分离设备制造已成为推广应用高新分离技术的重要手段。

四、管理创新塑造现代化管理理念

美晨为了与世界接轨，主动引进国际先进管理系统，以信息化带动企业管理的提升。并不断将现代化的经营理念、经营方式、管理方法、管理战略融入到企业的改革与基础管理的全过程中，逐步形成了自己的现代化管理战略。

美晨集团的信息管理系统由企业资源计划管理系统ERP、办公自动化NOTES系统（OA系统）和国际互联网商业网站三部分组成。

ERP管理系统将原来各成体系的财务、销售、原料、供应、生产等环节集成一体，逐步理顺了企业内部的物流供应链，极大地增强了企业内部各部门间的协调，打破了以往部门间的业务流程障碍，发现并改进以往管理上的盲区，提高了企业运作效率。美晨的LOTUS办公自动化系统建立了企业级内部沟通平台，实现信息的快速发布、沟通。在Internet企业外部网站，顾客可以随时随地登录网站，与相关部门直接联系，反馈需求。

2002年，美晨又成功实现了美晨网站的改版工程，开发完成了NOTES金匙资金管理系统及审批监控流程，开发了手提电话的短信应用、手提电脑移动办公和无线PDS和WAP手机的应用。这些都对提高企业信息化管理级数、加强内部管理和提高办公效率起到积极的促进作用。2002年美晨被广东省信息产业厅评为省信息化示范单位。

今后美晨集团决心以产品经营为基础，以科技创新为依托，以资本营运为拓展的发展思路，把美晨全力打造成中国一流的集科工贸于一身的民营高科技企业集团。

4-1-10 以创新促进发展 不断增强企业综合竞争力

——广州市利建企业集团

广州市利建企业集团原是一家成立于1984年的专营水电安装工程的小企业，经过近20年的艰辛创业，现已发展为一家集建造业、商贸制造业、科技业和房地产服务业于一体的现代企业集团。目前，集团拥有10个子公司，3个分公司和1个设计事务所，固定资产1亿多元，2001年营业额3亿多元，上缴税额1700多万元。发展起来的利建集团没有忘记回报社会，积极参与社会公益活动，热心支持慈善事业，几年来共向社会公益事业捐赠1400多万元。从一间不起眼的小企业发展到现在的规模，利建的“秘诀”在于始终坚持以创新为灵魂，以观念为先导，以改革为手段，规范企业管理，完善法人治理结构，充分调动员工的主观能动性，重视发挥党组织的先锋模范作用，不断增强企业的综合竞争力。

一、创新发展观念，奠定企业良性发展的思想基础

利建集团总裁贺丹青自创业以来，始终以前瞻性的发展思维，敏锐的市场应变力，抢抓发展机遇，推动企业不断成长。一是立志做大做强。1984年，利建集团前身——穗明水电社成立，经过近10年的艰苦奋斗，企业完成了第一次创业，积累了丰厚的创业资本。但利建并没有满足于“小富即安”，而是抓住1992年房地产和建筑业出现的机遇，在主营水电安装的同时，逐步向电力设备生产、房地产服务业等相关领域拓展，并于1995年注册成立广州市利建企业集团有限公司，以资本为纽带，投资、吸收和设立了工程施工、监理、消防、电气生产销售等多家企业，当年实现营业额1亿多元，创利税800万元，推动企业走上了新的发展轨道。二是树立诚信创业观念，塑造良好的企业形象。诚信是立业发展的基础。利建在创业之初，针对市场上一些企业“重价格竞争，轻质量保证”的现象，摆脱追求短期利益、“赚快钱”等社会观念的影响，树立诚信创业的思想，既敢于打价格战，又注重发挥质量竞争优势，逐渐在竞争激烈的建安行业中创出了“利建品牌”，为企业的发展打下了信用基础。三是瞄准市场方向，树立正确的企业发展观。利建集团意识到，建安行业竞争激烈，如果不从源头控制成本，利润将越来越低微。为此，企业及时调整发展思路，在坚持以水电安装为主业的同时，积极发展下游企业，扩大利润增长点。利建集团抓住1998~2001年国家深化国有企业改革的机遇，先后投资了海南变压器厂、番禺电器厂，并与西门子、ABB、梅日梅兰等跨国公司合作代理销售业务。同时，抓住城市建设迅猛发展的机遇，拓展了计算机网络、环保工程、房地产服务等产业，并获得了成功。四是正确分析判断市场的变化，积极强化企业的资质，走出行业垄断的保护，提高企业适应招标市场竞争的能力，为企业的可持续发展打下了坚实的基础。

二、创新产权结构，增强企业发展活力

创立初期，利建一直是产权单一的家族型企业。随着公司规模的不断扩大，这种单一的产权结构开始制约企业的发展，改革产权结构，建立规范的法人治理结构迫在眉睫。为此，利建集团于1995年组建广州市利建企业集团有限公司，2000年组建广州市利建企业集团，健全了法人治理结构，使企业向现代型企业转变。目前，利建集团下辖13家有限责任公司、股份有限公司、股份合作企业，集团与下属企业之间通过相互控股、参股，形成了一个有机的整体。经过股份制改造后的利建，各子公司、分公司的积极性被充分调动了起来，经营班子的责任感进一步增强，企业也获得了跳跃式的发展。集团成立之前的1999年，营业额仅为1亿多元，创利税1000万元；2001年完成股份制改造之后，当年营业额跃升至3亿多元，创利税近2000万元，分别增长了2倍和1倍。

三、创新管理机制，保证企业健康有序发展

利建集团十分重视加强企业管理，按照“集权有道，分权有序，授权有章，用权有度”的原则，创新管理体系，引入现代企业管理制度，搭建起一个由职业经理人组成、实施科学管理的企业组织结构，保证了决策、指挥、协调、控制工作的有序进行。目前，利建集团形成了两个层面的管理架构，一个层面是以集团总部为投资管理中心，实施重大投资决策和重大人事任免，利润来源于控股、参股公司的投资收益；另一个层面是以行业划分组建的10家专业公司为利润中心，集团通过各专业总监对属下各公司的工作进行指导、监督和管理。各层级管理权责明确，分工有序，互相监督，形成了一个有机整体，集团的竞争优势得到进一步发挥。在创新集团管理机制的同时，还建立了下属公司每周一次例会制度，集团每两周一次总裁办公会制度，通过加强集团与下属公司之间的沟通和交流，及时发现问题、分析问题、解决问题。利建集团通过管理机制的创新，责任更加明确了，管理更加规范了，决策更加科学了。

四、创新用人机制，确保企业可持续发展

一是以事业吸引人才。对新招聘的每一名管理人员，集团总裁贺丹青都要抽出时间与他们座谈交心，向他们说明企业发展的思路，让他们了解企业和个人的发展前景；在工作安排上做到用其所长，人尽其才，并建立了科学的职位晋升机制，做到“能者上，平者让，庸者下”；建立了人才培训机制，不断更新管理人员的知识和技能，仅2001年参加各类培训的就有120人。二是以灵活合理的分配机制激励人才。一方面，建立绩效考核制度，设立三个等级，年终时组成考评小组对每一位管理人员的绩效进行公开、公平、公正的考核，按评出的等级给予相应的薪酬。另一方面，对公司经理层实行按干股比例分配的制度。属下各公司的正、副总经理，除了每月领取职务岗位的固定薪酬外，还分别持有10%～40%不等的年利分股权。此外，对有特殊贡献的员工实行奖励金制度等。这些考核和分配机制，极大地调动了企业人才创业的积极性、主动性和创造力，增强了集团对人才的吸引力。目前，公司有管理人员215人，其中大专学历以上并拥有职称的占80%，为企业的发展提供了智力支持。

五、创新组织形式，发挥党组织在民营企业中的作用

随着企业的壮大，企业中党员的人数也日益增加。对此，利建给予了高度重视，并且充分发挥党组织和党员在企业发展中的作用。利建于2000年1月成立集团后，7月份就马上成立了集团党支部。近两年来，在集团总裁贺丹青的大力支持下，党支部建设不断发展，在企业的具体工作中做到“三个结合”，即把抓好思想政治工作与抓好经济工作紧密结合起来，使党支部成为集团决策者的“好参谋”；把宣传贯彻党的路线、方针、政策与抓好企业文化建设紧密结合起来，使党支部成为企业文化建设的“主导力量”；把抓好自身建设与开展企业文化活动，带动员工的工作积极性紧密结合起来，使党支部成为员工与集团决策者沟通的桥梁。

目前，利建集团及下属公司已凝聚党员25名，超过本部总人数的10%。党支部已建立健全《党员发展制度》、《入党积极分子培养、考察制度》、《流动党员跟踪管理制度》、《党组织工作制度》、《定期听取私营企业主和党员职工意见制度》和《党员、私营企业主教育制度和党员职工意见制度》和《党员、私营企业主教育制度》等一系列党建工作制度，严格按照党章要求和制度规定开展党组织活动，既保证了党支部建设的健康有序发展，又充分发挥了党员的先锋模范作用，成为企业员工在思想和信仰上可以信赖和依靠的组织。支部成立至今，集团共有15名员工先后提交了入党申请书，其中4名被确定为重点发展对象。在集团每年评选出来的先进员工中，大多数都是党员员工，去年有一名党员还被评为“广州市私营企业协会优秀党员”。

与此同时，利建集团党支部自觉围绕企业的

发展目标，积极开展各种活动，引导企业健康发展，与集团决策者之间形成了“目标同向，作用互补”的良性互动关系。如党支部积极发动员工开展“我为企业献计策”活动，并设立了“建议信箱”，不少合理化建设已被采纳并产生了经济效益；集团总裁例会的11名成员中有一半是党支部成员，其中4名是集团的中、高层决策者，在参与企业重大决策中发挥了重要作用；开展企业文化建设活动，定期出版宣传栏，举办文娱体育比赛，组织外出参观学习，接受革命传统教育等，丰富了员工的文化生活，促进了员工之间的思想交流，增强了企业的向心力，形成了脚踏实地、融洽向上、求实创新、蓬勃发展的团队精神，为企业的发展提供了强大的动力。

4-1-11　勇于创新　打造“岭南”特色的民办高校

——广东岭南职业技术学院

广东岭南职业技术学院是一所省属的民办普通高校，地处广州科学城区域内。前身是1993年创办广州天河岭南文化技术学校，至今已有10年历史。2001年5月经广东省人民政府批准，正式建立“广东岭南职业技术学院”。学院坚持正确的办学方向，依法办学，努力完善办学条件，不断开拓创新，使学院具有较高的办学质量和良好的社会声誉，形成了鲜明的办学特色。

一、树立正确的办学指导思想，坚持社会主义的办学方向

学院一贯坚持社会主义的办学方向，坚持以马列主义、毛泽东思想、邓小平理论及“三个代表”重要思想为指导，坚持以人为本、德育为先，从严治校、从严治教、从严治学，以不断提高办学质量和社会效益为目标，为社会培养德、智、体、美全面发展的、具有爱心和责任心的、适应现代化需求的实用型人才。

学院制定了具有科学性、前瞻性、可行性的五年发展规划。发展定位准确，主动适应经济和社会发展需求。把学院建设成为一所多个办学层次的综合性学院。

学院高度重视党建工作，2004年4月建立学院党委，是广东省建立党委的第二家民办高校。学院成立了“中共广东岭南职业技术学院党校”，每年培训学员800余人。

二、规范办学行为，不断完善和满足教学需求的良好的办学条件

1．加大办学投入，加快校园建设。

学院校园占地面积629亩，校舍建筑面积为165127M2，行政用房总面积达92456M2，现用仪器设备总值2671万元。

到目前为止，学院在土地、校舍建筑、活动场地建设、仪器设备、图书资料等方面的投入达到21744万元。

2．抓好师资队伍建设，提高师资素质。

学院现有在校学生7434人，教职工500人，其中，专任教师319人，是一支由高职称、经验丰富的中老年教师为骨干、青年教师为主体的师资队伍。教师学历全部为本科以上，具研究生以上学历的44人，占专任教师的14%，高级职称教师比例占20%。兼职教师现有110人，主要由广州各高校的教授、副教授组成，这些教师多年从事教育工作，有高度的责任心、良好的职业道德，以及较高的教学水平，是教师队伍的重要组成部分。

除此之外，学院还制定师资培训计划，每年选派优秀教师进行学历、学位等再教育，参加各类教学经验交流会等。

3．建立健全各项规章制度，依法治校。

学院坚持依法治校，自觉遵守国家的各项法律、法规。结合办学要求和学院实际，全面制定各项规章制度。各项规章制度健全，并汇集成规范的《制度汇编》。能够结合形势的发展和改革创新的要求，不断地对相关的管理制度和规定进行修订及完善。

从2001年开始全面推行ISO9001：2000质量管理体系，于2002年7月通过质量认证，是广东省高教系统首家通过ISO认证的民办高校。学院通过推行ISO9001：2000质量管理体系，使各项管理工作程序化、规范化、文件资料统一化。

4．规范招生，严格学籍管理。

学院高度重视招生工作，严格按照省教育厅和省招办的要求运作和管理，专门制定了招生办公室工作制度，并将其纳入到学院 ISO9001：2000 质量管理体系之中。

学院实行严格的学籍管理制度，在认真遵循国家教育主管部门关于学生学籍管理的相关规定前提下，制订了一系列学籍管理的具体实施方案，以确保学生学籍管理规范和有序。学院切实维护广大学生的各项权益，制订了一整套行之有效的学生管理规章制度，从各个方面加强对学生的教育，保证教学工作正常有序。

三、勇于改革创新，积极培育具有“岭南”特点的办学特色

1．积极倡导育人为本、素质第一的新育人观。

学院在素质教育方面突出思想政治教育、品德教育、法制教育和心理健康教育，教育内容广泛，形式多样。通过课堂教育，教书育人、管理育人、服务育人，自我教育、自我管理、自我服务、校园文化建设、大学生社会实践等途径和方法全面开展素质教育。

学院成立了素质教育中心和心理咨询中心，形成了一整套较为完备的保障素质教育工作格局，并形成了具有自身特色的育人工作评价体系。2004 年学院团委被评为“广东省高校系统五四红旗团委”。

学院还十分注重总结经验，探索思想政治教育的方式和内容。2004 年出版了以学院思想政治教育课宣讲材料为内容的《走向成才之路》一书，省教育厅领导给予了较高的评价。

2．以质量求生存，促发展，形成鲜明的“岭南”管理特色。

学院以 ISO9001：2000 质量管理体系为基础，制定了办学纲要、教师职业道德规范、教学工作规范、教师手册、学生手册等一系列管理制度，并建立了较为完善的教学质量保证与监控体系，各项管理工作实行了程序化、标准化，其运行机制体现出优质高效的管理特色。2003 年 10 月，学院被评为“首届十佳民办高校”；2004 年 5 月，在《信息时报》的“最受读者欢迎的民办高校”调查中，排名第二。

3．坚持教育事业的公益性，千方百计开展扶贫助学工程。

学院本着“一切为了学生，为了一切学生，为了学生一切”的办学准则，在扶困助学方面有许多重大的举措，既得到了社会的赞许，也形成了非常鲜明的“岭南”办学特色：一是通过奖学金、助学金和减免学费保证困难学生顺利完成学业。二是与中国农业银行达成协议，申请国家助学贷款，成为广东首家获得国家助学贷款的民办高校。三是实施“岭南励志工程”，每年拿出 100 万元无偿资助 30 名品学兼优但家庭困难学生完成在“岭南”的三年学业。

四、抓好专业建设，提高教学质量

1．积极探索合作新路。

除了自身努力，学院加强了合作，包括与国内外院校的合作、与企业的合作、与科研院所的合作等等，在合作中整合各种资源，借鉴别人的经验，发挥自身的优势，形成自己的特色。

在拓展国际合作的项目过程中，开展的“中澳国际班”获得省政府批文，列入了招生计划，已开班上课。还根据珠三角产业结构的特点和产业转换的现实需要，与广东省机械研究所合作创办了“现代制造系”，开办了四个专业，两届招生近千人；与光机电所已签订了办学协议，申报并批准开办二个专业；与国家信息产业集团第七研究所的合作已签订了合作意向书，合作建设通信专业。

2．积极推进教学模式改革。

在教学模式方面，根据高职教育的特点和用人单位的需要，学院全力推行“1 + 3”培养模式，借鉴德国“双元制”的经验，强调与企业的合作办学。

根据“1 + 3”人才培养方案和办学质量方针的需求，学院对现行各专业教学计划进行了改革，构建以文化素质、专业基础与基本技能、核心技能、技能拓展等四个模块为主体内容的课程体系，还开设了一定数量的科技人文、社会实践等选修课程，让学生在熟练掌握一门专业技能的基础上，较好地掌握计算机操作、英语听说和汽车驾驶技术，注重拓展学生的知识面。

3．积极开展课程建设。

在课程建设方面：依据国家课程计划，结合广东地区经济发展的实际和岭南学院自己的培养目标，制定自己的教学计划、教学大纲和教材建设计划；通过院内外专家学者的交流合作，开设具有实用性的课程。2004年学院将“21世纪岭南高职高专教材”编写工作列入了计划，并由华中科技出版社出版了九本教材；2005年计划出版十本重点课程教材，以更加贴近高职学生的需要。

4．积极推行学分制管理。

学院从03级开始，在高职教育中试行学分制，以达到因材施教，激发学生的学习积极性、主动性，以利于发挥教师的主动作用，增强教学活力。

学分制的核心是选择，是以学生作为选择的主题。它所强调的核心理念——0以学生为本，实际上是“以人为本”的社会理念在教育中的具体化。目前，学分制的改革已取得了初步成功。

五、重视毕业生就业工作

学院将毕业生就业工作作为学院的一项大事来抓，并专门成立了毕业生就业指导中心全面负责学生就业工作。

学院于1995年成立了“广州市岭南人才就业中心”。已建成完善的就业网络，同近千家用人单位建立了人才供求关系，同多家企业签订了合作办学协议书。2003年成立“广州岭南人力资源服务有限公司”。以人才市场的模式进行运作，采取“引进来，走出去”的方式，为学院引进高素质人才的同时将毕业生推向社会，为广大企事业单位输送大批深受社会欢迎的各类优秀技术人才和管理人才。

截止至04年9月，学生就业率达到93.67%，居省内民办高校第一，广大毕业生受到了用人单位的普遍好评。

4－2　企业简介

4－2－1　广东海大实业（集团）有限公司

【公司概况】　广东海大实业（集团）有限公司是以研发、生产和销售水产、畜禽饲料、水产饲料预混料和发展健康养殖业为主营业务的民营科技型集团公司，其前身是创立于1997年的广州市海大饲料有限公司。目前，集团公司旗下拥有1个研究中心、2个养殖基地、3个中试基地，拥有广州市海大饲料有限公司、湖北海大饲料有限公司、湖南岳阳海大饲料有限公司、苏州市海大饲料有限公司、佛山市海航饲料有限公司、广州市海贝生物技术有限公司、广州市容川饲料有限公司、广州市番禺大川饲料有限公司、广州市海维饲料有限公司、广州市番禺珠峰饲料有限公司、汕头海隆饲料有限公司等11家全资子公司；现有员工1000多人，本科及以上学历者占员工总数的68%，其中博士6人，硕士38人。2003年，集团公司实现销售收入7.5亿元；今年1～6月完成销售额6.12亿元，预计全年产值将突破14亿元。

海大集团各子公司产品种类齐全，基本覆盖了水产养殖的各个领域。其中，广州市海大饲料有限公司“海大牌”水产多维、水产多矿等主导产品占据华南、华东地区市场份额的70%；海大系列鱼饲料在业内率先通过国家无公害生态食品生产资质认证。2002年，湖北“海大”饲料被湖北省政府评为“湖北市场名优主导品牌”；同年8月，湖北海大饲料有限公司被农业部评为“重点跟踪企业”；2003年底，“海大”被评广州市著名商标；2004年，集团公司跨入广州市高新技术企业行列。

【创业体会】　海大公司创办于1997年，当时正处于饲料市场趋向饱和并进入“微利”时期，但在至今短短7年间，海大凭借高瞻的发展战略、以科技为先导的产品结构和服务农民的理念，在激烈竞争环境中不断发展壮大。海大走过的路并不平坦，前进的每一步，都凝聚着每一个海大人的汗水、智慧和心血。面对日益竞争激烈的饲料市场，海大人又是如何站稳脚跟又能高速发展呢？海大人自有一番体会。

1．高屋建瓴确立发展战略，做好发展整体规划与调整。

公司经常对企业内部和外部条件进行战略分析。如在内部方面对生产技术、市场营销、人力资源、财力资源等对战略的影响加以分析；外部环境方面，加强对党和国家的路线、方针、政策以及本行业的现状及发展趋势和竞争者情报信息收集，掌握竞争对手的长处、短处，从而制订出正确的战略对策。

2．以科技武装产品，使产品内涵领先同行3至5年。

在1997年公司就决定：拿一半的利润来进行研发。以后的发展过程中，每年投入几百万元搞科研，这就是海大产品能迅速占领市场的重要因素，也为今后进一步发展奠定了坚实的基础。高起点，高要求，海大始建之初就占领全国水产养殖制高点。1998年在湖北省投资，当时有些人不理解，认为是舍近求远、盲目扩张。但海大清楚湖北是全国淡水养殖重点区域，如能占领这一制高点，就有全国影响力，今天回头望是对的。

3．用战略眼光分析前景，提前调整适应发展趋势。

海大最初是以添加剂贸易为主，当时利润丰厚，但很快便决定放弃贸易，把有限的、全部的精力集中到水产核心的研究开发上来，这在97年是超前的，也是艰难的，但海大人成功了。

4．不断增强企业的核心竞争力，保持竞争

优势。

海大人从3个方面去构筑核心竞争优势：一是招聘、培训一流人才。海大董事长视人才为企业第一资源，他精于识才，善于用才，他认为学习和培训是一项投资，公司资金、技术、销售固然重要，但人才却是主宰这些的最重要生产要素。海大坚持“立贤无方，唯才是用”的原则，坚持“以人为本”，营造尊重人、培育人、激励人的氛围。二是加强核心技术的研究，开发核心产品。海大人利用自己的优势进入技术含量高而不太拥挤的市场领域，集中优秀人才，主攻水产动物营养需求研究、水产饲料添加剂、预混料、水产配合饲料的配方研制等方面，生产出水产系维预混料、浓缩料等技术水平处于国内领先地位的产品。1998年被市场誉为“鱼类营养专家”。三是对竞争要素进行调合：低成本扩张，争取时间做好科研成果转化工作；用激励制度确保核心技术不断创新；整合内部资源，理顺部门间关系。

【经营特色】　海大公司在短短几年内已在广东、广西、湖南、湖北、上海、福建、云南等省市区域打开产品销售市场，销售额每年以倍数递增，海大“以服务客户为中心去开拓和培育市场”的特色，使其公司及产品的知名度和美誉度不断扩大，并归结出几条功绩：一是把产品质量和信誉作为企业发展的生命线。提出确保质量的“三性”：安全性、先进性、经济性。二是以服务客户为中心，确保养殖户、经销商和企业实现“三赢”。坚持把养殖户、经销商看成一家人，形成一个共生共存的利益共同体。三是精心培养一支有知识、有技能、高尚品德、能为养殖户和经销商提供优质服务的营销队伍。

【企业文化】　企业文化对维系员工对海大公司的忠诚起着很大的作用。海大人的信心来源于海大公司具有国内外领先的核心技术，来源于海大人朝气蓬勃的团队，来源于海大人“海纳百川、有容乃大”的博大胸怀，来源于为使命必达的理想、成就伟业，不惧一切困难的勇气和信心。“海大”是选自林则徐诗句“海纳百川、有容乃大”的首尾两字作公司名称。“海大”一直以来就以服务社会为己任，有一种使命感和社会责任感，有强烈实现自己理想的欲望。“海大”高层领导经常以孔子“其身正，不令而行，其身不正，虽令不从”来警示自己。时刻保持正直、自律、谦虚、诚信、勤勉、朴实、耐心、公平、公正的精神和心态，认为成功并不在于物质享受，而在于才能在发挥中得到满足。海大公司在多年经营运作和发展过程中形成的企业精神、经营观念、价值标准已成为每个员工的工作信条，并自觉地作为日常工作的指导准则。

【远景规划】　一是以鱼虾料为核心，畜禽料为重要组成部分。用3年左右时间，集中所有资源，在饲料领域特别是水产饲料板块形成强大的比较优势，占领较大的市场份额，培养更多的人才，形成较大的规模，发展产业一体化的模式。

二是加大科技研发力度，确保企业核心竞争力不断增强。以国际绿色食品生产技术规范要求，运用生物生理、生物工程等技术，对无公害、低残留饲料添加剂等方面的新技术、新产品进行攻关。

三是围绕主导产品和核心技术，向产业链方向发展，开发上游产品和下游产品。

四是走出国门办企业，开拓国际市场。

4－2－2　广州市花都科达电器有限公司

【企业概况】　广州市花都科达电器有限公司始建于1992年7月，是一家拥有多年电声学研究和音响制造经验的大型民营企业。目前，公司主要以“科达、科达之声、KODA、K”等商标为主要经营品牌；专业从事开发和生产扬声器、高保真专业舞台音响器材、数码家庭影院、MiNi5.1影院系统、Hi－Fi精品音响等电子产品。建厂以来，产品不断发展创新，生产规模和技术力量也在不断的壮大，现已发展成为拥有员工1400多人、占地面积13万平方米、拥有20条国内先进的生产线和配套的检验、试验装置的国内罕见电子企业。同时，还汇集了一批专门从事电子、电声、AV软件、工业造型等领域的研发高科人才。

公司注册资金300万，资产总额1.3亿，固定资产净值6300万元；近几年年产值和销量均以20%的速度迅猛增长；仅2003年度的出口总额就达到1.9亿元，并成为广州市花都区屈指可数的纳税大户；国内销售、出口创汇额连续3年居国内电子音响产品行业前3位。

经过十余年的不断创业和扩大，公司凭借实实在在的产品质量和首屈一指的销量而蜚声全国、享誉行界。1997年公司为拓展海外业务，分别在美国纽约和香港设立了海外分公司。目前产品出口到全球60多个国家和地区。在打造“KODA”品牌、展现“科达音响、与世界共鸣”的同时，还与日本、英国、法国、德国、澳大利亚、俄罗斯等一批国际知名的大型连锁店和音响厂商建立了OEM合作关系。

【经营特色】 公司秉承“坚持质量第一，满足客户要求”的质量方针，不断提高自身科技水平和力量，坚持以市场为导向、以研发为龙头、靠质量求生存，逐步提升企业核心竞争力。公司引进了世界一流的开发软件设备、先进的现代化生产线与检测设备，并建立了包括ERP在内的计算机网络管理系统及完善的现代物流系统。同时，充分挖掘和利用拥有国内高素质人才的优势，以其对科技的严谨和对品质的一丝不苟在同行业竞争中独树一帜，成为其他音响厂家的楷模。

公司依托南京大学等世界著名学府建立科研基础，拥有南京大学声学研究所设计并监督建造的高标准消声室，配备一大批世界先进测试设备，为产品的研发奠定了坚实的基础。公司亦和国际众多知名机构进行多项技术合作与开发，形成了以美国杜比实验室、美国DTS公司为主的战略联盟。相继通过国内3C、欧盟CE、美国ETL、日本PSE、韩国KTL等认证。公司在同行业中率先通过ISO9001国际质量体系认证，生产系统导入日本丰国公司“精益生产”的理念和5S管理，建立了ERP（企业资源管理计划）管理系统。产品组装在线100%全检，通过了SGS、TQM、AP、CEI等国际大公司的品质验证，保证了每个产品成本合理、质量稳定。公司还在国内建立了遍布全国的销售网络和办事处，在东北、华北、华中、华东、华南、西北、西南七大片区都能给用户提供完善的售后服务。

【相关荣誉】 科达电器有限公司以其可靠的产品质量和对客户负责的态度，实行全面质量管理，努力坚持“质量第一，满足客户要求”的方针，以其质量可靠、性能卓越的产品，尽责尽善的服务赢得了越来越多的国内外顾客满意和好评。近年先后获得以下荣誉：96年通过ISO9002国际质量体系认证；97年获广州市质协用户委员会颁发的“广州市深受用户欢迎产品”；1998年系列有源产品通过欧共体“CE”认证及四川省技术监督局授予的“四川省质量振兴金榜”；1999年系列产品获得中国电子音响工业协会授予的“A字认证”；2000年获得河南省技术监督局信息发布中心颁发的“河南省全面质量跟踪，重点保护品牌”及中国质量检验协会颁发的“中国质量检验协会质检合格单位”；2001年获得焦点访谈专刊部授予的“焦点访谈专刊部质量信得过产品”及河南省技术监督局信息发布中心颁发的“河南省重质量、守信誉企业”；2002年获得“广州市消费者委员会消费投诉咨询监督网络入网单位”荣誉证书；2003年顺利通过IS09001国际质量体系认证及中国质量认证中心授予的“中国国家强制性产品认证证书（3C认证）”；中国工商报、中国电子报、广州日报、南方都市报、中央电视台、广东电视台等多家著名媒体及电器评介、电器沙龙、电子质量等多种专业刊物经常对公司及产品进行宣传报道；多次受到上级主管部门及行业协会的表彰。

在未来的品牌塑造过程中，公司将继续秉承“虚心、尽心、齐心、恒心”的企业精神，把“品质+时尚=物有所值”的总体理念投射到产品上，打造全新科达品牌。科达将坚持不懈地维护品牌形象，不断巩固和扩大国内外市场，努力把科达建设成为具备较强的国际竞争能力和全球知名度的音响制造企业。

4-2-3 香港（广州）永安美景服装有限公司

【企业概况】 香港（广州）永安美景服装有限公司是一个积累20多年专业经验，集设计承做和销售服务一体化的经营实体。自改革开放之初，香港（广州）永安美景服装有限公司的前身——香港永安时装公司将优良设计和精工制作的服装工艺延伸至国内，1982年在广东中山小榄和东莞等地投资建厂，现在厂房规模面积达12000M2，厂内员工1400人，其中香港知名服装技师2名，知名香港设计师2名，省内优秀设计师6名，国家级洋服名师11名，5~10年工作经验以上专业人才占企业总人数60%。

多年来，公司以“提供需求，创造价值：紧接市场潮流，为每位顾客提供高价值产品。追求卓越，永无止境：不断提高产品和服务质素，力求尽善尽美。”为使命，凭借着自身的专业优势，将引领服装潮流的欧美风格与当代时尚男女服饰的审美标准作为设计理念，创制出一系列真正迎合现代都市消费者需求的服饰。公司秉持对服装尽善尽美的追求和以顾客为上的经营原则，售出的不仅是优质的布料及精良的做工，还有完善的售后服务。

【经典品牌】 公司拥有的著名注册商标“WO（永安美景）”、“MAY KING（美景）”，令人们从中体验到独具魅力优质的品牌服务。“MAY KING（美景）”系列女装服饰，由香港名师设计，以优质布料及精良的制作工艺，演绎出集欧美风格及东方特色为一体的最新潮流。美景的职业女性系列服饰尤具特色，以简洁高雅的线条、穿着舒适等特点迎合了现代女性的品味，成为女性服装界之佼佼者。公司可根据顾客身形免费修改服装，还提供服饰搭配技巧及衣服的保养方法等服务，在众多的消费者心中树立了良好的品牌形象，受到顾客的赞誉，并被中国保护消费者委员会选为推荐产品。

公司另一著名品牌“WO（永安美景）”则体现了量身订做高级洋服、制服的经营特色。在设计理念上充分吸收了最新欧美时尚的洋服、制服款式，并结合企业整体和个人特点要求，采用最新生产、制作工艺，为企业和个人量身订做出真正能塑造企业形象和个人品味的高级制服、洋服。在制服制作上，公司采用独有的女装20个码、男装13个码（市场通常为7个码），独设的码数基本涵盖了男女人体不同身体特点，对特殊体型则由专人负责量体，最大限度满足不同顾客的需要。

【发展规模】 公司近年来致力于开拓国内市场，在广州、北京、上海、沈阳、青岛、大连、武汉、长沙等大中城市均设有专卖店及专柜，其销售额名列国内前茅。

【企业荣誉】 “永安美景”品牌被中华人民共和国财政部国库司推荐为《中国政府采购》指定品牌。在2002年广州国际服装节中被评为“十大品牌”，其产品亦被广州质监局评为“金奖”。公司产品质量和制作工艺亦精益求精，受到广大消费者的好评和国家有关部门的认同。因此，公司董事长吴锦泉先生、总经理黄学明先生被中华爱国工程联合会推荐参加2003年1月17、18日在北京人民大会堂召开的“百位爱国企业家成功经验交流会”，并被评为“爱国企业家”。

2003年1月16日，正式取得ISO9001-2000国际质量管理体系认证。

2003年12月13日，产品被评为“2003年中国企业家论坛企业名优产品”。

2003年4月3日，被广州服装行业协会评为“2004年广州最佳质量制作制服企业”。

2004年3月，被广州服装行业协会评为“2004年广州十佳制服企业”。

2004年3月，由广州服装行业协会颁发“广州制服企业生产加工、质量保证能力AAA级资质证书”。

2004年3月获得广州市工商行政管理局颁发的“守合同，重信用”单位荣誉证书。

2004年6月，获得由中国市场学会信用工作委员会授予的“中国企业诚信建设示范单位”荣誉称号。

公司在“2000年国际航空服饰大奖赛”中获取“世纪阳光奖”和“世纪温馨奖”；为中国工商银行广州分行设计制作的制服，在“首届中国工商银行广州分行服装形象展示大赛”中荣获第一、二名；2000年1月还成功地举办了首届“永安杯——2000年职业时装设计大赛”，受同业与媒介推崇。并被客户赞誉为“企业形象的专业设计师”、“重质量、尚信誉”的好企业。

4-2-4　广州市新裕企业集团有限公司

【公司概况】　广州市新裕企业集团有限公司是以房地产开发为主，集工、贸、商及基础建设为一体的广州市大型股份制企业集团，成立于1994年，注册资本3000万人民币。其属下全资的3家房地产开发公司、两家公路建设经营公司和6家经济实体公司，分布在香港、北京、广州及湖南、珠江三角洲各地，总资产达人民币数十亿元。

【发展历程】　广州市新裕企业集团有限公司从零星的小贸易做起，经历了从无到有、从小到大、从弱到强的经营历程。10年来公司由一家中小型的贸易公司发展成为大型企业集团，业务范围涉及社会发展和人民群众密切相关的吃（餐饮业）、穿（百货服装业）、住（房地产业）、行（交通业）、用（能源）等各个领域。公司在董事长兼总经理汪洋的策划和领导下，继在广东佛山市里水镇开发豪华别墅小区——新裕假日山庄后，又成功投资开发了广州市最繁华商业街农林下路的经典之作——楼高148米，共39层的新裕数码大厦。该大厦占地面积6000多平方米，总建筑面积达70000平方米，拥有大型商场、甲级写字楼、商务式公寓和高尚住宅，成为该地段一颗闪亮的商务物业新星，被评为“广州市诚信金牌楼盘”、“广州市2001年度十大明星楼盘”、“广州市2002年度最具投资价值、最佳设计奖楼盘”。公司还完成了在湖南投资建设并运营的207国道澧县至东岳庙公路、澧县绕城公路等。目前，公司又着手投资开发湖南茶陵洮水水库工程。

【经营与文化理念】　广州市新裕企业集团有限公司在“一业为主、相关经营、行业整合、介入多元、持续发展”的经营理念指导下，不断拓展新的业务，寻求新的突破。在党的一系列方针、政策的指引下，公司一直秉承“诚信务实”的宗旨，发扬“开拓、进取”的企业精神，作风稳健，信誉卓著，坚持“求实、求新、求精、求强”，与社会各界精诚合作，以锐意改革、勇于创新、注重科学管理来发展企业，以内强素质，外树形象来壮大企业。

【公益及荣誉】　广州市新裕企业集团有限公司在不断开拓进取与发展的同时，不忘社会的责任感，对合作伙伴坚持求大同存小异的理念，取得了一定成绩。为回报社会，公司先后安置下岗、待业人员近200人；捐赠给广州军区老干休养所价值40万元的面包车，节假日送出丰厚的慰问金；给东山区大塘地区慈善会、希望工程、东山区残疾儿童康复中心等慷慨捐赠数万元。公司连续几年来先后被广州市委、市政府及有关单位评为：“先进企业”、“先进私营企业”、“中国优秀企业”、“中国诚信企业”、“重合同、守信用企业”、“光彩之星企业”、“首届广东省资信20强”、“文明经营户”等。

董事长、总经理汪洋作为广州市政协委员、广州市私营企业协会副会长，念念不忘自己的社会责任，积极参政议政、献计献策、为私企的发展贡献自己的力量。他坚持知恩投报、行善积德、不卑不亢的处人之道；以身作则、与身教重于言教的培育之道；用智者智、用愚者愚、用强者强、用弱者弱的用人之道；信心、决心、恒心、良心的成功之道。他被评为“2002年中国经济贡献年度新闻人物”，被国际名人交流中心评为世界优秀人才，接受了该中心在香港会展中心举行的世界人才大会颁发的证书和奖励。2003年又被评为“中国优秀企业家”、“华夏英杰”等，2004年他的事迹入选《华夏英杰》、《共和国的建设者》、《与时俱进走向辉煌》及《中国百名优秀企业家奋斗史》等丛书。

4－2－5　广州市云湘园林绿化工程有限公司

【企业概况】　广州市云湘园林绿化工程有限公司是一家从事园林绿化设计和施工、苗木种植和批发，植树造林工程的专业公司。其前身是广州市白云园林建设工程公司第二施工队，于2003年1月27日在段宜红先生的带领下完成有限责任公司的改制，成为独立企业法人。

【经营管理】　公司长期从事园林绿化植树造林工程，现有10多名园林绿化、林业营林、经济管理等专业技术人员，并拥有大批专业机械设备。广州市云湘园林绿化有限公司凭借着雄厚的技术力量和完善的机械设备，承接了多项大型园林绿化、植树造林及绿化养护工程，其中包括白云山风景区的近百万平方米的风景林改造工程、流溪河种植工程、钟落谭石场复绿工程、景元居小区绿化工程等，公司所承接的工程在绿化种植、养护管理、场地清理、土壤平整等方面合格率高达100%，在园林设计、施工方面均得到社会各界的一致认可。

广州市云湘园林绿化工程有限公司在成功改制后，以独到的技术与成熟的经验，本着“科学管理、质量第一”的宗旨，竭诚为客户服务。

4－2－6　广州江南果菜批发市场有限责任公司

【企业概况】　广州江南果菜批发市场有限责任公司位于107国道广清公路槎头路段北环高速公路罗冲围出口处，交通和地理环境优越。建场于1994～1995年间，占地面积15万　，场内有510个固定档位，5.6万　果菜交易棚和北运菜加工场，1400吨蔬果冷藏库，5万　停车场，以及酒楼、便利店、运输队、装卸队等。实行24小时的服务，为广大业户提供一个良好的经营环境。该公司作为广州市菜篮子重点工程，是市政府升级改造的重点项目，是广东省、广州市的农业龙头企业。同时，又是农业部定点批发市场和中国蔬菜流通协会定点市场以及争创全国绿色批发市场示范单位。

【经营特色】　公司本着“兴农报国”的经营理念和“服务、创新、求实、奉献”的企业精神，坚持以批发市场为中心，向生产和零售领域两头延伸，实现产地市场与销地市场、国内市场与国外市场的有效对接，并逐步向果菜专业化、产业化、现代化和网络化的经营目标迈进。

公司为了让消费者吃上“放心菜”，开设了花都、高要、新丰“无公害蔬菜一条街”和“海南省瓜菜批发中心”。全国20多个省、市的蔬菜都来市场进行交易，经营的蔬菜品种200多个，每日的蔬菜成交量600万元公斤，高峰时达700万公斤，占广州市蔬菜上市量的80%。除大宗蔬菜外还有名、优、特等反季节蔬菜，是华南地区最大的蔬菜集散地，也是全国交易量最大的蔬菜批发市场之一，部分档口还组织货源出口香港、澳门及东南亚、日本等地区与国家。

公司经长期考察，在不减少蔬菜经营面积的基础上，扩大了15万平方米的场地用于经营水果，引进国内外的优质水果进场交易，先后引进了山竹、榴莲、荔枝、龙眼、吕宋芒、皇帝蕉、火龙果、红毛丹等数十个泰国和马来西亚等东南亚水果品种，和美国、智利、新西兰等国的橙子、苹果、提子、奇异果和加呖果等西式水果，同时还兼营海南木瓜、芒果、椰青、杨桃、新疆香梨和海丰、海南等地西瓜及广州本地的各种精品水果达50多种。

【发展规模】　公司已于2002年计划投资3亿元，对市场各个功能区进行全面的升级改造扩建，扩大面积达30万　。拍卖区有固定拍卖场和移动拍卖场，配备无线电子拍卖系统、无线移动拍卖车、电子网上结算系统及全方位电视监控系统。传统交易区为各有特色的钢结构交易棚，进行名、优、特、新的果菜和各地果菜交易，形成辐射全国、远销国内外果菜的集散中心。综合交易区首层为名、优水果交易区；二层为蔬菜龙头企业名、优、特、新贸易示范区；三层为加工、配送、包装区。综合大楼设有信息中心、结算中心、检测中心，配备现代化设备与仪器，还配有生活配套区等。该工程将于2005年底前完成。届时，广州将出现一个占地面积30万　的现代化的功能全、规模大、档次高的果菜批发市场，成为全国农产品的集散中心、价格中心、信息中心、检测中心，并向现代化物流中心发展。

【企业荣誉】　该公司先后获中华人民共和国农业部定点市场、中国蔬菜流通协会定点市场、全国绿色批发市场示范单位、广东省（2003年）农业龙头企业等光荣称号。总经理叶灿红还获广东省优秀民营企业家光荣称号。

4-2-7　广州市雅虹电器设备有限公司

【企业概况】　广州市雅虹电器设备有限公司（前身是1999年7月16日成立的珠海市雅虹电器发展有限公司）是一家数码电视技术开发、生产、销售为一体的专业公司。主要从事国内外各种名牌彩电机壳、机芯、新潮遥控器的生产及雅虹牌、彩洋牌、彩色电视机等整体业务；并开发欧、美等地区销售网络点。先后与日本东芝、日本三洋、荷兰飞利蒲、日本三菱公司合作开发最先进的产品，目前产品出口至东南亚、非洲等地区，深受消费者欢迎、价格合理、质量可靠、服务周到。

【经营管理】　雅虹借助雄厚的经济实力、先进的技术、严格的管理、优秀的技术人才、成熟精干的生产管理队伍，全面推行ISO9001技术质量管理，真诚为用户的服务精神，深受广大用户的好评和肯定。

雅虹电器设备具有标准化、系列化、通用化等优点，规模、种类处于同行业的领先地位。雅虹深知市场竞争激烈的21世纪，是信息化、产业化、高质量化、高技术化的世纪，为在激烈的市场竞争中找到有利位置，站稳脚跟，不断发展，雅虹以诚为本，以质量求生存，时时以客户作为镜子，以市场需求开发作为龙头，以技术开发为基础，不断开发、改进完善产品，以不同的性能和价格来满足不同客户需求。

4-2-8　广州富韵竹园林绿化工程有限公司

【企业概况】　广州富韵竹园林绿化工程有限公司主要从事园林观赏竹种苗和造林竹种苗及观赏竹盆景的生产开发，承接园林观赏竹子工程以及园林绿化工程的设计与施工。对校园科普教育百竹园、竹产业资源开发与种质资源保护竹种园、观赏竹子主题公园、中国竹文化生态园林、开发旅游项目之特色竹海、生态林种竹等项目的设计和施工亦有独到的技术与成熟的经验。

【经营理念】　广州富韵竹园林绿化工程有限公司以美化人们的生活为根本宗旨，视开拓中国园林绿化观赏竹子工程市场为奋斗目标、保护世界竹类资源和开发竹产业为基础、营造生态公益林绿色大世界为重任、打造“千万富翁”庄园主为策划方向、弘扬中国竹文化为理想。

【发展规模】　全国第一家私营观赏竹类资源开发生产基地（广东最大观赏竹类资源基地），在广州富韵竹园林绿化工程有限公司6年的艰苦努力下，建立了800亩基因竹类资源保护基地，引进世界各地观赏竹子品种300多个，有效地保护珍稀观赏竹子，为园林绿化工程市场、风景区竹海旅游、世界各地的竹产业发展、生态公益林林相改造等项目开发生产，奠定了坚实的基础。公司现拥有三个观赏竹子开发生产基地，分别是：广州白云区九佛观赏竹子基地，广东高要市蚬岗观赏竹子基地，以及位于广东省广宁碧翠湖渡假村的中国竹文化旅游与观赏竹游览四季竹笋生产联营基地。基地所产竹子造园素材十分丰富：有全世界最高大威武的巨龙竹；有千姿百态的龟甲竹；有秀美高雅的红竹；有青翠欲滴的蓉城竹；有翠影离离、竹尾如随钓的花吊丝竹；有象征国泰民安的泰竹；有绿叶婆娑的紫竹；有笑口常开、大肚能容天下不平事的佛肚竹与罗汉竹；有月光下的凤尾竹；有身呈四方型、竹叶如塔形的方竹；有金玉相间的金镶玉竹；有千古流传贵妃千滴泪的斑竹等等，且生产出珍稀竹种“泰竹”竹盆景，为庭院摆设和园林绿化提供了良好的素材。并已在广东省内和国内其他地区建立观赏竹子和笋材两用竹联营合作基地。拥有一年四季营造竹林景观并即时成景的专业技术，长年生产大量竹子假植苗和袋装苗与竹盆景。凡广州富韵竹园林绿化工程有限公司提供的竹苗，无论是地苗或假植苗，一般其成活率都达90%以上。近年来并致力于引进世界各地珍稀竹种培育竹苗，现可供苗竹种达300多种，年产苗量过100万株。

观赏竹子在广州富韵竹园林绿化工程有限公司的培育和推广下，借助于“广东园林观赏竹子（WWW.gzbamboo.net）网”，把竹子景观设计，观赏竹子相片欣赏，园林绿化示范工程，中国竹文化，竹子种植技术，竹海旅游，公司新闻等内容向全世界展示，以崭新的姿态走向园林绿化工程市场和生态公益林造林项目中。成功地实现了“北竹南移”的战略目标，弘扬了中国竹文化的丰富内涵，开拓了广东的园林观赏竹子市场。

4－2－9　黄埔华苑酒家

【企业概况】　80年代初期，改革的春风刚刚吹拂南方大地，酒家秦总经理凭着对市场经济敏锐的触角，首先在黄埔区成功地开创了黄埔华苑酒家，之后又相继在天河区、东圃镇开设了天河分店、东圃分店。经过10多年的不断摸索总结，华苑的今天已发展到一个走向成熟的阶段。从小餐馆发展到现在拥有3间大型食府，近3000个餐位。2003年投资兴建16000多平方米的华苑大酒店，按三星标准设计装修，开业以来得到广大宾客一致好评。

【经营管理】一个品牌企业的成功与一个优秀的领导管理是分不开的。作为饮食行业的先导者，秦总经理十几年来一直关注着饮食文化市场的变化、重视服务质量的提高、积极参与对外交流活动、团结同行互促进步，得到了社会各界的支持和认同。秦总经理除注重发展壮大自己的企业外，还踊跃参与社会活动，积极参政议政、献计献策等，为民企的发展贡献自己的力量，因此被选举为广州市黄埔区政协副主席、广州市饮食行业及私营工商业商会副会长。在他的带领下，华苑集团几间餐饮店都荣获广州市纳税信誉A级单位。在服务上，华苑本着“宾客至上、服务第一”的原则，要求每一个员工做到“主动、热情、耐心、周到”，以最大限度地满足顾客的需要。

在人才队伍管理上，华苑集团抱着“以人为本”的精神，凝聚了一批优秀管理人才、优秀厨师、优秀饼点师傅。在饮食工艺技术上，华苑酒家采取传统制作与现代的创新手法相结合，在出品的调味、装盘、搭配上都力求更能适应人们的饮食口味和审美要求。

【企业荣誉】　华苑积极参加各项国际、省、市烹饪大赛，曾有10多款菜式获历届广州国际美食节金奖殊荣，具体有：

“华苑白皇子”、“红烧乳鸽”1997年被评为传统名牌美食。

“参连森”、“黑虎掌扣水鱼”、“风沙鸡”获1998年度广州国际美食节金奖。

“白切乳牛”、“科甲虾子海参”获1999年广州国际美食节金奖。

“鲍汁金丝瓜翅”、“脆皮龙眼”再次获2000年广州国际美食节金奖。

2001年被全国烹协评为“中华餐饮名店”，是获此殊荣的首批私营企业之一。

2002年、2003年黄埔华苑酒家被评选为“羊城十大明星餐饮企业”和“广州十大明星企业”。

在向社会义务献血活动中，酒家组织各部门员工积极报名参加，天河区红十字会给以华苑酒家以高度赞扬，立下了好的口碑。

华苑在卫生方面也取得了良好的成绩，连续5年被广州市区评为“食品卫生先进单位”、广东省消费者委员会评定为“诚信单位”，同时还被广州市旅游局指定为“定点消费单位”。

企业的发展离不开好的政策、社会各界的支持和广大市民的拥护。黄埔华苑奉行“以人为本”、以产品质量为生命、以报效社会为目的，为不断巩固发展“中国饮食文化”而作出更大的贡献。

4－2－10　广州市君森化工有限公司

【企业概况】　广州市君森化工有限公司系大型有机化工原料批零商，是一家实力雄厚的股份制企业。主要从事有机溶剂（包括醇类、酮类、酯类、苯类等）的批零业务。在散装液体化工及树脂、涂料、医药、染料中间体等原材料方面具有较强优势。公司位于华南地区最大的化工交易市场——广州化工城内，地处广州东圃，交通十分便利，位居环城高速、广园东路以及中山大道的环绕之中。

【经营管理】　广州市君森化工有限公司着力拓宽供应渠道，开辟新的应用领域。目前已经形成了一套自己独特的销售理念和营销模式，经营品种从最初的10余种发展到70余种。有许多成功的营销案例，曾将多种初入市场的液体散化原料，推广成公司的王牌产品。君森化工在货源组织、物流配送和技术服务等方面下足功夫，为客户着想，急客户所急。近两年来，还着力开拓进出口业务，进一步扩大了公司的进销网络。

君森化工一直本着重合同、守信用的原则，与每一个新老客户保持长期、稳定的合作关系。以诚待人，真诚和广大客户相处，寻求互惠互利的发展，在全体员工的共同努力下，公司在广大客户中建立了良好的信誉，在国内有了广阔的销售网络。

4－2－11　广州达意隆包装机械有限公司

【企业概况】　广州达意隆包装机械有限公司成立于1999年，是一家专业研发生产饮料包装成套设备的民营企业。公司座落于广州市白云区云埔工业区，拥有占地面积86000平方米的花园式厂房，员工超过700人。公司下属企业包括：广州达意隆、广州隆格、广州合氏、三瑞流体、北京达意隆、上海达意隆、另设达意隆西安、武汉、成都、台州代表处。自1995年第一台灌装机问世以来，已有数百套设备在中国、东南亚及世界各地不停的运转。作为饮料行业的工程设计及设备供应商，公司成功地为国内外知名饮料品牌提供了优质设备和完善的服务。

达意隆公司坚持内托科技、外依市场的“哑铃型”管理模式。拥有雄厚的科技研发力量，建立了完善的市场销售网络。自成立之日起，始终坚持替代进口的发展战略，抓住国内饮料行业发展的机遇，实现了在机械行业难得的连年翻番的发展速度。

【科研成果】　公司拥有了一支100多人的研究队伍的科学技术研发中心，占地面积3000多平方米，专业负责产品设计和新产品开发，保证了技术持续领先。研发中心由于研究成果突出，在2004年被广州市批准组建成为广州市饮料包装设备工程技术研发中心。公司现有十多项技术专利，多项技术水平处于行业领先地位，例如独立研制的3000桶/小时的五加仑成套设备，是目前全世界最大的生产线；独立研制的36000瓶/小时含气（可乐）饮料灌装设备，成为广东太古可口可乐公司用上的第一条国产含气灌装生产线，继饮用水、茶、果蔬汁热灌装设备之后，又一次成为国内首家进入可口可乐公司的设备供应商。薄膜包装机、全自动旋转式吹瓶机等产品填补了国内空白，这些产品的研制成功，大大提高了达意隆公司在饮料包装设备行业的竞争力。

【经营能力】 作为中国饮料包装行业的领先设备供应商，达意隆集团能提供饮料工厂的全面解决方案，从前处理到二次包装的整线及单独设备。依靠致力于产品技术的研发，公司拥有多项领先的技术及系列设备。包括国内首创的全自动旋转式 PET 吹瓶机、亚洲最高速的旋转式桶装水设备、源自德国的二次包装设备、与瑞典技术合作的饮料前处理系统及其核心的瓶装饮料灌装系统等。在销售方面，公司成立了北京达意隆包装机械有限公司、上海达意隆包装机械有限公司、马来西亚达意隆包装机械有限公司，以及青岛、成都、西安、武汉、浙江台州设有办事处，这些分支机构都有强大的销售队伍和完善的工程服务队伍，为国内外客户提供良好的咨询和售后服务。目前产品销售已覆盖到国内 31 个省、市、自治区及 20 个国家和地区，拥有国内外客户 400 多家，成为可口可乐、百事可乐、娃哈哈、景田、达能、生力等国内外著名饮料企业在中国首选的设备供应商。

【企业荣誉】

2002 年 3 月，一次性通过了德国莱茵公司 ISO9001：2000 质量体系认证；

2002 年 5 月，通过了广州市高新技术企业认证；

2003 年，在广东省委托权威机构进行的九大行业竞争力调查中，被评为全国饮料包装机械设备行业最具竞争力企业；

2003 年，公司独立研制的全自动旋转式 PET 高速吹瓶机，被列为国家火炬计划项目；

2003 年，公司独立研制的全自动茶、果蔬汁饮料高速灌装机被列入国家科技兴贸行动计划项目，获得国家机械工业联合会科技进步三等奖、广东省科技进步三等奖、广州市科技进步三等奖；

2004 年 10 月，被评为广东省 20 家重点装备企业之一。

公司的短期目标是成为中国饮料包装机械行业的领跑者。长远目标是向全球的饮料行业客户提供高品质的产品及优良的服务；2010 年进入同行业世界 10 强，成为饮料包装设备行业的国际性品牌，使中国的达意隆成为世界的 TECH－LONG。

4－2－12 广州市珍奇味食品有限公司

【企业概况】 广州市珍奇味食品有限公司坐落于广州市白云大道永泰工业区，现有办公场地 3000 多平方米，生产场地位于广州从化市经济技术开发区，占地 46600 平方米，建筑面积 17000 多平方米，总投资 2960 多万元，员工总数 300 多人。是广东一家专业从事休闲食品生产、加工、包装的实业型的民营企业。是以生产休闲食品为主，专业制作干凉果、海产及蜜饯类等系列天然健康食品的专业生产厂家，并在香港设立了珍奇味（香港）食品分支机构。公司创建七年来，在总经理方晓涛先生的精心创业宏略运筹指导下，本着“诚信、务实、拼搏、创新”的经营理念，坚守“质量第一、顾客至上”的经营服务宗旨，深得广大经销同盟的支持和广大消费者的认同及信赖。企业从小到大，由弱到强，生产规模经营逐年增长扩大，产品营销网络遍布全国各大、中、小型城市并远销海外。年销售额近亿元，取得了较好的经济效益和社会效益。

【企业经营者】 1969 年方晓涛先生出生于著名侨乡潮汕地区惠来县靖海镇。从小爱好艺术、擅长书法，勤奋好学。于 1997 年创立广州市白云区珍奇味食品厂，运用自身的艺术天赋为“珍奇味食品”设计品牌商标，并沿用至今，为今天的“珍奇味食品”名牌战略奠定了坚实的基础。珍奇味食品在方晓涛先生的精心策划经营下，从1997年创厂之时的20多名工人，作坊式的生产条件，年产值不足200万元，发展到今天的初具规模的现代化食品企业——广州市珍奇味食品有限公司，工人300多人，生产场地占地46600平方米，年产值达近亿元人民币，并以30%的年增长率继续发展。公司产品远销世界各地，在国内外备受关注，并成为广大消费者所喜爱的知名品牌，企业的飞速发展赢得了社会各界的关注与支持，并屡获国内外各种奖项20多项。企业全面通过ISO9001－2000国际质量管理体系的认证。方晓涛先生虽取得成功，但仍不骄不躁，不断提高，不断完善自我，先后修读于中山大学岭南（大学）学院工商管理硕士、北京大学中国民营企业总裁研修班，并加入了中国企业家协会，先后荣获“全国人文社会科学名家”等多项荣誉奖项。方晓涛先生在企业获取成功之际，更加关注社会效应，把如何让企业效益带动社会效益作为企业发展方针，先后涉及发展农业产品，2003年于从化市向当地农民收购大量农副产品，为带动农村经济发展，帮助农民致富做出贡献。企业迈向多元化、集团化经营发展。

【企业荣誉】 广州市珍奇味食品有限公司认真贯彻企业“精心制作、可口佳品、努力做到，顾客满意。改革创新、稳步发展”的质量方针，使“珍奇味”干凉果、海产品及蜜饯类等健康食品系列在国内外市场产生了很好的声誉。在企业的努力下，“珍奇味”食品先后荣获“98国际食品博览会金奖”，1999年荣获中国食品工业协会颁发的“质量合格达标食品”及天津“世界体操锦标赛选用产品”，2000年被评为“中国公认名牌产品”，2001年被中国质量检验协会评为“全国3·15质量宣传荣誉产品”，2001年被评为“中国优质食品”，2002年荣获“第三届中国（上海）国际食品博览会金奖”，2002年荣获“中国消费者放心产品”。中国市场研究中心授予“中国质量、服务、信誉AAA企业”称号。并获得“CTA”与“Q”检验品质认证，成为联检会员。2002年公司顺利通过ISO9001：2000质量管理体系认证。2003年荣获“国际绿色保健长寿食品联盟认证”。成为中国企业联合会，中国企业家协会成员单位。

“携手共进、共创未来”，这是企业的心声，也是市场的召唤，随着我国WTO的加入，广州市珍奇味食品有限公司将凭借完善的管理和服务体系，以产品优质量为准则，以国际规范管理为标准，以高科研产品与精美的设计、包装，不断改革、创新，生产高品位高品质的休闲食品、绿色食品，走向国内外市场。

4－2－13 国光电器股份有限公司

【企业概况】 国光电器是于1993年由一个50年代成立的国营企业转制而成的股份制企业，早期主要生产扬声器、话筒、电子管收音机，电视机和收音机的中频变压器、高压包、偏转线圈等电子零部件。七十年代末至今致力于扬声器、音箱、数字功效、DVD等电声产品的生产和销售。八十年代末开始转为外向型企业，多年来占据国内电声行业龙头地位，也是国际音响界公认的符合国际化规范、现代化管理，具有技术、品质优势的ODM工厂。目前超过95%的产品出口到美国、欧洲、亚洲，拥有Philips、Sony、Motorola、Harman等长期引领国际市场和技术的跨国大客户，出口创汇连续13年排名国内扬声器领域榜首，“GGEC”工厂品牌正在日益响彻国际音响市场。

国光电器注册于广州市花都区。拥有大量可供发展的毗邻白云新机场的国际化标准厂房。注册资本为人民币7000万元，拥有3家全资子公司：国光电器（美国）有限公司、国光电器（香港）有限公司、国光电器（德国）有限公司；2家控股公司：广州国光电器有限公司、广州市国光电子科技有限公司；3家直接参股合资公司：广州普笙音箱厂有限公司、中山国光电器有限公司、广州国光成谦电子有限公司。

国光电器商业信用良好，荣获连续十五年守合同重信用企业称号；荣获资信等级AAA级。

公司一直以诚信为本，在客户、供应商中享有良好的商业信誉，荣获美国GE公司和飞利浦香港公司产品质量认证，法国汤姆逊公司质量优秀奖，荷兰飞利浦公司全球A级供应商，被信息产业部电声网评为先进企业；中国海关实施A类管理企业。连续十七年跻身中国电子元件百强行列，广州市120家最具成长性企业之一。董事长周海昌被评为广东省劳动模范。

国光电器的成就源于国光的宗旨：客户的要求就是国光的标准；源于国光的目标：倡导无缺点管理，保障消费者权益；也源于国光的作风：踏实、勤奋、精细、快速、果断、革新、负责、公正、自强、友爱。

【发展历程】

1951年，成立广州国光电器工业社。

1956年，公私合营，成立广州国光广播器材厂。

1988年，中外合资，成立广州国光电器有限公司。

1993年，由全民所有制改制成国光电器股份有限公司。

1995年，增资扩股成立中外合资国光电器股份有限公司。

2002年，国家股退出成为中外合资民营企业。

【社会荣誉】

1994年获得ISO9001质量体系认证，是中国第一家通过此项认证的电子元件企业。

2000年获得QS9000质量体系认证。

2002年获得“广州市高新技术企业认定证书”

2003年获得ISO－14001环境体系认证。

2003年获得“广州市著名商标”证书。

2004年获得“连续十五年重合同守信用企业”证书，是广州市仅有的16家获此殊荣的企业之一。

2004年获得“第十七届中国电子元件百强企业第十八名”证书。

2004年，“扁线音圈的开发与生产”、“安全环保纸盆浸渍生产线设计与使用”双双获得“中国电声行业科技进步三等奖”。

【经营特色】　国光产品远销美国、欧洲和亚洲、跨国公司，生产模式是OEM并逐步向ODM转变。公司根据客户的设计和要组织生产，为多家国际知名公司作整机配套。公司不断完善海外营销网络，根据消费者的爱好和市场发展趋势，与客户讨论新产品开发的方向，由国光设计新产品推荐给客户，并由客户去销售，同时获得商标授权。公司通过不断学习国际先进的管理经验，完善生产质量保证体系，恪守信用，已经成为全球电声界著名的扬声器、音响制造商。

4－2－14　广州华南资讯科技有限公司

【基本概况】　广州华南资讯科技有限公司位于广州中山大道西高新工业区建中路12号，是一家高科技企业。公司专业从事信息应用平台研发和IT咨询服务，以电子政务应用软件产品开发为核心，以计算机信息系统集成和智能建筑为主营业务，致力于行业信息化的建设。公司密切关注客户需求的变化，紧跟行业趋势和技术进步，已为来自政府、公用事业和教育领域的数百家客户提供了系统的解决方案和服务，成为客户信赖的、首选的信息应用平台与服务提供商。

【从业经历】　浑厚的历史底蕴奠定了公司健康快速发展的基础：

1997年，在华南计算机公司小型机分公司基础上，成立华南资讯系统集成有限公司，参与劳动和社会保障部社会保险核心平台的研发。

2000年，重组成立华南资讯科技有限公司，通过国际BSI“ISO9001：2000质量体系”认证。

2001年，承担国家火炬计划项目，被认定为软件企业、广州市天河区2001年度“经济工作突出贡献单位”。

2002年，成为国家火炬计划软件产业基地骨干企业，被评为中国系统集成商五十强、中国软件企业最大规模百强、广州市天河区2002年度民营企业纳税大户。

2003年，通过CMM 3级认证，被评为成功方案商五十强、软件企业最大规模百强、集成与服务商百强、被认定为国家规划布局内重点软件企业（四部委联合颁发）。

2004年，成功在新加坡上市，荣获守合同重信用单位称号、成为纳税信用等级A级企业、被评为电力行业“金牌IT服务企业”、中国电子政务IT100强、入选2004中国软件企业最大规模前100家企业。

凭借雄厚的实力，华南资讯得到了国家各级主管部门的认可和扶持，成为“国家火炬计划软件产业基地骨干企业”，并获得信息产业部计算机信息系统集成一级资质、建设部建筑智能化系统集成专项甲级资质、广东省技术安全防范一级资质、电子工程和智能化工程二级资质等多项认证资格。

【成功案例】 华南资讯在电子政务领域具备多年的从业经验和良好的行业知名度，在公安、社保、民政拥有成熟的行业解决方案，为各个行业提供通用办公自动化系统，并且在企业信息化和教育信息化方面作出了较大的贡献，以下是公司的部分典型案例：

1．广东省公安出入境管理信息系统：涵盖了所有出入境证件办理业务，实现了管理工作规范化、数据采集统一化、业务处理网络化、证件制作数字化、指导调控动态化。系统在广东省22个地市全面推广，成功地实现了出入境业务计算机网络管理，并实现了全过程操作监控，被誉为“廉洁软件”。该系统还在湖南省、重庆市成功推广应用，获得了广泛的赞誉。

2．东莞社保应用软件升级系统：基于J2EE开发的三层架构社保管理信息系统，实现了失业、生育、医疗、工伤、养老五保合一。构建了“流程驱动”的管理信息系统，业务功能实现“信息找人”，是一个高效运行、符合全国社保标准，具有业务办理、监督管理及辅助决策功能的社会保险信息系统。该系统率先在全国社保管理信息系统中实现了农民医疗保险业务。

3．广东省民政业务管理信息系统：系统软件主要包括了优抚安置、救灾救济、社会福利、民间组织、社区建设、基层政权、社会事务、老龄工作、区划地名、民政事业费等十个业务子系统，以及用户权限管理、系统维护、查询子系统、报表子系统等辅助管理系统。在业务上实现了省、地市、区县、乡镇（街道）以及居（村）委会五级协同管理。

4－2－15 广州番禺锦江房地产有限公司

【企业品牌】 广州番禺锦江房地产有限公司是香江集团属下的一家大型房地产开发企业。成立于1999年6月，注册资本2亿5500万。经过多年不断经营与开拓，已经成为最具品牌影响力的房地产发展商之一。其倾心打造的高尚楼盘“锦绣香江花园”也成为代表中国房地产开发最高水平的“国家名片”，是中国首个“国际化生态社区”。该花园位于番禺“广州新城市中心区”和华南板块“广州中央居住区”之间，处于“双中心”的核心地段。整个花园总规划面积82万余平方米，规划建筑面积115万余平方米，规模庞大，配套齐全。

锦绣香江花园地理位置优越，自然环境得天独厚，有山有水有地铁。社区内地势起伏，布局规划合理，拥有高尚独立别墅、Town house别墅、半山豪华公寓洋房等低密度的多种形态的建筑组团。有欧美风格的牡丹园流水别墅，芙蓉园半山独立别墅，“极致品味生活”的玉兰园、百合园、紫藤园Town house别墅，“超过所有的美”的科莫湖别墅，中国首席生态豪宅——山水园森林城堡洋房，“360度阳光生活”的紫荆园、紫荆雅园地铁上盖生态洋房。建筑设计理念超前，品质高贵，空间开阔，掩映在原生山水地貌之间，具有浓郁的浪漫欧美风情，自然而尊贵。

【经营理念】 作为中国民营企业巨子香江

集团的直属公司，中国知名的主流品牌房地产开发商，广州番禺锦江房地产有限公司秉承集团“爱、诚、信”的企业价值观，及“忠诚敬业、开拓进取、学习创新”的企业精神，以“居住与世界同步”的开发和经营理念，与时俱进，锐意进取，以推动中国房地产进步为已任，为社会不断奉献高品质的精品住宅，为新经济时代的主流阶层和社会精英构筑诗意栖居的国际主流生活社区。

广州番禺锦江房地产有限公司秉承集团“为好实业、回报社会”的企业宗旨，尊重知识，敬仰高知阶层，成立四年时间来，不断让利回报社会。先后对主流阶层、高知阶层推出“留学生楼”、“博士楼”、“硕士楼”“大学城旁书香门第”、“创富置业国际人文家园”、“国际主流生活社区”等置业优惠行动，并独立承办了2003年第六届广州地区留学人员中秋赏月会。其热心公益事业、尊重知识的形象赢得了社会的一致赞许。目前，锦绣香江花园的业主中大学以上学历者占80%，企业家、董事长、CEO占30%，并有相当数量的教授、艺术家、博士、硕士、留学归国创业人员、外籍友人居住。社区内创业气氛浓郁，形成了自然尊贵生活气氛浓郁的国际化人文环境。

【企业荣誉】 锦绣香江花园深刻体现着“人与自然和谐发展”的理念，完美缔造了“国际花园社区，国际主流生活”的人居典范。锦绣香江花园先后荣获了“国际花园社区”、“中国名盘”、“国家3A示范社区”等众多荣誉与奖项，已成为代表中国房地产开发最高水平的“国家名片”与“形象大使”。主要荣誉和奖项有：中国名盘、国际花园社区、全国优秀社区环境、国家3A示范社区、建设部环境指楼最佳、智能化程度最高楼盘、第二届“东方园林杯”全国优秀社区环境（综合类）金奖、广东省绿色环保健康社区、广州十大明星楼盘、最佳别墅豪宅社区金奖、广州市诚信金牌楼盘、最佳品牌社区金奖、广州最受欢迎别墅小区奖、广东文化名盘、2003年广州新人居“双十佳”最佳生态社区金奖2003广州优秀住宅、最佳物业管理服务金奖、广东省物业管理优秀示范小区、广州市物业管理优秀示范小区。

经过数年的发展，广州番禺锦江房地产有限公司成为广东省诚信企业、广东省地产资信20强的杰出代表。并先后荣获2003引领中国住宅风尚企业、广州最具竞争力房地产企业、2004年广东民营企业100强。

4－2－16　私立华联学院

【学院概况】 私立华联学院校，位于广州市天河区新塘街合景路，毗邻广州奥林匹克体育中心和科学城，占地约300多亩，清远校区占地500亩，龙洞校区占地240亩，建筑面积15万平方米。该学院是国家教育部最早批准参加普通高考统一招生的全国六家民办高校之一，由广州地区五所高校的离退休教授始创。1994年通过广东省高教厅专家组评审，经广东省政府正式批准成立私立华联学院，成为省属普通高等专科学校。学校现设有英语、日语、计算机科学、软件、工商管理、会计、电子、美术、音乐、美容、法律、园林、服装、管弦乐教育、体育服务与管理、电视等十六个系41个专业。所有招生列入国家计划，学生毕业颁发教育部统一印制的国家正式学历教育文凭，并经过电子注册。学校在招生、户口迁移、就业方面与公办高校享有同等待遇。原全国人大副委员长程思远博士荣任学院名誉校长，原全国政协常委、广东省政协副主席、华南师范大学副校长曾近义教授担任名誉董事长，全国民办高校委员会副主任、优秀教师、日语专家侯德富教授担任董事长兼校长。在十四年的办学过程中，积累了丰富的办学办校经验。2003年私立华联学院由广东省高教厅推荐，被广东省评为“十佳民办高校”和入选“中国名校600家”。建校十四年来获得多次奖励和荣誉。

学院作为改革开放后中国第一家私立大学，体制上实行教育股份制，持股者全部是老师，实行教授治校。私立华联学院不仅填补了广东高等教育民间办学的空白，而且标志着中国教育体制改革新的探索与突破，在海内外具有深远的影响，“私立”两个字具有很高的含金量。时任广东省省长的朱森林同志题写了“私立华联学院”的校名，原全国人大副委员长程思远博士不仅担任了我校的名誉校长，还题写了“私立华联大学”的校名。

【基础设施】　私立华联学院经过十四年的艰苦办学，现已拥有自己的学生公寓和办公楼，基础设施完备，建有计算机中心、网络中心、电教中心、多媒体语音教室、会计模拟室、微机原理微机安装与维修实验室、单片机与自动控制实验室、画室、钢琴室、服装教学车间等教学设施，可满足当前教学需要，还开通了校园网，通过宽带光纤与中国教育与科研计算机网连通，各系、处、室和后勤系统配有电脑，可实现校内、国内、国际教育信息的互通。后勤设施齐全，食堂、邮局、理发室、医务所、自选商场一应俱全，学生食堂不但一次性通过了广东省高教厅的标准化食堂评估，还在2003年广东省高校烹饪技术比赛中分别获得过优秀奖、二等奖和一等奖。

【教学成就】　该学院现有教授、副教授88人，博士生4人，教师300多人，以及美、英、加、澳、俄、日、韩等多位外籍教师，有力地保证了教学质量。目前华联学院已初具规模，2004年秋季在校生人数7200多人，拟三年内扩充至一万人。专业也由当初的英语、日语专业发展为现在的16个系41个专业。学院还与广东电视台合作播送“TAE - FTVE”和“娃娃英语”讲座。在特色教育方面，学院花了很大的精力，力求让学生在课本知识以外学到更多的本领。如管弦乐团就在2004年7月代表中国大学生参加了在维也纳举行的第一届世界管乐比赛，并获得了青年组金牌及总分冠军。又如2004年春节期间，学院龙狮团应邀参加了中央电视台校园春节联欢晚会，团体和个人都获得了一等奖。学院设置的专业和课程都是面对社会的需求来办学，针对性强，毕业生的就业率较高，特别是经贸英语、经贸日语、中英文秘书、中日文秘书、电脑美术设计、工商管理、电子信息、美容美发、酒店管理等专业的就业率超过90%，个别专业更是达到100%。十几年来已有8000多名学生走上工作岗位，获得社会各界广泛的认可与肯定，为私立华联学院树立了良好的口碑。

【扶贫助学】　在过去的十四年中，华联以培养人才为已任，为社会培养了8000多名受过高等教育的有用人才，其中一部分是在华联本身都比较困难的情况下资助完成学业的。包括在后勤服务中提供场地开办了勤工助学商店、电脑维修部和洗衣店，并在食堂、图书馆、物业部、宿管办等部门提供岗位，让贫困学生通过自己的劳动自力更生。在这些贫困学生自我努力之余，学校也采取了多种方式帮助贫困学生完成学业。首先是设立了爱生基金会，由教职工每月捐资，资助贫困学生；同时又通过发放助学金、奖学金、学费减免等形式帮助贫困学生完成学业。据不完全统计，光是2001年到现在，通过奖学金、助学金、学费减免等形式就发放了134万元，另外，贫困学生学费标准按贫困地区标准收费补贴了408万元，贫困学生可缓交的学费达470万。这些措施印证了创校时老教授们“让尽可能多的人有机会读大学”、的肺腑之言，充分体现了“名私不为私”、“名私不谋私”的办校宗旨；表明了他们绝不取巧、踏实做事、坚定不移地按照既定的“学会做人、学会学习、学会协作、学会生存、学会创业”的教育方针去培养学生的态度，勇于与“公立”竞争共存的信心和决心，体现了凭实力求生存、创品牌的执着追求，也表明了在体制上的创新与坚持。

【发展宏图】　私立华联学院正在申报四年制本科专业，以扩大办学规模，强化教学质量，并准备整合开设经济与管理学院、艺术学院、外语学院、职业培训学院、技工培训学院，准备在校本部建设250亩的新校区，计划用三年的时间达到在校生一万人，成为以专科为主，兼有本科，有学历教育，也有非学历继续教育，院、系、专业设置合理的综合性万人民办大学，为企业培养有实际工作能力、能适应生产管理第一线工作的实用型人才，并深化教学科研、行政和后勤管理，使私立华联学院迈向全国民办学校的先进行列。

4-2-17 广州市番禺裕丰钢铁有限公司

【企业概况】 广州市番禺裕丰钢铁有限公司是一家从事建筑钢材生产和销售的企业，地处珠江三角洲腹地广州市番禺区东南部广珠、广深高速公路沿线，距南沙港10公里，拥有自建1000吨泊位码头两座，水陆交通四通八达，地理位置得天独厚。公司占地面积21万平方米，钢材生产能力100万吨，是继广钢、韶钢二大国营钢铁企业之后，广东省内第三大建筑钢材生产基地，也是继广钢、韶钢、珠钢之后的广东第四大钢铁生产企业。

公司现有员工六百多人，其中高级、中级职称工程技术人员占20%，厂区占地面积21万平方米，拥有自建1000吨泊位码头，已形成年产80万吨建筑钢材和20万吨钢材深加工能力。

裕丰钢铁董事长林广明初期从事钢材贸易，1993年办起了一个小型轧钢厂。经过多年的努力，裕丰钢铁逐渐走上了高速发展之路。1997年，林广明建起了一个具有国内先进水平的轧钢厂，年生产能力跨过100万吨，并在珠海市政府的大力配合下，利用高栏港的天然深水港，投入巨资规划建设年产1000万吨的大型节能环保型现代化钢铁企业。

公司主导产品有：钢筋混凝土用热轧带肋钢筋；冷轧带肋钢筋；低碳钢热轧盘条；钢筋混凝土用钢筋焊接网等系列产品及深加工品，各种规格的热、冷轧带肋钢筋，钢筋焊接网，型材、线材等。其产品覆盖珠三角地区的广州、深圳、珠海、湛江和海南岛省、广西省、江苏省及出口东南亚国家。

【企业荣誉】 裕丰不断加大技术改造投入，降低生产成本，提高产品附加值，为客户提供产品增值。公司采用国际先进管理模式组织生产，1998年通过ISO9001国际质量体系认证，2000年又通过ISO14001国际环境管理体系认证。通过了OHSAS18001职业健康安全体系认证，IQNet（国际联盟）认证。至此，企业建立质量、环保、职业健康安全“三合一”的管理体系。“裕丰钢材“2001年被国家质检总局授予第一批”国家免检产品”，先后还获得“全国用户满意产品”、“广州市名牌产品”、“广东省质量信得过产品”、“广州市推荐使用建材产品”，等多项荣誉。在广州地铁、珠海国际会议中心等多项国家重点工程中，“裕丰钢材”深受好评。

裕丰公司先后还获得有关部门授予中国农业银行“广东省分行黄金客户”、“广州市连续五年重合同守信用企业”、“纳税大户”、“发展经济先进单位”、“质量管理优秀企业”、“先进党总支”、“员工信得过企业”、“先进工会”等多项殊荣。2003年更被评为广州市最具竞争力制造业和高新技术企业100强。

【经营理念】 裕丰公司立足于运用高新技术改造传统产业，制定了“人才为本，科技为先，市场为导，管理为实”的经营策略，坚持“人才是裕丰第一资源”的理念，以“合群合力，持续发展，开拓进取，卓越创新，优质优价，礼诚待客，求知求真，裕丰裕业”为公司员工的行为准则。建立了一套完整的现代企业制度，拥有一支高素质的人才队伍，使企业发展保持旺盛的活力。

致力于21世纪钢铁事业的发展，面对全球经济一体化和知识经济的到来，裕丰保持强烈的竞争意识和市场意识，向着“致力于钢铁事业发展，打造现代化民营企业”的共同愿望出发，运用“诚信、共赢，走可持续发展的道路”经营理念，充分体现“求实创新、超越自我、远见卓识、持续发展”的核心价值观，从内涵上和外延上推进企业的发展，不断提高素质，规范管理，推进技术进步，适机扩张，优化产业结构，培养企业的核心能力，保持企业的可持续快速发展，立志打造成为国内最具竞争力的民营钢铁业旗舰。

面对新世纪，裕丰公司在“以人为本，诚信拼搏”的企业精神指导下，制定了改革发展战略目标及企业中长期可持续发展战略，以超前意识和敢于比拼的精神，引进国际先进管理体系，强化企业内部管理，乘着我国加入WTO的大好形势，抓住机遇再上新台阶，努力成为南中国的最具竞争力的民营钢铁企业。

第五篇

统计资料

第五篇　统计资料

统计资料编制说明

一、本资料根据历年《广州统计年鉴》资料整理、编辑。

二、本资料统计范围除注明市区外，均为全市口径。

“全市”包括市区、增城、从化；

“市区”包括东山、荔湾、越秀、海珠、天河、芳村、白云、黄埔、番禺、花都等10个区。

2000年以前市区不包括番禺、花都区。

三、本资料各项统计指标解释、计算方法均按国家统计制度规定。空格，表示没有该项统计指标数据；“#”表示其中数。

5－1　主要年份私营企业基本情况

项 目	开业户数（户）	年末户数（户）	年末人数（人）	投资者人数	雇工人数	注册资金（万元）
1993	3588	6943	87429	13271	74158	246477
1994	3893	10052	127229	s20964	106265	560981
1995	4772	15206	137789	26406	111383	955848
1996	6138	19900	188725	38454	150274	1394503
1997	6309	24681	233856	48419	185437	1885054
1998	9373	30584	257473	6490	197983	2399674
1999	11041	37436	314049	76284	237765	3125578
2000	11524	47699	388637	99282	289355	4357265
2001	13137	52203	434158	111389	322769	5511178
2002	16969	66596	524139	146683	377456	7828932
2003	21051	78604	636402	150481	485921	9411318

注：1. 私营企业包括私营独资、私营合伙、私营有限责任公司、私营股份有限公司。

2. 本表资料由广州市工商行政管理局提供。

5－2　主要年份城乡个体工商业基本情况

年　份	期末户数（户）	从业人数（人）	注册资金（万元）
1993	135261	224216	110244
1994	172069	282588	174324
1995	189307	315854	215604
1996	201325	337190	253833
1997	203886	343802	273099
1998	211667	375021	320593
1999	221724	383728	393847
2000	226016	380941	404995
2001	250672	427923	490425
2002	245505	415817	660203
2003	230229	360809	585762

注：本表资料由广州市工商行政管理局提供。

5－3　主要年份私营企业基本情况（按行业分）

项　目	1993年			1994年			1995年		
	户数（户）	投资者和雇工人数（人）	注册资金（万元）	户数（户）	投资者和雇工人数（人）	注册资金（万元）	户数（户）	投资者和雇工人数（人）	注册资金（万元）
合　计	6943	87429	246477	10052	127229	560981	15206	137789	955848
农林牧渔业							48	508	1960
#农林牧渔服务业									
工业				3150	57484	187446			
采掘业	113	2236		138	2708		171	2624	10016
制造业	2388	39043		3012	54776		3737	58670	260261
建筑业	75	1179	4960	117	1460	8227	189	1975	16439
交通运输、仓储业	56	773	3002	80	971	2027	108	1534	10285
#仓储业									
批发零售贸易、餐饮业	2993	29267	97433	4587	45670	258274	7833	50592	478582
#餐饮业							268	4278	12424
社会服务业	1157	12206	34347	1829	18861	87980	2712	19787	151794
#日用品修理业							127	1436	1929
旅馆业							7	64	154
娱乐服务业							29	255	1129
其他行业	161	1725	6121		2783	11508	408	2099	26511

注：本表资料由广州市工商行政管理局提供。

续表

项　目	1996 年			1997 年			1998 年		
	户数（户）	投资者和雇工人数（人）	注册资金（万元）	户数（户）	投资者和雇工人数（人）	注册资金（万元）	户数（户）	投资者和雇工人数（人）	注册资金（万元）
合　计	19900	188725	1394503	24681	233856	1885054	30584	258473	2399674
农林牧渔业	159	1215	7466	117	973	7975	150	1286	17451
# 农林牧渔服务业	72	369	1007	6	47	383	10	80	436
采掘业	197	2993	13733	151	2236	12865	132	1678	11867
制造业	4351	69534	293296	4869	71657	320654	5302	74795	366709
建筑业	297	2406	42703	381	2781	51711	543	4163	62748
交通运输、仓储业	118	1131	11087	348	2454	21022	542	3447	30559
# 仓储业	1	3	3	11	230	1753	22	288	3036
批发零售贸易、餐饮业	10373	76137	731586	13143	102143	1040651	16305	114103	1307652
# 餐饮业	318	5450	18769	349	6175	25153	392	7011	32804
社会服务业	3744	30594	249521	5084	46677	361456	6496	51462	464372
# 日用品修理业	141	1582	2922	138	1657	2600	120	1474	2347
旅馆业	62	916	5370	101	1171	10982	129	1265	11920
娱乐服务业	34	315	1779	46	412	2658	51	459	4511
其他行业	661	4715	45111	588	4935	68720	1114	7539	138316

注：本表资料由广州市工商行政管理局提供。

续表

项　目	1999年			2000年			2001年		
	户数（户）	投资者和雇工人数（人）	注册资金（万元）	户数（户）	投资者和雇工人数（人）	注册资金（万元）	户数（户）	投资者和雇工人数（人）	注册资金（万元）
合　计	37436	314049	3125578	47699	388637	4357265	52203	434158	5511178
农林牧渔业	167	1642	14698	180	1649	16928	205	2095	21755
#农林牧渔服务业	7	61	476	8	75	553	15	123	1099
采掘业	109	1695	12233	93	1466	12151	85	1285	12760
制造业	6078	81527	437176	6905	88163	520796	7693	97028	635959
建筑业	873	6518	113299	1238	9794	220371	1423	12294	330349
交通运输、仓储业	625	4154	37662	750	5129	51347	982	6828	61326
#仓储业	139	302	6058	443	2793	20001	591	3775	24965
批发零售贸易、餐饮业	19538	141462	1596167	24988	177830	2143053	26382	191486	2468218
#餐饮业	484	7195	37404	4271	52659	405510	5510	43484	354297
社会服务业	8292	64701	633802	10906	84598	898036	12483	99161	1288815
#日用品修理业	103	1101	2503	118	1167	2871	135	1176	3114
旅馆业	141	1445	11532	131	1443	11377	118	1626	12126
娱乐服务业	85	763	9762	86	861	9307	85	882	9933
其他行业	1754	12350	280541	2639	20008	494583	2950	23981	691996

注：本表资料由广州市工商行政管理局提供。

续表

项　目	2002年			2003年		
	户数（户）	投资者和雇工人数（人）	注册资金（万元）	户数（户）	投资者和雇工人数（人）	注册资金（万元）
合　计	66596	524139	7828932	78604	636402	9411318
农林牧渔业	464	5393	42114	1119	12354	51948
#农林牧渔服务业	37	305	5221	104	1107	17920
采掘业	77	1104	11781	70	709	4157
制造业	10345	116207	1153631	12431	120901	1373435
建筑业	1550	13486	410596	1990	15948	492288
交通运输、仓储业	1178	8107	92362	1513	12421	143331
#仓储业	276	2202	16382	280	2025	31371
批发零售贸易、餐饮业	32931	229518	3336104	36617	280142	3641308
#餐饮业						
社会服务业	16673	122495	1887449	18826	149540	2221115
#日用品修理业	164	1015	3907	151	1287	3990
旅馆业	103	1188	12361	99	1131	10728
娱乐服务业	114	1032	39989	172	1373	12625
其他行业	3378	27829	894895	6038	44387	1483736

注：本表资料由广州市工商行政管理局提供。

5－4　主要年份城乡个体工商业基本情况（按行业分）

项　　目	1993年			1994年			1995年		
	户数（户）	从业人员（人）	注册资金（万元）	户数（户）	从业人员人数（人）	注册资金（万元）	户数（户）	从业人员（人）	注册资金（万元）
合　计	135261	224216	110244	172069	282588	174324	189307	315854	215604
农林牧渔业				20	34	51	47	79	308
#农林牧渔服务业							17	33	100
工业				15726	36154	25673			
采掘业	219	717	987	323	979	1543	335	1014	1588
制造业	13591	6613	17623	15403	35175	24130	16380	38147	30510
建筑业	50	29	398	50	171	277	51	194	344
交通运输、仓储业	4132	447	13407	18713	21871	40273	19651	22549	41789
#仓储业							26	54	39
批发零售贸易、餐饮业	98412	156823	66628	116559	189244	91959	130576	215883	123614
#餐饮业	10408	27917	9429	11885	33316	13779	12848	39481	18172
社会服务业	18393	29164	10544	13613	23896	11457	21730	36762	16668
#日用品修理业				2170	2852	909	6143	8881	3624
旅馆业				250	728	981	273	782	1184
娱乐服务业							713	1139	1139
其他行业	464	968	657	561	1120	881	537	1226	783

注：本表资料由广州市工商行政管理局提供。

续表

项　　目	1996年			1997年			1998年		
	户数（户）	从业人员（人）	注册资金（万元）	户数（户）	从业人员人数（人）	注册资金（万元）	户数（户）	从业人员（人）	注册资金（万元）
合　计	201325	337190	253833	203886	343802	273099	211667	375021	320593
农林牧渔业	59	112	455	59	141	570	67	206	1272
#农林牧渔服务业	25	37	109	28	64	197	19	56	310
采掘业	360	1056	1746	349	1003	1539	250	590	1503
制造业	16504	40580	35874	17199	46713	41191	17200	51098	52372
建筑业	50	190	297	43	133	261	57	110	345
交通运输、仓储业	20316	23273	44348	20236	23849	44950	21849	26114	51372
#仓储业	27	56	44	31	63	50	113	148	218
批发零售贸易、餐饮业	140221	230996	147070	141558	230967	158555	146464	246587	181895
#餐饮业	14602	40867	22803	13211	41137	23620	13690	47153	30614
社会服务业	23181	39458	22450	23782	39388	24499	25123	48721	30296
#日用品修理业	6491	9392	4580	6360	9210	4778	6866	10005	4805
旅馆业	270	779	1223	254	710	1134	251	786	1117
娱乐服务业	780	1496	2206	999	1880	2340	1074	2557	2348
其他行业	634	1525	1603	660	1608	1534	657	1595	1538

注：本表资料由广州市工商行政管理局提供。

续表

项目	1999年			2000年			2001年		
	户数（户）	从业人员（人）	注册资金（万元）	户数（户）	从业人员人数（人）	注册资金（万元）	户数（户）	从业人员（人）	注册资金（万元）
合计	221727	388728	393847	226016	380941	404995	250672	427923	490425
农林牧渔业	113	392	1744	353	868	2349	540	1490	5993
#农林牧渔服务业	8	24	103	9	36	57	25	78	296
采掘业	228	731	2507	286	1204	5432	363	1535	7613
制造业	19446	63678	87202	16614	62037	88684	18996	73278	120227
建筑业	109	271	756	88	249	813	177	362	889
交通运输、仓储业	21955	27054	55991	19809	24110	57433	19057	30055	56488
#仓储业	124	159	239	9505	12233	20875	9088	19185	19296
批发零售贸易、餐饮业	153150	240214	303899	164951	247191	212329	185531	272458	253662
#餐饮业	19690	47724	39845	41783	83013	66919	44955	83287	88033
社会服务业	26555	51000	40840	23705	44810	36930	25647	47963	43578
#日用品修理业	6998	11795	6367	6441	10645	5936	6754	10871	7342
旅馆业	280	841	1554	288	853	2002	282	904	1629
娱乐服务业	904	1805	2428	1000	1944	2830	1045	2486	4292
其他行业	168	388	154	210	472	1025	361	782	1975

注：本表资料由广州市工商行政管理局提供。

续表

项　目	2002年			2003年		
	户数（户）	从业人员（人）	注册资金（万元）	户数（户）	从业人员人数（人）	注册资金（万元）
合　计	245505	415817	660203	230229	360809	585762
农林牧渔业	628	1633	7445	2865	5152	9297
#农林牧渔服务业	33	82	344	59	93	163
采掘业	347	1414	7318	62	136	1354
制造业	19151	71653	165612	17452	63018	124335
建筑业	184	363	860	203	351	1143
交通运输、仓储业	16590	27153	53233	2310	3530	61202
#仓储业	9345	19254	20444	1363	2449	17833
批发零售贸易、餐饮业	180742	262902	375336	179599	240098	326594
#餐饮业	53639	98502	104579	110550	150737	179875
社会服务业	27242	49596	48089	25076	43914	54640
#日用品修理业	6148	9732	7243	4529	7540	6678
旅馆业	306	945	1770	83	249	694
娱乐服务业	718	1596	3609	268	513	1527
其他行业	621	1103	2310	2662	4610	7197

注：本表资料由广州市工商行政管理局提供。

5－5　主要年份城镇私营、个体从业人员人数及比重

单位：人

年　　份	全　　市	城镇私营、个体从业人员	城镇私营、个体从业人员占全市比重（%）
1952	1118684	203997	18.24
1957	1372154	72655	5.29
1962	1473434	32723	2.22
1965	1699954	62188	3.66
1970	1970034	40134	2.04
1975	2375975	28862	1.21
1978	2668989	16952	0.64
1980	2750467	24309	0.88
1985	3134739	67609	2.16
1990	3411513	108608	3.18
1995	4077775	296524	7.27
2000	4962579	562754	11.34
2001	5029338	647940	12.88
2002	5070216	711374	14.03
2003	5210706	894443	17.17

续表

单位：人

年　份	全　市　区	城镇私营、个体从业人员	城镇私营、个体从业人员占全市比重（%）
1952	653940	203997	31.20
1957	816510	72655	8.90
1962	890078	32723	3.68
1965	1073976	62188	5.79
1970	1175850	40134	3.41
1975	1460693	28591	1.96
1978	1699547	16781	0.99
1980	1788188	23182	1.30
1985	1991006	55259	2.78
1990	2115276	80675	3.81
1995	2472382	217422	8.79
2000（原八区）	2748013	474719	17.27
2000（新十区）	4162769	524813	12.61
2001	4198482	605706	14.43
2002	4178423	661684	15.84
2003	4187794	815561	19.47

5－6　2003年末城镇私营、个体从业人员（按行业分）

单位：人

项　　目	合　　计	城镇私营、个体从业人员	城镇私营、个体从业人员占全市比重（%）
总　　计	5210706	894443	17.17
按地区分			
市　区	4187794	815561	19.47
＃番禺区	1263102	106646	8.44
花都区	415630	56478	13.59
县级市	1022912	78882	7.71
增城市	722027	55613	7.70
从化市	300885	23269	7.73
按国民经济行业分			
农林牧渔业	958819	13720	1.43
采矿业	2603	385	14.79
制造业	1665589	117279	7.04
电力、燃气及水的生产和供应业	28592		
建筑业	304893	5022	1.65
交通运输、仓储和邮政业	233429	14392	6.17
信息传输、计算机服务和软件业	77490	47169	60.87
批发和零售业	460448	124244	26.98
住宿和餐饮业	436407	348652	79.89
金融业	66178		
房地产业	62137	9329	15.01
租赁和商务服务业	52574		0.00
科学研究、技术服务和地质勘查业	44490		
水利、环境和公共设施管理业	26947		
居民服务和其他服务业	379130	176192	46.47
教育	183430	31228	17.02
卫生、社会保障和社会福利业	86896	5362	6.17
文化、体育和娱乐业	28120	1469	5.22
公共管理和社会组织	112534		
国际组织			

5－7 主要年份私营企业固定资产投资额及比重

单位：万元

年 份	合 计	#私营企业	私营企业固定资产投资额占全市比重（%）
全 市			
1996	6389360	38519	0.60
1997	6565767	66960	1.02
1998	7588283	123884	1.63
1999	8782586	286732	3.26
2000	9236676	534456	5.79
2001	9782093	1007708	10.30
2002	10092421	1304823	12.93
2003	11751668	1391787	11.84
市 区			
1996	4961794	19314	0.39
1997	5415077	48717	0.90
1998	6402341	97924	1.53
1999	7469488	150996	2.02
2000（原八区）	7532152	396939	5.27
2000（新十区）	8880172	513791	5.79
2001	9422360	942358	10.00
2002	9372743	1030326	10.99
2003	10882562	994091	9.13

5－8 主要年份房地产开发私营企业投资额及比重

单位：万元

年　份	企业个数	#私营企业	房地产开发投资额	#私营企业	私营企业房地产投资额占全市比重（%）
全　市					
1996			2291640	5617	0.25
1997			2374223	40785	1.72
1998			2693689	97288	3.61
1999			2959027	240786	8.14
2000			3555816	510651	14.36
2001			3870207	825836	21.34
2002	1309	304	4263898	1077086	25.26
2003	1285	313	4194806	1018663	24.28
市　区					
1996			4961794	19314	0.39
1997			2083116	38740	1.86
1998			2402237	89512	3.73
1999			2569842	137947	5.37
2000（新十区）			3466068	492728	14.22
2001			3765093	780301	20.72
2002	1197	262	4011112	867415	21.63
2003	1161	271	3910617	800138	20.46

5-9 主要年份房地产开发私营企业房屋面积

单位：面积

年 份	施工面积	竣工面积	实际销售（交楼）面积
全 市			
1996	105329	7536	5936
1997	223711	30622	6845
1998	1116629	266841	129567
1999	2088112	739031	582124
2000	4927356	1511154	790230
2001	7889925	1969309	1405923
2002	11438613	3055468	2028338
2003	10910613	3014161	2627766
市 区			
1996	26572	7536	5436
1997	175154	24922	5849
1998	975131	229443	100170
1999	1331709	315655	200415
2000（新十区）	4619722	1459530	741629
2001	7265720	1867760	1339034
2002	9641272	2389666	1603950
2003	9028207	2091620	1964386

5－10　主要年份房地产开发私营企业财务指标

单位：万元

年　份	资产总计	所有者权益	经营总收入	经营税金及附加	利润总额
全　市					
1997	68682	27553	8001	534	1192
1998	390583	93768	89058	5234	4220
1999	617979	108109	242126	18833	8822
2000	1530183	262700	481990	29973	13682
2001	2684058	499576	410732	27475	9923
2002	4178870	652509	963588	61631	7365
2003	29406190	6524246	4659219	273115	388051
市　区					
1996					
1997	57858	23388	7851	528	1183
1998	360660	87366	86107	5115	4906
1999	499236	92452	113203	7392	4415
2000（新十区）	1483284	243039	470567	29222	13826
2001	2582238	467821	404004	27038	10420
2002	4000613	599627	722561	46004	－1805
2003	28426810	6261207	4360972	256333	364957

注：市区口径为按法人单位办公地址口径（下同）。

5-11 主要年份规模以上工业私营企业单位数及工业总产值

单位：万元

年 份	单位数（个）	工业总产值	工业总产值（1990年不变价）
全 市			
1996	50	9435	8562
1997	57	88625	76158
1998	142	217245	181081
1999	170	283057	240520
1999（新口径）	622		1432640
2000	875	2008742	1853471
2001	1229	2723063	2441184
2002	1293	3284538	2994036
2003	1414	4334592	3923118
市 区			
1996	40	6580	6034
1997	13	13756	11730
1998	67	73416	62009
1999	51	76787	71183
2000（原八区）	62		195521
2000（新十区）	475	1237776	1113658
2001	718	1726409	1534214
2002	780	2100040	1902293
2003	894	2816468	2520551

注：1. 规模以上工业私营企业指年销售收入500万元以上的企业。

2. 1999年以前私营企业统计范围不包括村办企业；2000年及以后私营企业统计范围为规模以上的企业。

5－12 主要年份建筑业私营企业主要指标

年　份	企业数（个）	建筑业总产值（万元）	房屋建筑施工面积（平方米）	年平均从业人数（人）
1999	17	44944	669491	157557
2000	49	72636	1885896	11250
2001	198	425441	6495459	51028
2002	366	423393	6857243	46296
2003	478	732157	8841193	70224

5－13 主要年份建筑业私营企业主要财务指标

单位：万元

年　份	资产总计	所有者权益	工程结算收入	工程结算税金及附加	利润总额
1999			31734	1046	873
2000			94253	3044	3224
2001			427411	14940	24354
2002	606017	262587	471962	16679	7748
2003	1038054	434843	874367	30121	30038

5－14 主要年份批发贸易业私营机构、网点、人员数

年 份	机构（个）	网点（个）	人数（人）
全 市			
1996	1706	1894	16802
1997	1914	2105	19044
1998	2014	2325	22546
1999	1185	1185	12098
2000	2918	2921	24704
2001	7891	8406	68631
2002	8162	8710	65718
2003	9009	9669	73474
市 区			
1996	1606	1634	13609
1997	1595	1770	15748
1998	1683	1959	17309
1999	1020	1020	10435
2000（新十区）	2808	2809	23468
2001	7765	8280	67337
2002	8034	8579	64343
2003	8873	9487	72001

注：批发贸易业私营机构指独立核算私营企业；网点统计范围包括私营企业、产业活动单位。

5－15　主要年份零售贸易业私营机构、网点、人员数

年　份	机构（个）	网点（个）	人数（人）
全　市			
1996	1706	1894	16802
1997	1902	5984	26462
1998	2014	2325	22546
1999	1185	1185	12098
2000	1644	5635	42088
2001	3740	4529	38358
2002	3899	4741	33621
2003	4301	5436	41589
市　区			
1996			
1997	1512	4586	23274
1998	1683	1959	17309
1999	1020	1020	10435
2000（新十区）	1536	5465	40366
2001	3498	4269	36115
2002	3657	4484	31609
2003	4050	5075	38977

注：零售贸易业私营机构指独立核算私营企业；网点统计范围包括私营企业、产业活动单位和个体户。

5－16 主要年份限额以上批发零售贸易业私营企业和个体户购、销、存总额

单位：万元

年 份	限额以上私营批发零售贸易企业					限额以下企业（单位）和个体户				
	商品购进总额	商品销售总额			年末库存总额	商品购进总额	商品销售总额			年末库存总额
			批发	零售				批发	零售	
全 市										
1996	468977	856936	583969	272967	44760	1512476	1543030	484310	1058720	133217
1997	710416	828624	473709	354915	86667	1811880	2009934	687070	1322864	168797
1998	39369	44367	6136	38231	4864	12332967	12529843	8093517	4436326	1322364
1999	72650	79464	24133	55331	8489	11670123	13442903	8223870	5219033	1395716
2000	215255	222805	112564	110241	18382	12226213	14418431	8522455	5895976	1009290
2001	1925442	2140573	1789523	351050	163422	11916878	14520683	8289016	6231667	942020
2002	2338506	2490823	2066034	424789	189431	13695864	15650416	8922805	6727611	1014316
2003	3536526	3658689	2949156	709533	274497	13234890	15707064	7495704	8211360	935300
市 区										
1996	328044	698692	504050	194642	34979	1127415	1123457	422326	701131	103440
1997	536752	623134	375265	247869	71793	1346678	1510889	583154	927735	133577
1998	39369	44367	6136	38231	4864	10852766	11010054	7373256	3636798	1220680
1999	54673	61124	6573	54551	7873	10220734	11757865	7371473	4386392	1289799
2000（新十区）	215255	222805	112564	110241	18382	11622350	13661433	8230243	5431190	969681
2001	1851084	2062528	1736653	325875	162489	11276740	13720781	8091340	5629441	905420
2002	2338506	2490823	2066034	424789	189431	13695864	15650416	8922805	6727611	1014316
2003	3472126	3592511	2926419	666092	272589	12357806	147056339	7199017	7507323	906592

注：限额以上批发零售贸易业私营企业指批发年销售额达2000万元以上和零售年销售额达500万元以上的企业。

5－17　主要年份餐饮业私营企业机构、网点、人员数

年　份	机构（个）	网点（个）	人数（人）
全　市			
1996	459	508	6606
1997	325	438	10323
1998	344	508	11017
1999	130	190	9365
2000	232	276	19856
2001	597	655	33160
2002	624	677	32430
2003	705	775	37587
市　区			
1996	129	152	2708
1997	86	134	3372
1998	101	314	7189
1999	64	124	5903
2000（新十区）	192	230	17007
2001	460	512	28801
2002	487	537	28209
2003	570	631	32714

5－18 主要年份限额以上批发零售贸易业私营企业财务情况

单位：万元

年　份	资产总计	所有者权益	商品销售收入净额	商品销售税金及附加	利润总额	本年应交增值税
全　市						
1996	35751	5919	113503	1593	5481	886
1997	37702	12991	49305	58	480	－135
1998	17204	4120	42358	60	－669	597
1999	28719	5132	76503	148	－2128	1242
2000	56829	6818	199577	312	－717	2152
2001	646749	102031	1939212	3222	5052	21421
2002	778129	136351	2231776	3620	14099	24839
2003	1068060	209516	3283087	4503	19250	30279
市　区						
1996	25165	5033	58171	139	－2113	1134
1997	37702	12991	49305	58	480	－135
1998	17204	4120	42358	60	－669	597
1999	25165	5033	58171	139	－2113	1134
2000（新十区）	56829	6818	199577	312	－717	2152
2001	617504	98228	1860354	3128	5299	20414
2002	763117	134190	2146637	3543	14172	24297
2003	1057626	208986	3218065	4397	19172	29580

5－19　主要年份限额以上餐饮业私营企业财务情况

单位：万元

年　份	资产总计	所有者权益	营业收入	营业税金及附加	利润总额
全　市					
1996	2068	811	5029	267	67
1997	11276	2466	11626	502	609
1998	13195	7183	14767	655	－347
1999	28215	15189	28988	1496	－397
2000	35286	11320	49828	3069	－875
2001	96979	4005	142249	8358	－4384
2002	94994	－5314	171690	10811	－5035
2003	170800	－2567	222631	10671	－3316
市　区					
1996					
1997	3202	2148	5655	298	17
1998	12426	7218	12824	579	－198
1999	11291	5339	14888	843	－323
2000（新十区）	35286	11320	49828	3069	－875
2001	85806	8383	134717	8060	－3605
2002	84574	1644	162306	10350	－4105
2003	156703	1927	211575	10136	－2684

注：限额以上餐饮业指年营业额达 200 万元及以上的企业。

5－20 主要年份海关进出口私营企业商品总值

单位：万美元

年　份	海关进出口总值		出口		进口	
	全市	#私营企业	全市	#私营企业	全市	#私营企业
2000	2335056	12807	1179046	1610	1156010	11197
2001	2303669	22811	1162345	4082	1141324	18729
2002	2792708	81864	1377851	14390	1414857	67474
2003	3494075	231562	1688892	61457	1805183	170105

注：本表资料由广州海关提供。

5－21 主要年份民营科技企业情况

项　　目	1998年	1999年	2000年	2001年	2002年	2003年
民营科技企业数（个）	1591	1607	1696	1787	2008	2256
#当年新增	164	16	89	87	221	248
高新技术民营科技企业（个）	174	223	264	311	376	461
从业人员（人）	44964	60668	67185	94077	121341	138214
全年技工贸总收入（亿元）	138	165	303	376	477	588

5－22　主要年份年收入超100万元的民营科技企业情况

项　　目	1999	2000	2001	2002	2003
民营科技企业数（个）	368	531	575	553	801
从业人员数（人）	36874	52232	61863	82684	99557
#科技人员	18901	27217	36455	43877	60963
具有高、中、初级职称人员数（人）	10570	15008	16075	16484	26175
资产总额（亿元）	191	331	410	476	560
#固定资产	59	79	98	164	178
无形资产	10	66	67	20	19
流动资产	109	166	212	267	325
全年技工贸总收入（亿元）	161	300	366	465	576
出口创汇（万美元）	19112	65227	108976	107569	109704
上缴税金（亿元）	8	16	18	19	21

5－23　主要年份社会力量办普通中学情况

单位：人

年份	学校数			毕业生数			招生数			在校学生数			教职工数	专任教师
	合计（所）	初中	高中	合计	初中	高中	合计	初中	高中	合计	初中	高中		
1999	18	10	8	450	389	61	2264	1917	347	4948	4088	860	1054	538
2000	25	15	10	1059	833	226	4968	4152	816	9619	7980	1639	1453	788
2001	56	47	9	2761	2025	736	9887	7962	1925	21855	18220	3635	2373	
2002	66	56	10	3628	3067	561	12389	10659	1730	28894	24592	4302	2897	1856
2003	85	72	13	6218	5239	979	18106	16306	18106	43721	38987	4734	4087	2735

5－24　主要年份社会力量办职业中学情况

单位：人

年份	学校数（所）	毕业生数	招生数	在校学生数	教职工数	# 专任教师
1999	4	329	349	887	69	37
2000	19	843	2336	6395	599	299
2001	21	1958	3567	8078	667	361
2002	16	2335	2141	7315	622	373
2003	20	20	4246	12104	741	482

5－25　主要年份社会力量办普通小学情况

单位：人

年份	学校数（所）	毕业生数	招生数	在校学生数	教职工数	#专任教师
1999	59	1955	8566	35897	3390	1960
2000	63	3352	12280	52295	4165	2533
2001	95	5988	20517	86052	6180	4104
2002	108	9530	24372	109630	7450	4982
2003	149	13928	32741	151681	9822	6764

5－26　主要年份社会力量办幼儿园情况

单位：人

年份	学校数（所）	毕业生数	招生数	在校学生数	教职工数	#专任教师
1999	416	13045	11900	41010	5860	2878
2000	478	15475	50832	7089	3478	
2001	609	25379	25744	79385	9775	5208
2002	622	28150	24522	83049	10935	5808
2003	721	31362	30821	98683	12853	6839

注：本页资料由广东省教育厅和广州市教育局提供。

5－27　2003年民办普通高等院校基本情况

单位：人

院校名称	本、专科毕业生数	本、专科招生数	本、专科在校学生数	教职工数	#专任教师	#教授	#副教授	#讲师
合　计	13083	26936	65249	3341	1972	125	407	613
民办培正商学院	1060	2571	6398	815	340	32	90	85
民办南华工商学院	1287	2705	5798	471	324	11	41	129
私立华联学院	691	2360	5336	528	361	48	105	107
广东白云职业技术学院	982	3413	7111	561	356	10	61	160
广东岭南职业技术学院		3962	6106	637	336	8	40	67
广州康大职业技术学院				329	255	16	70	65
其他	9063	11925	34500					

注：本表资料由广东省教育厅提供。

5－28　私营卫生机构、床位、人员数（含诊所、医务室、社区卫生服务站）

年份	机构数（个）	床位数（张）	人员数（人）	#卫生技术人员数（人）						
				小计	执业医师	执业助理医师	注册护士	药剂人员	检验人员	其他
2002	792	1671	4809	4098	1683	346	998	322	139	610
2003	842	1798	6140	5362	2069	426	1422	439	307	699

5－29　私营卫生机构、床位、人员数（不含诊所、医务室、社区卫生服务站）

年份	机构数（个）	床位数（张）	人员数（人）	#卫生技术人员数（人）						
				小计	执业医师	执业助理医师	注册护士	药剂人员	检验人员	其他
2002	138	1671	2745	2034	774	125	556	204	110	265
2003	136	1798	3228	2450	893	118	724	223	235	257

注：本页资料由广州市卫生局提供。

第六篇

他山之石

6－1　最新动态

【我国民营企业每天新增1500多家】　据《经济日报》2004年6月17日报道，在《中国民营经济发展报告NO.1》出版座谈暨学术研讨会上透露，我国目前平均每天增加1500多家民营企业，民营企业注册资本每天增加30亿元。

2003年，我国新增民营企业57万家，新增加注册资本1万亿元。目前，我国个体户已经达到3200万户，平均每40个人中就有一个是个体户，民营企业的投资人数也已经达到770多万人。专家估计到2010年，全国民营企业的投资人数将达到3000万到4000万人。

【我国民营经济呈现数量扩张质量飞跃的新景象】《经济日报》2003年12月3日报道，全国工商联日前在郑州举行了首次“中国民营经济发展形势分析会”，并公布了国内第一份系统、全面的民营经济发展分析报告。这份报告认为，10多年前还鲜为人知的我国民营企业，已经从拾遗补缺成长为促进社会生产力发展的重要力量，目前正呈现出数量加速扩张和质量飞跃的良好发展景象。

据全国工商联统计，截至2002年底，全国私营企业户数12年里增长了24倍，同期个体工商户增长了79%；民营经济注册资金增长了58倍，达到2.8万亿元。民营企业在总量快速发展的同时，质量也有显著提升。统计显示，企业年营业收入1.2亿元以上的有1582家，其中最多的已达355亿元；企业平均营业收入年均增长17%，远高于同期GDP的年均增长率。民营企业的总资产、销售额、净资产回报率及资产负债率等指标，都好于同期全社会的平均情况。2002年，内资民营经济在国内生产总值中所占比重达到48.5%；全年国民经济总量增长中，约有四分之一是个体私营经济提供的。

民营科技企业开始引领民营经济产业新方向。目前国内已有5000多家民营科技企业与500多所高等院校、科研院所建立了合作关系。浙江850多家省级以上高新技术企业中，民营企业占95%以上。广东省的国家和省级高新技术产业开发区中，民营科技企业占企业总数八成以上，全省民营科技企业数量达5015家，其中年产值超亿元的有262家，占全省高新技术企业的一半以上。

民营企业参与国有企业新一轮改革呈现出新特点：由过去的零星参与到大规模参与；被改造、改组的国有企业中增加了大型企业；民营企业把参与国企改组改造与寻求放开市场准入结合起来，以此进入到一些过去限制准入的行业。

民营企业更加注重现代企业制度的建立，治理水平逐渐提高，并积极利用资本运作实现跳跃式发展。到2003年6月底，广东民营企业完成股份制改造的已达6787家，其中私营企业集团268家。民营企业已经开始自觉实现股权结构和管理模式的改变，向现代企业制度靠拢。目前有限责任公司已成为我国私营企业的主要组织形式，其数量、从业人数、实收资本、营业收入均居各类私营企业之首。

据此，我国民营经济发展形势将会在未来一年出现重大的可喜变化：民营企业家健康成长继续成为民营经济发展的主旋律；私有财产的法律保护问题得到进一步完善；发展民营经济的指导思想从政策支持完全转向制度保障；民营经济参与国有资产重组的政策障碍基本消除并得到积极鼓励，跨地区的联合重组出现高潮；作为市场经济主体的民营企业将获得全面的平等的国民待遇；民营企业数量将进一步扩大；以民间投资为主导的社会投资将取代以政府投资为主导的国有投资，成为固定资产投资的主要力量；中小民营企业将获得全方位的支持力度；大型民营企业做强做大成为各级政府关注支持的对象；民营企业走向国际市场的速度会进一步加快；金融政策对民营企业的支持力度会加大；全社会对民营经济发展的态度可能出现根本性变化。

【发展林业产业非公企业成为主力军】 2004年6月5日《经济日报》讯，据国家林业局统计，近5年在林产工业发展的总投入中，87%是民间资本。截止到2002年底，全国林业第二产业的非公有制企业共有17.4万家，是同期国有控股企业的273倍，非公有制林业第二产业（不含制浆造纸）产值约为1992亿元，占林业第二产业总产值的94%；去年非公有制林业造林面积达531.7万公顷，占全国造林面积的58.3%。

【民营企业成为吸收劳动就业的主力军】 2003年3月26日，劳动和社会保障部与全国工商联共同在人民大会堂表彰了在全国就业和社会保障工作中作出突出贡献的126家民营企业。截至2002年底，这些企业的员工总数50万人，在三年新进的近26万员工中，下岗职工就有11.5万人，占新进员工总数的45.6%；养老保险的平均缴纳率为83.33%，医疗保险的平均缴纳率为78.5%，失业保险的平均缴纳率为80.19%。

据统计，2002年全国就业总数为7.374亿人，其中民营经济（含农业劳动力）就业占到全社会的90%以上。全国个体、私营就业人员从1996年的7400多万人增加到2002年的1.9亿多人。从解决我国社会就业问题的角度来看，非公有制经济今后将发挥更加重要的作用。“九五”期间，我国私营、个体经济从业人员净增约3000万人，占城镇就业增量的75%，成为我国就业的主要增长点。此外，2002年民营经济在二、三产业的就业比重达到52.7%，在城市的就业比重已超过70%。到2003年，个体、私营经济吸纳就业人员735万人，增幅达到9.2%。据劳动和社会保障部2002年底调查表明，实现再就业的下岗失业人员中，有80%以上是通过非公有制经济和多种形式再就业的。

【中小企业已占经济总量“半壁江山”】 据《经济日报》2004年7月9日讯，2003年我国经工商行政部门注册的中小企业已超过360万家，个体工商户2790万家，占全国企业总数的99.6%。中小企业创造了55.6%的国内生产总值，提供的出口额占62.3%，上缴税收占46.2%，并提供了75%以上的城镇就业机会。同时，中小企业具有反应快速、机制灵活的优势，在技术进步和机制创新中发挥着日益突出的作用。目前，我国专利的65%是由中小企业发明的，75%以上的技术创新是由中小企业完成的，80%以上的新产品是由中小企业开发的，中小企业已成为技术与机制创新的主体。

【北京个私经济登记户达67.1万户】 据《经济参考报》2004年8月7日讯，截至今年上半年，北京市私营个体经济累计登记户数达67.1万户，比上年同期增加12.8万户；累计注册资本2543.3亿元，比上年同期增长14.8%；从业人员达到279.0万人；纳税总金额56.7亿元，比上年同期增长35.0%。

【北京民营经济占GDP40%】 据《中华工商时报》2004年7月6日透露，目前，北京市民营经济发展迅速，已占全市GDP的40%左右，就业占全市58%左右，固定资产投资占全市的52%，税收占40%左右，便民服务网点占94%，高新信息技术服务占90%以上。今年1~5月份，民营经济发展势头非常好，个体户从业人员约占30%。

【北京私营高科技企业年增长40%】 据《经济日报》2004年6月8日讯，私营个体经济成为北京高新技术发展的主体，中关村科技园区中私营高新科技企业占90%以上。近10年来，北京市私营高科技企业以每年递增40%以上的超常规速度发展，对全市工业增长贡献率已超过60%。目前，在全市最大的科技企业孵化器中孵化的40家科技企业中，有38家是私营企业。2003年共有186个项目列入北京市火炬计划项目，其中172家是私营企业，占项目总数的92%。

【北京力促非公经济全面发展】 改善和优化非公经济发展环境，大力促进北京非公经济的全面发展，成为代市长王岐山和北京市2004年人大和政协两会代表和委员关注的热门话题。

王岐山代市长在代表市政府所做的政府工作报告上用了相当大的篇幅来讲述大力发展非公有

制经济的决心和措施："加快清理和修订限制非公有制经济发展的规定和政策，进一步放宽市场准入，允许非公有资本进入法律法规未禁入的行业和领域，提高非公有制经济在制造业、基础设施和公共事业等领域的比重。建立健全投资服务体系，完善税收政策，发展适应中小企业需要的多层次金融服务。依法保护私有财产。提倡具有一定规模的民营企业建立现代企业制度。更多地吸引非国有资本参与国有企业的股份制改造，实现投资主体多元化。"

据悉，从2000年至2003年，北京市私营个体经济呈现持续快速增长势头，已连续几年保持年增速在20%以上，仅2003年的前11个月纳税额就达到了75．5亿元；目前非公经济在全市各服务行业的网点已逾20万个，全市80%以上的肉、蛋、菜、果的供应量都来自非公企业。更重要的是，非公经济从业人员已达417万人，占全市从业人员的60．3%，成为吸纳就业的重要支柱。

尽管近年来北京非公经济发展较快，但与沿海经济发达省市相比仍有不小差距，与社会主义市场经济重要组成部分的地位也不相称。例如，2001年，北京的私营企业尽管数量上是国有企业的3.5倍，但仅占全市工业总产值的4%，规模上做不大；到2002年年底，北京非公经济投资总额比上年增长21%，尚不到津、沪的一半。北京市非公经济大企业规模和数量还远不如上海和江浙，福布斯排名少且靠后，最关键的是企业注册平均资本规模连年下滑，由2002年的140万元下降到2003年的133万元。

【京城私企绽开精神文明之花】　据《中华工商时报》2004年5月28日讯，京城私营企业越来越重视企业精神文明创建活动。在日前召开的北京市工商联精神文明建设工作表彰大会上，195家非公有制企业被授予"2003年度北京市工商联系统文明单位"称号，18家被授予市工商联系统"文明单位标兵"称号，13家被首都精神文明建设委员会命名为2003年度"首都文明单位"。目前，全市工商联系统有各级文明单位226家。

越来越多的非公有制企业随着企业的发展，更加重视企业对社会的责任，注重员工的思想文化等精神文明建设，在去年抗击"非典"中，广大非公经济企业以对党和人民的一片真情，积极投身抗击"非典"的斗争，加强企业自身防治工作，坚持生产，平抑物价，捐款捐物累计达9350万元。以"致富思源，富而思进，扶贫济困，共同富裕，义利兼顾，德行并重，发展企业，回馈社会"为宗旨的光彩事业得到越来越多的民私营企业的响应，取得了丰硕成果，目前已累计实施光彩事业项目325个，到位资金21.78亿元，培训人员2.63万人次，脱贫人数6.05万人次，捐资公益事业4.84亿元。北京市光彩事业先后7次受到中央和北京市委、市政府的表彰。

诚信是非公有制企业精神文明评选活动的考查重点之一。北京市工商联与市质量技术监督局、国家税务局、地方税务局、劳动和社会保障局联合在全市工商联非公有制会员企业中开展了质量、纳税、就业先进会员企业评比表彰工作，有100家企业获得了市工商联质量、纳税、就业先进会员企业称号。

私营企业注重党、团、工会组织建设，是近年来非公有制企业在精神文明创建活动中的另一个显著特点。目前，北京市工商联会员企业中，建立党委7个、党总支14个、党支部192个，拥有党员3318名；建团委13个、团总支15个、团支部77个；建工会委员会137个、工会分会115个、工会小组587个。广大非公有制企业的党员在日常生产经营中、在重大活动中特别是在抗击"非典"斗争中发挥了应有的作用，有许多企业党支部和党员还受到了各级党委的表彰。

【上海私企竞争力明显提升】　《经济参考报》2004年6月30日讯，上海市劳动和社会保障局最新发布的企业人工成本调查报告表明，私营企业的竞争力在上海有了明显提升。这使得"私企在上海长不大"的思维定势将有望改观。

数据显示，2003年，上海企业人均人工成本为49341元，比上年增长10.8%；投入百元人工成本产出的利润为152元，比上年增长14.3%。这其中，上海私营企业人均人工成本为23435元，投入百元人工成本产出利润为161元，同比增长了45%，增长幅度尤为明显。

截至今年4月底，上海私营企业达到32.5万户，从业人员共365万人。近年的上海私企数量年均净增长率达 27.2%。2003 年，上海私企的缴税总量为 248.5 亿元，同比增长达 49.5%；每亿元注册资本产生的税收达到了 595.4 万元，远远高于上海的国有、集体企业及外资企业，私企的投入产出比位居第一。

【上海民营经济成为拉动经济增长的重要动力】《经济日报》2004 年 8 月 8 日讯，2003 年民营企业对全市 GDP 增长贡献率达到 17%，实现税收 263 亿元，同比增长 57.3%。民营企业的从业人员达 365 万人，占全市就业总量的 40%。近年来，上海的民营企业逐步从制造业、餐饮业、批零贸易和社会服务业向信息咨询、科技研发、物流仓储、城建环保、文教医疗等领域拓展，成为就业的“蓄水池”。

上海市民营经济发展出现 5 大新趋势：民营科技企业已占全市高新技术企业的 25%，成为实施“科教兴市”的生力军；民营外贸企业已占全市各类外贸企业的 69%；民营企业区位分布重心向郊区和开发区汇集；民营企业积极参与上海国有经济结构性调整，在轻纺等传统产业领域，50%以上的国有小企业吸收民营资本进行了改制重组；2003 年底外省市来沪设立的民营企业注册资本达 1357 亿元。

【上海私营经济投资量剧增】 据上海市统计局统计：2002 年，民间投资对上海市投资增长的贡献率为 92%，远远高出国有经济投资。统计显示，1994 ~ 2002 年，股份制经济投资的年均增幅是 38.9%，分别高出民间投资和全社会投资年均增幅 19.7 个百分点和 24.5 个百分点；私营经济投资量也从 1996 年的 1.25 亿元增加到 2002 年的 308.63 亿元，增长了 246 倍。值得关注的是，民间投资的投向仍然比较单一，主要集中于一些投资量小、技术性不强或竞争较激烈但回报率高、见效快的行业，如第二产业中的制造业和第三产业中的房地产业。

【上海民企最大纳税户出炉】《中华工商时报》2004 年 8 月 18 日报道，以“修身、齐家、立业、助天下”为企业理念的上海复星集团，经过 10 多年的坚实发展，已成为上海最大的民营企业和民营企业中最大的纳税大户。在 2003 年上缴税收 31.05 亿元后，2004 年 1 ~ 6 月又以上缴税收 17.55 亿元的骄人成绩，向社会交出了一份出色的答卷。

税收负担率是衡量应缴尽缴的重要指标。现行税制条件下，一般企业流转税的实际平均税负为 5%左右，企业所得税实际平均税负为 25%左右，而复星集团企业的加权流转税平均税负为 7.27%，所得税平均税负为 28.47%，均高于平均税负率。由此说明，集团企业在取得高于行业平均增加值的同时，做到了税收的足额上缴。

复星投资企业诚信纳税的负责任态度得到了各企业所在地税务机关的首肯。复星投资企业 2003 年度参加税务部门组织的纳税信用评定的企业中获得 A 类（最高级）的企业达 40 家，A 类企业率达 28.7%，高于社会平均水平（10%左右）19 个百分点，而且无一家企业被评为 C 类企业。

【上海民企发出为就业和社会保障作贡献的倡议】 2003 年 10 月 29 日，上海市政府召开表彰大会，对促进就业和社会保障作出重大贡献的民营企业给予表彰。

上海近三年吸纳就业人员 41.8 万人。市政府每年解决 10 万名就业岗位的主要渠道都在私营企业。仅 2003 年 1 ~ 9 月份新增的 43 万个就业岗位中，就有 70%来自于非公经济。

表彰大会上，上海复星（集团）股份有限公司董事长郭广昌等 10 家先进民营企业代表联合发出了《积极行动起来，为就业和社会保障再作新贡献》的倡议书。倡议全市民营企业：“要以创业促进就业，以企业发展创建就业空间，积极开发更多的就业空间，为促进本市就业和再就业发挥更大作用。”

【上海私营企业大步走出国门】 上海最新数字表明，已有 4950 多家私营企业获得自营进出口权或外贸流通经营权，成为该市进出口贸易的生力军。

上海私营企业的进出口贸易有这样的特点：在出口方面，外贸出口方式主要为一般贸易，占总出口额的 88%；出口产品主要集中在机电设备、纺织服装、箱包、鞋类及五金工具等；除了美国、欧盟、日本、香港、东南亚等传统的主要出口地区，上海私营企业对西亚的出口额增长迅速，墨西哥、尼日利亚、阿联酋、土耳其、沙特、捷克、巴西、乌克兰、智利、俄罗斯等国正成为上海私营企业外贸出口的新市场。

在进口方面，进口产品以机电设备、自动数据处理设备零件和原木、初级塑料及其他原材料为主；上海私营企业对日、美等国的进口贸易位居各国之首。

在进出口贸易迅速增长的同时，上海私营企业加大了对外投资的步伐，上海私营企业正满怀激情、充满信心地参与国际经济技术合作与全球市场竞争，以实现更大的发展。

【上海外贸私企大增】《中华工商时报》2004年7月8日讯，至2004年6月底，上海全市私营外贸企业已高达7745家，几乎占申城内资外贸企业总数的四分之三。私营外贸企业出口，从1999年的700多万美元，增至去年的18.14亿美元，今年1~5月为13.5亿美元；私营外贸企业出口占全市出口的比重已从1999年的0.04%升至去年的3.74%，今年1~5月更攀升至4.9%。

【上海非公经济三分天下有其一】 2003年上海实现国内生产总值6250.81亿元，按可比价格计算，比上年增长11.8%，是该市经济连续第12年保持两位数增长，也是自1997年以来六年中增长最快的一年。在全市国内生产总值中，非公有制经济增加值2240.72亿元，比上年增长25.3%，占国内生产总值的比重由上年的31.9%提高到35.8%。这是上海市统计局局长潘建新向中外记者发布的信息。

到2003年末，在沪经营性外资金融机构达89家，有24家在沪外资银行被其总行确定为中国境内业务主报告行。中外资银行各类营运中心的集聚态势初步显现。2003年上海新增的国内各地来沪投资企业，仅注册资本100万元以上的独资或控股企业就有10920家；上海与全国各地投资签订合作项目578项，项目总金额653亿元，全年上海与西部省市签订各类经济技术合作项目140项，总金额227亿元。

【上海四家公园转为民营】 据《中华工商时报》2004年7月22日报道，上海动物园、上海植物园、上海共青森林公园和上海古猗园这4座市绿化局下属的公园作业层企业如今已转为民营。但公园依然“姓”公，属政府委托公司管理的公益性质单位，除管理岗位外的养护、商业经营、清洁、治安、售票等全部转为私营，不会对门票价格产生影响。

这4座公园的改革在3年前就已启动，第一步原属事业编制的作业层组建成企业，职工保留事业编制实行企业化运作；第二步公园企业全部改制为民营，逐步从“吃皇粮”转为“找米下锅”。目前原本供职于21个国有小企业的700名职工劳动身份全部转换成有固定期限的合同工。

【天津非公有制经济呈现良好发展前景】据天津市统计局调查资料显示：2003年在天津登记的个体私营企业为2.4万余户，从业人员92万人；注册资金从1998年的252.29亿元，逐年上升到2003年的969.45亿元，增长了近4倍。目前天津市民营经济增加值占全市GDP的比重为22.6%，天津市非公有制经济的规模不断扩大，呈现出良好的发展前景。

【长三角欲破民企发展壁垒坚冰】 2003年12月3日，“长三角十五城市民营经济和商会工作合作与交流机制”首次会议在杭州开幕，此次会议表达出与会者以及众多民营企业的呼声：消除区域内行政壁垒，加强各地民营企业间的合作交流。

这次会议，十五城市工商联达成了几点共识：

政策互通。长三角十五城市工商联建立有效的沟通和联系平台，及时交流各地新出台的有关促进非公有制经济发展的政策法规及措施，推动民营企业的发展。

服务共享。各市工商联要充分发挥商会作用，当好民营企业的“联络员”、“服务员”和“宣传员”，鼓励民营企业跨区域流动，积极为异地企业准入长三角提供便利条件。长三角十五城市工商联会员企业在长三角区域内任一城市均可享受当地工商联会员的同等待遇，切实维护投资者的合法权益。各市工商联对十五城市工商联会员企业提供同等优质服务，从而推动长江三角洲地区民营经济的大发展和大提高。

加强行业商会、同业公会之间的协作和互动。十五城市行业商会之间建立互访机制，加强横向联系，特别是加强经济信息交流，推进合作，共同发展。

【浙江个私经济持续走强】《中华工商时报》2004年8月16日讯，浙江省个私经济今年上半年平均每天吸纳资金2.97亿元，这表明，尽管上半年资金、能源和生产资料紧缺，但浙江个私经济增长依然强劲。

据浙江省工商局统计，今年上半年，浙江省新增个私注册资金534.29亿元，比去年同期增长77.51%，这相当于每天有2.97亿元注册资金进入个体私营经济领域；浙江省个私企业共实现总产值4594.46亿元，销售总额及营业收入3817.73亿元，社会消费品零售额1877.84亿元，同比分别增长了20.96%、25.49%、24.58%。这组数字表明，浙江省个私经济承接去年快速发展的势头，在宏观调控下持续走强。

今年以来，浙江省政府部门积极出台优惠政策，大力鼓励个体创业，促使个私企业数量增长迅速。上半年全省新开业个体工商户23.1万户、私营企业4.49万户，分别比上年同期增长24.53%、5.65%。

个私企业的迅速增多带来了大量的就业机会。上半年全省个私企业新增就业人员90.05万人，其中安置下岗职工7.16万人，相当于每天有502.8名从业人员进入个体私营经济领域。

同时，大力扶持个私企业做大、做强，促使实力雄厚的私企集团不断涌现，成为带动全省个私民营经济发展的“领头羊”。全省现有私营企业集团541家，同比增长56.36%；总资产亿元以上的735家，同比增长91.41%；注册资金亿元以上的149家，同比增长98.67%。为改善产品结构、提高产品技术含量等，个私企业投入的技改资金和新产品开发资金超过200亿元。

【浙江日均诞生234家私营企业】浙江省工商行政管理局宣布：2003年浙江省新登记个私企业达到71434家，新设立个体工商户311550户，平均每天有234家私营企业完成注册，每天有1026户完成设立。迄今为止，浙江省的个体私营企业总户数已达到189万家（户）。

【浙江个私经济发展呈现六大新特点】2003年底从浙江省工商局获悉，浙江省个体私营经济发展具有六个方面的新趋势、新特点：

一是综合实力显著增强。私营企业继续在快速上升通道运行，2002年新发展私营企业6.86万户，比上年增长25.57%，平均每天新开业私营企业达190户。自2000年来，浙江省个体工商户和私营企业的注册资本总量每年以500亿元的幅度递增，现已达2515.43亿元。个体工商户和私营企业户均注册资金分别为2.35万元/户、87.19万元/户，比1997年底分别增长63.19%、70.09%。现有规模以上私营企业1.6万户，年产值亿元以上私营企业3348户，注册资本超过亿元的达68家。全省百强民营企业中，有68家的年销售额或营业收入超过10亿元，排在榜首的万向集团年销售额达到了118亿元，排在最末的恒柏集团也达到了7.19亿元。年产值在100万元以上的私营企业有47614家，500万元以上的有16006家。

二是科技兴企势头强劲。近年来，浙江省加强对科技型私营企业的扶持力度，从“八五”起就对非公有制企业予以技术改造贴息，全省实施的228项国家级重大项目，90%交给了非国有企业，鼓励企业引进先进技术、先进设备，加快对传统产业的改造。2002年，全省私营企业投入技术改造和新产品开发的资金达319.66亿元，比上年增长27.28%，技改立项比上年增加了35%，新产品开发比上年增加了46%；私营企业科技活动活跃，在全省有科技活动的企业中，每三个就至少有一个是私营企业。科技投入有效改善了个私经济增长的内生性基础，目前，已有2068家私营企业获得ISO9000质量体系认证，175家私营企业获得欧洲CE认证，还有越来越多的私营企业获得了ISO14000环境管理认证，为产品进入国际市场打开绿色通道。2002年，全省个私企业新注册商标9894只，比上年增加了近三分之二，累计有注册商标44499只，其中222只被认定为省著名商标，13只全国驰名商标。在全省3318家科技型私营企业中，有近150家建立了科研机构。

三是区域特色经济显著提升。据不完全统计，浙江省88个县（市、区）中年产值超亿元的各类特色产业区块共有500多处，涉及175个大小行业和24万余家企业，产值超过6000亿元，占全省工业总产值的50%左右。据有关部门提供的数据显示，目前全省县市级以上的工业园区有820个，省级以上有208个，成为浙江省私营工业经济加速发展和品质提升的强有力载体，加快了走新型工业化道路、建设先进制造业基地的速度。大批私营工业企业凭借特色产业优势，在工业园区的孵化下做大做强，年末注册资本1000万元以上的达1946家，比上年末增长59.77%，雇工500人以上的增长了24.96%，1000人以上的增长了26.67%。到2002年底，全省第二产业私营企业达15万户，实现总产值493亿元，分别比上年增长15.51%、21.44%。

四是第三产业日新月异。第三产业的迅速发展是浙江省个体私营经济又一亮点。全省房地产业持续升温、产销两旺，拉动了私营房地产业的迅猛发展；社区服务业、中介服务业、信息服务业、融资担保等新兴行业也逐步兴起。在各地蓬勃发展的旅游经济和假日经济推动下，从事第三产业的个体工商户和私营企业走势一路上升。2002年新开业的个体工商户和私营企业中，从事第三产业的经营户超过三分之二，2002年实现的社会消费品零售额中第三产业占83.17%，达2201.2亿元。

五是外向步伐越迈越大。个体私营外向型企业是拉动浙江省外贸进出口高位增长的重要力量。去年，外贸进出口权实行登记制后，私营企业受益颇丰，私营企业进出口队伍明显扩大。据杭州海关统计，前三季度私营企业出口同比增长1.2倍，在新增的39.93亿美元出口增量中，私营企业新增13.09亿美元，占32.8%。据浙江省外经贸厅公布，2002年来，累计有3944家私营企业获得自营进出口权，占全省的48.5%，比年初增加了24.5个百分点。在2002年新获权的企业中，有85%以上为私营企业。私营企业在“走出去”的同时，引进来的步伐也在不断加快，全省现有与外商合资私营企业2303户，累计利用外资12.57亿美元，分别比上年同期增长46.41%、47.8%，私营企业设立境外机构132个。

六是直接融资水平不断提高。2002年，蓬勃发展的浙江私营（民营）企业已成为证券市场的宠儿。在香港创业板上市的浙江民营企业有5家，以民营企业（或自然人控股）身份在上交所上市的还有信雅达等一批公司；通过买壳上市的有华立集团、波导股份等。目前，已经通过和将要通过上市辅导期的浙江企业有117家，数量居全国第一，绝大部分为民营企业。

【7000亿元：浙江成为最大资本溢出地】《中华工商时报》2004年6月3日讯，浙江至少有7000多亿元民间资本进入全国各地的不同领域。专家指出，无论从总量还是从活跃程度看，浙江都是我国大陆最大的民间资本溢出地。

数据表明，截至目前，共有5万多家浙江企业在上海发展，其中有一定规模的达2000多家。在上海经商办企业的浙江人达25万人，所办企业的注册资本达610亿元。在重庆，由鞋业巨头温州奥康集团牵头，联合其他企业投资10亿元打造的“西部鞋都”已正式奠基。在北京，全国最大的服装批发市场、最大的灯具市场、奥运场馆建设等项目的背后，都闪现着浙江人的身影。北至黑龙江，南到海南，西达新疆，全国各地都有浙江民间资本扩张的事例。仅温州市不完全统计，流向外省市的民间资本就已超过1000亿元。

浙江陆域面积小，且是“七山二水一分田”。然而从1978～2003年，GDP年均增长达13.1%，高出全国平均增幅3.7个百分点。浙江经济之所以能够超越国家投资少、资源贫乏等诸多局限，获得持续20余年的快速发展，主要得益于体制创新的先发优势。现在，全国范围内的市场经济体制逐步确立，“买方市场”彻底取代了“卖方市场”。在这种新的形势下，仅有“先发优势”已难于快速牵动浙江经济这列庞大的列车，经济发展的“硬件”制约开始浮出水面。

【百万浙人投资西部超千亿元】　据《经济日报》报道，2004年6月已有110余万的浙江人到西部创业、发展，投资总额超过1000亿元。在浙江到西部各省区的企业中，股份制或合作制企业占42.2%，私营企业占32.8%，三资企业占14.1%，国有或集体所有制企业占10.9%。目前，浙江省2002年度百强企业中的1/3以上在西部有投资项目。与中西部各省区共签订了555个合作项目，总投资263亿元，履约率高达90%以上，资金到位率70%以上。

【浙江民资到底有多少】《经济日报》2004年5月13日讯，2002年年底，浙江省政府权威的统计数字表明，浙江省以民间投资为主体的非国有投资完成2316亿元，占全社会投资的比重达67%，已经是“三分天下有其二”。按此估算，截至2002年底，浙江民间资本至少应有5000亿元，其中，全省个体私营企业注册资本总额占去1526亿元，剩下的部分大约为3500亿元，处于“休眠”或“半休眠”状态，能够自由流动用于投资。

到2004年3月，这一“保守的估计”悄然突破，达到了7000亿元。加上原先的注册资本，总量应该可达8000亿元左右。而同一个时期，人民银行对浙江民资存量的匡算为81100亿元。

经济界由此推测，浙江民间资本的拥有量目前至少为8000亿元，而浙江一些民营企业家认为这个估算还是“过于保守”。一位全国闻名的企业家私下告诉记者，浙江民资的实力，再添二三千亿也不为过。

有数据表明，浙江目前拥有的7000亿元可用民间资本，已经基本流向了全国各个领域。仅温州一地，就至少有1000亿元资本流向外省市区。

【浙江民企有多强】《经济日报》2004年5月15日讯，2004年5月初，浙江省百强企业排行出炉。除18家为国有独资企业外，其余的都是民营企业，其中有两家还进入了前五强。

先看财富排行榜。进入百强行列的浙江民企，销售额起码在7亿元以上，大多数已超过10亿元。象“老字号”万向集团，净资产68亿元，销售额超过100亿元。年轻的象温州正泰集团，销售收入也有60多亿元，在全国民营企业五百强排名中，跃居第七位。还有一些企业，尽管一直“低调潜行”，但实力不凡。如地处偏僻山区的“万丰奥特”，短短10年间，总资产发展到16.3亿元，净增长了100倍。

再看纳税榜。浙江的税收结构早在2001年就发生了变化，地方税收形成“双过半”的结构：即所得税超过营业税，占地方税收的50%以上（发达国家所得税一般占70%，我国平均水平为30%）；同时，全省民营企业入库税收占地方税收比重也超过了50%。

最新统计显示，中国民营企业纳税五十强中，浙江企业有12家。如正泰集团已连续3年纳税总额居全国民企前茅。有的浙江民企甚至声称，未来经营的目标是“每天交税100万元”，达不到这个目标，就是对社会没有贡献。底气之足，令人瞠目。

三看慈善榜。2004年5月上旬公布的大陆首个慈善家排行榜使浙江人备感“脸上有光”。娃哈哈、广厦、均瑶等14家民营企业，在五十强排行榜单中赫然有名，数量居全国第一，从而为浙江人赢得了“最乐善好施”的美誉。在同时揭晓的“中国大陆十大慈善家”名单中，浙江占到三成，也是榜单中最多的。

浙江省慈善总会证实，仅2003年，全省慈善机构捐赠筹募金额累计超出十个亿。广厦老板楼忠福累计捐款已达8亿元；圣雄老板林圣雄向希望工程捐款2592万元，是迄今为止国内为希望工程捐资最多的人；卡森、红蜻蜓、阮氏珍珠等5家企业，2004年5月又各出资1000万元，牵头成立农村青年发展基金。

【浙江民企上市数量全国第一】《经济时报》2004年6月17日讯，截至2004年4月，浙江已有48家民企上市，数量居全国第一，约占全国民企上市公司的23%。近几年，浙江新设股份公司平均每年以超过90家的速度增加，仅2003年一年，新增加的上市公司就达到10家，多数为民营企业。到目前，全省设立的股份非有限公司达770家，其中进入辅导期的有141家，同样位居全国各省、自治区和直辖市之首。

尽管如此，浙江认为自己这个“经济大省”仍然还是“证券小省”，通过证券市场募集的资金累计只有370多亿元。浙江在资本市场上目前还存在明显的不足，资本市场总体规模偏小，证券化程度还远远低于发达省份，尤其是直接融资比例偏低，上市公司、证券中介机构规模也不大，产权交易、股权流动缺乏支撑平台。

产生这种现象的重要原因，是浙江的中小民营企业规模普遍偏小，一般总资产只在2亿~3亿元，缺乏合适的资本市场支持。

【温州出现首家民企组合财团】《中华工商时报》2004年6月17日讯，以“融产业资本、商业资本和金融资本于一体”为发展目标的投资控股型企业——中瑞财团控股有限公司今天在温州正式成立。据悉，民营企业组合的财团，在国内尚属首家。

在成立大会上，中瑞财团就开始了实质性的项目操作：与世界五百强之一的法国欧尚集团、温州市工商银行、神力集团、温州市鹿城区等签定了中国销售市场建设、银企合作、抽水蓄能电站、污水处理等合作项目。

中瑞财团将实行规模化的现代公司运行方式，即所有权、经营权与控制权严格分离，经营团队社会化、职业化和高度专业化，以探索通过财团经营模式促进区域民营经济发展为最基本的主旨，以演进“温州模式”，演化“新分享经济时代”的先进民营企业文化生态为已任，以实现民营企业从优秀到卓越的转变为使命。

中瑞财团目前正在筹建“中瑞民营经济发展研究基金会”，创始基金为200万元人民币，由中瑞财团一次性注缴，注册地点为浙江省。基金会的宗旨是：为促进我国民营经济的健康、快速发展提供学术研讨、理论指导和实践启示，对促进我国民营经济发展及相对滞后地区民营经济事业的发展提供学术支持和积极支持光彩事业；中瑞财团每年将可分配利润的10%充补发展基金，从根本上保证基金规模的长期成长性。

【杭州出现首家民营银行】《中华工商时报》2004年8月2日讯，日前，由广厦集团、吉利集团等多家民营企业参股组建的全国第一家民营银行——浙江商业银行（浙商银行）揭开了神秘的面纱，在杭州市繁华的庆春路进入试营业中。

浙商银行是于去年6月，浙江省政府经银监会同意，对浙江商业银行进行重组改制的一家以民间资本为主体的全国性股份制商业银行。据了解，目前浙江商业银行的注册资金为15.0073亿元，由15家股东共同出资，其中13家是浙江省知名的民营企业，如万向集团、浙江中国轻纺城集团、广厦集团、吉利集团等，因而被浙江省金融人士称为中国第一家“货真价实”的民营银行。浙商银行初步计划在3~5年内业务网络基本覆盖全国，而其在北京的分行已经开始着手筹备。

【浙江民企投身西部开发，开展对口扶贫】

在国家经贸委、全国工商联、国家民委、青海省人民政府联合主办的“民营企业参与西北经济结构调整项目洽谈会”上，浙江省代表团非公有制企业家签约最多，达30多项，投资额14亿多元。1999年和2001年，时任省委书记张德江两次率浙江省党政代表团赴新疆、甘肃、四川、云南考察，一共签订合作协议380多个，投资额达140多亿元，其中非公有制企业投资额占了大部分。

步森集团董事长陈能恩率团到四川考察，与港商一起在四川广安投资5亿元建水泥生产线，可解决当地2000多人就业。2003年上半年，他又应内蒙古自治区政府之邀，出资3800万元，帮助内蒙古海拉尔百货大楼走出困境。浙江卡森集团先后在甘肃白银、新疆伊犁等地投资2.5亿元，创办了4家公司，取得了良好的社会效益和经济效益。华立集团与重庆市万州区合作种植3.5万亩青蒿素基地和青蒿素深加工项目，投资达4亿元。宁波洛兹集团投资3000万元，在湖北宜昌创办宁波三峡服饰有限公司。均瑶集团在宜昌前几年投资的基础上，再次追加1.5亿元投资。在国务院召开的对口支援工作会议上，均瑶集团总裁王均瑶作了题为《均瑶集团支援三峡库区情况汇报》的大会发言，受到与会领导、代表的好评和时任总理朱镕基的亲切接见，并被国务院三峡建设委员会授予“对口支援三峡库区移民先进个人”称号。立马控股集团股份有限公司董事长章树根考察了革命老区湖北大悟后，接收了该县长期经营不善的水泥厂，先后投入资金3600万元，使企业扭亏为赢，为当地提供了320个就业岗位。

【浙江民企关注“三农”问题，帮助农民脱贫】　浙江传化集团将企业发展与推动整个社会的文明进步紧密结合起来，努力承担社会责任，为探索解决“三农”问题出力，花巨资投入农业高科技产业，依托自身在设施、技术、市场、人才等各方面的综合优势，迅速形成了“公司+基地+农户”的合作模式。仅2003年，提供的种苗产品穴盘苗、嫁接苗、组培苗、扦插苗总量计1900余万株，各类种苗投入农户的覆盖面积近8万亩，预计每亩为农民增收3000~5000元。

【浙江民企参与国企改革，安置下岗职工】浙江省一批民营企业家，多年来通过收购、兼并、租赁等形式参与国有企业改革、改组和改造，不但使濒临倒闭的企业焕发了生机，使大量国有资产得到盘活，使资源得到了合理配置，并安排了一批下岗职工再就业，收到了很好的社会效益。正泰集团董事长南存辉先后在安徽、江西等地收购、兼并、创办企业，吸纳了中西部经济欠发达地区国有企业的下岗工人等7000多人就业。德力西集团董事局主席胡成中在1999年投资2.5亿元，整体并购了杭州西子集团，妥善安置员工2100多名，顺利完成了股份制改造，使这家国有企业焕发出勃勃生机。华立集团收购了两家面临退市的上市公司，当年实现扭亏为盈。金义集团兼并了黑龙江五大连池矿泉水公司，投资3亿元新组建黑龙江五大连池矿泉水有限公司。德力西集团继整体并购杭州西子集团之后，又斥资1.5亿元整体并购了国企新疆乌鲁木齐饭店和乌鲁木齐宾馆，盘活新疆双安商贸城等3家国有企业，妥善安置4000余名下岗职工，受到了社会的广泛赞誉，中国光彩事业促进会于2003年9月28日授予他光彩事业奖章。立马集团董事长章树根规划投资4.5亿元与兰溪市棉纺总厂合作，为国家下岗职工和当地失业人员提供了近1000个就业岗位。

【浙江民企扶贫，创办教育产业】 近年来，浙江省许多民营企业家慷慨解囊，捐资助学和资助贫困大学生顺利完成学业。2003年10月22日，平时生活节俭的杭州未来食品有限公司董事长蒋敏德，毅然向富阳市人民教育基金会捐款1000万元，设立“未来基金”，每年资助100名贫困大学生上大学。蒋敏德的义举，让在场的每个人都感动落泪了。为此，蒋敏德被CCTV评为“中国2003年十大最感动人物”之一。林圣雄、寿柏年、邱继宝、王振涛、南存辉5位企业家捐款5000万元，设立“浙江省大学生助学基金”，启动大学生助学计划，受到时任省委书记张德江的充分肯定和赞扬。宗庆后、南存辉、林圣雄、李大鹏、邱继宝、潘广通、郑胜涛、张祥林、陈侠等一批企业家还积极参与“希望工程”建设，资助了一大批失学儿童，建造了许多“希望小学”，其中浙江圣雄集团董事长林圣雄是全国捐建“希望小学”最多的企业家之一，被授予“希望之星”称号。2004年3月，朱张金、阮铁军、周成建、钱金波、莫小平等5位青年企业家又捐赠5000万元成立“浙江省农村青年发展基金”，扶持欠发达地区开展青年素质培训、表彰鼓励。东港工贸集团董事长王云友从1998年开始在清华、北大、科大、浙大、南大设立“东港博士生助学金”，每年出资300多万元。在2001年召开的全省民营企业文化建设经验交流会上，与会代表共同发出了“心声”——为革命老区的教育事业投资助学的倡议书，以实际行动向建党80周年献礼，捐款近百万元。改革开放致富的非公有制经济人士，致富思源，情系革命老区人民群众，为抗日根据地余姚四明山镇、新四军苏浙军区司令部所在地长兴槐坎乡、红十三军源地永嘉五漱乡、浙江省第一个苏维埃政权诞生地三门亭旁镇兴建4所光彩教学楼。中天集团出资6000多万元，创办中天高级中学。广厦集团投资2.5亿元，创办了广厦建筑学院。

【浙江民企开展公益活动，资助慈善事业】《中华工商时报》2004年5月31日报道，浙江省康莱特药业公司总裁李大鹏，10年累计认养孤残儿童达1584人次，连年资助帮困济贫的“春风行动”，共设立总额9000万元的中国中医药事业基金、抗癌事业基金、下岗女工救助基金等。因此，公司被政府命名为“慈善企业”，李大鹏被授予“慈善企业家”、“爱心大使”称号。广厦集团为浙江省慈善基金捐款1000万元。在步森集团下属的诸暨市恒森服饰公司560名职工中，残疾职工就有358名，他们都非常感激陈能恩董事长给他们的关爱。浙江东风齿轮有限公司董事长郭金林，几年来多次参加社会公益活动，累计捐资221万元。

2003年新年伊始，为扶持当地贫困山区和革命老区脱贫致富，促进地区经济发展和社会稳定，在南存辉等人的积极倡导下，乐清市诞生了全国首家民营企业扶持组织——民营企业扶贫济困总会，156家企业先后认捐扶贫济困资金近3亿元。万向集团出资1000万元，设立慈善事业基金。浙江寿尔福化学有限公司董事长樊培仁积极参与“助残”活动和“解困工程”，向丽水全市的腿残人捐轮椅近2000辆。台州环宇集团董事长戴学利热心收留55个孤儿，像对自己的孩子一样亲，《光明日报》专门做了重点报道。石狮集团董事长石海森，创办石狮装饰材料市场，吸纳了贫困地区1000多人就业，市场摊位优惠安排贫困户，在当地享有美誉。

在历史的长河中，10年只不过是弹指一瞬间。然而在这10年里，浙江非公有制经济人士却向全社会奉献了一份沉甸甸、金灿灿的“光彩”硕果。据全省统战部门和部分浙江异地商会截止2003年年底的统计，全省有4400多个企业参与光彩事业，实施投资项目660多项，为贫困地区安排就业人数达5万多人，光彩事业项目投资额250多亿元，为助学等社会公益事业捐资17亿多元。

【苏州民营经济税收超过全市四分之一】《光明日报》2004年7月10日讯，苏州市财政收入继续保持较高增长。1~6月，全市累计完成地方一般预算收入111.1亿元，增收31亿元，增长38.8%，收入总额已超过2001年全年地方财政收入。

苏州财政收入最大的特点在于民营经济贡献卓著。今年以来，苏州各级部门全力扶持民营经济的腾飞，使苏州民营经济驶上快车道，民营经济上缴税收已超过全市税收收入的四分之一。上半年，民营企业完成企业所得税40%部分37亿元，增长87.4%，增幅在各经济类型中遥遥领先。

【江苏全省学浙江走民营经济之路】2004年1月9日下午，中共江苏省委书记李源潮在南京人民大会堂召开的“浙江经验报告会”上总结发言。会上说，2002年，浙江人均GDP比江苏高17%，而城镇居民人均可支配收入比江苏高43.3%，农民人均纯收入比江苏高23.6%”。

他认为，浙江的经验对江苏有重大的借鉴意义，主要是：市场意识强，一切围绕市场是浙江发展经济经验的集中体现。作为市场经济的先知先觉者，浙江人早人一步，快人一拍，紧追市场经济的方向。政府按市场主体需要帮助引导管理，产业在专业市场的带动下，块状集聚，企业靠开拓市场做大做强，民众靠闯荡市场创造就业。

目前，浙江有232种工业产品市场占有率居全国之首，年销售额超百亿元的商品市场是江苏的3倍。全国民营企业五百强中，浙江企业所占数量是江苏的几倍。温州市有200多万人在外创业，跨出国门50多万人，在江苏经营的也有20多万人。2003年，浙江民营经济创造的增加值就超过了4600亿元，占全省GDP的51%，高出江苏21个百分点。

李源潮指出，江苏学习浙江经验，推动江苏经济发展，最紧迫的任务就是解放思想，只有进一步解放思想，江苏发展民营经济的门槛才能降低，民间资本才能较快进入江苏。江苏服务业比较滞后，这与民营经济进入滞后有很大关系，江苏老百姓富得不快，很大程度上是因为缺乏投资的渠道。因此，李源潮认为，学习浙江经验，首先要学习其解放思想的经验。同时，要牢固树立民本经济的思想。另外，还要用国际眼光和现代理念，指导现代实践。

【江苏民营企业家走进大学校园演讲】《中华工商时报》2004年4月8日讯，3月10日由江苏省委统战部、省教育厅、省工商联共同发起组织的“民营企业家走进大学校园”系列演讲活动，在南大、东大、河海、南师大、南理工、南航、南邮、南农大、南京财大、江苏大学、徐师大、南通师范、淮阴师范等全省13所大学铺开，师生们以喜悦的心情欢迎走进校园的民营企业家们。

走进校园的民营企业家们是江苏省工商界中的一批叱咤风云的人物。他们是南京天地集团董事局主席杨休、红豆实业股份公司董事长周海江、江苏力联集团董事长翟韶均、江苏意源电子技术有限公司董事长郑茳、太平洋建设集团董事局总裁严介和、中脉远红集团董事长王尢山、南京斯威特集团董事长严晓群、江苏飞达集团董事长朱国平、南通综艺公司董事长昝圣达、南京擎天集团董事长辛颖梅等等。他们中的一些人担任着全国、省、市人大、政协委员等职，有的还是名牌大学的客座教授。他们的创业经历，成功经验，丰富的人生阅历，对即将踏上社会的大学生们来说就是一部博大生动的教科书。

【四川民营经济再上新台阶】《中华工商

时报》2004年3月4日讯，2003年四川民营经济发展态势良好，增长幅度达到18.5%；民营经济增加值首次突破2000亿元，达到2012.4亿元，占全省GDP的比重达到36.9%，比上年增长2.7%。

2003年四川GDP首次突破5000亿元大关，增幅达到11.8%，创造了近10年来的最好成绩，在全国名列第九。取得这样好的成绩，民营经济功不可没。黄小祥说，2003年四川民营经济的发展速度在全国范围内也可以说是名列前茅。究其原因，主要是省委、省府对民营经济给予了高度重视，营造了好的环境，提供了好的服务。

【四川民企纳税位居西部第一】 全国工商联发布的国内首份民营经济发展分析报告显示，在2002年度全部入围调研统计的1582家民营企业中，浙江省的民营企业凭借154.55亿元的累计纳税额夺得全国桂冠，四川则以13.15亿元位居全国第五、西部第一。四川的纳税额占到了西部入选企业的三分之一。

【宁波400亿元民资大举输出】 据宁波市经济技术协作办公室统计，2000年以来，宁波市共签订国内合作项目492项，投资总额225.38亿元，其中宁波方投资达147.52亿元。而据专家估计，协作办掌握的投资额可能只占到宁波民间资本对外投资的三分之一左右。这意味着宁波民资对外投资额约在400亿元以上。

目前，宁波民资对外投资大致形成了四个热点区域：一是中西部地区的中心城市；二是浙江省内"山海协作"的对口城市（丽水、衢州、舟山等地）；三是东北老工业基地的中心城市，如长春、哈尔滨等；四是上海，上海一直是宁波民营资本对外扩张、进入全国乃至国际市场的一个重要跳板。此外，随着CEPA的进一步实施，已有部分宁波民资流向香港。

据分析，民资投资中西部主要是利用当地的资源优势，一是直接开发当地资源；二是低成本扩张。在东北老工业基地，宁波民资通过收购兼并等方式实现低成本扩张，掌握一些老国企的关键资源，如技术、熟练工人、生产许可证等。

据分析，宁波民间资本对外投资的原因主要有三：一是经过10多年的发展，宁波土地、劳动力等成本优势已逐渐丧失；二是宁波的优势企业、特色企业要拓展市场；三是宁波国企的比例非常低，加上早就完成了股份制改造，收购兼并的空间很小，但其他地区则提供了很多机会，像东北老工业基地的改造。

【新疆个体私营经济发展迅猛】 据有关部门统计，截至2003年底，新疆个体工商户已发展到44.99万户，从业人员70.66万人，注册资金79.89亿元，分别比1997年增长33.5%、38.22%和118.58%；私营企业已达到3.66万户，从业人员49.17万人，注册资金497.01亿元，分别比1997年增长248.57%、292.11%和589.91%，尤其是企业集团增长幅度较大，达到63家，比1997年增长950%。目前，非公有制经济已成为新疆生产力发展的重要力量。

【湖南个私经济发展强劲】 到2004年6月底止，湖南省个体工商户注册资金达到了242.4亿多元，比去年同期增长24%，私营企业注册资本达到了921.38亿多元，比去年同期增长88.85%。在湖南目前50万家中小工业企业中，私营企业占了绝大多数。私营企业的工业增加值占了整个工业增加值的70%以上。个体私营企业的消费品零售额占了全省总额的75%以上，上缴的国税和地税，分别占了全省总额的15%以上和25%以上，特别是在县一级，个体私营企业提供的税收，已成为县级财政的主要来源，成为县域经济的主要支柱。2004年7月底，湖南省个体私营企业已突破6000户，提供的就业岗位不断增多，据统计，目前有60%的劳动力选择到个体私营企业就业。

【南京民营操办全国书市】 在江苏省和南京市新闻出版局的支持下，南京市民营图书业联合会在南京举办了全国性的书市。在全国处于龙头地位的南京民营书商联合承办全国性书市，展现出富有品牌效应的整体实力。

据了解，目前江苏省民营出版物发行网点共有8000多家，占同业总数的80%左右。本次书市吸引了全国80%的教辅图书分销商以及100多家社科文艺图书分销、发货商。

【兰州市非公有经济增加值突破百亿元】截至2003年底，兰州市共有各类非公有制经济组织6万多个，其中个体工商户4.9万户，比2002年增长14.8%；注册资金11.9亿元，增长15%；从业人员4.65万人，增长16.75%。私营企业1.08万户，比2002年增长23.14%；注册资金75.3亿元，增长41.5%；从业人员8.08万人，增长13.6%。非公有制经济从业人员达到19.8万人，其中2003年吸纳国有企业下岗职工6871人。全年非公有制经济增加值突破100亿元大关，达到109.7亿元，比2002增长21%，占兰州市国内生产总值的比重达到26.2%。

【陕西高新技术企业中民企占九成】　据《经济日报》2004年4月15日报道，陕西省民营科技企业从传统产业领域转向高科技产业领域的势头明显。目前，全省高新技术企业中民营科技企业占到90%。全省目前共认定1128户高新技术企业，其中民营科技企业1019户，占到90%。陕西省民营科技企业已成为陕西省最具活力的经济增长点。

【海南民营经济快速增长】　据海南有关方面透露，非公有经济在海南省已是“三分天下有其一”。2003年，私营企业和个体工商户活力四射，增速远远高于内资企业和外资企业，在海南经济舞台上由“配角”变成“主角”。据海南省工商局统计数据，2003年，全省新增私营企业6718家，平均每天新增18家。新增个体工商户23320户，比2002年增长11%，平均每天新增64户。截至2003年年底，全省私营企业已达26161家，个体工商户达到130772户，从业人员分别达到213817人和260483人，全省平均每16个人中就有一人投身其中。2003年，私营企业完成总产值13.8亿元，个体工商户实现总产值5.2亿元，成为海南经济的重要组成部分。

【江西民营经济呈现出加速发展的良好态势】　2003年江西省个体私营经济纳税56.92亿元，增长29.36%，占全省GDP比重扩大为20.14%，比上年增长4.54个百分点；非国有投资达789亿元，占全社会总投资的比重为57.2%，首次超过国有投资，成为投资主力；非公有工业增加值完成241.11亿元，占全部工业增加值的54.8%，比重明显上升。与此同时，江西民营经济产业结构进一步优化，民营企业规模迅速扩大，效益明显提升；民办教育规模在全国举足轻重，成为江西民营经济发展一道亮丽的风景线。

【山东省荣城市成立民营企业人才培训基地】　山东省荣成市工商局、个体私营协会等部门通过长期的摸索和调研，专门建立了一套民营企业人才储供机制。依托某计算机外语培训学校，成立荣成市民营企业人才培训基地。该民营企业人才培训基地的教学大楼建筑面积达8000多平方米，共设立微机软件应用、维修、广告设计、外语等六大脱产专业和18个短期培训专业，并可以根据企业需求，随时增设其他专业，常年为企业培训量身适用的专业人才。培训基地的成立为当地民营企业的发展搭建了一个人才平台，赢得了当地民营企业的普遍好评，许多企业纷纷与学校建立长期的人才输送培训协议，该基地的专业培训教育工作已全面启动。

【福建民企激发经济】《福建省民营经济发展分析报告》表明，在过去的2003年，民营企业激发福建经济具体表现在：一是成为农村劳动力和下岗国企职工就业与再就业的主体，约占全省就业岗位数量的八成以上；二是在全省工业总产值中，民营经济企业产值的比重占86%；三是民间投资占全社会的比重，由上年同期的41.6%提高到45.7%，对全省全社会投资增长的贡献达62%；四是民营经济的出口已占福建全部出口的76.7%；五是民营企业的税收增长，居所有经济类型首位，其中私营企业增幅达54.2%。

【福建善待民营经济抓“三个提升”】　在2003年福建省召开的经济工作会议上，福建省省长卢展工强调，“福建省将着重抓好‘三个提升’，促进民营经济更充分地发展。一要提升地位；二要提升比重；三要提升水平。”

提升地位——就是要在全社会进一步形成鼓励、支持民营经济发展的良好氛围，落实和完善促进民营经济发展的各项政策措施，积极主动为民营经济发展排忧解难，构筑促进民营经济发展的社会化支持服务体系，依法保护民营企业的合法权益，使民营企业家在社会上有形象、有地位。

提升比重——就是凡法律法规未禁止进入的基础设施、公用事业及其他行业和领域，都要允许非公有资本进入。对于主业突出、竞争力强、带动作用大的民营企业，在资金、用地、进出口等方面给予扶持。鼓励和支持企业进行联合、兼并、收购、重组、扩张，壮大规模，做强做大，进一步提升它在福建省经济中的比重。

提升水平——就是要加强民营企业人才队伍建设，为民营企业引进人才、培养人才创造条件。努力提高民营企业家的素质，支持他们更新知识、增长才干。引导民营企业完善法人治理结构，建立科学的决策机制，不断提高品牌意识、创新能力和市场竞争力。

【福建民企党组织建设接近百分百】《中华工商时报》2004年5月20日讯，截至去年底，福建省具备建党条件的非公有制企业5036家，已经组建党组织的4951个，组建率为98.9%，发展党员58466名。在福建，非公有制经济总量已占有半壁江山，而扎实推进非公有制企业的党建工作，不仅促进了非公有制经济快速健康发展，也为全面建设小康社会提供了安定的社会环境。

改革开放以来，福建非公有制经济发展迅猛，至2003年12月31日，全省非公有制企业达558774家，从业人员4075332人，非公经济占全省GDP的60%以上，福建沿海一些市、县的财政收入的90%来自非公有制经济。为适应非公有制经济迅猛发展的态势，福建省各级党组织坚持“非公有制经济组织发展到哪里，党的工作就延伸到哪里”的原则，集中力量突破在改制企业、外资台资企业、私营企业开展党建工作，明确非公有制企业党组织的职能，使党组织在企业中的作用日益明显。

福建省有关方面已提出，要抓住新一轮非公有制企业大发展的契机，进一步壮大非公企业党的力量，扩大党组织覆盖面，力争通过3年的努力，即到2006年底，全省从业人员在50人以上的非公有制企业都要有党员，从业人员在100人以上的非公有制企业都要建立党组织，具备单独建立党组织条件的非公有制企业要全部建立党组织。

【东北三省民营科技企业数量达12000家】到2003年底，东北辽、吉、黑三省的民营科技企业已发展到1.2万多家，成为振兴东北经济强有力的科技支撑力量。

近年来，东北三省超常规发展民营高新技术企业，促进其向规模化发展，引导民营科技企业积极参与老工业基地的调整改造，通过参股、兼并、收购、托管等方式实现低成本扩张。黑龙江省为扩大民营科技企业的产业群体，注重发挥南岗民营科技示范园区的示范作用，实现了劳动、资金密集型向知识、技术密集型的转移，培育出光宇集团、亿阳集团等50家大型民营科技企业，使其快速向规模化、国际化方向发展。辽宁省沈阳市的民营科技企业已达到3560多家。

辽宁省科技企业孵化器建设进展迅速，到2003年底，全省拥有各类孵化器26家，其中创业服务中心13家，为民营科技企业的形成和发展提供了良好的环境条件。目前，辽宁省科技企业孵化器的孵化面积已达74.8万平方米，在孵科技企业1399家，从业人员2.34万人。

【辽宁民营经济逼近半壁江山】 辽宁省政府提供的数据显示，2003年全省民营经济增加值达2700亿元，全省民营经济总量近3年年均增长14%以上，在全省生产总值中的比重已达45%。而在全省一千余万从业人员中，民营经济提供了半数以上的就业岗位。近年来，国家对民营经济的政策逐步放宽，辽宁省民营经济的发展步伐不断加快。特别是国家提出振兴东北老工业基地以后，又吸引了更多的民营经济追加投资。在民营经济发展迅速的营口市，2003年全年民营企业新增贷款14亿元，占全市新增贷款总额的65%，全年民营企业新上投资500万元以上的项目304个，占全市新上同类项目的92.6%。

【内蒙古民企成为就业主体】 《内蒙古民营经济发展报告（2003）》数字显示：2003年，全区生产总值达到2093亿元，比2002年增长16.3%，其中民营经济占全区生产总值的比重在25%以上。12个盟市中有10个盟市民营经济实现的增加值占当地生产总值的比重均在30%以上，其中GDP超过40%的盟市有乌海市、通辽市、鄂尔多斯市、乌兰察布市和阿拉善盟。另外，一些旗县民营经济占GDP的比重超过60%。民营经济在拉动全区经济增长方面已处于四分天下有其一的地位。

【内蒙古民企捆绑发力】《中华工商时报》2004年7月5日讯，日前，由民营企业兆君集团、先行广告、不老神鸡、惠丰集团、呱呱叫食品等联合成立的盟力伟业投资管理公司向外界正式宣布：即日起开门运营。“盟力伟业”在蒙语里的意思是“做天下第一等的事”。

盟力伟业的成立，其目的就是联合各行业精英，集聚各家有限的财力、智力优势，以一个全新的“财团”形式，立足内蒙古，面向全国乃至世界，不断推出像蒙牛、小肥羊这样的快速成长的名牌企业，从而提升内蒙古民营企业发挥互补型团队的创造性和能动性。

据了解，内蒙古在全国经济发展的大环境下，不断涌现出如伊利、蒙牛、鄂尔多斯、鹿王、草原兴发、亿利、小肥羊等知名品牌，尤为突出的是蒙牛、小肥羊，这两个品牌连续两年成为全国民营企业成长最快的品牌。名牌战略已经成为内蒙古工业结构调整，促进持续发展的动力。

【南昌打造民营“块状经济”】江西省南昌市在民营经济得到快速发展的同时，最近又确立新的目标：通过政府扶持和信贷支持，发展规模企业，发展“块状经济”，着力打造民营经济特色产业群，做大、做强、做优民营经济。

据了解，目前南昌民营“块状经济”已初具规模和特色，比如在全国颇具声势的民办教育及安义县运作良好的“现代农业示范园”等。总结过去的实践，借鉴浙江经验，南昌新近的规划是着眼国际国内市场需求，立足南昌各县区区域优势及特色，科学进行产业定位，注重产业上下游的协调发展，培育关联企业集群化经营，着力发展“一村一品、一园一特”以及“一县一群”的块状经济，做到区域化布局、专业化经营、市场化联动、社会化协作。在发展规模企业上，抓好南昌百户重点民营企业的扩张，鼓励其加速发展。同时，在承接东部沿海地区及国外产业梯度转移的基础上，注重民营经济的产业升级，做好高新产业规划，下大力引进新型产业，不断扩展高新技术产业链。引导民营企业参与国有集体企业改制改组，通过购买、租赁、参股控股等方式，实现超常规发展。

【西南民营零售巨商北京争夺地盘】《经济参考报》报道，2004年6月26日，民营企业云南盛兴集团打造的北京第一家集超市、家电专卖于一体的大型购物广场在崇文区东花市大街开业。

盛兴抛5亿元巨资切入北京，目标将直指国美、苏宁、家乐福等，北京零售市场将再度爆发“地盘争夺战”。

据透露，北京仅仅是盛兴启动全国发展战略的第一站。明年盛兴将进入上海、广州等地，并在两年内将盛兴集团总部迁至北京，以首都为中心辐射全国，实现盛兴的全国发展战略。两年以后，在京8家店的销售总额将达到40亿元，电器销售将占到京城电器销售市场份额的15%。

盛兴集团创立于1989年，主导产业包括家用电器连锁、超市百货连锁、旅游产业和旅游工艺产品开发经营等。2003年，盛兴斥资数亿元整体收购在云南省经营规模排第二位的五华商业大厦，目前已在云南省开了19家集家电、超市于一体的购物广场，排名全国家电销售量第五。盛兴在西南市场的品牌度仅次于沃尔玛、家乐福，位列第三，而地区综合销售额自2000年开始就一直保持第一。

【厦门民企开业户数增长快】《中华工商时报》2004年8月5日讯，厦门市去年7月30日出台了《关于大力促进民营经济发展的意见》，实施一年来，当地民营经济呈现前所未有的蓬勃发展态势，民营企业发展速度加快，到2003年底，厦门市有私营企业18970户，而今年上半年就新成立了3138户，相当于过去历年总和的六分之一，是历年同期增长最快的。

除了发展速度加快、企业数量有显著增加之外，厦门市今年民营经济还出现了规模扩大、结构优化、层次不断提高等很多可喜的苗头。在今年新注册的民营企业中，注册资本在1000万元以上的有56户，亿元以上的1户，而且有势头趋长的现象。截至今年上半年，厦门市民营企业中注册资本在5000万元～1亿元的企业共有58户，1亿元以上的有9户。

2004年上半年，厦门市民营企业在上规模、上效益的同时，也积极投入到品牌建设中，企业的层次不断提高。银鹭、惠尔康相继获得“中国名牌”和“国家驰名商标”称号，并有越来越多的民营企业投入到名牌产品的创立、申请中，同时也有一些周边及其他地区的民营企业开始到厦门设立企业总部或研发、营销中心。

【深圳信用担保体系培育“小巨人”】《中华工商时报》2004年5月11日讯，深圳中小企业信用担保体系经过4年的发展逐步完善，为中小企业融资难分忧解难，60多亿元资金“输血”进入深圳中小企业。

统计表明，到2003年末，深圳市信用担保机构数量由上年末的8户增加到22户，注册资本由9亿元左右增加到28亿元。其中，政府出资设立的仅2家，注册资本占总额的11%左右；民营和含外资的信用担保公司占总数的86%，注册资本占总注册资本额的89%。

深圳市信用担保业在自身健康发展的同时，也产生了良好的外部经济。深圳高新投公司成立9年来，共为400多家科技型中小企业的700多个项目，提供了近60亿元的融资担保服务，从而为全市高新技术产业带来新增产值约200亿元，新增利税约35亿元。

深圳市中小企业担保中心成立4年来，累计对中小企业的781个融资项目，提供了19.3亿元的信用担保，其中42.5%的项目拥有较高技术含量，79%为企业首次贷款，80%以上是民营企业的融资项目。这些担保资金带来新增销售收入67.5亿元、税收1.74亿元和就业2.4万人，促进了一批“小巨人”和优强中小企业的快速成长。

深圳市贸工局有关负责人称，目前深圳市信用担保行业渐渐呈现出多元化和可持续发展的态势。

首先，资金来源多元化。既有政府资金也有民间资金，有内资也有外资，有以资本金方式出资，也有以委托和互助形式出资。

其次，组织形式多元化。担保机构有事业法人、企业法人和社团法人，其中法人形式的信用担保机构20家，占总数的91%。

第三，业务品种多元化。由最初单一的中小企业短期流动资金贷款担保，扩大到个人创业贷款担保、上市融资担保、工程履约担保、再担保等。

最后，经营模式多元化。担保机构围绕中小企业融资不断开展多品种担保和混业经营。

【佛山五民企CEO获“世界经理人成就奖”】《广州日报》2004年6月10日报道，诺贝尔经济学奖得主、“欧元之父”罗伯特·蒙代尔博士命名的“2004世界经理人成就奖”近日揭晓，其中佛山就有五位民企经理人上榜，是国内地级市获奖最多的城市。

“罗伯特·蒙代尔世界经理人成就奖”的评选活动于去年11月正式启动，是目前国内经济、管理、商业领域的最高奖项。据主办方——世界经理人资讯有限公司首席执行官丁海森介绍，这次获奖CEO所在的企业一定在行业内处于领导地位。

获奖的五位民营经理是：

梁庆德——格兰仕企业（集团）公司董事长兼总经理，世界经理人CEO成就奖，执掌格兰仕在全球微波炉制造领域取得卓越成就。

何享健——广东美的企业集团CEO，世界经理人CEO成就奖，勇于创新，带领美的集团在汽车、家电产业屡战屡胜。

钟应洲——鹰牌陶瓷有限公司董事长兼总经理，世界经理人CEO成就奖，率领鹰牌陶瓷有限公司发展成为中国最大的高档建筑陶瓷、卫生洁具生产企业。

张海——健力宝集团有限公司总裁，世界经理人成就奖·未来领袖，从资本高手变为实业家。

佘学彬——佛山市顺德区盈彬木业有限公司董事长兼总经理，世界经理人成就奖·未来领袖，在营销布局以及品牌经营上有独到见解。

【东莞政银联手首创民营融资辅导中心】《南方日报》2004年6月16日讯，备受广大民营企业主关注的民营融资辅导中心昨日在东莞挂牌成立。据与会业内人士透露，政银联手组建的融资辅导中心尚属国内首创，此举也有望破解现有民营企业遭遇的融资难瓶颈。

民营融资辅导中心的主要职能是对暂不具备贷款条件的民营企业，从商业银行贷款的基本要求、民营企业融资特色产品介绍、民营企业为了达到融资目的所需要的准备工作、民营企业贷款最佳时机和成本分析、民营企业贷款资金的最有效利用方案、典型融资案例分析、国家和省及东莞市政府扶持发展民营企业经济的最新政策与措施等方面进行辅导，使其逐步具备融资条件。民营融资辅导中心要打造成为东莞市民营企业的俱乐部，融资的高效平台，力争在2004年对有代表性的100家民营企业进行有针对性的重点辅导，2005年争取对300家民营企业进行辅导，在民营企业中造成巨大影响，成为民营企业融资服务的“好帮手”。

6－2 政策措施

【浙江省工商局强化四项服务 推出六大举措】 在2003年12月13日举行的首届浙江民企峰会上，省工商局副局长吴于冰说："现在浙江个私民营经济发展又到了一个新阶段，我们要非常冷静地审视过去，展望未来。下一步，我们将继续把握自身的优势，强化和发扬现有优势，培育和发掘潜在优势，强化'四项服务'，推出'六大举措'，最大限度地支持个私民营经济大发展大提高。"

浙江省工商局强化的"四项服务"包括：一是强化预约服务，对边远地区、老弱业户和企业集中的园区、集团，预约服务时间；对取缔无照经营，依法规范市场主体的，上门办理工商业务；二是强化承诺服务，向社会公开承诺服务范围、内容、标准、时限，并公开举报电话，实行违诺责任追究；三是强化靠前服务，对关系当地经济发展的重大项目，分层次分解落实到局领导、部门（分局）领导、工作人员，提前介入和指导；四是强化跟踪服务，建立企业联系点，在集团公司、股份公司、有发展后劲的企业、高新技术企业设立工商联络员，定期、不定期微服走访，征求意见，帮助解决困难和问题。省工商局将在全省范围确定100家有潜力的企业，建立联系点，进行重点帮扶。

浙江省工商局推出的"六大举措"包括：

一是鼓励大扩张。省工商局将进一步加强与有关部门的协作，指导、帮助浙江民营企业拓宽境外业务。继续会同有关部门加强牵线搭桥，推荐一批外向型民营企业参加国际展销会、项目洽谈会；对已获得自营进出口经营权的私营企业，帮助组建私营外贸公司。积极支持有条件的企业参与西部大开发和东北老工业基地振兴。

二是助动大提升。省工商局已向国家工商总局和中华商标协会提出申请报告，将在浙江省制造业比较发达的永康、义乌、嵊州、乐清、诸暨等8个地区设立"中国专业商标品牌基地"，通过设立商标信息咨询平台，盘活闲置商标资源，开设商标维权绿色通道，培养商标管理人才，引导支持企业注册商标，打造品牌，推广名牌，提升层次，促进浙江省制造业新发展。

三是推进大合作。省工商局和省个私民营企业协会将继续加强与科研院所的"联姻"和协作，引导企业"借脑发财"、"借梯升高"、"借帆远航"，加快人才的挖掘和引进。从明年起，省工商局和省个私民营企业协会每年将会同人事、劳动等部门，组织2～3次面向私营企业的人才招聘会和劳动用工洽谈会。支持科技人员以科技成果或以自身专长创办科技型私营企业，增强发展后劲。进一步加强与沪、苏两地的联系，支持民营企业融入长三角。

四是激发大动力。重点是引导民营企业实施企业股份制和股份合作制改革，加快现代企业制度的探索、创建，积极助动企业做大做强做精，着力催生一批代表浙江水平、拥有著名品牌和自主创新能力、主业突出、核心力强的大公司和大集团。对企业制度创新的民营企业，全省工商机关将加大咨询和服务力度，主动上门，提前介入。

五是促进大飞跃。全面加强企业家素质和技能培训，提升经营管理整体素质。省工商局和省个私民营企业协会从明年起，将用5年时间，在全省启动实施个私民营企业"5511培训计划"。采用EMBA研修、本专科学历进修、集中培训、短期轮训等方法，重点开展5万名高层经理特训，50万名高级管理人员业务轮训，1000名总裁EMBA研修，100万名技术人员的职业技能培训。

六是实施大规范。整合工商职能，加强对市场主体的全程监管。依法规范企业经营资质，确保个私民营企业"优生"；坚决取缔无照经营，打击侵犯个私民营企业权益的假冒产品、假冒商标、部门垄断等违法行为，确保个私经济"优育”。大力推进信用监管，深入开展“文明经营区（一条街）”、“消费者满意商店（点、摊）”和“文明经营户”活动，推出“无障碍退货”服务承诺，实施“先行赔偿制”，进一步抓好党团工会组织建设，不断提升个私民营企业的综合素质。

【江苏民企轻微违法及时纠正后可免于处罚】据了解，江苏省工商局出台的新规定将全面推行行政执法“十不准”规定和阳光执法制度。“十不准”包括不准预先立案备查；不准上路拦车检查；不准滥用行政强制措施；不准以扣定罚；不准威胁、引诱或者欺骗当事人；不准以费代罚、以罚代刑；不准以罚代查、以罚代管；不准因当事人申辩而加重处罚；不准为罚没款而办案；不准办人情案。工商部门近期将针对“十不准”出台一整套的督查、抽查和考核制度，个体工商户今后遇到这些情况也可直接向省工商部门举报。

此外根据新规定，当事人有下列情形，违法行为轻微、没有造成危害后果，经工商部门警示告知后能及时纠正的，将免予行政处罚：

1．超范围经营不属于法律、法规规定须经许可审批的项目，并且不以超范围经营项目为主营收入来源的。

2．已具备法律、法规规定的所经营项目的各项条件，仅未及时办理工商注册登记手续，提前经营的生产型企业，并且未将产品投入流通的。

3．下岗失业人员、应届大专院校毕业生、当年退伍转业军人自主创业型企业的一般性违法行为。

4．产品或者其包装上的标识不规范（强制性标注除外），但并非出于主观故意的。

5．未悬挂营业执照及未将营业执照置于住所或营业场所醒目位置的。

6．企业因正当理由在3月15日前未报送年检材料，经催告后及时补办的。

7．企业为方便服务对象在异地设立的中转、仓储、分流（易燃、易爆及化学危险品除外）或者咨询服务点，且不以自己的名义开展经营活动，未办理分支机构相关手续的。

8．转制企业的商标在转制后的合理期限内未及时办理商标转让手续的。

9．企业在产品上标注的产品质量认证标志已过期，但相关部门证明已同意继续使用并正在办理手续的。

10．利用自身经营场地开展自我宣传、推销自产自销产品，宣传自己产品的广告用语中用词不当，但并非蓄意虚假宣传、欺骗消费者的一般性违法行为。

11．商标许可使用中，未及时办理许可使用备案手续的。

12．企业未按规定及时办理动产抵押物变更登记；擅自印制、销售合同示范文本的。

【2004年江苏推出四大举措扶持民企】江苏省将推出扶持民营经济发展的四大举措：

一是培育创业精神。大力培育和弘扬创业精神。要把创业精神作为塑造江苏精神的核心内容，共同营造崇尚创业的社会氛围，使勤于创业、吃苦致富的人在社会上得到尊重，使更多的人把自主创业作为实现人生价值的优先选择，使想创业、敢创业、会创业、创大业，成为新时期江苏人的鲜明风貌。

二是营造宽松环境。营造自主创业、平等创业的宽松环境。清除一切对民营经济的歧视性观念、做法和规定，在投融资、税收、土地使用和对外贸易等方面，民营企业与其他企业的政策待遇要一视同仁、同等对待。扩大市场准入，凡是法律法规没有禁入的行业和领域，包括基础设施、公用事业及其他行业和领域，都要向民间资本开放。降低进入门槛，决不允许任何部门和企事业单位人为抬高门槛、故意设置障碍。

三是优化发展环境。提供支持创业、便利创业的政府服务。进一步简化审批手续，减少行政收费，尽一切可能为民间资本创业提供最大便利。针对民营企业贷款难、融资难的突出问题，加快在全省建立健全中小企业信用担保体系，支持有条件的民企上市直接融资。设立民营企业投诉督查中心，优化民营经济发展环境。

四是促进民企壮大。因势利导，促进民营经济成长壮大。集中力量抓好江苏的优势产业，形成规模化的企业集群、区域化的产业基地、专业化的行业巨人，发展国内市场覆盖广、国际市场份额大的优势产品。把培育区域性的专业市场，作为催生民营经济的“孵化器”，实行市场与产业的互动，建一个市场，兴一种产业，育一批民企，富一方百姓。在推动民营经济“铺天盖地”发展的同时，积极扶持有竞争力的民营企业特别是民营科技企业做优做大做强，争取涌现一批“顶天立地”的民营大企业。

【百色为当地发展非公经济大开“绿灯”】截止到2003年底，广西百色市共有个体工商户7.6万户，注册资金5.76亿元；私营企业1087家，注册资金9.76亿元；安排就业人数25.4万人，全市非公经济纳税3.8亿元，占全市总额的20.6%。2004年，百色市委、市政府在借鉴广东加快民营经济发展13个文件的基础上，结合百色实际制定17个配套文件，在放宽市场准入条件、改进监管、规范收费、加强服务等方面，放手支持非公经济发展。此次出台的配套文件具体内容主要有：

第一，放宽市场准入。全面开放投资领域，包括具有垄断经营的公益性行业等，凡国家承诺对外商逐步开放的领域，都鼓励和支持；非公资本达到1万元即可注册登记，差额部分允许两年内到位。

第二，减化审批。除法律、法规规定外，其他一律不作为前置审批依据；逐步实行并联审批方式，限时完成；下放审批权，委托工商所核发个体工商户营业执照，授权企业个体登记管理科审批登记部分私营企业。

第三，设立财政扶持中小企业发展专项资金。

第四，解决业主与外来工人员的户籍、子女入学入托、因公出国出境等诸多后顾之忧。

第五，对非公经济中的科技、农产品加工、外向型等三类企业给予特别扶持。如，每年财政安排一定资金，解决科技企业关键共性技术的研发、中试，农产品加工项目的贷款贴息等；本市科技人员“下海”创办或进入非公科技企业，可保留公职3年；农产品加工企业从事种养业或农、林、畜产品初加工所得，免征5年企业所得税。

【吉林省为民营经济提供司法保障】《中华工商时报》2004年7月13日讯，吉林省高级人民法院向全省各法院发出《关于依法促进非公有制经济发展的若干意见》的通知，要求全省各级法院对此要有足够认识，进一步解放思想，依法做好相关审判工作。

意见共22条，从强化平等保护理念，创造平等竞争条件；发挥刑事审判职能，为非公有制经济创造良好的社会公共环境；发挥民商事审判职能、保护平等竞争；发挥行政审判职能、优化政策、政务环境；转变审判作风、不断提高服务水平等多个方面，对全省各级法院提出了具体要求。

《意见》提出，要充分认识发展非公有制经济的重要性，强化平等保护理念。省法院要求各级法院从司法工作角度保障非公有制企业在市场收入、投融资、土地使用、对外贸易等方面，与公有制企业享受同等待遇，创造平等竞争的条件。在审理案件中要注重办案的法律效果，也要注重办案的社会效果、经济效果，实现“三个效果”的有机统一。

吉林省法院在“意见”中强调要正确适用法律，准确把握罪与非罪的界限。凡法律没有明确规定为犯罪的行为，一律不以犯罪论处；对于法律规定不明确、罪与非罪界限一时难以分清的，一般不以犯罪论处，为非公有制经济主体提供人权保护，保障无罪的人不受刑事追究。

吉林省高级法院还提出，各级法院要发挥执行职能，及时实现非公有制经济主体的合法权益。要严格依法、规范、文明执行以非公有制企业为被执行人的各类案件，讲究方式方法，注重办案效果；对被执行的非公有制企业暂无履行能力，但企业有发展潜力、产品有市场的，在做好当事人工作的基础上，可以设定抵押、中止执行，待其经营好转后，再恢复执行，或采取债权转股权等方式执行；慎用拘留、查封、冻结等强制措施，确需采取的要从严掌握，确保程序合法、手续完备。

【合肥民企可参加职称评定】据《经济参考报》2004年5月31日报道，合肥市人事局近日将开展对该市非公有制企业厂长、经理和高级经营管理人员进行经济系列职称认定的试点工作。此次认定将不唯学历、职称、资历、身份，而是把品德、知识、能力和业绩作为衡量人才的主要标准，其对象为民营企业、外资企业、合资企业、股份制企业等非公有制企业厂长、经理和高级经营管理人员。

【福建降低民资准入门槛】　福建省出台的《福建省人民政府关于深化产权制度改革，大力发展混合所有制经济的若干意见》（试行）指出，放宽投资领域，除国家明确限制的投资领域外，所有竞争性领域和对外开放的领域，都要以对国有资本同等的条件对非公有制投资主体开放，降低民间资本进入金融、教育、医疗、中介、邮电通信、公共信息网络等领域的门槛，取消对民间资本投资交通、能源、水务、环保、市政建设和公益性项目的不合理的政策限制。

《意见》还指出，推进公用事业市场化改革，对公用事业领域可引入竞争机制的行业和企业，可通过股份制改制、出让经营权、委托经营等多种形式引入社会资本，放开搞活，鼓励采用BOT等形式引入资金，但不得承诺固定回报。

【厦门市出台《关于大力促进民营经济发展的意见》】　厦门市政府为促进当地民营经济发展，于2003年7月25日发布实施《关于大力促进民营经济发展的意见》（以下简称《意见》），有14个市级直属行政部门根据各自的职责分工、管理权限，先后出台了实施细则。2004年初，厦门市政府还免费举办政策培训班，专为民营企业及相关人士系统解读有关促进民营经济发展的政策及相关实施细则。

在消除相关政策歧视方面，细则明确了“普惠制”的实施。由于“双重征税”是民营企业与外资企业在享受政策上的不平等之处，也是民营企业要求解决的最集中的问题，《意见》及财政局的实施细则明确，民营企业的投资者将企业分配的税后利润用于再投资，这部分额度所缴纳个人所得税的地方留成部分采取扶持的形式返还；此外，各项财政扶持资金的享受，如科技三项经费、技改贴息资金的申请等严格按照“一视同仁”的方式办理；实施细则的各项扶持措施都进一步明确采取“普惠制”，包括土地政策、市场开发、反倾销政策补贴、机电进口指标分配、工程和经济职称评定、创业培训等各项政策的惠及都不以经济成份为前提。

在加大财税扶持方面，相关实施细则首次设立“民营经济发展专项资金”，这是厦门有史以来的第一次。厦门市财政局的实施细则专门归纳了可用于扶持民营企业的各项资金和申请程序，包括：民营经济发展专项资金、科技三项经费、名牌产品扶持发展资金、拓展国内外市场发展资金、反倾销资金、中小企业发展专项资金等。厦门市国税局、地税局的实施细则也具体归纳了针对民营企业的税收优惠。

在强化政府服务功能方面，厦门市经发局的实施细则提出大力推动信用担保体系、社会服务体系、民营经济统计体系等3个面向民营企业提供服务的体系建设；工商局的实施细则对降低注册门槛、放开投资资格和实施免检制度等作出明确的规定；公安局则在文件中再一次对民营企业投资者及其直系亲属或企业骨干办理在厦落户、对民营企业人员出境商务考察手续办理的简化作出承诺。

【厦门个人凭身份证可直接申办民营企业】　厦门市工商局在2003年底作出重大改革，放宽对投资者的资格限制，除国家明令禁止的人员外，都可以凭身份证直接向工商行政管理部门申办企业。

厦门市工商局制定出台了《关于全面深化投资软环境建设，大力促进民营经济发展的若干实施意见》，在投资者资格、经营范围、分期缴资、企业出资方式、对外投资比例等方面大胆突破。

改革措施中最引人关注的是，放宽对投资者的资格限制。不论是本地居民还是外地人员，只要不属于国家法律、行政法规、规章和党纪政纪明令禁止经商办企业人员（如国家公务员、军人等），都可以凭身份证直接向工商行政管理部门提出创办企业的申请。有所不同的是，外地人员须提交计划生育证明，而本地常住户口人员无须提交。他们投资设立的企业（合伙企业、个人独资企业、有限责任公司），还可以与外商进行合资、合作，共同设立中外合资、合作经营企业。同时放宽对经营范围的限制，允许企业自主选择项目开展经营活动，对部分未开放经营的专营、专卖商品（药品、烟酒、食盐），经相关主管部门批准后，企业可以以零售的方式经营。

放宽从事高新技术研究、开发、生产的企业

在股东条件方面的限制。公民可以以自然人的身份作为出资人，兴办中外合资、合作的高新技术领域企业。留学人员可以凭护照作为创办高新技术领域企业的资格证明，持外国护照或虽持中国护照但取得外国居留证明的可注册外资企业。

此外，在新的出台意见中，还包含了其它一些方便厦门民营企业发展的新举措，如对企业股权转让登记时，若注册资本没有发生增减，企业可以不提供验资报告；申请设立企业，可试行“告知承诺登记制”，先办照，后补资料；对连续三年以上未受到工商行政管理机关处罚、遵纪守法、商事信誉较高的企业试行年检免予审查等。

【温州制定特殊政策扶持外向型民企发展】为鼓励和扶持民营企业与海内外著名企业合资合作，扩大其品牌的覆盖面和影响力，温州市人民政府发文，就有关问题作出如下规定：

与世界五百强企业或海内外行业龙头企业进行合资合作后，以该市民营企业产品品牌进行生产和销售并持续3年以上的，视同获得驰名商标和中国名牌产品的企业，享受政府规定的各项优惠政策。

对民营企业与海内外著名企业进行合资合作实行重奖政策，凡与世界五百强企业或海内外行业龙头企业成功进行合资合作的民营企业，实际利用外资达1000万美元以上的，在外资全部到位并实际投产一年后，一次性给予奖励100万元；实际利用外资达500万美元以上的，在外资全部到位并实际投产后，一次性给予奖励50万元；实际利用外资达300万美元以上的，在外资全部到位并实际投产后，一次性给予奖励20万元。奖励资金可在市政府扶持开放型经济发展资金中的招商引资专项资金中列支。

民营企业与海内外著名企业进行合资合作后，生产场地不迁移的，其企业隶属关系不变，统计口径不变，税收体制不变。

合资合作企业继续享受合资合作前民营企业已经享受的各项优惠政策，其他企业与海内外著名企业进行合资合作，可比照以上政策规定执行。

该市还为确保合资合作企业在组织生产过程中的要素供给制定措施，凡与世界五百强企业成功进行合资合作，投资额度达到浙江省工业建设项目用地控制指标要求的，确保其生产经营用地需要，土地价格按规定标准（同一地段综合价）下浮20%；凡与世界相关制造业龙头企业成功进行合资合作，投资强度达到浙江省工业建设项目用地控制指标要求的，优先安排其生产用地，土地价格按规定标准（同一地段综合价）下浮10%。对于特别重大的合资合作项目，其用地实行一事一议，可享受更加优惠政策。

凡与世界五百强企业和海内外行业龙头企业成功进行合资合作的，按照其生产用电的实际情况，专门落实有序用电计划，努力保证企业生产正常运转。

与此同时，该市还鼓励和支持合资合作企业加快技术改造步伐，对市本级和市区的合资合作企业，经审批或登记备案的技术改造项目，生产性设备投资额在500万元以上（含500万元）的，在竣工验收后，市本级财政给予6%的贴息，设备投资额由市经贸委和市财政局联合核定。各县（市、区）也要加大财政贴息力度，支持本辖区合资合作企业的技术改造项目。

合资合作企业引进国外先进设备，经批准可免征关税和进口环节增值税。技术改造项目中，符合《外商投资产业指导目录》鼓励类的投资项目，其购买国产设备投资额的40%可从设备购置当年比前一年新增的企业所得税中抵免。

为保证合资合作企业参与公平市场竞争，温州市还采取合理减免有关税费的政策，对生产性合资合作企业的企业所得税实现“两免三减半”政策，根据税法规定到期后，企业当年获利300万元以上的，根据利润总额的5%予以奖励。

合资合作企业应按规定缴纳各项社会保险费。对企业由于合资合作，新增缴的各种社会保险费，3年内财政按50%比例给予补助。

企业在合资合作过程中，以厂房设备、土地使用权作价入股涉及办理房产、土地使用权变更手续所需缴纳的契税、土地使用费等有关规费，以及涉及资产评估、验资、公证、工商登记、税务登记等行政事业性收费，根据企业实际负担情况，在土地价格优惠基础上再享受企业实际负担费用50%的优惠。

【江西鼓励民营医院发展】 2004年初，江西出台有关措施，鼓励医疗卫生机构的发展，民营医院在聘请专家、税收政策、医疗用房用地方面可享受一系列优惠政策。

江西作出规定，今后民营医院提供医疗服务所开具的诊断证明和收费凭证与公立医院具有同等效力。对经营性民营医院取得的收入直接用于改善医疗卫生条件的，三年内给予下列优惠：对其取得的医疗服务收入，免征营业税；对其自产自用的制剂免征增值税；对自用的房产、土地、车船，免征房产税、城镇土地使用税和车船使用税等。

【民营企业获得出版物批发和总发行权】据《中华工商时报》2004年4月21日报道，过去，全国图书的零售市场虽然允许民营企业参与，但有一定的条件限制，而批发和总发行则不允许民营企业介入。2003年9月，国家新闻出版总署发布的《出版物市场管理规定》对出版物发行业的发展推动很大。在短短9个月时间里，先后有5家民营企业被总署批准获得批发和总发行权，在目前全国图书发行市场，民营书业的发行网点数已是国有发行网点的5倍多，在一般图书销售中，民营书店的年销售额已经与国有书店各占半壁江山。

中国国家新闻出版总署2004年4月20日在北京宣布，授予山东世纪天鸿书业有限公司“出版物国内总发行权”和“全国性连锁经营权许可”。这是中国首次同时授予民营企业这两项权利。

根据中国加入世贸组织的承诺，2004年12月1日以后，中国将对外资开放全国各地所有图书零售市场。为了应对这一巨大变化，国家新闻出版总署已提出国有新华书店系统在年内必须完成股份制改造，同时给予民营资本进入图书流通领域更大的政策空间，扶持民营书业参与市场竞争。

据悉，此前仅有国营的新华书店同时拥有这两项权利。专家认为，此次国家新闻出版总署的授权，使民营企业拥有了与新华书店完全平等的政策条件和竞争权利，成为长期高度行政垄断的出版行业“对内开放”的一个里程碑。据统计，中国图书发行的年销售收入超过700亿元人民币，民营书业与国营主渠道已是平分秋色。现在全国有二三十家经营规模上亿元的民营书业企业，网点更是多达七八万家，是新华书店的五倍多。

【广西降低民企门槛】《中华工商时报》2004年6月8日报道，广西日前公布的《关于加快民营经济发展的决定》，在放宽市场准入制方面，特别开放了基础设施的投资领域。供电、供水、供气、公共交通、垃圾及污水处理、园林绿化以及企业铁路专线、地方铁路支线等城市设施，民间资本都可通过投标取得建设或经营权。民间资本可出资参股组建投资公司及风险投资机构，允许民间资本按有关规定采取股份制等形式创办金融机构，参与地方金融机构的股份制改造，并支持民间资本投资铁路、电信、教育、卫生、旅游、社会中介、文化娱乐及全民体育健身等社会事业。

注册登记方面，企业注册资本可实行分期缴付。投资者设立有限责任公司，达不到法律、法规规定的最低注册资本数额的，允许其在3年内分期注入，首期注入资本可以放宽到法定注册资本最低限额的10%，凡私人投资并控股的企业组建集团公司的，其母公司注册资本最低放宽到500万元，母公司和子公司合并注册资本放宽到1000万元。创办民营科技型、农产品加工型、扶贫型以及下岗失业人员创办企业，涉及前置审批的，除重污染项目外，可先办理登记注册，由工商行政管理部门核发有效期一年的营业执照，在有效期内，按前置审批权的规定申办相关手续。

【呼和浩特推行企业年检免审制和网上年检】《中华工商时报》2004年7月5日报道，呼和浩特工商局大力推行企业年检免审制和网上年检，对经营状况良好、商事信誉较高的各类企业实行免检免审，促进了企业守法、文明和诚信经营。近日，呼和浩特市工商局命名了168家企业为首批免予年检企业，其中78%的是民营企业。

【深圳首创“互助担保”解民企融资难】为解决中小企业融资难，深圳在全国首创“一体两翼”（一体指市中小企业信用担保中心和市高新投，两翼指市商业性担保机构和市中小企业信用互助协会）信用担保体系。几年前由政府出资建立的“高新投”和“担保中心”，至今仍是信用担保体系的主体。然而，随着市场经济的发展，仅靠政府解决中小企业融资难问题是不够的，中小企业信用互助协会应运而生。此外，中小企业信用担保中心与工商银行合作组织的1亿元贷款担保，也极大地促进其业务开展。深圳市政府准备拨1000万元资金作风险准备金，以便对会员单位贷款实行贴息、贴保优惠政策。

【深圳加大扶持民企和中小企业力度】深圳市各区已开始着手搭建融资担保、技术改造、市场开拓等发展“温床”，为民营及中小企业发展“舒筋活络”。深圳福田区决定大力发挥科技三项费用、民营企业发展资金的作用，其中追加民营企业发展专项资金2000万元，重点对科技型、创业型、就业型企业进行贴息贷款支持。深圳龙岗区计划在未来5年，区财政用于扶持民营经济发展的资金不少于2.5亿元，其中包括：对民营企业重点项目实行贴息，贴息资金暂安排为2000万元；建立民营经济发展专项资金，科技三项经费重点对民营科技企业倾斜。

信用担保已日益成为中小企业“解渴”的融资通道。为此，深圳罗湖区决定将区财政原来存入市中小企业信用担保中心的1000万元追加到2000万元。根据1:5的放大倍率，该区中小企业的贷款担保额将达到1亿元。深圳宝安区经贸局有关负责人透露，该区拟成立政策性信用担保中心，据测算，该担保中心的成立，每年可为宝安区中小企业担保资金3亿元，有效缓解融资难。

深圳福田区则表示要加大外贸出口发展资金的扶持力度，重点“哺育”年出口稳定、发展前景和效益较好、有诚信的民营企业。罗湖区则规定，对辖区民营及中小企业参加国内外技术交流和展览会以及市里组织的各项经贸活动，给予展位费50%的补贴。

【深圳工商局七大举措扶持民营经济】深圳市工商局2003年底制定出台了扶持民营经济发展的七大举措，进一步放宽民营企业登记注册的政策性限制，同时通过减免收费的办法鼓励下岗失业人员、应届大学毕业生等人群从事个体经营。

这七大举措分别是：

——放宽对民营经济实体经营范围的限制。除法律、法规和规章规定应当前置审批的项目外，其他限制性规定一律不得作为登记注册的前置条件。

——申办私营企业，股东为自然人的，不再要求提交暂住证；申办个体工商户，不再因户籍原因核发临时营业执照，一律核发正式营业执照。

——允许有限责任公司的注册资本分期缴付。出资人依公司章程规定分期缴付出资的，首期缴付的出资总额不得少于公司注册资本的百分之五十，其余出资应在公司成立后2年内缴足。分期缴付注册资本的，公司设立时，营业执照有效期为2年，注册资本全部缴足后，再按公司章程规定的营业期限和有关规定予以核准。

——进一步放宽个人独资企业和合伙企业的名称登记，准许企业名称直接冠“深圳市”。

——下岗失业人员从事个体经营的，除国家限制的行业（包括建筑业、娱乐业以及广告业、桑拿、按摩、网吧、氧吧，下同）外，自开业之日起，3年内可免交有关工商登记类、证照类和管理类的各项行政事业性收费。应届大学毕业生从事个体经营的，除国家限制的行业外，1年内免交个体工商户登记注册费（包括开业登记、变更登记、补换营业执照及营业执照副本）、个体工商户管理费、集贸市场管理费。城镇退役士兵自谋职业从事个体经营的，优先发照，优先安排摊位、场地。除依法收取证照工本费外，3年内免收各项工商行政性收费。

——认定民营企业著名商标不受时间、数量限制，符合认定、公示条件的，随时申请，随时推荐。民营企业认为他人在深圳市使用其商标属于《中华人民共和国商标法》第十三条规定的情形的（即“注册商标需要在同一类的其他商品上使用的，应当另行提出注册申请”），可以在受理投诉的同时受理认定驰名商标的申请。

——对拥有著名商标、驰名商标的民营企业，年检免实质性审查，营业执照加贴免实质性审查标识。

【珠海市香洲区积极扶持民营经济发展】珠海市香洲区进一步放宽民营资本投资领域，除国家明令禁止的领域外，所有竞争性领域和对外资开放的领域，都对民营资本开放。

香洲区扶持民营经济发展的举措还包括：

城建引入民营资本——根据其制定的系列政策措施，鼓励和引导民营资本投资香洲区的优势产业、高新技术产业和现代服务业。鼓励民营资本投资城中旧村改造、城市基础设施建设和公用事业项目，在城区、工业园、道路、招牌广告、园林绿化等项目中引入民营资本。鼓励民营资本独资或参股组建投资公司或风险投资公司。积极探索和推进民营资本投资医疗、卫生、文化、教育和体育等各项社会事业，并与其他投资主体享有同等待遇。

取消民营企业的不公平待遇——在进出口、使用外汇、用地、信贷、税收、上市融资、办理证明、收费、参与政府采购和招标投标、高新技术企业认定、申报政府计划项目、科技奖励、取得许可证和资质等级证书以及人才引进等方面的不公平待遇；在科技项目申报、技改贴息等政府专项扶持资金使用、进出口配额和出口退税等方面，享受与其他所有制企业同等的待遇。废除或修订体现所有制差别和不适应民营经济特点的政策与管理规定，构建对所有企业一视同仁的政策与管理平台。

设立民企奖励资金和创业基金——凡申报省级以上技术中心并获认定的，香洲区财政按珠海市扶持经费额度的50%给予相应支持，用于技术开发研究。从2003年起5年内，香洲区政府筹措300万元，对在香洲区缴纳国税的生产科技型民营企业提供贷款无偿贴息扶持，每户贷款贴息额最低不少于5万元，最高不超过20万元。从2003年起，香洲区政府每年筹措100万元设立民营企业奖励资金，根据企业经营资产、营业收入、利税和自主知识产权拥有量等指标，确定全区十强民营企业，给予表彰奖励。对民营企业进行广泛的税收优惠政策辅导。组建中小企业信用担保公司，为中小民企提供信用担保。此外，将设立区民营企业创业基金，重点支持民营企业创业。

【潮汕地区民营企业获100“引擎计划”融资服务】 为解决民营企业的融资难问题，广东发展银行汕头分行根据潮汕地区民企的特点推出“引擎计划”，使潮汕地区包括汕头、揭阳、潮州等市的民营企业3年将获得100亿元的综合融资授信额度。贷款的最高额可达200万元，期限最长3年。潮汕地区的民营企业发展迅猛，已成为地方经济的主要支柱。为扶持民企加速发展，广东发展银行重点推出了广发民营100“引擎计划”专项金融服务平台，旨在满足民企在创业、成长、发展等不同阶段的金融需求，为民企量身定做，精心打造一揽子的创新产品，有效地降低民营企业的营运成本，提高经营效益。广发行的“引擎计划”包括：每年将选择100家以上的民营企业作为重点合作对象，并为其开通“绿色通道”；3年内累计向潮汕地区民营企业提供100亿元的综合融资授信额度；派驻100名以上资深客户经理，为民企提供贴身的金融服务；追求所服务的民企100%的满意。

【江门市采取突破性政策措施发展特色民营经济】 为了更好地激活江门市的民间投资热情，江门市政府采取了四大突破性的政策和措施。其中最大胆的一个突破就是“允许民间资金合股成立投资公司，自担风险，自主投资”。另一个重大突破是对经营领域的全方位开放。除去国家明确限制的行业外，江门市政府给予民营企业与国有资本和外资同等的开放条件，民营资本在江门市将比外资拥有更多的优先权。

6－3 发展趋势

【民营化将打开城市经济新空间】《中华工商时报》2004年6月7日报道，近几年来民营资本与城市经济是社会普遍关注的两个话题。在诸多不明朗的配套政策和现实诸多的不确定因素存在的情况下，民营企业在参与城市经济的过程中是否有空间？在由北京大学经济学院和中华工商时报共同举办的首届“民营资本与城市经济论坛”上，全国工商联副主席程路认为，我国的民营资本和民营经济在中国城市化不断推进的过程中一定可以大有作为。

我国拥有城市近700个，全国城市化水平已经达到了30%以上，按照国家的规划到2020年，我国的城市化水平将由目前的37%，提高到65%。我国的城市化和城市经济，将迎来一个新的发展阶段。

程路说，十六届三中全会明确指出，允许非公有资本进入法律、法规未禁止进入的基础设施、公用事业及其他行业和领域。这为民营资本进入城市交通、电力、燃气等城市经济创造了历史的机遇和发展的空间。当然这也是我国市场经济发展的必然选择。这一政策会加快中国民营资本投资结构发生深刻的变化，过去民营资本投资领域主要集中在制造业、服务业、房地产业等领域，限于以往的政策和体制的原因，在交通运输、电信、城市建设、农林水利等领域投资的比例很小，政府放宽市场准入后，加速了民营资本投资结构的变化，更重要的是中国经济发展的本身已经对民营资本改变投资结构提出了客观的要求。据了解，中国在十五期间仅基础建设，就大约需要投资1万亿元人民币，中央和地方政府投资约为2000亿元到3000亿元，其他7000亿元到8000亿元人民币需要通过贷款和利用外资、社会投资等方式筹集，仅此一点，就会为民营资本进入城市经济提供难得的历史机遇。

如果从长远来看，预测到2050年，中国城市人口的总量将达到10亿到11亿。根据城市化“成本－收益”的模型分析，每进入城市一个人，需要个人支付成本1．45万元人民币，公共支付成本1．05万元人民币，总计每转变一个农民成为城市居民，平均需要支付社会总成本2．5万元人民币。在现有城市人口的基础上，未来五十年期间中国约增加6亿到7亿的城镇人口，城市化需要的社会总成本，达到15万亿元～16万亿元人民币。这个数量是2000年我国GDP总量的两倍，这样一个开销，没有社会资本，没有民间资本的进入，几乎完全是不可能的。

程路强调，城市经济民营化成为符合商业精神的一种城市的再造过程，越来越多的事实表明，逐步冲破坚冰的民营资本，作为一支重要的力量正迅速地成长起来。如温州的一些桥梁、道路，四川邛崃的整座城区的开发等都活跃着民营资本的身影。但是，传统体制的弊端要完全消除是十分困难的，而且随着公共事业规模的扩大，它表现得就更为明显和严重。

【民企进军农业渐成趋势】《中国经济参考报》2004年5月14日报道，到2003年底，全国农业产业化经营组织近10万家，比2000年增长了40%以上。在这些组织中一半以上是以民营企业为主形成的农业产业化经营组织。在国家8部委审定的农业重点龙头企业中，民营企业比例超过40%。

据悉，在东南沿海一些省份，民营企业在当地农业产业化经营组织所占的比重一般超过60%。同时，目前中西部地区的民营企业参与农业产业化经营的速度也在加快。

在各类农业产业化组织的带动下，全国接近1/3的农户被带动起来不同程度地参与到农业产业化中，每户增收千元左右。数据显示，截止到2003年底，我国已有13万私营企业投资人投资于农林牧副渔业，从事农业的私营企业约有5万户，注册资本627亿，从业人员627万。全国工商联主席黄孟复介绍，当前的民营企业从事农业产业化经营具有四大特点。

首先是民营企业从事农业产业经营模式呈现多样化。民营企业投资农业，既有投资开发特色养殖基地，也有投资发展农产品加工业，还有投资发展种子种苗产业和农业高新技术产业。

其次，民营企业成为推动优势农产品产业带形成和地方特色经济发展的重要力量。民营企业投资农业，一般每个项目都在500万元以上，浙江传化集团甚至投资数亿元发展农业高新技术产业。近年来，民营企业投资农业规模进一步扩大，“几十万、几百万的项目少了，上千万的项目多了。”这主要是因为民营企业为了适应现代消费需求，也为了尽可能提高自身的市场占有率，所以投资项目往往起点较高、数额较大。

再次，民营企业成为了推动农业科技进步的重要载体。在浙江，民营企业投资农业，一般多选择科技含量较高的项目和产品，项目的建设多有农业科研人员参与，这显著区别于一般农户。民企投资农业项目的技术，一般是通过科研单位或科技人员以科技成果入股、转让等途径取得。

最后，企业与农户建立多样的利益共享的联结机制，优化了农业产业发展环境，调动了农民的生产积极性。民企对农业的投资，一般都会按照产业化经营机制来运作，与广大农户建立紧密关系。

【民营企业发力航空市场】　进入2004年来，民营企业建立航空公司的步伐不断加快。首先是广东民营IT企业英联通信有限公司准备在西部地区筹建一家名为“鹰联航空有限公司”的支线航空公司；“鹰联”还未落地，3月份，四川省本土通用航空公司——四川三星通用航空公司又抢先布棋西部支线航空市场，并有望在年内起飞，抢先成为国内首家民营支线航空公司。还有现在正因违规而遭查的湖南蓝翔通用航空公司，也曾被媒体报道为“国内第一家由民营资本全额投资成立的通用航空公司”。

此外，北京周边两个以民营资本为主体的大众航空有限公司和奥凯航空运输有限公司的筹建申请报告、可行性研究报告已经通过了民航华北局的初步审核，等待民航总局的最后批复。《国内投资民用航空业规定》的即将出台表明，民航领域要为民营资本进入敞开更大的空间。种种迹象表明，民营资本进入航空业已经不是一个例外，而是战略性的进攻。而建立航空公司，则是他们的战略关键一步。

【武汉民企海外淘金航空业】　《经济日报》2004年7月27日报道，南太平洋国际航空公司董事长冯忠权7月中旬向记者透露，公司明年将在瓦努阿图共和国正式运营。而这家在瓦努阿图注册的国际航空公司的投资方是武汉的一家民营企业——湖北利森投资有限公司。

目前，南太平洋国际航空公司已经进入实质性准备阶段：在武汉、青岛等地招收乘务人员；对飞行员、乘务员、维护管理人员进行培训，与瓦努阿图民航部门进行技术对接等。

南太平洋公司冯忠权认为，“瓦努阿图可谓商机无限。”除了航空领域，在利森公司与瓦努阿图商谈民航投资的过程中，瓦努阿图有关方面甚至主动提出了包括设立大型超市等另外9大合作方案。在电信、电力、食品加工等领域，瓦努阿图方面也非常愿意对中国企业开放。

【民资青睐辽宁重型装备制造业】《中国经济时报》2004年5月11日讯，作为辽宁老工业基地主要产业的重型装备制造业，一向是民营资本望而却步的“禁区”。然而，据辽宁省统计部门的有关资料显示，2003年以来，辽宁民营和外资资本向重工业流向呈明显上升趋势，原本并不被看好的重型装备制造业已经成为投资新热点。

目前，沈阳低压开关股份公司正在与江浙的民营企业谈合资；沈阳东北蓄电池股份有限公司与港资企业合资事宜已经大功告成；沈阳鼓风机厂、水泵厂等大型企业的合资工作正在洽谈之中。

民营资本向重型机械、装备制造业集中，主要得益于国家振兴东北老工业基地的政策大背景。有关专家指出，沈阳或者说东北的装备制造业都有着良好的基础，机车、重型机器制造等重型设备市场的竞争与盈利能力在不断提高，民营资本也是看重了这两点才向该领域流动的。

【民办教育异军突起】　据《经济日报》

2004年6月21日报道，2003年底，陕西共有民办高校和民办高等教育机构55所；在校生总数达到20.6万人，占普通高校在校生人数的三分之一；在国家没有任何投资的情况下，全省民办高校已为社会增加固定资产35.7亿元；校舍建筑面积422万平方米。现在，陕西民办高校的教职工达到1.9万人，行政人员8500人。在全国20所万人以上民办高校中，陕西有5所榜上有名，西安翻译职业学院的规模居全国之首。

民办高校市场到底有多大？

陕西省教育厅提供了统计数字：全省每年普通高校招生后落榜生13万名，而陕西周边8个省每年高考落榜生达到150万人。“生源”背后是家长们殷切的期盼。记者在对各校的采访中还得知，陕西民办高校因收费低廉而被教育部负责人称之为“平民学校”。

记者曾多次参观过西安市内几所名气较大的民办高校，印象最深的是那里的毕业生基本上不存在“分配难”的问题，每年6月底以前，毕业生就几乎走光，很多专业的毕业生供不应求。灵活的机制，使得他们完全可以按照市场的需求，根据上一届毕业生的分配情况设置专业。此外，他们还特别注重实践和培训，使得毕业生上岗后很短的时间内就可以进入实际操作。不少学校还采取与清华大学联办、与国外大学联合的方式开发多种办学途径，收到很好的效果。

陕西民办高校的兴起带来了显而易见的效果，它改变了政府包办教育的格局，促进了高等教育的体制改革，拉动了内需，扩大了社会就业，稳定了社会秩序，培养了大批社会急需人才，促进了高等教育大众化的进程。当然，它还在潜移默化地改变着人们的传统观念和对民办教育的偏见。

【民企百亿介入新疆油气开发】 《中华工商时报》2004年6月3日报道，随着新疆油气工业投资主体多元化战略的实施，民营企业将投入百亿元介入新疆油气资源开发。

广汇集团总投资90亿元的液化天然气项目将分别在新疆鄯善、准噶尔盆地漠北油田和塔里木油田建设天然气液化厂，至2008年底，日处理能力将达1200万立方米，从而成为我国最大的液化天然气生产基地。项目整体规划分四期实施，目前日处理能力150万立方米的天然气液化一期工程已在鄯善完工，预计近期将对外供气。

目前，广汇集团已与福建、广东、江苏、上海等地区签订了供应液化天然气协议书或合同，日需气量500万立方米，市场前景看好。

与广汇集团一样，以家具制造、零售、木材加工为利润体系的美克投资集团也将天然气化工作为新一轮产业调整的方向。自2004年开始，美克集团将在新疆库尔勒市发展高技术、高国际化程度的天然气精细化工产业，以天然气制乙炔和甲醇为基础，形成以精细化工为主的产品链，发展规划总投资100亿元，建设期9年，分三期实施。

据测算，广汇、美克集团的天然气化工项目完工后，年工业总产值将达174亿元，年新增税收约25亿元，可解决就业1.3万人左右。

天然气在我国一次能源结构中仅占2.1%，远低于25%的世界水平和8%的亚洲水平。新疆蕴藏着10.85万亿立方米天然气资源，约占全国陆上天然气资源总量的1/3，目前仅探明9753亿立方米，利用潜力巨大。

【城市建设给民营资本带来巨大的市场空间】 据《经济参考》2004年6月8日报道，建设部政策研究中心副主任秦虹向记者表示，近几年城建投资快速增长，一个很重要原因就是民营资本的进入。她举例说，2003年全国城建投资达5018亿，占到整个GDP的4.2%，而这其中只有20%的投资是由政府财政直接提供的，绝大部分则是来自民营资本。她同时指出，快速发展的城市化进程也给民营资本带来了巨大的市场空间。

目前中国大部分城市燃气、水、垃圾处理等公共服务远没有达到应有的水平，全国城市自来水普及比例平均只有80%，而污水处理只有40%，垃圾无害处理只有20%。为有效缓解城市公用服务领域供需矛盾突出的压力，建设部2002年底颁布了《关于加快市政公用行业市场化进程的意见》，全国各城市也不断放开了对民营资本在城市公用事业方面投资的各种限制。

尽管接受采访的部分民营企业家都对进入城市公用设施建设表现出浓厚的兴趣，但也有不少人提出，政府在鼓励民间资本投资这些公用设施建设上还需要更具有操作性的措施，而不仅仅是“鼓励”、“号召”。

【民营传媒的市场空间】《中华工商时报》2004年4月12日报道，2004年前4个月，唐龙国际传媒集团已经做了两件大事。其一，唐龙国际作为一家民营传媒机构和上海东方电影频道一起被选为本年度奥斯卡颁奖晚会中国内地的主要电视合作伙伴，结束了CCTV-6独家转播奥斯卡的局面；其二，它被授权成为“2004年环球中国小姐”总决赛暨中国赛区总决赛主办单位，此举打破了此类赛事均由地方城市主办的惯例。

“环球中国小姐”的举办地云南省政府表示，他们看中的是唐龙国际的传播优势。随着该公司将在全国92家主流省市电视台播出有关赛事的专题节目，对云南的贡献是几千万的广告资源也换不回来的。

唐龙国际目前已经构架了全国300个大中型城市600多主流电视频道的节目发行分销平台，是当前国内最大的版权内容供应商之一。由民营机构制作的一批电视节目已经开始越来越多地进入我们的视野。大家比较熟悉的有《娱乐现场》、《音乐风云榜》、《欢乐总动员》、《每日文化播报》、《环球影视》、《娱乐人物周刊》、《娱乐任我行》、《超级访问》等。在这些节目的背后，是光线传媒、欢乐传媒、唐龙国际传媒为代表的民营传媒机构。

民营传播的市场空间很大。根据统计，我国目前年节目交易额仅为30亿元，基本上是电视剧的交易额。但按我国现有的1000多个频道、平均每个频道每日播出15个小时计算，只要其中25%的时间是从节目交易市场中购得的，每分钟的栏目以现在平均价350元计算，那么，节目市场就有约300亿元的收入。

尽管传媒产业不在WTO开放承诺之列，但文化传媒产业一定程度内的开放已经成为既定事实，这给国内传媒带来了不小的压力。而民营传媒机构又将何去何从？

其实民营传媒机构的发展跟政府的导向有非常大的关联，因为民营机构的资金规模非常小，在内容的竞争上，能够做满每天一小时以上的，已经是凤毛麟角，可能不超过三四家公司，所以未来情况并不是很理想。如果国家的产业导向不让这些公司生存非常容易，希望让它生存，也是容易做到的。

从政府的角度来讲，首先要真正地大力支持民营传媒机构的从业者；其次，拥有巨大存量的官方媒体要面向国内资本开放市场、面向国内的经营人员开放市场，这样做是非常有意义的，因为这样才能把中国的传媒业做大做强。

【医院：资本追逐的新“热点”】《经济日报》2004年5月29日讯，目前，全国的民营医院约2400多家，投入医疗行业资金近100亿元，民营医院占整个医疗市场份额为5%左右，主要集中在上海、北京、深圳、广州等几大城市和江、浙两省。业内人士预测，未来5年将会有50家左右的大型医院探索在证券市场上市融资，最终民营医院将占医疗市场30%以上的份额。

浙江民营医院的快速发展，与相关政策支持是分不开的。作为民营资本最活跃的地区，浙江省为鼓励多元化投资医院，政府已经将民营医院医疗机构的审批权限，由省级下放市、县级，实行属地管理，同时享有与公立医疗机构同等政策待遇，民营医院正如春风化冰，前进的步伐虽然是悄悄的，但却是坚定的。

我国的医疗体制改革主要是实行医疗机构分类管理，将医院分为营利性医院和非营性医院，而不对资本的来源进行区分。非国有资本投资的医院也可以界定为非营利性医院，但其出资方不能分红获利。同时国家从税收政策对新建或新改制的营利医院实行前两年免企业所得税，后三年企业所得税减半的鼓励政策。

2002年底，全国非营利医院15712家，营利医院1792家。那么随着医疗系统的改革，未来的医院体系会显现怎样的格局呢？

卫生部副部长马晓伟说，我们希望，国家、集体、个人都能够投资医疗服务体系，形成投资主体多元化、以公有制为主体这样一个服务体系，满足人民群众不同层次的医疗需求。中国医学基金会会长殷大奎说，医院的多种所有制，特别是经营和所有权的分离，是今后发展的方向。

有关专家介绍，我国每年卫生医疗支出已近4800亿元，约占国民生产总值的5.3%，并以每年10%的速度增长。面对这样一个市场，在民营企业把资金投向医疗产业的同时，公立医院的内部改革和扩张也悄然开始了。

与此同时，国际资本也早已闻到了国内医疗市场这块“蛋糕”诱人的芳香。2003年底国家松动了外资进入医疗市场的控股比例限制，由外资不能超过投资额30%，内资不能低于投资额70%的限制，调整为外资不能超过投资额70%，限制比例的颠倒终结了国际资本只能观望而不敢大胆涉足的状况。

北京目前共有医疗机构9000多家，而中外合资医疗机构、股份制医疗机构却只有25家。也就是说，北京高端医疗服务的需求存在着巨大空间，所以，外资早已瞄准这个短缺市场。

有数字显示，美国的年人均卫生事业费为4000美元，而中国的年人均卫生事业费只有400元人民币，相差约80倍。随着中国人均收入水平的提高，医疗市场的蛋糕越来越大，同时人们对差异化的服务要求也更加迫切，医疗市场的细分也为民营、外资医院提供了一个大的舞台。

【浙江民企海外上市出现回流】 《中华工商时报》2004年7月17日讯，6月末，“2004中国民营科技企业新加坡上市推介会”在广州召开，虽然新加坡方用一种从未有过的强势加强对华民营企业宣传，意图缩短中国民营企业与新加坡交易所的距离，来打开其赴新加坡资本市场的融资之路。但作为最早热衷于新加坡上市的中国民营企业特别是浙江的民营企业对此并没有表现出以往的冲动和热情。

浙江目前已经成为资本市场上的新贵。据统计，前年和去年，浙江首发上市和通过发审的企业均占全国的十分之一。目前，浙江全省已有78家公司股票在境内外证券市场上市，A、B股上市公司家数跃居全国第6位。眼下，浙江又有16家企业通过了证监会的审查，等待发行。

早在深圳中小企业板尚未热起来之际，浙江民企一般都瞄准到新加坡上市。在此之前，新加坡证券市场最大的外国企业来源地是中国大陆。而浙江民企是这个市场最为狂热的追捧者。特别是今年4月，新加坡与浙江签署三项资讯科技（IT）领域的合作协议之后，一支浙江IT商务洽谈团悄然登上飞赴新加坡的航班，寻找进一步合作和上市的商机。据悉，这次洽谈团一行20人，包括15家IT企业负责人。而之后，去新加坡进行商务考察的代表团便开始络绎不绝。

然而中小企业板启动之后，深交所也直接把目标瞄准了浙江，近期在浙江的不少城市开设“中小企业上市”培训班。因此，有投行界的人士估计，浙江至少有近千家企业能达到在深交所中小企业板上市的标准。而浙江的企业也愿意去中小企业板上市。

出现这种现象不是偶然的。首先，在国内中小企业板块上市比起绕道海外融资，国内的中小企业板则更加近水楼台，浙江民企应该提前嗅出这种机遇。他分析认为，以往优秀的浙江中小型的民企想实现业务国际化，最通常的办法就是通过资本国际化。然而从上市成本来看，在美国纳斯达克融资成本一般约占融资额的10%以上，在香港地区更高达20%以上。即使在香港创业板费用一般也要达到10%～15%。而在国内主板上市，融资成本一般约占融资额的5%左右。

其次，相当多的民企对境外上市规则不了解。证券市场的监管也比国内严厉得多，不是每个企业都能从容应对的。

最后，境外上市规范性要求高，而民企往往存在治理结构缺陷，加上难以准确评估甚至于改造民企的实际业务，敏感的海外投资者也会存在质疑。

立志打造证券强省的浙江省，在深圳推出中小企业板后，部分地区也开始针对中小企业板特点开始上市普及宣传，并积极联系投行为企业服务。浙江省政府上市办副主任颜春友解释说：“政府鼓励浙江民企上市，很大程度上是希望它们完善公司的治理结构、提高管理水平、构建公司管理模式，使企业得到可持续的发展，得到国际投资者的认可，从而能够参与国际竞争行列，开拓国际市场。”

6-4 规划蓝图

【浙江启动中小企业成长计划】 为缓解中小企业融资难的问题，浙江省已经启动“中小企业成长计划”，从2004年起的3年内，将有1000家左右的中小企业从中获益。

浙江中小企业的数量和质量在国内名列前茅，但资金缺乏已成为制约发展的主要瓶颈。据浙江省中小企业局统计，仅流动资金一项，全省就有至少50%的中小企业周转不灵。该省启动的“中小企业成长计划”，将从全省中小企业中筛选出一批最佳成长型企业作为重点扶持对象，由民生银行杭州分行优先提供信贷支持，每家入选的中小企业信贷支持额度不低于30万元。省中小企业局则通过省财政专项资金给予贴息扶持。这项计划辐射中小企业约1000家，2004、2005两年各300家，2006年为400家。

【苏州绘制“民营经济腾飞计划”】 《中华工商时报》2004年2月2日讯，作为2004年苏州市委、市政府的第一号文件：《关于促进民营经济腾飞的决定》日前正式发布。与此同时，苏州市委、市政府2004年召开的第一个重要会议则是全市加快发展民营经济工作会议。会议明确提出了“奋斗三年，努力促进民营经济新的腾飞”的战略目标。

苏州市委一号文件提出的民营经济腾飞计划包括：经过3年努力，到2006年底，全市民营经济基本实现主要经济指标比2003年翻一番，扩张总量，提升质量，优化结构，提高效益；私营企业、个体工商户总数分别超过14万户和35万户，注册资本总额超过1800亿元；民营经济上缴税收、固定资产投入占全市总量的40%左右；民众自主创业、参与投资或经营的覆盖面达到25%左右；民营经济累计新增就业岗位50万个；民营工业科技进步贡献率超过50%，高新技术产值率超过38%；形成具有特色的产业集群30个，年销售收入超1亿元的民营企业400家，其中超10亿元的100家（包括5~8家超100亿元，10~15家超50亿元）。

文件还提出，要鼓励民众自主创业和投资；进一步放宽市场准入；鼓励民营企业开展跨地区、跨行业、跨所有制兼并联合；大力改进行政审批服务；切实保护民营经济合法权益；规范行政事业性收费行为；坚决禁止乱收费、乱罚款、乱摊派行为；加大对民营经济扶持力度；完善多元化创业投融资体系；增强各类创业载体功能；支持民营企业开拓市场；建立健全社会化服务体系；培育民营经济核心竞争力；引导民营企业进一步加强管理；打造一支与国际接轨的民营企业家队伍；形成促进民营经济腾飞的整体合力。

【江苏计划五年内完成“222”工程】 《中华工商时报》2004年2月25日讯，江苏省经贸委中小企业局透露，江苏省政府已制定了民营经济发展的“五年计划”，即“222”工程：在今后5年内，江苏省将重点支持和培育20个年营业收入超过100亿元、200个超过10亿元和2000个超亿元的民营企业。

中小企业局的有关人士说，2003年，江苏省私营企业和个体工商户累计达174.49万户，其中私营企业数34.37万户，继续位居全国第一。但是，江苏省民营经济在加速发展的同时，也面临着一些困难和问题，与浙江、广东等地相比，在有些方面还存在一定的差距，主要表现在经济总量、企业规模、外向度和特色化。

为此，江苏省政府将进一步加大扶持力度。一是加大金融扶持力度。通过深化金融体制改革，加快成立以民间资本为主、主要面向民营企业的地方性商业金融机构。二是加快信用担保体系建设。建立和完善以政府投入为引导，以商业性担保机构为主体，以企业间互助性担保机构为补充的全省中小企业信用担保体系。2004年底，全省担保机构注册资金要达到30亿元。三是加大财政扶持力度。加快落实《中小企业促进法》的要求，在各级财政设立中小企业科目，建立中小企业发展基金，重点扶持民营经济。江苏省政府还计划每年从民营经济对省财政的新增贡献部分安排一定比例的资金，建立省级促进民营经济发展的专项资金，并对政府及部门现有的各类扶持资金，明确规定用于民营企业的比重，组织好“222”工程的实施。

与此同时，江苏省有关部门还将进一步加强对民营经济的领导和营造创业发展的氛围，成立发展民营经济工作领导机构，专门负责研究、协调和解决民营经济发展中的重大问题，协调和督促各有关部门支持民营经济加快发展和提高。同时，理顺民营经济管理体制，从江苏实际出发，尽早实现上下一致的民营经济、乡镇企业、中小企业“三位一体”管理体制。定期组织表彰发展快、贡献大、形象好的优秀民营企业和企业家，加强对民营经济和民营企业家创业、发展事迹的宣传，形成良好的社会舆论氛围。此外，还要优化创业环境，进一步降低创业门槛和创业成本，对民营企业注册资本允许最低限额和分期到位。还要优化法制环境，要根据国家有关法律，制定保护私人财产的地方性法规，切实保护民营企业的合法权益。设立民营企业投诉督查中心，严肃查处各种严重侵害民营企业利益，阻碍民营经济发展的行为。

【南通力争 2010 年民营经济总量、科技水平、综合竞争力全省第一】　《中华工商时报》2003 年 10 月 30 日报道，南通市委、市政府提出要争创江苏民营经济第一大市的战略目标。具体目标是：力争在最近 3 ~ 5 年，确保全市民营经济发展速度、占 GDP 比重、民营企业户数和民营企业就业人数等方面在全省名列前茅；后几年在民营经济总量、科技水平、综合竞争力等方面有更大突破，到 2010 年前后全面实现“江苏民营经济第一大市”的宏伟蓝图。

为此，南通市委书记罗一民指出，南通完全有条件、有能力争创江苏民营经济第一大市。围绕这一目标，南通各级各部门要树立五个第一，即要有“第一”的思想认识，要有“第一”的目标定位，要有“第一”的推进力度，要有“第一”的政策措施，要有“第一”的创业主体。

他强调，一要政策力求最宽。通过政策激活投资，进一步放宽民资进入的领域，做到凡国家规定放开的领域或没有明令禁止的投资领域，彻底向民营企业开放；凡已经和即将对外资开放的领域，及时向民营企业开放；对预期有回报的基础设施和公益性项目，创造条件向民营企业开放。同时，时刻关注先进地区、周边地区的政策动向，及时把外地最新的政策变成南通的政策，做到凡是外地有的政策南通都有，凡是在外地能享受的优惠在南通都能享受，真正使南通成为民营企业投资的热土、民营企业家创业的乐园。

二要执行力求最活。执行政策要以“三个有利于”为标准，一切从实际出发，最大限度地调动各方面的积极因素，帮助民营经济早日驶上发展的“快车道”。要注重时效性、创造性、灵活性、特殊性，只要不触犯法律的大原则，只要能创造财富、提供税收、安排就业，能给的优惠都可以给，能撤的关卡都可以撤，能用的办法都可以用。

三要措施力求最实。一方面，要着力突破生产要素的瓶颈，帮助民营企业解决“三难”（融资难、征地难、引才难）问题。要在全省率先建立企业信用授信系统，壮大完善担保体系，积极创新金融业务、探索民间融资方式，建立民营经济发展基金，切实解决民营企业融资难、担保难的问题；通过分批次统一预征土地、分期缴纳土地出让金和征地补偿费等形式，简化征地手续，降低用地成本，切实解决民营企业征地难的问题；通过牵线搭桥、政策激励、专项资助等办法，帮助民营企业加强与高校和科研院校的挂钩，吸引高层次的管理和技术人才，提升民营企业科技创新能力，切实解决民营企业技术创新和引进人才难的问题。

【江门市明确民营经济发展目标】　江门市政府已把民营经济发展纳入了市国民经济和社会发展的总体规划，并明确了民营经济发展的战略目标和近期目标。从 2003 年开始到 2010 年，江门市要力争民营经济年均增长 20%，民营经济在全市工业中的比重 2005 年要提高到 40% 以上，2010 年再提高到 50% 以上；民营经济的税收占国内税收总额的比重 2005 年提高到 30% 以上，2010 年再提高到 40% 以上。2010 年，全市非公有制经济占国民经济的比重要达到 85% 以上，并逐步使民营经济形成集团化、股份化、集约化和区域特色的发展格局。

第七篇

附录

7－1 全国民营经济发展数据

7－1－1 按行业分私营企业和个体就业人数

单位：万人

年份/地区	合计	农、林、牧、渔业	采掘业	制造业	建筑业	交通运输仓储和邮电通信业	批发零售贸易和餐饮业	社会服务业	其他
1989	2142.0	2.6		441.4	24.8	165.0	1272.6	214.3	21.3
1990	2274.3	0.6		469.2	23.3	182.0	1321.0	251.9	26.3
1991	2491.5	0.4		549.9	27.3	200.5	1446.2	244.4	22.7
1992	2699.5			578.8	26.9	207.1	1592.2	283.9	10.6
1993	3312.0		35.7	691.4	35.0	254.6	1926.6	334.4	34.3
1994	4424.2	57.0		1003.6	50.5	360.9	2481.0	412.2	59.1
1995	5569.5	119.5	61.4	1253.5	69.5	419.4	3020.4	552.3	73.5
1996	6188.2	183.5	66.5	1388.3	77.5	468.6	3300.0	612.6	91.2
1997	6791.1	255.0	68.1	1518.5	85.9	501.2	3585.6	680.6	96.3
1998	7823.5	362.1	80.6	1774.7	115.3	559.9	4013.5	795.0	122.4
1999	8262.5	416.2	78.7	1932.3	129.3	564.7	4161.6	853.8	125.9
2000	7476.5	339.0	69.2	1932.9	144.8	445.7	3621.7	776.0	147.1
2001	7474.1	246.1	67.9	1975.2	166.6	417.4	3617.2	808.5	175.3
2002	8152.2	224.4	71.9	2135.4	213.2	402.9	3813.9	917.1	373.5
2003	8935.7	189.8	87.7	2531.7	270.5	389.8	4060.5	1029.2	376.4
北京	326.2	8.1	0.7	90.2	11.4	4.2	124.6	48.3	38.6
天津	92.1	0.6	0.1	28.9	2.6	2.8	37.7	9.5	9.8
河北	438.3	5.7	13.0	166.2	17.4	23.1	172.6	34.3	6.1
山西	186.3	2.5	1.6	30.2	5.1	7.4	98.7	15.8	25.1
内蒙古	159.7	6.3	3.7	24.8	5.2	11.2	80.2	22.9	5.4
辽宁	513.7	28.6	5.4	109.7	16.1	49.0	233.3	54.5	17.1

续表

年份 地区	合计	农、林、牧、渔业	采掘业	制造业	建筑业	交通运输仓储和邮电通信业	批发零售贸易和餐饮业	社会服务业	其他
吉林	115.6	1.9	1.1	16.2	3.2	6.9	65.6	16.3	4.4
黑龙江	281.7	28.5	1.6	46.8	5.2	21.6	137.5	34.2	6.2
上海	349.5	1.2	...	95.5	17.6	5.9	152.3	47.5	29.6
江苏	674.2	5.2	1.5	326.0	30.0	15.7	221.8	57.2	16.7
浙江	782.3	7.8	3.2	406.7	15.5	23.0	244.4	72.4	9.3
安徽	405.1	8.7	2.1	85.9	9.0	26.0	208.8	55.2	9.4
福建	198.6	5.2	1.7	61.6	4.0	3.2	89.4	25.8	7.9
江西	236.2	4.3	5.4	64.7	8.8	11.3	106.6	29.7	5.5
山东	713.5	20.3	3.1	269.3	21.0	25.0	297.9	66.1	10.7
河南	338.6	4.6	4.1	73.2	5.5	24.0	177.1	42.3	7.8
湖北	354.0	9.2	2.8	72.2	10.4	24.1	179.9	46.2	9.2
湖南	307.0	2.8	2.9	59.7	8.6	15.1	171.2	37.9	8.8
广东	749.3	5.3	3.5	206.2	8.0	13.3	359.1	77.4	76.7
广西	198.4	4.7	3.0	33.1	2.4	13.8	112.7	23.9	4.9
海南	54.3	3.9	0.5	3.2	2.3	3.6	26.7	9.7	4.5
重庆	187.3	2.1	3.0	40.4	13.4	6.2	92.6	23.4	6.2
四川	374.8	5.2	5.8	77.3	11.2	15.7	191.5	56.9	11.2
贵州	91.2	1.6	2.5	16.5	1.9	3.6	49.5	12.1	3.4
云南	180.4	3.6	6.8	33.1	8.6	7.9	96.3	20.1	4.0
西藏	11.8	0.3	0.1	0.6	1.4	0.5	6.6	1.9	0.5
陕西	318.5	5.0	4.8	45.4	10.7	13.4	162.1	51.0	26.0
甘肃	98.0	1.5	0.8	16.6	4.7	1.9	58.7	11.9	1.8
青海	45.0	2.3	0.8	7.2	4.4	1.9	22.4	4.7	1.2
宁夏	34.1	0.9	0.2	6.9	1.8	1.4	18.2	4.0	0.7
新疆	119.8	1.9	2.1	17.5	3.2	7.1	64.5	15.9	7.6

（资料来源：《中国统计年鉴》2004）

7－1－2　按行业分城镇私营企业和个体就业人数

单位：万人

年份 地区	合计	农、林、牧、渔业	采掘业	制造业	建筑业	交通运输仓储和邮电通信业	批发零售贸易和餐饮业	社会服务业	其他
1978	15.0			3.0	1.0	1.0	9.0	1.0	
1980	81.4	0.2		9.5	0.4	0.8	57.1	13.4	
1985	450.1	1.9		51.4	5.1	22.3	325.0	44.4	
1989	648.2	2.6		84.5	4.9	34.1	443.1	79.0	
1990	670.5	0.6		91.3	4.6	36.4	431.2	106.4	
1991	759.5	0.4		128.0	7.9	46.1	489.0	78.2	9.9
1992	837.9			129.6	5.9	47.5	550.7	93.6	10.6
1993	1115.7		6.7	175.4	10.8	62.3	714.9	132.8	12.8
1994	1557.4	5.4		271.8	17.9	95.7	973.5	167.2	26.0
1995	2045.0	13.4	10.2	339.0	28.1	111.0	1265.8	241.9	35.6
1996	2328.8	17.7	10.3	400.1	33.9	131.8	1419.1	274.5	41.4
1997	2669.0	31.8	10.8	450.6	38.8	153.6	1617.7	315.7	50.1
1998	3231.9	43.4	13.9	563.9	55.2	190.3	1896.2	397.2	71.8
1999	3466.9	44.0	12.4	601.7	64.9	202.3	2024.7	447.2	69.7
2000	3404.0	40.5	12.3	632.7	79.7	178.4	1924.3	438.5	97.6
2001	3658.0	39.4	13.2	716.6	97.8	180.4	1997.9	484.9	127.7
2002	4267.5	41.4	15.8	821.1	130.8	185.3	2197.8	572.7	302.5
2003	4922.1	46.5	18.4	1085.1	166.4	194.4	2464.8	662.6	284.0
北京	197.8	4.4	0.4	50.9	6.5	2.6	75.9	30.9	26.2
天津	54.9	0.1	...	10.8	1.6	2.1	25.1	7.2	8.0
河北	142.2	0.8	1.4	41.3	3.9	7.1	69.1	15.9	2.8
山西	99.8	0.5	0.1	6.2	1.4	1.1	62.8	7.0	20.7
内蒙古	108.5	2.0	1.6	17.1	3.6	8.2	56.3	16.1	3.7
辽宁	344.8	2.6	0.5	63.8	11.8	28.2	178.1	44.1	15.5
吉林	83.7	0.4	0.3	10.7	2.7	5.4	47.0	13.4	3.7

续表

年份 地区	合 计	农、林、牧、渔业	采 掘 业	制造业	建筑业	交通运输仓储和邮电通信业	批发零售贸易和餐饮业	社会服务业	其 他
黑龙江	171.0	3.2	0.4	27.6	4.1	14.6	93.2	23.2	4.6
上 海	179.4	0.3	…	36.4	9.2	4.0	83.6	26.9	19.0
江 苏	352.7	1.6	0.2	143.7	17.8	7.6	134.8	37.5	9.5
浙 江	349.2	1.9	0.4	130.5	9.1	8.6	144.9	47.7	6.0
安 徽	199.6	2.4	0.3	36.0	6.0	13.6	105.6	31.4	4.3
福 建	128.4	2.1	0.5	33.3	3.1	2.3	62.0	18.9	6.2
江 西	116.2	0.9	0.7	30.1	3.6	5.8	58.3	14.8	2.0
山 东	353.8	2.9	0.6	105.5	12.9	9.0	173.4	42.5	7.1
河 南	139.0	1.0	0.7	22.9	2.8	6.5	83.3	18.2	3.4
湖 北	202.4	2.9	0.7	37.7	6.5	11.8	106.0	29.4	7.5
湖 南	199.9	1.3	1.2	31.3	6.4	7.6	118.0	27.7	6.3
广 东	513.9	2.9	0.7	114.4	6.0	7.5	252.7	58.0	71.6
广 西	113.4	1.5	1.0	17.2	1.9	8.0	63.8	16.4	3.7
海 南	40.0	2.8	0.3	1.8	1.7	2.4	19.0	8.1	3.8
重 庆	109.1	0.6	0.2	20.3	10.2	3.6	54.8	14.8	4.5
四 川	184.3	1.4	0.9	28.4	8.0	7.2	101.9	30.8	5.7
贵 州	46.0	0.6	0.5	8.5	1.4	2.0	23.5	7.4	2.3
云 南	93.6	1.5	1.1	13.7	4.2	3.0	55.1	12.6	2.5
西 藏	9.7	0.2	0.1	0.5	1.0	0.5	5.3	1.7	0.4
陕 西	184.8	1.2	2.5	17.2	7.6	4.6	95.1	33.3	23.4
甘 肃	58.1	0.5	0.2	7.6	3.3	1.3	36.2	7.6	1.4
青 海	31.0	0.5	0.2	4.0	3.8	1.3	16.9	3.6	0.7
宁 夏	20.6	0.3	0.1	3.7	1.3	0.7	11.3	2.6	0.6
新 疆	94.3	1.1	0.7	11.9	2.8	6.1	52.0	12.6	7.0

（资料来源：《中国统计年鉴》2004）

7-1-3 各地区私营企业就业人数（2003年底）

单位：万户、万人

地区	户数	就业人数		城填就业人数		乡村就业人数	
		合计	# 投资者	合计	# 投资者	合计	# 投资者
全国	300.6	4299.1	772.8	2545.2	520.0	1754.0	252.9
北京	18.7	267.3	48.1	160.6	34.7	106.8	13.5
天津	5.9	66.2	14.7	42.5	10.0	23.7	4.6
河北	8.6	181.7	21.3	58.4	8.9	123.3	12.4
山西	4.3	110.4	10.6	72.7	5.3	37.7	5.3
内蒙古	3.5	51.4	10.3	35.7	7.2	15.6	3.1
辽宁	11.4	207.0	24.6	152.3	19.9	54.6	4.7
吉林	3.8	41.2	8.4	31.9	7.0	9.2	1.5
黑龙江	5.1	76.2	13.5	52.5	9.8	23.7	3.7
上海	29.2	318.1	62.4	158.1	33.4	159.9	29.0
江A苏	34.4	468.0	81.4	236.3	39.4	231.7	42.0
浙江	30.2	484.0	69.7	218.3	39.0	265.7	30.6
安徽	7.5	118.8	18.8	70.8	11.9	48.0	7.0
福建	8.8	106.2	19.4	75.5	14.6	30.8	4.8
江西	4.9	93.3	11.3	42.7	6.8	50.6	4.5
山东	22.9	366.5	60.1	203.0	42.2	163.5	17.9

续表

地 区	户数	就业人数		城填就业人数		乡村就业人数	
		合计	# 投资者	合计	# 投资者	合计	# 投资者
河 南	8.1	80.5	19.1	41.0	11.7	39.5	7.4
湖 北	8.6	105.3	20.5	71.0	14.7	34.3	5.8
湖 南	5.7	109.1	28.9	82.6	25.1	26.6	3.8
广 东	32.3	359.4	74.4	276.9	62.2	82.5	12.2
广 西	3.5	49.3	9.2	35.8	7.2	13.5	1.9
海 南	2.6	28.3	6.9	23.5	5.8	4.8	1.1
重 庆	5.5	86.4	15.4	56.3	10.6	30.2	4.8
四 川	11.0	150.3	28.8	81.4	17.1	68.9	11.7
贵 州	2.8	29.5	7.2	18.8	4.7	10.7	2.5
云 南	4.4	56.7	12.2	26.6	5.6	30.1	6.6
西 藏	0.2	3.3	0.4	2.8	0.4	0.4	…
陕 西	8.1	160.2	50.5	122.5	44.0	37.7	6.5
甘 肃	2.6	36.3	6.8	25.9	5.5	10.4	1.4
青 海	0.9	20.6	2.3	14.3	1.9	6.2	0.4
宁 夏	1.5	18.6	4.1	12.3	3.1	6.3	1.0
新 疆	3.7	49.2	11.3	42.3	10.2	6.8	1.1

（资料来源：《中国统计年鉴》2004）

7-1-4 各地区个体就业人数（2003年底）

单位：万户、万人

地 区	个体户数	个体就业人数	城 镇	乡 村
全 国	2353.2	4636.5	2377.0	2259.6
北 京	44.7	58.8	37.2	21.6
天 津	18.9	25.9	12.5	13.5
河 北	103.6	256.6	83.8	172.8
山 西	40.6	75.9	27.1	48.8
内蒙古	55.6	108.4	72.8	35.6
辽 宁	140.9	306.7	192.5	114.3
吉 林	40.5	74.5	51.8	22.7
黑龙江	94.2	205.5	118.5	87.0
上 海	26.8	31.4	21.2	10.2
江 苏	140.1	206.2	116.4	89.8
浙 江	158.5	298.3	130.9	167.4
安 徽	120.1	286.3	128.9	157.5
福 建	46.4	92.4	52.9	39.5
江 西	59.4	142.9	73.5	69.4
山 东	158.6	347.0	150.8	196.3

续表

地区	个体户数	个体就业人数	城镇	乡村
河南	121.2	258.2	98.0	160.2
湖北	104.9	248.7	131.4	117.3
湖南	94.0	197.9	117.3	80.5
广东	185.5	389.9	237.0	153.0
广西	99.0	149.1	77.6	71.5
海南	13.1	26.0	16.6	9.5
重庆	47.7	100.8	52.8	48.0
四川	143.4	224.5	102.9	121.5
贵州	41.5	61.6	27.2	34.4
云南	72.8	123.7	67.0	56.7
西藏	5.2	8.6	6.8	1.7
陕西	76.5	158.3	62.3	96.0
甘肃	33.2	61.7	32.3	29.4
青海	12.3	24.4	16.7	7.7
宁夏	8.8	15.5	8.3	7.2
新疆	45.0	70.7	52.0	18.7

（资料来源：《中国统计年鉴》2004）

7－2　先进民营单位、个人名单

7－2－1　2003 年度广东省百强民营企业名单

广东省人民政府文件

粤府［2004］75 号

关于表彰 2003 年度广东省百强民营企业的通报

各地级以上市人民政府，各县（市、区）人民政府，省政府各部门、各省直机构：

根据《中共广东省委、广东省人民政府关于加快民营经济发展的决定》（粤［2003］4 号）的精神，按照《广东省百强民营企业认定暂行办法》（粤办发［2003］17 号）的规定，经过企业自愿申报、地级以上市审查推荐、省百强民营企业认定工作小组审核、省促进民营经济发展联席会议审议，省人民政府决定，授予美的集团有限公司等 100 家民营企业为“2003 年度广东省百强民营企业”称号，并给予通报表彰。

希望百强民营企业戒骄戒躁，再接再厉，继续深化体制创新、技术创新和管理创新，做强做大，为我省的经济发展做出更大贡献。

附件：2003 年度广东省百强民营企业名单

二〇〇四年七月二十三日

2003 年度百强民营企业名单

1　广东美的集团股份有限公司
2　广东格兰仕集团有限公司
3　深圳市怡亚通商贸有限公司
4　惠州侨兴集团有限公司
5　广州富力地产股份有限公司
6　珠海中富工业集团有限公司
7　宜华企业（集团）有限公司
8　广东温氏食品集团有限公司
9　广州恒大实业集团有限公司
10　深圳市鸿荣源实业有限公司
11　广州七喜电脑股份有限公司
12　广州金发科技股份有限公司
13　广东天健实业集团有限公司
14　广州市白云电气集团有限公司
15　广东梅雁企业（集团）股份有限公司
16　广州佳都集团有限公司
17　广东喜之郎集团有限公司
18　广东恒兴集团有限公司

19 广东亨达利企业集团公司
20 广东志高空调股份有限公司
21 顺特电气有限公司
22 茂名石化实华股份有限公司
23 潮州华丰集团股份有限公司
24 广东德豪润达电气股份有限公司
25 深圳市腾讯计算机系统有限公司
26 深圳市爱施德实业有限公司
27 广东步步高电子工业有限公司
28 广东新协力集团有限公司
29 广东丰源粮油工业有限公司
30 广州立白企业集团有限公司
31 广东东鹏陶瓷股份有限公司
32 广东永昶集团有限公司
33 广州市宏宇集团股份有限公司
34 广东兴发铝型材厂有限公司
35 江门中裕摩托集团有限公司
36 广东威华集团有限公司
37 广东新明珠陶瓷集团有限公司
38 佛山市南海区福迪汽车有限公司
39 中山华帝燃具股份有限公司
40 深圳市神舟电脑有限公司
41 广州城启集团有限公司
42 广东明珠集团股份有限公司
43 乳源瑶族自治县阳之光实业发展有限公司
44 茂名众和化塑有限公司
45 广州海印实业集团有限公司
46 深圳市金海马实业股份有限公司
47 广东宝丽华集团公司
48 广东雷伊股份有限公司
49 美晨集团股份有限公司
50 广东康美药业股份有限公司
51 佛山市顺德区百强贸易有限公司
52 奥园集团有限公司
53 中山市海港饮食娱乐管理有限公司
54 广东湛大集团有限公司
55 广东精通集团有限公司
56 广州天力建筑工程有限公司
57 广东德美精细化工股份有限公司
58 珠海市中油塔鑫石化有限公司
59 阳江市宏大钢铁有限公司
60 广东榕泰实业股份有限公司
61 汕头市东风印刷厂有限公司
62 深圳市大富豪实业发展有限公司
63 广东昭信企业集团有限公司
64 深圳市百佳华实业发展有限公司
65 广东长青（集团）有限公司
66 广东中顺纸业集团有限公司
67 深圳市艺华投资发展有限公司
68 广东金蜂星电讯有限公司
69 广州宝龙集团有限公司
70 富绅集团有限公司
71 广州市粤骏威企业集团有限公司
72 湛江市中谷糖业有限公司
73 广东金盛卢氏集团有限公司
74 广州番禺锦江房地产有限公司
75 广州家谊超市股份有限公司
76 广东志成冠军集团有限公司
77 广东远光电缆实业有限公司
78 广州天伦集团控股有限公司
79 广东顺峰药业有限公司
80 深圳市恒生实业集团有限公司
81 顺德市乐从供销集团有限公司
82 广东新亚光电缆实业有限公司
83 广州市阿波罗建材科技有限公司
84 广东科达机电股份有限公司
85 广州市好迪化妆品有限公司
86 梅县龙盘新型建材有限公司
87 惠州隆生企业（集团）有限公司
88 深圳市兆方机电设备有限公司
89 广东巨轮模具股份有限公司
90 深圳市金活实业有限公司
91 惠州市源东国际集团有限公司
92 新太科技股份有限公司
93 广东大顶矿业股份有限公司
94 中山建华管桩有限公司
95 深圳市鹏峰汽车有限公司
96 广东亿达洲集团有限公司
97 广东丰泰集团有限公司
98 中山市盛兴幕墙有限公司
99 广东十八宝医药保健品有限公司
100 深圳大族激光科技股份有限公司

7－2－2　广州市2003年获广东省优秀民营企业和优秀民营企业家名单

2003年3月19日，广东省人民政府作出了关于表彰我省优秀民营企业和优秀民营企业家的决定，对广州市新太新技术研究设计有限公司等60户优秀民营企业、胡明聪等40名优秀民营企业家，予以通报表彰。其中，广州市优秀民营企业9家，优秀民营企业家5名。具体名单如下：

一、优秀民营企业

广州新太新技术研究设计有限公司
广州金发科技股份有限公司
广州蒙特利材料科技股份有限公司
广州富力地产股份有限公司
美晨集团股份有限公司
广州市宏宇集团股份有限公司
广州立白企业集团有限公司
广州碧桂园物业发展有限公司
广州长隆集团有限公司

二、优秀民营企业家

胡明聪　广州白云电器设备有限公司总裁
刘　伟　广州佳都集团有限公司总裁
常厚春　广州迪森热能技术股份有限公司董事长
叶灿江　广州江南蔬菜批发市场有限公司董事长、总经理
吴振鑫　广州珠江物资集团有限公司董事长

7－2－3　广州市私营企业著名商标认定情况

单　位	商标	商品/服务	级别	认定时间
广州立白企业集团有限公司	立白	洗衣粉	省	1999.01.29
			市	2001.11.25
广东苹果实业有限公司	苹果	皮革制品、箱子及旅行袋	省	2000.04.10
			市	2001.11.25
香江集团有限公司	金海马	家具	省	2001.12.20
			市	2001.11.25
广州市金象工业生产有限公司	金象	电焊机	市	2001.11.25
广州市好迪化妆品有限公司	好迪	化妆品、喷发胶洗发水、洗面奶	市	2001.11.25
广东自由鸟服装有限公司	自由鸟	服装	市	2001.11.25
广州市梦施美精细化工实业有限公司	绮梦	喱水、摩丝、洗发水	市	2001.11.25

（资料来源：《广州年鉴》2002）

7－2－4 2000年受广州市委、市政府表彰的个体私营经济先进单位和个人名单

2000年8月，在广州市第四次个体私营经济工作会议上，市委市政府发出了关于表彰先进个体工商户和先进私营企业的决定，授予92户个体工商户为“广州市先进个体工商户”、54家私营企业为“广州市先进私营企业”的称号，具体名单如下：

广州市先进个体工商户名单

东山区：

东山区东华电器商店 郭伟明
东山区华乐商店 林华添
东山区新兴百货店 杜家雄
东山区康达礼花礼签印刷店 黄子康
周生记太爷鸡 高德良
东山区美家园装饰材料经营部 罗润荷

越秀区：

越秀区江南商店 陆建伟
越秀区莎斯迪丝时装 蔡惠琼
越秀区潘记士多店 潘志鹏
广州市越秀区喜运来食家 郭家耀
越秀区鲜果洲商店 李秀琼
越秀区振兴记分店 陈卫娟
越秀区绿茵阁咖啡厅 林振中
越秀区百适装饰材料部 李宝红
越秀区胜记饭店 温万年
越秀区琴利工艺 宋修琴

荔湾区：

荔湾区宝华面店 黄重光
荔湾区兴平服务装店 陈中平
荔湾区祥兴工艺精品店 李剑华
东明木业经营部 刘燕萍
荔湾区绿茵阁咖啡店 林 欣
荔湾区良兴制衣厂 汉志良
荔湾区日荣电器行 周国强
荔湾区健生鞋业 刘建学

海珠区：

海珠区大贞精发廊 严慕贞
海珠区明记海鲜城 车耀明
海珠区冠旺发廊 蓝冠伦
海珠区顺达饮食店 陈伟全
海珠区华成经理部 邓文华
海珠区永和综合服务部 李昌康
海珠区伟联五金标件门市部 梁 桃
海珠区恒安摩托车维修部 梁杰麟
海珠区丹丹时装 方丹心

白云区：

白云区锦江中医诊所 林锦江
白云区三元里穗北百货店 吴月莲
白云区竹料丽的购物商场 冯国贤
白云区新市镇群兴酒楼 李洁和
白云区田金宏峰汽车护理品经营部 谢路坚
白云区罗岗镇东园酒家 罗笑媚
白云区国大石膏经营部 梁少霞
白云区矿泉祥华皮件百货店 黄励祥
白云区三元里百强皮具店 高善标

天河区：

天河区艺宝电影娱乐城 林英平
天河区员村新村大一眼镜专门店 李艳琼
天河区天平华伟塑料厂 张文伟
天河区龙洞威豪花岗岩装饰材料厂 樊炳基
沙河第二市场411档服装店 廖 海

黄埔区：

黄埔区区家好时装店 区美婵
黄埔区南岗环雄饭店 徐少洪
黄埔区顺发机油电池店 陆桂祥
黄埔区长洲宾轮艺术影楼 黄燕明
黄埔区丽景音象像书刊店 罗志辉

芳村区：
芳村区陆居路灯光夜市名燕服装店　尤小燕
芳村区绿意居大排档　梁志能
芳村区新鸿汽车配件店　陈永刚

广州经济技术开发区：
广州经济技术开发区海霸皇餐馆　徐志伟

番禺区：
番禺区石楼名城酒家　关泳波
番禺区石碁时代手袋皮具厂　周胜仔
番禺区市桥富宾摩托车行　王梓柏
番禺区大石华盛五金厂　林　强
番禺区大石大通通讯配件厂　肖河声
番禺区大沙湾南亚有色金属线材厂　何炳强
番禺区南村镇迎宾大酒楼　李绍球
番禺区洁仪彩色印刷厂　王洁仪
番禺区沙湾福涌兴达金属结构厂　郭志成
番禺区大岗长堤百货店　郑少珍

花都区：
花都区永兴职业培训学校　骆见开
花都区狮岭镇伟华皮革商行　钟密伟
花都区永雄五金塑料厂　江作成
花都区环球家具广场　徐治辉
花都区美的美容美发专业中心　李剑虹
花都大泰隆五金交电商店　梁广洪

增城市：
增城市荔城镇家乐商店　刘道生
增城市新塘新景海鲜酒店　陈柱强
增城市沙埔镇富路华表业制品厂　吴雪芳
增城市中新易昌商店　郭祝铭
增城市富路华材料厂　郑金良
增城市荔城镇华兴贸易行　张国柱
增城市石滩镇文坚酒家　单志文
增城市荔城顺利酒行　欧镜培

从化市：
从化市昌盛第一音响商场　黄冠能
从化市城郊龙江旅店　陈桂兰
从化市街口金城通讯营业部　殷灶权
从化市南海食街　司徒羡

市个协专业市场直属协会：
广州市运输交易市场（湖天）新信达货运部　曲泽东
广州市白马服装市场依雅莉时装　钟课东
黄沙水产交易市场米文专营店　任登文
利达电器经营部　雷志亮
永兴电器经营部　叶汉秋
广州市摩托车交易市场华威贸易商行　何尔寿
一德路交易市场 150、152 档　梁洪德

珠江管理区：
广州市珠江管理区嘉宏家私商场　陈美芙

广州市先进私营企业名单：

东山区：
广州市海印实业集团有限公司　邵建明

越秀区：
广州市方氏全鹿保健制品有限公司　方泽华

荔湾区：
荔湾区华达实业有限公司　陈兆良
广州市振兴实业有限公司　谭培均
荔湾区华兴不锈钢制品厂　吴伟杰
广州市金象工业生产有限公司　谢仲余

海珠区：
广州市海洋美容有限公司　梁耀民
海珠区东江饮食有限责任公司　黎永辉

白云区：
白云区大华辉印刷厂　江恒辉
广州万福包装有限公司　苏其礼
白云区潭村金属构件工程有限公司　张为民
白云区新生实业有限公司　朱添河

天河区：
广州市锦鸿企业发展有限公司　刘钦松
天河区东园实业有限公司　蓝永东
广州七喜电脑有限公司　易贤东
广州佳都信息系统集成有限公司　刘　伟

天河普利恩科技实业有限公司 张赤恩
东圃翠苑酒家 冯楚君

黄埔区：
黄埔区和兴吸塑厂 杨巨华
广州市珠江物资集团有限公司 吴振鑫
黄埔区愉园海鲜城 徐楚滔

芳村区：
芳村大和协电梯电器厂 何志伟
广州市日高工贸有限分司 林　雄

开发区：
广州经济技术开发区建融工程有限公司 肖建军

番禺区：
广州珠江机床有限公司 陈　昌
番禺区裕丰钢铁有限公司 林广明
番禺区香江实业有限公司 苏志刚
广东金业集团有限公司 郭新文

花都区：
花都区通用机械有限公司 汤伟标
花都区区胡子有限公司 陈毕峰
花都区西明打火机厂 汤成芬
花都区大华声电器有限公司 刘华敏

增城市：
增城市恒昌实业有限公司 黄年昌
增城市宏兴柯色彩印实业有限公司 湛学驹
增城市如丰果子调味食品有限公司 刘剑波
增城市龙冠化工厂 张冠强
增城市华诚实业有限公司 卢国华
广州市福田实业有限公司 关　如
广东省洪绅集团有限公司 马赖洪

从化市：
广东精通集团广州天马摩托车有限公司 刘维嘉
从化市远达实业有限公司 叶灼基

广州私营企业协会直属协会：
广州市昌兴实业有限公司 陈兴昌
广州市恺迪广告有限公司 谢倩明
广州市恒生集团有限公司 朱培坤
广州市蓝月亮有限公司 罗秋平
广州市立白企业集团有限公司 陈凯旋
广州市力中集团有限公司 张力中
广州市新裕集团有限公司 汪　洋
广州市安泰化学有限公司 邹榛夫
广州市恒鑫集团有限公司 杨　秋
广州市羊城科技实业有限公司 邹志刚
广州迪森热能技术有限公司 常厚春
广州保税区雅兰国际化妆品有限公司 王　毅

珠江管理区：
广州艺龙工贸有限公司 郭锦荣

7－2－5　2002年受广州市委、市政府表彰的个体私营经济先进单位和个人名单

中共广州市委、广州市人民政府于2002年7月30日，在广州市召开的第五次个体私营经济工作会议上，对广州市东山区华丰集团电器商场等86家先进个体工商户、广州立白企业集团有限公司等100家先进私营企业、广州富力地产股份有限公司等18家私营企业经营纳税大户、广州市新荔枝湾发展有限公司党支部等10家私营企业党建工作先进单位、谢倩明等31名私营企业党建工作先进个人进行表彰。具体表彰名单如下：

先进个体工商户（86户）

东山区：
广州东山区华丰电器商场 蔡汉标

广州东山区华威贸易商行　何尔寿
广州东山区美家园服装店　罗润荷
广州市东山区康达礼花礼签印刷店　黄子康
广州市东山区不见不散茶餐厅　黄运添

越秀区：
广州市越秀区大可以海鲜野味饭店　朱铁强
越秀区百适装饰材料部　李宝红
广州市越秀区喜运来食家　郭家耀
越秀区海港城酒楼　钟玉行
越秀区康妮时装店　伍燕娥
越秀区潘记果店　潘志彭
越秀区幸福家具专卖店　林伟明

荔湾区：
荔湾区绿茵阁咖啡厅　林　欣
荔湾区兴平服装店　陈仲平
荔湾区和鑫鞋业　王伟利
荔湾区祥兴工艺　李剑华
荔湾区敦煌地毡行　梁志明
荔湾区良兴制衣厂　汉民良

海珠区：
海珠区伟联五金标件门市部　梁　桃
海珠区沙园银座餐厅　林海志
海珠区时香海鲜酒家　岑洁慧
海珠区昌岗路泰宁汽车轮胎服务部　吕惠国
海珠区大塘烧腊店　李启培
海珠区欣欣蛋糕店　林凤鸣
海珠区滨江摄影店　江振鳌
海珠区凤阳顺发布行　方丽萍

白云区：
白云区东园酒家　罗笑媚
白云区兆丰装修服务部　陈兆坤
白云区阿里郎餐厅　金美花
白云区先威电脑配件店　张　威
白云区穗北皮具百货店　吴月莲
白云区九佛桥友食杂店　冯友群
白云区百利综合商店　李子龙
白云区建骏装饰经营部　梁少霞
白云区聚福餐厅　蓝卫群
白云区同和服务部　温永钊

天河区：
天河区龙洞北海新渔港　樊伟光
天河区得益多自选商场　刘锦佳
天河区五山桂林芬桂林米粉店　左振华
天河区天平中艺红木家私厂　喻冬友
天河区沙东金达利服装批发店　廖　海
天河区石牌国翠国粮烟酒商店　张翠玉

黄埔区：
黄埔区新惠华酒楼　秦淑兰
黄埔区长兴木材厂　钟秋华
黄埔区泰泽冷气店　曾榆洲
黄埔区美居家私店　梁启明
黄埔区南岗南美皮鞋加工场　秦永强

开发区：
开发区青年路海霸皇餐厅　徐志伟
开发区友谊商场　谢潮平

番禺区：
番禺区市桥东环全兴酒家　黄金意
番禺区市桥富宾摩托车商行　王梓柏
番禺区市桥新湘阁酒店　宁雁玲
番禺区莲花山金丰音响器材厂　何国梁
番禺区灵山宏达造纸厂　冯文杰
番禺区灵山新华五金家用电器商店　冯国华
广州市私营企业协会党委第四联合党支部大石惠芳肉食店　何惠芳
番禺区钟村原野庄园　梁宝生
番禺区沙湾信和超级商场　梁伟雄
番禺区南村恒丰冷气家电商场　郭耀光

花都区：
广州市花都区新华环球家具广场　徐治辉
广州市花都区新华致实惠糕点销售部　张文敏
广州市花都区兴龙织布厂　徐广佳
广州市花都区新华丰盛药店　杨心意
花都区新华永兴服装厂　骆见开
花都区狮岭保达皮革贸易部　曾昭波
花都区狮岭骏达皮革商行　黄志生
花都区狮岭振华购销部　谭振辉
花都区北兴泰隆五金电器商店　梁广洪

增城市：

增城市荔城鸿福渔村海鲜酒家	刘灿洪
增城市新塘南粤机电营业部	顾世潮
增城市新塘打金培金店	莫锦培
增城市沙浦富华表业制品厂	吴雪芳
增城市荔城大大家私地下城	刘永贵
增城市荔城亮记摩托车维修部	姚小亮
增城市新塘名衣行时装店	黄艳枝

从化市：

从化南海食街	司徒羡
从化神岗华丰酒店	王记财
从化街口环球家具电器广场	徐炳堂
从化城郊旺城酒店	徐金娴
从化江埔园林家私店	唐沛明

先进私营企业（100户）

广州立白企业集团有限公司	陈凯旋
广州市骏和通讯器材有限公司	罗灿辉
广州市穗深家禽科技开发有限公司	麦志秦
广州市启得利化工有限公司	陈启荣
广州市芳村协同五金电器有限公司	冼宝棠
广州安华电子有限公司	王　军
广州市宏宇集团股份有限公司	黄文仔
广州市金海马实业有限公司	翟栋梁
广州市东江饮食有限公司	黎永辉
广州市富基房地产开发有限公司	关宝伟
广州市海珠区华新贸易公司	冯耀良
广东阿波罗洁具有限公司	陈志雄
广东金华光钟表有限公司	王晓青
广州市长江企业发展有限公司	赵燕君
广州东泽电器有限公司	何剑锋
广州市利建企业集团有限公司	贺丹青
广州市金辉建筑置业有限公司	郑龙辉
广州市高科通信设备有限公司	陈彦文
广州金发科技股份有限公司	袁志敏
广州佳都集团有限公司	刘　伟
广州毅昌制模有限公司	冼　燃
广州蓝月亮有限公司	罗秋平
宝供物流企业集团有限公司	刘　武
广州市新太新技术研究设计有限公司	邓龙龙
广州市鲁班建筑防水补强有限公司	李国雄
广州七喜电脑股份有限公司	易贤忠
广州珠江物资集团有限公司	吴振鑫
广州市嘉利仓码有限公司	洪志权
广州市黄埔区华苑酒家	秦鉴洪
广州市天赐高材料科技有限公司	李兴华
广州市黄埔粤和实业有限公司	胡　波
广州海印实业集团有限公司	邵建明
广州康采恩医药有限公司	杨森山
广州君翊房地产发展有限公司	刘　军
广州市荣一服装开发有限公司	杜家雄
广州市华良贸易有限公司	潘朝良
广州市绿明珠园林发展有限公司	罗　莹
广州市新中天科贸实业有限公司	杨恩来
广州市华泰兴石油化工有限公司	陈曦林
广州市乐华电子销售有限公司	曾伟军
广州富力地产股份有限公司	李思廉
广州恒鑫建筑工程有限公司	杨林仟
广州市智泰摩托车有限公司	梁智仁
广州市欧派厨柜企业有限公司	姚良松
广州市白云区人和丰盛鞋厂	李剑成
广州市新生实业有限公司	朱添河
广州市 MPC 国际电工有限公司	朱志镳
广州白云电器设备有限公司	胡志聪
广州市恒山股份有限公司	黄志军
广州市好迪化妆品有限公司	黄家武
广州英华企业集团有限公司	陈德良
广州市荔湾电线厂	郑　伟
广州市振兴实业有限公司	谭培均
广东南天实业有限公司	卢汉辉
广州市金象工业生产有限公司	谢仲余
广州市城启集团有限公司	杨树坪
广州迪森热能技术股份有限公司	常厚春
广东广洋高科技股份有限公司	吴谭波
广州泰邦食品添加剂有限公司	卢俊青
广州经济技术开发区建融工程有限公司	肖建军
广州都邦电脑有限公司	淡玉亭
广州开发区挚业建筑化学有限公司	区世盛
广东精通集团广州天马摩托车有限公司	刘维嘉
广东宏润集团有限公司	张志良
从化市松峰机械有限公司	吴松法

从化市远达实业有限公司 叶灼基
从化市远达实业有限公司 李彬宜
广东金业集团有限公司 郭梓文
广州碧桂园物业发展有限公司 区学铭
广州市番禺食品集团有限公司 周树强
广州市番禺东怡房地产开发有限公司 胡健强
广州市长隆夜间动物世界有限公司 苏志刚
广东省广州番禺电缆厂有限公司 冯洪波
广州市番禺兴盛房开发有限公司 邓四弟
广州市番禺置业房开发有限公司 王志强
广州市番禺大石建筑工程有限公司 林明新
广州番禺润豪地产拓展有限公司 梁锦麟
广州市莲花山造纸有限公司 何灼辉
广州市番禺信基房产发展有限公司 张汉泉
广州番禺福田化工有限公司 谭七妹
广州市番禺大发铜铝型材厂有限公司 卢健佳
广州市番禺凯尔摩托车有限公司 刘 芳
广州市番禺大石建筑工程有限公司 林明新
广州市中新塑料有限公司 朱怡共
广东省增城宾馆 马赖洪
广州市福田化学工业有限公司 关福如
增城市永和新特电器有限公司 钟奋强
广州市如丰果子调味食品有限公司 刘剑波
广州珠江云峰酒业有限公司 陈展鹏
广州市大胡子包装材料有限公司 陈毕峰
广州市花都通用机械有限公司 汤伟标
广州市花都区鸿业自行车厂 江显灿
广州市花都东捷实业有限公司 黎国平
广州市凌云皮具制品有限公司 凌云峰
广州市恺迪广告有限公司 谢倩明
广州市怡顺工贸发展有限公司 吴艳群
广州市新裕企业集团有限公司 汪 洋
广州市千江企业有限公司 刘小锋
广州市恒生集团有限公司 朱培坤
广州市新荔枝湾发展有限公司 谢国材

2001年度广州私营企业纳税大户（18户）

广州富力地产股份有限公司 李思廉
广州市宏宇集团 黄文仔
广州市立白企业集团 陈凯旋
广州金发科技股份有限公司 袁志敏
广州市仙华房地产开发有限公司 刘海权
广州白云电器设备有限公司 胡明聪
广州市恒山股份有限公司 黄志军
广州市好迪化妆品有限公司 黄家武
广州市城启集团 杨树坪
广州精通集团广州天马摩托车有限公司 刘维嘉
广东金业集团有限公司 郭梓文
广州碧桂园物业发展有限公司 区学铭
广州市番禺东怡房地产开发有限公司 胡健强
广州珠江云峰酒业有限公司 陈展鹏
广州市粤骏威企业集团 梁汝强
广州浩霖贸易有限公司 马霓虹
广州市利建企业集团 贺丹青
广州市海印实业集团 邵建明

私营企业先进党支部（10个）

广州市新荔枝湾发展有限公司党支部
广州长隆集团有限公司党支部
广州市利建企业集团有限公司党支部
广州立白企业集团有限公司党支部
广州市私营企业协会党委第四联合党支部
广州市嘉利仓码有限公司党支部
广州市番禺裕丰有限公司党总支部
广州市私营企业协会党委第六联合党支部
增城宾馆党支部
广州市广重物业管理有限公司党支部

私营企业党建工作优秀党务工作者（10名）

广州市私营企业协会党委第四联合党支部书记 谢倩明
广州市私营企业协会党委第六联合党支部书记 刘小锋
广州市利建企业集团有限公司党支部书记 黄绿青
广州市天河区个体私营企业协会五山分会党支部书记 林英平
广州市新荔枝湾发展有限公司党支部委员 吴俊斌

广州长隆集团有限公司党支部书记　吴志强
广州立白企业集团有限公司党支部书记　邱乃平
广州市广重物业管理有限公司党支部书记　钟　弘
广州市宝岗城实业发展有限公司党支部书记　梁　杰
广州市东山区个体私营企业协会党总支私营企业第一党支部　郭　江

私营企业优秀党员（15名）

广州市私营企业协会党委第六联合党支部　胡向东
广州市重要商品市场党支部　何尔寿
广州市丰田服务有限公司党支部　钟澎钦
广州市夏矿物业经营有限公司党支部　蔡擎放
广州市华达制钉有限公司党支部　黎德麟
广州市荔湾区个体私营企业协会党总支部　关少强
广州市海珠区东江饮食有限公司党支部　黎欢莲
广州市天河区个体私营企业协会天河分会联合党支部　唐伏平
广州市芳村区私营企业协会党总支第一联合党支部　廖义强
广州市珠江物资集团有限公司党支部　刘均成
广州市白云含山中新调味食品广州分销部党支部　黄宏祥
广州长隆集团有限公司党支部　张学平
广州市力盟家具有限公司党支部　杨　涛
增城市文坚有限公司党支部　杨鹏辉
广州保税区兴华国际运输有限公司党支部　王建潮

支持私营企业党建工作先进个人（6名）

广州市新荔枝湾发展有限公司董事长　谢国材
广州长隆集团有限公司董事长　苏志刚
广州市利建企业集团有限公司董事长　贺丹青
广州市珠江物资集团有限公司董事长　吴振鑫
广州市番禺裕丰钢铁有限公司董事长　林广明
增城宾馆董事长　马赖洪

7－2－6　2003年度全国上规模民营企业500家

由中华全国工商业联合会进行的年度上规模民营企业调研排序工作，迄今已连续开展了六年，这是最公布的2004年度全国上规模500家会员企业名录：

序号	企业名称	地区	营业收入（万元）	主营业务
1	联想控股有限公司	北京市	4033096	生产计算机、销售网络产品、代理分销
2	上海复星高科技（集团）有限公司	上海市	2696921	生物医药、房地产、钢铁
3	江苏沙钢集团有限公司	江苏省	2040198	钢铁
4	东方集团实业股份有限公司	黑龙江省	2011045	银行、保险、证券、财务公司、建材家居连锁超市、信息产业
5	南京斯威特集团有限公司	江苏省	1793674	通信、家电、电子信息
6	广厦控股创业投资有限公司	浙江省	1564435	建筑、房地产、宾馆、旅游
7	万向集团	浙江省	1521183	汽车零部件
8	太平洋建设集团有限公司	江苏省	1520101	市政公用工程、路桥工程、机械制造
9	苏宁电器集团	江苏省	1231247	家用电器、电子通讯产品销售
10	横店集团	浙江省	1202001	电气电子、医药化工、影视娱乐
11	杭州娃哈哈集团有限公司	浙江省	1018918	饮料、食品、童装、模具
12	雅戈尔集团股份有限公司	浙江省	1011964	服装制造、房地产开发、进出口贸易
13	正泰集团	浙江省	1010675	低压电器元件、输配电设备、仪器仪表
14	上海永乐家用电器有限公司	上海市	976000	家电连锁、房居连锁、房地产
15	德力西集团有限公司	浙江省	972862	工业电器、房地产业、商业
16	新疆广汇实业投资（集团）有限责任公司	新疆维吾尔自治区	943758	房产开发销售、汽车改装及销售代理、石材加工
17	南京钢铁联合有限公司	江苏省	909059	钢铁冶炼、钢材加工
18	天正集团有限公司	浙江省	870167	低压电器、仪器仪表、电源设备

续表

序号	企业名称	地区	营业收入（万元）	主营业务
19	人民电器集团有限公司	浙江省	862517	高低压电器、成套电控设备、仪器仪表
20	奥克斯集团	浙江省	856546	电能表、空调器、手机、汽车
21	上海人民企业（集团）有限公司	上海市	821138	输配电成套设备、高低压电器、仪器仪表、电线电缆
22	华芳集团有限公司	江苏省	709298	棉纺业、毛织业、服装加工
23	惠州侨兴集团有限公司	广东省	695632	研发、生产、销售通信终端产品、磁性材料、仿生无毒舰船防污涂料
24	华立控股股份有限公司	浙江省	673506	仪器仪表、医药、信息电子
25	唐山市冀东物贸集团有限责任公司	河北省	668380	汽车、农用车及配件、钢材、棕榈油
26	江苏三房巷集团有限公司	江苏省	667029	PBT 工程塑料、涤纶纤维、化纤纱
27	江苏新科电子集团有限公司	江苏省	651199	新科家用音响、新科家用空调、新科车用电子
28	内蒙古伊利实业集团股份有限公司	内蒙古自治区	629933	乳品
29	江苏雨润食品产业集团有限公司	江苏省	623326	食品、房地产
30	红星家具集团有限公司	江苏省	623000	家具、建材、装饰材料
31	通威集团有限公司	四川省	616512	饲料生产销售、电子元件生产、销售、养殖业及养殖技术开发服务
32	红豆集团有限公司	江苏省	607806	纺织服装、机械、化工
33	长城电器集团有限公司	浙江省	605036	高低压电器及元件制造销售、成套电控设备、仪器仪表制造销售
34	上海新高潮（集团）有限公司	上海市	588880	木制品生产加工
35	桐昆集团股份有限公司	浙江省	561519	化纤、聚酯、油剂
36	江苏力联实业集团有限公司	江苏省	556285	注塑业、房地产、金融

续表

序号	企业名称	地区	营业收入（万元）	主营业务
37	江阴澄星实业集团有限公司	江苏省	546074	磷化工、工程塑料
38	山东金锣企业集团总公司	山东省	539000	生猪屠宰、肉类加工
39	海南航空股份有限公司	海南省	537209	航空客货邮运输
40	江苏永钢集团有限公司	江苏省	534570	钢材轧制、彩钢板、耐火材料制造
41	家世界连锁商业集团有限公司	天津市	527204	零售业、房地产
42	浙江远东化纤集团有限公司	浙江省	524838	各类涤丝、短纤、印染布
43	大连实德集团有限公司	辽宁省	520000	建材、家用电器、体育文化产业
44	山西海鑫钢铁集团有限公司	山西省	512291	钢铁
45	大连华农豆业集团股份有限公司	辽宁省	506067	食用植物油、大豆及副产品加工、豆粕
46	新华联集团	北京市	501227	酒业、房地产、化工
47	永鼎集团有限公司	江苏省	481209	光缆、电缆、数据电缆
48	中天建设集团有限公司	浙江省	478076	房屋建筑、交通路桥建设、房地产开发
49	四川新希望集团有限公司	四川省	472662	饲料、乳业、化工
50	浙江康桥汽车工贸集团股份有限公司	浙江省	472286	汽车销售、维修服务
51	萍乡钢铁有限责任公司	江西省	461857	钢材的生产及销售
52	重庆力帆实业（集团）有限公司	重庆市	458000	摩托车、摩托车发动机
53	南京钢铁集团江苏淮钢有限公司	江苏省	443634	钢铁产品的开发、冶炼、加工及销售、冶金炉料的生产销售
54	西安海星科技投资控股（集团）有限公司	陕西省	422837	计算机软、硬件开发、生产、销售、超市、饮品

续表

序号	企业名称	地区	营业收入（万元）	主营业务
55	河北华龙面业集团有限公司	河北省	402765	方便面、面粉、挂面
56	浙江恒逸集团有限公司	浙江省	400192	生产：纺织原料及产品、化工原料及产品；销售：金属材料、机电产品及配件
57	江苏苏宁建设集团有限公司	江苏省	395001	房地产开发与经营、物业管理、酒店经营、商业、汽车贸易、矿业
58	五洋建设集团股份有限公司	浙江省	390675	房屋建筑工程、市政公用工程、装饰、地基、钢构、园林
59	均瑶集团有限公司	上海市	388310	航空服务、乳制品、房地产
60	隆鑫控股有限公司	重庆市	385906	摩托车、发动机
61	江苏高力实业集团有限公司	江苏省	385853	房地产开发、房屋租赁、投资咨询
62	东方希望集团有限公司	上海市	380000	饲料业、有色金属业
63	成都林风实业集团	四川省	372060	开发、生产、销售电力、热力、房地产开发、制造、销售电碳制品
64	浙江永通染织集团有限公司	浙江省	367886	服装、电脑绣花、纺织、印染、化工、自营进出口企业
65	西洋集团	辽宁省	366781	耐火材料、复合肥、钢铁
66	武进中天钢铁有限公司	江苏省	366000	钢冶炼、钢材轧制、火力发电、蒸汽供应、拉丝制造
67	兴乐集团有限公司	浙江省	362186	电线电缆、电工铜杆、漆包线、电力金具、电工机械设备、石化机械
68	浙江卡森实业股份有限公司	浙江省	359700	家具装饰、成品沙发、沙发套
69	江苏综艺集团	江苏省	359282	服装、胶合板类木制品、集成电路、软件产业、生物制药
70	纵横控股集团有限公司	浙江省	356923	纺织、冶金、房地产
71	宗申产业集团有限公司	重庆市	355319	摩托车开发设计制造、摩托车批发兼零售、摩托车发动机
72	内蒙古小肥羊餐饮连锁有限公司	内蒙古自治区	353760	特色火锅

续表

序号	企业名称	地区	营业收入（万元）	主营业务
73	唐山宝业集团	河北省	352627	带钢、棒材
74	沈阳和光集团股份有限公司	辽宁省	351407	微型计算机销售
75	四川蓝光实业集团有限公司	四川省	351177	房地产、高科技产业、水业、绿色饮品
76	山西通达集团有限公司	山西省	339429	摩托车生产销售配件供应、汽车贸易、汽车维修服务、货物运输、房地产开发
77	唐山建龙实业有限公司	河北省	334764	热轧带钢、板坯
78	江苏森达集团有限公司	江苏省	324251	皮鞋、服装、热电
79	江苏三胞集团有限公司	江苏省	315900	电子计算机网络工程设计、施工、安装、计算机、文教办公用品销售
80	新奥集团股份有限公司	河北省	301600	城市燃气运营、能源装备、能源化工
81	四川宏达集团	四川省	292147	工业、房地产、国际贸易
82	南通四建集团有限公司	江苏省	291667	建筑施工、装修装饰、消防设施
83	山东太阳纸业股份有限公司	山东省	287413	机制纸、纸板制造、纸制品制造、加工、化工产品
84	荣盛化纤集团	浙江省	285525	制造、加工、销售化纤产品、经销轻纺原料及产品
85	亨通集团有限公司	江苏省	285340	通信产品的生产和销售、通信工程服务、房地产
86	镇江江奎集团有限公司	江苏省	280696	DVD、数码相机、电子镇流器
87	科达集团股份有限公司	山东省	276731	基础投资、建设管理、运营及相关材料生产、电子信息产品生产及加工贸易
88	无锡兴达泡塑新材料有限公司	江苏省	270511	可发性聚苯乙烯树脂
89	青岛泰发集团股份有限公司	山东省	270000	手推车、橡胶、批发铜材等

续表

序号	企业名称	地区	营业收入（万元）	主营业务
90	深圳海王集团股份有限公司	广东省	266322	药品生产销售、生物制品生产销售
91	富通集团有限公司	浙江省	259374	光通信、金属通信、无线接入
92	美锦能源集团有限公司	山西省	258173	煤炭加工洗选、批发零售优质焦炭、煤化工产品、陶瓷
93	浙江富春江通信集团有限公司	浙江省	256592	通信电缆、通信光缆、电力电缆
94	飞跃集团有限公司	浙江省	255700	各类缝纫机
95	华翔集团股份有限公司	浙江省	253202	汽车制造及配件、模具制造、进出口业务
96	江苏远东集团有限公司	江苏省	252775	电线电缆、医药、新材料
97	江苏隆力奇集团有限公司	江苏省	250892	化妆品的生产、销售、日用品、保健品的生产、销售
98	唐山市宏文实业集团有限公司	河北省	250001	水泥、煤炭、电力、铁矿
99	盼盼安居股份有限公司	辽宁省	250000	防盗安全门、窗、保温板、钢结构、车库门、散热器、变速自行车
100	辽宁曙光汽车集团股份有限公司	辽宁省	243024	汽车及汽车相关部件
101	浙江赐富化纤集团有限公司	浙江省	241658	涤纶丝、纺织布、薄膜、切片、药
102	耀华电器集团有限公司	浙江省	235783	高低压电器、成套电控设备、机械设备及零部件
103	山东五征农用车有限公司	山东省	233000	农用车、电动车
104	华峰集团有限公司	浙江省	232973	聚氨酯系列产品制造及销售、塑料制品制造、销售、皮革制品、鞋类制造及销售
105	浙江龙盛集团股份有限公司	浙江省	230121	分散染料、活性染料、化学中间体产品
106	邢台德龙钢铁实业有限公司	河北省	226284	钢坯、带钢、烧结矿
107	天津天士力集团有限公司	天津市	225260	医药制造

续表

序号	企业名称	地区	营业收入（万元）	主营业务
108	广东恒兴集团有限公司	广东省	224059	禽畜、水产饲料、水产品加工、禽畜、水产养殖
109	波司登股份有限公司	江苏省	222982	羽绒服、棉服等防寒服、休闲服、运动服、衬衫、床上用品
110	天龙控股集团有限公司	浙江省	222637	纺织、印染、化纤
111	常州市武进第二物资总公司	江苏省	221397	棉纱、工业生产资料、建筑材料、日用杂货、五金
112	浙江海滨建设集团有限公司	浙江省	219701	建筑、市政、房地产
113	西子电梯集团有限公司	浙江省	218904	电梯制造、扶梯制造、电、扶梯配件
114	亚厦控股有限公司	浙江省	218618	建筑装饰、房地产开发、建筑
115	江苏月星家具集团有限公司	江苏省	217830	家具制造、家具销售、家居用品销售
116	汇仁集团有限公司	江西省	217300	中西成药的生产、销售、中药饮片、中药材的生产、销售
117	南通宝港油脂发展有限公司	江苏省	215702	食用植物油、饲料生产、销售
118	三花控股集团有限公司	浙江省	209148	制冷自控元件
119	三一重工股份有限公司	湖南省	208801	混凝土泵车、混凝土拖泵、压路机
120	浙江大普集团有限公司	浙江省	208579	化纤长丝制造加工、房地产开发、旅游
121	浙江航民实业集团有限公司	浙江省	207929	印染加工、热电、染料化工
122	神力集团有限公司	浙江省	207891	机械制造、环保工程、房地产开发
123	南通神勇建设工程总承包有限公司	江苏省	207234	房屋建筑工程施工、市政公用工程施工、建筑装修装饰工程
124	浙江富可达皮业集团股份有限公司	浙江省	202688	服装（皮革、牛仔）、面辅料、纺织印染
125	浙江亚太高科股份有限公司	浙江省	202640	纺织印染、服装服饰、进出口业务

续表

序号	企业名称	地区	营业收入（万元）	主营业务
126	安徽亚夏实业股份有限公司	安徽省	202161	驾训、汽车销售、服务、销贷、配件、维修
127	江苏澳洋实业（集团）有限公司	江苏省	201053	精纺呢绒、服装、粘胶短纤、毛纱
128	深圳市中汽南方投资有限公司	广东省	200793	国外汽车品牌进口分销代理、国产汽车品牌销售服务
129	杭州道远化纤集团有限公司	浙江省	200626	POY 涤化丝销售
130	宁波海天集团股份有限公司	浙江省	199191	塑料机械及零件
131	四川汇源科技产业控股集团有限公司	四川省	194988	IT 产业、电业系统设备
132	杭州锦江集团有限公司	浙江省	191863	环保能源、纺织、造纸
133	徐州华厦集团有限公司	江苏省	188613	房地产开发、房产销售、建筑机具、门窗
134	上海太平洋百货有限公司	上海市	184168	百货、餐饮、服务
135	美特斯邦威集团有限公司	浙江省	183260	服装、服饰制造和销售
136	上海海欣集团股份有限公司	上海市	182858	人造毛皮、腈纶针织纱、长毛绒玩具
137	罗蒙集团股份有限公司	浙江省	182658	西服、服饰
138	浙江天圣控股集团有限公司	浙江省	182581	化纤
139	江苏虎豹集团有限公司	江苏省	182005	服装生产销售
140	盾安控股集团有限公司	浙江省	180568	实业投资、投资控股、资产管理
141	河南省定角实业总公司	河南省	180500	钢坯、带钢、汽车配件
142	万达集团股份有限公司	山东省	180170	电线电缆、石油化工、精细化工
143	宁波洛兹集团有限公司	浙江省	180000	服装

续表

序号	企业名称	地区	营业收入（万元）	主营业务
144	中大工业集团公司	江苏省	179752	汽保、汽车、工业涂装
145	天津天狮集团有限公司	天津市	179447	营养保健品、洗涤用品、药品
146	人本集团有限公司	浙江省	179365	轴承制造、机电贸易、商业超市
147	健康元药业集团股份有限公司	广东省	178485	保健品、食品、药品
148	浙江华成控股集团有限公司	浙江省	177157	房屋建筑业、房地产业、钢构、地基打桩、市政园林、建筑新材料
149	大庆市庆客隆经贸有限公司	黑龙江省	177000	副食、百货、服装、鞋帽、烟酒、糖茶
150	浙江胜达包装材料有限公司	浙江省	173939	纸箱、纺织品、钢架
151	野风集团有限公司	浙江省	173544	房地产、化工、进出口业务
152	浙江兆山建材集团有限公司	浙江省	172625	水泥制造
153	江苏双良集团有限公司	江苏省	172305	溴化锂制冷机及配件、溴化锂溶液、锅炉、停车设备、水泵
154	龙大食品集团有限公司	山东省	172222	食品加工出口、木器制造
155	华通机电集团有限公司	浙江省	168813	机电产品、高低压电器及元件、成套电控设备、电子元件
156	吉林修正药业集团股份有限公司	吉林省	168346	化学药制剂、中成药制造销售
157	山东垦利石化有限责任公司	山东省	168068	石油加工、玻璃棉建材、酿酒
158	湖北联谊实业集团有限公司	湖北省	167001	金属材料国内和进口贸易、废钢收购和销售、金属矿石
159	传化集团有限公司	浙江省	165600	日用化工产品及精细化工产品、化工原料
160	昆山三牛实业集团有限公司	江苏省	165313	服装、纺织品、房地产开发
161	青岛变压器集团有限公司	山东省	163516	输变电产品开发研制

续表

序号	企业名称	地区	营业收入（万元）	主营业务
162	苏州华成汽车贸易集团有限公司	江苏省	163400	汽车销售、汽车维修、汽车装潢、美容
163	万丰奥特控股集团有限公司	浙江省	161370	汽车零部件、汽车、机械装备
164	利达（柳州）化工有限公司	广西壮族自治区	160530	生产、销售山梨醇及其他淀粉增值产品
165	浙江中富建筑集团股份有限公司	浙江省	160280	建筑、房地产开发、国际工程
166	广东天建实业集团有限公司	广东省	160000	五金家具、化纤、造船
167	亚邦化工集团有限公司	江苏省	160000	染料及染料中间体、涂料及不饱和聚酯树脂、医药及原材料
168	江苏威信染纺有限公司	江苏省	158001	化工染料、纺织、服装
169	江苏华尔润集团有限公司	江苏省	158000	浮法玻璃、微晶板材、玻璃加工产品
170	东港工贸集团有限公司	浙江省	156352	医药、染料、房地产、贸易
171	苏泊尔集团有限公司	浙江省	153259	炊具、厨卫家电、制药
172	杭州西子奥的斯电梯有限公司	浙江省	153084	电梯、扶梯、自动人行道
173	营口青花耐火材料集团	辽宁省	153001	耐火材料、防盗门、民用锅炉
174	江苏三笑集团	江苏省	152923	牙刷、蚊香、香皂
175	亿阳集团有限公司	黑龙江省	152203	开发、生产、销售电子产品、高速公路机电系统工程
176	南京新华海科技产业集团有限公司	江苏省	151698	信息制造、房地产、餐饮
177	浙江闰土化工集团有限公司	浙江省	150803	染料、化工中间体、助剂
178	奥康集团有限公司	浙江省	150551	皮鞋
179	江苏九洲投资集团有限公司	江苏省	150470	房地产、超市、商品交易市场

续表

序号	企业名称	地区	营业收入（万元）	主营业务
180	江苏旋力集团股份有限公司	江苏省	150229	锅炉钢管、轴承管、合金管、不锈钢板、碳钢、矽钢
181	江苏上上电缆集团	江苏省	150210	电线电缆制造、铜杆、铝杆制造
182	维信（集团）有限公司	内蒙古自治区	150069	羊绒系列制品、羊剪绒系列制品、葡萄酿酒业
183	江苏新丽华企业集团有限公司	江苏省	150000	建材销售、市场管理、建材超市
184	江苏常发实业集团有限公司	江苏省	149850	产品制造、营销、对外贸易
185	浙江翔盛集团有限公司	浙江省	148577	纺织面料、化纤原料
186	昌泰集团	浙江省	145900	发电、电力设施建设、电力产品制造
187	星星集团有限公司	浙江省	145385	家用电器、电子产品、房地产
188	上海瀛通（集团）有限公司	上海市	145097	房地产、环境和公共设施管理业
189	山西金业煤焦化集团有限公司	山西省	145000	焦炭、煤炭发运
190	纳爱斯成都有限责任公司	四川省	144670	日用化工产品制造、化工原料贸易
191	上海市轻纺集团有限公司	上海市	143611	资产经营自有房屋租赁、实业投资、国内贸易
192	江苏金鼎电动工具集团有限公司	江苏省	143315	电动工具进出口业务制造
193	厦门升汇纺织工业控股有限公司	福建省	143134	自营和代理各类商品和技术的进出口
194	浙江万利工具集团有限公司	浙江省	142697	木工工具、金钢石工具、橡塑制品、进出口贸易
195	金轮集团股份有限公司	浙江省	141883	化纤纺织
196	华伦集团	浙江省	139490	电缆、光缆、电力电缆
197	青岛特种汽车集团有限公司	山东省	138978	汽车制造

续表

序号	企业名称	地区	营业收入（万元）	主营业务
198	江苏万象集团公司	江苏省	138500	聚酯切片、涤纶切片、纱
199	报喜鸟集团有限公司	浙江省	136992	服装
200	上海君益商贸有限公司	上海市	136700	金属材料
201	湖南曾氏企业（集团）有限公司	湖南省	135000	电解铝、铝板、棒、箔、氧化铝
202	浙江华瑞集团有限公司	浙江省	132594	轻纺原料、化工产品
203	上海卫良物资有限公司	上海市	131869	金属材料
204	光宇集团有限公司	浙江省	131054	平板浮法玻璃、深加工玻璃、水泥
205	浙江万马集团有限公司	浙江省	131025	机械、电子、通讯、化工、医药
206	山东鲁花集团有限公司	山东省	130614	食用油、铁强化酱油、糯米香醋、粉丝
207	浙江银泰百货有限公司	浙江省	129308	服饰、化妆品
208	浙江新中天控股集团有限公司	浙江省	128870	纺织、印染、无纺布
209	浙江杭萧钢构股份有限公司	浙江省	128028	钢结构工程的制作安装、地基与基础施工、专项工程设计
210	卧龙控股集团有限公司	浙江省	127949	各类微分专特电机、电动车、铅、酸及通讯蓄电池
211	江苏长江电气集团有限公司	江苏省	127882	开关柜、母线槽、桥架
212	哈尔滨光宇电源集团股份有限公司	黑龙江省	127565	阀控密封铅酸蓄电池制造销售、锂离子电池制造销售、自动化产品制造销售
213	浙江日月首饰集团有限公司	浙江省	127547	“明”牌首饰
214	江苏丰立国际贸易有限公司	江苏省	127439	炉料加工、精密管、焊管、钢材收购
215	江苏华宏实业集团有限公司	江苏省	127434	普通机械制造、合成革制造、化学纤维制造

续表

序号	企业名称	地区	营业收入（万元）	主营业务
216	杭州长城机电实业有限公司	浙江省	127190	机电产品
217	嘉祥县嘉冠油脂化工有限公司	山东省	124700	食用植物油、豆粕、磷脂
218	四川富临实业集团有限公司	四川省	124385	房地产开发、交通运输、机械（汽车）制造
219	好孩子儿童用品有限公司	江苏省	124025	童车、童床、餐椅
220	方远建设集团	浙江省	124001	建筑安装、房地产开发、高性能反光材料制造
221	上海致达科技（集团）股份有限公司	上海市	123441	电脑软件、生物医药工程及其产品、科技咨询服务、房地产开发
222	江苏骏马集团	江苏省	123176	锦纶帘子布、锦纶、工业丝、涤纶工业丝
223	江苏江南实业集团	江苏省	123000	铁合金、门窗制作、安装、塑料、铝合金型材
224	亿利资源集团公司	内蒙古自治区	122472	医药、化工、房地产开发
225	科瑞集团有限公司	江西省	121977	高压开关设备制造、销售、浓缩苹果汁、梨汁、香精制造、销售
226	重庆华宇集团	重庆市	121886	房地产开发、建筑施工、物业管理
227	昆山市震雄电线电缆有限公司	江苏省	121488	裸铜丝、绞线、镀锡丝
228	上海博泰实业有限公司	上海市	121001	棉纱、针织、服装等
229	江苏新世纪造船股份有限公司	江苏省	120900	民用钢质船舶设计制造、钢结构制造、冷锻件
230	山东鸿达建工集团有限公司	山东省	120736	建筑工程机械制造、销售、食品加工、建筑、房地产
231	浙江南方集团有限公司	浙江省	120156	纺织品生产、印染加工、经营本企业的进料加工
232	山西安泰集团股份有限公司	山西省	120004	生产销售焦炭、生铁、钢材、水泥等
233	山西常平集团有限公司	山西省	120000	生铁、焦炭、水泥

续表

序号	企业名称	地区	营业收入（万元）	主营业务
234	南京钢加工程机械实业有限公司	江苏省	120000	普通机械及配件、汽车（不含小轿车）及配件、电器机械及器材
235	山东翔龙实业集团有限公司	山东省	120000	化肥生产、化工产品、生铁冶炼
236	帅康集团有限公司	浙江省	119506	厨卫家电产品、灯具
237	温州金州集团有限公司	浙江省	118954	进出口商品、不锈钢生产经营、人造革生产、经营
238	欧美投资集团有限公司	山东省	118765	投资、进出口、房地产、典当
239	德仁集团有限公司	浙江省	118149	人造板制造、销售、房地产
240	浙江雄峰实业集团有限公司	浙江省	117067	纺织、印染、纺纱、纺丝
241	丰南区冀发特种钢材有限公司	河北省	116204	钢铁
242	山东华夏集团有限公司	山东省	116000	建筑机械产品、药品
243	山西华宇集团有限公司	山西省	115815	商业、房地产业、客运业
244	合肥华泰食品有限责任公司	安徽省	115551	“洽洽”品牌系列炒货
245	重庆小天鹅投资控投（集团）有限公司	重庆市	114549	火锅餐饮、宾馆旅游、食品加工
246	腾达建设集团股份有限公司	浙江省	114189	市政公用建筑、公路、桥梁、土建、装饰
247	宁波浙东建材集团有限公司	浙江省	114055	水泥制品的制造、UPVC型材、彩色铝型材、打桩服务
248	青岛喜盈门集团公司	山东省	113356	针纺织品、橡胶制品
249	宁波富达股份有限公司	浙江省	113150	小家电、房地产、自来水
250	合肥中建工程机械有限责任公司	安徽省	113053	工程机械设备制造、销售、租赁、维修服务、配件销售
251	江苏梦兰集团有限公司	江苏省	112537	床上用品、服装、汽车销售

续表

序号	企业名称	地区	营业收入（万元）	主营业务
252	双菱集团有限公司	浙江省	111975	空调器制造和销售、制冷配件制造和销售、摩托车制造和销售
253	四川汉龙（集团）有限公司	四川省	111871	房地产开发与经营、化工产品及原料
254	法派集团有限公司	浙江省	110760	服装、服饰及鞋类研制、开发、制造、销售、服装服饰
255	浙江青山特钢有限公司	浙江省	110000	制造、销售不锈钢材料
256	徐龙食品集团有限公司	浙江省	110000	烤鳗、活鳗
257	上海斯尔丽服饰有限公司	上海市	110000	服装
258	浙江嘉欣丝绸股份有限公司	浙江省	109601	服装、白厂丝、丝织品
259	四川科伦实业集团有限公司	四川省	108709	化学药品制剂、医药贸易、药品零售、化学药原料、药用包装
260	青岛金王集团有限公司	山东省	108600	蜡制品
261	浙江万亨盛印染有限公司	浙江省	108048	染色
262	江苏天工集团有限公司	江苏省	108008	高速工具钢、工具麻花钻
263	上海龙工机械有限公司	上海市	106501	装载机产销
264	世纪阳光控股集团有限公司	浙江省	105824	实业投资、房地产投资、农业
265	浙江开氏纺纤集团有限公司	浙江省	105823	涤丝
266	四川华侨凤凰集团股份有限公司	四川省	105730	高科技农业、塑胶彩印包装、造纸
267	浙江金鹰股份有限公司	浙江省	105074	机械制造业、纺织、服装制造业
268	江苏恒瑞医药股份有限公司	江苏省	105035	制药
269	江苏长城物资贸易有限公司	江苏省	105000	钢坯、钢材、金属材料、五金、交电、电子产品、木材、煤炭

续表

序号	企业名称	地区	营业收入（万元）	主营业务
270	开元旅业集团有限公司	浙江省	104747	饭店业、房地产、旅游业
271	江阴润华化工制品有限公司	江苏省	104624	可发性聚苯乙烯的生产
272	广东省梅州市塔牌集团有限公司	广东省	104390	制造水泥、水泥熟料等
273	广西北生集团有限责任公司	广西壮族自治区	104118	制药、建筑、房地产、农业
274	浙江永利实业集团有限公司	浙江省	103891	经编织物及其出口、印染加工、热电
275	成都国腾通讯（集团）有限公司	四川省	103878	电子、通讯、系统集成
276	红蜻蜓集团有限公司	浙江省	103868	皮鞋
277	上海宝翔物资有限公司	上海市	103857	钢材流通
278	庄吉集团	浙江省	103553	服装、皮件、服饰材料、纺织品
279	恒力集团有限公司	江苏省	103476	化纤纺织、化纤原料生产销售、进出口贸易
280	杭州龙达差别化聚酯有限公司	浙江省	103210	差别化聚酯、功能性聚酯、聚酯熔体育直纺涤纶长丝
281	山东鲁洲食品集团有限公司	山东省	103000	高麦芽糖浆、麦芽糊精、葡萄糖粉
282	海宁蒙努集团有限公司	浙江省	102647	沙发套、皮革、服装
283	天津德利得集团有限公司	天津市	102574	金属材料、房地产开发、物流
284	唐山市丰南区群利钢铁有限公司	河北省	102150	钢板、螺纹钢
285	湖南九芝堂股份有限公司	湖南省	101857	医药工业、医药商业、药品包装、印刷
286	浙江新和成股份有限公司	浙江省	101760	医药制造
287	浙江绍兴华宇印染纺织有限公司	浙江省	101497	印染加工

续表

序号	企业名称	地区	营业收入（万元）	主营业务
288	浙江春晖集团有限公司	浙江省	101454	自控元件、汽车配件、粘胶短纤
289	伟星集团有限公司	浙江省	101282	服装辅料、新型建材、工艺品、房地产
290	宁波兴业电子铜带有限公司	浙江省	101033	铜及铜合金板带
291	山东大陆企业集团有限公司	山东省	101000	制药、酿酒、石化产品、房地产
292	浙江兴惠化纤集团有限公司	浙江省	100793	化纤涤丝、化纤布
293	浙江中南建设集团有限公司	浙江省	100698	施工、建筑、市政、装饰幕墙、钢构工程
294	江苏宏大集团	江苏省	100660	纺织、化工、房地产
295	马佐里（东台）纺机有限公司	江苏省	100660	纺织机械成套成台设备、建筑工程机械设备、配件
296	康奈集团有限公司	浙江省	100605	皮鞋
297	江苏新华昌集团有限公司	江苏省	100541	集装箱制造、金属散装货柜、汽油、柴油、润滑油零售
298	泗水西尔康制药有限公司	山东省	100500	制药
299	苏州金鹰国际购物中心有限公司	江苏省	100497	服饰、烟酒礼品、箱包、皮鞋、化妆品、珠宝黄金
300	浙江江南涤化有限公司	浙江省	100174	涤纶低弹丝 DTY、涤纶牵弹丝 FDY、涤纶预取向丝 POY
301	江苏飞达工具集团股份有限公司	江苏省	100012	高速工具钢、钻头
302	上海家饰佳实业有限公司	上海市	100001	建筑装潢材料、房地产开发经营
303	青岛九联集团股份有限公司	山东省	100000	鸡养殖、宰杀、冷藏
304	上海西本钢铁贸易发展有限公司	上海市	99836	钢材贸易
305	桐乡市凤鸣合纤有限公司	浙江省	99713	涤纶长丝生产

续表

序号	企业名称	地区	营业收入（万元）	主营业务
306	温州挺宇集团有限公司	浙江省	99300	阀门、数码三表、房地产、防爆电器
307	上海大昌铜业有限公司	上海市	98626	阴极铜
308	苏州人民商场股份有限公司	江苏省	98388	家电、服装、办公用品
309	浙江上风实业股份有限公司	浙江省	98259	风机、风冷设备、制冷连冻装备
310	华仪电器集团有限公司	浙江省	98253	户内外真空断路器、高低压开关柜、仪器仪表
311	浙江虞乐工贸集团公司	浙江省	98106	牛仔布、热镀锌钢管、三氯乙酰氯等化工原料
312	山西三佳煤化有限公司	山西省	98100	生产冶金焦、铸造焦
313	温州中城建设集团有限公司	浙江省	98065	建筑业、房地产
314	宁波太平鸟投资集团有限公司	浙江省	97857	服装、医疗、印刷
315	青岛万福集团股份有限公司	山东省	96943	蔬菜种植加工、畜禽养殖
316	江阴市新大铝业有限公司	江苏省	95892	生产销售有色金属、压铸件、泵
317	北海银河高科技产业股份有限公司	广西壮族自治区	95890	电力系统自动化及电气设备、电子元器件、软件开发与系统集成
318	通光集团有限公司	江苏省	95680	光纤光缆、光电子器件、微波器件
319	浙江利时投资集团股份有限公司	浙江省	95392	家用塑胶制品、经贸、模具
320	星月集团有限公司	浙江省	95388	汽油机、柴油机动力、电动滑板车、汽油机滑板车、摩托车、电动自行车
321	山西阳光焦化集团有限公司	山西省	95165	冶金焦
322	民生实业（集团）有限公司	重庆市	95042	航运、货代、船代、陆运及物流服务
323	山东华金集团有限公司	山东省	94413	机制纸

续表

序号	企业名称	地区	营业收入（万元）	主营业务
324	山西振兴集团有限公司	山西省	94229	铝锭生产、原煤生产、发电
325	浙江华威实业集团有限公司	浙江省	93945	建筑材料
326	浙江柳桥羽毛有限公司	浙江省	93740	羽毛、羽绒、服装
327	江苏红豆实业股份有限公司	江苏省	93298	服装、针织品、纺织品
328	江苏金达来集团公司	江苏省	93250	化学纤维、涤纶塑料、造粒、塑料染色、建筑机械、化纤项目咨询
329	上海盛顺服装有限公司	上海市	93000	纺织服装出口、IT、咨询、地产
330	安徽长江钢铁有限责任公司	安徽省	92865	螺纹钢、元钢、生铁块
331	浙江广博集团股份有限公司	浙江省	92825	文化用品类生产、纳米产品生产、数码相机生产
310	华仪电器集团有限公司	浙江省	98253	户内外真空断路器、高低压开关柜、仪器仪表
311	浙江虞乐工贸集团公司	浙江省	98106	牛仔布、热镀锌钢管、三氯乙酰氯等化工原料
312	山西三佳煤化有限公司	山西省	98100	生产冶金焦、铸造焦
313	温州中城建设集团有限公司	浙江省	98065	建筑业、房地产
314	宁波太平鸟投资集团有限公司	浙江省	97857	服装、医疗、印刷
315	青岛万福集团股份有限公司	山东省	96943	蔬菜种植加工、畜禽养殖
316	江阴市新大铝业有限公司	江苏省	95892	生产销售有色金属、压铸件、泵
317	北海银河高科技产业股份有限公司	广西壮族自治区	95890	电力系统自动化及电气设备、电子元器件、软件开发与系统集成
318	通光集团有限公司	江苏省	95680	光纤光缆、光电子器件、微波器件
319	浙江利时投资集团股份有限公司	浙江省	95392	家用塑胶制品、经贸、模具

续表

序号	企业名称	地区	营业收入（万元）	主营业务
320	星月集团有限公司	浙江省	95388	汽油机、柴油机动力、电动滑板车、汽油机滑板车、摩托车、电动自行车
321	山西阳光焦化集团有限公司	山西省	95165	冶金焦
322	民生实业（集团）有限公司	重庆市	95042	航运、货代、船代、陆运及物流服务
323	山东华金集团有限公司	山东省	94413	机制纸
324	山西振兴集团有限公司	山西省	94229	铝锭生产、原煤生产、发电
325	浙江华威实业集团有限公司	浙江省	93945	建筑材料
326	浙江柳桥羽毛有限公司	浙江省	93740	羽毛、羽绒、服装
327	江苏红豆实业股份有限公司	江苏省	93298	服装、针织品、纺织品
328	江苏金达来集团公司	江苏省	93250	化学纤维、涤纶塑料、造粒、塑料染色、建筑机械、化纤项目咨询
329	上海盛顺服装有限公司	上海市	93000	纺织服装出口、IT、咨询、地产
330	安徽长江钢铁有限责任公司	安徽省	92865	螺纹钢、元钢、生铁块
331	浙江广博集团股份有限公司	浙江省	92825	文化用品类生产、纳米产品生产、数码相机生产
332	浙江医药股份有限公司新昌制药厂	浙江省	92500	原料、制剂、保健品
354	江苏华瑞国际实业集团有限公司	江苏省	84893	服装出口
355	青岛正进集团有限公司	山东省	84792	冷冻水产品、干鲜水产品
356	甘肃荣华企业集团	甘肃省	84473	玉米淀粉、农膜、味精、玉米油
357	浙江多凌控股集团有限公司	浙江省	84325	服装及辅料、房地产
358	山东岱银纺织集团股份有限公司	山东省	84227	纺织品、服装

续表

序号	企业名称	地区	营业收入（万元）	主营业务
359	浙江加佰利控股集团有限公司	浙江省	83841	实业投资
360	上海威达高科技（集团）有限公司	上海市	83501	笔记本电脑
361	北京中润发汽车销售有限公司	北京市	83450	奥迪车的销售、奥迪车的维修、奥迪车配件
362	重庆百事达汽车有限公司	重庆市	83370	汽车销售、汽车维修、备件供应
363	江苏沃得机电集团有限公司	江苏省	82600	联合收割机、发动机配件、锻压机床
364	上海中盛实业（集团）公司	上海市	82530	钢材剪切、加工钢管、金属材料、装潢、五金、压铸、商品贸易
365	重庆博赛矿业（集团）有限公司	重庆市	82504	生产加工销售、进出口
366	厦门银鹭集团有限公司	福建省	82482	八宝粥、蛋白饮料、果（蔬）汁饮料
367	厦门惠尔康集团有限公司	福建省	82420	葡萄糖饮料等功能性饮料、奶制品系列、果汁、茶系列饮料
368	光明集团	黑龙江省	82000	家具、药品、软件开发
369	山西皇威实业有限公司	山西省	81963	发电、供热、铁合金冶炼、纺纱、织布、中、西药制造
370	哈尔滨和平金属材料有限公司	黑龙江省	81690	黑色金属销售、煤炭
371	温州人造革有限公司	浙江省	81557	生产、销售人造革
372	江苏宏宝集团有限公司	江苏省	81423	无缝钢管、五金工具、医疗器械
373	浙江华港染织有限公司	浙江省	81055	印染加工、服装
374	奉化市爱伊美服饰有限公司	浙江省	81000	服装制造加工、批发、零售、服装面辅料批发零售、进出口贸易
375	花园工贸集团有限公司	浙江省	81000	医药化工、房地产开发
376	江苏向阳集团	江苏省	80756	纺纱、织布

续表

序号	企业名称	地区	营业收入（万元）	主营业务
377	四川禾嘉实业（集团）有限公司	四川省	80307	机械制造、食品加工、农作物品种培育
378	江苏国强镀锌实业有限公司	江苏省	80300	高速公路安全设施材料、镀锌管、焊管、铁制大、小镀锌加工件
379	万事利集团有限公司	浙江省	80281	丝织品、服装、印染品
380	绍兴富陵实业集团有限公司	浙江省	80277	塑料薄膜
381	山东雪花生物化工股份有限公司	山东省	80144	谷氨酸
382	青岛康大外贸集团有限公司	山东省	80001	农产品种植、进出口贸易、房地产开发
383	华乐集团	山东省	80000	布匹
384	宁波培罗成集团有限公司	浙江省	79939	服装、印刷、投资
385	东冠集团有限公司	浙江省	79854	建材业、建设工程业、通信信息业
386	大连宏光好运来集团有限公司	辽宁省	78995	工业与民用建筑装饰装修、国际商业贸易、钢管制造及加工
387	新沂市良晨工贸有限公司	江苏省	78560	豆油、豆粕
388	珠海市珠光汽车有限公司	广东省	78420	小汽车销售、小汽车维修
389	四川高金食品股份有限公司	四川省	78309	生猪屠宰、加工冷冻、销售、自营和代理各类商品技术进出口、项目投资
390	杭州协和陶瓷有限公司	浙江省	78304	高档建筑瓷砖
391	浙江无名皮塑集团有限责任公司	浙江省	78126	PET 聚酯薄膜、人造皮革、PU 浆料树脂
392	江苏菊花味精集团有限公司	江苏省	78042	味精、氨基酸、菌体蛋白制造、销售
393	河北明慧养猪集团有限公司	河北省	78001	生猪活储、饲料加工、猪肉制品
394	浙江星鹏铜材集团有限公司	浙江省	77681	铜管、铜棒

续表

序号	企业名称	地区	营业收入（万元）	主营业务
395	江苏申海集团股份有限公司	江苏省	77280	空调机组、风机、冷却荅
396	山东乐化集团	山东省	77000	油漆、五金、白酒
397	江苏英田集团	江苏省	76810	柴油机制造、变型运输机制造、农用运输车制造
398	天地集团	江苏省	76260	房地产、生物工程、新材料、数控系统、机电
399	安徽精诚实业集团有限公司	安徽省	76199	有色金属（不含贵金属）、黑色金属、电子电器、建筑材料
400	山东鲁南牧工商联合公司	山东省	76155	肉鸡、肉兔冷冻产品、肉鸡、肉兔、熟制品、饲料
401	江苏邗建集团有限公司	江苏省	76050	房屋建筑业施工
402	无锡市江南线缆有限公司	江苏省	76000	电线电缆及其原辅材料
403	荣光集团有限公司	浙江省	76000	橡胶鞋、旅游鞋、注塑鞋、安全鞋等生产和销售
404	嘉兴市良友进出口有限公司	浙江省	75369	自营和代理各类商品进出口
405	湖南金荣企业集团有限公司	湖南省	75170	国际、国内矿石、钢材贸易、有色金属加工
406	浙江飞虹通信集团有限公司	浙江省	75139	工业产品的销售
407	精益电器集团有限公司	浙江省	75136	低压电器、矿灯系列
408	温州吉尔达鞋业有限公司	浙江省	75029	男、女皮鞋
409	抚顺罕王实业集团有限公司	辽宁省	75000	铁矿采选、黑色、有色金属冶炼、热力、商业百货
410	青援食品有限公司	山东省	75000	方便面、饼干、糖果、乳制品、肉制品、面粉、淀粉、淀粉糖
411	浙江兽王集团有限公司	浙江省	74989	皮革服装、制革、沙发
412	上海健特生物科技有限公司	上海市	74634	保健品销售

续表

序号	企业名称	地区	营业收入（万元）	主营业务
413	浙江华达通信器材集团有限公司	浙江省	73152	通信电缆、光缆、管桩、热镀锌钢带
414	浙江富帮集团有限公司	浙江省	72778	皮革制造、加工、皮衣制造
415	新华电器集团有限公司	浙江省	72511	低压电器、电线电缆、仪器仪表
416	南方投资集团有限公司	浙江省	72000	阀门、化工、烟气脱硫、污水处理、国际贸易、房地产
417	山东金升有色集团有限公司	山东省	71550	高纯阴极铜、光亮圆铜杆
418	浙江三元集团有限公司	浙江省	71366	印染加工、纺织
419	慈溪市慈客隆超市有限公司	浙江省	71300	商品批零
420	江阴联通实业有限公司	江苏省	71212	印刷、纸制品包装、制版
421	浙江万达集团公司	浙江省	71138	花色钳、汽车方向机、气动工具
422	山东阜丰发酵有限公司	山东省	70899	味精、黄原胶、有机肥料
423	浙江中誉（控股）集团有限公司	浙江省	70897	汽车制造、房地产、照明电器
424	马鞍山市大汗物资有限责任公司	安徽省	70712	销售钢材、建材
425	广西佳用商贸股份有限公司	广西壮族自治区	70600	食品百货、家居用品、家电
426	浙江展望控股集团有限公司	浙江省	70362	万向节（汽车配件）、化纤、蛋白纤维、印染加工
427	青岛振华工业集团有限公司	山东省	70101	轮胎、橡胶制品、金属制品、纺织品
428	成都三旺集团有限公司	四川省	70001	饲料、食品
429	江苏 AB 集团有限责任公司	江苏省	70000	针织服饰
430	红桃开集团股份有限公司	湖北省	69981	生物医药

续表

序号	企业名称	地区	营业收入（万元）	主营业务
431	浙江钱清热电集团有限责任公司	浙江省	69747	发电、供汽、利废配套服务、电脑绣花
432	浙江华川实业集团有限公司	浙江省	69600	纸与纸制品、热电、蒸汽、建筑、钢结构
433	哈尔滨黑天鹅集团股份有限公司	黑龙江省	69539	家电经销、休闲、娱乐、广告
434	上海灿坤实业有限公司	上海市	69349	小家电
435	浙江永泰纸业集团股份有限公司	浙江省	69194	涂布纸板、造纸化工产品、供热
436	江苏裕纶纺织有限公司	江苏省	68963	纺纱、制线、白织布、色织布、棉花收购、经营
437	上海华盛企业（集团）有限公司	上海市	68820	压力容器、消防系列产品、精细化工产品
438	江苏荼梅灯芯绒有限公司	江苏省	68569	灯芯绒、牛仔布、卡其布
439	上海中发电气（集团）有限公司	上海市	68546	高低压开关成套装置、高低压电气元件、实业投资、国际贸易
440	常安集团有限公司	浙江省	68396	低压电器、成套电气装置、仪器仪表
441	浙江联丰集团公司	浙江省	68111	冷却塔、制冷机、风机盘管、压力容器
442	日照兴业集团有限公司	山东省	68031	国际贸易、房地产开发、机械制造
443	鄂尔多斯市乌兰煤炭集团有限责任公司	内蒙古自治区	68000	煤炭、化工、电力
444	青岛国美电器有限公司	山东省	67989	家电
445	浙江一星饲料集团有限责任公司	浙江省	67848	饲料、食用植物油、豆粕
446	江苏胜阳实业股份有限公司	江苏省	67836	建筑模板、中纤板、刨花板
447	无锡华东汽车商城	江苏省	67365	机动车交易
448	苏州永盛混凝土有限公司	江苏省	67322	混凝土生产销售

续表

序号	企业名称	地区	营业收入（万元）	主营业务
449	兰州天奇物资集团有限公司	甘肃省	67300	钢材
450	南通港德油脂有限公司	江苏省	67048	植物油生产、销售、码头装卸、仓储
451	浙江环洲钢业股份有限公司	浙江省	67014	钢材金属材料加工销售、机械产品建筑材料冶金炉料销售
452	山东冠洲股份有限公司	山东省	67000	冷轧薄板带、镀锌板带、彩涂板带
453	鄂尔多斯市兴泰置业集团有限公司	内蒙古自治区	66818	建筑业、房地产业、路桥
454	京卫医药科技集团有限公司	北京市	66774	医药产品生产销售、医疗器械代销、电子商务
455	台州医药有限公司	浙江省	66363	药品批发、药品零售、药品生产
456	浙江东南网架集团有限公司	浙江省	65991	网架、钢结构、板材
457	张家港华达涂层有限公司	江苏省	65913	彩色涂层钢板、热镀锌板
458	浙江新亚太机电集团有限公司	浙江省	65818	机电产品、车辆配件、交通设施
459	冠县冠星纺织有限责任公司	山东省	65700	生产销售棉纱、针织服装
460	上海华东电器（集团）有限公司	上海市	65455	电器、五金、机电产品、高低压成套设备、电线电缆
461	杭州萧宏建设集团有限公司	浙江省	65416	建筑
462	成功控股集团有限公司	湖南省	65387	电子信息产业、房地产、城市基础建设、白酒产业
463	霸州市前进带钢有限责任公司	河北省	65292	钢材改制及销售、冷轧热轧带钢、高频焊管、铸件
464	温州市亚泰进出口有限公司	浙江省	65270	化工原材料销售、自营和代理各类商品进出口业务
465	江西博能实业集团有限公司	江西省	65250	客车、线材、煤炭
466	浙江汇宇营建集团	浙江省	64720	房产、建筑业

续表

序号	企业名称	地区	营业收入（万元）	主营业务
467	鄂尔多斯市东方路桥集团	内蒙古自治区	64566	基础设施投资经营、公路桥梁施工、公路桥梁设计监理
468	上海南大集团有限公司	上海市	64565	中、高压电力电缆、低压及民用电缆、电线
469	江苏鸿联集团有限公司	江苏省	64531	灯具、家用饰品、家具
470	浙江华通控股集团有限公司	浙江省	64500	实业投资经营管理、橡塑件、金属件的制造、加工
471	浙江华鼎集团有限公司	浙江省	64478	实业投资、化学纤维、丝绸织造销售、服装、鞋帽制造、纺织品
472	浙江五洋印染有限公司	浙江省	64298	纺织品印染
473	江苏中联科技集团	江苏省	64166	电子材料、机电设备及备件
474	河南省安阳市豫北金属冶炼厂	河南省	64038	电解铅、白银
475	四川怡和企业（集团）有限责任公司	四川省	63913	产业投资、贸易、科技开发
476	浙江禾欣实业股份有限公司	浙江省	63778	PU 革
477	石家庄神威药业股份有限公司	河北省	63485	药品生产、销售、药品零售、药用包装生产、销售
478	上海海泰钢管有限公司	上海市	63000	无缝钢管销售
479	江阴金属材料市场	江苏省	63000	薄板中板厚板、角钢槽钢型钢、圈板热板冷板
480	浙江三弘国际羽毛有限公司	浙江省	62912	羽绒及羽毛加工业、床上用品、羽绒服装
481	浙江威陵金属集团有限公司	浙江省	62891	钢家具制造
482	中利科技集团有限公司	江苏省	62725	电缆制造、销售、光缆制造、销售
483	杭州施乐事达通讯设备有限公司	浙江省	62661	通讯设备、电子产品
484	上海星城石油有限公司	上海市	62393	汽柴油批发

续表

序号	企业名称	地区	营业收入（万元）	主营业务
485	浙江彪马集团有限公司	浙江省	62321	农用运输车制造、变型运输机制造
486	扬州纪元纺织有限公司	江苏省	62319	生产销售纺织品、销售纺织原料、纺织品进出口业务
487	江苏三星绣品集团有限公司	江苏省	62151	纺织品
488	江苏磊达股份有限公司	江苏省	62140	水泥、砖瓦制造、加工
489	南通市新华建筑安装工程有限公司	江苏省	62086	建筑安装、市政公用工程
490	江苏万顺机电集团	江苏省	62001	汽车零部件、系列空调、通用机电产品
491	步森集团有限公司	浙江省	61783	服装服饰、针纺织品、缝纫机配件
492	甘肃建新实业集团有限公司	甘肃省	61773	矿产品、化工产品销售、农业、房地产开发
493	长沙高新技术产业开发区中标实业有限公司	湖南省	61538	机械设备的研究、设计、生产、销售、机电产品的研究设计
494	宁波贝发集团有限公司	浙江省	61366	文化办公用品制造、体育用品、塑料制品、包装制品制造
495	常熟市汽车内饰件材料厂	江苏省	61337	汽车内饰件设计开发制造
496	广东明珠集团股份有限公司	广东省	61278	阀门、药品类、酒类
497	重庆南方集团有限公司	重庆市	61200	房地产开发与经营、文化产业、旅游酒店业
498	福建亚通新材料科技股份有限公司	福建省	60949	生产塑胶管材、管件等，塑胶建材系列产品及配套粘接剂
499	浙江新风热电有限公司	浙江省	60884	火力发电、供热、印染、布、BOPP 薄膜
500	浙江黄岩洲煌实业有限公司	浙江省	60810	化工原料、黑色金属材料铜铝材、建筑材料、机电材料

7－2－7　2002年度中国私营企业纳税50强排行榜

名次	地区	企业名称	实际纳税（万元）
1	湖南省	远大空调有限公司	12679
2	山西省	山西省海鑫钢铁有限公司	11525
3	湖南省	三一重工股份有限公司	8933
4	云南省	四川德胜集团楚雄钢铁有限公司	5343
5	贵州省	贵阳南明老干妈风味食品有限公司	4781
6	辽宁省	鞍山宝得轧钢有限公司	4642
7	辽宁省	盼盼集团有限公司	4527
8	辽宁省	辽宁工源水泥集团有限公司	3805
9	广东省	顺德海尔电器有限公司	3658
10	江苏省	江苏东洋之花化妆品有限公司	3112
11	浙江省	李宇实业集团有限公司	2932
12	北京市	北京人济房地产开发集团有限公司	2910
13	云南省	云南盘龙云海药业有限公司	2589
14	浙江省	华峰集团有限公司	2401
15	江苏省	南京雨润肉食品有限公司	2323
16	新疆维吾尔自治区	新疆广厦房地产交易网络有限公司	2301
17	浙江省	浙江滚动轴承有限公司	2272
18	江苏省	江苏雪中飞制衣有限公司	2249
19	江苏省	南京大吉铁塔制造公司	2201
20	江苏省	海安县磁性材料二厂	2094
21	北京市	北京新纪元房地产开发有限公司	1933
22	浙江省	浙江华达通信器材集团有限公司	1801
23	辽宁省	兴隆百货集团有限公司	1779
24	江苏省	江苏飞达工具集团股份有限公司	1761
25	浙江省	浙江飞虹通信集团有限公司	1681

续表

名次	地区	企业名称	实际纳税（万元）
26	江苏省	江苏品王酒业有限公司	1565
27	浙江省	浙江富春江光电科技股份有限公司	1565
28	山东省	山东单县四君子酒业有限公司	1522
29	山东省	山东华夏集团有限公司	1470
30	山东省	山东皇明太阳能有限公司	1440
31	江苏省	南京中脉科技发展有限公司	1369
32	广东省	顺德市德美化工实业有限公司	1340
33	浙江省	浙江步森集团有限公司	1287
34	江苏省	新沂市花厅酒业有限公司	1112
35	新疆维吾尔自治区	新疆华凌集团华凌综合市场	1064
36	北京市	中瑞华恒信会计师事务所有限公司	1050
37	北京市	北京环宇建筑有限公司	1047
38	北京市	北京世都百货有限公司	1046
39	浙江省	华伦集团有限公司	1008
40	江苏省	江苏中利光电集团有限公司	998
41	深圳市	深圳市爱施德实业有限公司	997
42	北京市	北京碧水庄园房地产开发有限公司	974
43	山东省	诸城市新郎服饰有限公司	956
44	浙江省	宝兔皮件服饰有限公司	937
45	江苏省	江苏盛虹印染有限公司	902
46	浙江省	杭州萧山城建房地产开发有限公司	883
47	浙江省	平湖市金瓶纺织有限公司	876
48	浙江省	建德市大洋化工厂	875
49	江苏省	南京银山电子有限公司	866
50	江苏省	新沂市阳光热电有限公司	

7－2－8　全国“关爱员工”和“双爱双评”活动表彰名单

为充分发挥民营企业家尊重和保障员工合法权益，员工爱岗敬业，建立协调稳定劳动关系，促进企业健康发展等方面取得突出成绩的先进个人和集体的示范作用，努力营造全社会关心支持民营企业的良好氛围，根据中华全国工商业联合会、中华全国总工会《关于开展“关爱员工、实现双赢”活动的通知》和中华全国总工会关于开展“双爱双评”活动的通知精神，经各省、自治区、直辖市工商联、总工会联合考察、评选推荐和公示，于2004年4月30日作出决定，公布了授予北京市汇源饮料食品集团有限公司总裁朱新礼等82名同志“全国关爱员工优秀民营企业家”称号；授予北京庄子工贸有限责任公司员工王媛等74名同志“全国热爱企业优秀员工”称号；授予北京叶氏企业集团有限公司等83家企业“全国双爱双评先进企业”称号。

全国关爱员工优秀民营企业家名单（82人）

赵建国　北京定慧桥集美家具城市场有限公司董事长兼总经理
庄再强　北京庄子工贸有限责任公司董事长
朱新礼　北京汇源饮料食品有限公司党委书记、总裁
杜克荣　天津鑫茂科技投资集团董事长
杨印海　天津市日商卫生保健用品有限公司董事长
宋佳城　河北海湾安全技术有限公司董事长、总裁
丁立国　邢台德龙钢铁实业有限公司董事长
裴晓鹏　秦皇岛中房企业集团董事长
张新跃　山西金业煤焦化集团有限公司总经理
邢利斌　山西联盛能源有限公司董事长
秦诗禄　山西皇威实业有限公司董事长
连广明　内蒙古西蒙科工贸有限责任公司董事长
马万良　内蒙古黄河工贸集团总裁
丁新民　内蒙古鄂尔多斯东方路桥责任公司总裁
李学仁　辽宁中润实业集团有限公司董事长
王宝军　辽宁宏运集团国际投资有限公司董事长
刘　强　辽宁新创集团董事长
修涞贵　吉林修正药业集团股份有限公司董事长
高立春　吉林远东实业有限公司董事长兼总经理
韩真发　吉林正业集团有限责任公司董事长、总裁
宋殿权　黑龙江哈尔滨光宇电源股份有限公司董事长
关彦斌　黑龙江葵花药业有限公司董事长兼总经理
施有毅　上海云海实业股份有限公司董事长
张德安　上海永达（集团）有限公司总裁
张文荣　上海亚龙投资（集团）有限公司董事长
马荣生　江苏飞马国际经贸有限公司总经理
蒋元生　苏州华成汽车贸易有限公司董事长、总裁
杨休江　苏天地集团董事局主席
邵关根　浙江华达通信器材集团有限公司董事长
张宝法　浙江宁波通用塑料机械有限公司董事长
王建沂　浙江富通集团有限公司董事长
傅裕仁　浙江永翔电缆集团有限公司董事长
束龙胜　安徽鑫龙电器股份有限公司董事长
后力安　徽江淮电缆集团有限公司总经理
李昌文　安徽合肥安美置业投资发展集团总裁
林永霖　福建省金得利集团有限公司董事长
周永伟　福建七匹狼实业股份有限公司董事长
陈有鹏　福建厦门舒友海鲜大酒楼有限公司董事长
杨灿龙　江西临川酒业有限公司董事长
李文海　江西济民可信集团有限公司董事长
李洪信　山东太阳纸业股份有限公司董事长
苏寿堂　山东华乐实业集团公司董事长兼总经理
夏春亭　山东华夏集团有限公司董事长
徐章练　山东德州大壮实业有限公司董事长
乔秋生　河南黄河实业集团股份有限公司董事长
钟　波　河南郑州市神阳科技有限公司董事长
郭海军　河南商丘商电铝业集团公司董事长
胡爱娣　（女）湖北武汉爱帝集团有限公司董事长
张润斌　湖北武汉致盛集团有限公司董事长

李文金　湖南金荣企业集团有限公司董事长
王　填　湖南步步高商业连锁有限责任公司董事长
陈凯旋　广东广州立白企业集团有限公司总裁
黄启均　广东中山华帝燃具股份有限公司总经理
钟凡耀　广西南宁维威制药有限公司董事长、总经理
李天健　广西佳用商贸股份有限公司董事长
梅　雪（女）海南省中北通信有限责任公司董事长
尹明善　重庆力帆实业（控股）集团有限公司董事长
孙甚林　重庆南方集团有限公司董事长
薛方全　重庆民生燃气集团有限公司董事长
江　云　成都国嘉联合制药公司董事长兼总经理
刘革新　四川科伦实业集团有限公司董事长
吴雄飞　四川雄飞集团有限责任公司董事长
雷文勇　四川铁骑力士实业有限公司董事长
冉宪黎　贵州贵阳东方牛仔服饰有限公司总经理
张芝庭　贵州神奇集团董事局主席
苏云安　云南云安集团股份有限公司董事长
施　祥　云南大理华兴企业集团董事长
次仁顿典　西藏朗赛经贸有限公司朗赛茶厂董事长
林春福　西藏福海实业有限公司董事长
荣　海　陕西西安海星科技投资控股（集团）有限公司董事局主席、总裁
吴一坚　陕西金花企业集团总裁
雷菊芳（女）甘肃奇正实业集团有限公司董事长
侯志峰　甘肃省白银市华峰工贸有限公司董事长
韩兴旺　青海兴旺集团公司董事长
马立义　青海省康乐医院董事长
尤天彪　宁夏吉运开发建设有限公司董事长兼总经理
孙珩超　宁夏宝塔石化集团总裁
郑国祥　宁夏正丰房地产开发有限公司总经理
阿迪力·阿布拉　新疆阿尔曼实业有限公司董事长
杨卫斌　新疆华洋实业有限公司董事长兼总经理
王世祥　新疆喀什京疆商贸公司董事长
摆金生　新疆乌鲁木齐恒宇祥实业有限公司总经理

全国热爱企业优秀员工名单（74 人）

刘志萍（女）北京定慧桥集美家具城市场有限公司
王　媛（女）北京庄子工贸有限责任公司
康连军　北京汇源饮料食品集团有限公司
朱传齐　天津航天鑫茂稀土机电科技有限公司
郑春节　天津日商卫生保健用品有限公司技术研发部
刘卫华（女）河北海湾安全技术股份有限公司
王英志　河北邢台德龙钢铁实业有限公司炼钢分厂
王志国　河北秦皇岛中房企业集团
任增喜　山西联盛能源有限公司销售部
杨长才　山西金业煤焦化有限公司矿产开发公司
柳福生　山西朔州富华电冶有限公司
庞银华（女）内蒙古西蒙科工贸集团有限责任公司
刘忠义　内蒙古鄂尔多斯东方路桥集团第一工程队
孟德春　乌海市千里山钢铁有限责任公司技术攻关组
邹尚峰　辽宁宏运国际投资有限公司行政管理中心
王恩余　辽宁盘锦中润化工有限公司生产部
刘金斗　辽宁新创集团
刘锦虹　吉林修正药业集团股份有限公司
台德胜　吉林华正农牧业开发股份有限公司
张海波　哈尔滨光宇电源股份有限公司电气设备部
张　丽（女）黑龙江葵花药业股份有限公司科研所
徐　慧（女）上海云海实业股份有限公司云都大酒楼
何　敏　上海永达有限公司丰田汽车售后服务部
陈成锋　上海亚龙投资（集团）有限公司企划部
李保荣　江苏飞马国际经贸有限公司
王　芳（女）江苏苏州华成汽车贸易集团有限公司
钱维宁　江苏天地集团法律事务办公室
张志良　浙江华达通信器材集团有限公司技质科
项福保　浙江宁波通用塑料机械有限公司技术部

卢卫民　浙江富通集团有限公司项目部
何　平　浙江永翔电缆集团有限公司
杨益飞　安徽鑫龙电器股份有限公司
张国庆　安徽江淮电缆集团有限公司成缆车间
赵洪军　安徽合肥安美置业投资发展集团开发部
余娟敏　（女）福建省金得利集团股份有限公司工艺品公司合金车间
林双红　（女）福建七匹狼实业股份有限公司
陈志毅　福建厦门市舒友海鲜大酒楼有限公司行政部
林建福　江西临川酒业有限公司
刘　瑞　（女）山东太阳纸业股份有限公司
高加平　山东华乐实业集团公司
张志远　河南黄河实业集团股份有限公司
王卫平　（女）河南郑州市神阳科技有限公司
严　淳　（女）湖北武汉爱帝集团有限公司供应部
杨俊湖　湖北武汉致盛集团有限公司
梁日失　（女）湖南金荣企业有限公司国际贸易部
唐红伟　湖南步步高商业连锁有限责任公司防损部
李　林　广东广州立白企业集团有限公司
麦成球　广东中山华帝燃具股份有限公司炉具车间
马乐庆　海南省中北通信有限责任公司
冯　志　广西南宁市维威制药有限公司市场部
黄承妃　（女）广西佳用商贸股份有限公司超市
杨　波　重庆力帆实业进出口有限公司销售部
赵　军　重庆南方（集团）有限公司设计室
巫　霞　（女）重庆民生燃气（集团）有限公司市场部
张晓红　（女）四川成都国嘉联合制药有限公司
杨建光　四川科伦实业集团有限公司
宋学祥　贵州贵阳东方牛仔服饰有限公司物管中心
黄贤兵　贵州神奇制药有限公司
王祎明　云南云安集团股份有限公司销售部
杨志军　云南大理华兴纺织有限责任公司
代昌荣　四川名山西藏朗赛茶厂工段长
云丹加措　西藏福海实业有限公司保卫科科长
赵晓琴　（女）陕西金花企业股份有限公司高新制药厂
王福荣　（女）陕西西安海星科技投资控股（集团）有限公司属下公司海星超市
扎西拉姆　（女）甘肃奇正实业集团有限公司（西藏林芝奇正藏药厂）
田玉光　甘肃白银华峰工贸有限公司水泥厂
周述芬　（女）青海省康乐医院妇产科
张　杰　青海兴旺集团公司平安县柳湾水电站
王冬梅　（女）宁夏吉运开发建设有限公司总经理助理
张天辉　宁夏正丰房地产开发有限公司材料员
胡晓东　新疆华洋实业有限公司（物业分公司）员工
库来西　新疆阿尔曼实业有限公司库管
吴希增　新疆喀什京疆商贸公司
郜　明　新疆乌鲁木齐恒宇祥实业有限公司

全国“双爱双评”先进企业名单（83个）

北京巨能制药有限责任公司
北京叶氏企业集团有限公司
北京丽晶皇城老妈饮食有限公司
北京万龙洲饮食有限责任公司
天津滨海投资集团股份有限公司
天津立林机械集团有限公司
河北唐山宝业实业集团有限公司
河北辛集东明实业集团有限公司
山西振东实业有限公司
山西普德药业有限公司
内蒙古金河集团
内蒙古呼伦贝尔市深海印刷有限责任公司
内蒙古东马羊绒制品有限公司
辽宁新创集团
辽宁中润实业集团有限公司
辽宁宏运集团国际投资有限公司
吉林市恒通高压电气有限责任公司
吉林省荣发集团
黑龙江圣中集团股份有限公司
黑龙江哈尔滨和平金属材料有限公司
上海三菱电梯有限公司
上海联合汽车电子有限公司
上海复星高科技（集团）有限公司
江苏南京斯威特集团有限公司
江苏红星家具集团有限公司

江苏申达集团有限公司
江苏力星钢球有限公司
浙江舜宇集团有限公司
浙江西子电梯集团有限公司
浙江苍南仪表厂
安徽中汽旅游汽车集团有限公司
安徽源牌集团
安徽省凤阳水泥总厂
福建厦门森宝集团有限公司
福建福州榕乐集团有限公司
福建浔兴拉链科技股份有限公司
福建省上杭县荣达工贸有限公司
江西全良集团
江西恒大集团
山东青岛红领集团有限公司
山东淄博嘉丰玻璃机械有限公司
河南省宛西制药股份有限公司
河南郑州宇通客车股份有限公司
湖北武汉小蓝鲸健康美食管理公司
湖北宜昌市沙龙宴餐饮有限责任公司
湖南省汝城县三星矿业有限公司
湖南岳阳天卓服饰有限公司
广东广州白云电器设备有限公司
广东比亚迪股份有限公司
广东北电通信设备有限公司
广东汕头大印象（集团）有限公司
广东惠州市顺达实业发展有限公司
广西壮族自治区
广西三环企业集团股份有限公司
广西百合化工股份有限公司
海南鸿益药业有限公司
海南大中漆厂（香港）有限公司
重庆宗申产业集团有限公司
重庆南方集团
重庆力帆实业（集团）有限公司
四川成都国嘉联合制药有限公司
四川科伦实业集团有限公司
四川雄飞集团有限公司
四川铁骑力士实业有限公司
贵州威门药业股份有限公司
贵州红华贸易有限公司
云南老拔云堂药业有限公司
云南昆明滇虹药业有限公司
西藏珠穆朗玛集团有限公司
西藏拉萨市城关区哈达集团公司
陕西伟志集团股份有限公司
陕西西安荣华企业集团
甘肃省天水市北道区东风机械厂
甘肃兰州庄园乳业有限责任公司
甘肃省武威市海石公共交通有限责任公司
兰州城关物业管理服务中心
青海西宁正派名人餐饮娱乐有限公司
青海同仁铝业有限责任公司
宁夏回族自治区
宁夏马斯特（集团）羊绒制品有限公司
宁夏青铜峡市华龙塑料有限责任公司
新疆维吾尔自治区
新疆哈密市长城实业有限责任公司
新疆阿克苏世纪中天实业发展有限公司
新疆生产建设兵团
新疆喀什京疆商贸公司
新疆乌鲁木齐恒宇祥实业有限公司

7－2－9　全国就业和社会保障先进民营企业名单

为了表彰近年来民营企业在扩大就业、参加社会保险和维护职工合法权益方面做出的贡献，进一步推动民营企业在这些方面发挥积极作用，努力营造全社会关注民营企业发展的良好社会氛围，根据劳动和社会保障部、全国工商联《关于表彰全国就业和社会保障先进民营企业的通知》(劳社部［2003］170号）精神，决定授予在扩大就业、参加社会保险和维护职工合法权益方面取得突出成就的新疆德隆（集团）有限责任公司等125家企业“全国就业和社会保障先进民营企业”称号，颁发“全国就业和社会保障先进民营企业”奖牌。具体名单如下：

新疆德隆（集团）有限责任公司

千喜鹤集团
上海人民企业（集团）有限公司
新华联集团
河北卓达房地产集团有限公司
新疆广汇实业投资（集团）有限责任公司
广厦控股创业投资有限公司
广东美的企业集团
湖南九龙经贸（集团）有限公司
深圳海王集团股份有限公司
步步高商业连锁有限责任公司
联想控股有限公司
浙江富可达皮业股份有限公司
红豆集团有限公司
北京渔阳集团
东方集团
山西皇威实业有限公司
内蒙古伊利实业集团股份有限公司
科达集团股份有限公司
江苏雨润食品产业集团有限公司
福建省佳美集团公司
新奥集团股份有限公司
盼盼安居股份有限公司
江西丰源电力（集团）有限责任公司
甘肃东方大明贸易集团有限责任公司
维信（集团）有限公司
宁波波导股份有限公司
福建省圣农实业有限公司
北京汇源饮料食品集团有限公司
劲牌有限公司
沈阳远大企业集团
四川大陆集团
正泰集团
吉林德全水泥股份有限公司
安徽华运物流（集团）有限责任公司
福建联众集团有限公司
隆鑫集团有限公司
唐山建龙实业有限公司
葫芦岛宏跃集团
重庆力帆实业（集团）有限公司
北京新月联合汽车有限公司
山东翔龙实业集团有限公司
新疆德汇实业集团有限公司
山西金业煤焦化集团有限公司
陕西丹尼尔企业集团有限公司
天津天士力集团有限公司
天津市津宝乐器有限公司
广西北生集团有限责任公司
长汀汇鑫棉纺织实业有限公司
邵阳县振文宏运集团
内蒙古兴和兴永碳素有限公司
大庆市振富企业集团
湖北丝宝股份有限公司
开元旅业集团有限公司
山东省青州尧王制药有限责任公司
重庆南方集团
江苏泰达纺织有限公司
四川德胜集团楚雄钢铁有限公司
连云港鹰游纺机有限责任公司
宁夏香山酒业（集团）有限公司
黑龙江北大仓集团有限公司
拉萨市城关区哈达集团公司
北京吉野家快餐有限公司
南昌市新华群实业有限公司
宁夏西域龙化工有限公司
驻马店市康茂工艺制品有限公司
大连韩伟企业集团有限公司
安徽省南翔贸易（集团）有限公司
哈尔滨翔鹰集团股份有限公司
安徽鸿泰交家电（集团）有限公司
安徽亚夏实业股份有限公司
陕西伟志集团股份有限公司
四川省蓝光实业集团有限公司
云南汇和集团
山西襄汾有色金属实业有限公司
兰州兰雅实业集团有限公司
河南信阳亚兴集团有限责任公司
安徽国祯集团股份有限公司
大同市浩海集团有限公司
临沂远宇贸易有限公司
天津市月坛商厦有限公司
贵州凯里瑞安水泥有限公司
新大洲本田摩托有限公司海南分公司
株洲联诚集团有限责任公司
温州远洋眼镜有限公司
红桃开集团股份有限公司
东港工贸集团有限公司

贵州鸿基（集团）房地产开发有限公司
海南龙泉集团有限公司
云南江磷集团股份有限公司
江西清华泰豪科技集团有限公司
焦作亿万饭店集团有限公司
福建亚通新材料科技股份有限公司
日照三木集团有限公司
吉林省万隆路桥工程有限公司
江苏月星家具集团有限公司
临湘市富食村
甘肃省武威市海石公共交通有限责任公司
广东省吉荣空调设备公司
银川众一集团房地产开发有限公司
天津安达集团有限公司
河南花园集团有限公司
云南大理华兴企业集团
广东省东莞市东糖集团有限公司
新疆中基实业股份有限公司
南通市秦灶船舶工程总公司
合肥曼图机械工业有限公司
西宁市食品糖烟酒（集团）有限公司
四川德胜集团钢铁有限公司
上海永冠商业设备有限公司
吉林大正建设工程有限责任公司
湖北蓝星集团有限责任公司
青海天乐实业集团
辽宁工源水泥（集团）有限责任公司
上海置信（集团）有限公司
西安大明宫建材实业有限责任公司
江西鑫新实业股份有限公司
瀚海企业（集团）有限责任公司
云南永德粮业集团
贵州恒霸药业有限责任公司
中华茂祥集团有限公司
新疆正义农业科技有限公司
宁波东方压铸机床有限公司
上海世好餐饮管理有限公司
利达（柳州）化工有限公司

后　记

《广州民营经济年鉴——2004》终于与读者见面了。

本书的编辑出版，是在中共广州市委、市政府领导的关心支持下完成的。广州市政协主席陈开枝，广州市委常委、常务副市长林元和，广州市委常委、统战部长孔少琼和市政协副主席苏志刚担任了本书的顾问。广州市副市长、广州市民营经济工作领导小组组长王晓玲担任主编。

这是广州市首本专门研究和介绍民营经济的大型工具书，也是国内迄今为止除上海市以外第二本城市民营经济年鉴。它是由民营经济研究专家与各相关行业和区、县级市涉及民营经济的部门的工作人员共同合作的成果。全书共分七篇，分别是发展现状、专题研究、政策指南、企业风采、统计资料、他山之石和附录。本书的编写实行专业部门与理论研究部门相结合，专题调查与论证会相结合，资料搜集与综合分析相结合，力求使全书能全面、客观地反映广州民营经济发展的现状和水平，准确地描述广州民营经济发展的趋势，以达到更好的宣传效果和社会效益。我们还将相关资料编入附录，便于读者查找使用。第一篇和第二篇中每篇文稿的具体执笔人已列于文后。全书由谢天祯和卢以时统稿。

本书在编写过程中，得到各参与单位领导的支持，特别是广州市民营经济工作领导小组、广州市社会科学界联合会、广州市工商局、广州市统计局、广州市工商业联合会、广州市工业经济联合会和广州市私营企业协会有关领导的全力协助和具体指导。广州市工商局个体私营经济管理处和广州市统计局综合处的同志，为本书提供了丰富的资料。广州地区经济理论界专家、学者曾牧野、宋子和、李权时、张炳申等也给予了大力支持，他们欣然担任了本书的顾问，提出了许多宝贵意见。中山大学、华南理工大学、暨南大学、广东外语外贸大学、华南师范大学、华南农业大学、广州大学、广东金融学院和广州市社会科学院等大专院校、科研单位一些热心研究民营经济问题的专家学者，积极撰写论文，就广州民营经济如何实现管理创新、“走出去”参与国际竞争、解决融资困难、做大做强企业、发展民营科技企业、民办教育与文化事业发展等方面进行了有益的探讨，提出了许多真知灼见。本书在编写出版过程中，还得到广州地区部分民营企业的大力支持。广东经济出版社也给予了支持和帮助，在此一并致以衷心的感谢。

编写年度性的《广州民营经济年鉴》是一项尝试性的工作。由于我们缺乏经验和受知识水平的限制，加上时间仓促，工作量大，人员少，尽管编辑部的同志经常加班加点，但书中难免出现一些不足和错漏。为此，我们恳请各级领导、专家、学者以及广大企业界人士提出宝贵意见，以便我们及时改正，在以后的工作中做得更好。

编者

2004年12月1日

广州市美益香料有限公司

Guangzhou Meiyi Flavours & Fragrances Co,Ltd

王光英

公司介绍

■ 广州市美益香料有限公司总部位于广州经济技术开发区东区，是一家创建于1998年11月的高科技企业。在短短的几年时间内，迅速发展成拥有国际水准的科研设备、现代化的生产厂房和来自国内外顶尖人才队伍的现代化香精企业。专门聘请了国际著名香精企业BBA和H&R的调香师。公司现有员工300多人，产品生产研究、开发能力位居全国前列，拥有中国香精香料行业最大的直销网络。公司生产的食用香精，广泛用于饮料、冰制品、奶制品、糖果、烘焙产品、口腔护理产品、烟草工业等领域，日化香精适用于洗涤剂、化妆品、香波、香皂、香水、蜡制品及其它多种日用工业品。

公司大厅

日化专家指导工作

■ 2002年公司投资5000万人民币建成研发中心，2003年追加投资1000多万组建了技术力量雄厚的咸味香精实验室和生产车间。推出了一系列用于方便面、鸡精、膨化食品、肉制品及冷冻速冻调整食品中的中高档咸味香精系列产品。

■ 美益食用香精在国内糖果、乳品、饮料等行业已有较大知名度， 产品几乎覆盖全国各大省市，国内一些知名企业，如蒙牛、夏进、完达山、乐百氏、汇源、喜之郎均是公司的长期客户，产品销售额每年保持在50%左右的增长速度，公司的战略方针是在巩固国内市场的基础上，努力拓展国际市场，比如大力开发东南亚等周边国家市场，让美益尽早参与国际经济竞争。

董事会成员

■ 公司秉承“诚信务实，技术至臻，服务至上，美益人间”的企业精神，不断延伸企业新的文化内涵，创建顺应市场要求的经营理念，进一步提高技术创新能力，担负起社会赋予美益的责任，紧跟世界科技进步的潮流，抓住机遇，迎接挑战，将美益公司建成中国一流的香精香料生产基地，为开创中国食品工业和日化工业的美好明天而不懈奋斗。

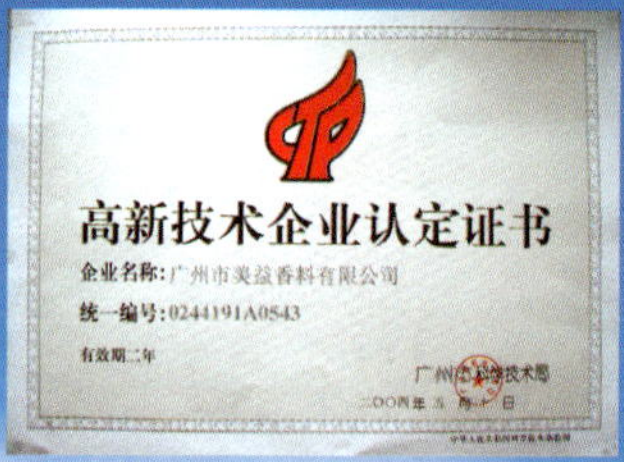

地址：中国广州经济技术开发区东区宏明路10号
电话：0086-20-22216888
传真：0086-20-22216000
网址：www.china-meiyi.com

XINYU
新裕集团
XINYUJITUAN

广州市新裕企业集团有限公司

新裕大厦外观

XINYUJITUAN
XINYUJITUAN

集团公司前台

广州市新裕企业集团有限公司（简称新裕集团）是广州市大型股份制企业集团，成立于1994年，注册资本3000万人民币，其属下有全资的三家房地产开发公司两家公路建设经营公司和六家经济实体公司，总资产超过人民币数拾亿元。

几年来，集团公司领导和公司员工在市场经济的大潮中，团结齐心、努力拼搏、以不屈不挠、锲而不舍的精神使新裕集团由一家小型的贸易公司发展成为以房地产开发为主导，同时又集工、贸商为一体的大型企业集团，业务范围涉及到人民群众最贴身的吃（餐饮业）、住（房地产业）、行(交通运输、能源开发）等各个领域。

公司继在佛山市开发了别墅小区——新裕假日山庄后，又成功投资开发、精心打造了位于东山区最繁华的商业中心地段，北接东风东路，东依农林下路，占地6000多平方米，总建筑面积达70000平方米，总楼高148米，共计39层的新裕数码大厦。大厦拥有大型商场、甲级写字楼、商务式公寓和高尚住宅四位于一体，成为该地段又一颗闪亮的商务物业新星。该大厦被评为“广州市诚信金牌楼盘”和“广州市2001年度十大明星楼盘”之一。

集团公司一直秉承“诚信务实”的宗旨，发扬“开拓、进取”的企业精神，作风稳健，信誉卓著，近两年来被广州市委、市政府、广东省工商行政管理局、广州市工商行政管理局、广州市私营企业协会先后评为先进私营企业、光彩之星企业、重合同守信用企业、首届广东省地产资信20强等。

目前，广州市新裕企业集团有限公司的经营策略已向着全方位、多元化的方向发展，将逐步成为一家迈向国际化的集团公司。

新裕收费站

集团总机：8620-61280818　传真：8620-61282199　租售中心：8620-37650688　37650388
地址：中国广州市东山区农林下路81号（王府井对面）

TIANHE COLLEGE OF GUANGDONG POLYTECHNICAL NORMAL UNIVERSITY

廣東技術師範學院天河學院

TIANHE COLLEG

蓬勃发展的广东技术师范学院天河学院

广东技术师范学院天河学院是2000年12月经省人民政府正式批复立项，2001年5月经省教育厅正式批准的广东技术师范学院设立的二级学院，是一所三年制大专层次的全日制普通高等院校。

学院坚持“依法治校、特色立校、改革活校、质量强校”的办学方针和“以市场需求为导向，以工科专业为主体，以技能培训为本位，以实践教学为重点，以素质教育为基础，以获取‘双证’为目标”的办学思路，经过四年的发展，目前，学院占地500余亩，建筑面积10万平方米，固定资产2亿1千万元。有多媒体电教室50间，多媒体语音座143座，高配置计算机1500台，还建有电子电工电拖、金工、制冷空调、单片机、数控车床、数控铣床等20多个高标准的实训实验室。图书馆内藏书30万册，电子图书10万册。

学院现有电气工程系、机械与建筑工程系、计算机系、外语系、经贸管理系、艺术系和基础部6系1部，25个专业方向，在校生6100余人，教职工400多人。学院聘请了教学经验丰富的双师型教师、教授和专家担任学科带头人，实行订单式定向培养模式，为毕业生就业提供了广阔的平台，我院首届毕业生被大中型企业抢聘，毕业生就业率达89.7%以上,位居全省同类院校前列。

地址：广州市白云区太和兴太三路38号

电话：020-87465142　87465449

传真：020-87465489

邮编：510540

网址：www.gdin-thxy.com